MANUAL DE TREINAMENTO E DESENVOLVIMENTO

PROCESSOS E OPERAÇÕES

MANUAL DE TREINAMENTO E DESENVOLVIMENTO

PROCESSOS E OPERAÇÕES

6ª edição

Gustavo G. Boog · Magdalena Boog
Coordenadores

ABTD
Associação Brasileira de Treinamento e Desenvolvimento

Pearson

abdr
Associação Brasileira de Direitos Reprográficos
Respeite o direito autoral

Diretor editorial e de conteúdo	Roger Trimer
Gerente editorial	Kelly Tavares
Supervisora de produção editorial	Silvana Afonso
Coordenadora de desenvolvimento	Danielle Sales
Coordenadora de produção gráfica	Tatiane Romano
Editor de aquisições	Vinícius Souza
Editores de desenvolvimento	Cibele Cesario, Gabrielle Navarro, Maiza Bernardello, Rodrigo Manoel
Editora de texto	Daniela Braz
Preparação	Mariana Albertini
Revisão	Guilherme Summa
Capa	Pedro Gentile
Projeto gráfico e diagramação	Casa de Ideias

Dados Internacionais de Catalogação na Publicação (CIP)
(Câmara Brasileira do Livro, SP, Brasil)

Manual de treinamento e desenvolvimento: processos e operações, volume 2 / coordenação Gustavo G. Boog, Magdalena Boog. – 6. ed. – São Paulo: Pearson Education do Brasil, 2013.

Patrocínio: Associação Brasileira de Treinamento e Desenvolvimento.

Bibliografia.
ISBN 978-85-8143-768-2

1. Desempenho 2. Empregados – Treinamento 3. Treinamento profissional I. Boog, Gustavo. II. Boog, Magdalena.

13-05393 CDD-658.3124

Índice para catálogo sistemático:
1. Pessoal: Treinamento: Administração de empresas 658.3124
2. Treinamento de pessoal: Administração de empresas 658.3124

Printed in Brazil by Reproset RPPA 225567

Direitos exclusivos cedidos à
Pearson Education do Brasil Ltda.,
uma empresa do grupo Pearson Education
Avenida Francisco Matarazzo, 1400
Torre Milano – 7o andar
CEP: 05033-070 -São Paulo-SP-Brasil
Telefone 19 3743-2155
pearsonuniversidades@pearson.com

Distribuição
Grupo A Educação
www.grupoa.com.br
Fone: 0800 703 3444

MISTO
Papel | Apoiando o manejo florestal responsável
FSC® C103535

Sumário

Paradigma do desenvolvimento

Aprimorar as competências, o conhecimento técnico e acadêmico, o talento, a cultura, a criatividade e a inteligência emocional de seus colaboradores é o principal investimento das organizações na economia contemporânea. Agregar essas virtudes ao ambiente corporativo é um dos principais desafios que têm mobilizado os gestores empresariais.

Os mais avançados conceitos de governança corporativa que norteiam as empresas evidenciam o significado da capacitação. A boa notícia é que tais princípios são, paulatinamente, encampados por empresas de todos os portes, em todas as partes, em todo o mundo. E essa tendência não é fortuita ou incidental, pois, para aquilatar sua pertinência, basta um olhar mais atento para a realidade: dentre as virtudes das organizações vencedoras, sempre há o aspecto congruente da valorização e do respeito aos recursos humanos.

A constatação dessa realidade ilustra a importância dos especialistas em T&D (treinamento e desenvolvimento) e, de maneira inequívoca, o significado deste *Manual*, publicado desde 1980, cuja qualidade é referendada por sua longevidade.

Que a leitura desta nova edição, tão especial, colabore ainda mais para que o Brasil tenha profissionais cada vez mais aptos a contribuir para que um parque empresarial competitivo e bem-sucedido seja o grande paradigma de uma nação cada vez mais desenvolvida!

Paulo Skaf
Presidente da Fiesp

Palavra dos coordenadores

Mais uma vez nos vemos no honroso, e trabalhoso, papel de coordenadores de mais uma edição do *Manual de treinamento e desenvolvimento*, a sexta desde seu lançamento em 1980. A celeridade do tempo foi apontada pela Pearson, que nos alertou que já haviam se passado sete anos desde a publicação do último *Manual*, ou seja: muitas mudanças aconteceram desde então, sinalizando a necessidade de dar início a mais uma edição. Mas a proposta irrecusável da editora clamava por urgência na empreitada do projeto, o que exigiu de nós dedicação total e o abandono de projetos já iniciados.

Convite feito, analisamos e aprovamos o projeto em uma reunião realizada com Vanderlei Cozzo, presidente da ABTD; sabíamos que seria um trabalho intenso. Sendo assim, iniciamos pela revisão do último *Manual*, extraindo o que não era mais válido e acrescentando o que havia de novo na área de T&D. Depois disso, partimos para as etapas seguintes da confecção do livro: reestruturar e agrupar os capítulos em blocos lógicos, escolher os temas de cada capítulo, montar um comitê para decidir a lista de potenciais autores (essa parte é sempre difícil), convidá-los, receber muitos "sim" e alguns raros "não", preparar e enviar instruções em forma de "kit autor", resolver dúvidas, reforçar o cumprimento do cronograma do projeto aos autores, receber cada texto e avaliá-lo, pedir ajustes, validar a versão final e enviar à editora. Isso tudo entremeado com discussões e revisões contratuais com cada autor e a editora, bem como com as negociações de apoios institucionais.

Mas o trabalho não parou aí, pois, após o copidesque da editora, ainda havia a revisão final dos textos e a definição da capa antes que pudéssemos partir para a impressão. Enquanto isso, eram definidas as estratégias de divulgação nos mercados corporativos e acadêmicos.

Agora que o *Manual* está pronto, colocamos em suas mãos, querido leitor, o fruto desse trabalho, para que você possa usufruir da experiência dos mais renomados e competentes profissionais do Brasil, executivos de empresa, profissionais de RH e de T&D, consultores e acadêmicos, que compõem o acervo profissional do livro. Por isso, podemos dizer que há muitas facetas no *Manual*, enriquecido pela diversidade de estilos, conceitos e abordagens diferentes.

O *Manual de T&D*, dividido em dois volumes — "Gestão e estratégias" e "Processos e operações" —, ao longo dos anos tornou-se referência para executivos, gestores, profissionais de RH e T&D, consultores, professores, alunos e interessados em geral, que querem conhecer e tratar de temas ligados a treinamento e desenvolvimento. Enquanto o Volume 1 — "Gestão e estratégias" — tem um caráter mais geral e abrangente, o Volume 2 — "Processos e operações" — trata do "como fazer". Mas os dois volumes estão estruturados de forma a facilitar o acesso aos temas de interesse de cada profissional.

O *Manual* ganhou "cara nova" a cada edição, sempre acompanhando as mudanças do momento. Na primeira edição, por exemplo, lançada em 1980, no Congresso Mundial de Treinamento no Rio de Janeiro, os capítulos eram datilografados e enviados por correio. Essa era a tecnologia da época, quase incompreensível aos jovens das gerações Y e Z que hoje ocupam as organizações. Ou seja, de lá para cá muita coisa mudou e isso foi sentido no processo de elaboração do livro também, bem como no resultado do projeto gráfico.

Já que desde a última edição, há sete anos, muita coisa mudou, este *Manual* foi totalmente revisto e atualizado: os capítulos da edição anterior foram adaptados conforme a percepção dos autores sobre as tendências futuras, e os novos refletem o estado da arte, com sólidos fundamentos conceituais e dados de pesquisa, tais como gestão do clima organizacional, comparações internacionais das práticas de T&D, cultura e valores organizacionais, T&D na área de saúde e em empresas familiares, neurociências, gerações Y e Z, sustentabilidade, equipes virtuais, diversidade e voluntariado, *cross cultural training*, redes sociais, assédio moral, coaching, constelações organizacionais, pessoas com deficiência e visão dos presidentes. Tanto o Volume 1 quanto o Volume 2 são divididos em partes em que há um texto introdutório escrito por diferentes âncoras, os quais explicam o teor dos capítulos.

É um privilégio ter contato direto com todos os autores que contribuíram com este livro, é como beber água direto da fonte. Somos muito agradecidos a todos, autores e âncoras, pela generosidade em compartilhar de forma tão competente seus conhecimentos e experiências; à ABTD, na pessoa de seu presidente Vanderlei Cozzo e de sua equipe, que sempre, com muito entusiasmo, nos apoiaram em todas as etapas deste projeto; à Daniela Boog e Roberto Torres, que nos assessoraram em todas as atividades logísticas e de administração desse projeto; aos colegas do Sistema Boog de Consultoria, que nos forneceram as condições para a realização deste projeto; à Pearson Education do Brasil, em especial a Vinicius Souza e seus executivos, grandes estimuladores da concretização do livro; a nossas famílias e nossos amigos que pacientemente nos apoiaram; e a Deus por nos dar a energia para encarar mais uma vez um projeto desse porte.

Este novo *Manual* certamente repetirá e aumentará o sucesso que se iniciou em 1980, oferecendo agora aos leitores o que há de melhor e mais atualizado sobre processos de desenvolvimento de pessoas, equipes e organizações. Boa leitura! Boas consultas!

Agosto 2013

Gustavo G. Boog
Magdalena Boog
Coordenadores

A ABTD e o Manual de treinamento e desenvolvimento

Para entender como foi criada a relação citada no título deste texto e até mesmo parte da história da área de treinamento e desenvolvimento no Brasil, gostaríamos de apresentar ao leitor duas visões: a cronológica e a histórica.

Visão cronológica

Antes de 1970
Presença quase preponderante do Senac e do Senai na formação e no aperfeiçoamento de pessoas.
1971
Fundação da Associação Brasileira de Treinamento e Desenvolvimento (ABTD).
1975
Promulgação da Lei n. 6.297/1975, que cria incentivos às ações de treinamento.
1976
Realização do I Congresso Brasileiro de Treinamento e Desenvolvimento (CBTD), em São Paulo.
1980
Realização do I Congresso Mundial de Treinamento e Desenvolvimento (CMTD), no Rio de Janeiro. Lançamento da primeira edição do *Manual de treinamento e desenvolvimento*, no Rio de Janeiro.
1992
Revogação da Lei n. 6.297/1975, que criava incentivos fiscais às ações de treinamento.
1994
Lançamento da segunda edição do *Manual de treinamento e desenvolvimento*, em Curitiba.
1999
Lançamento da terceira edição do *Manual de treinamento e desenvolvimento*, em Natal.

2001

Realização do II Congresso Mundial de Treinamento e Desenvolvimento (CMTD), em Porto Alegre. Lançamento da quarta edição do *Manual de treinamento e desenvolvimento: um guia de operações.*

2007

Lançamento da quinta edição do *Manual de treinamento e desenvolvimento,* volume 1 — Gestão e estratégias e volume 2 — Processos e operações, em São Paulo.

2013

Lançamento da sexta edição do *Manual de treinamento e desenvolvimento,* volume 1 — Gestão e estratégias e volume 2 — Processos e operações, em São Paulo.

Visão histórica

Fundada em 1971, a ABTD iniciou suas atividades com uma reunião de que participaram cerca de 15 pessoas que assinaram uma ata, dando início às atividades de treinamento. Para entender como isso aconteceu, é importante resgatar alguns momentos anteriores a essa data, bem como as ações de importantes instituições.

Comecemos pelo Senai e pelo Senac. Essas duas importantes instituições, responsáveis pela formação de trabalhadores para a indústria, foram a mola propulsora de tudo o que dizia respeito a treinamento no país. O método de supervisão TWI, por exemplo, amplamente divulgado pelo Senai, chegou ao Brasil em 1949 e alcançou o auge de sua popularidade entre 1955 e 1960.

A Escola de Administração de Empresas da Fundação Getulio Vargas, criada em 1954, também contribuiu para os novos conceitos de treinamento ao enviar seus professores à Europa e aos Estados Unidos para que obtivessem a qualificação de mestrado, já que no Brasil os cursos de administração eram pouco conhecidos e a literatura sobre o assunto, em português, bastante escassa.

A Faculdade de Filosofia da Universidade de São Paulo, que antes se localizava à rua Maria Antonia, era uma importante escola de formação política de estudantes, pois eles eram os responsáveis pelas formas mais avançadas de ativismo de então. Os sindicatos, além de terem pouca representatividade (que só viria a ser conquistada anos depois), tinham uma atuação praticamente insignificante na década de 1960. Com isso, não podiam cobrar ou exigir nada dos profissionais de RH (ou RI — relações industriais — nomenclatura mais comum na época), que não possuíam qualificação específica para a função, sendo geralmente constituídos de advogados que conheciam muito bem a legislação trabalhista, o que possibilitava sua aplicação de forma adequada. O treinamento seguia um modelo de atuação absolutamente bem-comportado, sem que se fizessem reflexões mais profundas, por isso mesmo sem complicações e questionamentos.

Nesse cenário, em 1960-1961, sob a iniciativa conjunta de várias entidades, entre elas o Senai, foi aberto o primeiro curso realmente importante para a formação de pessoal de treinamento: "encarregado de treinamento".

Como resultado do curso, criou-se a Sociedade para o Desenvolvimento de Pessoal de Empresas (Sodepe), precursora da ABTD, que, entretanto, não teve continuidade.

Durante os anos 1960, a área de treinamento ganhou novos aliados com a criação do

Programa de Preparação Intensiva de Mão de Obra (PIPMO) e do Centro Nacional de Formação Profissional (Cenafor); com a regulamentação das profissões de técnico de administração e de psicólogo; com o surgimento da Associação dos Administradores de Pessoal de Santo Amaro (AAPSA), da Associação Brasileira de Administração Pessoal (Abape), precursora da Associação Brasileira de Recursos Humanos (ABRH), e de vários outros grupos informais de caráter segmentado.

Em 1964, com o golpe militar, o Brasil passa por profundas mudanças nas áreas econômica, política e social, e a liberdade de expressão é coibida; expor ideias que pudessem ser progressistas culminava em forte repressão. Em seguida, com o "milagre econômico", um clima de orgulho nacional invadiu o país, reforçado pela Copa do Mundo de 1970, tendo como expressão a música "Eu te amo, meu Brasil, eu te amo...", interpretada pelo grupo Os Incríveis. Em 1968-1969, nesse contexto, foi criado em São Paulo o Grupo de Estudos de Treinamento (GET), cujo objetivo era reunir os "melhores profissionais" da área para produzir uma tecnologia de treinamento tipicamente "nossa". Mas o GET era limitado a vinte ou trinta participantes e não tinha o escopo de uma tradicional associação de profissionais. Ainda assim, ele pavimentou o caminho para que surgisse a ABTD.

A ABTD foi formalizada com poucas reuniões, em que teve seu nome — por analogia sonora com a sigla de sua congênere americana American Society for Training and Development (ASTD) — e seus estatutos — aproveitados da Sodepe — aprovados em menos de dez minutos!

Na época, o momento de gestão era a Administração por Objetivos (APO). Consequentemente, muitos dos planos feitos pela ABTD foram formulados de acordo com os critérios e procedimentos da APO. As reuniões da ABTD, durante vários anos, aconteciam nas instalações do Cenafor. Como ocorria na maioria das entidades associativas, as ações eram mais baseadas em criatividade e entusiasmo do que em planejamento e recursos disponíveis.

A partir de 1976, com o advento da Lei n. 6.297/1975, as atividades de treinamento e desenvolvimento passaram a ter importância diferenciada nas organizações, e a ABTD entrou em um contexto de grandes realizações. Nesse mesmo ano, foi organizado em São Paulo o primeiro Congresso Brasileiro de Treinamento e Desenvolvimento (CBTD), ao qual compareceram mais de 2 mil congressistas. Na esteira desse primeiro CBTD, vieram outros em nível nacional e regional, culminando com o Congresso Mundial de Treinamento e Desenvolvimento realizado no Rio de Janeiro e organizado em conjunto com a International Federation of Training and Development Organisations (IFTDO). Nesse período, a ABTD expandiu-se por quase todas as capitais do país.

Como resultado desse momento da ABTD, surge o *Manual de treinamento e desenvolvimento* (MT&D), cuja primeira edição foi lançada durante o Congresso Mundial do Rio de Janeiro, em 1980.

No cenário atual, o MT&D — como também é conhecido — é uma coletânea de temas desenvolvidos por profissionais competentes em suas áreas de especialização e que, convidados pela ABTD e coordenados por Gustavo Boog e Madalena Boog, colocaram no papel o que de melhor se pensa e pratica em termos de treinamento.

O que inicialmente parecia ser mais um livro sobre administração se transformou em sucesso editorial, e, após 14 anos de simples reimpressão periódica, a abordagem de muitos temas ficou desatualizada. Por isso, em 1994, o MT&D foi totalmente reescrito. Novos temas, novos autores, novo formato... e mais um sucesso editorial!

Em 1999, alguns temas da terceira edição do *Manual* sofreram uma pequena atualização. Em 2001, durante o Congresso Mundial de Treinamento, realizado em Porto Alegre, a quarta edição do MT&D passou a trazer também uma abordagem operacional do tema, com o subtítulo "um guia de operações".

Em 2006, ao comemorar os 25 anos de sua primeira edição, o MT&D recebeu o apoio institucional de várias entidades representativas do segmento de recursos humanos como a Associação Paulista de Gestores de Pessoas (AAPSA), a Associação Brasileira de Recursos Humanos (ABRH) e a American Society of Training and Development (ASTD/Global Network Brasil).

Com esta edição de 2013, continuamos um ciclo de sucesso que já dura 33 anos. É uma obra coletiva que se transformou em patrimônio da comunidade de recursos humanos.

O desejo de todos os envolvidos neste projeto é o de que a obra continue a enriquecer os conhecimentos da coletividade que a adotou como a "Bíblia" do desenvolvimento de pessoas no Brasil.

Obrigado a todos que fizeram parte desta história!

SV No site sv.pearson.com.br, professores e estudantes podem acessar os capítulos da edição anterior.

Parte **um**

O processo de treinamento e desenvolvimento

Benedito Milioni

Uma breve introdução

Direto ao ponto: o processo de T&D continua o mesmo nos seus pilares essenciais. Pouco mudou nos últimos 30 anos, mas os especialistas que assinam os artigos deste espaço do *Manual de treinamento e desenvolvimento* foram muito perspicazes no sentido de pontuar, se não as mudanças, a aplicação aguda de alguns pormenores das diversas abordagens.

Mudaram as sociedades, as pessoas, os valores essenciais e culturais e, no vácuo dos sustos e brutais mudanças de rota da economia globalizada dos anos que sucederam a versão anterior deste *Manual de treinamento e desenvolvimento*, mudaram as estratégias operacionais, de modo que a educação corporativa, termo que melhor nomeia a realidade antes contida apenas na ferramenta, no treinamento e desenvolvimento, hoje se notabiliza mais pela *estratégia* que pela *aplicação burocrática* de ferramentas.

Não é difícil captar e entender o viés que perpassa os seis artigos e que os integra num sólido composto estratégico, que certamente iluminará, para o leitor, os caminhos que levam à excelência do processo de educação corporativa. E esse processo precisa contemplar, além dos rebuscamentos metodológicos, importantes mas não exclusivos e definitivos, um mosaico de enfoques que justificam a sua permanência na mesma mesa de gestão de onde emergem as decisões que mudam as empresas e instituições. Esses enfoques são:

- a educação corporativa como processo contínuo e permanente, que não se sabe exatamente onde inicia, mas se tem certeza de que não acaba;
- a elevação desse processo para o esteio da geração e aplicação do conhecimento, num cenário onde mais e mais se fala do capital intelectual como vetor do talento humano;

- o impacto desse processo na mobilização dos diversos capitais de informação, conhecimento e experiência internos, que robustecem as empresas e instituições quanto a compreender o mundo, suas transformações, riscos e oportunidades;
- a natureza ecológica da disseminação do conhecimento, reconhecida na multiplicidade de abrangências e reflexos na alma das empresas e instituições;
- a severa perspectiva derivada da relação custo/benefício, a qual justifica ações gerenciais com já algum grau de sofisticação, na incessante busca da economicidade e das métricas no processo de educação corporativa.

É preciso, pois, administrar o processo com muito cuidado, com a devida interpretação de detalhes preciosos, procurando harmonizar os fundamentos educacionais propriamente ditos com os procedimentos administrativos e a ponderação econômico-financeira e essa, exatamente, é a plataforma em que os articulistas repousaram suas reflexões e, com base nelas, apresentaram consistentes propostas de ação.

Didaticamente construídas, as propostas dos articulistas estão ao alcance desde o iniciante na carreira de educação corporativa até o profissional com alta quilometragem nessa especialização. Estudar esta parte do *Manual de treinamento e desenvolvimento* é uma oportunidade de ampliar a visão técnica e estratégica, para melhor qualidade dos programas e práticas de treinamento, a par da necessária gestão econômico-financeira, tudo isso levando a resultados concretos, sustentados e devidamente valorados financeiramente.

As fases do processo de T&D segundo especialistas

A correta identificação das necessidades de treinamento, calcada no regime de competências, inova no foco e favorece a leitura mais precisa do que realmente interessa para empresas e instituições: razões legítimas e sustentadas para nortear o desenho e aplicação das diversas ações de treinamento. Os chamados *gaps* de competências, as diferenças entre o que se espera do ocupante de um cargo em termos das competências a ele atribuídas e o que, de fato, ele apresenta, por via das diversas formas de avaliação do desempenho, prática mais e mais consistente na rotina da gestão de pessoas no Brasil da modernidade. A autora, Maria Inês Felippe, desdobra o tema com precisão, chamando a atenção para os impactos da leitura dos desempenhos como arrancadora dos conteúdos e metodologias mais tarde consolidados nos projetos de educação corporativa.

Mais adiante, Vicente Graceffi, com muita objetividade e leveza, convida o leitor a entender o planejamento e a execução do treinamento como práticas vitais para melhor conduzir as ações no rumo dos objetivos derivados do levantamento das necessidades. E o planejamento escrupulosamente estratégico é o caminho mais seguro para que os programas e práticas de treinamento alcancem seus objetivos, quase sempre cenários de transformação de pessoas e empresas para a sintonia com as demandas de excelência de atitudes e comportamentos. A longa experiência do articulista como executivo de expressivas empresas nacionais e multinacionais, portanto forjada na inegável importância do planejamento como fio condutor da execução centrada em objetivos, traduz-se, no artigo por ele assinado, como valiosa inspiração para os profissionais que também confiem na consciência dos atos, como passaporte para os resultados, e que resultam do planejamento em bases seguras.

Cristina Palmeira já se firmou como referência nesse domínio da avaliação dos resultados do treinamento, usando a ferramenta ROI (*return on investment*), tema da sua dissertação de mestrado e do seu livro, com o mesmo título. Sem mistificar e nem complicar o que é por natureza simples e operacional, a medida do retorno do investimento efetuado, a articulista alinha diversos exemplos práticos para facilitar a assimilação dessa importante prática dos modernos processos de educação corporativa. Descomplicar e acentuar a importância da ferramenta é a mais notável contribuição da articulista para que, em épocas de "valor agregado", "rentabilidade" e "menor custo, maior margem", o estudioso das melhores práticas da educação corporativa possa desenvolver-se no domínio de um fundamento que rege praticamente toda a vida organizacional: se não se pode medir e não se pode avaliar, não se pode atribuir valor, portanto, uma heresia para qualquer empresa ou instituição.

Começando a ganhar força e a introduzir-se na pauta de atenções dos gestores da educação corporativa, os indicadores, como ingredientes fundamentais da gestão, seja nas etapas de planejamento, como nas de monitoria da execução e medidas de resultados, são ilustrados com perícia pelos autores Rugenia Maria Pomi e Raul da Costa Navarro e mais que justificam atenta leitura. Sabe-se que aquilo que não pode ser medido não pode ser valorado e que, sem indicadores, nada pode ser medido e, por isso, é matéria da mais alta relevância para os profissionais de gestão, execução e de consultoria na educação corporativa. Os articulistas revelam os indicadores como excipiente do processo definido em bases sistêmicas e sistemáticas, o que assegura à educação corporativa a necessária tangibilidade dos seus atos e, por extensão natural, a prova cabal da sua excelência.

Retornando ao primeiro passo do processo, o levantamento das necessidades de treinamento, hoje por meio das lentes da gestão da competência, Renato Pedroso Lee situa a ISO 10015 e a insere num importantíssimo contexto normativo, que a experiência brasileira prova ser fundamental, com base na aplicação da série de normas ISO: as normas como agente educativo, além do seu papel inicialmente prescritivo. O leitor, especialmente aquele que estiver envolvido na comprovação dos resultados das ações da educação corporativa, obterá na leitura do artigo substancial descrição dos fundamentos e da aplicação da norma NBR ISO 10015. Destaque-se que essa norma é apenas o primeiro passo da futura normatização da qualidade na gestão de pessoas, cujos contornos estão sendo delineados por especialistas como Renato Lee e pelas entidades que regem o assunto, o que recomenda fortemente sua leitura, compreensão e, é claro, aplicação prática permanente.

Fechando o ciclo do processo de T&D deste manual, há muito o que aprender com a didática composição do especialista Fernando Cardoso: na hora da verdade, a execução do treinamento, a disciplina e a metodização, combinadas, levam a que se possa desenvolver a logística de produção e realização das ações de treinamento propriamente ditas, os cursos, encontros, congressos, seminários e afins. Com cuidados que beiram a arte, no que também é versado o articulista, a sua proposta é a da observância de todos os detalhes e da sua integração em uma matriz de execução preventiva de falhas e otimizadora de recursos.

Conclusão

O cartesianismo recupera seu espaço na estratégia de gestão da educação corporativa: um processo vigoroso, disciplinador e fundamentado na lógica que permeia as ações, assegura a qualidade educacional propriamente dita, a excelência de resultados e os retornos positivos dos investimentos efetuados.

Cada especialista deste bloco do *Manual de treinamento e desenvolvimento* condensou no texto rica experiência, muitas vezes testada na prática, para que o leitor abrevie seu preparo para o exercício das diversas funções ligadas à educação corporativa ou, no caso dos experientes, seja possível a releitura do processo e a identificação de novas formas de pensar e agir.

Benedito Milioni

Consultor master, titular da consultoria Milioni & Associados, fundada em 1982, graduado em Sociologia e Administração de Empresas, palestrante, escritor, articulista e coach em transição de carreira, trabalhou em diversas empresas nacionais e multinacionais, publicou 30 livros técnicos, 25 manuais, e é coautor de 11 livros.

Tel.: +55 11 99909-5858/4158-7435
E-mail: milioni@milioni.com.br
Site: www.milioni.com.br

capítulo 1

Identificação das necessidades de treinamento por competência

Maria Inês Felippe

1.1 Objetivos

Neste capítulo, convido o leitor a se colocar no papel de detetive e encarar a experiência de buscar novas vivências, conceitos e provas, garimpar ideias, seguir pistas e pesquisar informações. Manter-se conectado com o mundo atrás de novas respostas, abandonar o conformismo e trilhar o desconhecido. Um bom detetive sabe que procurar provas é como garimpar ouro. Se olhar sempre nos mesmos lugares, encontrará apenas veios esgotados, mas, se for curioso, descobrirá novidades.

Para um detetive obter sucesso, é preciso conhecer o cenário, os locais, as pessoas e seus comportamentos, ter objetivos claros e usar adequadamente os recursos disponíveis, como câmeras fotográficas, lentes diferentes, e tudo o mais que encontrar. Normalmente, um detetive valoriza a interação humana, as emoções, as motivações e os sentimentos. Aprecia variedades e ações, trabalha no mundo real, tende a ser rápido, porém cauteloso; não gosta de procedimentos complicados, mas de colher informações, dados, fatos e investigar seguindo cada pista. Frequentemente, observa as pessoas ao seu redor, aproveitando todas as informações, além de ser perceptivo e persuasivo.

O detetive ainda deve ser imparcial, analisando e absorvendo informações e dados de forma desprovida de preconceitos, comportamento que também me faz lembrar análises feitas pelos médicos. Imagine que você vá a um médico e, depois de dez minutos de conversa, ele defina seu problema e receite o medicamento, ou decida por uma cirurgia, sem uma investigação mais detalhada. De duas, uma: ou ele é muito bom, e só de olhar já consegue fazer o diagnóstico, ou é um franco-atirador.

Este capítulo se propõe a mostrar ferramentas e metodologia de investigação de necessidades de treinamento, referentes à Análise de Potencial e Competências (*Assessment*), que favorecerão a tomada de decisão e a direção dos programas de treinamentos focados em resultados.

Trata-se de um sistema de apoio para a análise de competências, que visa identificar as competências atuais e as desejadas ou, ainda, o real desempenho dos funcionários que interferem no alcance dos objetivos organizacionais.

Esse sistema também favorece a definição do perfil dos principais problemas, elaborando um diagnóstico com proposta de intervenção e identificando a fonte geradora de treinamento.

Sendo assim, você deverá assumir a posição de detetive, definir sua estratégia e partir para a investigação mais apurada. Como dizia Einstein: "com um problema bem identificado, você terá 50% de chance no acerto da sua resolução".

1.2 Como identificar as necessidades de treinamento

> O homem não é a soma do que tem, mas a totalidade do que ainda não tem, do que poderia ter.
>
> JEAN-PAUL SARTRE

Identificar claramente o problema ou a necessidade é percorrer metade do caminho até a solução. Porém, chegar ao "x" da questão não é tão simples. Para isso, é preciso fazer uso de ferramentas avançadas de identificação de necessidades de treinamento. Essa é a primeira fase ressaltada na norma *NBR ISO 10015, Gestão da Qualidade — Diretrizes para Treinamento*, da Associação Brasileira de Normas Técnicas (ABNT). Entre os termos e definições, pode-se citar:

- *Competências*: aplicação de Conhecimentos, Habilidades e Atitudes (CHA).
- *Competência crítica de negócios*: forma pela qual a empresa quer ser reconhecida pela sociedade, tendo como base sua missão, visão e valores transformados em Conhecimentos, Habilidades e Atitudes.
- *Competências humanas*: "saber agir de maneira responsável [...] implica mobilizar, integrar, transferir conhecimentos, recursos, habilidades, que agregam valor econômico à organização e valor social ao indivíduo" (definição estabelecida por Maria Tereza Fleury para competências humanas).
- *LNT*: Levantamento de Necessidades de Treinamento.
- *T&D*: Treinamento e Desenvolvimento de Pessoal.
- *Assessment*: designação contemporânea para a identificação do gerenciamento, por meio de técnicas e avaliações que conduzem ao diagnóstico do potencial das pessoas.
- *Análise de potencial*: verificação sobre o conjunto de características do indivíduo, que estão subavaliadas e/ou não totalmente utilizadas até o momento, visando prever o quanto uma pessoa pode vir a contribuir. Segundo Peter Drucker, não existe "gênio universal", que tenha domínio sobre todas as áreas ao mesmo tempo; portanto, ele nos lembra que não devemos buscar super-homens: nossa grande responsabilidade é libertar potenciais.
- *Análise de competências*: verificar conhecimentos, habilidades e atitudes do analisado, incluindo, no contexto, os resultados e os indicadores alcançados.

Conforme a Figura 1.1, o levantamento de necessidades antecede e alimenta qualquer ação de treinamento e desenvolvimento.

Figura 1.1 Macrofluxo do processo de T&D

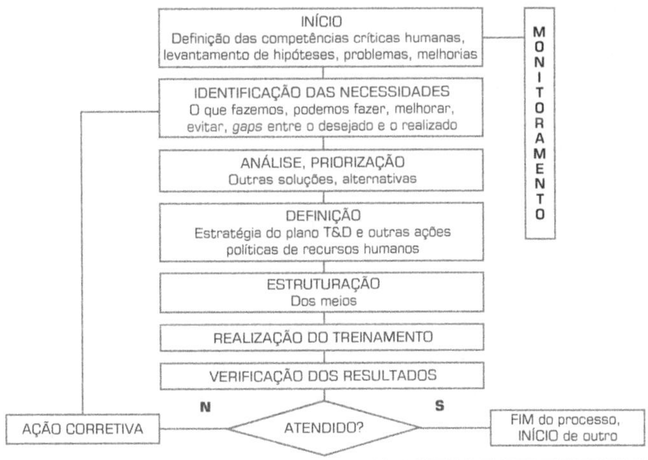

O sistema de treinamento e desenvolvimento de pessoal é iniciado pela análise e explicação de variáveis, como: mudanças, objetivos, missão, visão, valores e metas organizacionais. Para isso, o envolvimento da alta cúpula, da chefia e de funcionários é parte da estratégia fundamental para atingir o sucesso.

Trata-se de um ato intencional de fornecer meios que possibilitem alavancar competências organizacionais e humanas. Para tanto, é preciso investigar e entender quais são os problemas, dificuldades, forças restritivas e propulsoras para o desenvolvimento da organização.

A necessidade de treinamento está entre o nível de eficiência atual e o nível de eficiência desejada. O objetivo principal é eliminar essa diferença. Sendo assim, a primeira etapa é diagnosticar quais são as reais necessidades de treinamento, para minimizá-las ou, até mesmo, eliminá-las.

Figura 1.2 Definição dos objetivos e das competências

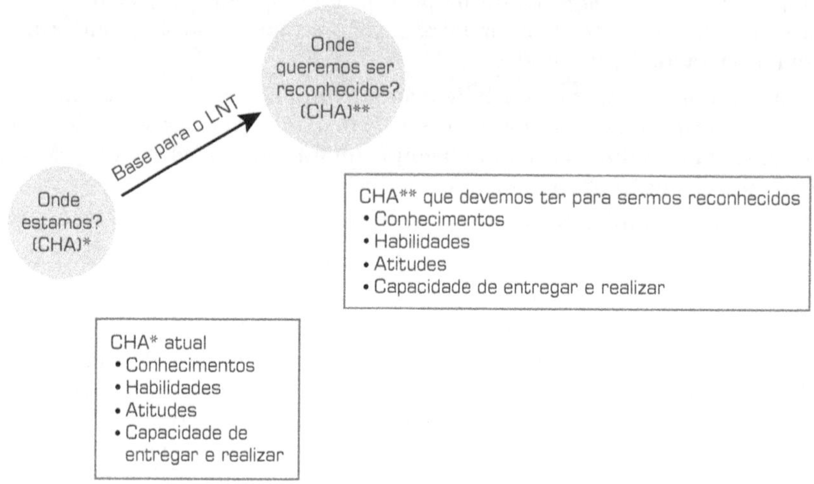

Para definir as competências, tendo como base o conceito que foi visto, deve-se considerar os seguintes itens:

- *Valor percebido pelos clientes*: deve ser consistente e diferente, além de agregar valor real.
- *Diferenciação entre os concorrentes*: deve ser considerado específico da marca, do produto ou da própria empresa.
- *Capacidade de expansão*: deve abrir as portas para o futuro, não focando apenas nos produtos e serviços atuais.

1.3 Identificação de competências

As cinco etapas para identificar as competências são:

1. Identificar as estratégias da empresa, além da missão, visão de futuro e metas.
2. Identificar as competências essenciais ao negócio.
3. Desdobrar as competências para cada área correspondente.
4. Desdobrar as competências em grupais e individuais.
5. Prática do *Assessment* ou LNT.

1.3.1 Três diferentes níveis de levantamento

A seguir, são listados levantamentos de três importantes níveis: quanto à organização total; quanto aos recursos humanos e quanto às operações e tarefas.

1. *Análise da organização total*: à medida que a empresa cresce, suas necessidades se modificam e, consequentemente, o treinamento deverá atender a essas necessidades. O mesmo acontece quando o posicionamento estratégico envolve a criação de novos produtos, retração no mercado, ampliação de filiais ou aquisição de novas tecnologias. Sendo assim, as necessidades de treinamento precisam ser levantadas periodicamente, pesquisadas e investigadas para, com base nelas, estabelecer os programas adequados ao momento da empresa. Neste nível, as informações que devem ser levantadas envolvem o sistema organizacional, objetivos, missão, valores, filosofia e competência crítica do negócio.

A definição clara das competências críticas de sucesso da empresa (como deseja ser reconhecida no mercado), dos seus valores (que sustentarão a sua competência), dos resultados esperados e da expectativa da empresa passa a ser fundamental para o sucesso do levantamento de necessidades, assim como para os programas de treinamento.

Para fazer a análise da organização total, deve-se considerar:

- o resultado da pesquisa de clima do ambiente de trabalho, para melhor entender o contexto organizacional;
- os relatórios gerenciais e estratégicos;
- as observações feitas por clientes externos;
- o relatório do Serviço de Atendimento ao Cliente (SAC);
- o relatório periódico.

2. *Análise de recursos humanos*: ponderar a quantidade e a qualidade dos colaboradores, além da análise da força de trabalho.

Para realizar essa análise, deve-se considerar:

- o número de colaboradores;
- o nível de conhecimento e qualificação requeridos para o trabalho de cada colaborador;
- as habilidades disponíveis de cada colaborador;
- a atitude de cada empregado em relação ao trabalho;
- as potencialidades de recrutamento interno;
- o tempo de treinamento necessário;
- o índice de absenteísmo, *turnover* e afastamentos;
- a descrição dos cargos e a clara definição das competências necessárias;
- o resultado da avaliação de desempenho;
- a análise de problemas de pessoal;
- a expansão da empresa e a admissão de novos colaboradores.

3. *Análise das operações e tarefas*: voltada aos processos operacionais, habilidades necessárias, fases dos processos e melhoria contínua.

Para realizar essa análise, deve-se considerar:

- metas desejadas;
- descrição dos cargos;
- análise dos processos operacionais;
- definição dos conhecimentos, habilidades e atitudes pertinentes ao cargo e à fase do processo operacional;

- programas de qualidade e certificações;
- equipamentos e materiais disponíveis e sua utilização;
- análise de problemas, relatórios e indicadores;
- modernização e manutenção de maquinário e equipamentos;
- produção e comercialização;
- mudanças nos processos *versus* preparação dos colaboradores;
- qualidade e quantidade de produção;
- número de acidentes, erros e sucatas, e condições físicas do trabalho;
- distinção entre não poder fazer, não querer fazer e não saber fazer.

Caso as informações expostas, ou parte delas, não estejam disponíveis, mãos à obra: encare o papel de detetive e inicie o levantamento de *necessidades de treinamento.*

Figura 1.3 Assuma o papel de detetive e dê início ao trabalho

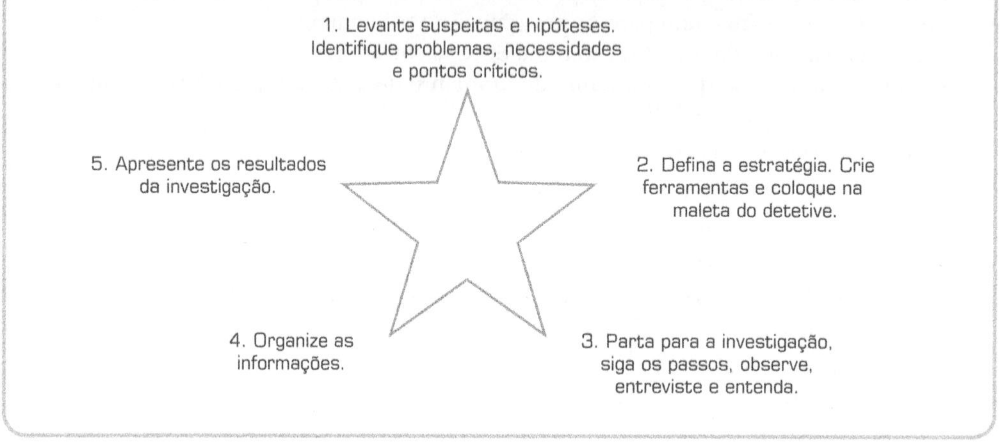

Levantar as necessidades de treinamento é um processo que envolve as etapas de análise de informações relevantes; compreensão do cenário geral da empresa; *Assessment*; contato com colaboradores e envolvidos; tabulação e análise dos dados; e apresentação dos resultados. No decorrer deste capítulo, esses passos serão mais bem detalhados.

Início do processo, considerando diferentes informações que expressam a necessidade de treinamentos

O levantamento de necessidades de treinamento é uma forma de diagnosticar necessidades, e, portanto, deve basear-se em informações relevantes. Algumas situações são fontes de informação, como:

- observações;
- solicitação da chefia;
- entrevista com chefias ou colaboradores;
- reuniões interdepartamentais;
- exames de empregados;
- modificação de trabalhos;

- entrevista de desligamento;
- avaliação de desempenho;
- pesquisa de clima organizacional;
- admissão de novos colaboradores;
- mudança de método de trabalho;
- movimentação de funcionário (demissão, licença, férias, faltas);
- expansão ou redução de serviços e produtos;
- mudança nos programas de produção, modernização de maquinários;
- baixa produtividade, queixa de clientes, avarias, despesas com manutenção, erros;
- relação deficiente entre o pessoal, tempo de aprendizagem e integração;
- problemas de comunicação e cooperação;
- dificuldade de retenção de talentos;
- pouco interesse no trabalho;
- conflitos intra e interdepartamental;
- relatórios periódicos da empresa ou de produção;
- relatório pós-treinamento.

Entender o cenário é fundamental para criar a estratégia de investigação

Também faz parte do processo realizar um levantamento de informações sobre a empresa, baseando-se nos dados anteriormente mencionados, a fim de perceber melhor os seguintes aspectos:

- recursos humanos disponíveis;
- clima psicológico;
- valores da organização;
- objetivos, políticas e estratégias de administração;
- experiências anteriores, estratégias e resultados obtidos;
- caracterização da população, reunindo informações sobre:
  - dados pessoais;
  - distribuição no quadro de colaboradores;
  - grau de escolaridade;
  - tempo de empresa;
  - cargo e número de promoções;
  - cursos e aperfeiçoamento;
  - programas de treinamento (carga horária e características).
- definição da estratégia de levantamento (observação, entrevista ou questionário).

Os formulários podem ser criados e aplicados pessoalmente ou on-line, tendo como base as etapas descritas neste capítulo. Porém, é necessário mudar, transformar ou criar algo diferente, adequando-os à realidade e às necessidades da empresa. Veja, a seguir, algumas fontes inspiradoras:

Levantamento de necessidades de treinamento

(Agente de treinamento com gestores — foco no cargo e nos resultados esperados)

Este formulário foi elaborado para servir de modelo na solicitação de programas de treinamento e desenvolvimento de equipes.

De acordo com o objetivo da área, identifique a necessidade de treinamento, analisando os aspectos do cargo e do desempenho do profissional, assim como seu relacionamento com clientes internos e externos, e processos de mudanças que necessitem de adaptação ou de aperfeiçoamento.

Você poderá consultar a programação de cursos internos e externos. Caso exista um programa que atenda à necessidade, indique o código ou o nome do curso e da entidade no formulário. Caso não exista programação interna ou externa, detalhe a dificuldade para que, em conjunto, seja possível encontrar alternativas de programa.

Para que possamos fazer a adequação criteriosa dos programas, solicitamos a sua capacidade de atendimento e a disponibilidade de verba, estabelecendo prioridades, considerando os seguintes indicadores:

- Urgente (U): exige ação imediata. Ela se impõe, normalmente é óbvia e nos pressiona.
- Importante (I): tem a ver com resultados da empresa. Se algo é importante, contribui para a missão, os valores e as metas prioritárias do cargo.
- Precedência (P): na ordem lógica de realização, algumas etapas antecedem, obrigatoriamente, outras.

Analise as três variáveis em cada situação e transporte o grau de prioridade estimado para a coluna *Prioridade.*

Atenciosamente,

____________________________________ Data: _____ / _____ / _____

Gerência de Recursos Humanos

Gerência — Diretoria — Departamento __________________________________

Nome do ocupante do cargo ____

Objetivo do cargo	Atribuições e responsabilidades (cliente interno × externo)	GF	GI	Resultados esperados	Indicadores de dificuldade	Conhecimentos técnicos necessários (E × N)	Habilidades necessárias (E × N)	Atitudes necessárias (E × N)	Sugestão de curso e de entidade	Prioridade (marque com um x)
										U I P
										U I P
										U I P
										U I P
										U I P

Legenda:

(GI) Grau de importância: (3) Muito importante; (2) Importante; (1) Relativamente importante.

(GF) Grau de frequência: (4) Diariamente; (3) Semanalmente; (2) Quinzenalmente; (1) Mensalmente.

(E) Existe(m) no ocupante do cargo.

(N) Não existe(m) no ocupante do cargo.

Questionário de levantamento de necessidades

(Agente de treinamento com executores — foco no cargo, no resultadoe no ambiente)

Objetivo:

- Coletar dados que possibilitem a identificação de necessidades de treinamento.

Instruções:

- Leia atentamente o conteúdo de cada questão.
- Responda individualmente a cada questão, de forma clara e objetiva.
- Coloque o questionário preenchido em um envelope fechado, ou entregue pessoalmente no Departamento de Recursos Humanos.
- As informações fornecidas serão consideradas confidenciais.
- Atendemos os funcionários que preferirem responder verbalmente.

Nome do funcionário ____________________

Cargo atual ____________________

Departamento ____________________

Gerência/diretoria ____________________

1. Qual o cargo que você exerce?

____

2. Quais são as suas tarefas?

____
____
____

3. Você executa tarefas que não estão diretamente ligadas ao seu cargo? Quais? Justifique.

____
____
____

4. Você tem apresentado dificuldades em exercer suas tarefas? Quais? Justifique.
Caso não tenha dificuldades em exercer suas tarefas, pule para a questão número 7.

____
____
____

5. Quais providências foram tomadas?

____

____

____

6. Como essas dificuldades poderiam ser solucionadas?

____

____

____

7. Quais os resultados esperados pela direção da empresa, considerando o seu cargo?

____

____

____

8. Você tem conseguido atingir os objetivos do seu cargo?

( ) Sim ( ) Não

Justifique.

____

____

9. Qual é a sua opinião a respeito da supervisão recebida?

( ) Ótima ( ) Boa ( ) Regular ( ) Fraca ( ) Nula

10. Como você considera o seu relacionamento com o seu líder?

( ) Ótimo ( ) Bom ( ) Regular ( ) Insatisfatório

Justifique.

____

____

11. Como você considera o relacionamento com seus colegas de trabalho?

( ) Ótimo ( ) Bom ( ) Regular ( ) Insatisfatório

Justifique.

____

____

12. Quais os equipamentos que você utiliza? São adequados?

____

____

____

13. Você tem apresentado dificuldades na utilização desses equipamentos? Explique os motivos.

____

____

____

14. O que você acredita ser necessário para executar bem as suas tarefas?

15. Apresente sugestões para ações preventivas.

16. Indique sugestões de cursos de aperfeiçoamento.

Roteiro de entrevista

(Pessoal-chave)

1. Quais os resultados desejados para a área?

2. Quanto aos resultados:
   - Atenderam ou não às expectativas da empresa? Por quê?
   - Quais as áreas e situações conflitivas? Por quê?
   - Quais os aspectos negativos que têm sido observados?
   - Qual a qualidade dos serviços prestados?
   - Qual a quantidade dos serviços prestados?

3. Descreva os planos de ação apresentados e os resultados obtidos (sucessos e fracassos).

4. Descreva os instrumentos de controle utilizados (sucessos e fracassos).

____

____

____

5. De que forma esses resultados poderiam ser incrementados?

____

____

____

6. Cite o inter-relacionamento operacional das áreas (dificuldades e facilidades).

____

____

____

7. Plano para incremento das suas atividades:

a) Conhecimento técnico que possui e/ou necessita:

____

____

b) Habilidades pessoais que possui e/ou necessita:

____

____

c) Atitudes pessoais que possui e/ou necessita:

____

____

Nas questões 8 a 21, descreva:

8. Variáveis que interferem no alcance dos objetivos:

____

____

____

9. Materiais e equipamentos disponíveis:

____

____

____

10. Estilo de supervisão:

____

____

____

11. Distribuição das tarefas:

____

____

____

12. Fluxo de tarefas:

____

____

____

13. Estabelecimento de prioridades:

____

____

____

14. Relacionamento operacional *versus* administrativo e com outras áreas:

____

____

____

15. Grau de autonomia:

____

____

____

16. Tomada de decisão:

____

____

____

17. Melhoria contínua:

____

____

____

18. Estratégia de delegação:

____

____

____

19. Sistema de comunicação:

____

____

____

20. Sugestões preventivas:

____

____

____

21. Condições físicas para o trabalho:

____

____

____

22. Na sua opinião, quais as principais características que diferenciam a sua empresa das concorrentes?
( ) Forte orientação aos clientes.
( ) Poder de negociação.
( ) Capacidade de inovação.
( ) Espírito de equipe.
( ) Competência técnica dos funcionários.
( ) Postura empreendedora.
( ) Visualização dos negócios na perspectiva das megatendências.
( ) Sintonia entre a dinâmica de trabalho e a filosofia da empresa.
( ) Possuir a imagem de uma empresa de vanguarda.
( ) Percepção das oportunidades.
( ) Ações proativas.

23. Na sua opinião, quais são os pontos mais fortes/talentos comuns à sua equipe?
( ) Forte orientação aos clientes.
( ) Poder de negociação.
( ) Capacidade de inovação.
( ) Espírito de equipe.
( ) Produtividade e realização.
( ) Alto astral.
( ) Competência técnica.
( ) Postura empreendedora.
( ) Visualização dos negócios na perspectiva das megatendências.
( ) Sintonia entre a dinâmica de trabalho e a filosofia da empresa.
( ) Possuir a imagem de uma empresa de vanguarda.
( ) Percepção das oportunidades.
( ) Ações proativas.

24. Para atingir as metas de médio e longo prazos com sucesso, quais características são fundamentais?
( ) Forte orientação aos clientes.
( ) Poder de negociação.
( ) Capacidade de inovação.
( ) Espírito de equipe.
( ) Produtividade e realização.
( ) Alto astral.
( ) Competência técnica dos funcionários.
( ) Postura empreendedora.
( ) Visualização dos negócios na perspectiva das megatendências.
( ) Sintonia entre a dinâmica de trabalho e a filosofia da empresa.

( ) Possuir a imagem de uma empresa de vanguarda.
( ) Percepção das oportunidades.
( ) Ações proativas.

Levantamento das necessidades de treinamento

(Agente de treinamento com gestores — foco na inovação)

1. Quais mudanças ou inovações deveriam ser introduzidas? Em que prazo?
   a) Melhoria ou criação de produto? Especificar:
   b) Otimização ou criação de processo? Especificar:
   c) Ambiente e relacionamento? Especificar:
2. Os funcionários são inovadores e criativos? (Estão preparados e apresentam ideias?) Especificar:
3. Quais os resultados esperados das mudanças e inovações sugeridas?
4. Quais os conhecimentos necessários?
5. Quais as atitudes a serem adotadas?
6. Quais as habilidades interpessoais a serem praticadas?
7. Quais as habilidades técnicas a serem desenvolvidas?
8. Definir a ordem de prioridade das necessidades.

Questionário de levantamento de necessidades

(Agente de treinamento com gestores e pessoal-chave — foco na resolução de problemas)

1. Clara definição do problema (o que acontece):

   Após compreender o problema, encontrar a solução e transformá-la em desejo a ser realizado. Ex.: Seria excelente se ______________________________.
2. Especificar aspectos a serem trabalhados:
   a) pessoas e cargos envolvidos (quem?)
   b) situações em que o problema se manifesta (quando, onde, como?)
   c) com que frequência?
   d) quais as possíveis causas?
3. Análise das tarefas (realidade atual):

O que faz	Como faz

4. Análise das tarefas (situação ideal):

O que deve fazer	Como deve fazer

5. Entendendo o contexto:

Pares	Subordinados
Pessoa — cargo	Pessoa — cargo

6. Em relação às pessoas diretamente envolvidas no problema:

Competências técnicas apresentadas	Competências técnicas exigidas
Treinamentos realizados	Treinamentos necessários

Habilidades apresentadas	Habilidades exigidas
Treinamentos realizados	Treinamentos necessários

7. No levantamento das condições de trabalho, leve em considerações esses itens:

Posição corporal
Deslocamento
Esforço físico
Esforço mental
Pressão psicológica
Ventilação
Iluminação
Equipamentos coletivos
Equipamentos individuais

8. Identifique os possíveis impactos:

Humanos (motivação, clima, relacionamento, comunicação, liderança, fadiga, acidentes)	Resultados para a organização (quantitativo, qualitativo)	Imagem (cliente interno, externo)	Material, equipamentos (perda, sucata, retrabalho)

Assessment

Outra forma de identificar as necessidades de treinamento é o *Assessment*, que segue, basicamente, os mesmos processos de recrutamento interno e externo. Essa forma pode ser entendida como a aplicação de técnicas diversificadas (entrevista por competências, jogos de empresa, simulações e avaliação 360 graus, ferramentas utilizadas para identificar potenciais e competências), comparando os resultados obtidos no processo como um todo com as competências necessárias para o cargo (*core competencies*), e os valores da organização *versus* valores dos colaboradores.

Frente à complexidade das técnicas, é aconselhável que momentos do feedback e do processo sejam realizados por consultorias especializadas.

Sugere-se que as *core competencies* de uma empresa façam parte do processo de seleção, assim como do diagnóstico para programas de treinamento (especificamente para cargos estratégicos). Integradas à cultura da empresa, as *core competencies* devem, obrigatoriamente:

- Estar incluídas na visão organizacional e nos valores estabelecidos.
- Estar fortemente articuladas às expectativas dos funcionários e aos novos potenciais que precisam ser desenvolvidos ou descobertos.
- Ser documentadas nas descrições de cargo ou função.
- Estar incorporadas aos resultados, objetivos e planos de desempenho.
- Incluir exemplos de comportamentos que demonstrem *skills* ou necessidades de desenvolvimento dessas competências (opcional).

Os profissionais com interesse no desenvolvimento de suas carreiras precisam ser avaliados segundo as competências listadas, incluindo, ainda, um plano de recomendações para desenvolvimento futuro. Nesse sentido, aconselhamos a aplicação da ferramenta *Assessment Center*, que visa avaliar competências e potenciais.

Deve-se ter atenção e tomar certos cuidados na identificação das *core competencies*, tais como: valor percebido pelo cliente, diferenciação entre concorrentes, capacidade de expansão e longevidade. Em processos de análise de potencial e competência, sistematizamos instrumentos que permitem mapear esses indicadores de *cores*, identificar talentos e oferecer um prognóstico de desempenho mais eficaz.

A fim de exemplificar a aplicação do conceito de *core competencies*, cito o seguinte caso:

Uma empresa-cliente queria ser reconhecida como uma inovadora em materiais de escritório. Tendo como base esse propósito, elencamos as competências fundamentais para o negócio. As escolhidas: orientação ao cliente; criatividade e inovação; flexibilidade; desenvolvimento de parcerias; e conhecimento do mercado.

A partir da escolha das competências, elas foram redirecionadas às áreas internas e desenvolvidas no grupo de funcionários da empresa. Ajustamos as competências nas descrições de cargo/funções, separando-as em dois grupos: *essenciais* e *diferenciadoras*, sempre olhando para o mercado. Todas as competências escolhidas deveriam sustentar as críticas do negócio, acima descritas, e seriam essas as competências tratadas também no diagnóstico e no plano de treinamento.

Especificamente nesse cliente, além da avaliação das competências, avaliamos as questões emocionais. Em toda avaliação de potencial e competências, é necessário colocar o avaliado diante de diversas situações, a fim de identificarmos seu comportamento: observamos o grau de empatia, de relacionamento e de controle emocional; tomamos ciência das opiniões opostas, assim como avaliamos a inteligência emocional diante de crises e conflitos. Com esse fim, lançamos mão dos seguintes questionamentos:

- Diante desse fato relatado, quais foram seus acertos e os aspectos que você precisa aperfeiçoar?
- Todos nós cometemos erros na vida, somos seres humanos. Exemplifique seu erro, expressando uma necessidade de aperfeiçoamento.
- Qual é a sua visão de futuro pessoal e profissional?
- Como você vê a causa mais comum para o insucesso de um profissional?

- Que papel tem a inteligência emocional numa situação de sucesso ou insucesso?
- Como você lida com os sentimentos do seu grupo?
- De que maneira você introduz a paixão pelo trabalho?

Partir para a ação

Mesmo que a investigação seja feita on-line, o contato pessoal ou telefônico poderá ser fundamental para o comprometimento dos participantes e o melhor entendimento das questões levantadas. A finalidade desse contato mais próximo é:

- adquirir mais e melhores conhecimentos, bem como aprofundá-los;
- contatar o ocupante do cargo para a coleta de dados sobre CHA;
- entrevistar chefias sobre necessidades e problemas;
- aplicação de questionário;
- observação, a fim de coletar ou o confrontar dos dados obtidos.

A prática de vários especialistas aponta algumas estratégias para serem aplicadas nessa etapa:

Cargos	Técnicas/instrumentos
Supervisão	Entrevistas individuais
Técnicos	Entrevistas e questionários (geral e técnico para o cargo)
Administrativos	Questionários
Operacionais	Questionários Observações nas áreas Entrevista por amostragem Entrevista individual (quando necessário)

Seja qual for a técnica e o instrumento utilizados, não esqueça das causas, efeitos e consequências dos problemas discriminados. Esse tema foi trabalhado por Gustavo Boog em seu livro, *Manual de treinamento e desenvolvimento: um guia de operações.*

Tabulação, análise de dados e sugestões

Esta etapa corresponde à organização dos dados levantados e inclui os seguintes passos:

- As informações poderão ser reunidas por área e também para a organização como um todo.
- Os dados tabulados serão relacionados entre si e em função dos objetivos, características e políticas da empresa, como também do desenho do treinamento.
- Com a análise dos dados em mãos, será apresentado um diagnóstico a respeito das necessidades de treinamento.
- Você será capaz de identificar as empresas nas quais podem ser sanadas essas necessidades.
- Você poderá sugerir soluções dos problemas por meio de outras políticas de Recursos Humanos, como: política salarial, reformulação do processo seletivo, planos de incentivos, segurança do colaborador, definição e reformulação da gestão empresarial de liderança etc.
- Você poderá utilizar um sistema tecnológico para otimização da análise.

Apresentação dos resultados

Por meio do diagnóstico feito em função das necessidades apresentadas pelos colaboradores, serão propostos os respectivos programas de treinamento. Para uma correta programação de treinamento, essa apresentação deverá ser sistematizada e fundamentada sobre os seguintes aspectos, a serem analisados durante o treinamento:

- Qual a necessidade?
- Onde foi assinalada em primeiro lugar?
- Ocorre em outras áreas? Quais as causas?
- É parte de uma necessidade maior?
- Como resolvê-la? Em separado ou com outras áreas?
- É preciso tomar outras iniciativas? Qual é a prioridade?
- A necessidade é permanente ou temporária?
- Quantas pessoas estarão envolvidas?
- Qual a ação, para que, quem, como, quando, onde, em quanto tempo e quanto custará?

Traçado o perfil dos principais problemas, elabora-se o diagnóstico com proposta de intervenção, identificando a fonte geradora de treinamentos relacionados a:

Categoria de treinamento	Objetivo do programa
Formação	Fornecer condições mínimas necessárias para o exercício do cargo.
Aperfeiçoamento	Fornecer condições de aprimoramento e melhorias para o exercício da função.
Desenvolvimento	Fornecer condições para exercer novos cargos no futuro.

Para a apresentação dos resultados, crie planilhas, usando o seu potencial criativo. Veja algumas fontes inspiradoras:

Modelo 1 Plano de Treinamento (5W e 1H)

What (O quê)	**Why** (Para quê)	**Who** (Quem)	**Where** (Onde)	**When** (Quando)	**How** (Como)

Significando:

O quê	Ações a serem realizadas.
Para quê	O resultado a ser alcançado com as ações.
Quem	Pessoa responsável pela ação, descrita na coluna "O quê".
Como	De que forma a ação será implantada.
Quando	Prazos ou periodicidades de execução.
Onde	Lugar, espaço ou posição física em que as ações serão realizadas.

Modelo 2 Pós-levantamento de necessidades de treinamento
Plano de Treinamento e Desenvolvimento (PTD)

Prioridade	
Nome do curso	
Áreas	
Número de participantes	
Características interna/externa	
Cargas horárias individual/total	
Custos individual/total	
Data prevista	
Local	
Categoria	

No campo *Prioridade*, considere:

- *Urgente*: exige ação imediata. Ela se impõe, normalmente é óbvia e nos pressiona.
- *Importante*: tem a ver com resultados da empresa. Se algo é importante, contribui para a missão, os valores e as metas prioritárias do cargo.
- *Precedência*: na ordem lógica de realização, algumas etapas antecedem, obrigatoriamente, outras.

1.4 Conclusão

Seja uma equipe de Fórmula 1, uma orquestra e sua sinfonia absolutamente harmônica, um espetáculo de balé primorosamente apresentado, a manutenção de um meio de transporte e sua segurança, uma competição, ou uma equipe de profissionais de saúde salvando vidas. Por detrás dessas atividades há pessoas envolvidas que necessitam constantemente de formação, reciclagem e aperfeiçoamentos adequados às suas responsabilidades.

Portanto, o Levantamento de Necessidades de Treinamento (LNT) objetiva coletar informações que forneçam subsídios para identificar as reais necessidades de treinamento dos participantes engajados no contexto organizacional.

Trata-se de um sistema de apoio, que, por meio de pesquisa, identifica a situação atual e a ideal, tendo como base os objetivos e as metas da empresa, dos departamentos e do grupo de colaboradores.

Deverá ser realizado mediante a participação conjunta dos representantes das diversas atividades, a fim de que colham dados resultantes da interação entre diversos setores da dinâmica interna da empresa.

As respostas verbais e/ou escritas dos colaboradores devem ser registradas em formulários próprios, para fornecer, de modo organizado, a amostra representativa do universo de opiniões e observações do conjunto organizacional.

O LNT por Competências evita o paternalismo de definir necessidades, culminando em uma listagem, que, por vezes, nada tem a ver com os interesses da organização e do colaborador. Porém, a grande maioria das organizações não dispõe de nenhum dos instrumentos apresentados neste capítulo, o que tornam bastante ásperas as atividades de treinamento, transformando assim a área de T&D em um centro de despesas, e não de lucros.

Assim como o levantamento de necessidades levará a organização a atingir seus objetivos, o *Assessment* ajudará também no diagnóstico e desenvolvimento de competências fundamentais dos profissionais para o negócio, assim como analisar as emoções ajudará os executivos a lidar com situações de mudança e agir de forma mais empática e produtiva.

> Determinar quais são as necessidades de formação pressupõe algo mais do que o executivo de treinamento se sentar atrás da sua mesa, pondo-se a pensar e escrever.
>
> WILLIAM MCGEBEE E PAUL W. THAYER

Referências bibliográficas

BOOG, G. *Manual de treinamento e desenvolvimento*. São Paulo: Makron Books, 1999.

______. *Manual de treinamento e desenvolvimento:* um guia de operações. São Paulo: Makron Books, 2001.

CAMPOS, V. F. *TQC: controle da qualidade total (no modelo japonês)*. 6. ed. Belo Horizonte: Fundação Christiano Ottoni (UFMG), 1995.

CHIAVENTO, I. *Como transformar RH (de um centro de despesa) em um centro de lucro*. São Paulo: Makron Books, 1996.

______. *Recursos humanos:* o capital das organizações. São Paulo: Atlas, 2004.

DESSLER, G. *Administração de recursos humanos*. São Paulo: Pearson Prentice Hall, 2003.

DUTRA, J. S. *Gestão por competência*. São Paulo: Gente, 2001.

______. *Competências*: conceitos e instrumentos para a gestão de pessoas nas empresas. São Paulo: Atlas, 2004.

FELIPPE, M. I. *Como analisar potencial e competências*. São Paulo: Edição própria, 2012.

FLEURY, A. *Estratégias empresariais e formação de competências*. São Paulo: Atlas, 2000.

FLEURY, M. T. L. *Gerenciando a diversidade cultural*: experiências de empresas brasileiras. Revista de Administração de Empresas, São Paulo, v. 4, n. 3. 2000.

GIL, A. C. *Gestão de pessoas:* enfoque nos papéis profissionais. São Paulo: Atlas, 2001.

KANAANE, R. *Manual de treinamento e desenvolvimento do potencial humano*. São Paulo: Atlas, 2001.

KOMATSU CAREER CREATION LTD. *Treinamento no trabalho (OJT) para gerentes (69 conselhos para formar pessoas competentes)*. Trad. Zelinda Tomie Fujikawa. Belo Horizonte: Fundação Christiano Ottoni, 1994.

MARRAS, J. P. *Administração de recursos humanos*. São Paulo: Futura, 2000.

MILIONI, B. *Dicionário de termos de recursos humanos*. São Paulo: Central de Negócios, 2003.

MILKOVICH, G. T. *Administração de recursos humanos*. São Paulo: Atlas, 2000.

NADLER, L. *Designing training programs:* ten critical events model. 2. ed. Houston: Gulf, 1994.

ODENWALD, S. B.; MATHENY, W. G. *Impacto global*: tendências mundiais em treinamento e desenvolvimento. Trad. Lenke Peres. São Paulo: Futura, 1996.

RESENDE, E. *O livro das competências*. Rio de Janeiro: Qualitymark, 2000.

Maria Inês Felippe

Atua na área de recursos humanos. Apoia as empresas em seus processos de desenvolvimento gerencial e de equipes, diagnóstico das relações de trabalho, avaliação de potencial, competências e desempenho, programas de criatividade e inovação, coaching em projetos de gestão de pessoas e soluções inovadoras de problemas organizacionais. Psicóloga, pós-graduada em administração de recursos humanos, Maria Inês obteve seu MBA em criatividade e inovação aplicada pela Universidade de Santiago de Compostela, Espanha.

Participou do Training Course on Solving Human & Organizational Problems for Brazil, no Japão. Realizou workshops e palestras pela Organização das Nações Unidas no Brasil, em Angola, África do Sul, Venezuela, Argentina, Portugal, Espanha e México. Participou como palestrante no International Business Communications (IBC) e demais congressos nacionais.

É professora de pós-graduação e MBA no Instituto Chiavenato, na Fundação Armando Álvares Penteado, na Universidade Anhembi-Morumbi e nas Faculdades de Alagoas, Maringá e Londrina. É professora convidada pela Universidade de São Paulo para ministrar aulas no curso de MBA para oficiais da Polícia Militar e, também, na Universidade de Fernando Pessoa, Portugal, onde ministra aulas no curso de MBA em Criatividade e Inovação.
Criadora e gestora do Prêmio Aparh Revista Vencer! de Criatividade nas empresas e do 10º Fórum de Inovação Aplicada ao Negócio. Possui mais de duzentos artigos publicados em revistas especializadas e na grande imprensa. É membro atuante em congressos da ABRH Nacional.
Professora e Coordenadora de MBA.

Tel.: +55 11 3836-4448 / 99990-5830
E-mail: mariaines@mariainesfelippe.com.br
Site: www.mariainesfelippe.com.br

capítulo 2

Planejamento e execução de T&D

Vicente Graceffi

2.1 Objetivos

Neste capítulo, descrevemos as ações necessárias para planejar, organizar, executar e controlar um programa de Treinamento e Desenvolvimento, atendendo as necessidades expostas no Capítulo 1 — Identificação das necessidades de treinamento por competência.

2.2 Planejamento de T&D

Para fazer o planejamento de T&D, devemos nos basear no conhecimento das seguintes informações:

- quais competências são estrategicamente importantes para a empresa, em que cargos e quantidades;
- quais competências já estão disponíveis;
- quais competências precisam ser adquiridas.

Com base nesses dados, podemos planejar como fazer, quando fazer, e que recursos humanos, materiais e financeiros serão necessários mobilizar para executar um determinado plano. Por fim, e como consequência, definimos quais os resultados esperados em termos de produtividade. O planejamento de T&D envolve algumas etapas, que serão detalhadas nas próximas seções deste capítulo.

2.2.1 Elaborar programa de treinamento para atender o LNT

Inicialmente, vamos agrupar os temas dos cursos de instrução e definir um plano macro de treinamento, conforme as necessidades apuradas pelo Levantamento de Necessidades de Treinamento (LNT), coerente com as descrições de cargos e progressão de carreira.

Algumas empresas possuem um Plano de Treinamento específico para cada carreira, detalhando as ações de integração e treinamento de novos funcionários, desde o primeiro dia de trabalho. Para aplicar as etapas da elaboração dos programas de treinamento, tomaremos como exemplo uma empresa que comercializa sistemas de informática.

1. Programa de treinamento para vendedores aprendizes

Necessidades: vendedores aprendizes precisam receber, tão logo quanto possível, informações sobre os produtos e aprender como atuar em campo.

Considerando as necessidades dos vendedores aprendizes, até a empresa formar um grupo que justifique a execução de um curso de técnicas de vendas, os aprendizes receberão material sobre os produtos para estudar, e observarão o trabalho prático de vendedores mais experientes, assimilando os conhecimentos, as habilidades e as atitudes relativas às suas funções. Para completar o treinamento, também estão previstos cursos formais de operação, técnicas de vendas, e outros na área de economia e finanças, intercalados com um breve período de prática na atividade que vai exercer. Concluído esse aprendizado, serão promovidos a vendedores plenos e receberão sua respectiva quota de vendas.

2. Programa de treinamento para vendedores plenos

Necessidades: vendedores plenos precisam receber, o quanto antes, as informações sobre os novos produtos e aprender as novas abordagens de mercado, visando maior produtividade.

Na medida em que adquirem experiência e apresentam o desempenho esperado, estarão aptos a serem promovidos a vendedores seniores, com possibilidade de atender clientes especiais e de maior porte, obtendo ganhos relativamente maiores. Deverão participar de eventos de atualização e poderão realizar treinamentos em liderança e gestão, visando futuras promoções.

3. Programa de treinamento para vendedores seniores

Necessidades: vendedores seniores também precisam receber, prontamente, informações quanto a produtos, abordagens e estratégias novas.

Deverão receber treinamento em Liderança e Gestão, visando futuras promoções, e participar de eventos de atualização.

4. Programa de treinamento para gerentes

Necessidades: gerentes devem receber informações sobre produtos, abordagens e estratégias novas.

Deverão participar de eventos de atualização.

Nota: a mesma abordagem deve ser dada às demais carreiras, apesar de não detalhadas neste capítulo.

Com base nessas premissas, é possível elaborar o programa de treinamento. Para que os vendedores possam atuar, é necessário que saibam como operar os sistemas e quais argumentos de vendas podem utilizar junto aos clientes. Para ressaltar as qualidades dos produtos, também é desejável que possuam conhecimentos de gestão econômico financeira.

A equipe que dará suporte ao sistema deve possuir conhecimentos de Tecnologia da Informação (TI), saber operar os sistemas instalados nos clientes e como diagnosticar e solucionar eventuais problemas.

Os mesmos sistemas são usados internamente, portanto, os quadros administrativos também devem saber como operá-los, além de ter conhecimentos nas áreas de Economia e Finanças. Em todas as carreiras, está prevista a evolução para cargos de supervisão e gestão, exigindo desenvolvimento comportamental de liderança e de gestão.

O LNT torna evidentes as necessidades de treinamento dos colaboradores nas diversas carreiras:

- Vendas: Operação dos Sistemas, noções de Economia e Finanças, e Técnica de Vendas.
- Suporte de Sistemas: Informática, Operação de Sistemas e diagnóstico de problemas.
- Administração: Operação de Sistemas, Economia e Finanças.
- Supervisão e gestão nos dois quadros funcionais: Desenvolvimento Comportamental, Liderança & Gestão.

Algumas capacidades são pré-requisitos para adquirir outras. Como, por exemplo, na atividade técnica: para adquirir a capacidade de diagnosticar problemas, será necessário ter, previamente, capacitação em informática; na atividade de vendas, será desejável ter noções de Economia e Finanças para melhor aproveitamento do treinamento de vendas.

Dessa forma, no Quadro 2.1, a seguir, pode-se observar os seguintes Macroprogramas de Treinamento e Desenvolvimento para as diferentes carreiras.

Quadro 2.1 Macroprogramas de treinamento e desenvolvimento

Cargo Carreira	Informática	Operação	Diagnóstico	Economia & Finanças	Técnica de vendas	Liderança & Gestão
Vendedor	Não	Sim	Não	Sim	Sim	Sim
Técnico	Sim	Sim	Sim	Não	Não	Sim
Adminis-trador	Não	Sim	Não	Sim	Não	Sim

Dependendo da complexidade e do plano de carreira, esses treinamentos vistos no Quadro 2.1 podem ser divididos em: básico, intermediário e avançado, seguindo, respectivamente, a progressão dos cargos aprendiz, pleno e sênior, por exemplo. A seguir, os temas serão separados em três grupos, de acordo com a fonte ideal para proporcionar tais capacitações:

1. **Fonte A**: capacidades de domínio público, que são encontradas no currículo de cursos regulares disponíveis no mercado, em escolas e faculdades. Dessa forma, funcionários que necessitam desses conhecimentos podem ser encaminhados para esses cursos. Enquadram-se, nesta categoria, cursos de Tecnologia da Informação, Contabilidade, Economia e Finanças.

Nota: tais capacidades, normalmente, são parte dos pré-requisitos de admissão, mas a progressão interna pode tornar necessária a capacitação de colaboradores que mudaram de carreira.

2. **Fonte B**: capacidades de domínio restrito a cursos especializados de pós-graduação ou cursos privados, disponíveis ou realizados por demanda, customizados ou não. Os funcionários que necessitam desses conhecimentos podem ser encaminhados para a realização de cursos fora da empresa, ou "in company", quando justificável. Nesses casos, recomenda-se o uso de recursos externos (escolas e/ou consultorias), uma vez que a manutenção de pessoal interno, via de regra, não se justifica economicamente. Enquadram-se, nesta categoria, cursos de MBA, doutorado, educação comportamental, idiomas etc.

3. **Fonte C**: capacidades de domínio exclusivo da empresa, relacionadas a questões de sigilo industrial, produtos de conteúdo tecnológico exclusivo, abordagens estratégicas, normas e políticas operacionais próprias etc. Nesses casos, a produção do material para ensino de tais capacidades, incluindo a condução dos eventos de treinamento, é de responsabilidade interna.

Dando sequência, incluímos, no Quadro 2.2, o critério da fonte:

Quadro 2.2 Macroprogramas de treinamento e desenvolvimento com fonte

Cargo / Carreira	Informática Fonte "A"	Operação Fonte "C"	Diagnóstico Fonte "C"	Economia & Finanças Fonte "A"	Técnica de Vendas Fonte "C"	Liderança & Gestão Fonte "B"
Vendedor	Não	Sim	Não	Sim	Sim	Sim
Técnico	Sim	Sim	Sim	Não	Não	Sim
Adminis-trador	Não	Sim	Não	Sim	Não	Sim

As fontes internas deverão ser mobilizadas e as externas consultadas para informarem a disponibilidade dos treinamentos, além de estimativa de tempo e de custos para condução dos mesmos.

Assim, já sabemos quem necessita de que capacidades, o tempo que deve dedicar para adquiri-las, quais as fontes ideais para supri-las e os recursos envolvidos.

2.2.2 Documentar os eventos de treinamento

Cada evento de treinamento deverá ter conteúdo, material de apoio e plano de aulas num "arquivo mestre", físico e/ou virtual. Esse arquivo conterá, portanto, cópia dos livros, apostilas, CDs com as apresentações em PowerPoint ou programas executáveis, vídeos e quaisquer outros materiais eventualmente utilizados.

Cada evento deverá ter um programa de aula/estudo, especificando a ordem dos temas, a metodologia aplicada, a quantidade mínima e máxima de participantes e a duração.

Veja um exemplo de plano de aulas no Quadro 2.3.

Quadro 2.3 Plano de aulas

Curso	Desenvolvimento comportamental
Metodologia	Exposição audiovisual e dinâmica de grupo
Mínimo	10 participantes
Máximo	15 participantes
Duração	Um dia integral
08h30	Integração/apresentações
08h45	O sucesso
09h30	A felicidade
10h30	*Coffee break*
10h45	O poder da mente
11h30	A psicocibernética
12h30	Almoço
14h00	Controle emocional
15h00	As qualidades essenciais
16h00	*Coffee break*
16h15	As atitudes mentais adequadas
17h00	Auto-organização
17h45	Conclusão
18h00	Encerramento

Nota: nos casos em que o tema for totalmente novo, faça uma estimativa do tempo de duração para compor o planejamento, podendo ser ajustado após verificação na prática.

2.2.3 Quantificar o treinamento necessário

Quantificar o treinamento significa somar o número de pessoas que serão treinadas em cada evento.

Uma vez identificadas as necessidades de T&D dos colaboradores atuais, somados aos que serão contratados e subtraídos daqueles que, eventualmente, sairão, teremos a quantidade de pessoas a serem treinadas em cada tema ou curso.

Para ilustrar essa situação, pode-se tomar como exemplo uma determinada empresa que possui, atualmente, 100 colaboradores na carreira de vendas, com uma previsão de terminar o período com 105 colaboradores. Ao analisar as estatísticas anteriores e o desempenho individual de seus colaboradores, estima-se a dispensa de cinco colaboradores atuais e a admissão de dez novos funcionários como aprendizes. O planejamento prevê as saídas entre fevereiro e abril, e as admissões entre março e abril, visando a melhor economia nos programas de recrutamento e de treinamento. Também foram previstas promoções entre os diversos níveis, conforme plano de carreira, em função de desempenho individual e do Treinamento & Desenvolvimento dos colaboradores atuais. Consequentemente, a projeção do quadro de pessoal de vendas pode ser visto na Tabela 2.1.

Tabela 2.1 Projeção do quadro de pessoal (vendas)

Quadro de pessoal (vendas)/mês												
Vendedores	Jan.	Fev.	Mar.	Abr.	Maio	Jun.	Jul.	Ago.	Set.	Out.	Nov.	Dez.
Aprendiz	0	0	5	10	10	10	0	0	0	0	0	0
Pleno	90	88	85	80	80	80	83	80	80	75	70	70
Sênior	5	5	5	9	9	8	15	18	18	22	27	27
Gerente	5	5	5	6	6	7	7	7	7	8	8	8
Total	100	98	100	105	105	105	105	105	105	105	105	105

Com base nessa projeção, observe o Programa de treinamentos, que sustenta essa evolução, na Tabela 2.2.

Tabela 2.2 Programa de treinamentos

Treinamento/mês	Jan.	Fev.	Mar.	Abr.	Maio	Jun.	Jul.	Ago.	Set.	Out.	Nov.	Dez.
Aprendiz												
Informação sobre produto			5	5								
Prática				5	10							
Curso de Operação					10							
Curso de Vendas						10						
Curso de Economia & Finanças						10						
Pleno												
Evento de atualização	20	20	20	20	15							
Liderança & Gestão								10				
Sênior												
Evento de atualização	5											
Liderança & Gestão								10				
Gerente												
Evento de atualização	5											

Teremos, portanto, que treinar dez novos vendedores entre março e junho, realizando os cursos de Operação, Vendas e Economia & Finanças. Nos meses de janeiro a maio, estão programados cinco eventos de atualização dos vendedores plenos e um evento de atualização para os seniores e gerentes. No decorrer do ano, 22 vendedores plenos serão promovidos a seniores, e três seniores assumirão funções gerenciais.

Dependendo da duração dos eventos, poderão ser programados mais do que um treinamento por mês, bem como o número de atendentes de um evento pode variar conforme a metodologia utilizada.

2.2.4 Definir a época ideal para o treinamento

A definição da época para realização dos treinamentos consiste em determinar o momento ideal em que cada necessidade de treinamento deve ser suprida.

Muitas empresas possuem um plano de carreira, que define, previamente, quais conhecimentos, habilidades e atitudes são necessários para cada cargo, as épocas em que deverão estar aptos a uma promoção e à atribuição de novas responsabilidades. Esse plano de carreira, praticamente, define o cronograma de treinamento para os funcionários inseridos nele.

De qualquer forma, a data dos treinamentos deve obedecer a critérios econômicos, a fim de tornar cada funcionário mais produtivo, no menor tempo possível e com a melhor relação de retorno sobre o investimento. Deve-se considerar também o tempo que o colaborador ficará ausente de suas atividades normais, embora sua produtividade e efetividade estejam prejudicadas enquanto não estiver plenamente capacitado.

Convém ainda ressaltar que a participação nos eventos de treinamento deve ser desejada e espontânea, e não compulsória. O público que será treinado também deve "comprar" seu próprio programa de treinamento, assumindo a responsabilidade sobre o mesmo, conforme contratado no momento do planejamento individual de desempenho.

2.2.5 Eleger a metodologia para cada necessidade de T&D

As metodologias mais usadas para treinamento profissional encontram-se detalhadas na Parte 3 deste livro — *Métodos e técnicas em T&D.*

Em conformidade com o conteúdo de cada evento, devemos eleger o melhor método, ou combinação de métodos, sob o ponto de vista custo *versus* benefício.

Considerando as características de cada uma das necessidades de treinamento anteriormente abordadas, podemos deduzir que algumas serão mais bem executadas pelo indivíduo isolado e concentrado, enquanto para outras o trabalho em grupo será mais conveniente, uma vez que permite a troca de pontos de vista e feedback imediato.

Assim, podemos escolher a metodologia mais adequada entre diferentes opções existentes, conforme o tipo do aprendizado, o volume de treinamento e dos recursos que a empresa dispõe.

2.2.6 Programar os eventos de treinamento

Até o momento, foi visto neste capítulo *quem, quando* e *como* treinar, resultando no programa de treinamento presente nas tabelas 2.3, 2.4 e 2.5. Definidas as metodologias que serão utilizadas e a duração de cada evento, os treinamentos foram representados em dias dentro de uma semana, conforme os asteriscos.

Tabela 2.3 Programa de treinamento para vendedores aprendizes

Vendedores aprendizes								
Evento/semana	9	10	11	12	13	14	15	20
Admissão em março								
Autoestudo	*****							
Prática (campo)		*****	*****	*****	*****	*****	*****	
Admissão em abril								
Autoestudo					*****			

Prática (campo)						*****	*****	
Curso de Técnicas de venda								*****

Tabela 2.4 Programa de treinamento para vendedores plenos e seniores

Vendedores plenos e seniores							
Evento/semana	1	2	3	4	5	6	7
Autoestudo sobre novos produtos	*****						
Integração e atualização	**	**	**	**	**	**	**
Liderança & Gestão							*****

Tabela 2.5 Programa de treinamento para gerentes

Gerentes							
Evento/semana	1	2	3	4	5	6	7
Autoestudo sobre novos produtos	*****						
Integração e atualização	**	**	**	**	**	**	**

Nota: os cursos de integração e atualização podem ser iguais e partilhados por vendedores plenos, seniores e gerentes.

2.2.7 Identificar os recursos internos e externos a serem mobilizados

Com base no programa de treinamento, a próxima etapa será organizar os recursos humanos e os materiais necessários para executá-lo. Há que se considerar, todavia, o custo *versus* o benefício de manter um quadro próprio de especialistas em T&D, que dominem todas essas necessidades.

Pelas diferentes especializações, deveria ser mantido um quadro com capacitação variada e nem sempre plenamente utilizado, o que significa um custo sem retorno. Existiria ainda o risco de desatualização e de conhecimento superficial, prejudicando a eficácia do aprendizado na empresa.

Na maioria dos casos, é recomendável um departamento de T&D que conheça profundamente as necessidades dos negócios da empresa, que participe da gestão de pessoas e que escolha a melhor relação custo-benefício para executar o programa de treinamento.

Considerando o exemplo que estamos utilizando, temos as seguintes abordagens:

- Os cursos de técnicas de vendas serão conduzidos pelo promotor de vendas (do marketing), que dedicará dois meses integrais ao treinamento no próximo período: seis semanas para ministrar cursos e monitorar o treinamento, e duas semanas de preparação e/ou revisão e atualização do material usado em treinamento de vendas.
- Será contratada uma empresa especializada em *e-learning*/CBT, para o desenvolvimento do programa de pré-estudo dos novos produtos e novas abordagens de mercado. O conteúdo será produzido pelo promotor de vendas, conforme anteriormente indicado.
- O curso de técnica de vendas para aprendizes será realizado no centro de treinamento (CT) e ocupará uma sala e demais recursos audiovisuais durante uma semana.
- Os eventos para vendedores plenos e seniores serão realizados nos locais onde a concentração de participantes for maior, reduzindo despesas com viagens e estadias. Todavia, será necessário alugar uma sala com recursos audiovisuais.
- Os workshops de Liderança & Gestão serão conduzidos por um consultor externo.
- As necessidades de treinamento de capacidades, identificadas no LNT, que estejam disponíveis em escolas regulares, serão patrocinadas pela empresa.

2.2.8 Orçar os investimentos

Nessa fase, são estimados os investimentos necessários para a execução de cada evento do programa de treinamento.

Serão considerados o custo das pessoas diretamente envolvidas (instrutores e monitores), o custo das pessoas indiretamente envolvidas (secretárias, serventes etc.), a depreciação dos equipamentos e instalações, o custo de viagens, hospedagem e refeições, o consumo de materiais (papelaria, manuais, apostilas etc.) e despesas gerais diversas (telefone, luz e energia). Todos esses valores serão pró-rateados em função do tempo dedicado ao treinamento produzido e executado internamente, bem como o custo dos treinamentos executados por terceiros contratados e/ou escolas regulares.

2.2.9 Apresentar o plano de treinamento — obter aprovação

Uma vez concluído o plano de treinamento, deve ser preparada uma "apresentação de venda", para demonstrar o racional de *quem, o que, quando, como* e *por que* treinar, além de planilhas financeiras detalhando os custos envolvidos na execução dos treinamentos, e os resultados esperados.

Essa apresentação deve:

- ser coerente com o planejamento estratégico;
- atender às necessidades imediatas e mediatas do capital humano;
- aumentar a capacidade competitiva;
- apresentar substancial retorno sobre o investimento (será detalhado no Capítulo 3).

2.3 Execução de T&D

Uma vez definido o planejamento e aprovado o programa de treinamento, deve-se dar andamento às ações programadas e controlar seus resultados. Para tanto, recomendamos seguir procedimentos desdobrados nas próximas seções.

2.3.1 Organizar e delegar responsabilidades

O quadro de pessoal do departamento de T&D é dimensionado conforme o volume de trabalho que será executado com recursos internos. Diversas funções precisam ser delegadas, como:

- *Gerenciais*: participar do planejamento estratégico da empresa; planejar T&D (obter aprovações; organizar as funções; delegar responsabilidades); estabelecer um plano individual de desempenho; contratar recursos internos ou externos; implementar os projetos e planos de ação pertinentes; divulgar os planos e programas de treinamento; comandar as iniciativas e controlar seu andamento; ajustar os programas conforme as circunstâncias; avaliar os resultados pós-treinamento.
- *Instrucionais*: ministrar cursos de uma determinada especialidade; atualizar e/ou produzir material; avaliar a participação dos participantes; interagir com fornecedores de programas especiais; interagir com gerentes diretos dos participantes; manter-se atualizado em sua especialidade.
- *Técnicas*: alocar recursos (audiovisuais, computadores etc.); manter, instalar/desinstalar os equipamentos; apoiar e orientar o uso de tais equipamentos.
- *Administrativas*: divulgar os cursos programados; reservar/alocar salas do CT; contratar salas fora do CT; controlar as inscrições e confirmar os cursos; reservar hotéis e controlar faturas; preparar e entregar pacotes de boas-vindas aos participantes; distribuir material de treinamento.
- *Recepção*: controlar e orientar a entrada e a saída de pessoas do CT.

2.3.2 Expor os planos aos instrutores

Todos os instrutores devem ter uma visão global do plano e dos programas de treinamento, pois exercerão um importante papel diante dos participantes. A troca de ideias e de experiências será sempre benéfica.

2.3.3 Divulgar o programa de treinamento

Os programas de treinamento devem ser anunciados no início das anuais da empresa para permitir que todos os interessados programem sua participação. Um cronograma geral deve ser impresso e exposto em todas as unidades operacionais, com algumas informações sobre quem deve participar de cada evento.

Após o anúncio do cronograma geral de treinamentos, os eventos, sejam de autoestudo, treinamento prático, e-learning, workshop ou curso presencial, devem ser anunciados mais uma vez, com antecedência de pelo menos um mês do seu início. O objetivo é confirmar a realização do treinamento e convocar os participantes, conforme planejamento individual de desempenho. A convocação deve ser enviada com cópia para os gerentes imediatos de cada colaborador.

2.3.4 Produzir os materiais e os programas especiais de computador

Entre as tarefas que devem ser delegadas aos instrutores e/ou especialistas nas respectivas áreas, estão:

- eleger livros para autoestudo e/ou pré-leitura;
- elaborar textos e apostilas;
- compor apresentações em PowerPoint;
- escrever o roteiro e produzir DVDs de apoio;
- desenvolver um programa especial de computador para aplicação do curso (ou contratar esse tipo de produção com terceiros);
- revisar e atualizar os materiais utilizados.

Normalmente, cada instrutor deve planejar o uso do tempo de acordo com as necessidades do curso, e controlar e produzir programas de aprendizado. Os setores de administração, engenharia de produtos, engenharia operacional, marketing e vendas devem ser parceiros na produção do material técnico e operacional, incluindo manuais, sumário das características de produtos, normas e procedimentos operacionais, abordagem do mercado etc.

2.3.5 Espaço para treinamento: programação do uso das salas do CT e contratação de salas para cursos fora do CT

Cada sala voltada para estudos e aulas deve ter condições de abrigar o número de pessoas previsto para cada evento, além de iluminação, ar-condicionado, silêncio e instalações sanitárias suficientes nas proximidades, bem como espaço para o coffee break e refeições, se for o caso. A sala também deve ser equipada com os recursos básicos, como mesas, cadeiras, quadro branco ou lousas interativas, e flip charts. O mesmo é necessário para as salas externas a serem contratadas.

Recursos como móveis especiais, projetor multimídia, microcomputadores e sonorização, utilizados de acordo com a metodologia a ser adotada no aprendizado, também precisam ser previstos.

As salas deverão ser arrumadas conforme o uso. As arrumações mais comuns para cursos presenciais são:

- Tipo auditório: cadeiras, com ou sem mesas, são dispostas em fileiras, e direcionadas para o apresentador e a tela que, neste caso, são o foco do treinamento.
- Tipo U: além do foco no instrutor, os participantes devem manter diálogos e interagir com os demais.
- Mesas redondas para pequenos grupos: para realização de trabalhos ou dinâmica de grupo.
- Cadeiras em círculo: participação intensa e igualitária de todos, sem destaque para o instrutor. Uma mesa redonda para todos pode ser ideal quando é necessário fazer anotações.

Já para autoestudo, com ou sem uso de microcomputadores, as arrumações mais comuns são:

- em forma de baias, com mesas ou racks para os computadores;
- salas simples de trabalho.

Cada sala deverá ter um quadro na porta, evidenciando sua reserva, além de uma duplicata em poder de quem vai administrar esse recurso. Veja um exemplo de quadro de reserva no Quadro 2.4.

Quadro 2.4 Exemplo de quadro para reserva de sala

<table>
<tr><th colspan="8">Sala A — Reserva de ocupação</th></tr>
<tr><td colspan="4">Período do uso</td><td rowspan="3">Responsável pelo uso</td><td rowspan="3">Objetivo do uso</td><td colspan="2">Autorizado por</td></tr>
<tr><td colspan="2">Início</td><td colspan="2">Fim</td><td rowspan="2">Dia</td><td rowspan="2">Visto</td></tr>
<tr><td>Dia</td><td>Horário</td><td>Dia</td><td>Horário</td></tr>
<tr><td></td><td></td><td></td><td></td><td></td><td></td><td></td><td></td></tr>
<tr><td></td><td></td><td></td><td></td><td></td><td></td><td></td><td></td></tr>
<tr><td></td><td></td><td></td><td></td><td></td><td></td><td></td><td></td></tr>
</table>

2.3.6 Programar e/ou prover os equipamentos necessários

O uso de equipamentos especiais e de custo relativamente elevado também deve ser programado. Cada equipamento requer um quadro de reserva de uso, similar ao das salas de aula e estudos. No Quadro 2.5 pode-se observar um exemplo.

Quadro 2.5 Exemplo de quadro para reserva de equipamento

<table>
<tr><th colspan="8">Projetor Multimídia — Reserva de ocupação</th></tr>
<tr><td colspan="4">Período do uso</td><td rowspan="3">Responsável pelo uso</td><td rowspan="3">Equipamento/ objetivo do uso</td><td colspan="2">Autorizado por</td></tr>
<tr><td colspan="2">Início</td><td colspan="2">Fim</td><td rowspan="2">Dia</td><td rowspan="2">Visto</td></tr>
<tr><td>Dia</td><td>Horário</td><td>Dia</td><td>Horário</td></tr>
<tr><td></td><td></td><td></td><td></td><td></td><td></td><td></td><td></td></tr>
<tr><td></td><td></td><td></td><td></td><td></td><td></td><td></td><td></td></tr>
<tr><td></td><td></td><td></td><td></td><td></td><td></td><td></td><td></td></tr>
</table>

O encarregado de administrar esses recursos manterá um registro das reservas e do uso efetivo de cada equipamento.

Havará um formulário para a comunicação de mau funcionamento e da necessidade de reparos dos equipamentos, conforme o Quadro 2.6.

Quadro 2.6 Formulário para comunicação de mau funcionamento de equipamentos

Comunicação de mau funcionamento/reparo de equipamento				
Data	Horário	Identificação do equipamento	Quem usava	Quem reporta
Descrição do problema				

Recebido em	Por	Visto

Providências

Data	Por	Visto	Aprovado

2.3.7 Controlar e avaliar os programas de autoestudo e treinamento prático

O próprio estudante e seu gerente direto deverão informar a realização dos programas de autoestudo e de treinamento prático. O formulário de avaliação deve conter as informações sobre o evento, e ser encaminhado ao instrutor responsável pelo programa. As informações que o formulário de avaliação deve conter, quanto ao conteúdo, material, instrutor e recursos, podem ser vistas no Quadro 2.7.

Quadro 2.7 Formulário de avaliação

Avaliação de autoestudo e/ou treinamento prático		
Treinando		
Gerente		
Programa		
Data de início	Data de término	Local

a) Quanto ao conteúdo:

Itens	Ruim	Regular	Bom	Muito bom
Introdução				
Clareza — facilidade de assimilação				
Cobertura do tema				

Exercícios práticos				
Obtenção/consolidação de conhecimentos				
Aplicação na prática				

b) Quanto ao material:

Itens	Ruim	Regular	Bom	Muito bom
Livros				
Apostilas				
Telas				
Softwares				

c) Quanto ao instrutor/moderador:

Itens	Ruim	Regular	Bom	Muito bom
Conhecimento				
Didática				
Atenção				

d) Quanto aos recursos:

Itens	Ruim	Regular	Bom	Muito bom
Equipamentos multimídia				
Sala de estudos				
Local				

Data da emissão ______________________

Assinaturas

______________________ ______________________

Treinando Gerente imediato

Outras observações no verso.

Esse formulário deverá ser analisado pelo instrutor responsável. Uma cópia será arquivada em uma pasta especial de controle do evento, e outra cópia, arquivada na pasta do funcionário treinado, passando a fazer parte de seu histórico.

Essas avaliações serão periodicamente sumarizadas e analisadas em conjunto, com o objetivo de subsidiar mudanças e melhorias no plano de T&D.

2.3.8 Controlar a execução dos cursos presenciais

Os cursos presenciais implicam em tarefas administrativas para sua realização, tais como: confirmar a presença dos inscritos, reservar hotel para aqueles que vêm de fora, recepcionar os alunos e controlar a presença.

As comunicações e as convocações prévias, além da confirmação da presença, são feitas por e-mail, sendo arquivadas em uma pasta correspondente ao evento. Nessa pasta, deverá haver também uma relação dos inscritos e um checklist das providências cabíveis, conforme o Quadro 2.8.

Quadro 2.8 Exemplo de controle de inscrições e de frequência

Controle de inscrições e de frequência

Curso ________________ Local ________________ Data ____________

Nº	Nome	Base	Conf.	Reservas	Frequência				
					Seg.	Ter.	Qua.	Qui.	Sex.
1.									
2.									
3.									
4.									
5.									
6.									
7.									
8.									
9.									
10.									

Reservas do hotel____________________ em ____________________ por__________
Reservas de sala em____ por__________
Reserva de equipamentos______________________________________ por__________
Entrega de pacote de boas-vindas em___________________________ por__________
Instrutor____

- *Confirmar inscrições*: o gerente direto de cada participante deve confirmar sua presença com quinze dias de antecedência. Já o encarregado de confirmar os cursos precisa emitir a correspondência com instruções quanto a hotel, data de início, local e horário do curso, pelo menos dez dias antes do início do curso.
- Reservar hotéis: deverá ser feita a reserva do hotel para os participantes de outras cidades, especificando quais itens da estada são custeados pela empresa, sendo, normalmente, café da manhã e telefonemas locais. De acordo com a duração do curso, poderá ser incluído algum serviço de lavanderia e telefonemas interurbanos e internacionais.
- *Orientação na chegada*: é muito importante fornecer aos participantes um pacote de boas-vindas com orientações gerais, material para leitura e de uso durante o evento. Esse pacote poderá ser entregue no local de trabalho do participante, quando ele re-

sidir próximo à área do evento, ou logo na chegada ao hotel. Para aqueles que vêm de fora, também é conveniente disponibilizar informações sobre a cidade, com um mapa e recomendações sobre pontos de interesse, restaurantes etc.

- *Avaliar a participação (presença/pontualidade/atitudes)*: no encerramento do curso, é necessário que os participantes e os instrutores preencham um formulário de avaliação, semelhante àquele usado para autoestudo e treinamento prático, incluindo a avaliação do instrutor, conforme Quadro 2.9.

Quadro 2.9 Avaliação de cursos presenciais

Avaliação de cursos presenciais

Treinando ______________________ Instrutor ______________________
Curso ____
Data de início ____________ Término ____________ Local ____________

a) Quanto ao conteúdo:

Itens	Ruim	Regular	Bom	Muito bom
Introdução				
Clareza — facilidade de assimilação				
Cobertura do tema				
Exercícios práticos				
Obtenção/consolidação de conhecimentos				
Aplicação na prática				

b) Quanto ao material:

Itens	Ruim	Regular	Bom	Muito bom
Livros				
Apostilas				
Telas				
Softwares				

c) Quanto ao instrutor:

Itens	Ruim	Regular	Bom	Muito bom
Conhecimento				
Didática				
Atenção				

d) Quanto aos recursos:

Itens	Ruim	Regular	Bom	Muito bom
Equipamentos multimídia				
Sala de estudos				
Local				

e) Quanto ao participante do curso (a ser preenchido pelo instrutor):

Itens	Ruim	Regular	Bom	Muito bom
Preparo — pré-estudo e requisitos				
Participação/interação				
Aproveitamento				
Hábitos pessoais				

Data da emissão ______________________________

Assinaturas

______________________________ ______________________________

Treinando Gerente imediato

Caso necessário, acrescente observações no verso.

Nota: transparência nas críticas e sugestões por parte dos participantes e dos responsáveis é fundamental. Por essa razão, recomendamos o uso de formulário comum, assinado por ambas as partes.

2.3.9 Avaliação pós-treinamento

Os planos de treinamento existem para aumentar a produtividade, motivar e melhorar a atitude, preparando o colaborador para progredir na carreira.

Quando esses objetivos são atingidos, o plano pode ser considerado um sucesso real e inquestionável. Não obstante os bons comentários e a satisfação de todos, somente na prática os resultados validarão os esforços e os investimentos aplicados.

Para isso, devemos comparar os aspectos objetivos e subjetivos do desempenho de cada colaborador assistido pelo plano, antes e depois do treinamento. Assim, o gerente imediato do treinando deverá responder algumas questões, de acordo com o formulário cujo modelo pode ser visto no Quadro 2.10.

Quadro 2.10 Avaliação pós-treinamento

Avaliação posterior ao treinamento

Funcionário ______________________________ Unidade ____________________
Cargo atual ______________________________ Desde ____________________
Cargo anterior ____________________________ Desde ____________________
Cargo inicial ______________________________ Admissão ____________________

Programa de treinamento sob avaliação
Evento ______________ Data ________ Evento ______________ Data ________

Avaliações

Itens	Antes	Depois	Variação +/–
Objetivos			
Produtividade (exemplos) • Vendas (peças produzidas) • Margem (refugo) • Pedidos × propostas (horas produtivas) • Índice de satisfação — clientes internos • Índice de satisfação — clientes externos			
Conhecimentos • Produtos • Uso de ferramentas • Contribuições tecnológicas • Atualidade			
Habilidades • Liderança • Criatividade • Rapidez de raciocínio • Habilidades motoras			
Subjetivos			
Atitudes • Entusiasmo • Solidariedade/colaboração • Responsabilidade • Iniciativa • Atenção • Equilíbrio emocional			

Notas:
Avaliações objetivas = valores/quantidades/variação percentual + ou – Avaliações subjetivas.
Negativo = Abaixo dos requisitos mínimos do cargo. Requer atenção.
Insatisfatório = Atende parcialmente aos requisitos do cargo.
Satisfatório = Atende totalmente aos requisitos do cargo.
Excelente = Excede os requisitos do cargo. Pode ser promovido.

Como desfecho do processo de gestão de pessoas, o sistema de planejamento e avaliação de desempenho individual, independentemente da metodologia adotada, é uma ferramenta indispensável. Implantado de forma integrada ao próprio planejamento operacional, vincula os objetivos profissionais aos objetivos pessoais de realização, situação econômica, orgulho e felicidade, criando condições para um engajamento total.

2.4 Conclusão

T&D é, na prática, uma atividade especializada dentro da empresa. Ou seja, um provedor de serviços que tem como objetivo prover a qualificação do capital humano, por meio do desenvolvimento de competências que promovam o melhor desempenho de cada colaborador.

Uma empresa sem as competências necessárias está fadada ao fracasso, não importando o conhecimento científico que detenha, o ramo de atividade a que se dedique, o tamanho ou o capital financeiro disponível.

T&D atua de forma independente da operação final da empresa e, portanto, requer uma gestão integral, englobando:

- Planejamento coerente com os planos da empresa, para desenvolver as competências essenciais para o seu sucesso.
- Organização dos recursos necessários para cumprir esse plano.
- Execução dos planos dentro da melhor relação custo-benefício, com qualidade e profissionalismo.
- Controle para aprimoramento dos planos, melhora de resultados operacionais da empresa, e justificação de investimentos.

Referências bibliográficas

DRUCKER, P. People are our greatest asset. In: *Management*: Tasks, Responsibilities, Practices. Nova York: Harper Business, 1993.

GRACEFFI, V. *As melhores práticas de gestão de empresas*. São Paulo: GD, 1998.

KIRKPATRICK, D. L. *Evaluating training programs*: the four levels. São Francisco: Berrett-Koehler, 1998.

ROBINSON, D. G.; ROBINSON, J. C. *Moving from training to performance*. São Francisco: Berrett-Koehler/ASTD, 1998.

Vicente Graceffi

Sócio-fundador da V. Graceffi Consultoria de Desenvolvimento Empresarial, Vicente Graceffi é formado em contabilidade pelo, então, Colégio Salete, de São Paulo. Frequentou cursos fechados e abertos nos Estados Unidos, nas áreas de sistemas de informação, vendas, desenvolvimento organizacional, planejamento estratégico, liderança e gestão de pessoas, entre outros. Desenvolveu e implantou sistemas de informação em grandes empresas e órgãos governamentais no Brasil, além de possuir experiência em cargos de diretoria nas áreas de vendas, marketing, treinamento e desenvolvimento organizacional, recursos humanos, planejamento estratégico e serviços de informática, em uma empresa multinacional, na qual trabalhou durante 34 anos. Elaborou e conduziu cursos de vendas, desenvolvimento gerencial, sistemas gerenciais, gerência de projetos e planejamento empresarial, entre outros, nos principais países da América Latina. Também é autor do livro *As melhores práticas de gestão de empresas*.

Tel.: +55 17 3222-4079
E-mail: vicente.graceffi@terra.com.br

capítulo 3

Avaliação de resultados — retorno do investimento

Cristina Palmeira

3.1 Objetivos

Sob a ótica do retorno do investimento, assim como a identificação das necessidades de treinamento, o planejamento, a execução das ações e a avaliação de resultados são essenciais para quem trabalha com treinamento e desenvolvimento seja para aquele que sugere programas de treinamento solicitando verba e apoio à alta gerência; aquele que controla ou aprova o orçamento de T&D ou algum programa de treinamento específico; ou ainda aquele que apresenta uma proposta a um potencial cliente.

Provar que o investimento feito em um programa de treinamento, ou na gestão de T&D, causa impacto positivo nos resultados da organização é um diferencial em um ambiente organizacional de constantes mudanças, cortes, pressão por resultados gerenciais e de recursos humanos, reduções orçamentárias e de pessoal.

Neste capítulo, serão apresentados os conceitos fundamentais de avaliação de resultados e orientações práticas para implementá-la em seu programa, departamento, diretoria ou empresa de treinamento, abordando as seguintes temáticas:

- Os benefícios, para a organização, resultantes do valor investido nos programas de T&D.
- Os meios existentes para avaliar se o treinamento obtém resultado.
- A aplicação do conceito de ROI financeiro em treinamento.
- O cálculo do ROI de treinamento.
- A rotina operacional e o ponto de partida da avaliação de treinamento.

3.2 Conceitos fundamentais de avaliação de resultados

Grande parte dos autores que já escreveram sobre o tema toma como referência Donald Kirkpatrick, que, hoje, continua seu legado por meio da consultoria administrada por seu filho. Em seu famoso modelo de avaliação de treinamento, cujas primeiras referências datam de 1975, o treinamento é avaliado em quatro níveis, conforme a Figura 3.1.

Figura 3.1 Modelo de avaliação de treinamento Kirkpatrick (1975)

No nível 1, é verificado se os participantes gostaram do treinamento. O objetivo é avaliar o conteúdo, o programa, o material didático, o local, a carga horária e o instrutor do treinamento, a fim de melhorar a realização do treinamento no futuro e, até mesmo, eliminar programas que não atenderam as necessidades dos participantes ou daqueles que custearam o treinamento.

Entretanto, gostar do treinamento não é suficiente para avaliar se ele é benéfico para a organização. Considerando os objetivos dos programas de treinamento, como transmitir conhecimentos, desenvolver habilidades e/ou atitudes, há ocasiões em que o conteúdo do treinamento é exposto de uma ótima forma — por exemplo, uma palestra ministrada por um interlocutor com total domínio de palco, ou atividade vivencial que entusiasma a turma —, mas que, ao final, não proporciona aprendizado, restando aquele sentimento de vazio por não ocorrer transferência entre a experiência vivida e a prática no trabalho.

Gostar de um treinamento não é sinônimo de aprendizado garantido. Sendo assim, no nível 2, é avaliado o que os participantes aprenderam, ou seja, o que passaram a saber ao final do treinamento, que antes desconheciam, ou o que adicionaram ao que já sabiam.

Contudo, se os participantes gostaram do treinamento e aprenderam o conteúdo transmitido, sabendo como implementá-lo na rotina de trabalho, estaremos no nível 3 da avaliação. Neste nível, é necessário observar o desempenho de cada participante após o treinamento. O objetivo é identificar se ele aprendeu e conseguiu mudar seu comportamento no trabalho, fato que pode não acontecer por motivos extrínsecos ao participante (como a falta de uma ferramenta no ambiente de trabalho) ou intrínsecos (como a falta de motivação e desejo de mudar).

Por fim, se o treinamento gerou mudanças no comportamento do participante no trabalho, é preciso verificar se elas provocaram impacto nos resultados da organização: o nível 4 da escala de Kirkpatrick. Após o treinamento, é possível verificar, em dados numéricos, extraídos de relatórios ou da observação de participantes, supervisores ou do próprio avaliador, se:

- os custos reduziram;
- houve aumento de vendas ou produção;
- o *turnover* (rodízio de pessoal) diminuiu;
- o índice de satisfação do cliente melhorou;
- o número de reclamações reduziu;
- houve melhoria da qualidade da produção, com diminuição de produtos rejeitados ou retrabalhados;
- os lucros foram mais altos;
- houve melhoria no moral das equipes.

Além desses exemplos, podem existir outros indicadores de resultado; entre eles — aquilo que muitos profissionais de T&D sonham provar e muitas vezes se frustram por não conseguir —, se houve retorno do investimento em treinamento.

No nível 4 de Kirkpatrick, Jack Phillips (2003) identificou a possibilidade de converter parte desses dados em valores monetários, isolando-os, e comparar os benefícios obtidos por meio do programa de treinamento com os custos, ao trazer o conceito de ROI financeiro para T&D. O *return on investment* (retorno do investimento) é baseado na seguinte fórmula:

$$ROI = \frac{\text{Benefícios líquidos (benefícios – custos)} \times 100}{\text{Custos}}$$

O que não puder ser convertido ou calculado com essa fórmula será considerado benefício intangível.

Com base em pesquisas, testes, práticas e orientações para empresas, desde 2000, publiquei o Modelo de Avaliação de Programas de Treinamento, Capacitação e Formação Profissional, em 2009. Nesse modelo, foi adicionado o nível 0, de embasamento estratégico — para que, no desenvolvimento do curso, seja identificada a meta estratégica que o treinamento visa suportar ou fomentar —, mantidos os níveis 1 e 2 de Kirkpatrick, e agrupados os níveis 3 a 5 (nas escalas de Kirkpatrick e Phillips) em um único nível 3, de impacto, com a intenção de facilitar a análise e não bloquear o processo de medição quando não for possível converter resultados em dados monetários. Veja na Figura 3.2.

Figura 3.2 Modelo de avaliação de programas de treinamento

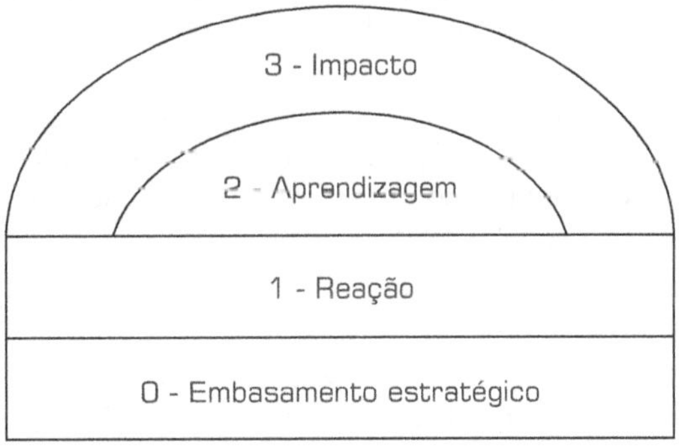

3.3 Roteiro e ação

Dividido em cinco etapas, acompanhe o roteiro e veja como avaliar os resultados de um determinado evento ou programa de treinamento.

1ª Etapa — A escolha do treinamento

Comece escolhendo um treinamento que atenda aos seguintes tópicos:

1. Os objetivos do treinamento devem estar descritos e atender a uma ou mais estratégias organizacionais. Parte-se do princípio de que todo evento em T&D tem embasamento estratégico (o nível 0).
2. Os resultados numéricos devem poder ser obtidos por meio de relatórios existentes.
3. É importante que haja apoio do patrocinador e do supervisor do participante desde a etapa de planejamento.
4. Deve ser relevante para a empresa, uma vez que absorve parte considerável do orçamento de T&D, também podendo ser aquele que oferece o maior número de turmas.

Opcional:

5. Treinamento com longa carga horária deve ser opcional, uma vez que é uma escolha que pode gerar críticas por parte dos supervisores dos participantes, por afastá-los tempo demais de sua rotina de trabalho.

2ª Etapa — Determinar os custos do treinamento

Uma vez escolhido o evento a ser mensurado, deve-se relatar os custos relativos à sua execução.

- **Instrutor**

a) *Externo*: calcular o valor dos honorários de um ou mais instrutores.

b) *Interno*: dividir o salário (com ou sem impostos) de cada instrutor pelo número de horas/mês e multiplicar pelo número de horas dedicado ao programa de treinamento avaliado. Considerar não apenas as horas de treinamento, mas também as horas empregadas no planejamento e no desenvolvimento do curso. Normalmente, para cada hora apresentada, são gastas quatro horas no planejamento.

- **Ambiente físico**

a) *Interno*: o custo, neste caso, é zero. Apesar de haver a possibilidade de incluir custos relativos ao uso do local físico (gastos com a iluminação de uma sala, por exemplo), muitas vezes, ele é irrelevante. O custo de infraestrutura é apurado por algumas empresas, o que facilita o rateio proporcional entre salas de aula e escritórios. Convém destacar, entretanto, que há determinados tipos de treinamento em que o custo de não retirar o participante de dentro da empresa pode ser maior do que aquele realizado em sala externa — situação em que o funcionário não se desliga do trabalho, não consegue se concentrar e não aprende o que foi ensinado, ou até mesmo sai da sala e não retorna ao treinamento.

b) *Externo*: incluir o custo pelo local durante o período do treinamento. Quando realizado em hotéis, onde os participantes estão se hospedando, o aluguel da sala muitas vezes é negociado como um bônus, e o custo, neste caso, também é zero.

- **Hospedagem e transporte**

Se houver necessidade de enviar o instrutor ou os participantes para outros locais, incluir custos de hotel, avião, carro, táxi, trem, ônibus e reembolso da gasolina, caso o participante utilize veículo da empresa ou próprio para chegar até o local do treinamento. Em programas ministrados parcial ou totalmente a distância, essa categoria de custos pode ser reduzida.

- **Material didático e tecnologia**

Estão incluídos todos os gastos com equipamentos para a apresentação do treinamento (como projetor, computadores alugados etc.) e material distribuído aos participantes. Custos de brindes, para reforçar a ideia do treinamento (como canetas e camisetas), também devem ser incluídos. No caso de treinamentos a distância, é preciso colocar no cálculo linha de telefone, tempo de uso do satélite e Internet, se for o caso. Em educação a distância (EAD), é importante alocar o custo do desenvolvimento do curso, ainda que *pro rata*, ou seja, situações em que, dependendo do número de turmas, pode-se pagar o curso, zerando esse custo para as turmas seguintes.

- **Alimentação**

De acordo com a necessidade de cada programa de treinamento e orçamento, pode-se incluir *coffee breaks* nos intervalos do curso, almoço, coquetel e café da manhã de boas-vindas, para integração dos participantes. Custos com café e água dentro da sala de aula, visando o bem-estar dos participantes e do instrutor, também devem ser considerados.

- **Salário de outros envolvidos no treinamento**

Caso haja recepcionista, deve-se computar o salário proporcional às horas trabalhadas para o treinamento. Se o treinamento for feito durante o expediente, mas não prejudicou as operações do dia a dia, não é necessário calcular o salário proporcional dos participantes. Em treinamentos de vendas, nos quais, normalmente, o tempo do participante na sala de aula implica na perda de vendas, divide-se o salário pelo número de horas/mês e multiplica-se pelas horas afastadas do trabalho, empregadas para o treinamento — o que também é aplicado para cursos de longa duração. Em treinamentos operacionais, convém atentar ao custo de horas extras.

A soma de todos os custos citados representa o custo total do investimento em treinamento e desenvolvimento.

3ª Etapa — Avaliação dos resultados de treinamento por nível

Deve-se verificar se existe uma ferramenta de avaliação de cada nível a ser observado, estruturando um planejamento de avaliação para cada nível. Seguindo a escala de Kirkpatrick:

- **Nível 1: reação**

Todos os programas de treinamento, sem exceção, são ou deveriam ser avaliados nesse nível. É necessário ter um registro do treinamento ministrado, além da lista de presença. Um relatório do instrutor, avaliando o andamento do treinamento e o comportamento dos participantes, pode complementar as observações reportadas no questionário de satisfação, colhendo, assim, as impressões com os principais atores envolvidos na capacitação.

Milioni (2004) suscitou a discussão para o fato de que, muitas vezes, são colocados, no mesmo questionário, valores como a atuação do instrutor e a qualidade do *coffee break*. Se pensarmos que, em uma sala de aula, a proximidade a uma obra barulhenta, por exemplo, pode prejudicar o desempenho do instrutor e a atenção dos alunos, entende-se que há relação causa e efeito entre essas variáveis. Porém, recomenda-se que essas variáveis sejam observadas e analisadas separadamente: um formulário para a parte cognitiva do treinamento (instrutor, conteúdo, duração) e outro para a parte operacional (ambiente, hospedagem, alimentação, equipamentos). Ou que, pelo menos, seja avaliada a parte cognitiva, e a parte operacional seja abordada no verso do formulário, ou na tela seguinte, quando se tratar de uma avaliação on-line.

Recomenda-se que o questionário de reação não seja feito no final do treinamento, quando os participantes podem estar eufóricos, não percebendo eventuais melhorias que poderiam ser incluídas em uma próxima turma, ou com pressa para deixar o treinamento e partir para outros compromissos.

Porém, uma vez que não seja possível responder ao questionário após uma semana do treinamento, em razão da estrutura ou falta de engajamento dos participantes, com estímulo a mais ou não (como um texto sobre o assunto), é melhor que seja respondido no final — tendência que tem voltado a ganhar espaço em grandes eventos — do que não fazê-lo.

- **Nível 2: aprendizagem**

Patricia Phillips (2002) sugere que 70% dos programas de treinamento deveriam ser avaliados neste nível. O que surpreende é que, no Brasil, tradicionalmente, observa-se a avaliação de reação e, experimentalmente, a avaliação na mudança de comportamento, mas o nível 2 não costuma ser observado. Isso acontece por dois motivos: o primeiro é que a educação no Brasil relaciona a aplicação de provas à punição e recompensa; e, segundo, porque a criação de ferramentas de mensuração da aprendizagem exige um investimento considerável de tempo.

No entanto, se pensarmos em um treinamento com foco em competências (conhecimentos, habilidades e atitudes), é possível criar um teste de múltipla escolha, ou discursivo, com algumas perguntas que avaliem se o participante aprendeu o conteúdo transmitido. Uma avaliação anterior e outra posterior ao treinamento podem ser o suficiente para mostrar a diferença entre o que foi aprendido, ou seja, o que a pessoa sabe depois do treinamento, que não se sabia antes. Outra possibilidade é perguntar ao participante que conceitos transmitidos no treinamento são novos para ele. Grupos de controle também podem ser utilizados, ao comparar, com a mesma ferramenta de avaliação, dois grupos de participantes: um que já passou pelo treinamento e outro que ainda não.

- **Nível 3: mudança de comportamento**

Da mesma forma que durante a faculdade deve-se realizar trabalhos que permitam vislumbrar na prática o que é ministrado em sala de aula, de modo a enriquecer a experiência acadêmica, os treinamentos também precisam de aplicação prática. Por isso, alguns autores, assim como eu, acreditam que 50% dos programas de treinamento poderiam ser avaliados nesse nível.

Empiricamente, muitos gestores brasileiros sabem fazer avaliação de desempenho, semestral ou anualmente. Entretanto, ao se fazer uma entrevista de observação do desempenho do participante no trabalho, após o treinamento, com base nos objetivos descritos no início do treinamento, é possível observar se o resultado foi positivo no dia a dia do participante e, caso tenha sido negativo, identificar os possíveis motivos para esse resultado.

A primeira avaliação desse nível pode acontecer 30 dias após o treinamento. Deve ficar claro que é a primeira, porque a tendência é que, com o passar dos meses, a curva de aprendizado decresça e a aplicação no trabalho tenha seu impacto diminuído. Portanto, é preciso avaliar novamente e reciclar conceitos transmitidos, ou somente relembrar os tópicos discutidos no treinamento (isso pode ser feito pelo líder do participante na empresa).

Pequenos brindes de mesa ou cartões de bolso, para consulta quando necessário, além de e-mails de reforço, podem ser instrumentos para reativar, na memória, o que foi aprendido durante o treinamento.

- **Nível 4: resultados**

Para avaliar o impacto do treinamento nos resultados organizacionais, após observar o trabalho do participante, será necessário procurar dados em relatórios, e entrevistar o treinando, e/ou seu superior imediato. Estima-se que em 20% ou mais dos programas de treinamento esse tipo de avaliação seja possível. Os dados necessários são relativos a:

a) *Quantidade*: produtos ou serviço concluídos; número de clientes, pedidos atendidos etc. O aumento é um resultado positivo e desejado por um treinamento (indicador esperado que deveria ser incluído nos objetivos). O contrário, ou seja, a diminuição, é indesejada e requer revisão do nível 3 de Kirkpatrick. Como exemplo de resultado negativo, imagine um posto de gasolina: vários clientes deixam de abastecer seus automóveis ali, porque há poucos frentistas, o que torna o atendimento demorado. Após um treinamento, os frentistas insistem em oferecer produtos adicionais nos momentos de pico, tornando o atendimento ainda mais lento, o que faz com que menos clientes abasteçam no posto.

b) *Economias*: diminuição de horas extras, tempo parado, atrasos, afastamentos por motivo de saúde etc. Comumente se diz que não é possível mensurar o que é intangível. Pense em um treinamento motivacional para uma equipe com questões de comportamento e de relacionamento a serem melhoradas. No final do treinamento, um plano de ação é feito. Após alguns meses, observam-se menos faltas, menos atrasos, menos tempo ocioso, menos tempo gasto com fofocas, menos dinheiro gasto em contas telefônicas. O cálculo da economia obtida pode pagar o investimento realizado no treinamento. Um funcionário que a empresa retém evita novo investimento e tempo para recrutar e desenvolver as capacidades de outro.

c) *Qualidade*: diminuição de queixas, aumento da satisfação do consumidor, diminuição do custo de refazer um produto, menos acidentes, menos erros, mais acertos etc. Um restaurante, por exemplo, pode calcular a perda de um cliente fiel por conta do mau atendimento de um funcionário que não foi treinado. Uma fábrica sabe quanto custa um produto defeituoso. Qualquer empresa consegue quantificar o prejuízo após um incêndio por causa da falta de manutenção dos extintores e sabe também o custo de um treinamento de combate a incêndio, que pode ser mínimo diante dos benefícios que esse tipo de treinamento pode gerar.

4ª Etapa — Cálculo do ROI de treinamento

Esse nível é considerado o mais difícil — em congressos internacionais estima-se que de 5% a 10% dos programas deveriam ser avaliados nesse nível. Se já foram calculados os custos e observados os benefícios quantificáveis, podem-se aplicar esses valores na fórmula de ROI, reportando-se como benefício adicional o que for intangível.

5ª Etapa — Comunicar os resultados

Todo e qualquer resultado deve ser comunicado a quem pagou a conta e a quem investiu seu tempo em participar no treinamento. O modo de apresentar esses resultados ou o número de páginas do relatório varia de acordo com o público, que pode ser um funcionário técnico ou até mesmo o presidente da empresa.

3.4 Pré-requisitos

Para avaliar os resultados de um programa de treinamento, conheça quais são os pré-requisitos necessários no seguinte checklist:

1. Escolha do programa de treinamento.
2. Cálculo dos custos do treinamento, analisando o investimento que será feito sem gasto desnecessário de dinheiro.
3. Existência de ferramentas para avaliar cada nível.
4. Caso não exista, primeiro construa uma metodologia de avaliação para cada nível, antes de medir o retorno financeiro.
5. Possibilidade de calcular os benefícios do treinamento.
6. Possibilidade de calcular o ROI de treinamento para o programa escolhido.

3.5 Cuidados e problemas

Uma vez que o treinamento é feito com seres humanos, nem tudo pode ser mensurado sob a forma do ROI financeiro, até porque nem todos os programas visam um resultado financeiro. Há treinamentos que são feitos para sanar emergências, por exemplo, treinar um recepcionista porque outro deixou a empresa.

Se os participantes do treinamento não souberem, realmente, a importância de o RH ou a área de treinamento ter acesso aos resultados, ou que dediquem parte do seu tempo, no futuro, para responder a avaliação de impacto, eles não contribuirão com os dados e o processo será comprometido. Da mesma forma, se a alta gerência não for informada, desde o início do processo, poderá não apoiar o investimento de tempo dos participantes e do RH na avaliação.

A avaliação de resultados de treinamento deve ser feita quando o RH entende e participa das decisões pertinentes ao negócio e é respeitado pela alta administração.

A propósito, parece óbvio, mas é interessante lembrar: os custos para medir os resultados de treinamento não podem ser superiores ao custo do próprio treinamento. Tornar essa avaliação o mais fácil e prática possível é questão de tempo, ou de dar tempo para que a prática dê agilidade ao processo.

Mas e se alguém alegar que o treinamento não é responsável única e exclusivamente pelos resultados obtidos? A resposta é simples, como em química, nas Condições Normais de Temperatura e Pressão (CNTP), se nada adicional aconteceu nas condições do ambiente e do mercado, o treinamento é responsável. Se outras variáveis influenciaram, o treinamento pode ter colaborado com algumas práticas, como uma diminuição de preço, por exemplo. E se houver melhoria no resultado da organização, não é bom dizer que o treinamento também contribuiu? Pode-se estimar um percentual a ser atribuído ao treinamento.

Vale também lembrar que ir diretamente ao nível de medição de ROI de treinamento é tentador, mas passar por todos os níveis facilita a obtenção de resultados nível a nível — isso é um fato!

3.6 Formulários

Avaliação para nível 0 — Embasamento estratégico

(no desenvolvimento do programa)

Programa: ____________________

Meta(s) organizacional(is) relacionada(s): ____________________

Incluir metas do planejamento estratégico da empresa, como manter índice de 70% de satisfação, por exemplo.

(no alinhamento do participante ao programa)

Funcionário: ____________________
Meta(s) organizacional(is) relacionada(s): ____________________

Incluir metas do plano individual do funcionário, da avaliação de desempenho ou do plano de carreira.

Competência — *status* atual × *status* desejado: ____________________
Identificar a competência a ser desenvolvida ou mantida.

Custo total do investimento

Instrutor	
Ambiente físico	
Hospedagem e transporte (se existentes)	
Material didático/equipamentos/tecnologia	
Alimentação	
Salário de outros envolvidos no treinamento	
Total	

Avaliação de reação

Nome do treinamento		(Cabeçalho preparado pelo responsável pelo treinamento)
Objetivos do treinamento		
Instrutor		

Nome do participante: Data:

Prezado participante,

Agradecemos, antecipadamente, sua atenção em preencher esta avaliação com a maior sinceridade possível (sua identificação é opcional), pois ela nos ajuda a melhorar o treinamento para colegas que, no futuro, venham a fazê-lo, assim como identificar áreas em que gostaria de desenvolver suas competências com outros treinamentos. Utilize o verso para mais observações.

Equipe de treinamento

1. Na escala de 5 a 1 (considerando **5**: muito bom; **4**: bom; **3**: regular; **2**: fraco; **1**: muito fraco); atribua um grau para cada um dos aspectos do treinamento:

Programa do curso ______
Conteúdo______
Instrutor ______ *(escreva o nome de cada um se houver vários)*
Aspectos audiovisuais ______ *(apresentação, vídeos)*
Material didático ______ *(brochuras, CDs, livros)*

2. Carga horária (escolha a opção mais adequada):
( ) Longa ( ) Suficiente ( ) Curta

3. Se você atribuiu nota menor ou igual a 3 para algum dos aspectos acima, por favor, justifique e explique o que poderia ser melhorado no futuro.

4. Você acha que os objetivos do treinamento foram alcançados? Por quê?

5. O que mais contribuiu para o seu trabalho? Por quê?

6. O que você gostaria que fosse aprofundado?

Opção — Avaliação de reação

1. Escolha a opção que mais se aproxima da sua posição, para cada uma das afirmativas a seguir (considerando **1**: Discordo totalmente; **2**: Discordo parcialmente; **3**: Concordo parcialmente; **4**: Concordo totalmente; **5**: Não concordo nem discordo*):

a) Considero que os objetivos propostos para o curso foram alcançados.
b) Obtive novos conhecimentos e habilidades por meio do curso.
c) De acordo com minha experiência até o momento, considero o conteúdo do curso aplicável em meu trabalho.
d) Acredito que vou aplicar no meu trabalho o que aprendi neste curso.
e) O professor domina o assunto do curso.

Em caso de discordância para uma das afirmativas anteriores, por favor manifeste seus comentários no verso.

2. Em relação à meta individual ou à competência para a qual você foi indicado para esse programa de capacitação, respondas as seguintes questões:
a) Qual o percentual de contribuição potencial para o seu trabalho? ______ %
b) Em que o treinamento contribuiu?
c) Em que poderia ter contribuído mais?

*Note que a última opção (Não concordo nem discordo) foi deslocada da tendência central.

Avaliação de aprendizagem

(Para construir esta avaliação, consulte especialistas ou estabeleça até cinco pontos do conteúdo para verificação.) Exemplos: Resuma o que você aprendeu neste curso./Explique quais os principais passos para realizar uma avaliação de treinamento.

Avaliação de aprendizagem para um professor/instrutor em sala de aula

(com ou sem o facilitador — para questionário, quadro ou resposta oral)

Sobre o tema, qual a porcentagem de aumento do seu aprendizado?	O que você aprendeu em adição ao que já sabia?	Qual tópico trabalhado poderia aprender mais?	Como vai aplicar o que aprendeu?	Pontos fortes do curso**	Pontos de melhoria**
___%					

** Esta avaliação de aprendizagem também observa itens de reação, que interferem no aprendizado.

Avaliação de mudança de comportamento

(Esta avaliação deve ser feita um mês após o treinamento. Depois de ter sido respondida pelo participante, deve ser encaminhada ao supervisor do participante)

Nome do treinamento		(Cabeçalho preparado pelo profissional responsável pelo treinamento)
Objetivos do treinamento		
Instrutor		
Data de realização do treinamento		

Nome do participante: Data:

1. Considerando o treinamento que você participou, como você sente que as competências descritas abaixo foram melhoradas? Escreva uma estimativa de 0% a 100% e fique à vontade para adicionar seu comentário.

a) Conhecimento sobre _____ _____%
b) Habilidade em _____ _____%
c) Atitude positiva perante _____ _____%

____

____

2. *(Questão para o supervisor)* Em que grau você concorda com as informações acima? Por favor, adicione seus comentários em relação ao desempenho do funcionário após o treinamento. Se a melhoria na performance não era o objetivo do treinamento ou não foi alcançada, considere atitudes e motivação. Discuta o que observou com seu funcionário.

3. *(Questão para participante e supervisor)* O treinamento valeu a pena? Por quê?

Avaliação de impacto

(Para construir, consulte especialistas, participantes, líderes, analise relatórios etc.)

<table>
<tr><td>
1. Considerando o curso que você participou, quanto você sente que ele contribuiu para o alcance de uma meta ou a melhoria de uma competência? Estime de 0% a 100%. Por favor, adicione seu comentário.
Meta/Competência _________ %

2. Em que valeu a pena ter participado do programa, pensando no que você está realizando hoje, em seu trabalho? Liste os principais benefícios obtidos. Estime valores monetários, se possível.
</td></tr>
</table>

3.7 Casos práticos

3.7.1 Programa de educação continuada

O investimento realizado em uma pós-graduação é um clássico exemplo para avaliar resultados de um programa de educação continuada.

O participante ganhava R$ 3 mil e investiu R$ 12 mil no curso. Ao final, mudou de emprego, passando a ganhar R$ 4.500. Com um aumento de salário de R$ 1.500, em oito meses, o participante já teria recuperado o investimento que fez.

Se o custo foi compartilhado ou pago totalmente pela empresa, o objetivo para aquele funcionário era, possivelmente, uma posição de gerência. Durante o curso, ele pode conviver com funcionários de outras empresas, conhecendo outras práticas. Se, ao final, estiver apto a ocupar um cargo de gerência e mostrar melhorias com o que aprendeu no curso, como um novo produto ou mudança na motivação da equipe, podem-se mensurar valores quantitativos e qualitativos.

3.7.2 Vendas de produtos adicionais em loja de conveniência (grupos de controle)

Um treinamento de incentivo de vendas de itens de *bombonière* foi feito em lojas de conveniência de São Paulo, no mês de abril, e no Rio de Janeiro, em junho. Notou-se que, nas lojas de São Paulo, em maio, o percentual de vendas foi de 30%; nas lojas do Rio de Janeiro, que ainda não haviam recebido o treinamento, foi de 15%.

Em uma loja, o treinamento foi ministrado pelo próprio dono da loja de conveniência, que recebeu um kit de sua franqueadora para auxiliar na formação de cada funcionário. Enquanto um funcionário era treinado, em horários de menor movimento, o outro tomava conta da loja.

Uma campanha de incentivo, aliada ao treinamento, oferecia também um dia extra de folga para aquele atendente que vendesse mais itens de um determinado bombom. O custo do treinamento foi, então, de um dia de salário médio do atendente. Digamos que o salário mensal desse funcionário seja de R$ 800 e que, dividido por 22 dias úteis, o custo por dia de salário seja de cerca de R$ 36,00.

A margem de lucro por bombom vendido é de R$ 0,50. Foram vendidos 600 bombons a mais naquele mês, segundo dados obtidos no relatório de vendas. O incremento de vendas daquele item gerou uma receita líquida de R$ 300.

$$ROI = \frac{300 - 36 \times 100 = 733{,}33\%}{36}$$

Avaliamos apenas o incremento de vendas de um único tipo de bombom, o que oferecia o dia de folga, em uma única loja. Para o revendedor, pode não ter custado nada, se houve um remanejamento na escala de trabalho. Para o atendente — que só tem uma folga semanal — um dia a mais de folga é o que ele precisa para viajar e visitar a família em uma cidade próxima, por exemplo; consequentemente, o resultado valeu o investimento.

3.7.3 Retorno do investimento individual

Em uma multinacional, milhares de empregados de todo o mundo são enviados para um curso, num local específico. Investe-se muito no curso e em transporte de participantes, instrutores e pessoal de apoio. Em uma dessas avaliações de impacto, um empregado manifestou que, com base no que aprendeu no curso, conseguiu reverter a queda de produção da sua instalação, o que possibilitou a manutenção de empregos e a reversão do encerramento iminente daquela operação. Além disso, agora há previsão de geração de lucro para a empresa por mais 20 anos. Neste caso, apenas este empregado gerou um benefício para a empresa que, pelo resultado de negócio, apenas no primeiro ano justificou o investimento não só daquela turma avaliada, mas de todas as anteriores desde 1960, e justificará, por um bom tempo, o treinamento de mais turmas.

3.7.4 Formação profissional em um grupo de empresas

Ao entrar em um grupo, a primeira tarefa dos funcionários é realizar um curso. Após seis meses, cada colaborador é encaminhado para trabalhar em uma das empresas. Ainda que nem todos os assuntos do curso sejam vistos em todas as empresas, esse é considerado o melhor formato para instruir os funcionários, pois permite uma visão ampla dos negócios, o que facilita a mobilidade (quando necessário, funcionários de um negócio podem ser colocados em outro).

A especialista em avaliação do grupo criou um conjunto de questões de investigação para envio a cada turma um ano após a conclusão do curso (com retorno de 50%, em meio eletrônico, considerado bom para esse tipo de pesquisa):

1. O curso é atualizado com a realidade da empresa?
2. Cite um tema importante do seu trabalho que poderia ter sido trabalhado no curso.
3. Hoje, quais disciplinas você percebe que mais contribuíram para a sua atividade atual? (*Exemplos levantados nesta avaliação podem ser utilizados em sala, em novas turmas, para mostrar a importância de cada tópico.*)
4. As avaliações de aprendizagem retratavam situações vistas na prática?
5. Hoje, quanto do conteúdo do curso de formação você aplica na prática, na sua rotina de trabalho?
6. Se o curso não existisse, quanto tempo levaria para você aprender, na prática, o que aprendeu no curso, tendo a oportunidade de trabalhar nas várias empresas do grupo? *(Respostas utilizadas para calcular o benefício a ser convertido para obter o ROI.)*
7. Quais os benefícios do curso interno, em relação a um curso feito inteiramente em uma entidade externa? *(respostas utilizadas para descrever os benefícios intangíveis.)*

Para calcular o benefício, os mesmos custos de salário, impostos e benefícios, incluídos no custo do curso, foram atribuídos ao total de participantes da turma, pelo tempo estimado por eles para aprenderem o que viram no curso, se este não existisse e tivessem a chance de trabalhar em vários negócios do grupo. O benefício da economia do tempo (Palmeira, 2009), une-se à qualidade, quantidade, custo e tempo nas categorias de obtenção de resultados possíveis de treinamento (Phillips, 2003).

Calculados o benefício e os custos, aplicados na fórmula do retorno do investimento, chegou-se a um ROI de 327%, com benefícios intangíveis destacados, como a rede de relacionamento estabelecida que os participantes podem utilizar no futuro para resolver problemas (Palmeira, 2009).

3.8 Conclusão

Todo programa de treinamento deve estar relacionado às estratégias organizacionais e ter objetivos claramente definidos, que possibilitem a mensuração dos resultados obtidos.

A área de T&D deve atuar junto às áreas que demandam o treinamento, desde a identificação das demandas até a avaliação, a fim de se certificar que os programas de treinamento garantirão resultados positivos para a organização. Além de gostar do treinamento, é essencial que os participantes consigam aplicar o que foi aprendido no trabalho, fazendo com que os resultados sejam visíveis.

Justificar os investimentos feitos em programas de capacitação e mostrar que geram benefícios diferencia o profissional de RH diante das pressões constantes por redução de custos e suspensão de eventos. É possível levar o conceito de retorno do investimento (ROI) de finanças para a área de treinamento.

Espera-se que o leitor, ao chegar ao final deste capítulo, tenha uma dessas duas possíveis reações:

1. *Se já pratica tudo ou parte do que leu:* estou no caminho certo, avaliando meus programas de treinamento de modo quantitativo e qualitativo. Vou contribuir compartilhando minhas experiências!
2. *Se não faz nada ou a maior parte do que leu:* vou começar já a fugir do prejuízo! Preciso estudar mais o assunto e provar logo que meu trabalho vale a pena.

Referências bibliográficas

FITZ-ENZ, J. *Retorno do investimento em capital humano*. São Paulo: Makron Books, 2001.

HAMBLIN, A. *Avaliação e controle do treinamento*. São Paulo: McGraw-Hill do Brasil, 1978.

KIRKPATRICK, D.; KIRKPATRICK, J. *Evaluating Training Programs*: the four levels. 3. ed. San Francisco: Berret-Koehler Publishers, 2006.

MILIONI, B. *Gestão de treinamento por resultados*. São Paulo: Associação Brasileira de Treinamento e Desenvolvimento (ABTD), 2004.

PALMEIRA, C. *ROI de treinamento, capacitação e formação profissional — retorno do investimento:* dicas de como mensurar o resultado financeiro de suas ações de treinamento e educação corporativa. 2. ed. Rio de Janeiro: Qualitymark, 2009.

PALMEIRA, C. Avaliação de resultados em educação corporativa. In: RAMAL, A. (Org.) *Educação Corporativa*: como implementar projetos de aprendizagem nas organizações. Rio de Janeiro: LTC, 2012.

PHILLIPS, J. *Return on investment in training and performance improvement programs*. 2. ed. Burlington: Butterworth-Heinemann, 2003.

PHILLIPS, P. *The bottomline on ROI*: basics, benefits & barriers to measuring training and performance improvement. Atlanta: CEP Press, 2002.

Cristina Palmeira

Autora de *ROI de treinamento, capacitação e formação profissional*, Cristina Palmeira tem mais de 15 anos de experiência nas áreas de treinamento, educação corporativa e recursos humanos. Mestra em administração de empresas pela PUC-RIO e graduada em administração pela UFRJ, é professora de Gestão de Pessoas em cursos de pós-graduação e especialização, como o MBA de Gestão de RH da UFF. Trabalhou para empresas como Esso e Minasgás (atual SHV Gas). Foi gerente de um projeto estratégico na área de educação e treinamento para o setor de petróleo e gás, de responsabilidade do Governo Britânico e do British Council no Brasil e na América Latina. Na Petrobras, atuou em estratégias e processos de avaliação na Universidade Petrobras (2006 – 2010) e é coordenadora de Desenvolvimento e Ambiência, na Petrobras Biocombustível, desde janeiro de 2011. É palestrante e participante de congressos como o CBTD, CBDH, Fórum de Avaliação de Resultados (ABTD), eventos da ABRH, entre outros.

E-mail: cristinapalmeira@yahoo.com

capítulo 4

Indicadores em educação e aprendizagem

Rugenia Maria Pomi
Raul da Costa Navarro

Instaurar uma filosofia de aprendizagem e desenvolvimento organizacional coletiva, ampla e irrestrita, é trabalhar na direção do desenvolvimento sustentado.

Os autores

4.1 Objetivos

Brasil: palco de diversidades culturais e de diferentes estilos de gestão que se complementam, costurando tecidos de variadas texturas, tramas e cores. Algumas culturas empresariais cultuam a segurança; outras, a pressão por resultados financeiros; outras ainda, o planejamento; outras, ainda e também, primam pelo cuidado para com a saúde integral de seus colaboradores. Com essa multiplicidade de focos e prioridades temos, certamente, cenários propícios às experimentações, verdadeiros laboratórios de formação de comunidades de aprendizagem.

Há — ainda hoje — dificuldades básicas quanto à preparação de gestores capazes de entender o real valor da aprendizagem, do retorno sobre o investimento no desenvolvimento humano; e habilidade para mensurar, avaliar, correlacionar as variáveis que causam impacto nos resultados dos negócios, por meio do trabalho. Qual o impacto da força humana nos resultados dos negócios? Como mensurar a contribuição humana e da área de RH? É preciso que os executivos compreendam as conquistas humanas em toda a sua extensão: além dos ganhos materiais e financeiros, os ganhos de valor social, motivacional, de imagem institucional; e entendam, portanto, lucratividade como consequência.

Imaginem se todos os gestores de determinada organização parassem por uma hora, em certo dia do ano, todos ao mesmo tempo, para identificar *gaps* de aprendizagem e pudessem mensurar o valor monetário ganho, caso esses *gaps* fossem supridos por meio de algum ensinamento, feedback ou aplicação de novos conhecimentos. Os *gaps* de aprendizagem ocorrem, quase sempre, por falta de informação e/ou conhecimento em saber "o que" e "como" fazer e, fundamentalmente, pela falta do exercício de reflexão e aprendizado coletivos. Assim, o profissional de desenvolvimento e os demais gestores de outras áreas têm a missão de formar comunidades de prática e de aprendizagem coletiva.

Cabe, ao profissional de gestão e desenvolvimento de pessoas, buscar o "estado da arte" em aprender e ensinar, impulsionando a transformação das organizações em núcleos de aprendizagem coletiva e de melhoria dos resultados financeiros e sociais. Isso significa redução de desperdício, de perda de tempo, de perda de recursos materiais, de retrabalho, ou seja, perda de alegria, perda de vida.

Qual o retorno do investimento em T&D? Por que empresas e executivos desejam tanto saber o retorno de seus investimentos no desenvolvimento humano? Por que é tão importante medir as ações e as decisões sobre a aplicação de recursos no desenvolvimento das pessoas? Será falta de convicção no valor da contribuição humana para o mundo dos negócios? Ou será que é para justificar a produtividade, de modo a evitar o desperdício de recursos? Será somente mais uma forma medíocre de controle? Ou, ainda, será crença ou descrença nos processos de mensuração? Será que nos faltam técnicas, metodologias, capacitação para relacionar a aprendizagem aos resultados dos negócios, uma vez que temos tantas variáveis acontecendo simultaneamente?

Primeiro, precisamos entender o que significa, de fato, treinamento, desenvolvimento, aprendizagem, formação. Temos determinado tempo, lugar, especialidade para aprender? Aprender nos traz algum retorno? Pessoas bem-preparadas, bem-treinadas, bem-formadas, pessoas que aprendem produzem mais e melhores resultados para a criação de negócios mais interessantes e lucrativos? Contribuem para construir empresas, cidades, países, enfim, um mundo melhor?

Se parece óbvio que vale a pena investir tempo, dinheiro, atenção e dedicação no aprendizado, por que, então, temos tantas inseguranças, dificuldades e falta de convicção na avaliação do retorno?

4.2 Desenvolvimento do tema

Precisamos e gostamos de nos comparar, de nos avaliar, até mesmo para entender nossas diferenças. É um desejo profundo e inato de busca de compreensão de nós mesmos. Queremos sentir que estamos crescendo, melhorando, evoluindo, nos transformando; ser, a cada dia, a cada minuto, um pouco diferentes do que já fomos. Esta é a sensação de estarmos vivos!

Medir, pesar, comparar, avaliar e transcender é algo divino em nós, humanos: impulso de vida. É indescritível a sensação de superação, de mudança. No entanto, às vezes, estancamos em um tecnicismo medíocre, das medidas pelas medidas, dos números pelos números, pelo simples fato de atribuirmos algum referencial para cumprir exigências externas, para justificarmos que somos objetivos, racionais e inteligentes.

A magia dos números, das avaliações do ROI, acontece à medida que nos descobrimos remexendo em caldeirões de múltiplas variáveis de circunstâncias, de ponderações sobre as mudanças necessárias para atingirmos patamares diferentes de desempenhos, de atitudes e de relações.

Já que temos capacidades e habilidades qualitativas e quantitativas, por que não utilizá-las? Pois, no mundo dos negócios, é necessário comunicar-se em todas as linguagens, com todos os grupos de profissionais, diferentes tipos de conhecimento e de atributos das ciências exatas, biológicas e humanas.

Uma das questões essenciais quanto à mensuração dos investimentos em aprendizagem e desenvolvimento é o que chamamos autossustentação empresarial. Somente organismos sociais que aprendem cotidianamente, que mudam seus modos, suas *práxis*, seus processos para melhor atender e melhor servir poderão continuar, com saúde e alegria, no mundo dos negócios. Empresas que aprendem têm em si mesmas a semente da vida, da transformação, o significado de contribuição, uma espécie de "certificação de valor" perante a humanidade.

Aprendizagem é a palavra mágica, pois se trata da escola da vida das organizações. Para tanto, precisamos de gestores com desejo e entusiasmo por aprender, por ensinar, por fazer da relação mestre/aprendiz um "mantra sagrado" que impulsione as transformações empresariais. Imagine o que seria necessário para desencadear esse ambiente permanente de "escola", de "universidade", de aplicação de investimentos para tal fim?

Em nossa experiência no Brasil, em contato com milhares de profissionais, em pesquisas, inúmeros workshops, apresentações, aulas, palestras etc., observamos que ainda permanece a crença de que não é possível mensurar o retorno do investimento ou os benefícios de uma ação de T&D — especialmente quando atuamos no campo das competências interpessoais — e de que não podemos relacioná-los, objetiva e quantitativamente, aos resultados de uma empresa, em termos de qualidade, produtividade, vendas ou serviços.

A questão continua a mesma de sempre: como relacionar as mudanças que ocorrem com as novas habilidades e o aprimoramento das competências conquistadas por meio de processos de aprendizagem e desenvolvimento a um ou mais indicadores-chaves de desempenho da empresa? Como correlacionar essas ações aos resultados dos negócios? Quais indicadores, medidores, "réguas", instrumentos são recomendados?

4.3 Do *Training Value System* (TVS)© para o *Learning Value System* (LVS)©

Diante desses desafios resolvemos, no início de 2000, devotar esforços e aprofundar o estudo sobre as metodologias de avaliação do retorno em T&D. Partimos da metodologia *Training Value System* (TVS)© e avançamos, construindo o *Learning Value System* (LVS)©, que, além das quatro fases do TVS, contempla mais duas: a análise e o cálculo das demais variáveis de contribuição e, finalmente, o cálculo do ROI.

Retomando nossa trajetória, apresentamos um resumo da metodologia de mensuração do retorno do investimento em treinamento, que surgiu em 1992, nos Estados Unidos, quando um grupo de 26 empresas juntou esforços para pesquisar um método de avaliação, sob a liderança do Dr. Jac Fitz-enz. Depois de mais de um ano de trabalho de desenvolvimento, refinamento e teste prático, surgiu o TVS, cujo processo se inicia com uma análise situacional profunda, similar a um levantamento de necessidades, e termina com o valor monetário agregado, pelo treinamento, aos resultados dos negócios.

Segundo o Dr. Fitz-enz, o ponto crucial para essa abordagem é o relacionamento corresponsável que se desenvolve entre o profissional de T&D e o cliente (geralmente um gestor de linha) — desde a etapa de levantamento de necessidades até a avaliação conjunta dos resultados obtidos —, sem o qual jamais será possível mensurar resultados.

O sistema TVS, detalhado a seguir, é utilizado para identificar valores específicos, atuais e potenciais, antes do início de um treinamento, bem como para medir o valor obtido após sua realização. Caso o valor projetado não seja atingido, esse método ajuda a identificar os motivos.

Fase 1 — Situação: um problema ou uma oportunidade; o *status* do desempenho de alguém, ou de um grupo, antes da ação de T&D. O processo para diagnosticar a situação se dá por meio de uma série de perguntas aos gestores, os quais revelam e esclarecem o que as pessoas fazem de importante para a empresa, e como o fazem. Com base nessas informações pode-se estabelecer os níveis de desempenho atual, o aceitável, e o desejado. Esta é a etapa mais importante do processo e requer considerável nível de detalhamento e precisão. Começa e termina com enfoque em valor. Quando executada apropriadamente, o valor potencial mensurável do treinamento, ou de alguma outra intervenção, torna-se evidente.

Fase 2 — Intervenção: nesta fase, a conexão entre o diagnóstico do problema e a recomendação das ações de T&D a serem adotadas é muito importante. Na fase de diagnóstico do problema, estudamos as razões do baixo desempenho; identificamos suas causas e sua provável solução, que pode — ou não — consistir em treinamento. A intervenção pode ser uma necessidade de revisão ou melhoria de sistemas, estrutura e processos, recursos humanos, materiais, tecnologias etc. Para identificá-la, há que se fazer algumas perguntas: há discrepâncias entre o desempenho atual e o desejado? Se a resposta for afirmativa, isso é relevante? Se for relevante, a pessoa poderia executar o trabalho mesmo assim? Se não puder executar o trabalho, seria por não ter as habilidades e/ou as competências necessárias? Neste caso, a implementação de ações de treinamento e desenvolvimento resolveria a situação? Caso não seja uma questão de habilidade e/ou competência, o que poderia ser? E assim sucessivamente.

Fase 3 — Impacto: baseados no diagnóstico, nesta fase já nos decidimos pelo programa de treinamento, processo de desenvolvimento, ou um recurso diferente, que deverá alterar a situação encontrada, elevando-se os níveis de desempenho esperado. Agora, cumpre avaliar o porcentual de mudança em relação à antiga situação. Quanto ganhamos, porcentualmente, com as mudanças de atitudes, habilidades, comportamentos, resultados objetivos de trabalho, desempenho pessoal, departamental e empresarial?

Fase 4 — Valor monetário: aqui observamos os efeitos da mudança de desempenho, que podem ser expressos em termos financeiros. São medidas de diferenças em qualidade, produtividade e serviço. Às vezes, o valor monetário é evidente, imediato, tanto quanto o aumento da participação de mercado, ou a margem de lucro em vendas. Outros resultados desejáveis, como redução no tempo de comercialização, ou aumento da satisfação do cliente, podem ser convertidos em dinheiro.

Figura 4.1 Training Value System (TVS)

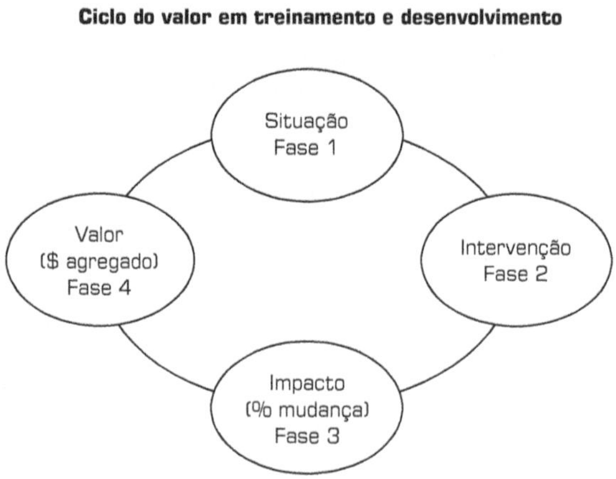

© Dir. Jac Fitz-enz, *How to measure human resources management*, McGraw-Hill, 1984

O LVS é um processo metodológico que estabelece o valor do retorno dos investimentos em educação e aprendizagem, agregado às pessoas e aos negócios, por meio de indicadores de desempenho (tangíveis e intangíveis), decididos em corresponsabilidade entre os profissionais de RH e os gestores de negócios.

No LVS utilizam-se duas categorias de indicadores de desempenho:

1. Tangíveis ou *hard data*

São os indicadores tradicionais, de fácil conversão em valores monetários, e têm mais credibilidade junto aos gestores. Sempre sofrem impacto dos indicadores intangíveis ou *soft data*.

- *Quantidade*: toneladas produzidas, itens vendidos, novas contas geradas etc.
- *Tempo*: entrega no prazo, horas extras dos empregados, atendimento etc.
- *Custo*: retrabalhos, reabilitação por acidentes, multas, meio ambiente etc.
- *Qualidade*: perdas, rejeições, vencimentos, prazos de validade etc.

2. Intangíveis ou *soft data*

São os indicadores não usuais, de difícil conversão em valores monetários, que sustentam e alavancam os indicadores tangíveis ou *hard data.*

- *Clima organizacional*: índices de satisfação, *turnover*, expectativas de permanência etc.
- *Oportunidade de crescimento*: índices de desempenho, aproveitamento interno, expatriação etc.
- *Serviço ao cliente*: reclamações, retenção de clientes, fidelidade etc.
- *Inovação*: sugestões submetidas, sugestões implementadas, novos produtos e serviços etc.
- *Hábitos no trabalho*: absenteísmo, atrasos, tempo na Internet etc.

Os indicadores tangíveis são sempre sustentados pelos indicadores intangíveis e vice-versa. Costumamos indagar: "O que seria dos 'tangíveis' se não fossem os 'intangíveis'?"

Figura 4.2 Learning Value System (LVS)

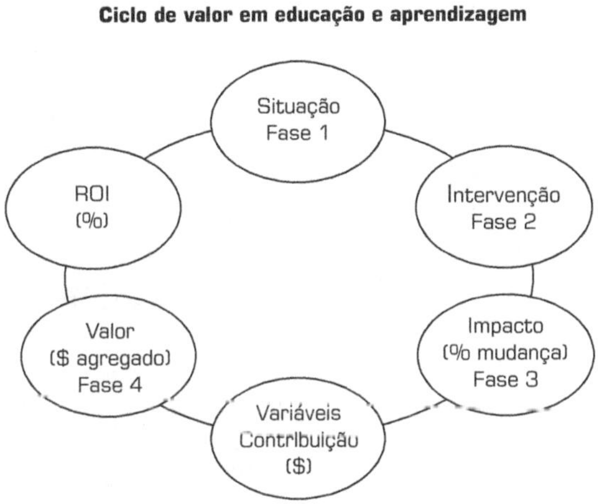

4.4 Variáveis de contribuição

Consideramos que outros fatores ou variáveis de contribuição, além das ações de aprendizagem e desenvolvimento, podem interferir em determinado resultado, por exemplo, uma nova abordagem de vendas, campanhas publicitárias, bônus aos empregados, alta ou queda na taxa de juros etc.

No processo de trabalhar com as variáveis de contribuição, algumas etapas são importantes:

- definição dos *players* envolvidos (finanças, comercial, marketing, RH etc.);
- definição do método de acesso (metodologia de mensuração);
- identificação dos porcentuais de contribuição;
- identificação do nível de concordância (entre os envolvidos).

A eficácia da metodologia LVS baseia-se na competência dos profissionais de RH e na qualidade de sua relação com os demais gestores: corresponsabilidade, credibilidade, confiança e compromisso. Varia em função do estilo de liderança, da cultura organizacional, dos valores e princípios da empresa e dos profissionais de T&D/RH, das necessidades dos clientes, dos negócios e dos sistemas de informação.

4.5 Cálculo do ROI

Para o cálculo do ROI, definimos o porcentual do impacto do resultado desejado sobre o investimento, e o valor agregado por meio dos indicadores de desempenho. Podemos trabalhar com duas fórmulas: a primeira, relacionando custo e benefício; e a segunda, o valor agregado (deduzindo-se o investimento) com o valor do investimento, como se pode ver a seguir:

Fórmulas:

1) ROI (Relação custo e benefício) $\frac{\text{Valor agregado}}{\text{Investimento}}$

2) ROI $\frac{\text{Valor agregado} - \text{Investimento}}{\text{Investimento}} \times 100$

Figura 4.3 Evolução do ROI em educação e aprendizagem

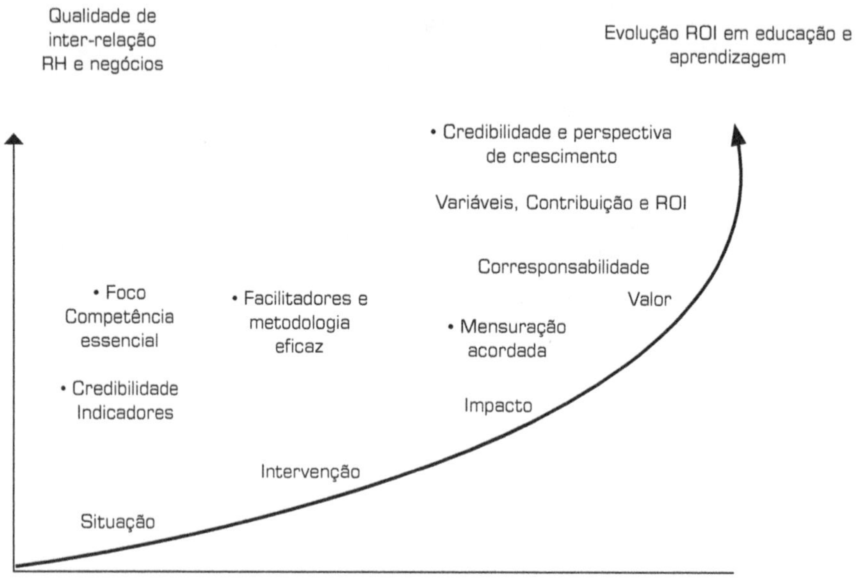

4.6 Caso Brasil — empresa de comunicação

4.6.1 O ROI em uma ação de desenvolvimento comportamental

Nessa época, em uma empresa do segmento de comunicações, líder no setor de mídia

Em 15 de março de 1990, o governo Fernando Collor anunciou ao povo brasileiro o seu plano econômico, que tinha como objetivo conter a inflação. O Cruzado Novo foi substituído pelo Cruzeiro; os saldos das contas-correntes, cadernetas de poupança e demais investimentos superiores a Cr$ 50.000,00* ficaram bloqueados por dezoito meses. Os preços foram tabelados; e os salários, prefixados. Pessoas e empresas foram surpreendidas com o "fim da liquidez". O caos instaurou-se no mercado de forma generalizada. O comércio paralisou! A incerteza e a indignação tomaram conta de todos, levando a um cenário de desesperança e apatia, naquele momento.

* Aproximadamente R$ 5.300,00, em valores atualizados até dezembro de 2012, de acordo com o Índice Geral de Preços do Mercado, da Fundação Getulio Vargas (IGP-M/FGV).

impressa, a área de publicidade, especificamente a de comercialização de anúncios (vendas de espaços publicitários) de uma revista semanal, passou por momentos de perda de energia e de motivação. Após insistentes "nãos" recebidos dos clientes de pequeno e médio portes, responsáveis por 70% do faturamento da principal revista regional, tornou-se imprescindível tomar, rapidamente, alguma atitude de impacto.

Sem dinheiro para grandes intervenções, a área de desenvolvimento organizacional (DO) foi solicitada a trabalhar com a equipe dos publicitários para tentar reverter a situação. O fator fundamental para ter conseguido mensurar e avaliar efetivamente os resultados dessa intervenção foi o fato de a área de DO ter negociado, antes de iniciar o treinamento, como seria feita a avaliação; em quais relatórios se basearíam; quais números diriam se a intervenção seria — ou não — bem-sucedida. A gestora da revista e o diretor, imediatamente, prontificaram-se a pensar, junto com a diretoria da área de DO, e combinaram os indicadores e a forma de avaliação.

É importante observar que, na empresa, havia inúmeras publicações, cada uma com suas equipes de publicitários, trabalhando com diferentes gestores e modelos de gestão. Porém, todos seguindo as mesmas regras e políticas de negócios e de recursos humanos. A intervenção de T&D em apenas uma das publicações possibilitou o registro de uma "experiência-piloto", uma vez que se pôde comparar os resultados obtidos com os das demais equipes "não treinadas".

A solução encontrada foi trabalhar com a equipe formada por 11 profissionais, utilizando as instalações internas da empresa, após o horário de trabalho, por três horas, durante uma semana, com o mínimo de investimento financeiro. Um dos objetivos principais era abrir espaço para propiciar que viessem à tona todas as inquietações, inseguranças e/ou dúvidas dos profissionais (com importante parte de seus salários comissionada) e trabalhá-las, compartilhando experiências e construindo um plano de ação de curto prazo. Era vital potencializar a criação de soluções daquele time e desenvolver o sentido de oportunidade existente naquela "situação-problema".

Após uma semana de trabalho estritamente comportamental, em que as conjunturas interna e externa permaneciam sem qualquer grande alteração, foi possível medir o resultado daquele processo de desenvolvimento, comparando-o com o resultado imediatamente anterior à intervenção. Internamente, as políticas e as práticas de remuneração e reconhecimento, assim como as práticas de negócios e de mercado, não sofreram mudanças. Portanto, houve uma situação, especialíssima, em que todas as demais variáveis, de certa forma, estavam "congeladas", apenas com uma intervenção de desenvolvimento comportamental em uma das equipes de publicitários da empresa. Resumindo, o processo de desenvolvimento foi muito simples e eficaz, com atividades construídas e avaliadas, dia a dia, junto com o grupo: iniciava-se com atividades de relaxamento, exercícios de respiração, trabalhos corporais, sessões de *brainstorming*; em seguida, realizavam-se trabalhos em subgrupos, para discussões e compartilhamento das informações sobre o comportamento do mercado, dificuldades dos clientes e da equipe; e, no final, estratégias de atuação eram estabelecidas para o trabalho do dia seguinte.

Os resultados, comparados ao desempenho de outras revistas de ciclos semelhantes, foram comprovados no período de apenas uma semana (o ciclo da revista era semanal).

A demonstração simbólica dos ganhos financeiros encontra-se nos diagramas a seguir:

Figura 4.4 LVS de uma empresa de comunicação

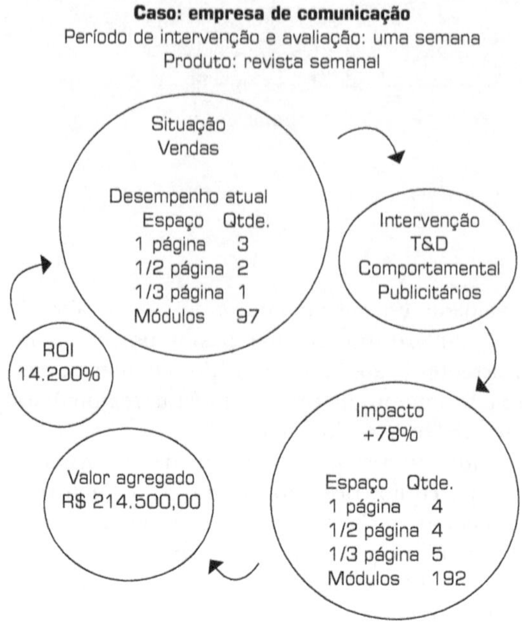

Figura 4.5 LVS — cálculo do ROI

Caso: T&D Comportamental Publicitários

1. Relação custo e benefício

$$\frac{\text{Valor agregado}}{\text{Investimento}} = \frac{\text{R\\$ 214.500}}{\text{R\\$ 1.500}} = \boxed{143} = \boxed{\text{R\\$ 143:1}}$$

2. ROI — Retorno do investimento

$$\frac{\text{Valor agregado} - \text{Investimento}}{\text{Investimento}} \times 100 = \frac{\text{R\\$ 214.500} - \text{R\\$ 1.500} \times 100}{\text{R\\$ 1.500}} = \boxed{14.200\%}$$

Os resultados obtidos foram muito além do aspecto material: todos ganharam em vitalidade, energia, alegria, solidariedade e realização. A cada novo final de tarde, quando os profissionais voltavam para a empresa e entravam na sala de reuniões, vinham todos plenos de satisfação por terem encontrado, coletivamente, diferentes encaminhamentos e soluções. Foi incrível testemunhar a celebração da equipe no final daquele mês, pois, além da superação de seus resultados, a remuneração foi compartilhada, inclusive as comissões, que antes da intervenção eram pagas individualmente.

4.7 Estudo de caso: o impacto de T&D nos resultados organizacionais

Cenário

A Empresa A tem apresentado queda no faturamento e crescente índice de insatisfação dos clientes, pelos últimos três anos. Ela atua em telecomunicações, segmento em intensa transformação e pleno de desafios, criando produtos e serviços inovadores, com foco na conquista e fidelização de clientes e na retenção de talentos de suas equipes.

Ramo de atividade	Telecomunicações
Região	Sudeste
Total da força de trabalho	1.500 empregados e 35 temporários
Efetivo de RH	32 empregados
Faturamento bruto	R$ 660 milhões
Custo mais despesas operacionais	R$ 599 milhões

O presidente da Empresa A está muito preocupado com o atual desempenho dos negócios, agravado pela perda de profissionais altamente capacitados (especialistas); teme não manter bom posicionamento no mercado, e está receoso com relação às perspectivas de crescimento. Ele acredita ser possível reter seus talentos, aumentar sua base de clientes e elevar seu lucro. Ao mesmo tempo, os gestores, clientes de RH, solicitaram uma melhoria salarial para suas equipes, visando à retenção de talentos. Para que isso seja possível, o presidente pede contribuições do vice-presidente de RH.

A equipe de RH aprofunda o entendimento da situação: apoiando-se nos resultados dos indicadores de desempenho e nas entrevistas de desligamento, encomenda em seguida uma pesquisa de clima organizacional, cujos pontos críticos identificados foram:

Fatores	Índice de satisfação	Impacto no índice de permanência na empresa	GAP
1. Crescimento na carreira	3,69%	6,01%	2,32%
2. Treinamento	4,58%	6,51%	1,93%
3. Reconhecimento do chefe	4,20%	5,90%	1,70%
4. Remuneração	4,58%	6,00%	1,42%

O presidente cobra urgência nas decisões para implementar as ações.

Exemplo

Considerando esse contexto, analise os indicadores apresentados, comparando os resultados da Empresa A com o ramo de telecomunicações e o mercado geral pesquisado.

Analise os resultados da Empresa A, seus desafios críticos e pondere se a proposta dos gestores, de melhoria salarial, resolverá a situação e proponha um plano de ação.

Atenção: Os dados aqui apresentados são fictícios.

	Unidade	Resultados Empresa A	Média telecom.	Média geral
Eficácia organizacional				
Faturamento per capita	R$	400.000	351.016	229.932
Custo + despesa operacional per capita	R$	399.333	351.273	210.099

Lucro operacional *per capita*	R$	667	–257	19.833
Estrutura de RH				
Despesa total de RH/despesas	%	0,4	1,0	1,1
Proporcionalidade em RH	1: Nº	47	60	66
Remuneração				
Custo total pessoal/faturamento	%	13,3	18,9	25,0
Custo total pessoal *per capita*				
Supervisores	R$	96.154	136.499	117.390
Especialistas	R$	61.404	68.198	61.598
Remuneração variável/salário nominal	%	8,9	16,9	14,9
Benefícios				
Custo de benefícios *per capita*	R$	4.000	6.436	5.382
Custo de saúde *per capita*	R$	1.533	1.659	1.620
Absenteísmo e rotatividade de pessoal				
Desligamentos voluntários/efetivo				
Supervisores	%	7,7	2,3	1,9
Especialistas	%	17,5	6,0	3,7
Desligamentos involuntários/efetivo				
Supervisores	%	11,5	5,9	10,5
Especialistas	%	7,0	5,8	10,3
Recrutamento e seleção				
Admissão/efetivo total	%	33,3	53,5	18,0
Aproveitamento interno/vagas preenchidas	%	6,5	20,7	21,1
Custo de admissão	R$	1.300	1.732	1.004
Treinamento e desenvolvimento				
Investimento em T&D/faturamento	%	0,31	0,73	0,37
Investimento em T&D *per capita*	R$	899	1.586	690
Invest. treinam. técnico operacional *per capita*	R$	575	1.043	580
Investimento em desenvolvimento *per capita*	R$	322	581	287
Tempo de T&D *per capita*	Horas	70	91	60
Relações trabalhistas e sindicais				
Processos trabalhistas/efetivo total	%	3,3	1,2	3,0
Perfil dos recursos humanos				
Permanência média na empresa	Anos	5	6	9
Concentração de pessoal				
Supervisores	%	17,3	13,2	10,4
Profissionais especialistas	%	38,0	39,5	17,4

4.8 Conclusão

No exercício de Gestão e Desenvolvimento de Pessoas temos, portanto, os seguintes desafios críticos para avaliação de resultados em T&D:

- identificar e superar as próprias descrenças;
- ir além da busca de "fórmulas mágicas";
- saber "onde está" e "quem tem" a informação;
- construir confiança;
- construir corresponsabilidade com os gestores do negócio;
- estabelecer limites e prioridades com os clientes internos;
- descobrir indicadores e buscar resultados mensuráveis;
- mapear perdas e ganhos nas intervenções de T&D: visão sistêmica;
- transformar resultados em valor monetário;
- ter competência para elaborar "perguntas" que fazem chegar ao ROI;
- correlacionar T&D às demais variáveis de contribuição.

Entendemos que uma ação fundamental seja a concretização da metodologia LVS©: realmente "fazer", concretizar projetos com mensurações!

É imprescindível citar, a seguir, a parte final de um artigo de autoria do Dr. Jac Fitz-enz, publicado na revista *Training Magazine*, em 1994: "Yes... you can weight training's value".

O ônus da prova

Uma das barreiras autoimpostas na procura de valores concretos de programas de treinamento é a errônea noção de que o profissional de T&D precisa apresentar Prova — com "P" maiúsculo — de que o treinamento produziu efeito específico na conta de resultados da empresa. Comenta-se que tantos fatores afetam o desempenho humano e financeiro de uma empresa, que isolar a contribuição pura de um programa de treinamento é impossível.

Em termos laboratoriais, isso é verdadeiro. Em termos concretos, trata-se de um grande contrassenso. Demonstrar causalidade é impossível para qualquer pessoa no mundo dos negócios, não somente para profissionais de T&D. Na prática, no mundo dos negócios quase não há oportunidades de provar relações causais entre determinadas atividades e efeitos específicos. Provar causalidade requer controle de todas as variáveis. No mundo real, não existe um fenômeno como o controle.

Mas muitas funções de linha têm estabelecido "acordos não verbais", por meio dos quais são aceitas algumas correlações entre certas ações e resultados subsequentes. Isto tem se mantido durante tantos anos, que se fala dessas relações como se elas pudessem ser comprovadas. O exemplo mais óbvio é o de vendas. Se um vendedor atinge sua cota, presume-se que ele seja um vendedor competente. Não há prova disso. Os consumidores compram por muitas razões que não têm nada a ver com o vendedor. Vendedores não controlam clientes. Da mesma maneira, gestores de produção não controlam fornecedores de material e equipamento, nem mesmo seus próprios empregados. O diretor de finanças não controla o custo de capital. Controle é um conceito, não uma realidade.

Todos nos esforçamos para influenciar positivamente nosso ambiente, mas nenhum de nós controla coisa alguma. O controle só pode ser demonstrado em laboratório e, mesmo assim, somente em um campo de investigação muito restrito.

"Prova estatística" é um conceito errôneo. As estatísticas procuram somente demonstrar que a hipótese nula era provável, mas não que a hipótese em questão foi provada.

Então, antes de os profissionais de T&D debruçarem-se sobre futilidades, precisam entender que, no mundo dos negócios, não há lugar para a palavra "prova".

O objetivo de um esforço de avaliação, válido e confiável, que atribua um valor específico ao resultado de um programa de treinamento é simplesmente este: demonstrar que há uma provável correlação entre o evento de treinamento e uma subsequente mudança em qualidade, produtividade, vendas ou serviço.

A metodologia deveria implicar o seguinte: "Dadas as condições estabelecidas, e assumindo que os outros fatores são iguais, o efeito observado é, muito provavelmente, resultado do treinamento".

Antes de começar a censurar previamente o assunto, observe que o princípio de *ceteris paribus* (todo o resto sendo igual) é a fundamentação básica para todas as tentativas de "prova". E é precisamente a pressuposição que sustenta todos os planejamentos de negócios e sua consequente avaliação. Como gestores, fazemos os orçamentos para o exercício do ano seguinte baseados exatamente nesses mesmos pressupostos. Findo o ano orçamentário, sabemos quais foram os resultados, mas muito raramente conseguimos "provar" o que nos fez ficar acima ou abaixo do orçado em nossas projeções.

Assim como alguns estudiosos, nós também compartilhamos a ideia de que nascemos para o amor, para o trabalho e para o conhecimento, na busca da felicidade. Projetamos e nos lançamos em processo constante de mutação, tentando fazer vingar a vida em toda a sua beleza e diferenciação inusitada — a realização e a materialização da essência humana em comunhão com a natureza, em toda a sua potência de vida, desvendando, descobrindo, desabrochando nosso ser mais profundo e inigualável. Em um processo de aprendizado eterno podemos ser, hoje, diferentes do que fomos ontem!

Acreditamos estar na comunidade empresarial — com ou sem fins lucrativos — especialmente para aprender, e não somente para produzir resultados financeiros. Aprendemos nos encontros e desencontros de nossas contrapartes, nossos avessos, nossos afetos e desafetos, com nossos mestres e aprendizes, lapidando e sendo lapidados; a cada novo projeto, a cada diferente desafio há oportunidade de evolução. Nenhuma universidade consegue uma grade curricular tão perfeita, que atenda às nossas necessidades de aprimoramento e aprendizagem, quanto a que encontramos no exercício do trabalho. E é neste cenário do trabalho que, muitas vezes, revelamos a verdadeira criação — e não nas reproduções grosseiras, de cópias desbotadas, de projetos que não nos pertencem —, onde elaboramos as nossas monografias, as nossas teses de mestrado e doutorado de vida. Acreditamos que, por meio do trabalho criativo, o ser humano se diviniza. Referimo-nos ao trabalho de nossas vidas, às nossas vocações, aos chamados de nossas missões e contribuições de vida!

Referências bibliográficas

BROWN, J. S.; DUGUID, P. *A vida social da informação*. São Paulo: Makron Books, 2000.

______. *Benchmarking staff performance*. São Francisco: Jossey-Bass, 1993.

FITZ-ENZ, J. *How to measure human resources management*. Nova York: McGraw-Hill, 1984.

______. *Human value management*. São Francisco: Jossey-Bass, 1992.

______. *The 8 practices of exceptional companies*. Nova York: Amacom, 1997.

______. *The ROI of human capital*. Nova York: Amacom, 2000.

______. "Yes... you can weight training's value", *Training Magazine*, 1994.

FITZ-ENZ, J.; PHILLIPS, J. J. *A new vision for human resources*. Fredericton: Crisp Publications, 1998.

MAGER, R. F. *Análise de metas*. São Paulo: Market Books do Brasil, 2001.

______. *O que todo chefe deve saber sobre treinamento*. São Paulo: Market Books do Brasil, 2001.

OLIVEIRA, M. A. G. *Análise e solução de problemas de desempenho na empresa*. São Paulo: Atlas, 1977.

PHILLIPS, J. J. *How to measure training results*. Nova York: McGraw-Hill, 2002.

SVEIBY, K. E. *A nova riqueza das organizações*. Rio de Janeiro: Campus, 1998.

Sites indicados

www.pesquisabrasileira.com.br
www.genesispotencializa.com.br
www.sextantebrasil.com.br
www.codigorh.com.br

Rugenia Maria Pomi

Cofundadora e diretora executiva da Sextante Brasil e da Genesis Desenvolvimento e Potencialização Humana, Rugenia Maria Pomi é socióloga, educadora e psicodramatista com mais de 20 anos de experiência em coaching, *counseling* e *mentoring* para executivos (Projeto de Vida e Trabalho). Foi professora do MBA-RH da Fundação Getúlio Vargas (RJ e SP), do MBA-RH da USP e do MBA Carreira da FIA (SP). Atualmente é docente do MBA em Gestão do Valor Humano nos Negócios da FESP, do SESI e da FIEPR, em Curitiba. Há 17 anos publica a Pesquisa Brasileira em Gestão de Pessoas e Negócios para a Sustentabilidade — *Benchmarking*. Coautora do *Manual de Gestão de Pessoas e Equipes* (2002 e 2006) e do *Manual de T&D — Gestão e Estratégias* (2006), da ABTD. Autora do capítulo "Selo 'Distinção Melhores no Brasil'", no mais novo livro do Dr. Jac Fitz-enz, *The New HR Analytics*, publicado recentemente nos Estados Unidos.

Tel.: +55 11 3059-1610
E-mail: rugenia@sextantebrasil.com.br

Raul da Costa Navarro

Cofundador da Sextante Brasil, da Genesis Desenvolvimento e Potencialização Humana, e da Raul Navarro & Consultores Associados, Raul da Costa Navarro é formado em Economia, com extensão em Administração de Empresas. É consultor organizacional e foi professor da área de RH da FGV-SP. Foi diretor nas empresas Kibon, Monsanto e Sandvik do Brasil, diretor corporativo de RH do grupo Saint-Gobain América do Sul por 14 anos, e presidente do Sindicato Patronal do Vidro (FIESP) em duas gestões (1998 e 2002). É coautor do capítulo "Deciding and acting on key success points and options", do *best-seller* mundial *Human value management*, de Jac Fitz-enz.

Tel.: +55 11 3059-1610
E-mail: raul@sextantebrasil.com.br

capítulo 5

A prática internacional de educação e treinamento. *Norma NBR ISO 10015:2010: gestão da qualidade — diretrizes para treinamento*

Renato Pedroso Lee

5.1 Objetivos

Neste capítulo, apresentamos uma iniciativa internacional para o estabelecimento de *diretrizes* e a estruturação de um *processo* de educação e treinamento nas organizações que resultou na norma internacional "NBR ISO 10015:2010: gestão da qualidade — diretrizes para treinamento".

Essa norma foi criada em vista da necessidade de apoio à implementação dos requisitos de sistemas de gestão da qualidade, com base na norma NBR ISO 9001, referente ao requisito de treinamento das pessoas da organização em foco, que atuam e influenciam na qualidade do produto.

Destacam-se três pontos fundamentais nessa norma, detalhados a seguir:

1. A identificação das necessidades de treinamento e desenvolvimento das competências das pessoas para que atendam, de maneira eficiente e eficaz, às necessidades voltadas aos *objetivos da organização* nas atividades que desempenham.
2. A definição de *competência* nessa norma inclui a questão relativa à *atitude* a respeito da aplicação dos conhecimentos e habilidades desenvolvidos.
3. O estabelecimento de um processo estruturado de modo a equacionar uma das questões mais difíceis no processo de T&D, a saber, a *avaliação da eficácia do treinamento*.

Este capítulo aborda a descrição do processo de treinamento tendo como base a norma NBR ISO 10015, apondo os comentários relativos ao conhecimento adquirido com a participação como especialista brasileiro, e o convívio com profissionais do mundo inteiro, na elaboração desse documento internacional. Soma-se, a essa participação internacional, a discussão e o trabalho de um grupo de especialistas brasileiros, sob nossa coordenação, para analisar e produzir os comentários e as contribuições para o fórum internacional.

Não há aqui a intenção de (o que não é permitido) transcrever a norma, que é protegida por *copyright*. A norma NBR ISO 10015 está disponível na ABNT para todos os interessados que quiserem adquiri-la.

Cabe lembrar que a norma NBR ISO 10015 passou por um processo de análise crítica do Comitê Técnico ISO/TC 176 em 25/3/2010 e foi referendada sem alterações significativas.

O que se faz neste capítulo é tão somente destacar os pontos oportunos para contribuir com o conhecimento que este livro busca fornecer a seus leitores.

Como bônus, apresentamos no fim do capítulo uma descrição referente a uma outra norma que está sendo tratada no âmbito internacional e da qual também participamos. Atualmente em fase final de desenvolvimento, essa outra norma diz respeito aos aspectos relativos às pessoas (*people aspects*) na concepção e implementação de sistemas de gestão nas organizações.

5.2 Introdução

A ABNT participou da elaboração desse documento internacional e desenvolveu a norma brasileira correspondente, a NBR ISO 10015, por meio do Comitê Brasileiro da Qualidade, ABNT/CB-25.

Esse comitê é responsável pela elaboração de normas, guias e relatórios técnicos internacionais voltados à gestão da qualidade produzidos pelo Comitê Técnico ISO/TC 176, bem como pela produção dos documentos brasileiros correspondentes. Além disso, assume o compromisso de divulgar os conceitos da qualidade para a sociedade brasileira por meio de seminários, cursos, artigos técnicos e estudos em livros como este, por exemplo.

Entre os documentos mais importantes produzidos pela ABNT/CB-25 estão as normas da série NBR ISO 9000:

- NBR ISO 9000:2005: *Sistemas de gestão da qualidade — fundamentos e vocabulário*;
- NBR ISO 9001:2008: *Sistemas de gestão da qualidade — requisitos*;
- NBR ISO 9004:2010: *Gestão para o sucesso sustentado de uma organização — uma abordagem da gestão da qualidade.*
- Para dar suporte à implementação dessas normas outras foram produzidas, como:
- NBR ISO 19011:2012: *Diretrizes para auditorias de sistema de gestão*;
- NBR ISO 10012:2004: *Sistemas de gestão de medição — requisitos para o processo de medição e equipamento de medição;*
- NBR ISO/TR 10013:2012: *Diretrizes para a documentação de sistema de gestão da qualidade*;
- NBR ISO/TR 10014:2008: *Gestão da qualidade — diretrizes para a percepção de benefícios financeiros e econômicos*;
- NBR ISO 10015:2010: *Gestão da qualidade — diretrizes para treinamento*;
- NBR ISO/TR 10017:2005: *Guia sobre técnicas estatísticas para a NBR ISO 9001.*

Todas essas normas são produzidas com base nos documentos internacionais produzidos pelo ISO/TC 176, de cuja elaboração participam profissionais do mundo todo, com sua experiência e a de seus respectivos países. O Brasil participa da ISO na elaboração dos documentos relativos à gestão da qualidade desde 1992[1].

5.3 A importância do treinamento nas organizações

Para que a organização seja eficiente, eficaz e sustentável, um requisito fundamental na implementação de um sistema de gestão da qualidade é ter pessoas competentes, que atuem nas diversas atividades da organização. Para tanto, o ISO/TC 176 produziu a norma ISO 10015 para descrever o processo de treinamento das pessoas de uma organização.

Esse processo começa pela identificação das necessidades do treinamento requerido para atender às necessidades empresariais do negócio — seja ele qual for, com ou sem fins lucrativos, público ou privado — e culmina na avaliação da eficácia do treinamento, verificando não apenas sua qualidade, como também analisando se as necessidades da organização inicialmente identificadas foram atendidas.

1 Essas e outras informações podem ser obtidas no site da ABNT/CB-25.

O processo se dá por meio de um ciclo de treinamento em quatro estágios:

- identificação das necessidades do treinamento;
- planejamento e programação do treinamento;
- execução do treinamento;
- avaliação dos resultados do treinamento.

Já foi dito muitas vezes, mas não custa repetir, que a única certeza no mundo de hoje é que tudo está se transformando, e muito rapidamente: o ambiente em que vivemos, as relações pessoais, profissionais e comerciais, a tecnologia, os mercados, os clientes, as exigências relativas à preservação ambiental e — por que não dizer? — até mesmo as crenças políticas, econômicas e religiosas.

Nesse contexto, as pessoas tornam-se desatualizadas a cada dia, a cada hora, a cada minuto, e o conhecimento do mundo todo está disponível e acessível a todos desde que se saiba o que se quer e como buscá-lo. As organizações devem se atualizar para se manter no mercado e crescer. O que fazer para suprir essas exigências? Pois, quando se entende que as organizações precisam dispor das competências adequadas para enfrentar o ambiente competitivo e desafiador do mundo atual, percebe-se que há uma lacuna a ser preenchida.

Essa lacuna torna-se ainda maior quando, em muitos casos, não se trata apenas de uma questão de ser melhor e mais rápido do que o concorrente, e sim de descobrir novos caminhos e novas soluções para situações absolutamente inéditas, como o caso do comércio do "crédito de carbono" que surgiu com a assinatura do protocolo de Kioto, as resoluções da Rio+20, ou mesmo responder à questão "como atender à demanda crescente do mercado chinês, cuja população de quase dois bilhões de pessoas (um terço da população mundial) está se abrindo para o mundo?".

> A solução está nas pessoas que precisam ter a competência adequada para trabalhar nesse ambiente desafiador e em constante mudança.

Cabe aqui um esclarecimento quanto à terminologia utilizada neste documento e que está definida na norma NBR ISO 10015. Trata-se dos termos *competência* e *treinamento*.

5.3.1 Competência

Conforme definido na norma citada, competência é a "aplicação do *conhecimento, habilidades* e *comportamento* no desempenho". Ou seja, envolve três vertentes:

- *conhecimento*: pode ser adquirido com cursos, seminários, estudos etc.;
- *habilidades*: podem ser desenvolvidas com a prática na atividade em que se pretende atuar;
- *comportamento*: é a forma esperada de agir e pensar das pessoas no desenvolvimento de suas atividades.

Temos aqui um dos pontos destacados para reflexão que mereceu horas de debate nas reuniões internacionais e no Brasil.

No lugar da palavra "comportamento", inicialmente seria utilizada a palavra "atitude". Mas alguns países argumentaram que atitude estava mais ligada a "valores" e que seria muito difícil chegar a algum consenso sobre eles, por conta de tantas diferenças culturais quando tratamos de países do mundo todo. Quanto a comportamento, seria mais fácil.

Sabe-se que, a respeito de treinamento, a parte comportamental geralmente é tratada à parte e com muita dificuldade. O grupo técnico da ISO, no entanto, entendeu que era importante que essa ideia de "competência", com suas três vertentes, fosse mantida agrupada para que a competência requerida e objetivada por meio do treinamento realmente atendesse às necessidades das organizações que estariam investindo na capacitação das pessoas.

Essa conclusão de incluir o comportamento associado às outras duas vertentes pode ser facilmente entendida ao considerarmos pessoas que:

- *foram bem treinadas*: tinham conhecimento adequado e sabiam o que tinham de fazer;
- *foram bem preparadas*: tinham habilidade e sabiam como fazer.

Mas... no momento de realizar a tarefa designada, não o faziam da forma adequada ou deixavam lacunas que não existiriam se tivessem aplicado os conhecimentos e as habilidades que possuíam.

Faltou-lhes o comportamento adequado para pôr em prática, ou seja, aplicar o conhecimento e a habilidade que possuíam a serviço da organização e do bem comum.

Seu comportamento não consistia em fazer o melhor em sua tarefa. É o que se pode observar comparando, por exemplo:

a) Um técnico de futebol que sabe como tratar os jogadores e consegue extrair o que eles têm de melhor;

b) Um técnico de futebol que sabe apenas ensinar técnicas e táticas do jogo, mas não sabe como envolver os jogadores;

c) Um técnico de futebol que sabe ensinar técnicas e táticas do jogo para que, na partida propriamente dita, apliquem o que aprenderam, e sabe como tratar os jogadores e consegue extrair o que eles têm de melhor para que, em algumas situações, até criem jogadas novas com base naquilo que lhes foi ensinado.

Agora, vamos ao próximo conceito definido na NBR ISO 10015.

5.3.2 Treinamento

É o *processo* que busca desenvolver e prover conhecimento, habilidades e comportamentos *para atender requisitos*.

Aqui importa destacar que o treinamento é visto como um processo, ou seja, tem uma "entrada", à qual é adicionado valor, e um "produto", de modo que ambos devem ser bem definidos.

A entrada do processo é uma pessoa com necessidade de obter determinada competência, e o produto é essa pessoa com a competência requerida já obtida e adequada à necessidade da organização.

Cumpre agora apresentar a *introdução da norma NBR ISO 10015*, pois é bastante esclarecedora para começarmos a investigar o processo de treinamento propriamente dito.

> Os princípios de gestão da qualidade [...] reconhecem que os clientes respeitam e valorizam cada vez mais o comprometimento de qualquer organização com seus recursos humanos e sua capacidade de demonstrar a estratégia adotada para melhorar a competência de seu pessoal.
>
> Recomenda-se que as pessoas de todos os níveis da organização sejam treinadas de modo a atender ao compromisso da organização em fornecer produtos de acordo com a qualidade requerida por um mercado em constante mudança, onde os requisitos e as expectativas dos clientes estão aumentando e mudando continuamente.
>
> [...] Esta norma pode ser aplicada sempre que uma orientação for necessária para interpretar referências a "educação" e "treinamento" nas normas da família NBR ISO 9000 de gestão e garantia da qualidade. [...]
>
> Os objetivos para a melhoria contínua de uma organização, incluindo o desempenho de seu pessoal, podem ser influenciados por uma série de fatores externos e internos, incluindo mudanças no mercado, tecnologia, inovações e requisitos dos clientes e de outras partes interessadas. [...] A Figura a seguir mostra como o treinamento pode ser escolhido como uma forma efetiva de atender a essas necessidades.

Figura 5.1 Melhorando a qualidade pelo treinamento

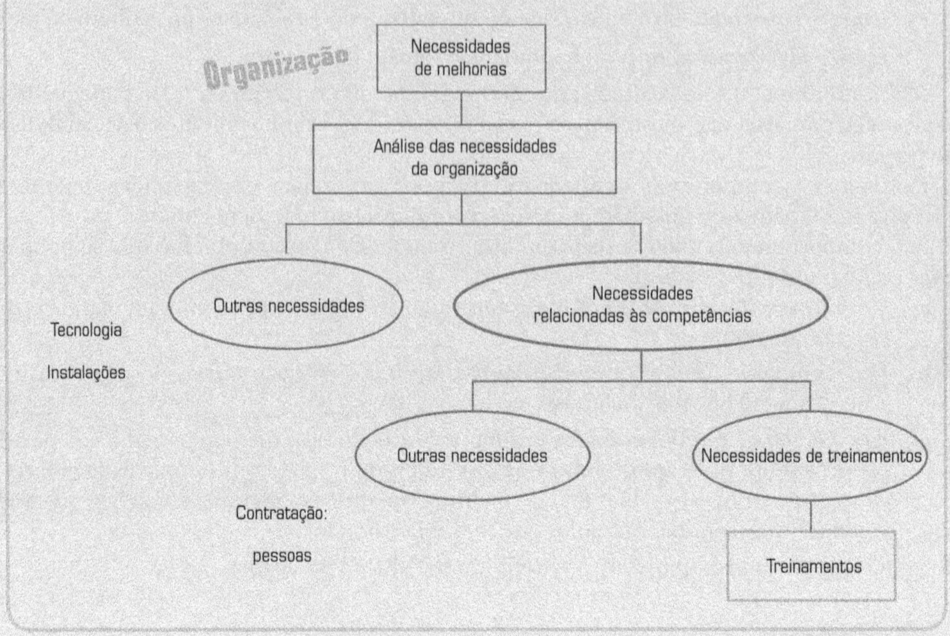

> A função desta norma é fornecer diretrizes que possam auxiliar uma organização a identificar e analisar as necessidades de treinamento, projetar e planejar o treinamento, executar o treinamento, avaliar os resultados do treinamento, monitorar e melhorar o processo de treinamento, de modo a atingir seus objetivos. Esta norma enfatiza a contribuição do treinamento para a melhoria contínua e tem como objetivo ajudar as organizações a tornar seu treinamento um investimento mais eficiente e eficaz. [grifos nossos]

Observações:

1. Neste contexto e ao longo de todo este capítulo, usaremos o termo "organização" para nos referir a empresas e instituições públicas ou privadas, com ou sem fins lucrativos.
2. Sempre que o texto for uma cópia da norma, estará alinhado em recuo.
3. As referências aos itens da norma NBR ISO 10015 estarão entre parênteses.

5.4 A NBR ISO 10015 — gestão da qualidade — diretrizes para treinamento

Os itens da norma serão abordados a partir deste ponto, com destaque para os aspectos principais de cada um, de acordo com os objetivos desta obra.

5.4.1 Objetivo da NBR ISO 10015

> Estas diretrizes abrangem **o desenvolvimento, a implementação, manutenção e melhoria das estratégias e dos métodos de treinamento** que afetem a qualidade dos produtos fornecidos por uma organização.
> Esta norma é aplicável a todo tipo de organização.

> **Não tem por objetivo ser usada em contratos, regulamentos ou certificação.** Não acrescenta, altera ou modifica qualquer requisito da série NBR ISO 9000. **Esta norma não se destina a ser utilizada por empresas fornecedoras de treinamento na prestação de serviços a outras organizações.** [grifos nossos]

Nota: a principal fonte de referência para as empresas fornecedoras de treinamento deve ser a NBR ISO 9004:2010 — Gestão para o sucesso sustentado de uma organização — Uma abordagem da gestão da qualidade.

As empresas fornecedoras de treinamento poderão utilizar essa norma sempre que se tratar de treinamento interno de seu pessoal.

Destacamos esse objetivo propositalmente: ele indica que a norma é destinada a organizações que precisam treinar seu pessoal, não é um guia para a gestão de empresas que prestam serviço de treinamento.

A gestão de organizações educacionais, incluindo as organizações de treinamento, está sendo desenvolvida no âmbito da ISO para ser uma norma de requisitos, baseada na ISO 9001. No momento (janeiro de 2013), esta norma encontra-se em fase intermediária de desenvolvimento, com o nome de *Quality management systems — Requirements for educational organizations.* Seu propósito é auxiliar tais organizações na implementação do sistema de gestão da qualidade baseado na ISO 9001, com as devidas adequações e interpretações para a linguagem da área.

A norma NBR ISO 10015 não foi concebida para fins de certificação, mas sim para ajudar as organizações no processo de capacitação de sua força de trabalho.

Para descrever o processo de treinamento, a norma se vale do que foi denominado "ciclo do treinamento: um processo em quatro estágios", conforme a Figura 5.2.

Figura 5.2 Ciclo do treinamento

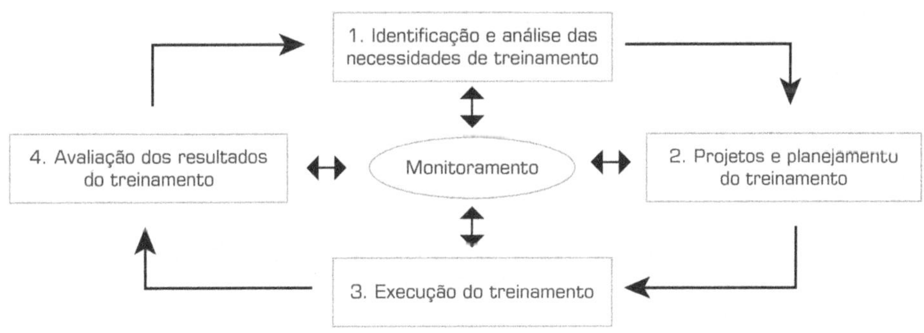

5.4.2 Identificação e análise das necessidades do treinamento

Este é o primeiro estágio do processo de treinamento, em que se destacam os seguintes pontos:

a) identificação das atuais e futuras necessidades da organização — considerando-se como ponto de partida as necessidades da organização quanto ao negócio e os processos internos, no presente e no futuro;

b) definição das competências necessárias;

c) definição das competências existentes;

d) definição das necessidades de treinamento, que é a lacuna existente entre as etapas 2 e 3.

O Anexo A da norma apresenta as etapas descritas em seus diversos estágios como um processo, ou seja, com os *insumos* necessários, os *processos* envolvidos, os *resultados* esperados de cada processo envolvido e os *registros* necessários para o próximo processo, conforme exemplificado a seguir, na transcrição da Tabela A.1, para esse primeiro estágio. (Os números entre parênteses referem-se aos itens da norma.)

Tabela A.1 Definição das necessidades de treinamento (4.2)

Insumos	Processo	Resultados	Registro
Definição das necessidades da organização (4.2.2)			
• Política da qualidade. • Política e treinamento. • Requisitos da gestão da qualidade. • Gestão dos recursos. • Projeto do processo.	• Considerar todos os insumos quando iniciar o treinamento.	• Decisão para iniciar o processo de treinamento.	• Decisão para iniciar o processo de treinamento.
Definição e análise dos requisitos de competência (4.2.3)			
• Mudança organizacional ou tecnológica que afete os processos de trabalho ou causem impacto na natureza dos produtos fornecidos pela organização. • Registros de dados referentes aos processos de treinamento passados e presentes. • Avaliação da competência do pessoal da organização para realizar as tarefas especificadas. • Registros de rotatividade ou flutuação sazonal de pessoal temporário. • Certificação interna ou externa necessária ao desempenho das tarefas especificadas. • Solicitações por parte dos empregados identificando oportunidades de desenvolvimento pessoal que possam contribuir para os objetivos da organização. • Resultado de análise dos processos e ações corretivas decorrentes de reclamações de clientes ou registros de não conformidade. • Legislação, regulamentos, normas e diretrizes que afetem a organização, suas atividades e recursos. • Pesquisa de mercado para identificação ou antecipação de novos requisitos de clientes.	• Documentar os requisitos de competência.	• Requisitos de competência.	• Lista de requisitos de competência.
Análise crítica das competências (4.2.4)			
• Registros de competências. • Dados sobre requisitos e desempenho na execução das tarefas obtidos por meio de: — entrevistas/questionários dirigidos a empregados, supervisores e gerentes; — observações; — discussões em grupo; — pareceres de especialistas.	• Análise das competências existentes.	• Identificação das competências existentes.	• Lista de competências existentes.

Observação: grifos nossos.

Como se pode ver na Tabela A.1, os pontos são bem detalhados. Em tabelas desse tipo, reúne-se toda a experiência dos profissionais que participaram da elaboração dessa norma internacional, prevendo os principais aspectos a serem considerados para lembrar o que é importante observar, de modo que as necessidades da organização e de competência identificadas sejam aquelas que realmente precisam ser supridas.

Os pontos destacados na Tabela A.1 ilustram o que foi exposto até aqui sobre necessidades atuais e futuras da organização, que servem de insumo para o processo de treinamento como um todo. Os resultados de um processo e seu registro serão insumo para o próximo processo. Assim, o registro de competências é um dos insumos para o processo de análise crítica das competências. Essa é a lógica desta norma internacional.

Definição das necessidades de treinamento

Este é o item 4.2 da norma e inicia-se com a definição das necessidades da organização (4.2.2). Nele recomenda-se que:

> [...] as políticas organizacionais da qualidade e do treinamento, os requisitos de gestão da qualidade, a gestão de recursos e o projeto do processo sejam considerados quando iniciar o treinamento, como um insumo ao subitem 4.2, para **assegurar que o treinamento requerido seja orientado para satisfazer as necessidades da organização.**[grifos nossos]

Demais subitens da fase de definição das necessidades de treinamento

- Definição e análise dos requisitos de competência (4.2.3).
- Análise crítica das competências (4.2.4).
- Definição das lacunas de competência (4.2.5).
- Identificação de soluções para eliminar as lacunas de competência (4.2.6).
- Definição da especificação das necessidades de treinamento (4.2.7).

Como observação final desse item da norma,

> [...] recomenda-se que a **especificação das necessidades de treinamento inclua os objetivos e resultados esperados do treinamento.** Os insumos para a especificação das necessidades de treinamento devem ser extraídos do documento que contém a lista dos requisitos de competência, encontrados no item 4.2.3, dos resultados de treinamentos anteriores, das lacunas atuais de competência e das solicitações de ações corretivas.
>
> É conveniente que este documento torne-se parte da especificação do programa de treinamento e inclua um **registro dos objetivos da organização** que serão considerados como insumos para o projeto e planejamento do treinamento e para a monitoração do processo de treinamento. [grifos nossos]

Observa-se que há preocupação em ter sempre presentes e visíveis os objetivos da organização a serem atendidos como resultado do treinamento.

Outro ponto importante que merece destaque é a definição de uma especificação das necessidades de treinamento como um documento que deve ser incorporado na especificação do programa de treinamento, a ser definido no item 4.3.4 da norma NBR ISO 10015.

5.4.3 Projeto e planejamento do treinamento

Esse segundo estágio do processo está descrito no item 4.3 da norma e tem os seguintes subitens:

- Definição de restrições (4.3.2).
- Métodos de treinamento e critérios para seleção (4.3.3).
- Especificação do programa de treinamento (4.3.4).
- Seleção do fornecedor do treinamento (4.3.5).

No item 4.3.4, destacamos a seguinte frase:

> A especificação do programa de treinamento deve dar uma ideia bem clara das **necessidades da organização**, dos requisitos do treinamento e dos objetivos do treinamento que definem o que os treinandos estarão aptos a alcançar como resultado do treinamento. [grifo nosso]

Ou seja, as necessidades da organização devem estar explicitadas no plano de treinamento.

A Tabela A.2, a seguir, transcrita da NBR ISO 10015, ilustra os processos da fase de projeto e planejamento do treinamento, na qual destacamos o fato de a especificação do plano de treinamento explicitar os requisitos e objetivos da organização e a especificação das necessidades de treinamento, que foi definida na etapa anterior. Nessa etapa definem-se os critérios e os métodos de avaliação do treinamento, tão necessários para verificar a eficiência e a eficácia do processo de treinamento.

Tabela A.2 Projeto e planejamento do treinamento (4.3)

Insumos	Processo	Resultados	Registro
Definição das restrições (4.3.2)			
• Requisitos regulamentares. • Requisitos da política organizacional. • Considerações financeiras. • Requisitos de datas e programação. • Disponibilidade de recursos e entidades de treinamento credenciadas. • Disponibilidade, motivação e aptidão dos treinandos. • Outros fatores logísticos.	• Identificação das restrições.	• Conhecimento das restrições.	• Lista das restrições.
Métodos de treinamento e critérios para seleção (4.3.3)			
• Especificação das necessidades de treinamento. • Lista de recursos, restrições e objetivos. • Lista de métodos opcionais de treinamento. • Critério para escolha dos métodos de treinamento.	• Identificação dos métodos de treinamento.	• Conhecimento sobre os métodos de treinamento.	• Lista dos métodos de treinamento.
Especificação do plano de treinamento (4.3.4)			
• Requisitos e objetivos da organização. • Especificação das necessidades de treinamento. • Objetivos do treinamento. • Público ou pessoa-alvo do treinamento. • Métodos e conteúdo programático do treinamento. • Requisitos de prazos. • Requisitos financeiros e de recursos. • Critérios para avaliação dos resultados do treinamento. • Procedimentos de monitoração.	• Definição da especificação do plano de treinamento.	• Especificação do plano de treinamento.	• Documentação referente à especificação do plano de treinamento.
Seleção do fornecedor do treinamento (4.3.5)			
• Informações escritas dos fornecedores potenciais do treinamento. • Relatórios de avaliação. • Especificação do plano de treinamento. • Restrições identificadas.	• Seleção do fornecedor do treinamento.	• Identificação do fornecedor do treinamento.	• Acordo ou contrato formal estabelecendo as atribuições, papéis e responsabilidades pelo processo de treinamento.

5.4.4 Execução do treinamento

Esse estágio está descrito no item 4.4 da norma e na Tabela A.3, transcrita a seguir. O apoio ao treinando e ao instrutor ou entidade de ensino é o destaque que a norma faz e considera fundamental para a eficiência e eficácia, bem como o monitoramento da qualidade durante todo o processo de execução do treinamento. A interação entre a organização, o fornecedor do treinamento e o treinando é fator crítico de sucesso dessas atividades.

Consideram-se nesse apoio as questões relativas à natureza do treinamento e da lacuna de competência que se pretende eliminar, os recursos necessários ao treinamento e a apresentação de oportunidades para o treinando aplicar a competência em desenvolvimento.

Tabela A.3 Execução do treinamento (4.4)

Insumos	Processo	Resultados	Registro
Atividades de apoio (4.4.2)			
Apoio pré-treinamento (4.4.2.1)			
• Especificação das necessidades do treinamento. • Lista das lacunas de competência. • Especificação do plano de treinamento.	• Fornecer informações para o instrutor e o treinando.	• Registro das informações.	• Registro das informações prévias.
Apoio ao treinamento (4.4.2.2)			
• Infraestrutura: ferramentas, equipamentos, documentos, softwares, acomodações. • Oportunidades para aplicar a competência adquirida. • Oportunidades de realimentação do desempenho do treinando no trabalho.	• Dar apoio ao instrutor e ao treinando.	• Registros do apoio ao treinamento.	• Registros do apoio ao treinamento.
Apoio ao final do treinamento (4.4.2.3)			
• Registros referentes ao pré-treinamento. • Registros referentes ao apoio do treinamento.	• Obter do instrutor e do treinando informações de realimentação sobre o treinamento. • Fornecer informações de realimentação para gerentes e outros funcionários envolvidos no processo de treinamento.	• Registro das informações de realimentação.	• Registro das informações de realimentação.

5.4.5 Avaliação dos resultados do treinamento

O estágio final da norma está no item 4.5, cujo objetivo é:

> [...] **confirmar que ambos os objetivos, da organização e do treinamento, foram alcançados**, ou seja, o treinamento foi eficaz.
>
> Os insumos para a avaliação dos resultados do treinamento são as especificações das necessidades e do plano de treinamento, bem como os registros do treinamento fornecido.
>
> **Os resultados do treinamento em geral não podem ser plenamente analisados e validados até que o treinando possa ser observado e avaliado no trabalho.**
>
> Dentro de um determinado período após o término do treinamento, convém que a gerência da organização garanta a realização de uma avaliação para verificar o nível de competência alcançado.

É conveniente que as avaliações sejam feitas:

- **a curto prazo**, para verificar a opinião do treinando sobre os métodos e recursos adotados e sobre os conhecimentos e habilidades adquiridos como resultado do treinamento; e
- **a longo prazo**, para verificar a melhoria da produtividade e do desempenho no trabalho.

Convém que a avaliação seja conduzida de acordo com os critérios estabelecidos (ver 4.3.4).

O processo de avaliação inclui coleta de dados e elaboração de relatório de avaliação que forneça insumos para a monitoração do processo (ver Tabela A.4). [grifos nossos]

Tabela A.4 Avaliação dos resultados do treinamento (4.5)

Insumos	Processo	Resultados	Registro
Coleta de dados e preparação do relatório de avaliação (4.5.2)			
• Especificação das necessidades de treinamento. • Especificação do plano de treinamento. • Registros do fornecimento do treinamento.	• Coletar os dados e conduzir a avaliação com base nos critérios estabelecidos. • Analisar os dados e interpretar os resultados; analisar criticamente o orçamento; verificar a aquisição da competência especificada. • Recomendar ações corretivas.	• Relatório de avaliação.	• Relatório de avaliação. • Registros do treinamento.

Essa etapa final do processo de treinamento é particularmente importante para verificar se tudo o que foi feito anteriormente ocorreu de modo adequado e atendeu não apenas às necessidades do treinamento em si, como também, e principalmente, se com isso foi suprida a necessidade de competência da organização, em relação ao negócio e aos processos internos.

Deve-se observar também que a avaliação da eficácia do treinamento é feita em dois momentos: em curto prazo relativo ao treinamento em si e em médio e longo prazos no trabalho, verificando, assim, a eficácia do treinamento, ou seja, se atendeu aos objetivos da organização.

5.4.6 Relatório de avaliação

Em todos os estágios do processo de treinamento, a norma NBR ISO 10015 prevê o registro das informações e, nesse estágio final, preconiza a elaboração de um relatório de avaliação que pode incluir:

- especificação das necessidades de treinamento;
- critérios de avaliação e descrição das fontes, métodos e períodos para avaliação;
- análise dos dados coletados e interpretação dos resultados;
- análise crítica dos custos do treinamento;
- conclusões e recomendações para melhoria.

A ocorrência de não conformidade pode requerer procedimentos de ações corretivas.

É conveniente que a conclusão do treinamento seja devidamente documentada nos registros deste.

Esse relatório é importante para a rastreabilidade e para possibilitar a análise e a melhoria do processo de treinamento.

5.4.7 Monitoração e melhoria do processo de treinamento

O processo de treinamento deve ser monitorado em todos os seus estágios.

> **O objetivo principal da monitoração é assegurar que o processo de treinamento, como parte do sistema da qualidade da organização, está sendo devidamente gerenciado e implementado, de forma a comprovar a eficácia do processo em alcançar os requisitos do treinamento da organização.** A monitoração envolve a análise de todo o processo de treinamento em cada um dos quatro estágios [ver a Figura 5.2: Ciclo do treinamento].
>
> A monitoração é uma ferramenta valiosa para melhorar a eficácia do processo de treinamento. [grifos nossos]

Validação do processo de treinamento

> Os insumos para a monitoração podem incluir todos os registros das etapas integrantes do processo de treinamento. Baseada nesses registros pode ser feita uma análise crítica das diversas etapas para identificar itens não conformes e as devidas ações preventivas e corretivas. Tais insumos podem ser coletados durante o ciclo do treinamento, fornecendo as bases para a validação do processo de treinamento e fazendo recomendações para melhoria.

Assim sendo:

- *se os procedimentos forem seguidos e os requisitos especificados forem alcançados*: atualizar os registros das competências para refletir essa qualificação adicional;
- *se os procedimentos* não *forem seguidos e os requisitos especificados forem alcançados*: revisar os procedimentos e atualizar os registros das competências para refletir essa qualificação adicional;
- *se os procedimentos forem seguidos e os requisitos* não *forem alcançados*: aplicar as ações corretivas e preventivas para melhoria do processo de treinamento ou desenvolver uma solução alternativa ao treinamento.

> Além disso, é conveniente que a análise crítica do processo de treinamento identifique quaisquer outras medidas que visem tornar mais eficazes os diferentes estágios do processo de treinamento.

É recomendável manter registros apropriados das várias atividades de monitoração e avaliação realizadas, dos resultados obtidos e das ações planejadas.

5.5 Aspectos relativos a pessoas — *people aspects*[2]

Conforme já citado nos objetivos e antes de concluir este capítulo, apresentamos a situação atual da norma que trata das questões relativas a pessoas na concepção e implementação de sistemas de gestão.

Seu desenvolvimento foi decidido e tratado na ISO em duas reuniões, uma ocorrida em 2004 e outra no final de 2005, e tem origem nas discussões sobre a necessidade de processar ou não uma revisão da norma ISO 10015. Decidiu-se por não revisar a norma, mas estudar a questão relativa a *pessoas* de forma mais abrangente, e não apenas relacionada à educação e treinamento.

2 Informação de abril de 2006.

5.6 Desenvolvimento da norma sobre competência e aspectos relativos a pessoas

Observando que "pessoas são a essência de uma organização" e notando que as questões relativas a pessoas não estavam plenamente desenvolvidas na família de normas ISO 9000, o ISO/TC 176 resolveu desenvolver uma norma para este fim, após consulta sobre a necessidade, o desejo e a viabilidade de ter um documento-guia que ajudasse as organizações a desenvolver as competências e os aspectos relativos a pessoas.

O ABNT CB-25 considerou esse tema relevante e se engajou no trabalho de desenvolvimento de uma norma para este fim, com participação desde sua primeira reunião, no Panamá, em outubro de 2005.

Hoje, em janeiro de 2013, o documento encontra-se em fase final de elaboração e será publicado ainda neste primeiro semestre como uma norma brasileira NBR ISO 10018 — Gestão da qualidade — Diretrizes para o envolvimento e competência das pessoas.

Na introdução da norma, diz-se que:

> O desempenho geral de um sistema da qualidade e seus processos dependem basicamente do envolvimento de pessoas competentes e se elas são adequadamente apresentadas e integradas na organização.
>
> O envolvimento das pessoas é importante para que o sistema de gestão da qualidade da organização consiga atingir os resultados que sejam consistentes e alinhados com suas estratégias e valores. É fundamental identificar, desenvolver e avaliar o conhecimento, as habilidades, o comportamento e o ambiente de trabalho requerido para o efetivo envolvimento de pessoas com a competência necessária.
>
> Esta norma internacional oferece diretrizes de fatores humanos que influenciam o envolvimento e competência, criando valor que ajuda a atingir os objetivos da organização. (ISO FDIS 10018:2012, tradução livre do autor).

Tabela A.5 Processo estratégico para a competência e envolvimento das pessoas.

I. Individual			
Valores	**Atitudes**	**Competência**	**Comportamento**
Verdade	Fidelidade à organização	Comunicação	Agindo com interesse no grupo
Integridade	Dedicação	Transferência de conhecimento	Autonomia
Honestidade	Motivação	Aprendizado individual	Contributivo
Respeito pela vida	Foco em resultado	Visão sistêmica	Autoridade e responsabilidade
	Adaptabilidade	Inovativo	Autonomia
	Inovativo		Ético
II. Equipe			
Valores	**Atitudes**	**Competência**	**Comportamento**
Verdade	Filosofia de "não reclamação"	Inovação	Mentor e treinador
Respeito mútuo	Paixão	Liderança	Cooperação
Orientado para resultados	Atitude positiva	Composição da equipe	Sinergia
Desejo de aprender	Harmonia e coercividade	Gestão do conhecimento	Consenso por fatos
		Comunicação	Autonomia
		Solução de problemas	Compartilhamento de recompensas

III. Organização			
Valores	Atitudes	Competência	Comportamento
Foco nas pessoas	Proativa	Organizacional	Compartilhamento de conhecimento com os clientes
Atento a valores sociais	Sistêmica e agilidade	Gestão do capital intelectual	Colaboração com os parceiros
Cultura ética	Alinhamento das pessoas na organização	"Aquisição" de pessoas e competências	Ouvir os clientes
Mérito pela verdade	Reconhecimento	Entendimento da competência-chave	Liderança
		Processo de inovação	
		Retenção e lealdade do cliente	

O escopo desta norma foi definido como um guia para o engajamento das pessoas em um sistema de gestão da qualidade da organização e para aumentar o envolvimento e a competência interna.

Os fatores humanos que impactam a competência e o envolvimento das pessoas estão listados a seguir e a norma descreve cada um deles, explicando por que é importante e apontando os benefícios obtidos com sua aplicação. São eles:

- Atitude e motivação.
- Conscientização.
- Comunicação.
- Educação e aprendizado.
- Empoderamento (*empowerment*).
- Engajamento.
- Liderança.
- Rede de relacionamento (*networking*).
- Reconhecimento e recompensa.
- Recrutamento.
- Responsabilidade e autoridade.
- Equipe de trabalho e colaboração.

Esta norma estará disponível ainda em 2013, para aquisição na ABNT, como NBR ISO 10018 e poderá ser utilizada em conjunto com a NBR ISO 10015 para dar conta das questões relativas a pessoas na implementação e manutenção de sistemas de gestão.

5.7 Conclusão

A conclusão deste capítulo sobre educação e treinamento destaca, a seguir, quatro pontos que merecem ser reforçados.

Treinamento baseado nas necessidades da organização

O que deve orientar todo o processo de treinamento e servir de insumo para a identificação das necessidades de treinamento são as *necessidades da organização.*

A decisão pelo treinamento só deve ser tomada quando forem analisadas todas as alternativas para suprir as lacunas da organização e concluir-se que o desenvolvimento de competências internas é a melhor solução.

O ciclo do treinamento

O processo de treinamento é visto e tratado como um ciclo desenvolvido em quatro estágios, à semelhança do ciclo PDCA de melhoria contínua, em que o produto de um estágio é insumo para o estágio seguinte, até o fechamento do ciclo.

Os resultados do processo de treinamento devem ser usados para análise crítica do processo como um todo e insumo para confirmar ou propor melhorias para o mesmo.

Avaliação dos resultados do treinamento

Esse é um dos pontos mais sensíveis e difíceis de realizar, tendo em vista que, muitas vezes, a avaliação da eficácia do treinamento só é possível observando o trabalho do treinando em suas atividades e avaliando se houve melhoria em sua atuação, de acordo com o que foi identificado como necessidade da organização em termos de competência e/ou aumento de produtividade.

Um ponto adicional de dificuldade é a avaliação do comportamento no trabalho, ou seja, avaliar se os conhecimentos e as habilidades adquiridos estão sendo aplicados conforme previsto no treinamento. Este ponto exige a avaliação da pessoa pelo gestor imediato e da respectiva disciplina, em conjunto com a organização, para registrar essa avaliação e dar o feedback a todas as partes interessadas — a pessoa que foi treinada, a equipe responsável pelo treinamento e os agentes de treinamento.

Monitoramento de todo o processo de treinamento

Esse conceito de monitoramento deve ser aplicado para que haja a possibilidade de interferência no processo de treinamento, a qualquer momento em que se observar algum tipo de desvio que possa levar ao não cumprimento dos objetivos estabelecidos, e, também, quando uma oportunidade de melhoria for observada, fazê-la de modo que resulte na melhoria do processo como um todo.

Referências bibliográficas

NBR ISO 9000:2005. *Sistemas de gestão da qualidade — fundamentos e vocabulário.*

NBR ISO 9001:2008. *Sistemas de gestão da qualidade — requisitos.*

NBR ISO 9004:2010. *Gestão para o sucesso sustentado de uma organização — uma abordagem da gestão da qualidade.*

NBR ISO 10015:2005. *Gestão da qualidade — diretrizes para treinamento.*

ISO FDIS 10018:2012 *Gestão da qualidade — diretrizes para o envolvimento e a competência das pessoas.*

Sites indicados

ISO/TC 176: www.tc176.org

ABNT/CB-25: www.abntcb25.com.br

Outros sites de organismos de normalização fortemente relacionados com o ISO/TC 176:

www.csa.ca (Canadá — presidente e secretário do ISO/TC 176)

www.bsi-global.com (Inglaterra — presidente e secretário do ISO/TC 176/SC2)

Renato Pedroso Lee

Engenheiro mecânico pós-graduado em petróleo e gás, gestão empresarial com ênfase em sistemas de gestão da qualidade e mestre em sistemas de gestão pela Universidade Federal Fluminense. É engenheiro da Petrobras, superintendente do Comitê Brasileiro da Qualidade — ABNT/CB-25 e membro do Comitê de Educação do Programa Qualidade Rio. Foi consultor do livro *Qualidade em prestação de serviços*, publicado pela Editora Senac.

Tel.: +55 21 3224-6990

E-mail: renatolee@petrobras.com.br

capítulo 6

Logística para a produção e realização do treinamento em 10 passos

Fernando Cardoso

6.1 Objetivos

Para a realização de um ou de todos os seus projetos de treinamento, será necessário estabelecer e seguir uma logística que apresente duas grandes fases: *desenvolvimento* e *realização do treinamento*. Conheça aqui, em 10 passos, tudo o que deve ser feito, como e quando, para obter êxito na realização daquilo que foi planejado.

Sempre, ao promover um treinamento, seja partindo da necessidade de apenas uma área, seja de todo um plano de treinamento, deve-se seguir uma logística para sua realização.

No momento inicial de implementação e aplicação dessa logística, deve-se identificar o público-alvo que será treinado e os objetivos almejados.

Alguns desses projetos de treinamento vão compor uma ação pontual; outros, programas de treinamento com diversos encontros durante o ano; e, finalmente, outros, ciclos de aprendizagem nos quais serão definidas diversas atividades para atingir os objetivos, por exemplo: treinamento presencial, *e-learning*, *on the job*, coaching etc. A logística prepara e realiza esses treinamentos, tendo certeza de que tudo acontecerá corretamente e dentro do cronograma.

Abordaremos a logística em 10 passos, seguindo-os em cada treinamento a ser realizado. Parece algo fácil quando realizamos o treinamento de apenas uma turma, mas, se estamos atuando no departamento de treinamentos de uma empresa e ela possui dezenas ou até centenas deles, necessitamos, então, de muita organização e controle para que tudo ocorra conforme o esperado.

Com um grande número de treinamentos para realizar, devemos ter como ponto de partida uma planilha ou sistema que contenha informações como:

Planilha de treinamento						
Código	Cargo	Departamento ou unidade de negócio	Nome	Ciclo de aprendizado	Data	Treinamento

Meio	Carga horária	Fornecedor	Local	Custos	Centro de custos	Observações

Vejamos, em detalhes, cada uma das informações destacadas na planilha:

- *Código*: do profissional, sua matrícula na empresa, registro funcional ou CPF. Cada empresa tem política e nomenclatura próprias.
- *Cargo*: esse campo será utilizado para fazer pesquisas de treinamentos realizados, de acordo com cada função, ou levantamento de custos por cargo. Também pode facilitar identificações, por exemplo, quando for necessário saber quais são os funcionários de determinado departamento.
- *Departamento ou unidade de negócio*: assim como o campo "cargo", será muito útil para pesquisas e convocações para treinamentos.
- *Nome*: nome do profissional.
- *Ciclo de aprendizado*: pode ser composto por diversas ações, sucessivamente, como treinamento presencial, uma ação de *e-learning*, uma prova, treinamento *on the job*, mais um módulo presencial para consolidação. Assim, quando nosso projeto for composto por diversas ações, teremos um controle para cada uma, incluindo a ordem entre elas e o intervalo que deverá haver entre uma e outra. Para cada ação, seguiremos os 10 passos da logística. Então, neste campo devemos colocar o nome da ação de desenvolvimento (ciclo de aprendizado).
- *Data*: data em que o treinamento será realizado.
- *Treinamento*: título do treinamento.
- *Meio*: definição do tipo de treinamento a ser aplicado: presencial, e-learning, *on the job*, ao ar livre, coaching, curso de inglês, pós-graduação etc.
- *Carga horária*: do treinamento. Se for um projeto de coaching, sugerimos indicar a carga horária do conjunto de sessões; se for curso de inglês, pode-se documentar a carga horária também de um conjunto de aulas por um período, por exemplo:

aulas de três horas duas vezes por semana durante seis meses, o que representará uma carga horária de 144 horas. E, a cada seis meses, um novo projeto deverá ser criado para os alunos que continuam em aula. No campo "observações", incluem-se detalhes como frequência e carga horária de cada aula.

- *Fornecedor*: indica se o treinamento será realizado por fornecedores internos, como o próprio departamento de RH, por exemplo, ou externos, como prestadores de serviços.
- *Local*: onde esse treinamento acontecerá, incluindo a sala de aula — este treinamento pode acontecer em uma sala de sua empresa, em um espaço locado, como um hotel, e, quando for um treinamento aberto, ou seja, ao se realizar apenas algumas inscrições em um evento oferecido pelo mercado, então o local já é previamente definido pelo fornecedor. No caso de *e-learning*, onde o aluno fará o treinamento: em sua mesa de trabalho ou em um centro de autotreinamento.
- *Custos*: o investimento para a realização do treinamento.
- *Centro de custos*: o departamento/setor que arcará com as despesas necessárias para a realização do curso, incluindo material didático e qualquer outro item/serviço.
- *Observações*: campo de indicação de detalhes do projeto, como periodicidade, ordem entre os diferentes módulos, ou qualquer outra informação importante.

Agora que identificamos o momento pelo qual se inicia a logística, vamos conhecer seus 10 passos.

6.1.1 Primeiro passo

Consiste na definição do meio em que realizaremos o treinamento, pois cada um deles terá uma logística de desenvolvimento particular.

Será possível realizar um treinamento por diferentes meios, e é muito importante determinar cada um deles, pois todos devem envolver logísticas distintas. A nomenclatura a seguir refere-se aos mais comuns e será utilizada em todo o capítulo.

Vamos entendê-los:

1. *Treinamento presencial ministrado por profissionais de sua empresa*: o treinamento será, na maioria das vezes, sobre assuntos específicos de sua organização e o instrutor será um dos colaboradores.
2. *Treinamento presencial ministrado pelo RH*: mesma situação do item anterior, com a diferença de que, neste caso, o instrutor faz parte da equipe de RH.
3. *Treinamento presencial realizado por uma consultoria, na versão "aberta"*: é o treinamento realizado por determinada consultoria, divulgado para o mercado, em que você pode realizar uma ou mais inscrições e o treinamento terá participantes de diferentes empresas. Toda a estrutura já está pronta.
4. *Treinamento presencial realizado por uma consultoria, na versão* "in company": é o treinamento realizado por uma consultoria ou consultor do mercado em que todos os alunos são de sua empresa.
5. E-learning *de "prateleira"*: treinamento feito por meio da Internet. Seu assunto é de mercado, e não específico de sua organização. Dessa forma, pode-se adquirir um treinamento pronto para a aplicação. Como não tem custo e tempo de desenvolvimento, é viável para pequenas quantidades de alunos.
6. E-learning *customizado*: treinamento feito por meio da Internet que será desenvolvido conforme a necessidade. Como haverá custo e tempo de desenvolvimento, então deverá haver um número maior de alunos para viabilizar esse investimento.
7. *On the job*: treinamento prático, ministrado no local e no dia a dia de trabalho. Geralmente é ministrado por um dos profissionais da área.

8. *Job rotation*: forma de treinamento ou qualificação em que o profissional troca de função. Dessa forma conhece todo o processo, por exemplo: o impacto de seu trabalho na atividade anterior à sua.
9. *Manual de autotreinamento*: autotreinamento em papel.
10. *Coaching*.
11. *Curso de idiomas*.

6.1.2 Segundo passo

Esta etapa abrange o desenvolvimento e/ou adequação do conteúdo do treinamento aos objetivos estabelecidos. Para tanto, temos de definir: quem será o fornecedor do conteúdo do treinamento?

Se o conteúdo for específico da organização, por exemplo, processo de produção, conhecimento de produto ou integração de novos funcionários, há duas opções de projeto: em uma delas, o próprio detentor do conteúdo pode ser o instrutor; na outra, uma área específica da empresa e/ou especialistas de mercado determinam o desenvolvimento do conteúdo.

No caso de o detentor do conteúdo ser o próprio instrutor, é necessário negociar com a área envolvida para poder contar com o trabalho desse profissional. É preciso também negociar com o profissional para que ele disponha de tempo e energia de trabalho no desenvolvimento do treinamento. Deve-se prepará-lo para ser um instrutor. Sugerimos para essa etapa o período de uma ou duas semanas para definir os instrutores internos e qualificá-los, quando necessário, e mais um período para que eles preparem o curso, sob orientação do responsável pelo treinamento. Estima-se esse tempo para um treinamento de oito a dezesseis horas. Um aspecto importante dessa modalidade é a difusão do conhecimento e das práticas da organização, ação esta de inestimável valor, transformando o conhecimento tácito em explícito, conceito básico da gestão do conhecimento.

Quando o detentor de determinado conteúdo, específico da organização, não for o mesmo profissional que ministrará o treinamento, será necessário criar um processo de aquisição desse conteúdo. Essa atividade é muito frequente para o desenvolvimento de manuais de multiplicadores, ou o *e-learning* customizado. O tempo ideal para esta etapa é de duas semanas, mas esse prazo pode se estender dependendo da motivação e disponibilidade do profissional que irá redigir o conteúdo, já que essa provavelmente não é sua atividade principal.

Com o conteúdo redigido, será possível realizar um *e-learning*, um manual de treinamento, uma apostila de autotreinamento, bem como material de formação de multiplicadores sobre o assunto, caso em que poderemos ter diversos instrutores ministrando exatamente o mesmo treinamento. Esses multiplicadores poderão ser profissionais da empresa, o que economiza em logística de deslocamento de instrutores; poderão ser profissionais de áreas técnicas, do RH local ou até terceiros.

6.1.3 Terceiro passo

Consiste na contratação de fornecedores. Qualquer etapa de qualquer tipo de projeto poderá ser totalmente desenvolvida internamente ou por fornecedores. Quando optamos pela contratação de fornecedores, passamos então à terceira etapa.

A primeira tarefa será a de escolher alguns fornecedores, que disputarão para obter o projeto da empresa, e passar a eles um *briefing* com: objetivo, meio, indicadores, número de alunos, perfil dos alunos, situações específicas e algumas expectativas; no caso de *e-learning*, informações complementares, como estrutura de informática disponível e recursos de *e-learning* já existentes em sua organização.

Os fornecedores entenderão sua necessidade e vão propor projetos com conteúdos, etapas e metodologias diferentes. Essa é uma boa oportunidade para agregar valor ao seu projeto, optando por uma dessas metodologias. Nesse momento, você vai avaliar o custo *versus* benefício de cada proposta e, então, optar pelo fornecedor que mais agregará valor ao seu projeto. São diversos os fatores que podem influenciar essa decisão: o fornecedor ser uma entidade reconhecida; ser especialista no conteúdo proposto ou no meio em que o treinamento acontecerá; ter metodologia diferenciada; oferecer customização e viabilidade econômica; ou seja, quem estiver mais adequado à necessidade dos objetivos de seu projeto e, é lógico, apresentar o melhor preço. Você, sua experiência e suas prioridades definirão o tempo necessário a essa etapa, que pode variar bastante. Assumindo que as variáveis do produto em orçamento sejam bem conhecidas, para que essa etapa seja realizada rapidamente, sugerimos uma semana para o presencial e duas para o *e-learning*.

Como estamos falando de fornecedores, não podemos deixar de compartilhar pontos importantes para sua carreira no mercado de RH:

- *Respeito*: aqui, aproveitamos para dar uma dica de etiqueta. A remuneração do instrutor, no caso de um prestador de serviço, é por dia de trabalho. A partir do momento em que você reservar algum(ns) dia(s), ele não oferecerá essa(s) data(s) para outros clientes. Caso você tenha de cancelar a data pré-agendada, faça-o com muita antecedência, algo como 15 dias, principalmente se forem vários dias de trabalho, pois o instrutor terá muita dificuldade em alocar esse período, que você acabou de cancelar, para outro cliente, o que acarretará prejuízo financeiro para ele.
- *Relacionamento*: o mercado de RH é um segmento muito específico. Os profissionais mais importantes desse meio se conhecem, trocam experiências e opiniões. Para o desenvolvimento de sua carreira, deve-se desenvolver um bom relacionamento com todos: profissionais de RH de empresas e prestadores de serviço para RH. Sua carreira será cada vez mais enriquecida com experiências em várias organizações. Sendo assim, cada vez mais, necessitará de indicações, referências, fornecedores e clientes; cada vez menos você desenvolverá todos seus projetos com equipes internas, mas buscará especialistas no mercado e terceirizará seus projetos ou parte deles. Essa movimentação acontece em todas as áreas das empresas do mercado mundial. Minha experiência como fornecedor de serviços de RH mostra o quanto parte dos profissionais de RH está despreparada para desenvolver esses relacionamentos. Você deve frequentar eventos, criar um excelente *networking* e, principalmente, tratar seu fornecedor com consideração: respeitar o horário das reuniões agendadas, fornecer um *briefing* bem estruturado, tomar as decisões necessárias para o desenvolvimento do projeto, ser muito profissional na cobrança de qualidade e acompanhamento do trabalho. Feedback é muito importante quando você fechar um projeto com um fornecedor. Haverá momentos em que você terá a desagradável missão de comunicar a fornecedores sobre o não fechamento com eles. Nunca deixe de fazê-lo e seja sincero: ele sempre crescerá e o respeitará ante tal atitude. Existem outros feedbacks a serem dados: sua satisfação durante o desenvolvimento do projeto — críticas e elogios são vitais —, determinar falhas nos projetos, no cronograma e saber conduzir a solução de problemas. O relacionamento entre cliente e fornecedor é cada vez mais vital para o desenvolvimento das organizações, e você deve desenvolver essa competência e entender que é um trabalho em equipe — nesse caso, equipes internas relacionando-se com equipes externas e de diversas empresas, o que é muito semelhante ao relacionamento de equipes internas de uma mesma organização. Você deve ter preocupação com o relacionamento e a excelência assim como tem com a sua equipe. Deve-se entender que hoje as equipes, com muita frequência, são configuradas nessa situação. Em alguns momentos de sua carreira, você será o chefe, em outras, o subordinado, o cliente ou o fornecedor. Esteja preparado para todos os momentos.

Este pensamento nos leva a outro ponto ainda mais importante:

- *Ética*: desenvolva seus treinamentos com os melhores recursos disponíveis que possuir e que são viáveis com a verba alocada. Você poderá contratar uma consultoria para realizar seu treinamento ou um consultor autônomo, e até optar pela produção interna. Cada um tem uma estrutura de serviços agregados ao treinamento e uma faixa de preço diferente. Uma atitude malvista pelo mercado é ter contato com determinado consultor por meio da consultoria em que ele é associado e tentar contratá-lo sem a participação dessa consultoria. Ou, pior ainda, participar de um treinamento em determinada consultoria e contratar seu instrutor, sem a participação de sua consultoria. Abordo esse tópico não só por questões óbvias de ética, mas porque, agindo assim, debilita-se o elo desse consultor com sua consultoria; busca-se economizar um pouco sem ver que esse valor é de serviços que já foram pagos pela consultoria, em marketing, vendas e desenvolvimento de conteúdo e metodologia. E, principalmente, debilitam-se grandes consultorias brasileiras, que são o futuro mercado de trabalho de grande parte dos profissionais de RH. Em suma, debilita-se um mercado com grandes chances de ser seu empregador no futuro, seja como colaborador ou consultor.

6.1.4 Quarto passo

É a etapa da produção do projeto. Todas as opções de projeto discutidas até agora podem ser desenvolvidas com uma equipe interna ou com fornecedores.

Em todos os casos, teremos reuniões de *briefing* para definição de conteúdo, metodologia, tipo de avaliação, definição de cronograma, acompanhamento e validação de algumas etapas da produção.

Para todos os projetos dessa etapa, o conteúdo já está pronto. Seja por ser um conteúdo de mercado, seja por já termos passado pelo processo de desenvolvimento no segundo passo.

Quando o treinamento for presencial, realizado por profissionais internos da organização, temos de definir quem desenvolverá o material audiovisual e as apostilas dos alunos. O caso mais comum é que o próprio instrutor desenvolva seu material, pois é nesse momento que ele está planejando o treinamento e mentalizando o raciocínio e a lógica da aula. O material, aliás, deve ser parte da apostila do aluno ou a própria apostila. Essa atividade deve ter sido desenvolvida já no segundo passo — junto com o conteúdo. Nesse momento, o instrutor finalizará o trabalho, preocupando-se, inclusive, com o *layout* do material audiovisual. O profissional de T&D pode e deve verificar o material com antecedência.

Em treinamentos com muitos instrutores, ou com multiplicadores, deverá ficar claro quem será o responsável pelo desenvolvimento de material audiovisual, da apostila do aluno, do manual do instrutor ou até de recursos didáticos como jogos e vídeos. Poderá ser um dos instrutores, o RH ou um fornecedor. Caberá ao RH avaliar a proposta do curso e de seu conteúdo. Por exemplo: no caso do treinamento de integração de novos funcionários, dentre outros quesitos, você deverá se preocupar com os recursos audiovisuais, pois é comum que esse tipo de treinamento seja ministrado por vários instrutores, e esse tema é de responsabilidade do RH.

Quando o treinamento for presencial, realizado por fornecedores, devemos nos reunir antecipadamente com o instrutor ou fornecedor para apresentar-lhe detalhes sobre as necessidades, os objetivos do treinamento e suas particularidades. O projeto pode ser bem complementado com uma visita do instrutor à área a ser treinada ou com algumas reuniões dele com os líderes para adequar melhor o enfoque e os objetivos do treinamento e conhecer características específicas da organização. Deve-se definir a metodologia de aula e que tipo de avaliação será aplicado: o mais comum é a avaliação de reação, que consiste em avaliação realizada pelo aluno a respeito do curso, se foi satisfatório, se o conteúdo é aplicável, se foi bem conduzido, se o professor tem domínio do conteúdo, se a didática foi adequada etc. Você deve prever que esta etapa ocorra com, no mínimo, uma semana de antecedência ao treinamento.

No caso de desenvolvimento de materiais como apostilas de treinamento, autotreinamento em papel, manual do multiplicador e transparências, teremos de realizar reuniões de *briefing*, cronograma e acompanhamento e validação das etapas de sua produção. Estimamos para a elaboração desse material, referente a um treinamento presencial de oito horas, o tempo de duas semanas.

Para a produção do *e-learning*, deveremos realizar inúmeras decisões sobre metodologia de aula, como será o gerenciamento dos alunos e definições tecnológicas. Teremos de prever a realização de reuniões para decidir todas essas definições e as questões estratégicas do projeto, como cronograma, acompanhamento e validação das etapas previstas. Para um treinamento de oito horas — tendo o presencial como referência —, estimamos quatro semanas para produção, tempo este que deverá ser incluído no cronograma de lançamento.

Se, porém, o treinamento for em *e-learning*, mas o conteúdo for de mercado, ou seja, algum fornecedor já tiver esse curso pronto, o tempo de implantação deve ser de uma semana.

6.1.5 Quinto passo

É o momento de determinar a data do treinamento, o local, os recursos de apoio, o hotel e o transporte dos alunos e dos instrutores.

Agendar um treinamento nem sempre é uma atividade simples. Você terá de conciliar a disponibilidade de data dos alunos, dos instrutores e da sala de aula. Temos certeza de que todos têm a agenda muito ocupada, principalmente o instrutor, que trabalha para ocupá-la por completo. Assim sendo, deve-se realizar a agenda com o máximo de antecedência possível — o indicado é, no mínimo, 20 dias.

Quanto ao local de realização do treinamento, pode-se utilizar as salas de sua própria organização, com a vantagem do fácil acesso dos alunos, que já estão no ambiente, e dos baixos custos, pois o espaço já está disponível; os alunos almoçarão no lugar de sempre; e o *coffee break* poderá ser providenciado, também, com baixos custos. Podemos ainda decidir por salas de aula em outros ambientes, como hotéis ou escolas. Um dos grandes benefícios de realizar o evento em um local que não a sua empresa é que na sala de aula da empresa é comum os alunos não conseguirem se desligar da rotina de trabalho por estarem muito próximos de seu telefone, computador, chefe, subordinados e pares, de modo que não mantêm a concentração necessária para abordar temas complexos ou comportamentais, como trabalho em equipe, liderança e mudança de atitude, entre outros. Uma opção utilizada com frequência é a realização de um programa de treinamento em um hotel longe da cidade, onde diversas atividades de integração e valorização do grupo podem se realizadas. Os recursos de apoio necessários quando o treinamento ocorre na própria empresa variam conforme a metodologia de aula e incluem: computador para o instrutor, projetor multimídia, computadores para os alunos — principalmente para cursos sobre sistemas ou informática —, *flip chart*, quadro-negro — que hoje costuma ser branco —, equipamento de vídeo ou de DVD, equipamento de som para microfone, CD, vídeo ou DVD, microfone. Já o treinamento presencial no modo "aberto" não tem esse problema nem a necessidade de se preocupar com diversos passos da logística, pois o local já está definido, não é em sua organização, não haverá dispersão, e o fato de haver um grupo de diferentes empresas, pessoas e experiências trará muita motivação, concentração e troca entre alunos.

Outro item importante a ser providenciado nesta etapa é transporte e hospedagem. O treinamento presencial em outra cidade requer transporte, alimentação, hospedagem e reembolsos para o(s) aluno(s). A mesma providência deverá ser tomada quando o treinamento for *in company*, para os alunos ou o instrutor que forem de outras cidades. Outra providência que pode ser necessária nesse momento é o despacho do material, para cursos que acontecem em cidades diferentes de onde ele foi preparado. Quando o treinamento vai ser realizado por uma consultoria, é comum que esta se responsabilize pela preparação e despacho do material.

Já no *e-learning* não há essa demanda de investimento e logística em transporte, locomoção e hospedagem, mas o local também é um quesito importante. O aluno poderá realizar o treinamento em sua mesa de trabalho por meio de seu computador pessoal, em um centro de autotreinamento ou em casa. É necessário que os alunos tenham computadores e conexão com a Internet compatíveis com os recursos do treinamento. Quando o treinamento tiver som, o fone de ouvido é ideal, e não a caixa de som do computador, para que não haja interferência do treinamento no ambiente e vice-versa.

6.1.6 Sexto passo

Consiste na convocação dos alunos. Há duas grandes maneiras muito diferentes de desenvolver esta etapa: convocá-los conforme seu projeto de treinamento ou permitir o autodesenvolvimento, em que você divulgará os treinamentos disponíveis e os alunos se inscreverão por iniciativa própria. Existe uma diferença cultural muito grande entre um modelo e outro, e também há a possibilidade de você realizar ambos.

O ponto crítico desta etapa é a baixa adesão ao treinamento, ou, pior, a ausência do aluno. Observe um exemplo: participei de um projeto de treinamento para sistemas SAP em uma grande companhia, onde a meta era treinar 12 mil alunos em 52 dias. No início da realização dos treinamentos foi constatada uma taxa de ausência de 11%, o que representava 1.320 alunos. Para reverter a situação, desenvolvemos relatórios de participação e ausência por área e mantivemos contatos diretos com os gestores dessas áreas para monitorar, junto com eles, a adesão de suas equipes. Com essa medida, terminamos o projeto com uma taxa de 7% de ausência. Tivemos como resultado uma economia em treinamento de 480 alunos, ou 32 turmas de 15 alunos, e a necessidade de treinar 840 alunos que já deveriam ter sido treinados com o investimento feito.

Assim, percebe-se a importância do gerenciamento da ausência nos treinamentos e que pequenas atitudes fazem diferença. Quando o seu projeto de treinamento envolve muitos alunos, como no exemplo citado, uma campanha de lançamento pode ser muito útil. No *e-learning*, essa ação é muito aplicada. Para essa campanha, deve-se utilizar todos os recursos de comunicação disponíveis: jornal interno, camiseta, cartazes, e-mail, intranet, fôlder, entre outros. A campanha de lançamento também pode ser incrementada com recursos de marketing, como logotipo, título, *slogan*, plano de incentivo, entre outros. Esse material pode ser desenvolvido por sua área de marketing, área de comunicação interna, o RH, um fornecedor especializado ou o fornecedor desse projeto de treinamento.

Temos visto com muita frequência ações de RH que garantem uma boa adesão aos treinamentos. Alguns exemplos dessas ações: relacionar a grade de treinamento com o plano de cargos, ou seja, para assumir determinado cargo é necessário ter participado de determinados treinamentos, relacionar participação de treinamento às metas individuais ou à avaliação de desempenho.

Além do lançamento, deve-se manter relacionamento próximo com os líderes responsáveis pelas áreas treinadas — como no exemplo —, mantendo-os informados dos treinamentos, seus objetivos, datas, lista de alunos de sua equipe e, principalmente, relatório de participação. Para essa atividade também é muito comum o RH criar um grupo de formadores de opinião. São profissionais de diversas áreas ou regiões, líderes ou não, que vão difundir o treinamento, validar, oferecer apoio técnico — no caso do *e-learning* — e acompanhar a participação. A nomenclatura mais usual para esse formador de opinião é "padrinho". Para treinamento pontual, deve-se divulgar os treinamentos com, pelo menos, 15 dias de antecedência. Quando se tratar de um programa de formação — diversos módulos de treinamento para a mesma turma —, deve-se fazer a convocação de toda a agenda do programa. E durante a execução do programa, você acompanhará as presenças e ausências, intercedendo quando necessário.

6.1.7 Sétimo passo

Etapa sobre apoio e alimentação. Para treinamentos diurnos, o almoço dos alunos e o *coffee break* deverão ser providenciados, pois são intervalos muito importantes para o aluno relaxar e discutir com os colegas o conteúdo aprendido. Geralmente, as empresas realizam *coffee breaks* com duração de 15 minutos, no meio da manhã e no meio da tarde. Um treinamento noturno de três horas também terá um *coffee break*. O cardápio pode incluir biscoitos, doces, frutas, salgados, lanches, café, água e suco; mas não necessariamente todos esses itens, evidentemente. O instrutor deverá ter uma quantidade suficiente de água ao seu dispor durante toda a aula, pois é comum longos discursos orais provocarem sede nos oradores. Também é comum que o *coffee break* da tarde seja mais leve, pois os alunos acabaram de almoçar. Você deverá definir quantos *coffee breaks* haverá, os horários e estabelecer se serão providenciados por uma copeira interna ou por um fornecedor contratado.

Também no sétimo passo deve-se decidir se haverá pessoal para recepção dos alunos e suporte para tarefas como: entregar o material didático e os crachás, ligar equipamentos, solucionar problemas, anotar recados e providenciar eventuais cópias reprográficas. É frequente o caso de o instrutor ter dificuldades de uso ou problemas técnicos com os equipamentos, como computador que não funciona, projetor que não conecta, conexão com a Internet, reprodução de filmes em DVD no computador, falha no microfone, determinado canal de som que não sintoniza etc. Então, recomenda-se que um profissional de suporte esteja presente ou que possa atender quando solicitado — o que é mais comum. Quando o treinamento for aberto, a consultoria será responsável por toda essa etapa.

No caso de treinamentos pelo sistema de *e-learning*, deve-se definir e divulgar para o aluno um telefone ou e-mail de *help desk* para eventuais dificuldades, como senha de acesso ou problemas técnicos relativos ao curso ou ao equipamento. Na primeira vez em que os alunos vão realizar um treinamento desse tipo, verifica-se uma incidência de 10% a 15% de alunos solicitando apoio do *help desk*, índice que pode ser considerado alto, dependendo do número de alunos. Noventa por cento desses problemas são resolvidos por telefone. Nos treinamentos seguintes, essa necessidade diminui, uma vez que foram corrigidos eventuais erros no processo de treinamento de turmas anteriores.

6.1.8 Oitavo passo

Nesta etapa, providenciam-se todos os documentos do treinamento.

Uma vez definidos os alunos que participarão do treinamento, deve-se providenciar a lista de participantes, os crachás — quando necessário —, a avaliação de reação e os certificados. Também é nesse momento que se quantificam a reprodução do material didático — apostila, livro e exercícios —, pastas, canetas e papel de rascunho para os alunos. Um ponto crítico aqui é o caso de o instrutor fornecer o material didático muito próximo da data do treinamento. Previna-se, cobrando-o com o máximo de antecedência possível e mantenha um *follow-up* a cada 10 dias — diminua esse período conforme a aproximação da data do treinamento. Quando o treinamento for realizado por uma consultoria, aberto ou *in company*, ela fornecerá todos esses documentos.

6.1.9 Nono passo

Etapa da avaliação, assunto de treinamento complexo e que você verá em análises mais detalhadas em outros capítulos deste livro. Temos de nos preocupar em sempre realizar a avaliação de reação no final de cada treinamento (pela qual o aluno avalia a qualidade e a aplicabilidade do curso e do professor), fazer sua tabulação e enviá-la para o instrutor e para o cliente interno. Esta é uma prática muito utilizada pela grande maioria dos treinamentos corporativos. Se a avaliação de reação estiver abaixo da média, contatamos o instrutor e alguns alunos para detectar os motivos e apresentar uma solução o mais rápido possível — assim mantemos a credibilidade do departamento de treinamento. Nosso projeto poderá ter diversos outros modelos de avaliação. Alguns são aplicados em sala de aula, como uma prova para avaliação de aprendizado; outro modelo de avaliação de aprendizado é "*pré e pós*", segundo o qual se aplica a mesma avaliação de aprendizado antes e depois da aula, para que se tenha um comparativo da evolução do aluno. Outras ainda são aplicadas por meio de entrevistas com o superior imediato dos alunos, após o treinamento, para medir a aplicação ou a mudança de comportamento. Teremos de operacionalizar as avaliações que foram predefinidas na quarta etapa. Quando o treinamento é realizado por uma consultoria, ela se torna responsável por esta etapa.

6.1.10 Décimo passo

É a etapa de documentação do histórico do treinamento: quais foram os treinamentos realizados, o número de alunos presentes e ausentes, as notas das avaliações, as aprovações e reprovações, os investimentos envolvidos, quem foi o instrutor ou o fornecedor de cada um dos serviços envolvidos, qual a avaliação do instrutor, a avaliação do curso e a avaliação do fornecedor, entre outras informações.

Algumas empresas mantêm sua documentação em arquivos no papel; outras, em bancos de dados simples, produzidos com Microsoft Access, dBase, SQL ou semelhantes; outras têm sistemas de gestão de treinamento produzidos por empresas especializadas; e outras têm o módulo de gestão de treinamento de um sistema maior, que gerencia todo o RH ou toda a empresa.

Essas informações são necessárias para sua gestão; para requisitos de qualidade como as normas ISO, que exigem documentação não só de alunos treinados, mas também avaliação de aprendizado; para cálculo do orçamento de treinamento, com informações financeiras como verba disponível para o departamento, verba gasta, custo de cada projeto por curso, por aluno, por departamento; para alocação de investimentos por centros de custos, ou seja, determinar que área da empresa está custeando cada projeto de treinamento, solicitações de pagamento, entre outros; e para fins de histórico da empresa e dos profissionais, para podermos levantar a formação de cada profissional, cursos realizados, seus alunos, notas, informações importantes para promoções, realocação de mão de obra e plano de treinamento.

6.2 Conclusão

A logística é necessária para o desenvolvimento e a realização de toda intervenção de treinamento de sua empresa. Cada treinamento ou etapa de um ciclo de aprendizado terá de passar pelos 10 passos da logística.

Quando o projeto é terceirizado, grande parte do processo operacional, como os cuidados com local, alimentação, material didático, despacho de material, locomoção de professor, confirmações, lista de presença, crachás, avaliação de reação e tabulação da avaliação, é realizada pelo fornecedor, o que pode ser muito conveniente para eliminar trabalho operacional para você e sua equipe, possibilitando maior foco na estratégia da área e na efetividade de suas intervenções de treinamento.

6.2.1 Resumo: os 10 passos da logística e uma sugestão de cronograma

Observação: existem inúmeras variáveis para a definição do cronograma. Este é um exemplo para reflexão que você poderá utilizar como referência na elaboração de seu próprio cronograma. O cronograma a seguir tem como base a logística de volume de conteúdo de um treinamento de oito horas — na versão presencial. Algumas etapas variam para mais ou para menos, conforme o volume de conteúdo; outras não variam. Alguns passos podem ocorrer simultaneamente.

	Passos	Tempo
1º	Definição do meio do treinamento.	Quatro dias.
2º	Desenvolvimento do conteúdo.	Instrutores internos: • uma ou duas semanas para definir o responsável. • três a quatro semanas de desenvolvimento. Aquisição de conteúdo: • quatro semanas — aquisição interna; • duas semanas — serviço terceirizado.
3º	Definição de fornecedor para: • realização do treinamento; • produção do treinamento.	Treinamento: • presencial — uma semana; • *e-learning* — duas semanas.
4º	Produção ou customização.	Treinamento presencial — uma semana. Manuais, apostilas e recursos audiovisuais — duas semanas. *E-learning* customizado — quatro semanas. *E-learning* com conteúdo pronto — uma semana.
5º	Agendamento, hospedagem, local e recursos de apoio.	Antecedência de 20 dias.
6º	Convocação dos alunos.	Treinamento pontual — antecedência mínima de 15 dias. Programa de formação — convocação anual.
7º	Apoio e alimentação.	Antecedência de 10 dias.
8º	Documentos e material dos alunos.	Antecedência de 10 dias.
9º	Avaliação.	Antes, durante e/ou depois do treinamento.
10º	Sistema de documentação e informação.	Após o evento.

Fernando Cardoso

Mestre em semiótica e inteligência digital pela PUC-SP, fez palestras nacionais e internacionais em eventos como a 30ª International Federation of Training and Development Organizations (IFTDO), a American Society of Training and Development (ASTD), nos Estados Unidos, em 2002 e 2003, a ExpoManagement (2002), a CONARH (2001), o Encontro Brasileiro de Administração (ENBRA), em 2002, o Congresso Brasileiro de Treinamento & Desenvolvimento (CBTD), em 2005 e 2006, entre outros. É sócio-diretor da Integração Consultoria e Treinamento e membro do Conselho ASTD Brasil. Atua com treinamento e desenvolvimento desde 1991 e com *e-learning* desde 1997. Escreveu o capítulo sobre *e-learning* do *Manual de Treinamento & Desenvolvimento* (Makron Books/ABTD, 2001) e é autor de *Gestores de e-learning* (Saraiva, 2007).

Tel.: +55 11 3046-7880
E-mail: fernando@integracao.com.br
Site: www.integracao.com.br

Dedico este capítulo à equipe da Integração Escola de Negócios, pois é fruto da experiência do dia a dia dessa equipe, que gerencia a realização do treinamento de 36 mil profissionais por ano. É com a vivência de 20 anos atuando com essa equipe que obtive experiência e conteúdo para escrever este capítulo e outros livros como autor ou coautor.

Parte **dois**

Tipos de programas de T&D

Eliana Sader Souza

Objetivos

Esta parte tem por objetivo elucidar as diversas possibilidades de atendimento a uma demanda por preparação de profissionais. Em sua passagem pela empresa, o profissional é solicitado a se preparar para seguir sua carreira, seja ela gerencial, técnica ou operacional. Cada modalidade tem características próprias que precisam ser consideradas. Alguns programas têm enfoques comuns, por exemplo, desenvolvimento gerencial e o desenvolvimento de liderança, treinamento para equipes virtuais e treinamento em larga escala.

Nos capítulos a seguir, o leitor encontrará informações para ajudá-lo na elaboração e no desenvolvimento do programa de que necessita. Os autores apresentam bases conceituais de suas propostas, bem como sugestões de roteiros, cuidados a serem tomados e casos práticos.

Cumpre ressaltar que eles não se basearam somente em conceitos e pesquisas, mas também em suas experiências, o que enriquece e dá credibilidade à sua fala. Há condições/citações/alertas que se repetem em vários capítulos, o que mostra as tendências atuais e a sintonia entre os autores.

Considerações gerais

A verdadeira aprendizagem não pode ser medida pelo acúmulo de informações ao longo da vida, mas pelo aproveitamento e exploração de todos os momentos para a prática, a atualização e o aprofundamento dos conhecimentos. A postura reflexiva e o exercício de “aprender a aprender" garantem a assimilação e a adequação das informações na rapidez com que elas vêm. Lembrando Aldous Huxley: "Experiência não é o que acontece com o homem, é aquilo que ele faz com o que acontece com ele" (In: *Texts and Pretexts*, 1932).

Para cumprir sua missão, a educação deve garantir o aprender a "conhecer", aprender a "fazer" e aprender a "participar e cooperar". O aprender a conhecer significa fazer com que cada um compreenda o mundo onde está inserido. A curiosidade intelectual estimula a busca de informações, o espírito crítico e amplia a cultura geral. Fazer com base no que se aprendeu garante respostas à altura do que é exigido pela realidade e, por vezes, possibilita transformá-la.

"Aprender a participar e cooperar" favorece o diálogo e a troca de experiências. Há situações para as quais ainda não há registros ou respostas únicas: é com a experiência de cada um que se cria o conhecimento.

Entre tantos desafios na estruturação de programas de T&D, penso que um deles é trabalhar de forma a aproximar o sonho da realidade, é fazer acontecer o "inédito viável" no âmbito profissional e, por vezes, extrapolar essa possibilidade para o âmbito extraprofissional.

Tanto para o educador como para o aprendiz, vale lembrar que:

- pode-se aprender a qualquer tempo;
- pode-se aprender em qualquer lugar;
- todos devem ensinar o que sabem, independentemente de formação ou nível hierárquico;
- aprendemos quando interagimos.

Considerando a grande carência cultural e educacional do país, sabemos o quanto cabe às empresas complementar a formação que o profissional traz ao ingressar no mundo do trabalho. A empresa tem condições de reunir pessoas com cultura e formação diversas, cujos conhecimentos podem e devem ser multiplicados. Hoje já é comum empresas terem como um de seus valores o respeito à diversidade, como forma de inclusão, bem como de enriquecimento. Esses profissionais podem compor seu quadro de funcionários ou podem ser contratados como prestadores de serviços (consultores externos).

Vemos, com satisfação, que a tendência nas empresas é a preocupação com educação não só para o trabalho, mas também para a vida, considerando-se o indivíduo como cidadão, e não só como força de trabalho.

Nessa complementação, há necessidades específicas em função do cenário socioeconômico, do momento da empresa, das exigências dos cargos e das carências dos profissionais.

Os capítulos que compõem esta parte elucidam as várias possibilidades de treinamento e desenvolvimento, desde a admissão do funcionário na empresa, passando pelos treinamentos técnicos específicos, até sua preparação para cargos de liderança.

Sobre o papel do facilitador

Nossas crenças determinam nossos comportamentos, portanto, acredito que o facilitador dos programas de T&D (seja ele responsável pelo planejamento ou aplicação) desempenhará melhor seu papel se acreditar:

- *em mudanças de comportamento*: as pessoas são capazes de aprender, de perceber e de agir de forma diferente e melhor;
- *no conteúdo que está sendo trabalhado*: só assim ele transmitirá credibilidade, terá energia para conviver com as pessoas, elucidar suas dúvidas, estimulá-las a refletir sobre o tema;
- *na importância do autoconhecimento*: saber como se sente naquele papel, conhecer seus pontos fortes e seus focos de desenvolvimento, em quais situações se sente mais confortável, quais são mais difíceis etc. Os comprometidos com a educação precisam se rever constantemente, exercitando a aprendizagem contínua;

- *que não cabe a ele a presunção do saber*: na visão de Paulo Freire, "não há saber mais ou saber menos. Há saberes diferentes". É fundamental estimular as pessoas a expressarem seus conhecimentos e a produzirem novos conhecimentos, sugerindo a criação de células de aprendizado no ambiente de trabalho;
- *que houve mudança no foco da educação, do "ensinar" para o "aprender"*: de "quem" educa para quem "se educa". O processo de aprendizagem pertence ao participante. Ele precisa se envolver em sua construção e encontrar significado no que se espera que ele aprenda. Esse é um dos princípios da Andragogia.

Sobre os programas de T&D

Há programas que permitem um raciocínio preciso, linear, no qual as informações não podem variar porque o resultado esperado já está determinado, embora sempre deva haver espaço para uma visão crítica e uma compreensão ampla do significado do tema. Pode haver opções com relação à metodologia.

Podemos citar como exemplos: "treinamentos técnicos", "treinamentos em TI" e "treinamentos de integração para novos funcionários".

Outros permitem coautoria entre facilitador e aprendiz(es). São temas que possibilitam estimular a reflexão, a criatividade, a crítica sobre os conceitos e a construção conjunta de alternativas de respostas.

Aqui podem ser citados os programas relativos às questões da globalização: "aprendizagem intercultural", "comunicação no mundo globalizado", "gestão da diversidade", e os que focam o "desenvolvimento gerencial e das lideranças".

Um fato que chama a atenção é que, independentemente do tipo de programa, há falas que se repetem entre os autores: aprendizagem contínua, autoconhecimento, atitude reflexiva, busca e respeito à diversidade, vínculo de confiança, interconectividade, aprender por meio da experiência, o desenvolvimento profissional afetando o desenvolvimento como cidadão. Essas palavras e ideias já nos dão uma visão do que deve estar presente na mente do profissional que atua no desenvolvimento de pessoas.

Os três autores que escreveram sobre liderança (citados no próximo parágrafo), respeitando as especificidades de cada tema, listam como pontos comuns aos líderes: clareza de crenças e valores, além da fidelidade a eles, ou seja, coerência, capacidade de inspirar confiança e ter responsabilidade na criação, manutenção ou mudança da cultura organizacional.

Os autores do Capítulo 7, "Liderança sustentável", Marco Dalpozzo e Djalma G. Barbosa, partem de três perguntas que fundamentam a reflexão:

- Por que liderança é um tema tão debatido?
- O que significa liderança na atualidade?
- Como o desenvolvimento da liderança pode ser trabalhado nos tempos atuais?

A última pergunta é a mais importante para os educadores. Os autores veem os líderes como atores que garantem a identidade da empresa, porque a diferenciam fazendo valer sua visão, sua missão e seus valores. Colocam como características fundamentais dos líderes: visão/*empowerment*/valores e crenças pessoais. Os autores chamam a atenção para as exigências imediatas que são feitas a um líder, muitas vezes em detrimento de se pensar no futuro, na construção de uma realidade sustentável. Embora transmitindo algumas formas que acreditam poder desenvolver líderes, reconhecem que ainda há um longo caminho a ser percorrido na difícil tarefa de preparação de líderes transformadores, necessidade premente em nossa realidade organizacional e social.

No Capítulo 8, "Desenvolvimento gerencial (DG)", Dorival Donadão, de forma bastante didática, discorre sobre atributos e competências do líder e as barreiras para o exercício da liderança. Como no capítulo anterior, também situa o líder como o principal canal propulsor de mudanças e sugere ideias para facilitá-las. Olhando para o futuro, relaciona tendências das ações de DG. Cita experiências bem-sucedidas e sugere um checklist para que os responsáveis pelas ações de DG possam ter uma atuação eficaz.

Arthur Diniz foi responsável pelo Capítulo 9, "T&D para o desenvolvimento das lideranças: formando líderes coaches". Com base em seus dez anos de experiência como coach e treinador de líderes, reforça algumas falas dos dois capítulos anteriores e aconselha os profissionais de RH que precisam orientar os líderes. Destaca também a importância de o líder ter consciência de suas responsabilidades e das responsabilidades do RH. De forma muito clara, apresenta um passo a passo do líder coach. Ressalta a importância de o líder construir um plano de desenvolvimento em conjunto com seus liderados. Com certeza, essa ferramenta favorece o comprometimento do líder em efetivar seu plano e dos liderados em estimulá-lo a isso. Arthur acredita que, para o líder, desenvolver pessoas não é uma escolha, e sim uma responsabilidade inquestionável.

Nesta edição há três temas, abordados nos capítulos 16, 21 e 22, que se referem ao mundo globalizado. Os autores concordam que o desenvolvimento da competência intercultural vai além do conhecimento do idioma e da cultura dos outros países e que essa é uma das competências mais importantes para os gestores do século XXI.

Oswaldo De Munno Júnior escreveu o Capítulo 16, "Um novo paradigma de comunicações nos negócios do mundo globalizado". Ele considera "comunicação nos negócios" uma nova competência gerencial, visto que os processos globais criam equipes multiculturais e virtuais. Há muitos desafios enfrentados pelo executivo como cidadão global, com destaque para o binômio *tempo* versus *resultado*. A multiculturalidade — diferenças culturais que determinam o sucesso ou o fracasso de atuar internacionalmente — torna o desafio ainda maior. Sua avaliação é a de que o executivo brasileiro mostra-se um profissional cada vez mais bem preparado, em relação a profissionais de outros países.

Jorgete Leite Lemos é autora do Capítulo 21, "A gestão da diversidade e a contribuição do voluntariado empresarial". Como estudiosa e atuante em temas dessa natureza, cita vertentes filosóficas que direcionam o comportamento frente à diversidade. Encara a diversidade como vantagem competitiva por ser um elemento-chave para a sustentabilidade corporativa. As vantagens do grupo de voluntários são reiteradas, conforme já abordado na edição anterior deste manual, agora, contudo, focando trabalhos dessa natureza. Relaciona os passos para a inserção da gestão da diversidade nas organizações. É interessante a citação sobre racismo *versus* exemplos de sucesso, quando se refere ao posicionamento das pessoas em relação às minorias.

Completando esse bloco temos o Capítulo 22, escrito por Hanna Maria Helstelä, "Going global: aprendizagem intercultural como desafio empresarial". Aqui vemos reforçadas as ideias já citadas em capítulos anteriores e no início deste tópico, quando me referi aos pontos comuns entre os autores. O desenvolvimento da competência intercultural requer um processo contínuo de aprendizagem autorreflexiva. Requer muito mais do que o conhecimento dos outros países. Os mal-entendidos na cooperação internacional geralmente ocorrem em razão de práticas inadequadas de comunicação intercultural. Hanna nos enriquece dando pistas para o desenvolvimento de processos sustentáveis de aprendizagem intercultural (DMIS).

Os capítulos 10 e 18 referem-se às questões de comunicação. Os autores concordam que os processos de comunicação merecem atenção frequente porque são tão fundamentais quanto difíceis.

O Capítulo 10, "T&D para a comunicação e o feedback", escrito por Bernardo Leite Moreira, lembra que a função de T&D é melhorar os resultados do negócio. Portanto, é necessário estar atento ao direcionamento estratégico da empresa. O profissional de treinamento deve fazer a gestão dos resultados, ou seja, ir além da equação homem/hora/treinamento. O feedback, uma ferramenta de comunicação a serviço do desenvolvimento, é vista por Bernardo como uma obrigação, e não como uma opção gerencial. Apesar dos receios para se dar feedback, esta é uma ação fundamental porque a falta de informação é pior do que uma avaliação negativa. Além do conceito de feedback, o autor nos traz os conceitos de *flashback* e *feedforward*, reforçando que o que consolida a aprendizagem são as ferramentas que permitem a manutenção da interatividade entre as pessoas.

Reinaldo Passadori é o autor do Capítulo 18, "Treinamento como facilitador de boas comunicações e apresentações". Essa competência — comunicação verbal — tão necessária quanto complexa, pode ser aprimorada por meio de treinamento. Coerente com as ideias já introduzias por outros autores, ele reforça a necessidade do autoconhecimento e enriquece a compreensão sobre o tema nos apresentando as dimensões da comunicação verbal.

Os capítulos 12 e 17 referem-se à integração de novos funcionários, e a estagiários e aprendizes, respectivamente. Entendo que a integração de estagiários e aprendizes deve ser feita conforme as ideias colocadas por Cristina Aiach Weiss (autora do Capítulo 12), que discorre sobre integração, com algum direcionamento específico de acordo com a função que ocupam, sem possibilitar privilégios. Ainda, a abordagem apresentada nesse Capítulo 12, "Programa de integração para novos funcionários: um início humanizado", mostra que o treinamento de integração representa mais do que informações básicas para o desempenho de papéis. É um programa amplo, a fim de garantir a socialização na organização, porém sem fazer com que os padrões transmitidos excluam as contribuições individuais que garantem a riqueza da diversidade. Cristina discorre sobre os tipos de programa de integração e dá várias dicas sobre a preparação do programa, considerando seus principais atores: gestor, novo integrante, mentor e RH. A autora também enriquece sua fala com a apresentação de um caso prático.

Já "Estagiários e aprendizes", que é o título do Capítulo 17, elaborado por Ruy Leal, ressalta a importância dessa mão de obra e as formas de utilizá-la de maneira respeitosa, garantindo ganhos para a empresa e para os profissionais em questão. O capítulo começa discorrendo sobre o modo de pensar e os sonhos dos jovens e apresenta em seguida os aspectos operacionais, legais, técnicos e sociais do estágio. O autor também cita medidas internas adotadas por empresas cujos programas de estágio deram bons resultados. Menciona ainda que um dos objetivos de um programa de estágio, para algumas empresas, é tornar alguns desses estagiários futuros *trainees*. Com relação aos aprendizes, ressalta o papel social das empresas ao possibilitar aos jovens a chance de reforçar os conceitos vistos no ensino formal, por vezes escassos, bem como abrir à população mais carente um espaço que lhes permita um desenvolvimento profissional.

O Capítulo 19, "Formando e empregando multiplicadores em T&D", foi redigido por Marco Antonio Ornellas e tem como pano de fundo a diversidade, a conectividade, a complexidade do mundo atual e o fato de o conhecimento hoje ter prazo de validade. Marco ressalta a ampliação do papel de RH nesse cenário. Esse profissional é o guardião da cultura e também o implementador das mudanças e da estratégia da organização. O autor apresenta dados sobre o peso da educação informal no processo de aprendizado, que deve ser contínuo e de responsabilidade de todos (família, sociedade, organização), além de compactuar com a ideia da importância das redes, comunidades de aprendizado, interação e colaboração para a retenção do que é aprendido. Acredita que sempre precisamos de um multiplicador e todos podem ser multiplicadores, basta querer e "ouvir a voz do coração". Refere-se também ao que é preciso ser ou ter para desempenhar esse papel e alerta sobre as armadilhas existentes. Na transmissão de suas ideias, deixa transparecer sua paixão pelo tema, que, a meu ver, todo educador deve sentir a fim de conseguir os resultados que busca.

O Capítulo 11, "Os desafios de T&D nas equipes virtuais", e o Capítulo 23, "Treinamento em larga escala: processos e tecnologia", também apresentam pelo menos dois pontos comuns: a atenção à multiculturalidade e como as diferenças culturais podem dificultar a interpretação das comunicações. Ambos reforçam a importância da interação e concordam que a tecnologia não pode substituir o contato humano.

Há comentários específicos em cada capítulo que merecem registro:

Guilherme Faber Boog, autor do Capítulo 11, sobre os desafios das equipes virtuais, afirma que o trabalho com essas equipes é mais complexo do que se imagina e não é recomendado para qualquer tipo de profissional. Há perfis que se adaptam mais a essa forma de trabalhar, como os perfis da geração Y. O autor ressalta como principal desafio na condução dessas equipes a criação do vínculo de confiança (condição já citada em vários outros capítulos).

Daniel Orlean, ao discorrer sobre treinamento em larga escala (Capítulo 23), fala sobre os fatores críticos para o sucesso desse tipo de treinamento. É necessário deixar de lado o paradigma da sala de aula tradicional e pensar em um cenário multiconectado. O autor esclarece ainda o que define como um cenário de treinamento em larga escala e reforça o active learning — atividades que engajam o participante.

O título do Capítulo 13, escrito por Cristina Valiukenas, é "Treinamento técnico", no qual se aborda a maneira pela qual as organizações elevam seu nível de desempenho, por meio da atenção às operações. A autora cita preocupações semelhantes às do treinamento em larga escala e também reforça o fato da redução gradativa do prazo de validade do conhecimento, bem como alerta para a compreensão da estratégia da empresa, que define a prioridade para a concentração de esforços (a equação homem versus equipamento versus produtividade não pode ser considerada isoladamente). O colaborador tem de saber para onde está indo e o que é essencial nessa direção. A autora reforça ainda a importância da ação do líder para o sucesso das ações de treinamento.

O Capítulo 14, escrito por Denise Moreira Asnis, tem como título "Treinamento comercial" e está baseado em preceitos acadêmicos e conceituais, sem deixar, no entanto, de trazer as experiências pessoais e profissionais da autora, que fala de sua vivência de hoje e o que imagina para o futuro. Fala de conceitos como era do Beta — valorização da experimentação e economia da experiência — e valorização que o cliente dá às sensações. A tendência é que os profissionais de vendas não pensem apenas em produtos, mas em serviços (o cliente paga pelo intangível). Denise cita o caso Natura e diz que, para a empresa, educação para vendas deve ser um conjunto de iniciativas que proporcionem aprendizagem para o negócio e para a vida. Ao se referir ao papel do facilitador, suas ideias se assemelham às trazidas no capítulo sobre formação de multiplicadores.

"Desafios e peculiaridades do treinamento em tecnologia da informação (TI)", o Capítulo 15, apresentado por Célio Antunes de Souza, destaca-se como exigência inovadora para as atividades empresariais. Um dos desafios é a atualização constante dessa linguagem. O uso dessa tecnologia possibilita o acesso à informação e à comunicação, o que deu grande poder às pessoas. Possibilita também um processo de influência mútua pelas conexões e cita os principais treinamentos para se realizar em TI. Buscar os trabalhadores do conhecimento e treinar os profissionais da empresa nessa linguagem faz parte da agenda dos gestores de RH.

O Capítulo 20, "Treinamento em saúde e segurança do trabalho: desafios e peculiaridades", escrito por Marcia Bueno, ilustra de maneira muito clara a importância e o impacto desse tipo de treinamento nas empresas. Os dados oficiais apontam para uma "guerra invisível", para o número de mortes e acidentes, e indicam que o treinamento é uma das ferramentas mais importantes para mudar essa situação. Os profissionais que trabalham com o tema sabem que têm muito a aprender. É preciso criar uma cultura de segurança positiva e o treinamento deve fazer parte de um sistema de gestão da empresa. É muito adequada a preocupação trazida por Marcia sobre o analfabeto funcional, aquele que tem dificuldade de compreender a palavra escrita. Pode haver no quadro funcional quem não identifique sinais de perigo e/ou instruções de segurança. São necessários a identificação e o endereçamento adequado das informações para essas pessoas. Para a autora, o treinamento para se conseguir um comportamento seguro requer muita dedicação e paixão.

Focos a serem considerados

Independentemente do tipo de programa de T&D e da forma utilizada para realizá-lo, há cuidados que julgo importantes para favorecer a efetividade do programa, seja ele realizado por um facilitador interno ou externo à empresa. É certo que há alguns cuidados mais necessários do que outros, em função do tipo de programa.

Conhecer a estratégia da empresa, sua visão, sua missão e seus valores

Esse alinhamento é fundamental. Para alguns programas (desenvolvimento de lideranças, por exemplo) esse é o grande tema, para outros é a base do que se propõe como forma de ação. Hoje é frequente que essas informações sejam expostas em locais visíveis na empresa, o que favorece a cobrança de sua prática. Espera-se coerência entre o que é explicitado e o que se pratica no cotidiano do trabalho. As ações de T&D podem reforçar esses comportamentos.

Ter uma postura investigativa

Fazer uma espécie de investigação antes da elaboração do programa é um início do qual não se pode abrir mão, sob pena de toda a sequência tornar-se equivocada. Por vezes, não é fácil compreender a real necessidade do cliente. Cabe ao facilitador colaborar com ele para que analise a realidade e, por vezes, constate que a melhor alternativa é outra ação que não a de treinamento. Por exemplo, mudança de estrutura da área, revisão dos procedimentos de trabalho, aumento de quadro de pessoal etc.

Ter expectativas, premissas, metodologia e resultados esperados claros e compartilhá-los

É uma questão de respeito para com o público-alvo. Os resultados esperados devem ser relembrados durante as atividades; é necessário saber o quanto se está avançando em direção a ele. Sempre que possível, o público-alvo deve opinar na elaboração do conteúdo e na definição dos resultados esperados.

Transmitir credibilidade

Quanto mais se acredita no mensageiro, mais se acreditará na mensagem. Ter credibilidade não significa ser "dono da verdade", mas ter um posicionamento com relação ao conteúdo. É necessário transmitir conhecimento, respeitando a percepção do aprendiz. É saber que sempre é possível aprender, ter curiosidade, ouvir, dar espaço para que as pessoas se exponham.

Acreditar que "santo de casa" faz milagre

Os depoimentos dos participantes que já têm experiência no assunto enriquecem a abordagem dos conceitos, porque confirmam a possibilidade de sua aplicação, o que também traz credibilidade ao que está sendo dito. Qualquer facilitador tem um limite para colaborar. Pode conhecer o tema, trazer exemplos, selecionar textos, elaborar exercícios e provocar reflexões, mas não conhece com detalhes a realidade do participante, seu estilo de interação, o clima reinante na área etc. Essas variáveis, dependendo do tema abordado, podem ser determinantes na aplicação dos conceitos. Assim, um participante que tem tais conhecimentos pode colaborar, dando sugestões sobre a adequação dos conceitos à realidade. Há muito potencial à espera de espaço para se expor.

Enxergar a aprendizagem como um processo

A responsabilidade do facilitador não se limita a uma ação de desenvolvimento, mas cabe a ele estimular e orientar seu cliente para que entenda a aprendizagem como um processo. Várias ações, portanto, são requeridas para que o processo se sustente e verdadeiramente enriqueça o aprendiz. A atividade pode acontecer em sala de aula e se complementar com atividades *on the job*, com leituras, visitas, análise de filmes, encontro com parceiros de outras áreas ou de outras empresas (clientes, fornecedores internos ou externos) etc. Pensar em diversidade metodológica é pensar em formas criativas que garantam o envolvimento, a valorização e a assimilação do tema. Pode-se pensar em formas virtuais, relacionais e vivenciais.

Reforçar a importância das relações no processo de aprendizagem

Há temas em que é fundamental que haja cumplicidade entre os participantes para fazer a mudança acontecer. O papel dos cúmplices é estimular, cobrar, colaborar com o colega que compartilhou seus propósitos de mudança. Manter a rede de conexões que é criada em uma atividade de T&D é garantir um capital intelectual de imenso valor para a organização.

Conhecer as preocupações dos participantes

A mobilização do grupo depende muito da expectativa que seus integrantes têm de ver suas dúvidas e preocupações discutidas. Além disso, muitas vezes as avaliações de reação são favoráveis, mas nem sempre os participantes conseguem fazer a relação entre os conceitos discutidos e o quanto eles respondem suas dúvidas daquele momento. Quando o facilitador conhece as dúvidas, pode unir essas duas pontas. Dar espaço para temas emergentes é sinal de respeito ao grupo e favorece sua mobilização.

Preocupar-se com uso responsável de recursos

Considerando-se que hoje existem muitas possibilidades de confecção de recursos, procurar usar o que há de melhor em suas apresentações pode não ser somente um detalhe. Há também de se pensar, contudo, sobre como usá-lo de forma responsável. Tem sido uma tendência o fato de os participantes receberem o material didático em CDs e não mais em papel. Essa forma de distribuição de material não está acontecendo somente porque agora a mídia é eletrônica, mas também como forma de economizar recursos. O uso do papel deve ser controlado, porque envolve recursos naturais. Há participantes que estão atentos a isso e avaliam o quanto o facilitador se preocupa com isso.

Solicitar feedback *on-line*

As avaliações de reação são importantes porque registram focos de melhoria para as próximas atividades. Contudo, há melhorias que podem e devem ser feitas durante os trabalhos, para que representem ganho imediato para o participante. Cabe ao facilitador contratar o feedback *on-line* com o público-alvo.

Eliana Sader Souza

Psicóloga pela PUC-SP com especialização em psicodrama pedagógico. Consultora desde 1983, atuou por 14 anos na área de T&D em empresas de médio e grande portes. Nos últimos anos, trabalha principalmente com as lideranças de empresas. É sócia-diretora da Sader — Consultoria em Psicologia Organizacional. Escreveu textos sobre os temas estratégias de negociação, assertividade, ética e cidadania. Presidiu a Associações Brasileiras de Treinamento e Desenvolvimento (ABTD) regional e nacional e é conselheira da ABRH-SP.

Tel.: +55 11 5575-3280/99115-5568
E-mail: esader@sti.com.br

capítulo 7

Liderança sustentável

Djalma G. Barbosa
Marco Dalpozzo

7.1 Objetivos

Com esta nova edição do *Manual de T&D* pretendemos, uma vez mais, apresentar alguns conceitos e continuar estimulando uma reflexão orientada à liderança e seu desenvolvimento, tema que exerce forte fascínio e continua muito presente entre os operadores e consultores dedicados ao desenvolvimento humano. Assim, mantivemos o texto da versão anterior quase na íntegra, incorporando apenas pequenos ajustes para melhor compreensão dos conceitos abordados.

A reflexão que propomos fundamenta-se em três perguntas que sempre nos fazemos e cujas respostas, acreditamos, podem auxiliar no direcionamento de ações efetivas de desenvolvimento humano, especialmente no mundo corporativo. São elas:

1. Por que *liderança* tem sido, historicamente, um dos temas mais debatidos e por que muitos autores e pensadores de *management* têm interesse em explorar esse tema?
2. O que significa liderança e o que esse tema traz de novo, considerando-se o fascínio que exerce nos seres humanos desde o início da civilização?
3. Como o desenvolvimento da liderança pode ser trabalhado?

Essas perguntas continuam a nos provocar e nos acompanham na reflexão profissional cotidiana, principalmente por termos o privilégio de atuar em organizações e, assim, estar em condições de vivenciar a pesquisa ativa, ou seja, mergulhados na própria dinâmica organizacional.

7.2 A realidade ainda a construir

A despeito de muitas teorias sobre as características de um líder e de diversas perguntas feitas no decorrer de décadas (por exemplo: se liderança é uma competência natural ou uma competência passível de desenvolvimento), a tipologia de liderança que nos parece mais adequada continua sendo a que une visão, *empowerment* e valores: uma liderança participativa e inspiradora.

Os líderes participativos aprendem a entrar e a sair de cena; sabem perguntar a seus seguidores; sabem pensar a organização que lideram antes de pensar em si mesmos; sabem assumir responsabilidades por decisões tomadas com e em nome de todos; sabem identificar oportunidades; e sabem construir um sistema de relações por meio das quais os liderados sentem-se parte de um time, orientados para os mesmos objetivos e "autores" de realizações e aprendizagens úteis para o desenvolvimento de cada um e do todo.

A realidade contém, cada vez mais, um grau crescente de complexidade. A impossibilidade de alguém ser, por si só, apto à compreensão dessa complexidade requer sabedoria para que seja possível desfrutar da melhor maneira o capital humano disponível nas organizações, e isso acaba refletindo o estilo de liderança mais adequado ao nosso tempo.

7.2.1 Primeira pergunta: por que explorar o tema liderança?

As organizações estão menos definidas; as fronteiras das normas e procedimentos não suportam mais os avanços da tecnologia da informação e da conectividade, que tanto horizontalizaram o mundo e suas relações. Tudo tem ficado cada vez mais híbrido e misturado.

Os indivíduos que compõem as organizações continuam representando recursos infinitos, com suas capacidades únicas e diferenciadoras. As organizações se confundem umas com as outras; as visões e as missões são cada vez mais similares. O que muda, e muito, é a atuação de seus indivíduos, a cultura desenvolvida para estarem juntos e, consequentemente, os líderes que criaram esses "contêineres" de habilidades e energias realizadoras.

Assim, as organizações são "minas" ou jazidas a serem exploradas e os líderes, agora e sempre, são aqueles que sabem obter realizações "preciosas e únicas" das pessoas de cada organização. Por isso, há a necessidade de continuar explorando o tema liderança.

Neste ainda começo de século, em que se debatem novos caminhos, questionar quais líderes desejamos e de quais líderes precisamos é uma pergunta-chave: mostrar seus limites e suas ameaças e perguntar-se sobre suas características e seus valores permanece uma questão absolutamente pertinente.

Então, afirmar o fim do líder forte e carismático e conceituar a adequação dos líderes participativos e orientados ao desenvolvimento dos outros é uma oportunidade de atestar a necessidade da construção de uma realidade mais democrática, mais justa e equilibrada, mais real e menos financeira, mais solidária e humanitária.

Esses são valores de conteúdo esperados dos líderes que, principalmente nas empresas, saibam conjugar o curto e o longo prazos, construindo um espaço adequado à experimentação, à inovação, à responsabilidade, à autonomia sustentada na elevada formação de cada indivíduo.

Os líderes participativos devem ser realistas, captar os novos sinais e traduzir suas visões em conceitos compreensíveis, uma capacidade cognitiva que precisa ser aprimorada por meio de diversas ações de formação do pensamento sistêmico e transdisciplinar. Essas visões precisam ser aprofundadas, revistas e ajustadas com o próprio grupo. O debate e o diálogo fazem e reforçam o entendimento, a participação e, consequentemente, a ação alinhada de cada componente. O líder participativo não se cansa de comunicar, não se cansa de escutar e de encontrar o outro. Ele é um antropólogo atento, formado em culturas diferentes e que aprendeu a tolerar o outro e a respeitar sua história. Ele tem consciência de que este novo mundo é um planeta só, para uma diversidade de populações que precisam achar um elo comum, mas que também precisam manter suas identidades.

7.2.2 Segunda pergunta: o que significa liderança e o que há de novo nesse tema?

As publicações sobre liderança continuam, em sua maioria, muito acadêmicas, com poucas aprendizagens reais de como é a liderança na prática das organizações. O que há de novo é a consciência da necessidade de aprofundamento, que, segundo nosso entendimento, não tem sido acompanhada por uma ação sistemática e consistente. Aqueles que exercem a liderança como função querem conhecer seu teatro interno, abrir a cena e perceber a complexidade de seus personagens, para adquirir equilíbrio e harmonia que possam ser úteis a suas organizações e a seus seguidores.

Os líderes sentem, como nunca, o peso da tarefa, mas não têm na agenda espaços adequados de contenção e compreensão. Na realidade, esses espaços têm sido até mesmo reduzidos. A solidão do líder é cada vez mais real, apesar do excesso de ferramentas (coaching, *counseling* etc.). E as funções são cada vez mais amplas e complexas. O raio de controle aumenta exponencialmente, e a necessidade de expressar confiança e transferir autonomia se faz cada vez mais presente. Tem sido comprovadamente insuficiente tentar demonstrar liderança apenas pelo conhecimento técnico e funcional.

Podemos, então, identificar dois tipos de líderes nas organizações.

O primeiro é o dos "gestores", os líderes que gerenciam recursos da empresa de forma sistêmica e orientada ao melhor uso. Eles têm funções genéricas e precisam de uma visão geral do que e como fazer. Gerentes, diretores e supervisores têm esses papéis "generalistas", em que seus valores, suas experiências e competências são medidos pelo valor que agregam aos acionistas. Para esse tipo é impossível não ser protagonista, agir, motivar e energizar positivamente um grupo de pessoas para alcançar os objetivos definidos.

O segundo tipo é o dos líderes de si mesmos (os *self leaders*), que se encontram em funções nas quais são solicitados a desempenhar ou interpretar uma ação para alcançar um objetivo específico. Nesse caso, o líder é chamado para interiorizar a tarefa, analisá-la além da percepção de suas capacidades e talentos. É um trabalho íntimo, um sofrimento saudável em busca de uma resposta de autoria que reforce a maturidade e a potência da própria identidade.

Líderes participativos já passaram pelo desafio da autoliderança e agora estão na posição de ajudar, desenvolver e incentivar os potenciais *self leaders*. Volta à tona, assim, uma lógica da maturidade em ser líder. A complexidade atual requer que as pessoas saibam traduzir, em atos práticos e realizações subjetivas e de grupo, a visão e o *empowerment*, tendo de definir metas próprias e objetivos possíveis e coerentes com os valores.

O líder deixa então de ser visto e seguido como super-homem ou visionário carismático. Nesta cena, as mulheres ampliam sua participação, trazendo não só diversidade, mas os aspectos fundamentais da feminilidade — a escuta, a reflexão, o tempo da concepção e as qualidades observadoras.

"Líderes são pessoas equilibradas, movidas por valores, apaixonadas por gente, emocionalmente atraídas pela descoberta do outro e de suas potencialidades". Os líderes modernos escutam mais do que falam e sabem agir com coerência (*walk the talk*) com relação à venda de uma visão, às vezes, difícil de ser assimilada desde o início pelos liderados e pelos *self leaders*. Para vermos juntos o que só o líder vê é necessário acreditar, sentir e perceber segurança em assumir o desafio. Do contrário, não veremos.

7.2.3 Terceira pergunta (a principal para os educadores): como se forma essa liderança?

O tema de como formar líderes é amplo e de grande valia. São muitos os programas disponíveis no mercado, mas a demanda por líderes preparados continua. Até no mundo político as diferentes nações parecem sofrer mais da falta de líderes do que de ideias.

Enxergamos uma realidade a ser construída, mas não mudamos a maneira pela qual nos preparamos e, consequentemente, pela qual preparamos os líderes para construir o futuro. Estamos ainda em um vácuo, enxergando a necessidade de uma reviravolta ampla e profunda, mas aqueles que comandam têm mantido seus olhares fixos no presente e estão pouco orientados para o futuro e a sustentabilidade.

Temos medo de mudar ou não criamos as alternativas de formação adequadas? Essa é uma pergunta instigante para uma realidade educacional muito fascinada pelas oportunidades disponibilizadas pela tecnologia de informação, mas pouco atenta às necessidades de formação humana em um contexto que vem se modificando profundamente.

Os manuais de *management* do fim do século XX já vislumbravam as características de nossa realidade globalizada e interconectada: a época do risco, a sociedade plana, a multilateralidade, a ameaça ecológica, a modernidade cada vez mais reflexiva e exigente de novos planos e novas ações, a hipercompetitividade de regiões e a entrada maciça de novos *players* orientais. Tudo isso já era previsto, mas não soubemos identificar ações educacionais novas ou alternativas para começar a formar aqueles que tomarão decisões neste novo contexto. Permanece uma grande lacuna.

Como formá-los, então? A contribuição que queremos trazer está relacionada à tentativa de unir à prática uma reflexão sustentada, sem a pretensão de produzir novas teorias.

Identificamos três termos-chave na exploração de práticas educacionais que nos parecem adequados a esse propósito: *visão, empowerment* e *valores e crenças pessoais.*

7.3 Visão

Visão é uma aglomeração sucessiva e desordenada de estímulos organizada por meio do exercício mental e da reflexão, processos estes que as pessoas aprendem a realizar de formas diferentes, mas ambos são frutos do mesmo atributo: a curiosidade da descoberta.

A visão pode ser expressa como uma viagem. As grandes empresas surgiram como frutos de grandes visões, da identificação de pontos de chegada nunca antes vistos: inovação, sonho, utopia, intuição, persistência, coragem, vocação. Parece que desaprendemos o uso dessas palavras. Parece que o surgimento de personagens assim nascidos e que trazem ao mundo essas energias seja cada dia menos possível. Menos criadores e viajantes, menos empresários e empreendedores. Vivemos uma realidade na qual não faltam recursos, e isso gera incrível falta de estímulos. Vivemos uma realidade que nos incentiva a ficar, e não a partir. Como, então, ajudar os jovens a sair, a procurar e descobrir esse maravilhoso mundo tão acessível e integrado? Como estimular a curiosidade que está além do computador conectado à Internet?

Talvez indianos, chineses e brasileiros das classes menos favorecidas, por suas características e necessidades, detenham ainda aquele espírito de conquista que moveu no passado os grandes visionários. O sentimento de falta gera movimentos em direção à descoberta; isso vale para as crianças e também para nós, adultos: sair da hiperproteção, construir uma opinião própria, pesquisar.

Como formar ou apoiar um líder ou um jovem para desenvolver sua capacidade de visão? Mais do que dar suportes efetivos e estruturados, deixamos a produção de visionários muito mais por conta da natureza, na esperança de que isso aconteça naturalmente com meia dúzia de privilegiados.

Visão requer vontade de ver o que está além. Por isso, é necessário dar tempo aos jovens líderes em formação para que possam dedicar-se, dialogar com visionários experientes, buscar com eles caminhos e perguntas desafiadoras, sem ter medo de ainda não ter as respostas. Viver um tempo em outras culturas, separar-se da dependência dos valores de uma educação "nacional" que tem contribuído pouco em um mundo globalizado.

A visão deve ser trabalhada com aprendizagem em ação (*action learning*). A influência dos fatores externos, a hipercompetitividade, a governança, os diversos *stakeholders*, o cliente, tudo isso deve ser vivenciado com base em problemas e oportunidades reais. As empresas devem se abrir ao *action learning* estratégico e desenvolver a capacidade de visão em toda a organização, o que pode fomentar o surgimento de ideias e práticas transformadoras necessárias. A aprendizagem em ação e o compartilhamento dos líderes do topo da organização com os demais líderes permitem aprimorar a competência de visão de toda a liderança. Com o *action learning* é possível propor perguntas além da filosofia corrente e apresentar a realidade como ela é. Trazer colaboração externa também é fundamental para garantir outras perspectivas e desafios, por meio de *cases* de outras realidades e de outros competidores. Envolver clientes e fornecedores é de grande valia, a fim de identificar oportunidades e novas soluções.

Visão é estudar, estar aberto a novas perspectivas, estudar artes, recuperar a história. Visão é também saber buscar as respostas dentro de si mesmo; saber refletir e dialogar consigo mesmo, talvez passeando ou indo a um cinema, ou, ainda, conversando com colegas e familiares mais jovens.

Visão é curiosidade, sonho; visão é coragem; visão é o desejo de aprender e descobrir;
visão é estar disposto a fazer de tudo para aprender o todo.

Será que nós, operadores da formação, estamos dispostos e capacitados para oferecer esse tipo de aprendizagem? Será que as empresas e seus atuais líderes querem realmente formar novos líderes ou apenas "simples" gerentes resolvem a questão?

7.4 Empowerment

Palavra de difícil tradução[1] para a língua portuguesa, mas com sentido e significado claros, *empowerment* significa o reconhecimento e o envolvimento do outro. Os seres humanos, animais complexos, são infinitos ou "mais amplos" do que pensamos e conhecemos.

O líder moderno deverá aprender sobre esse assunto e voltar a estudar o comportamento humano, ou começar a estudá-lo, se nunca o fez antes. Conhecer-se e reconhecer o comportamento dos outros será um pré-requisito fundamental. Nessa área de atuação, a formação avançou e nos trouxe muitas ferramentas: a avaliação pessoal fundamentada na psicologia dinâmica e, às vezes, na psicanálise tradicional, é uma delas.

O *empowerment* abrange reconhecimento, motivação e autonomia, além de senso de participação e vínculo. Em uma realidade que ganha fragilidade institucional, sentir-se incluído volta a ser um fator-chave. Criar um contexto adequado ao *empowerment* significa proporcionar um espaço de trabalho no qual as pessoas sejam incentivadas a buscar suas próprias realizações, a compreender os resultados esperados e de que forma a atuação de cada um pode contribuir. Além do ambiente de trabalho, é necessário formar as pessoas para a autodeterminação, para que assumam riscos, tenham consciência das próprias competências e experiências técnicas e de gestão e se sintam donas dos próprios atos e decisões. A aquisição de autonomia é gradual e prevê um processo de evolução crescente acompanhado de reflexão contínua sobre as ações de trabalho.

Sobre *empowerment*, nossa proposta está no aprofundamento da discussão. As ações de formação nas empresas tornaram-se muito informativas ou cognitivas e pouco orientadas a uma análise mais aprofundada, como as terapias socioanalíticas já propostas pelos psicólogos das organizações que trabalharam e pesquisaram profundamente as relações humanas aplicadas ao mundo do trabalho. Essa formação mais profunda perdeu-se com o passar dos anos e, com isso, perdeu-se também sua valiosa contribuição em instrumentalizar os gerentes a fim de enxergarem a diferença entre um time de trabalho e um grupo de pessoas que escolheram estar juntas para alcançar uma realização valiosa e compartilhada.

7.4.1 Como se desenvolve o *empowerment*

A formação requer algumas fases:

- *Fase 1*: escolha e redefinição do contrato psicológico e do vínculo.
- *Fase 2*: alinhamento de informações e princípios fundamentais para exercer o novo papel profissional.
- *Fase 3*: esclarecimento de metas e reconhecimentos associados.
- *Fase 4*: treinamentos teórico e prático contínuos.
- *Fase 5*: diálogos intraníveis hierárquicos contínuos de alinhamento.

Para a *fase 1*, grupos de pares devem se reunir para discutir e debater quais princípios, limites e obstáculos podem ser identificados, relacionando a cultura, o histórico e os valores atuais aos necessários para uma nova cultura de *empowerment*. Deve haver, por parte dos principais líderes, a crença e o envolvimento na condução do processo e das atividades de formação

1 Nota do editor: no Capítulo 5 deste livro, Renato Pedroso Lee traduz *empowerment* por "empoderamento".

para o desenvolvimento de um novo contrato com os indivíduos, em um espaço autêntico e um tempo necessário para reflexão, com *inputs* diversos relacionados a perspectivas internas e externas à organização:

- Como meu papel é exercido hoje e como poderia ser reinventado em um contexto transformado?
- Qual será o projeto de vida e de trabalho adequado à nova realidade?
- Como a liderança deve se reformular nesse contexto?

Essas perguntas devem ser trabalhadas por meio de consultorias de processo de origem clínica; um trabalho psicológico profundo, fora do contexto cotidiano. Essa fase deve terminar com um plano de ação pessoal factível, a ser seguido por eventos de reavaliação em períodos predefinidos.

A *fase 2* é mais racional e cognitiva. Somente após uma profunda convicção das pessoas envolvidas, deve-se distribuir as "ferramentas" necessárias para o exercício da autonomia. Sem essa etapa de autenticidade, de compartilhamento de valores e convencimentos, a fase dois não acontece. Certa intuição para "sentir" o ambiente para o *empowerment* é um termômetro insubstituível do bom líder nesses casos. Essa fase deve conter o compartilhamento de novas informações, antes detidas apenas por níveis hierárquicos superiores; isso é sinal de confiança, de novo vínculo. A autoestima aumenta, como também o sentido da determinação de realizar mais. A liderança deve transmitir as informações e incentivar as mudanças. Erros devem ser permitidos e analisados sob uma nova ética autenticamente adequada ao *aprender*.

A *fase 3* é prática: proporciona espaços contínuos de estabelecimento e acompanhamento compartilhado de metas e definição clara, objetiva e meritocrática dos reconhecimentos, em um processo transparente, sólido e coerente com os princípios definidos. Essa é eminentemente uma fase de formação. Somente quem tem senso de responsabilidade, quem compartilha o princípio de entregar o prometido e, além disso, quem busca a superação pode exercer o *empowerment*. Isso pode requerer uma dura negociação proporcionada por uma ação que proteja os pontos de vista dialógicos, que incentive o aprofundamento da análise e não seja contaminada pelo peso hierárquico dos diferentes interlocutores. Metas devem ser determinadas com base em princípios acordados *a priori*, como mensurabilidade, desafio e possibilidade de alcance. Metas e reconhecimento devem refletir as contribuições dos indivíduos, mas também estimular as realizações grupais, em que se desenvolve a solidariedade necessária para apoiar a assunção de autonomia. Comunicação permanente, encontros entre times de trabalhos, encontros abertos de compartilhamentos de experiências e aprendizado são momentos que sustentam a cultura de performance e responsabilidades com base no *empowerment*. O *empowerment* requer muito autocontrole e pouco controle externo.

A *fase 4* trata do treinamento. A função requer um conjunto básico e evoluído de informações e habilidades que devem ser treinadas e certificadas. Não é possível dar autonomia a quem não possui habilidades básicas para exercê-la. O líder se transforma no professor que deve, junto com o time, planejar como, quando e onde o treinamento formal deve ser realizado, e não abrir mão dele por razões operacionais. O *empowerment* é criação de cultura de longo prazo e ações devem ser priorizadas, como aquisição de conhecimento.

O líder deve ter tempo para seu time; deve ser um líder de serviço que reconhece quando sua intervenção é necessária e cuida da disciplina de quem não se vinculou à filosofia de trabalho no grupo. O reconhecimento e a recompensa pela maior responsabilidade devem ser coerentes, com planos de ação, programas de remuneração adequados e acompanhamento constante do desempenho. A estrutura organizacional também deve refletir a escolha do *empowerment*, com menos níveis hierárquicos e mais grupos de trabalho. O *empowerment* acontece quando as pessoas da organização têm consciência de sua autodeterminação; sentem que seu trabalho é importante para a empresa e para elas próprias; veem confiança e credibilidade em suas competências; consideram-se importantes; consideram-se "donas" do que fazem e assumem suas responsabilidades.

Para isso, o líder deve estar disposto a criar um ambiente para que as pessoas atuem. Quando os líderes não acreditam no *empowerment*, mas apenas cedem a ele como uma "oportunidade", isso é facilmente percebido, gera descrença e o risco é a falência de uma ideia brilhante. Os líderes não podem ser ambíguos e aumentar os controles entre departamentos e níveis hierárquicos. Nas realidades em transformação, em ambientes competitivos turbulentos, o *empowerment* e a liderança transformadora são modalidades coerentes.

A *fase 5* é a "cola" do processo, a etapa em que os líderes de diferentes níveis nas organizações partem para o diálogo franco e permanente. Assim, finalmente, é possível garantir um alinhamento em que cada nível de liderança torna-se referência para os demais.

Uma atividade de formação necessária à liderança do *empowerment* é a reflexão e aprendizagem resultantes da avaliação "360 graus", sobre as seguintes questões:

1. Estou esclarecendo continuamente aos meus colaboradores a visão estratégica e sua tradução no trabalho de cada um?
2. Estou criando condições de trabalho em grupos para a assunção de maiores responsabilidades e autonomia?
3. Estou me esforçando para fazer acordos claros e pelos quais estou comprometido a reduzir os controles e esperar os resultados?
4. Estou proporcionando um ambiente de trabalho em que as pessoas se sentem seguras para agir de acordo com suas capacidades e ousar? As pessoas se sentem "donas" do que fazem?
5. Estou ajudando a resolver os conflitos naturais?
6. Estou conseguindo desenvolver relações autênticas e serenas?

Empowerment é uma crença profunda e permite desfrutar do maior e infinito patrimônio de uma empresa: suas pessoas. Risco, confiança e estímulo à iniciativa são valores e práticas cotidianas dos líderes do *empowerment*. Somente quando eles, na qualidade de liderados, conseguem dar o exemplo é que os próprios seguidores estarão dispostos a, juntos, se superar.

7.5 Valores e crenças pessoais

O paradigma dominante de liderança nas organizações é geralmente contraditório: princípios e valores não estão necessariamente do mesmo lado em que se encontram os resultados. Essa contradição gera uma discussão extremamente oportuna e necessária: qual a verdadeira importância dos valores na formação dos nossos líderes?

Líderes nascem líderes? Parece melhor a vertente que diz que os líderes são forjados ao longo da vida, exatamente o mesmo palco onde são desenvolvidos as crenças e os valores que permearão todas as ações, seja na organização, seja em qualquer outra atividade pessoal ou profissional. Com base na crença de que a liderança pode ser promovida, nota-se ao longo dos anos um maior investimento para desenvolver líderes nas organizações, uma vez que as escolas não estão suficientemente aparelhadas para esse desafio.

Aqui valem desde os workshops de reforço para a prática de feedback até programas mais estruturados de revisão dos próprios conceitos da liderança. O papel da área de "Recursos Humanos" é fundamental para o alinhamento das competências necessárias para o líder com a estratégia de negócios, ou seja, o alinhamento do número um com os demais líderes da organização.

A maioria dos tratados sobre liderança revela que líderes têm a capacidade de compartilhar uma visão e arrebanhar seguidores para conquistá-la. Mas não há, definitivamente — e o tempo comprova isso —, liderança sustentável que não seja baseada em valores claros, nos quais os liderados possam se espelhar, transformando a visão em uma causa comum, ainda que nem todas as causas — e alguns exemplos históricos nos mostram isso — sejam exatamente nobres. É importante ter em mente que crenças e valores dos líderes são incorporados no modelo conceitual dos liderados e, por consequência, à cultura da organização. Esse é um aspecto fundamental, isto é, os valores dos líderes permeiam toda a malha organizacional, em todos os níveis e em todas as funções. É como uma marca que se reflete e serve de âncora, seja para a permanência das pessoas nas organizações, seja para a atração de outras. Cada vez mais profissionais talentosos buscam empresas com as quais possam compartilhar valores; e, cada vez mais, eles deixam as empresas por não pactuar com seus valores, explícitos ou não. Daí a importância capital de líderes exemplares.

> Se os líderes não forem claros quanto àquilo em que creem, é mais provável que mudem de posição a cada novo modismo ou pesquisa de opinião. Portanto, o primeiro marco na jornada para a credibilidade da liderança é a clareza dos valores pessoais.
>
> (James M. Kouzes e Barry Z. Posner)

O que fazer no mundo dos negócios? Como lidar com as consequências do resultado a qualquer preço?

O que fazer para desenvolver uma liderança alicerçada em valores sólidos, pelos quais o líder possa ser reconhecido e, principalmente, respeitado?

E, antes disso, sobre quais valores deve ser erigida a liderança? Alguns valores são inquestionáveis em qualquer ambiente e, embora devam estar impregnados na liderança sustentável, não são, em sua essência, diferentes dos que devem ser exibidos também pelos liderados. Talvez a grande diferença resida na responsabilidade diante deles — um compromisso indelegável dos líderes com a própria sociedade.

- Líderes são coerentes, devem agir de acordo com o que falam e dar o exemplo — *walk the talk*. Esse é o valor que produz material de referência para os liderados, dá sentido prático ao discurso do líder e gera credibilidade e confiança. É importante para as equipes saber que caminho o líder vai trilhar diante de uma escolha.
- Líderes são éticos e exigem ética em seus relacionamentos. Depois de um longo período relegada a segundo plano, a ética é e será, cada vez mais, cobrada de todos os que tomam decisão — especialmente com relação a pessoas.
- Líderes são autênticos em todas as situações, mesmo naquelas em que suas convicções são postas à prova.
- Líderes respeitam os liderados. Respeito implica aceitação e incentivo da diversidade e entendimento de que as pessoas são mais do que aquilo que podem produzir em seu espaço e tempo de produção.
- Líderes acreditam nos liderados e abrem espaço para eles. Sabem a hora de permitir seu brilho, saindo de cena, torcendo e aplaudindo.
- Líderes reconhecem a contribuição dos liderados. E dão o crédito, na justa medida da contribuição, diferenciando os "falsos iguais".
- Líderes desenvolvem novos líderes. Sabem como identificar os talentos e investir em seu desenvolvimento.

Esses são valores inerentes à liderança sustentável.

> Os líderes do futuro dirão "isto é intolerável" quando olharem para as escolas, a saúde das crianças que formarão a futura força de trabalho, a inadequada preparação para a vida e para o trabalho em tantas famílias, as pessoas perdendo a confiança nas instituições. Os novos líderes construirão a comunidade saudável com a mesma energia com que construíram saudáveis e produtivas empresas...
>
> (Frances Hesselbein)

As organizações devem, portanto, além dos programas tradicionais, pensar formas de desenvolver, na liderança, os valores que possam sustentá-la.

7.5.1 Como ensinar valores?

É importante salientar que valores são desenvolvidos ao longo da vida; portanto, não temos aqui a pretensão de criar fórmulas teóricas de como ensinar valores nas organizações.

Uma forma de contribuição se dá pela criação de espaços ou comunidades em que os líderes possam:

- resgatar o contato com eles mesmos e criar condições para refletir sobre suas carências e sua necessidade de desenvolvimento; promover uma viagem para dentro de si, com o propósito de revisitar até medos e angústias, que, na solidão do dia a dia, o líder não tem oportunidade de fazer com a necessária profundidade;
- debater com outros líderes, trocar e aprender com as diferentes experiências e descobrir que os medos, as angústias e as inseguranças são, muitas vezes, comuns a muitos. Compartilhar é uma boa forma de reduzir a carga emocional; é sinal de força;
- fazer um balanço dos valores organizacionais e de seu alinhamento, bem como de sua efetividade na prática gerencial e, de modo especial, nas decisões que o líder deve tomar no cotidiano;
- refletir sobre sua carreira, definir ou redefinir seus propósitos e, ainda, debater sobre sua responsabilidade perante seus liderados.

As empresas devem ajudar a criar e a valorizar esses espaços, que podem se constituir em ambientes propícios para a aprendizagem, sustentados por relações maduras e verdadeiras e nos quais são debatidos os valores e os princípios da verdadeira liderança.

> Líderes do futuro bem-sucedidos devem ter credibilidade pessoal. Os líderes fidedignos possuem hábitos, valores, traços e competências pessoais que geram confiança e compromisso em quem dirigem.
>
> (Dave Ulrich)

Os líderes de RH também podem e devem contribuir com o desenvolvimento das demais lideranças, criando mecanismos que garantam a prática efetiva dos valores organizacionais. É importante que esses valores não fiquem apenas implícitos e sujeitos a interpretações subjetivas e circunstanciais.

Atividades que viabilizem, juntamente com os líderes, o debate sobre os valores da organização e seu alinhamento com os valores dos próprios líderes são bons exercícios para dar a devida importância ao tema e o "trazer à tona".

Líderes devem ser bons profissionais e bons gerentes. Mas, antes e talvez mais que isso, devem ser pessoas confiáveis.

7.6 Conclusão

Parece-nos que o desenvolvimento da liderança necessário para enfrentar os desafios deste mundo complexo e globalizado está sendo, até então, pouco eficaz. Mesmo que a bibliografia seja farta, poucas são as contribuições relevantes e os exemplos transformadores, pelo menos vindos do mundo empresarial. Assim, julgamos necessário voltar a página e procurar essas contribuições talvez em outros ambientes, talvez nas instituições sem fins lucrativos.

Alguns autores propuseram, ainda no final do século XX, a estratégia dos "pequenos passos", ou seja, quando a realidade assusta em seu grau de complexidade, torna-se importante promover a coragem dos resultados pequenos. Um conjunto desses pequenos resultados pode ocasionar uma grande realização e um passo significativo de mudança, mas são necessárias disciplina e perseverança, atributos pouco comuns no atribulado mundo das organizações.

O manual de treinamento da Associação Brasileira de Treinamento e Desenvolvimento (ABTD) "dura no tempo", e já dizíamos na edição anterior que o que escrevemos será lido pelo menos por toda uma década. Devemos então tentar escrever algo que também faça sentido por algum tempo.

Temos de aprender muito.

Ainda temos uma realidade de favelização em um mundo cada vez mais rico e continuamos esperando que brevemente isso seja uma experiência do passado. E que isso seja fruto da prática de uma liderança de fato transformadora.

Uma liderança sustentável que conheça os negócios, única fonte socioeconômica do presente, mas que saiba nos conduzir com *visão, empowerment* e, principalmente, *valores* pessoais inegociáveis orientados ao outro, à comunidade e ao bem-estar de todos, em um mundo novo e mais adequado a nossos filhos. Até hoje nos parece que isso deva transitar mais nas esferas dos corajosos artistas do que na dos ricos e potentes líderes das atuais organizações do primeiro e do segundo setores.

Liderança é uma arte; no final, talvez seja o que nos resta.

Referências bibliográficas

BARTLETT, C. A.; GHOSHAL, S. *Managing across borders*. Cambridge: Harvard Business School Press, 1989.

BASS, B. M.; STOGDILL, R. M. *Bass and Stogdill's handbook of leadership*. Nova York: The Free Press, 1990.

BAUMAN, Z. *La società del rischio*. Roma: Carocci, 2000.

_____. *La società dell'incertezza*. Bolonha: Il Mulino, 1999.

_____. *Postmodernity and its discontents*. Cambridge/Oxford: Polity Press, 1997.

BECK, U.; GIDDENS, A.; LASH, S. *Modernizzazione riflessiva*: politica, tradizione ed estetica nell'ordine sociale dela modernità. Trieste: Asterios, 1999.

BENNIS, W. G. *Why Leaders can't lead. The unconscious conspiracy continues*. São Francisco: Jossey-Bass, 1989.

BOWEN, D. E.; LAWLER III, E. E. "*Empowering service employees*". Sloan Management Review, jul. 1995.

_____. "The empowerment of service workers: what, why, how and when". *Sloan Management Review*, v. 33, p. 31-39, 1992.

BURNS, J. M. *Leadership*. Nova York: Harper and Row, 1978.

FONTANA, A.; VARCHETTA, G. *La valutazione riconoscente*. Milão: Guerini, 2005.

FRIEDMAN, L. M. *La società orizzontale*. Bolonha: Il Mulino, 2002.

GEERTZ, C. *Mondo globale, mondi locali*. Bolonha: Il Mulino, 1999.

GIDDENS, A. *La terza via*. Milão: Il Saggiatore, 1999.

_____. *Oltre la destra e la sinistra*. Bolonha: Il Mulino, 1997.

GIDDENS, A.; MILLER, D. *L'organizzazione nevrotica*: una diagnosi in profondità dei disturbi e delle patologie del comportamento organizzativo. Milão: Raffaello Cortina, 1992.

JAQUES, E. Work, creativity and social justice. Londres: Heinemann, 1970.

KETS DE VRIES, M. F. R. *Prisoners of leadership*. Nova York: John Wiley and Sons, 1989.

_____. "*The organizational fool*: balancing a leader's hybris". Human Relations, 43 (8), 1993.

KOTTER, J. P. *Il fattore leadership*. Milão: Sperling & Kupfer, 1989.

_____. "*Leading change*: why transformation efforts fail". Harvard Business Review, mar.-abr. 1995.

_____. "*What general managers really do*". Harvard Business Review, nov.-dez. 1982.

KOUZES, J. M.; POSNER, B. Z. *O desafio da liderança*. Caleidoscópio, 2009.

McGILL, M. E.; SLOCUM JR., J. W. *The smarter organization*: how to build a business that learns and adapts to marketplace needs. Nova York: John Wiley, 1994.

QUAGLINO, G. P. (Org.) *Leadership*. Milão: Raffaello Cortina, 1999.

RANDOLPH, W. A. *"Navigating the journey to empowerment"*. Organizational Dynamics, 1995.

ROBERTSON, R. *"Globality, global culture and images of world order"*. In: HAFERKAMPF, H.; SMELSER, N. J. (Orgs.) *Social change and modernity*. Berkeley: University of California Press, 1992.

SCHEIN, E. H. *Organizational culture and leadership*. São Francisco: Jossey-Bass, 1985.

_____. *"The clinical perspective in fieldwork"*. Beverly Hills: Sage, 1987. Sage University Paper on Qualitative Research Methods Series, n. 5.

VARCHETTA, G. *La solidarietà organizzativa*. Milão: Guerini, 1993.

WEICK, K. E. *Sensemaking in organizations*. Londres: Sage, 1995.

Djalma G. Barbosa

Graduado em psicologia pela Faculdade Paulistana e especialista em recursos humanos e desenvolvimento organizacional, foi executivo de RH e desenvolvimento organizacional da Parmalat Brasil S.A., da Votorantim Celulose e Papel S.A., do Banco Multiplic e da Ripasa. Atualmente, é diretor de suporte ao negócio da Vale Fertilizantes. Autor do capítulo "Treinamento — seus públicos e seus métodos", do *Manual de gestão de pessoas e equipes*, e coautor do livro *Diário de uma crise: lições do caso Parmalat.*

Tel.: +55 11 5112-2513
E-mail: dgbarbosa@ig.com.br

Marco Dalpozzo

Graduado em economia pela Università di Bologna (Itália) com MBA pela Università Bocconi (Itália), faz palestras sobre os temas teoria da organização, desenvolvimento de pessoas e liderança. Foi diretor de RH da Vale, da Parmalat Brasil S.A. e da Kibon/Unilever. Atualmente é diretor de RH da L'Oréal Brasil; coautor, juntamente com Judite de Freitas Wey, do capítulo "Gerenciando Treinamento & Desenvolvimento? 'Back to the future'", do *Manual de treinamento e desenvolvimento*.

Tel.: +55 21 3814-4500
E-mail: mdalpozzo@br.loreal.com

capítulo **8**

Desenvolvimento Gerencial (DG)

Dorival Donadão

8.1 Objetivos

O tema Desenvolvimento Gerencial (DG) está relacionado às iniciativas que empresas e organizações têm empreendido a fim de apoiar o crescimento pessoal e profissional dos ocupantes dos chamados cargos de liderança, desde coordenadores e supervisores até executivos, ou dirigentes situados na primeira linha de poder.

Nos últimos anos, os tópicos que ganharam destaque quanto ao tema de Desenvolvimento Gerencial, dizem respeito a dois itens:

- A necessidade inadiável de criar soluções inovadoras e múltiplas para os formatos de DG, saindo da mesmice e dos padrões de sala de aula, videoconferência e similares.
- A expectativa (ainda não atendida) do tema de DG demonstrar sua importância estratégica, fazendo parte da agenda dos principais dirigentes das organizações.

Sendo assim, este capítulo irá abordar com maior ênfase os aspectos citados, discutindo também os tópicos que continuam pertinentes a DG, relacionados a seguir:

- Reunir informações sobre o *contexto atual* das iniciativas de DG no macroambiente organizacional.
- Destacar o desafio de o DG atuar no centro das mudanças e na renovação organizacional.
- Indicar as competências de lideranças que serão promovidas por meio de ações de DG.
- Projetar algumas tendências de abordagem deste tema, implicações e desdobramentos para gestores e organizações.
- Registrar alguns *casos práticos* que demonstram os acertos mais frequentes na convivência com os desafios e as peculiaridades de DG no Brasil.
- Elaborar um checklist que favoreça a ação dos profissionais de T&D e dos próprios gestores, no caminho de estabelecer avanços relevantes nas práticas e experiências de DG.

8.2 DG na atual complexidade das organizações

Duas questões são fundamentais para discutir o contexto atual de DG, sendo elas os atributos necessários de DG e as principais barreiras encontradas pelo gestor no exercício da sua liderança.

Se fosse possível resumir atributos essenciais de DG, em dois aspectos, poderia ser dito que o gestor dos dias atuais deve ter *credibilidade* e poder de *inspirar confiança*. A credibilidade vem da capacidade e da competência do gestor na sua área de atuação — uma vez que ele conhece e domina seu campo de trabalho, devendo ser seguro e sólido na sua *performance*. Já a confiança vem da base de valores e atitudes desse gestor: ele deve ser coerente com seu discurso e agir de acordo com o que professa, seguindo o ditado "faça o que eu digo e faça o que eu faço". Para ilustrar essa situação, Ralph Emerson, pensador e cientista, tem uma bela frase: "suas atitudes falam tão alto que eu não consigo ouvir a sua voz". O gestor efetivo deve seguir essa linha e ter senso de justiça, saber julgar as questões polêmicas e chegar a soluções justas para cada problema.

Com relação às barreiras encontradas pelo gestor, a primeira dificuldade é lidar com a ambiguidade — são poucas as certezas e muitas as suposições sobre cenários, oportunidades e ameaças ao negócio. O gestor deve saber lidar com a ambiguidade, motivando e estimulando as pessoas, sem contar com o respaldo de certezas sobre o futuro, o crescimento dos negócios e a ampliação de oportunidades.

A crescente complexidade da resolução das situações pode ser considerada a segunda barreira enfrentada pelo gestor. As soluções simplificadas têm boa chance de serem erradas, uma vez que todas as questões envolvem inúmeras ponderações, possibilidades e alternativas. A habilidade e a sensibilidade de "apostar" em um caminho ou outro, passa a fazer parte do perfil de competências do gestor. Sendo este "apostar" no sentido de escolher uma alternativa, mesmo sem contar com todas as informações do contexto.

8.3 O papel de DG na preparação do gestor

Ter a percepção dos atributos essenciais de um gestor e das principais dificuldades enfrentadas por ele é essencial, pois essas informações farão parte das iniciativas de educação gerencial que, muitas vezes, provocam mudanças no estilo, prática e comportamento das lideranças e dos formadores de opinião nos ambientes organizacionais.

Quanto à educação gerencial, não estamos nos referindo necessariamente à educação continuada, restrita aos canais de aprendizado tradicionais, como sala de aula, *e-learning* ou programas acadêmicos. Na prática, esses canais são mais efetivos quando aplicados como reforço do conhecimento, do que como o "gatilho" de novas percepções.

Os ganhos e os impulsos de conhecimento estão acontecendo, de fato, no piso dos escritórios, no chão de fábrica, na beirada do balcão, nos contatos e nos relacionamentos com os clientes, fornecedores e parceiros de negócios, no envolvimento com os grupos sociais, fundações e institutos não governamentais. Enfim, com a verdadeira sociedade do conhecimento, por meio de seus agentes dinâmicos. São nesses pontos que as coisas estão acontecendo e que a realidade em constante mudança vem mostrando seus benefícios e seus desafios.

As ações clássicas de DG devem estar atentas a esses fenômenos, aliar-se a eles e agir no centro dos acontecimentos.

Figura 8.1 Fontes de conhecimento

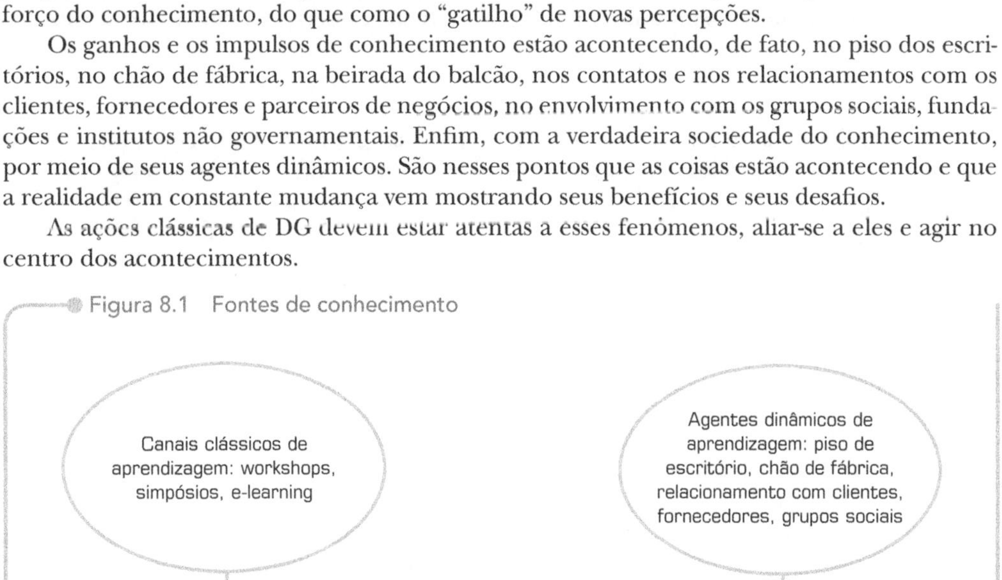

Tomando como exemplo um cliente com matriz na Europa e atuação em dezenas de países, as estratégias de DG adotadas consideram a seguinte distribuição das ênfases metodológicas em suas programações:

10%	70%	20%
Educação	Experiências práticas	*Exposure*

De acordo com a distribuição das ênfases metodológicas, as diretrizes de DG deverão considerar os seguintes apontamentos:

- *70% de experiências práticas*: emprego de metodologias de aprendizagem que favoreçam prioritariamente *aplicações* do conhecimento, projetos aplicativos, grupos focais e *task forces* (experiências práticas).
- *20% de* exposure: indica abertura dos canais de coaching e *mentoring* para novas situações, *assessment* 360 graus e outras formas de autodesenvolvimento.
- *10% de educação*: indica menor ênfase para o que, tradicionalmente, define-se por *ações educacionais* stricto sensu; aplicadas em sala de aula, ambientes formais de aprendizagem, *e-learning* etc.

Independentemente da concordância dos pesos relativos de cada uma dessas alternativas (talvez até um pouco exagerados para nossa realidade), os pesos apresentados indicam certo desgaste das abordagens tradicionais de educação, acendendo uma luz amarela, de alerta, para a revisão metodológica de DG.

8.4 Desafio de DG: mudanças por meio das lideranças

Os autores de administração e gerenciamento são unânimes em destacar a importância da liderança como o principal canal propulsor de mudanças nas organizações. John Kotter, professor de liderança na Harvard Business School, apresenta, em seus artigos, uma interessante questão: será que as culturas corporativas, de maneira geral, funcionam como âncora *contra* as mudanças?

De fato, se conectarmos os conceitos fundamentais de cultura corporativa, teremos dois posicionamentos. De acordo com Edgar Schein, em *Guia de sobrevivência da cultura corporativa*, por um lado, sua definição é entendida como "um conjunto de normas, diretrizes e premissas, as quais, valorizadas ao longo do tempo, acabam criando sólidas referências e balizas de comportamento, adotadas pelas pessoas", complementada pelo conceito que indica cultura coorporativa como "um código de crenças, valores e princípios que caracterizam os ritos e o compartilhamento de práticas entre as pessoas no ambiente de trabalho". Ambos os conceitos configuram o nível de dificuldade, quando a intenção é provocar mudanças relevantes em práticas e comportamentos.

Além desses conceitos, a realidade também se encarrega de acrescentar outro complicador, a exemplo dos casos em que a cultura corporativa já alcançou certo grau de esclerose, naquele ponto de arrogância autocentrada, com fortes níveis de burocracia, centralização e com os claros sinais da "anestesia" do sucesso, ou seja, quando as coisas vão bem e os resultados mascaram a necessidade de mudar.

Neste contexto, um bom desafio para DG é questionar como estimular novas referências e novos contornos para o *pensar* e o *agir* nas organizações, e como provocar mudanças culturais reais. Para tanto, veja, a seguir, algumas ideias que podem facilitar a dinâmica de mudanças.

- **Abrir janelas**

  Um primeiro movimento que pode ser articulado pelas ações de DG é a busca por intercâmbios, como as visitas de *benchmarking* a outras empresas, os contatos com organismos e institutos do terceiro setor, a organização de grupos para a participação em eventos patrocinados por câmaras de negócios e equivalentes. Enfim, a busca por referências externas que possam gerar novas percepções, quebrar resistências de aprendizagem e fortalecer uma visão crítica das mudanças culturais, considerando o nível de complexidade da situação, e das possibilidades de gerenciamento dessa complexidade.

- **Fortalecer alianças**

  Os grupos de estudos e de implementação de projetos, ou ainda os pequenos fóruns de melhoria em processos e práticas, podem ser o embrião de conectividade que faltava ao impulso às mudanças. Quando esses grupos estão no guarda-chuva das ações educacionais ou de DG, ou seja, sob essas ações, há forte possibilidade de que as resistências às mudanças de cultura sejam substituídas, gradualmente, pela confiança conjunta das pessoas na capacidade transformadora de novas ideias e propostas. É assim que grupos, inicialmente constituídos com um escopo pontual ou específico, ganham força de liderança e renovação nos traços culturais.

- **O poder do conhecimento**

  "O conhecimento obriga", dizem os biólogos e pensadores chilenos Humberto Maturana e Francisco Varela. Saber significa descobrir novas fronteiras e desvendar possibilidades. O conhecimento transforma. A grande questão é a associação construtiva do conhecimento, ou, em outras palavras, de que forma somar novas compreensões da realidade. Esse ponto sempre foi o motor das abordagens consistentes da educação e, por consequência, também é o princípio básico para a efetividade do Desenvolvimento Gerencial. Os eixos de conhecimento dos projetos de educação corporativa são uma tentativa de organizar essa agregação do saber. No mesmo caminho, os modelos de competências (ver Seção 8.5) também fortalecem a estruturação concatenada dos conteúdos educacionais.

8.5 Competências a serem desenvolvidas

As práticas de DG, na maioria das organizações, têm afinidades com as chamadas competências essenciais.

A dúvida que prevalece é se esses modelos refletem, em doses equilibradas, as demandas do presente e as perspectivas do futuro. Ou, ainda mais preocupante, se não estão demasiadamente atrelados ao passado da organização. Esse risco é maior do que imaginamos, pelo simples fato de muitos dirigentes e gestores estarem em pleno processo de desaprender o passado, como dizia o guru de estratégia, C. K. Prahalad. Presos a estruturas de pensamento que deram certo até agora, esses executivos têm enorme dificuldade de projetar sua própria deficiência de aprendizagem, estabelecer desafios de conhecimento e admitir carências de capacitação. A força de gravidade do passado contém esses avanços de autoanálise e, pior, favorecem o autoengano por parte desses dirigentes. Em palestra promovida pelo Hay Group, em 2001, Charles Handy, professor da London Business School, foi categórico: "você não pode tropeçar no passado para entrar no futuro".

Como romper esse círculo vicioso? Assumindo algumas ousadias em DG, a partir do questionamento dos modelos de competências que servem de base para suas programações. O modelo pode ser útil, bastando, talvez, acrescentar apenas algumas competências que fujam da ortodoxia. Veja alguns exemplos de modelos de competências a seguir:

- **A competência de "moldar o futuro"**

  Boa parte dos estudos e das reflexões estratégicas permanece em um estágio tímido de projeção do futuro, muitas vezes, simplesmente, reproduzindo artigos elaborados pelas consultorias de economia e finanças. É raro acontecer um atrevimento sadio e provocativo como o do Grupo Algar, que coloca seus executivos e gestores a cada ano em um pano de fundo de reflexão, denominado Algar 2100.

Ou seja, as pessoas são estimuladas a sair de uma visão curta e letárgica do presente, ou do futuro imediato (três a cinco anos), e partir para um grande *brainstorming* sobre os próximos 90 anos. É claro que há, em seguida, um exercício de volta ao presente e de filtro de exequibilidade das ideias e das propostas que surgiram durante a atividade.

Mas o simples fato de ampliar tão fortemente a imaginação acerca do futuro desperta nas pessoas um senso de apropriação sobre suas possibilidades.

O futuro deixa de ser um bicho-papão indecifrável e passa a ser um possível aliado na construção de metas e direcionadores estratégicos.

- **A competência de "gerar significado"**

  Preste atenção às formulações de missão e visão das organizações. Veja bem a prevalência do óbvio nessas formulações. Declarações como: "encantar o cliente, gerando soluções integradas que agreguem valor aos acionistas, num clima interno saudável e parcerias mutuamente produtivas" e "... com responsabilidade social, ética e boas práticas de governança corporativa", fazem sentido para determinado estágio no ciclo de vida das organizações. Em momentos em que é necessário afirmar o óbvio como um aspecto didático e esclarecedor para a definição do negócio. A questão é que, para a força de trabalho dessas organizações, o fundamental é definir propósito, sentido e significado. E, muitas vezes, as declarações de missão e visão não passam nesse checklist.

  O grande desafio do aprendizado organizacional, e, principalmente, das ações de DG, voltadas para as lideranças, é imprimir significado ao esforço de trabalho das pessoas e, mais que isso, que esse significado tenha força motivacional capaz de agregá-las em torno de uma causa comum.

- **A competência de "liderar a prontidão"**

  Promover movimentos de transformação capazes de gerar senso de urgência, time-to-market (no sentido de ter prontidão de resposta às demandas do mercado e do ambiente) e agilidade de respostas às ameaças e às oportunidades do ambiente de negócio. A definição dessa competência pode ser feita com uma bela frase, porém deve-se também enxergar a dificuldade em viabilizá-la. Mas, uma vez que estamos falando de atrevimento e ousadia, não se pode ignorar o fato que a velocidade das transformações não permite hesitações. As pessoas na linha de frente dos negócios precisam ter capacidade de resposta às emergências e às situações complexas, e os profissionais nos *back offices,* por sua vez, devem ter sensibilidade e percepção do seu papel na cadeia de valor daquela organização. Uma competência fundamental para isso é estar "à frente na curva das mudanças", como disse o consultor inglês Rowan Gibson, em artigo publicado pela *The Economist.* E esse estar à frente, na maioria dos negócios, pode significar prontidão, estado de alerta e iniciativa para soluções.

  Quais conteúdos de DG podem estar relacionados a esta competência? A resposta mais provável seria as especificidades do negócio e da cultura empresarial, mas o certo é que será sempre necessário elevar os patamares de observação do entorno e ter o radar interno constantemente ligado para os movimentos da concorrência, no refinamento contínuo do conhecimento do cliente e do seu perfil de motivos. Estas são algumas pistas de conteúdo que os programas de DG poderão incorporar:

Resumo: novas competências
Moldar o futuro
Gerar significado
Liderar a prontidão

8.6 Tendências: o futuro de DG

Com os cuidados já citados na seção anterior, ou seja, a construção de novas competências essenciais exigidas pelos novos tempos — e o sempre perigoso viés das generalizações precipitadas —, é quase certo indicar algumas premissas de eficácia, que têm constituído fortes tendências para as ações de DG.

8.6.1 Tendência nº 1: conexão com a identidade corporativa

Já é lugar-comum afirmar que as ações educacionais efetivas são aquelas derivadas dos *drivers* estratégicos. Acontece que, muitas vezes, essa conexão é visível apenas pela associação com as chamadas competências essenciais, que, por sua vez, devem refletir os fatores críticos de sucesso de uma estratégia de negócio.

Figura 8.2 Fatores críticos de sucesso

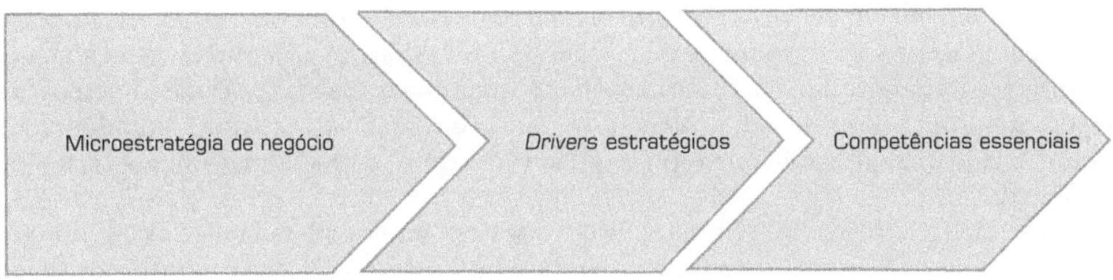

Os novos cenários, no entanto, vão além. É preciso conectar estratégia, competências e ações educacionais a uma base de crenças e valores organizacionais, além de uma identidade cultural e corporativa, algo ainda sendo construído conceitualmente, mas que não é difícil de compreender por meio dos sinais emitidos pelas experiências bem-sucedidas no ambiente empresarial.

Figura 8.3 Fatores críticos de sucesso

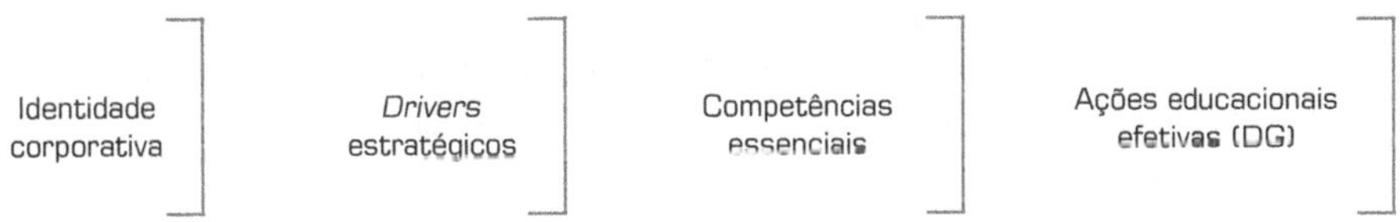

A chamada identidade corporativa nem sempre é nítida o suficiente para ser traduzida em competências de negócios de liderança. Mas é exatamente esse hiato de identificação que pode representar uma oportunidade de avanço das iniciativas de DG, a fim de atuar no esclarecimento desses conceitos.

Identidade corporativa
Conceito, imagem, posicionamento
Missão, visão, valores
Drivers estratégicos
Objetivos e diretrizes

8.6.2 Tendência nº 2: internalização do conhecimento

As experiências de educação corporativa apontam forte tendência no caminho de viabilizar a multiplicação do conhecimento, por meio, até mesmo, de *sponsors*, ou patrocinadores internos que orientam os eixos de programas, estimulam docentes da própria empresa e indicam *cases* reais.

Essa tendência vem se fortalecendo à medida em que os dirigentes percebem, muitas vezes tardiamente, que a *expertise* e conhecimentos específicos se perdem juntamente com os profissionais que mudam de emprego, ou com os consultores que transitam pela organização.

As ações de DG têm, portanto, o desafio de incorporar metodologias (a designação de *sponsors* internos é uma delas), para ampliar a internalização do saber e a apropriação do conhecimento pelas equipes. Na Seção 8.7 deste capítulo, serão estudados alguns casos práticos de empresas que podem servir como referência nesse campo.

8.6.3 Tendência nº 3: busca de alta *performance*

Performance: mais uma palavra de ordem nos conteúdos de DG. Como estabelecer parâmetros e mobilizar pessoas e equipes para a superação *consistente* da *performance*. Atenção para o "consistente". Traduzindo: é necessário evoluir a intensidade e a relevância do desempenho, sempre sob a ótica dos resultados. Além disso, essa evolução deve ser firme e duradoura, deixando de lado qualquer ação que represente um "espasmo" de melhoria com um recuo logo em seguida.

Não é fácil, claro, mas essa é uma reflexão que deve ser considerada para as iniciativas de DG: como agitar a cultura instalada na organização para a elevação dos patamares de desempenho, mantendo o clima interno saudável e a motivação das pessoas?

8.6.4 Tendência nº 4: a eterna questão sobre como medir resultados

A abordagem *Balanced ScoreCard* (BSC) (Norton e Kaplan), em crescente incorporação nas organizações brasileiras, favorece a busca da comprovação de valores das ações de DG.

O BSC, na dimensão aprendizado e crescimento das pessoas envolvidas, sugere alguns indicadores de progresso que podem funcionar como parâmetro de contribuição do DG para os resultados do negócio. A tendência é que a maturidade desses indicadores ganhe mais presença nos mapas de controle, principalmente:

- nos aspectos de evolução das competências (medida por meio de avaliações 360 graus);
- melhoria nos atributos de clima organizacional (medidas por meio de pesquisas estruturadas de clima organizacional);
- atração/retenção de talentos para ocupações-chave na organização (depende de critérios objetivos para definir o que é um talento para o contexto da empresa).

8.6.5 Tendência nº 5: afinidade com o cliente

A consultoria internacional Bain & Company desenvolveu, recentemente, o *Management Tools and Trends 2005*, um amplo estudo envolvendo a aplicação de dez pesquisas anuais em um período de 12 anos, mapeando as ferramentas gerenciais empregadas pelos executivos. Neste intervalo de tempo, foi montado um banco de dados global com mais de sete mil respostas, além de entrevistas qualitativas para validação dos resultados.

Na última rodada, despontou um tema de forte significado: o cliente. Cerca de 75% dos executivos apontaram, como prioridade, o conhecimento aprofundado do cliente como dimensão fundamental para a eficácia organizacional. A ferramenta mais indicada na pesquisa é o *Customer Relationship Management* (CRM), ou Gerenciamento das Relações com o Cliente.

Este item menciona a seguinte frase: "conhecimento insuficiente sobre o cliente está prejudicando nosso desempenho", e a sua análise demonstra a incômoda sensação que os executivos não conhecem seus clientes o suficiente. Porém, essa preocupação não vai desaparecer apenas com a utilização da ferramenta CRM ou das metodologias de segmentação e posicionamento. É necessário que as ações de DG aprofundem as atitudes de valorização do cliente como prioridade de conhecimento, proximidade e afinidade. Esse cuidado também pode impulsionar mudanças nos traços culturais de algumas organizações, ainda demasiadamente focadas em tecnologia, processo e produto, sem levar em conta a riqueza de informações que uma cultura orientada para o cliente pode trazer a essas mesmas organizações.

Não importa se o executivo está na linha de frente, na relação com o cliente, ou se dirige uma área de suporte; o fundamental é compreender que todos compõem uma *cadeia de valor* a serviço do cliente.

8.6.6 Tendência nº 6: inovação

O mesmo estudo, citado no item anterior, apontou a segunda prioridade de conhecimento para o gerenciamento e liderança: a inovação.

Mesmo sem identificar uma ferramenta gerencial estruturada para esse tema, 86% dos pesquisadores em todo o mundo, sendo 73% somente na América do Sul — lembrando que os executivos brasileiros correspondem a 80% dessa amostragem — apontam a capacidade inovadora como uma lacuna que deve ser reduzida nas organizações. "Inovação é mais importante que redução de custos", citam os entrevistados, embora o que prevaleça no momento da crise seja mesmo o corte de custos, como eles próprios admitem.

Com base nesse estudo, há outra oportunidade para DG: formatar ações internas e externas à empresa para provocar o espírito da inovação, da curiosidade, da investigação e do rompimento com o comum e rotineiro.

Tendências para DG
Conexão com a identidade corporativa
Internalização do conhecimento
Busca da alta *performance*
Formas de medir resultados em DG
Afinidade com o cliente
Inovação

8.7 Casos práticos e experiências bem-sucedidas

Resolver a equação investimento *versus* retorno em DG é sempre um grande desafio para os dirigentes e profissionais de RH. Algumas iniciativas, entretanto, vêm quebrando essa aparente trava e boa parte delas está acontecendo no Brasil.

As situações a seguir representam uma percepção pessoal em torno dessa questão, seja pelo meu envolvimento direto com os casos, pelos registros na mídia, ou por depoimentos de colegas consultores.

Caso 1 — Aquisição baseada na cultura humanística da empresa

O primeiro caso é o da *Serasa Experian*, uma organização de serviços de crédito, cobrança, gestão de mercado e de clientes. Conhecida por sua filosofia de gestão humana, a Serasa foi adquirida em 2007 pelo Grupo Experian, multinacional europeia, também atuante nos Estados Unidos e na América Latina. O processo de aquisição respeita os atributos da cultura corporativa adotados pela Serasa e, mais do que isso, faz um bom uso desses atributos, por meio da transferência de experiências e de profissionais-chave do Brasil para diversas unidades no exterior. Apesar de esse movimento de aquisição não ser típico, é bastante aplicável quando verificamos a forte aderência do *modelo de liderança* da Serasa às práticas e comportamentos baseados na cultura humanística da empresa.

Caso 2 — Crescimento apoiado por uma cultura de liderança

Outro caso significativo é o do *Grupo Algar*, já citado neste capítulo. Posicionado como um dos maiores grupos empresariais, de acordo com a Revista *Exame Melhores e Maiores — 1000 Maiores Empresas do Brasil*, e ainda mantendo suas raízes em Uberlândia (MG), o Grupo Algar diversificou suas áreas de atuação, expandiu a geografia dos negócios e aumentou significativamente o faturamento e o quadro de líderes-gestores. Apoiando todo esse crescimento, a Universidade Corporativa do Grupo, a UniAlgar, permanece há quase 15 anos como o principal núcleo de educação continuada do país, sendo eleita a melhor universidade corporativa de 2012 pelo *International Quality & Productivity Center* (IPQC), diversificando metodologias e inovando nos processos de gestão do conhecimento. Com isso, firmou-se uma verdadeira *cultura de liderança*, imprimindo uma marca distintiva ao movimento de desenvolvimento gerencial.

Caso 3 — Alinhamento de estilos e percepções para criar um verdadeiro time de gestão

O terceiro caso vem de um agrupamento de empresas atuantes em todo o Brasil: o *Sistema Unimed*. E, mais especificamente, da Unimed Vitória (ES). Um time dirigente de forte sintonia e entrosamento quebra o paradigma de rotular os bons médicos como gestores ineficazes. Na verdade, o caso Unimed Vitória comprova a possibilidade de aliar a qualificação técnica dos médicos à sensibilidade gerencial, com base em uma premissa fundamental: a valorização do *sentimento de time* no grupo de dirigentes. Um bom exemplo de atitude que faz a diferença. Como foi alcançado esse estágio? Por meio de muita disciplina no processo de alinhamento de estilos e percepções, através de várias sessões de *Team Building* facilitadas por duas consultorias-parceiras, da DNConsult e de Eduardo Bom Angelo.

8.8 Conclusão

O papel e a importância do Desenvolvimento Gerencial ganham espaço nas organizações brasileiras tomando como base uma simples constatação: a marca da liderança tem a força e a propulsão para transformar ambientes nocivos e inoperantes em ilhas de excelência e de alta *performance*.

Para isso é preciso cultivar os traços vencedores dos gestores e líderes deste novo tempo:

- **Visionários**: constroem o futuro e não apenas os planos e projetos estratégicos.
- **Empreendedores**: fazem acontecer, vencendo barreiras e mobilizando atitudes de prontidão para os desafios.
- **Administradores**: equilibram custos e produtividade, otimizando a eficiência da estrutura e dos processos, simplificando e agilizando decisões.

Checklist

Os itens a seguir podem servir como referências práticas para a ação das áreas de DG na autoavaliação de agregação de valor nas suas organizações:

- Alinhe as ações de DG com os *drivers* estratégicos da empresa.
- Construa conexões de DG com a identidade cultural da organização.

- Lembre-se de que desenvolvimento profissional é um processo e não meros eventos desarticulados.
- Preste atenção aos movimentos de universidades corporativas; você pode encontrar experiências bem fundamentadas e consistentes no Brasil.
- Amplie o portfólio de ações de DG para grupos focais, estudos de caso, visitas monitoradas de *benchmarking*, contatos com os clientes, leituras dirigidas, ciclos culturais ou de lazer, movimentos de responsabilidade social e de cidadania.
- Busque o prestígio e o compartilhamento de responsabilidades de DG com os *sponsors*, ou patrocinadores internos, e também com facilitadores e multiplicadores de conhecimentos.
- Resista aos "cantos de sereia" relacionados a novidades. DG deve ser coerente com estratégia, valores, identidade e não com modismos da literatura de negócios.
- Defina indicadores vitais de resultados para ações de DG: redução das lacunas de competências, evolução de índices nas pesquisas de clima, atração e retenção de talentos, reconhecimento de imagem e conceito da empresa — todos esses itens têm, ou devem ter, conexão com DG.
- Atenção para as tendências mais prováveis que estão afetando o movimento de DG. Alinhe suas iniciativas às tendências citadas na Seção 8.6 deste capítulo.

Referências bibliográficas

ADIZES, I. *Management/mismanagement styles*: how to identify a style and what to do about it. Santa Bárbara: Adizes Institute, 2004.

BAIN & COMPANY. *Relatório de pesquisa sobre ferramentas de gestão 2005* [Darrel Rigby; Barbara Bilodeau, Management Tools & Trends 2005.] Disponível em: <http://www.bain.com/management_tools/Management_Tools_and_Trends_2005.pdf>.

GIBSON, R. *Rethinking the future*. Londres: Nicholas Brealey Publishing, 1999.

HANDY, C. *O elefante e a pulga*. São Paulo: Futura, 2003.

KAPLAN, R. S.; NORTON, D. P. *A estratégia em ação:* balanced ScoreCard. Rio de Janeiro: Campus, 1997.

MATURANA, H. R.; VARELA, F. J. *A árvore do conhecimento*. São Paulo: Palas Athena, 2001.

MILLER, L. *Barbarians to bureaucrats* — corporate life cycle... the rise and fall of civilizations. Nova York: Clarkson N. Potter, 1989.

KANTER, R. M. *Confidence*: how winning streaks and losing streaks begin and end. Nova York: Crown Business, 2005.

PETER DRUCKER FOUNDATION. *A organização do futuro*. São Paulo: Futura, 1997.

PRAHALAD, C. K.; HAMEL, G. *Competindo pelo futuro*. São Paulo: Campus, 2005.

SCHEIN, E. H. *Guia de sobrevivência da cultura corporativa*. Rio de Janeiro: José Olympio, 2001.

TREACY, M.; WIERSEMA, F. D. *A disciplina dos líderes de mercado*. Rio de Janeiro: Rocco, 1988.

Sites indicados

London Business School: www.london.edu/
HSM Management: www.hsmmanagement.com.br
Revista ESPM: www.espm.b
Instituto Coppead de Administração (RJ): www.coppead.ufrj.br/

Dorival Donadão

Sócio-diretor da DNConsult, sediada em São Paulo. Administrador com especialização em recursos humanos e marketing pela FGV e pós-graduação em Business pela Pace University, em Nova York, Estados Unidos. Foi sócio-diretor da Trígono Consultores e diretor do Hay Group.

Tel.: +55 11 3813-7363/99146-0991
E-mail: dorivaldonadao@dnconsult.com.br
Site: www.dnconsult.com.br
Site pessoal: www.blogdodorivaldonadao.com/

capítulo 9

T&D para o desenvolvimento das lideranças: formando líderes coaches

Arthur Diniz

> No futuro, pessoas que não forem coaches não serão promovidas. Gestores coaches serão a regra.
>
> Jack Welch

9.1 Objetivos

Atualmente, muito se discute a respeito da diferença entre os líderes do passado e os líderes atuais. As técnicas de liderança que, há alguns anos, funcionavam bem, não são mais tão efetivas quanto antes. Pouco tempo atrás, o líder autocrático era considerado o líder mais eficaz. Até mesmo na vida familiar esse era o modelo de liderança predominante: os homens davam as ordens, as esposas e os filhos simplesmente obedeciam. Em diferentes contextos, aquele que impunha sua vontade com firmeza, e à base de ameaças, conseguia excelentes resultados.

É verdade que até hoje ainda vemos muitos líderes atuando dessa forma. Entretanto, o mundo mudou, e os líderes que não procuram se adaptar a essa nova realidade são cada vez menos eficazes e, portanto, menos valorizados pelas empresas modernas e pelo mercado como um todo. No ambiente corporativo atual, já é possível observar estagiários e funcionários, dos mais diversos escalões e segmentos, pedindo mais detalhes sobre as ordens que recebem, a fim de entender o sentido das tarefas que lhes são atribuídas, questionando, até mesmo, a eficácia dos procedimentos adotados. Logo, o exercício da liderança ao estilo do "manda quem pode, obedece quem tem juízo" está com os dias contados.

Graças a inúmeros estudos conduzidos com o intuito de compreender a realidade corporativa atual e descobrir as formas de gestão e de liderança mais eficazes no mundo moderno, diversas teorias e técnicas, de diferentes origens, surgiram no mercado: o objetivo é o de preparar líderes cada vez mais capacitados para lidar com a nova realidade. Certamente, a inovação que mais tem impressionado a todos com seus resultados é a utilização das técnicas de coaching como ferramenta de liderança.

Para entendermos o que isso significa precisamos primeiro traduzir a palavra coaching nesse contexto. Segundo a Federação Internacional de Coaching, essa é a "atividade profissional que ajuda as pessoas a obter resultados extraordinários". A própria definição já mostra a similaridade de objetivos entre coaching e liderança. O líder coach acredita que desenvolver as habilidades das pessoas com as quais trabalha é a melhor maneira de obter resultados e de garantir excelência de desempenho. Por essa razão, esse líder atua com vigor e determinação para influenciar seus liderados, a fim de que eles se tornem os melhores profissionais que podem ser.

Mas, afinal, qual é o passo a passo para a formação desse novo líder? O que um líder coach faz que alavanca o desempenho de sua equipe?

O objetivo deste capítulo é responder a essas perguntas de forma clara e prática, traçando um caminho tanto para aqueles que buscam se tornar líderes mais eficientes quanto para os profissionais de recursos humanos que precisam orientar líderes em desenvolvimento nas empresas.

9.2 O passo a passo do líder coach

Obviamente, existem diversas formas de se traçar o caminho de um grande líder. Nas próximas páginas, são sugeridas apenas algumas dessas formas, baseadas em anos de experiência em coaching e treinamento de líderes. Trata-se de um passo a passo simples, mas extremamente eficaz na construção desse tipo de liderança. Vários desses passos são conhecidos, mas a maioria é pouco utilizada e/ou valorizada.

9.2.1 Reciclar seus modelos mentais de liderança

Quando pergunto, nos treinamentos que ministro, se os líderes possuem um planejamento detalhado do desenvolvimento de cada um dos seus liderados, quase sempre recebo a mesma resposta: "Esse é o papel da área de recursos humanos". Nesses casos, identificamos claramente a primeira grande barreira ao desenvolvimento do líder coach: não existe consciência da importância do — muito menos da responsabilidade assumida pelo — desenvolvimento de pessoas. Mais grave ainda é que a correria do dia a dia atropela os líderes de tal maneira que eles não conseguem estabelecer uma ligação direta entre formar pessoas e atingir resultados.

Muitos dos meus clientes de coaching colocam a questão como uma escolha entre formar pessoas e obter resultados, como se essas fossem atividades distintas. Reciclar esse e outros modelos mentais limitantes dos líderes, substituindo-os por modelos mais eficazes, é o primeiro e mais difícil passo para a transformação de simples líderes em líderes coaches.

Para entendermos o que isso significa, precisamos retroceder um pouco e definir o que são modelos mentais e como eles influenciam nossas ações diariamente. De acordo com Peter Senge, um dos maiores especialistas do mundo no assunto, modelos mentais são "pressupostos profundamente arraigados, generalizações, ilustrações, imagens ou histórias que influenciam nossa maneira de compreender o mundo e de agir". Em outras palavras, são os modelos mentais de cada indivíduo que definem como ele percebe o que está acontecendo à sua volta, como se sente em relação a isso, como pensa e, finalmente, como age.

A Figura 9.1 ilustra bem essa questão.

Figura 9.1

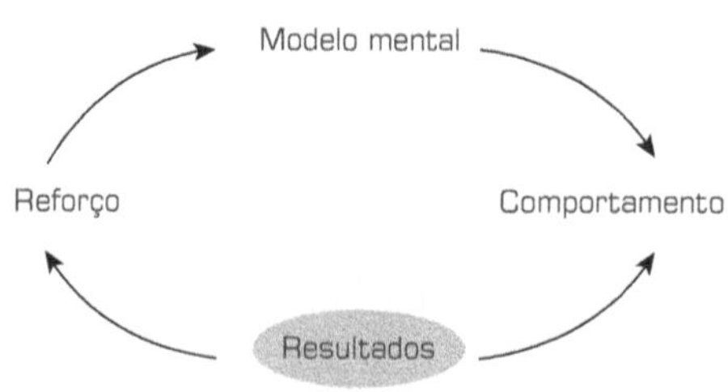

Observando a Figura 9.1, é possível perceber que o modelo mental do líder gera comportamentos específicos. Esses comportamentos determinam os resultados obtidos, os quais, por sua vez, confirmam e reforçam o próprio modelo mental. Um exemplo clássico disso é: se um líder acredita que apenas alguns de seus liderados podem crescer e evoluir (modelo mental), ele acaba investindo seu tempo e recursos somente nessas pessoas (comportamento).

Obviamente elas vão evoluir mais rapidamente do que as outras (resultado) e o líder chegará à conclusão de que estava certo quando as escolheu (reforço do modelo mental). Da mesma forma, se um líder acredita que formar pessoas é perda de tempo, ele acaba por focar seus esforços em outras maneiras de gerar resultados, e também por concluir que estava certo.

O que podemos aprender com esse fenômeno é que enquanto os modelos mentais não mudarem, nenhum treinamento ou processo de coaching vai funcionar para a evolução desses líderes. Os líderes precisam, com auxílio de profissionais (ou não), refletir sobre quais são os modelos mentais que sustentam seus comportamentos indesejados e decidir se desejam acreditar em algo diferente. As perguntas "Por que eu ajo dessa forma?" ou "No que acredito para agir assim?" são excelentes para começar esse processo de investigação e de busca de autoconhecimento.

Nos treinamentos que ministramos, a tônica principal é fazer com que os próprios participantes construam esses novos modelos mentais e identifiquem aqueles que vão ser descartados. Para facilitar o aprendizado, reunimos os modelos mentais que usualmente ajudam e aqueles que, em geral, atrapalham a caminhada dos líderes coaches.

Observe, a seguir, alguns desses modelos.

Modelos mentais limitantes

- Liderança é uma característica inata.
- Quando preciso que uma tarefa saia perfeita, prefiro executá-la pessoalmente.
- É mais rápido fazer do que ensinar.
- Se eu der feedbacks negativos as pessoas ficarão chateadas comigo.
- Não tenho tempo nem orçamento para parar minha equipe e definir missão, visão e valores comuns.
- A função mais importante de um líder é atingir resultados, não importa como.

Modelos mentais eficazes

- Desenvolver pessoas é a melhor forma de atingir resultados extraordinários.
- Conhecer muito bem a equipe é fundamental para ajudar a formar profissionais competentes.
- Tenho de trabalhar todos os dias para me tornar cada vez menos necessário.
- Dar feedbacks é a forma mais rápida e eficaz de desenvolver pessoas.
- Todos podem ser líderes, se assim o desejarem.
- Desenvolver pessoas não é uma escolha para um líder. É, sim, uma responsabilidade inquestionável.

> Liderar é influenciar as pessoas a, entusiasticamente, contribuir com seus corações, mentes, criatividade, excelência e outros recursos rumo aos objetivos comuns. É influenciar pessoas a se comprometer com a missão e, principalmente, é influenciar as pessoas a serem as melhores pessoas que elas podem ser.
>
> James C. Hunter

9.2.2 Construção de uma parceria sólida, baseada em uma relação de confiança

Sem conquistar a confiança do seu liderado, nenhuma outra etapa funcionará totalmente. Vejo muitos líderes nas empresas hoje que ainda subestimam esse passo; já conheci líderes que, simplesmente, não conversavam individualmente com seus liderados diretos por meses. Só há diálogo quando constatam algum problema. A mensagem que esse tipo de comportamento transmite é a de que as pessoas não são importantes. Outro exemplo que presenciei foi o de pessoas que precisam de duas semanas para falar com seus líderes, pois eles nunca estão disponíveis. Parece incrível, mas é verdade.

Assim que um líder coach assume a liderança direta de qualquer colaborador, é fundamental que se tenha uma conversa inicial, na qual é preciso deixar claro ao liderado o quanto seu desenvolvimento é importante para o coach e para a empresa. O líder coach tem de se colocar à disposição do liderado e, depois disso, demonstrar diariamente o quanto o desenvolvimento dele é fundamental para todos. Se não sobrar tempo para desenvolver ou formar alguém da equipe, fica evidente para o liderado que ele não é prioridade e, como resultado, a relação de confiança morre ou nem se estabelece.

Outro ponto importante nesse momento de construção da parceria é a definição de alguns acordos de convivência e de como vai funcionar a relação *líder-liderado*. Quem é responsável pelo quê? O que é fundamental para cada um na relação? Como e quando serão dados os feedbacks? De que forma os resultados serão cobrados? Tudo isso precisa ser discutido no início e não apenas em momentos de crise, evitando, desse modo, ruídos na comunicação e desgastes no relacionamento.

Para que essa relação de confiança possa perdurar, existe um único segredo: o líder precisa querer ajudar seu liderado a crescer. Isso tem de vir do coração. Se esse sentimento não for verdadeiro, nenhuma técnica vai funcionar. Todo o passo a passo descrito ao longo deste capítulo visa estabelecer essa confiança e, para maximizar o processo, existem quatro competências fundamentais:

- Credibilidade — Eu cumpro o que prometo, faço o que digo.
- Coerência — Eu digo as coisas que penso e não aquilo que a outra parte gostaria de ouvir.
- Receptividade/ aceitação — Eu aceito que os outros sejam diferentes de mim, seja no que diz respeito às ações, sentimentos, valores ou necessidades. Procuro não julgar o próximo.
- Clareza/sinceridade — Eu divido o que tenho com as outras pessoas, não sou de "esconder o jogo", seja em relação aos sentimentos, fatos, conhecimentos, informações não confidenciais etc.

9.2.3 Conhecendo seu liderado

Esse passo parte da premissa de que quanto mais o líder conhece e compreende o seu liderado e as forças que o movem, mais eficaz será sua liderança. O líder precisa saber qual o perfil do liderado, seus objetivos, o que o motiva, o que o desmotiva e a que técnicas e abordagens ele responde e/ou repudia. Cada pessoa tem uma personalidade, portanto, suas respostas a determinadas abordagens são diferentes, dessa forma, somente conhecendo muito bem cada liderado é que o líder coach poderá definir uma forma de liderança e a melhor maneira de colocá-la em prática. Para cumprir com eficácia esse passo, é fundamental estar a par de algumas teorias sobre perfis comportamentais. Pela simplicidade e eficácia de execução, minha ferramenta preferida para esse propósito é a PPA, que tem como base a metodologia Disc. Vamos conhecê-la melhor.

No início do século XX, o psicólogo William Marston constatou que todos os estudos da mente realizados estavam voltados para o conhecimento da mente doente. Diante dessa observação, ele decidiu estudar a mente de pessoas ditas saudáveis e lançou, em 1928, o livro Emotions of normal people (As emoções das pessoas normais). Ele dividiu as pessoas consideradas "normais" pelos critérios da época em quatro perfis básicos de comportamento, a saber: dominância, influência, estabilidade e conformidade.

Todos nós somos resultado da mescla desses quatro perfis, formando infinitas combinações. Entretanto, a maioria das pessoas tem um ou dois perfis predominantes. Identificar o perfil Disc das pessoas que o cercam, aumenta a percepção do líder sobre como funcionam seus liderados.

Cada um dos perfis tem características, valores e elementos motivadores distintos. Vamos entender um pouco melhor esses perfis para saber como utilizá-los, começando pela dominância. Para efeito de simplificação, chamaremos as pessoas com alta dominância de *alto D*. Pessoas com alto D são pessoas profundamente focadas em resultados, são ágeis, desafiam a si mesmas e aos outros constantemente, são impacientes e impulsivas. Buscam iniciar diversas atividades concomitantemente e desfrutar da autonomia para realizá-las.

Já as pessoas com *alto I* (alta influência) têm características bem diferentes. São alegres e otimistas, estão constantemente construindo relacionamentos, fazendo amigos e desenvolvendo seu *networking*. Além disso, são comunicativas e persuasivas, estão sempre no centro de grupos, mobilizando e influenciando os demais, com sua informalidade e descontração.

Pessoas com *alto S* (alta estabilidade) são aquelas que valorizam a segurança. São calmas, pacientes e fazem seu trabalho com qualidade e consistência, sem deixar nada por fazer. Não gostam de mudanças súbitas ou radicais e costumam trabalhar por anos na mesma área e/ou na mesma empresa. Amizade e fidelidade são fundamentais para elas.

Por fim, as pessoas com *alto C* (alta conformidade) são aquelas que trabalham em conformidade com as regras e procedimentos. São detalhistas, disciplinadas e perfeccionistas. Gostam do chamado "preto no branco" e lidam bem com trabalhos especializados que exigem cálculos mais sofisticados e/ou estudos aprofundados. Utilizam sua lógica e precisão para análise de problemas e processos.

Um erro comumente cometido pelos líderes nas empresas é o de tentar motivar as pessoas de acordo com seu próprio perfil. Um líder alto D, por exemplo, é movido a desafios, então, para motivar sua equipe dá a cada um dos seus liderados grandes desafios. Quando eles estão desmotivados, ele os desafia novamente. Esse líder depois classifica aqueles que reagem bem a desafios como competentes e automotivados. E rotula o restante como incompetentes e preguiçosos.

Não cometa esse erro!

Cada pessoa na sua equipe precisa de um tipo de líder diferente para se sentir motivada. E você precisa "ser" todos esses líderes. Para fazer isso, é fundamental conhecer os seus liderados, seus perfis comportamentais e também saber o que fazer e o que não fazer em relação a cada um deles. Líderes coaches precisam identificar diferentes perfis e qual a maneira mais adequada de obter os melhores resultados trabalhando com eles.

Aprender a lidar com os diferentes perfis aumenta a efetividade da liderança de maneira exponencial. Conhecer cada perfil faz também com que você mude a maneira como percebe alguns liderados e suas atitudes. Por exemplo, aquele que você achava que era preguiçoso, pode, depois de bem liderado e corretamente abordado, passar a agir e ser visto como um grande profissional. Basta saber como motivá-lo.

9.2.4 Construção de um plano de desenvolvimento

Líder e liderado devem construir, juntos, o plano de desenvolvimento e acompanhá-lo constantemente. Primeiro, esse plano precisa conter uma avaliação detalhada do liderado, que será utilizada como ponto de partida para definir os objetivos de desenvolvimento. Seja qual for a ferramenta adotada é fundamental que o líder responda às questões: quais pontos fortes do liderado precisam ser alavancados ao máximo? Quais pontos fracos precisam ser trabalhados e melhorados?

Para facilitar a implementação dessa técnica de forma estruturada, sugiro que ela se paute sempre em quatro passos — baseados no Modelo de Coaching em 4 passos, apresentado no Erickson Colleg, no Canadá.

Modelo de coaching em quatro passos

1. O que você quer?
   - Qual é o seu objetivo de desenvolvimento?
   - O que você vai ganhar com isso (valores)?
2. Como você pode conseguir isso?
   - O que você precisa fazer para chegar lá?
   - Quais as alternativas de ação?
   - Qual o primeiro passo que você pode dar agora para alcançá-lo?
3. O que pode impedi-lo?
   - Quais os possíveis obstáculos?
   - Para cada obstáculo, quais são suas alternativas?
4. Como você vai saber que conseguiu?
   - Se você já tivesse alcançado, como seria?
   - De que forma você poderá medir objetivamente sua evolução?

Se o seu liderado passar pelas quatro etapas de forma satisfatória, a meta estará traçada e o seu papel de líder coach muito bem encaminhado.

9.2.5 Construção de missão, visão e valores da área do liderado

Caso o liderado seja responsável por uma área, esse é mais um passo importantíssimo e constantemente ignorado. Muitos líderes entendem que basta ter missão, visão e valores corporativos para que os liderados possam atingir os resultados desejados. Raros são os líderes que ajudam seus liderados e incentivam a construção de missão, visão e valores de todas as áreas da empresa.

Cada área tem um propósito diferente para a companhia e, com certeza, missões e necessidades distintas. Os parâmetros de sucesso da área também precisam estar claros nessa fase. Na Crescimentum, consultoria criada com o objetivo de ajudar as empresas a formar e desenvolver líderes coaches, essa construção é feita anualmente, e cada área, por menor que seja, constrói sua missão, visão e parâmetros de sucesso. A visão da empresa é a soma dessas partes. Se os seus liderados não souberem aonde devem e querem chegar, fica muito difícil seguir adiante.

9.2.6 Delegar e promover o *empowerment*

Depois de construir uma relação de confiança, conhecer bem seus liderados e esclarecer os objetivos e acordos, chega a hora de começar a delegar tarefas e de promover o *empowerment*, ou seja, empoderar seus liderados, o que nada mais é do que delegar poderes de decisão, autonomia e participação aos funcionários, para que eles participem mais ativamente na administração da empresa como um todo. Apesar de ser processualmente simples, este passo costuma ser de difícil execução por envolver modelos mentais limitantes dos líderes. Mas, se o líder tiver consciência da importância desta missão e da força motivacional do ato de delegar, vai encontrar o caminho para o sucesso.

As vantagens de delegar tarefas são incontáveis. Entre elas, podemos citar:

- permite que o líder tenha mais tempo disponível para reflexão, planejamento, coordenação, avaliação e criatividade;
- reduz a pressão de tarefas rotineiras, que passam a exigir menos a intervenção direta do líder;
- forma profissionais para agirem por conta própria em emergências ou quando o líder não está presente;

- estimula as pessoas a assumir mais responsabilidades;
- possibilita a descoberta de novas capacidades entre os liderados;
- maximiza os resultados.

Os dois grandes segredos desta etapa são: delegar as tarefas certas para as pessoas certas e acompanhar o processo de acordo com a evolução de cada liderado.

Tenho utilizado e comprovado a eficiência de um modelo desenvolvido por pesquisadores da Kellogg School of Management, nos Estados Unidos, no qual se considera dois critérios para tomar a decisão em relação à execução ou delegação de uma tarefa/projeto/decisão. O primeiro é a análise do risco. Quanto maior o risco para o negócio, maior o cuidado que o líder tem de tomar ao delegar tarefas e, também, maior deve ser sua participação no processo, tanto na execução quanto no acompanhamento. Quanto menor o risco envolvido, mais liberdade o líder tem para delegar, não somente tarefas, mas também poder de decisão ao liderado. O segundo critério diz respeito a quanto o liderado em questão está treinado para executar a tarefa e para tomar decisões relacionadas a ela. Quanto mais bem treinado (capacitado/preparado) estiver o liderado, mais o líder pode delegar a ele e promover seu *empowerment* (ou, o "empoderamento", termo que já tem se cristalizado como tradução mais utilizada em português para *empowerment*).

Compreendido o modelo, vamos a um passo a passo que facilita sua execução, a saber:

- faça uma lista das funções que se repetem sempre no seu trabalho;
- decida quais de suas tarefas podem ser transferidas para seus liderados;
- verifique, entre seus liderados, quem tem disposição suficiente e condições mínimas para assumir tais tarefas;
- defina como vai ser transmitida/transferida essa tarefa, pautando-se na análise de risco e preparação;
- converse com o liderado, a quem as tarefas serão delegadas, a fim de avaliar se ele se mostra motivado para realizar as atividades, se está empolgado com o desafio e, claro, para se certificar de que ele aceita a missão;
- informe ao grupo as novas atribuições do liderado — imediatamente após ter concluído o passo anterior com sucesso — definindo, perante todos, o grau de autoridade que lhe foi concedido, não deixando margem para dúvida e evitando questionamentos da equipe;
- certifique-se de dar ao liderado todas as condições para que ele, de fato, seja bem-sucedido.

O mais importante de tudo para que o processo funcione é que o líder tenha claro que seu objetivo é delegar total poder e autoridade a sua equipe, tornando-se cada dia menos necessário. Sempre lembro aos líderes que ser desnecessário é completamente diferente de ser inútil. Quanto menos necessário o líder for para a execução de tarefas operacionais e estratégicas, mais ele pode focar na sua função mais importante: inspirar e formar pessoas.

9.2.7 Feedback

Agora que o líder já "empoderou" sua equipe — ou delegou total poder e autoridade a ela — ele tem tempo para exercer sua função mais importante e, infelizmente, menos praticada: o feedback. É função essencial e indelegável dos líderes dizer aos seus liderados de forma constante onde estão indo bem e onde precisam melhorar. O grande problema que vejo em quase todas as organizações é: isso simplesmente não acontece.

Pessoas são demitidas, depois de anos na empresa, sem saberem o porquê, sem terem recebido nenhum feedback. Profissionais passam anos sem receber nenhuma dica de como melhorar seu desempenho e são promovidos sem saberem ao certo o que fizeram corretamente.

Para entender melhor o problema, resolvi entrevistar líderes e executivos que não dão feedback às suas equipes. Descobri que as pessoas não dão feedback pelos seguintes motivos:

- temem as reações dos seus liderados;
- não querem desmotivá-los;
- nossa cultura percebe o feedback como crítica;
- acham que podem comprometer a amizade, as relações sociais, a competência e o *status*.

Analisando com cuidado essas respostas, percebi uma situação curiosa. Todas as respostas se concentram nas reações de quem recebe o feedback. Ou seja, os líderes não dão feedback porque suas equipes não estão preparadas para recebê-lo. Diante dessa conclusão entendi que temos que separar didaticamente duas situações distintas quando falamos sobre feedback. Primeiro temos de entender como receber e depois poderemos desenvolver a capacidade de dar o feedback.

Vamos começar pelo recebimento de feedbacks. Gosto muito de comparar o feedback a um presente. Afinal, ele é um presente maravilhoso para qualquer profissional que queira crescer. O feedback permite a esse profissional saber exatamente como ele está impactando o ambiente e as pessoas à sua volta. Onde está indo bem e onde precisa melhorar. Não tem presente melhor do que esse.

Quando você recebe um presente no seu aniversário e não gosta muito, como você reage? É claro que qualquer pessoa que quer receber mais presentes simplesmente sorri e agradece. Assim, passa a receber cada vez mais presentes, não somente dessa pessoa, mas também das outras que presenciaram sua alegria no recebimento do presente. Por isso, sempre sugiro a todos os executivos que sejam profundamente egoístas ao receber um feedback, pensando apenas em como crescer e como receber cada vez mais presentes.

Esse comportamento egoísta tem várias consequências positivas: se o profissional está focado somente em crescer, ele para de se preocupar com a forma de o outro dar o feedback, com a intenção dele e passa a se preocupar somente com o que precisa mudar para evoluir.

Para que possa ter esse comportamento, qualquer profissional precisa ter consciência de que todas as percepções de todas as pessoas são importantes. Se alguém teve uma percepção a seu respeito, outras podem ter tido a mesma percepção e nunca falaram nada. Além disso, o seu impacto como líder da equipe depende basicamente da percepção de todos com relação a você. Se acham que você está desmotivado, não importa se é verdade ou não, vão reagir a um líder desmotivado.

Não tenho dúvida de que o caminho para criar uma cultura de feedback num grupo, equipe ou empresa começa exatamente por aqui. O primeiro exemplo deve ser o recebimento de feedback com egoísmo e busca de crescimento. Isso não significa que cada líder precisa esperar uma mudança na empresa inteira para começar. É exatamente o contrário. Cada líder deve começar a mudar essa cultura dando o exemplo. A maioria dos líderes que conheço faz o contrário, reclama de que suas equipes não sabem receber feedbacks, mas tem exatamente a mesma reação de revolta ao receber feedback de seus superiores. Não funciona. O que realmente funciona é dar o exemplo. Receber o feedback do seu líder e compartilhar com a equipe seu desafio de desenvolvimento, pedindo ajuda. O resultado é extraordinário.

A partir do momento que o líder aprende a receber feedback, podemos caminhar para a etapa seguinte e pensar em como dar feedback. Para falar sobre a melhor forma de dar feedback temos que começar por criar um ambiente que permita essa cultura. Muitos líderes não conseguem criar um relacionamento com seus liderados que torne o feedback um processo natural. Como fazer isso?

É o que veremos nos passos a seguir. É preciso:

1) Reconhecer que o feedback é um processo contínuo.

Aqui temos um ponto fundamental: o objetivo do feedback. Em muitas empresas existe uma mistura para lá de perigosa: o feedback é embutido no processo de avaliação de *performance*. Isso faz com que ele deixe de ser um processo de crescimento e passe a ser um processo de julgamento. A pior consequência disso é o bloqueio que ocorre no momento de receber o feedback.

Para entender isso, basta que nos coloquemos no lugar da pessoa avaliada. Ela vai receber um feedback com nota. Essa nota vai ser usada como parâmetro para futuras promoções, aumentos, benefícios etc. Qualquer um nessa posição vai se preocupar muito mais com a nota recebida do que com o feedback e seus porquês. Logo, o plano de desenvolvimento fica em segundo plano. Por isso, sugiro que os dois processos sejam completamente independentes e separados. O feedback deve ser dado de forma constante, tanto formal quanto informalmente. Já a avaliação de *performance* pode ocorrer semestral ou anualmente. Se o feedback for dado de forma constante e bem explicada durante todo o ano, a avaliação não precisa nem de justificativa. O avaliado já saberá o porquê recebeu nota acima ou abaixo do esperado.

2) Aprender a dar feedback de forma habilidosa, sem conotações emocionais intensas.

Muitas empresas focam somente na forma de dar feedbacks, esquecendo que o melhor feedback não vai ter nenhum efeito se não houver um clima de confiança e uma parceria para o desenvolvimento. Com isso em mente, agora vamos fazer algumas recomendações fundamentais para um feedback bem-sucedido.

O feedback precisa ser, antes de tudo, descritivo em vez de avaliativo, ou seja: sem julgamentos. Deve sempre especificar comportamentos e ações de forma objetiva, sem generalizações. A técnica que utilizamos, vinda do *Center for Creative Leadership* (Centro de Liderança Criativa), nos Estados Unidos, e consideramos o modelo ideal, chama-se SCI. Nela, S significa situação, C comportamento e I é o impacto.

Veja no exemplo a seguir.

Situação	Comportamento	Impacto	Impacto na equipe
Na reunião de hoje pela manhã...	... você atendeu seu celular quatro vezes em voz alta.	A reunião foi interrompida e perdemos o foco.	Nossa equipe pode pensar que você está dando pouco importância ao assunto discutido.

Na situação descrita no quadro devemos destacar, com clareza, o momento no qual o comportamento aconteceu. E é evidente que quanto mais próximo o feedback for do evento, mais eficaz ele se torna.

No item comportamento, relatamos as ações específicas, observáveis, sem fazer julgamentos ou generalizar seus motivos ou traços de personalidade. É importante descrever evidências visíveis, ou seja, comportamentos acessíveis à observação de qualquer pessoa presente, como no exemplo: "Você atendeu seu celular quatro vezes em voz alta". Isso permite à pessoa que recebe o feedback saber exatamente o que está fazendo de certo ou de errado.

Com o comportamento específico esclarecido fica faltando o impacto. No impacto você pode colocar seus sentimentos e outras possíveis consequências daquele comportamento para você, sua equipe, para a carreira do liderado ou para qualquer outro público que possa vir ao caso.

O modelo SCI, quando bem aplicado, reduz a resistência e aumenta muito a eficácia dos feedbacks. Minha experiência nesse sentido só faz reforçar e reiterar sua importância e assertividade.

Agora que você já conhece o modelo, vem a clássica pergunta: o que é melhor, feedback formal ou feedback de corredor? Resposta: os dois são fundamentais e um não substitui o outro. Você vai ter de avaliar as diferentes situações e descobrir qual a melhor opção para a situação em questão. Caso opte pelo feedback formal, não deixe de seguir o guia prático do quadro acima, que simplifica bastante o processo. Mas, lembre-se sempre da regra mais importante: o feedback eficaz é aquele que vem do fundo do seu coração e tem como única intenção ajudar o seu liderado a crescer. Isso é mais importante do que qualquer forma ou modelo.

9.2.8 Acompanhamento

A última fase consiste em acompanhar de perto e reconstruir todas as fases anteriores de forma constante. Não adianta fazer nenhuma das etapas anteriores e depois abandonar o processo. Não vai funcionar.

9.3 Conclusão

Seguindo os passos mencionados nos tópicos anteriores, praticamente concluímos o processo de construção e formação do líder coach, tão importante para o sucesso das empresas e dos profissionais que com elas colaboram.

Pareceu difícil para você?

Experimente não cumprir essas etapas e verá que é muito mais complicado. Muito mais importante do que ser fácil ou difícil é pensar sobre os impactos dessa liderança e se ela é congruente com o mundo que você quer construir e com o profissional que deseja ser. É fundamental também ter em mente que todos os dias colaboramos para a nossa própria "construção e formação" como seres humanos e profissionais. Por isso, continuamente me faço as mesmas perguntas:

Hoje fui um exemplo de líder para minha equipe?

Fui um exemplo de ser humano para minha esposa e filha?

Ajudei a fazer do mundo um lugar melhor para se viver?

E as respostas que obtenho ajudam a ajustar meu percurso e a definir os caminhos por que devo seguir.

> Eu não ensino e não mando.
> Ensinando sai cópia.
> Mandando sai escravo.
> Eu transmito meu espírito.
>
> Mestre Kan-Ichi Sato, Mestre Zen de Natação Eido

Referências bibliográficas

GEORGE, B. *Autenticidade – O segredo do bom líder*. São Paulo: Saraiva, 2012.

_____. *O líder autêntico*. Rio de Janeiro: Campus, 2009.

MARSTON, W. M. *Emotions of normal people*. New York: Routledge, 1999.

O'CONNOR, J. *Coaching con PNL*. Barcelona: Ediciones Urano, 2005.

SENGE, P. *A quinta disciplina*. Rio de Janeiro: Best Seller, 2009.

Arthur Diniz

É sócio-diretor da Crescimentum. Autor do livro *Líder do futuro — A transformação em líder coach*. Formado em economia pela PUC-RJ, MBA pela Columbia Business School, em Nova York, e certificado em "Liderança em equipes de Alta Performance" pelo Center for Creative Leadership. Foi alto executivo de empresas como Deutsche Bank e Santander. Certificado em "Managing Energy", Executive Course pelo Human Performance Institute, na Flórida. Fez o curso Leadership Foundations com Peter Senge no Society for Organizational Learning e especializou-se em liderança na Kellogg School of Management, nos Estados Unidos.

Tel.: +55 11 5056-9500
E-mail: adiniz@crescimentum.com.br

capítulo 10

T&D para a comunicação e o feedback

Bernardo Leite Moreira

10.1 Objetivos

Inicialmente vamos posicionar a importância do tema para as organizações em geral e suas influências em todo o contexto de treinamento e desenvolvimento do negócio e das pessoas nas organizações. Finalmente discutiremos as formas de melhor atuar para o desenvolvimento dessas competências essenciais, reforçando a visão horizontal dos processos de negócios, as mudanças da ação de T&D e a pertinência da comunicação como ferramenta de todo esse processo.

10.2 O posicionamento da comunicação na organização

10.2.1 A comunicação com a atividade de Treinamento e Desenvolvimento (T&D)

Vamos iniciar com uma análise entre as atividades de Treinamento e Desenvolvimento (T&D) e as ações de comunicaçao e feedback.

Na realidade estamos diante de uma equação muito interessante que, sem exagero, responde por grande parte das competências de gestão e do próprio desenvolvimento dos negócios em geral.

A própria relação entre as atividades de T&D e as ações de comunicação e feedback também se convertem em uma relação de sinergia e efetividade para os resultados. Isso porque podemos definir os objetivos de treinamento como uma contribuição à organização, no sentido de tornar seus recursos humanos competentes para alcançar os resultados desejados para os resultados de mercado (tanto no sentido de capacidade como de atendimento às competência essenciais definidos pela estratégia para o resultado).

Dessa forma ressaltamos que a função de T&D não é treinar, apenas, mas melhorar os resultados do negócio. Simples assim. Afinal, se busco desenvolver as pessoas e suas relações caminho, seguramente, para esse objetivo.

Como: realizando cursos, leituras, reuniões, viagens e com a utilização cada vez maior das tecnologias que permitam a troca de informações e a disseminação de conhecimentos e integração entre as pessoas, áreas e objetivos na organização. Mas, principalmente, estando atento ao direcionamento estratégico da organização, antecipando-se às necessidades (não consigo formar pessoas no curto prazo) e assessorando a gestão (em todos os níveis) na tarefa do desenvolvimento e seu monitoramento.

Essa é uma das principais razões de por que a área de T&D deve medir as consequências de suas ações para o aumento dos resultados e não apenas as suas ações. A equação *homens/horas/treinamento* mede apenas o quanto trabalhei, não se cheguei a algum resultado. Indicadores são fundamentais, mas precisam medir as consequências das ações e não apenas as ações. Devemos fazer a gestão dos resultados. Não temos que medir os nossos esforços, mas sim as consequências dos nossos esforços. O que mudou com a ação que realizamos? Mesmo as ações comportamentais só apareceram por um sintoma identificado. Se tiver essa informação, posso verificar se houve remissão do sintoma. Afinal não é esse o resultado esperado?

Da mesma forma o resultado global do negócio pode ser considerado o indicador ideal da ação de T&D. Particularmente gosto muito do indicador de faturamento *per capita*. Lógico que específico para cada segmento de negócio. Mas indicadores são comunicação. E nesse ponto podemos e devemos trabalhar com o conceito de "Gestão à Vista", para que todos acompanhem os resultados.

10.2.2 A comunicação e o negócio

E aqui temos a comunicação como protagonista no processo global. Não há nada na organização que possa ocorrer sem a presença da comunicação.

Discorro, ao final deste capítulo, um pouco sobre a teoria da conexão, que se fundamenta no princípio da alteridade, que é a convicção de que todo ser social interage e é interdependente de maneira tal que só existe na relação com o outro. São várias correntes e autores que reforçam esse princípio. E, sempre com base no conceito de alteridade, vamos detalhar um pouco como podemos entender a inter-relação da comunicação na organização:

- Identificamos várias vezes este depoimento: "Fico sem informação sobre a identificação das minhas responsabilidades e limites de função na organização". A porcentagem de profissionais que não têm essa informação é incrivelmente alta. Aliás, exageradamente alta e disfuncional.
- Na atuação da liderança identificamos outro pilar da comunicação. Costumo afirmar, explorando o fato, que comunicar é praticamente a própria função do gestor. Comunicar para informar, para cobrar, para orientar, por telefone, e-mail, pessoalmente etc., isto é, não há gestão sem a comunicação.
- Na relação com outras áreas. Não sei de onde vem a convicção de que cada um deve se preocupar apenas com sua própria atividade. Não há nada mais alienado da realidade funcional. Não trabalhamos para nós. Trabalhamos para os outros. Costumo afirmar que "não temos resultados". Isso quer dizer que toda a nossa atividade é realizada para ser utilizada por alguém, fora ou dentro da empresa. Isto é, não temos resultados. O resultado do nosso trabalho é utilizado por outra área, ou pelo mercado. Por exemplo, pergunte a um bom cozinheiro quando ele considera que o seu prato especial está pronto. Ou seja, quando chegou ao resultado? E verá que não é quando termina de elaborar o prato, mas quando ele é provado pelos outros e considerado um "manjar dos deuses"! Isto é, nosso resultado sempre terá que ser aproveitado por alguém. Analise bem. É exatamente assim em qualquer área dentro da organização. Trabalhamos para alguém. Sempre.
- Na administração estratégica, isto é, na gestão das conclusões do planejamento estratégico a comunicação é fundamental. As definições estratégicas devem ser comunicadas a todas as esferas da organização, evidentemente dentro da organização hierárquica, isto é, informações adequadas para cada nível da organização. No entanto, quantas organizações fazem um exaustivo trabalho de definição do Planejamento Estratégico para mantê-lo dentro de gavetas (ou melhor, em algum diretório)? Afinal, são dados confidenciais. Então para que ter o planejamento estratégico? No nosso trabalho já experimentei situações em que notícias estratégicas para o negócio e para a própria comunidade organizacional são conseguidas no mercado. Lamentável.

Como podem perceber, a comunicação tem um papel especial para o resultado dos negócios e também interfere diretamente na questão do "relacionamento interpessoal".

Mas quero ressaltar que é importante perceber que, além da adequação da comunicação vertical (chefe-subordinado), devemos valorizar, ainda mais, a adequação da comunicação horizontal na organização. Ela é, inclusive, a matéria-prima para que se possa gerir adequadamente as equipes e fornecer feedbacks que estejam absolutamente ligados à estratégia de negócios. Esse é, em última análise, o grande diferencial dos gestores (conhecer o "caminho das pedras" para o resultado).

10.2.3 A comunicação e o relacionamento interpessoal

Esta é uma área crítica da influência da comunicação: o relacionamento interpessoal. E acredito que não fique dúvida de que qualquer dos resultados descritos anteriormente só pode ser alcançado por meio do relacionamento interpessoal.

Não estou me referindo a uma questão de "política de boa vizinhança"! Enfatizo a aproximação profissional e a colaboração e cooperação para o bom resultado de todos. É preciso desmascarar a questão de que levo vantagem em não informar o outro. Afinal eu serei prejudicado ao final. Todo o processo ocorre em cadeia e o resultado é consequência desse processo.

Quanto à questão da liderança, faço com frequência o seguinte questionamento:

Por que devo desenvolver meu colaborador/equipe?

- Por que sou uma pessoa boa?
- Por que é minha função?
- Ou por que, simplesmente, sou egoísta? Sim, porque quero ter a melhor equipe. Gosto de mim e quero ter os melhores resultados.

Assim é a questão do relacionamento interpessoal profissional. Não preciso gostar das pessoas, mas preciso manter um relacionamento adequado porque: "o bom relacionamento interpessoal move montanhas"!

Preciso da cooperação, da atenção, do comprometimento das outras áreas da empresa para conseguir resultados.

Evidentemente que é bom manter um bom ambiente pessoal também. Aliás, é ótimo já que passamos a maior parte de nossa vida no ambiente de trabalho. Mas é necessário cuidado. A comunicação, quando malfeita, também é uma enorme influência como causadora de problemas de relacionamento. São várias as razões para isso, mas um ponto que gosto de destacar refere-se à questão da percepção. A realidade é espelho da percepção e cada um de nós desenvolve uma percepção própria da realidade. Isso acaba criando realidades diferentes do mesmo fato (sim, isto é perfeitamente possível!).

Ronald Laing (psiquiatra — famoso no estudo da percepção) tem uma frase que considero muito oportuna: "Você não é o que pensa ou pretende ser, mas o que os demais percebem ".

É exatamente isso. Percebemo-nos de determinada maneira, que pode ser completamente diferente de como os outros nos percebem. Essa situação gera um desencontro de expectativas e, por vezes (muitas vezes), mal-entendidos.

Como outra razão o próprio meio de comunicação é ardiloso. Palavras, tom de voz, dificuldade de ouvir e outros nos levam a mal-entendidos e... problemas.

Outra dificuldade clássica na comunicação é expressa pela afirmação a seguir:

> Falamos, em média, 125 palavras por minuto (não sei se a média é feminina ou masculina, mas não importa). E a velocidade do pensamento atinge 500 palavras no mesmo minuto.
> Perceberam que ficaram sobrando 375 palavras nesse minuto? E então pergunto:
> "O que costumamos pensar enquanto os outros estão falando?"

Pois é, comunicar é também ouvir. E ouvir é uma arte que, se bem praticada, se torna fator diferencial de sucesso. Esse é um dos pontos cruciais no treinamento de gestores nas empresas. As pessoas ficam sem tempo para ouvir adequadamente (como é que conseguem tomar boas decisões se adquirem só uma parte da informação?).

Para se praticar a comunicação, portanto, é fundamental saber se houve (e não apenas se se ouve) a comunicação, ou seja, é fundamental saber se consegui tornar inteligível a mensagem que pretendia fazer.

Não é, no entanto, apenas uma questão de semântica, isto é, se consegui entender o que foi escrito ou falado, mas é, antes de tudo, uma questão de interpretação, ou seja, como estou entendendo o que se está tentando se comunicar.

Por isso, não é também somente uma questão de se prestar atenção. É necessário escutar. Há uma diferença de definição entre ouvir e escutar. Segundo a maioria dos autores, ouvir significa o ato físico de receber os sinais sonoros da informação, enquanto escutar se refere à atenção ao que está sendo dito ou à interpretação focada.

Lógico que podem existir ineficiências em quem passa a informação (escreve com duplo sentido) ou dificuldades em quem transmite oralmente (confunde termos e raciocínio para explicar), mas precisamos entender comunicação como uma "rua de duas mãos".

O que pretendemos reforçar é que a comunicação não é uma questão técnica, puramente. É uma ação múltipla que passa pela correção dos dados da informação, pela relação interpessoal, pelo estado de espírito de quem emite e de quem recebe a mensagem e pela predisposição do receptor em "escutar" o que está sendo dito.

Vou repetir essa informação algumas vezes neste capítulo, mas a comunicação é fundamentalmente uma ação comportamental. Por isso enfatizo a situação com a frase: *No mínimo 100% das empresas têm problemas de comunicação. E não vai aqui nenhum exagero!*

E antes de iniciar os comentários sobre feedback, uma última observação sobre a comunicação. Costumo compará-la ao sistema circulatório no corpo humano. Da mesma forma que o sistema circulatório no corpo humano precisa levar sangue (portanto oxigênio) a todos os órgãos para que nenhum deles sofra um colapso (necrose), a comunicação precisa estar sendo distribuída a todos os órgãos da empresa, senão... Pois é, é sério!

10.3 Feedback e suas vocações

Tenho uma especial simpatia com o conceito de feedback. É a comunicação a serviço do desenvolvimento. É por isso e pela enorme importância do feedback na motivação que afirmo categoricamente: Feedback não é uma opção gerencial. É uma obrigação!

Até porque é, também, uma ferramenta de "auditoria" da comunicação.

É uma ferramenta de gestão de potencial impressionante e sua ausência causa um "desastre".

Primeiro vamos definir a comunicação. Ela é uma conjunção de "Ação" e "Comum" (*comunic-ação*), de forma que, analisando a etimologia da palavra, podemos entendê-la como: *Tornar Comum*, ou seja, tornar a mensagem comum (isto é, igual) para os dois, o emissor e o receptor da mensagem.

Isso entendido, pergunto: "A mensagem no quadro de aviso é comunicação?".

Bem, se quem a ler entender como eu queria que fosse entendido é porque houve comunicação, isto é, eu a tornei comum. Se não foi entendida como queria é porque não houve comunicação, isto é, não a tornei comum. Por isso é insuficiente dizer que a comunicação é fraca. Ela acontece ou não.

Para saber se a comunicação ocorreu, recorremos ao feedback.

Mas, para isso, vamos definir também o feedback.

Não vou usar a tradução para o português (retroalimentação) porque não levaria a nada. Vou usar o exemplo que sempre demonstro nos meus cursos.

É a forma como era utilizada pela Nasa. Na época a Nasa utilizava foguetes teleguiados. Não tinham tripulantes e eram comandados pela central da Nasa.

Durante o percurso o foguete, que seguia em direção à Lua, enviava um sinal de rádio para a Central da Nasa, que interpretava o sinal e devolvia, em feedback, outro sinal *reorientando o foguete* para que ele não errasse o alvo.

Essa situação aplica-se exemplarmente para a comunicação. Isso é do feedback na comunicação. Você recebe uma informação de como está o trabalho de seu funcionário ou equipe, analisa e devolve, em feedback, uma reorientação para que eles não errem o alvo.

E vejam, feedback não é só uma opinião. Não posso dizer apenas que gostei ou não gostei, mas preciso dizer por que não gostei. É uma reorientação!

10.3.1 Como trabalhar a competência feedback?

Bem, é inevitável iniciar este assunto comentando a péssima imagem que o feedback possui. Afinal o que pensamos quando alguém nos diz: "Preciso lhe dar um feedback"?

Sempre nos vem à mente: "O que fiz de errado?".

Enfim, feedback é um problema. Fizemos uma pesquisa com os mais de 1.500 gestores participantes dos nossos cursos de feedback e com nossos clientes para a implantação da avaliação de desempenho, e tivemos dois dados bem interessantes:

- 98% dos gestores realizam a avaliação de desempenho.
- 65% dão feedback ao subordinado.

Realmente a ação de feedback é evitada.

Um dos eventuais motivos é porque eu, gestor, ao dar o feedback, receio que também estarei me avaliando. É, não posso negar que isso é fato. Afinal é minha função, como gestor, orientar e acompanhar meus subordinados e isso me torna muito responsável pelos erros deles.

Então penso assim: "Se não der o feedback, posso me convencer de que o erro é só deles!". Afinal, eu nem sabia.

Que tal? Funciona?

Pois é, por esse e por outros motivos venho, há algum tempo, aprofundando meus conhecimentos sobre Freud e Jung para poder acompanhar o dia a dia dos negócios. Aliás, eles nunca estiveram tão atuais como hoje.

Mas voltando ao feedback e a suas dificuldades não podemos deixar de comentar sobre nossa origem e educação. Os latinos, de forma geral, têm dificuldades para serem muito objetivos nas observações. Temos receio de, com isso, perder a relação amigável que temos.

Algumas vezes achamos que nossos subordinados vão perceber, mais tarde. O problema é que pode ser tarde demais.

O que tento demonstrar é que a questão do feedback não se restringe a uma questão de metodologia de aplicação, mas de uma questão comportamental.

Podemos até ter um roteiro de aplicação, mas não basta.

Tenho enfatizado que o primeiro passo deve ser o da conscientização sobre o feedback. Por exemplo:

- Feedback é uma reorientação. Não podemos deixar de fazer esse acompanhamento.
- Como gestor sou obrigado a dar feedback como ação de gestão dos subordinados e equipes.
- Faço isso porque quero ter os melhores resultados. Afinal, gosto de mim.
- Deve ser uma ferramenta do dia a dia. Na pesquisa que realizamos, fizemos a seguinte pergunta: "Qual a maior dificuldade no feedback?". Tivemos incidência de 80% da resposta: "Quando o subordinado não concorda com a avaliação". Será que é por que ele (subordinado) não tinha conhecimento sobre o assunto? Afinal, quando o assunto é uma surpresa, temos dificuldade de entendê-la e nossa tendência é nos defender.

Essa é uma razão muito especial para a nossa convicção de que o feedback não pode ficar restrito à devolução dos resultados da avaliação de desempenho (que normalmente ocorre uma vez por ano).

- Outra ação que queremos enfatizar aqui são as reuniões de feedback. Vários gestores têm desenvolvido essa ação, que se fundamenta em:

  — Reuniões sistemáticas para avaliar o andamento do trabalho, ou de projetos, com participação de todos para conhecimento.

  — Comentários e feedbacks sobre as ações e orientações (e reorientações) gerais e específicas.

- Os gestores têm percebido que, no início, a participação é tímida, mas, no decorrer do processo, os participantes se tornam mais maduros e passam a participar mais. Alguns gestores disseram que, com o tempo, até receberam feedback dos seus funcionários sobre a sua gestão, contribuindo muito para sua melhoria.

10.3.2 A vocação do feedback para o desenvolvimento

Considero este ponto o "estado da arte" desta ferramenta. Primeiro, vamos analisar alguns pontos:

- Qual a nossa expectativa após uma prova?

  — A nota, evidentemente, isto é, o feedback.

  Isso quer dizer que "não temos desenvolvimento sem o feedback"!

  Esse fator é indiscutível. Precisamos saber como estamos indo, qual nosso desempenho, como estamos nos saindo em relação às metas. Só assim conseguimos monitorar nosso desenvolvimento (vejam mais uma vez a importância dos indicadores para monitorar o nosso alcance de resultados).

Isso se aplica a qualquer situação e tem importância superlativa na função de gestão. Afinal, qual a missão do gestor se não desenvolver suas equipes para os melhores resultados?

No entanto, sua correlação com a motivação é intrínseca, inerente.

Vejamos alguns exemplos:

- "Fiz um relatório, um bom trabalho, e entreguei. E agora, o meu esforço foi bem aplicado?"

  — Alguns depoimentos de pessoas que participaram dos cursos: "Aconteceu comigo. Estava saindo no final do expediente e meu chefe ligou pedindo que montasse o relatório X, porque ele tinha reunião com a diretoria na manhã seguinte. Fiquei até às 21 horas e deixei o relatório na mesa dele. No dia seguinte não tive nenhuma resposta. No outro dia também não. No terceiro dia liguei para o meu chefe e perguntei se o relatório estava bom. Ele me disse: 'Ah, desculpe, ainda não consegui ler'".

  — Isso quer dizer que ficamos sempre na expectativa de saber como foi nossa realização. Ficar sem resposta é muito complicado.

- Será que o e-mail foi recebido?

  — Já passaram por isso? Quando não recebemos resposta ficamos desconcertados. É difícil imaginar que os outros não nos dão importância.

  — Às vezes pensamos: "Acho que o Outlook dele está com problema". Essa é a nossa racionalização, isto é, nossa forma de manter nossa autoestima.

- Não fui chamado para a reunião. Será que estou "na marca do pênalti"?

  — Sem comentários.

- Por que todas as empresas pesquisam para saber como o mercado recebe os produtos/serviços?

  — Ora, porque não podemos jogar dinheiro fora. Precisamos saber se estamos atingindo os objetivos. Precisamos do feedback.

Em suma, o que queremos enfatizar é que: "Pior do que ser avaliado negativamente é não saber o que está acontecendo"! Até porque, quando não temos resposta, sempre criamos uma. E, normalmente, é sempre contaminada por circunstâncias desfavoráveis. Por exemplo, o que pode significar um telefonema às três horas da madrugada? Pode ser engano? Pode, mas não pensamos nisso em primeiro lugar.

Não podemos ficar sem feedback. A falta de feedback causa:

- Insegurança — pessoal e profissional.
- Quebra da autoestima — "Devo estar indo muito mal".
- Desmotivação — "Nada do que faço tem repercussão".
- Falta de perspectivas de crescimento — "Como crescer sem indicadores, orientação, apoio etc.?".

10.3.3 A continuidade com o *feedforward*

Afirmo sistematicamente que a avaliação de desempenho "começa quando termina", consignando que, quando terminamos de preencher o questionário de avaliação, estamos, apenas, iniciando o processo.

Após isso temos a fase do feedback, quando esclarecemos os pontos da avaliação e passamos a elaborar o plano de ação.

Podemos fazer uma correlação entre esses termos da língua inglesa como:

- *Flashback* — uma visão de fatos passados, algo como o preenchimento do questionário de avaliação de desempenho.
- *Feedback* — um posicionamento atual/*reorientação.*
- *Feedforward* — Uma visão de futuro. "Podemos mudar o futuro, não o passado!" Pensar o futuro é construir um caminho de soluções.

Por isso ressaltamos que pensar o futuro é uma forma extremamente efetiva de implantar e consolidar o conceito e a prática do desenvolvimento por meio do *feedforward*. Por exemplo:

- O futuro nos remete à identificação de potencialidades.
- Deixamos de pensar em "Você é assim" e começamos a pensar em "Você pode e deve ser assim".
- Começamos a olhar as potencialidades. Não podemos focar apenas nas dificuldades. É uma enorme perda de oportunidade. Percebam que é preciso muito mais esforço para melhorar uma área de incompetência do que evoluir de uma competência para a Excelência! (não podemos, nas ações da Avaliação de Desempenho, nos restringir apenas ao baixo desempenho/temos que otimizar os aspectos positivos — que todos têm).
- Podemos focar as soluções!

O *feedforward*, portanto, ocupa lugar determinante para o resultado da ação de avaliação, de feedback e de acompanhamento do desenvolvimento de nossas equipes.

Faz parte de um processo como, por exemplo, demonstramos na Figura 10.1, que tem a legenda de seus momentos:

Figura 10.1 Plano de ação de desenvolvimento em gestão de pessoas

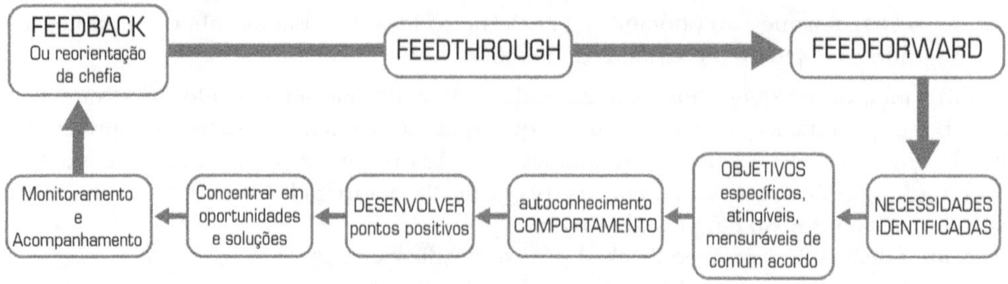

1. *Feedback* — Um posicionamento/ reorientação/ indicadores.
2. *Feedthrough* — Um condutor de ligação entre dois circuitos em lados opostos de uma placa de circuito impresso, que correlacionamos como a fase de troca de percepções, compromissos e cumplicidade.
3. *Feedforward* — É a visão de futuro/ análise das potencialidades/ definição do processo de monitoramento.

10.4 A estratégia da aplicação

10.4.1 Trabalhar a interdependência (a relação com os clientes internos)

A visão de processo nos reestabelece o real sentido dos negócios nas organizações. A cadeia de agregação de valor de Michael Porter (1990) nos remete aos desafios da atualidade. Um termo empregado sistematicamente nas organizações como sinônimo de resultados é: "entrega". Isso quer dizer que os profissionais precisam "entregar" mais resultados. Mas para quem entregamos resultados nas organizações? (As nossas chefias não são, normalmente, o alvo do nosso trabalho.) Evidentemente que entregamos para nossos clientes internos. Todos temos clientes, sejam internos ou externos. E eles dependem de nós (nós somos seus fornecedores) para dar prosseguimento ao processo de negócio.

É o somatório dessas entregas que gera o resultado final. Então, como temos contribuído para o resultado final da organização?

Não temos de nos perguntar o que devemos fazer, e sim o porquê de estarmos fazendo isso, para que isso vai servir, como vão utilizar a produção da nossa área e o que esperam das minhas ações.

Para isso, preciso pensar menos no que faço e mudar a questão para "Para que faço?".

Esse modelo nos convida a participar de uma "corrente" de atividades em que a qualidade final do processo é igual à qualidade do seu elo mais fraco. Então precisamos cuidar para que a corrente seja cada vez mais forte.

E se temos clientes internos é porque somos fornecedores internos. Mas também dependemos de outras áreas e estas são os nossos fornecedores. Então também somos clientes.

E, se pudermos seguir a lógica de mercado, poderemos melhorar os nossos resultados coletivos fazendo com que o meu cliente me informe quais são as suas maiores expectativas para que minha área possa atendê-lo melhor. E posso fazer o mesmo com meus fornecedores para que eles me atendam melhor. Em suma, a comunicação continua sendo o "motor" das soluções. Veja, a seguir, na Figura 10.2, um quadro que ilustra esse raciocínio:

Figura 10.2 Fluxo sistêmico da relação interna cliente x fornecedor

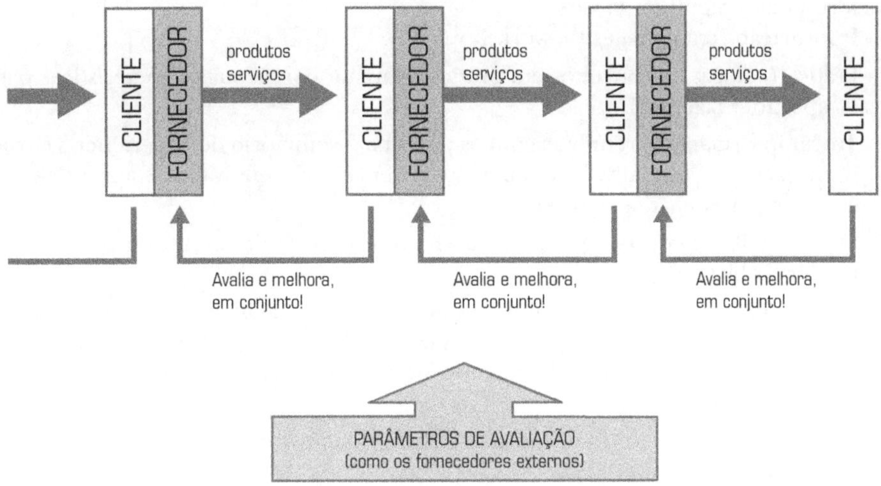

O somatório individual de resultados define a cadeia de agregação de valor e caminha para o resultado do próprio negócio.

E, o mais importante: o combustível que alimenta esse processo chama-se *comunicação*!

É essa a aplicação da comunicação que retorna o melhor resultado para a organização. Focada, objetiva, produtiva e eficaz.

A área de T&D deve focar, até prioritariamente, essa ação da comunicação.

10.4.2 "Todo treinamento começa quando termina!" — A prática

Utilizo sistematicamente essa frase que criei para explicitar a melhor estratégia para a aprendizagem. Estratégia que respeita os conceitos da Andragogia e reforça o elo entre os novos conceitos e as características pessoais de cada indivíduo.

Essa estratégia afirma: *"Só se aprende fazendo!"*.

Costumo dar o exemplo a seguir:

Quem me conhece sabe que sempre fui hiperativo (minha mãe sem dúvida mereceu o céu). Mas imagine uma criança no primário, portanto com 7 a 8 anos, dotada de uma energia latente fantástica (como são as crianças). Pois bem, no meu tempo ficávamos 4 horas em aula. Normalmente com uma professora severa que não deixava nenhum espaço para trocas ou brincadeiras, fazendo ditado. Já ouviram falar disso? Então, ao ouvir o sinal, saíamos correndo carregando as nossas malas. Eu ia correndo para casa, entrava e deixava minha mala no sofá e me dirigia para a rua (para brincar etc.). A minha mãe, na porta, dizia: *"Primeiro o dever, depois o prazer. Lição de casa!"*.

Incrível, isso é tortura! Como deixar uma criança tanto tempo parada e depois forçá-la a fazer "lição de casa"? Graças a Deus isso acabou!

Não, não acabou e, se algo tão ruim permanece no tempo, é porque há uma boa razão para isso. A razão é exatamente esta: "Só se aprende fazendo!".

Você pode participar de cursos, palestras, leituras, workshops etc., mas só depois que selecionar o que lhe interessa do que ouviu e adaptar às suas características pessoais é que realmente acontece a aprendizagem. Antes disso é só boa vontade. É a atitude da prática que estabelece o resultado final do processo de aprendizagem.

É isso que precisamos priorizar em nossos processos de desenvolvimento. E, sempre que possível, facilitando e fomentando uma troca constante de informações, pois essa situação finaliza o que chamo de "estado da arte" do processo de aprendizagem. O *golden learning*! Isso se caracteriza pelos seguintes passos:

1. Informação (curso, palestra, workshop etc.).
2. Prática (colocar os conceitos em prática adaptando-os às suas características pessoais — aprender fazendo).
3. Trocar informações (reunir-se com os pares para somatório de experiências e troca de informações — esta atividade tem sido extremamente efetiva, pois aprende-se muito com a experiência dos outros).
4. Obter feedback constantemente. Não há outra forma de monitorar o processo sem perder o objetivo.
5. Interatividade (propiciar ferramentas ou atividades que mantenham a interatividade entre as personagens desse processo. A consolidação da aprendizagem aumenta com o tempo e com a troca de informações. Mesmo os mais incrédulos costumam ser convertidos com esta estratégia).

Não se engane: trabalho é cada vez mais relacionamento, realização e troca de informações (ou seja, comunicação focada).

10.4.3 A influência da cultura organizacional

Prestem atenção: nenhuma atividade ou ação para o processo de desenvolvimento nas organizações, por melhor que tenha sido realizada, será bem-sucedida se não houver o comprometimento e apoio político da cultura organizacional.

E cultura organizacional não é uma pessoa ou um grupo de pessoas. A cultura extrapola a questão pessoal e passa a ser um sentimento indelével daquela comunidade. Normalmente não está escrita em nenhum manual e, muitas vezes, desconhecemos sua origem, mas tem força, muita força.

A cultura determina o comportamento organizacional. Não somos livres dentro de sistemas. Seguimos os costumes e a enorme pressão social da gestão. Salomon Asch, com seus experimentos sobre pressão social, descreve com propriedade essa força dentro dos grupos sociais. Se todos respondem de maneira errada uma pergunta óbvia, é previsto, com 80% de probabilidade, que você também vai respondê-la de forma errada, mesmo que saiba a resposta certa (segundo dados de várias pesquisas). A sensação é mais ou menos esta: "Caramba, tá todo mundo errado, mas é melhor acompanhar. Posso ser excluído do grupo".

A cultura organizacional tem tanta influência que determina como funciona a gestão. Por vezes pretendemos fazer mudanças na organização e procuramos mudar os gestores. Na realidade eles são consequência. Temos que alterar os conceitos, valores e critérios de comportamento estabelecidos pela cultura organizacional. Isso pode estar em algum manual, mas muito frequentemente não está. São costumes, condicionamentos, valores, "folclore".

Se na empresa a cultura não valoriza a autonomia e a preocupação com a liderança ativa, e enviarmos um gestor para fazer um curso de liderança em alguma instituição externa, é muito provável que, ao retornar, ele se perceberá completamente desafinado com o ambiente. Ele poderá optar em não levar em consideração nada do que viu no curso ou poderá começar a pensar em sair da empresa.

10.5 A teoria da conexão (e a cibercultura)

Concluo o capítulo com este tema porque ele é importante por sintetizar algumas afirmações feitas neste capítulo e para clarear a nova postura do desenvolvimento nas organizações e a própria educação como um todo.

Parece coisa de Internet, não é? Realmente é a primeira lembrança da expressão: "Estamos conectados". Mas é muitíssimo mais antiga que a Internet, que a informática ou outra ciência.

Conexão é uma palavra bem abrangente. Deriva do latim *connexio*, isto é, o estado de estar ligado, em contato, em união, aliança, e subentende uma relação lógica, com nexo, sentido, coerência com algo ou alguém!

Esse é o enfoque da teoria. Tudo está conectado e nós, seres humanos, também somos frutos da conexão, tanto do espermatozoide com o óvulo como, muito antes disso, dos micro-organismos por ocasião da formação do Universo. A matéria e a energia são conexões. Tudo são conexões. Desde o funcionamento do cérebro, com suas sinapses, as ciências em geral, a economia com o novo enfoque da neuroeconomia, as relações pessoais e a organização corporativa.

Conexão é a base de todos os resultados. E um dos componentes essenciais dessa formulação são as pessoas, sua comunicação e suas relações organizacionais.

Em primeiro lugar queremos enfatizar que o ótimo da unidade não garante o ótimo do resultado final do conjunto! É fator de sinergia ou da cadeia de agregação de valor.

Então o primeiro ponto a se destacar é que o resultado não está em nossas mãos, mas na mão de quem recebe a nossa agregação de valor (a entrega). Portanto não temos resultados, nossos clientes é que o têm. Clientes externos ou internos, dependemos deles para o resultado.

O segundo ponto nos remete à questão da tecnologia da comunicação. Hoje podemos nos comunicar com extrema facilidade. Por telefone, e-mail, celular, Skype, iMessage etc. Em suma, temos uma enorme facilidade para comunicar, mas nos afastamos das pessoas. Conectamo-nos apenas remotamente! Dessa forma, por vezes, nos escondemos atrás da tecnologia, gerando dificuldades excepcionais de compreensão. Evidente que essa situação acarreta, para os negócios e para o próprio relacionamento interpessoal (outro tipo importante de conexão), um ônus fantástico de custos desnecessários, de desagregação de valores e objetivos e, inevitavelmente, perdas em todos os sentidos.

Um terceiro ponto de destaque refere-se ao posicionamento das áreas dentro das empresas. Uma questão notória refere-se ao fato de que nenhuma área, sozinha, pode dar resultados. Tenho que vender, mas tenho que fabricar e tenho que entregar e tenho que controlar e etc. etc. etc.

E, por mais que isso pareça óbvio, a realidade das empresas não o reconhece. É impressionante o desconhecimento interno em relação às outras áreas do negócio. Algumas fundamentais para o nosso próprio resultado particular. Por vezes não sabemos o que aquele profissional do outro lado do corredor faz. Qual sua contribuição e importância?

Nesse ponto retomo aquele conto indiano dos seis sábios cegos que procuram identificar o elefante pelo tato. Cada um dos sábios identifica uma parte e o reconhece como tal. Para uns é um tronco (perna), para outro uma cobra (tromba), para outro uma parede e todos, sem exceção, têm razão. Mas somente o conjunto deles poderá reconhecer a verdadeira realidade.

Há mudanças significativas na tecnologia e no próprio ser humano que exigem novos posicionamentos e estratégias para o desenvolvimento. Isso envolve, inclusive, as universidades em geral. Mesmo as mais famosas e renomadas deverão sofrer fortes mudanças ou perderão seu posicionamento.

Aproveito para reforçar outro aspecto desse caminho: o "ciberespaço", da obra de Pierre Lévy (1998), que destaca o sinal dos novos tempos.

O ciberespaço é a transformação da relação nas comunidades (como é também a organização empresarial).

O ciberespaço é consequência dessa mutação que ocorre nas comunicações em geral, notadamente por conta da tecnologia de comunicação, provocando novos espaços de socialização, de inclusão, de trocas e de desenvolvimento do que Pierre Lévy chama de inteligência coletiva.

Na esteira da gestão do conhecimento, a inteligência coletiva prioriza a troca de informações, modificando o fluxo da pedagogia. O professor deixa de ser o fornecedor do conhecimento e assume o papel de incentivador da troca, da interação e, consequentemente, da ação em grupos pequenos. E, para isso, a interatividade será determinante.

A utilização dos recursos da tecnologia de comunicação via Internet, videoconferências, e-learning, tablets, smartphones e outros meios deverá se tornar o padrão por algum tempo.

As universidades deverão acompanhar. Grandes classes podem ser interessantes para o resultado financeiro do negócio, mas passarão a ser contraproducentes quanto aos resultados de aprendizagem e desenvolvimento (de certa forma já são!).

Mas temos um grande desafio em RH e na própria área de T&D: *não perder a relação humana.* Por mais que a tecnologia possa nos facilitar a relação e a troca (e para isso a tecnologia é imprescindível), não podemos perder a proximidade e contato. Temos que zelar pela relação pessoal, pela emoção, pela humanidade nas relações.

A área de T&D precisa aproximar-se cada vez mais dessa nova realidade para assumir o seu indispensável papel estratégico nos negócios.

Como mencionei no início deste capítulo, volto a afirmar: a área de T&D tem por missão viabilizar os resultados do negócio. Tem que mudar!

Referências bibliográficas

LÉVY, P. *A inteligência coletiva, por uma antropologia do ciberespaço*. São Paulo: Loyola, 1998.

PORTER, M. *Vantagem competitiva*. Rio de Janeiro: Campus, 1990.

Bernardo Leite Moreira

Psicólogo, pós-graduado em Administração de Empresas. Especialista em Comportamento Organizacional. Palestrante e Consultor Organizacional. Autor dos livros *Ciclo de Vida das Empresas* (1999) e *Dicas de feedback* (2011).

E-mail: assessoria@bernardoleite.com.br
Sites: www.bernardoleite.com.br/www.empreendermelhor.com.br
www.relacionamentointerpessoal.com.br

capítulo 11

Os desafios de T&D nas equipes virtuais

Guilherme Faber Boog

11.1 Objetivos

Este capítulo analisa as principais características do desenvolvimento de um trabalho em uma equipe virtual, em comparação a uma equipe tradicional, por meio de pesquisas em literatura especializada, diferentes empresas e artigos. Assim, com base nas diferenças observadas, técnicas sobre a condução de projetos em equipes virtuais são sugeridas, visando atingir os resultados esperados, bem como recomendações acerca da importância da adequação dos recursos humanos das empresas para essa nova modalidade de trabalho, cada vez mais presente no dia a dia das empresas globais.

11.2 Introdução

No fim do século XX, o advento da Internet e do e-mail revolucionou o cotidiano das empresas. As comunicações foram extremamente facilitadas e a velocidade das interações aumentou exponencialmente. Não há dúvidas sobre o aumento de produtividade dos funcionários em virtude da facilidade de troca de dados dentro das organizações e com seus clientes, fornecedores e parceiros.

Com conhecimentos adquiridos ao longo de anos de jornadas de trabalho dentro de escritórios, as empresas passaram a considerar que, com o auxílio dessa nova tecnologia, as equipes estariam prontas para trabalhar de uma maneira ainda mais colaborativa, eficiente e motivadora, isto é, oferecendo recursos como o *home-office* e o trabalho em *equipes virtuais*, com colaboradores em diferentes locais. Logo se percebeu que essa ideia não era tão simples assim. Embora não se esperasse diferença no andamento do trabalho à distância em comparação ao presencial por conta da aplicação de ferramentas de comunicação, o desenvolvimento desse trabalho se transforma totalmente à medida que a interação com os colegas é bastante reduzida. Os relatos dos autores pesquisados indicam que as relações de confiança se alteram, a previsibilidade diminui, a ausência de relação presencial prejudica as comunicações, conflitos surgem mais facilmente e tornam-se mais difíceis de resolver. As pessoas não se conhecem e não têm a oportunidade de se conhecerem. Como se atingem, nesse ambiente, os objetivos do trabalho ou do projeto? Como se gera o espírito de equipe? E, principalmente, qual deve ser o papel da liderança para alcançar as metas propostas dessa equipe virtual?

Esse tema já é conhecido pelas empresas multinacionais, mas pouco dominado por elas. Ainda que essa modalidade de trabalho esteja se popularizando, poucas empresas são especialistas ou têm treinamentos nessa área que busquem preparar o profissional para os desafios que esse novo tipo de relacionamento profissional lhes impõe.

11.3 Conceitos de equipe em ambientes tradicionais

Antes de analisar a gestão de equipes virtuais, é importante entender o conceito de *equipe*. A definição mais consolidada na literatura diz que a equipe constitui-se num grupo reduzido de pessoas interdependentes, coletivamente comprometidas em atingir os objetivos, em que se notam alguns de seus elementos principais, como: quantidade de participantes (com um número delimitado); interdependência (o trabalho de cada membro influencia o trabalho de outros); objetivos (o fim para o qual se estabelece o grupo); e responsabilidade mútua (compromisso coletivo). Aqui, consideraremos que uma equipe surge quando os resultados almejados não podem ser alcançados se cada um dos membros trabalhar isoladamente em suas metas, mas sim quando a interação entre eles for indispensável para o cumprimento delas.

Um dos primeiros aspectos relacionados ao gerenciamento de uma equipe é o estabelecimento de metas claras, ou seja, o que a equipe pretende atingir ou aonde se quer chegar com o trabalho coletivo. As metas são definidas pelo líder e devem ser ratificadas individual e coletivamente. Além do objetivo final do projeto, deve-se ter o cuidado de selecionar algumas metas intermediárias, que possam ser cumpridas em intervalos menores de tempo, demonstrando e controlando o avanço do projeto durante o processo por meio de indicadores.

Assim, o líder deve mapear uma visão convincente, que seja abraçada por seus membros e que vá ao encontro das expectativas de cada um. Essa visão deve ser comunicada e demonstrada com ações e, principalmente, com exemplos. Parte-se, então, para a estruturação da metodologia de trabalho dentro da equipe, por meio da apresentação de diretrizes compreensíveis, determinando papéis e áreas de responsabilidade claros e estabelecendo um processo produtivo que contribua com a formação de um senso de responsabilidade compartilhado entre seus membros.

Outro fator importante na condução de equipes é o feedback, que deve ser dado pelo líder à medida que o projeto evolui e incentivado, também, entre os membros sempre que houver necessidade. A prática do feedback propicia uma "regulagem" das atitudes dos indivíduos, mantendo a harmonia entre o grupo e a clareza de foco nas metas.

Em uma verdadeira equipe, quando o trabalho das pessoas é interdependente e o alcance das metas depende de uma entrega coletiva do trabalho, seus integrantes devem se aceitar e entender que cada um tem um papel importante. Desse modo, reconhecendo que todos são responsáveis pelo sucesso da empreitada, a confiança nos parceiros de trabalho e na liderança é imprescindível, pois, se não existe a confiança de que todos irão abraçar o projeto e seguir em direção ao mesmo objetivo, não há por que envidar esforços. Torna-se, portanto, fundamental refletir sobre a confiança no ambiente do projeto.

A consultora e autora Peg Neuhauser escreve que o empenho de equipe não ocorre de fato a menos que a confiança seja um traço da cultura da empresa e que as pessoas saibam que serão julgadas pelos resultados. Já o professor Marco Túlio Zanini, da Fundação Dom Cabral, ressalta que os níveis de confiança interpessoal estão fortemente ligados ao nível de comprometimento dos empregados e relacionam-se, ainda, com as taxas de rotatividade de empregados e, de uma forma mais indireta, com o desempenho organizacional, que, nesta análise, refletem o sucesso da equipe.

Confiança é uma predisposição ou expectativa que incita uma ação calculada, envolvendo certo grau de risco comportamental. Ela implica responsabilidade final, previsibilidade, segurança: confia-se nas pessoas que são previsíveis, cujas posições são conhecidas e assim se mantêm. Ou seja, a confiança entre pessoas começa a surgir a partir do momento em que elas se conhecem e sabem o que se pode esperar delas.

E é justamente no contexto da confiança que reside o principal desafio na condução de equipes virtuais.

11.4 Conceitos de equipes virtuais

Trabalho já foi sinônimo de local físico, onde as pessoas exerciam uma função pela qual iriam receber um salário ao final do mês. Hoje em dia, significa o que elas fazem, onde quer que elas estejam. Verifica-se, atualmente, nas empresas dos mais variados portes, tamanhos e segmentos de mercado, que ainda existem posições que contam com uma rotina perene de trabalho, porém essas funções se concentram principalmente em ambiente operacional (onde ainda não existe possibilidade de automação das atividades por meio de máquinas), ao passo que em áreas administrativas o trabalho está se transformando cada vez mais em desenvolvimento de projetos paralelos e subsequentes, de modo que os funcionários podem tomar parte em muitos projetos ao mesmo tempo, com objetivos distintos.

Para a participação em projetos desse tipo, buscam-se pessoas de diferentes departamentos que tenham aptidões e conhecimentos específicos, afinidade com o tema e aspirações de diversificar sua atuação na empresa; ou mesmo o suporte de outras empresas, já que as relações entre clientes e fornecedores se tornam, a cada dia, mais interdependentes e cruciais para o sucesso do negócio.

À medida que a tecnologia evoluiu e permitiu mais acessibilidade e troca ágil e confiável de informações à distância, por meio de telefonia fixa, telefonia móvel, fax, e-mail, teleconferência, videoconferência e ferramentas de compartilhamento, tornou-se efetivamente viável trabalhar com pessoas que não estejam fisicamente no mesmo local, distantes alguns andares, alguns quilômetros ou mesmo do outro lado do globo terrestre. Forma-se, então, o que denominamos neste capítulo de equipes virtuais, cuja definição oferecemos a seguir:

> Uma equipe virtual constitui-se em um grupo de pessoas com competências complementares, geograficamente dispersas, que executam processos interdependentes e colaborativos, coletivamente comprometidas com o alcance de objetivos, utilizando tecnologia e comunicação para realizar seu trabalho eficazmente.

Um estudo publicado por Michelle LaBrosse, especialista em gerenciamento de projetos e membro ativo do PMI (Project Management Institute), aponta que o trabalho virtual está crescendo. O contingente de trabalhadores móveis nos Estados Unidos era de 56,6 milhões, com uma projeção de ultrapassar os 61 milhões, em 2009 (o estudo considera funcionário móvel aquele que trabalha fora do escritório por pelo menos 20% da semana). Em um estudo conduzido pela *Economist Intelligence Unit*, com 407 executivos de grandes indústrias europeias, um pouco mais da metade declarou que trabalhava, na época da pesquisa, no final de 2009, por pelo menos 40% de seu tempo em ambiente virtual. De fato, os trabalhadores virtuais já existiam há muito tempo, mas com o advento da Internet essa forma laboral tornou-se muito mais viável.

Das sentenças abaixo, qual representa melhor o tempo que você trabalha em times virtuais comparado com times presenciais? (% de respostas)

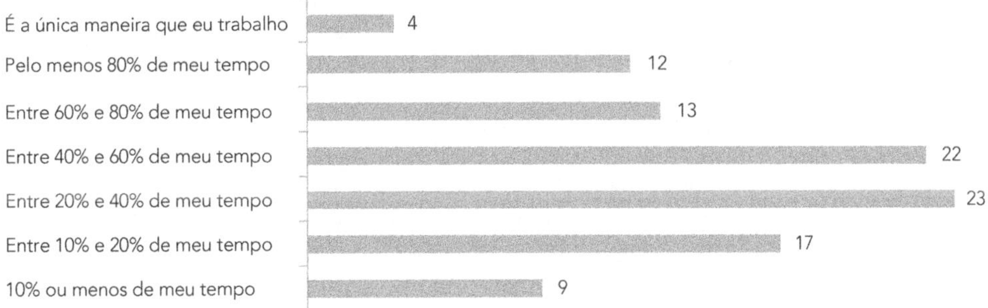

Fonte: estudo da *Economist Intelligence Unit*, out.-nov. de 2009

As vantagens do trabalho em ambiente virtual são muitas: eficiência na execução do projeto, remoção de fronteiras físicas, integração e otimização de competências, além da possibilidade de fazer novas parcerias. Há também outros chamarizes para a construção de um modelo virtual, como facilidade para acesso a talentos, mais flexibilidade, expectativa de aumento de produtividade e redução de custos e, ainda, aspectos de sustentabilidade, como argumentos favoráveis ao trabalho em equipes virtuais, proteção ao ambiente (em razão da diminuição da necessidade de deslocamento) e inclusão social (acesso mais fácil a pessoas com dificuldades de locomoção). No entanto, ressalta-se que o trabalho em ambiente remoto não é recomendável para todo tipo de profissional, sendo necessário aplicar um processo de avaliação de aptidões, como parte da seleção, para assegurar que as pessoas se encaixem nesse ambiente — e ser tecnologicamente avançado é um critério primordial. Nesse quesito, a familiaridade com a utilização de e-mail, *messaging*, conferência (vídeo e tele), celulares, *blackberries*, *smartphones*, *webinars* e ferramentas colaborativas como Wiki são aspectos relevantes do profissional analisado. Aqui, destaca-se que a familiaridade com tecnologias voltadas à comunicação e à acessibilidade ampla deixa a Geração Y em posição privilegiada para esse tipo de trabalho, uma vez que esses novos profissionais nem mesmo vivenciaram um escritório da era pré-Internet.

A decisão de introduzir equipes virtuais na indústria pode parecer inicialmente intuitiva: se há tecnologia disponível e os colaboradores demonstram maturidade, assume-se que o estágio seguinte seria a implementação de um time descentralizado. No entanto, essas características superficiais são só algumas das considerações iniciais que devem ser feitas. Para a tomada de decisão sobre a adoção ou não do trabalho virtual, é preciso entender melhor as diferenças entre equipes tradicionais e virtuais, para sermos capazes de medir os benefícios de sua implementação, além de traçar, com base em distintas características, técnicas específicas de condução de tais equipes.

11.4.1 Características específicas das equipes virtuais

Está claro que a principal diferença entre uma equipe tradicional e a equipe virtual é que os membros desta não estão fisicamente próximos. Esse fato se choca com todo o conhecimento tácito secular adquirido desde a constituição das empresas como "locais aonde as pessoas vão para trabalhar". Qualquer treinamento de trabalho em equipe parte da premissa segundo a qual ninguém trabalha sozinho na empresa: é sempre necessário trabalhar *com* o outro. Aqui se inicia o paradoxo do trabalho virtual, que o diferencia do tradicional: as pessoas têm de trabalhar *com* outras pessoas — *sem* essas pessoas estarem presentes. Somente esse fato já cria dificuldade para qualquer profissional: como trabalhar em uma equipe que não se vê?

Uma grande distinção entre equipes tradicionais e virtuais é, em decorrência da distância geográfica, a necessidade de utilização de recursos tecnológicos para estas realizarem seu trabalho. À medida que as empresas e projetos se valem cada vez mais de parcerias multinacionais, interdisciplinares e multiorganizacionais, a necessidade de maiores e melhores meios de comunicação também cresce. No entanto, observa-se que há pouca ou nenhuma orientação para implementação e gerenciamento bem-sucedidos dessas equipes. Como consequência dessa lacuna de treinamento, uma pesquisa da Economist Intelligence Unit sobre trabalho em equipes virtuais relata que um em cada três executivos considera que times trabalhando de forma remota são, em geral, mal gerenciados.

Os recursos tecnológicos para troca de informações evoluíram de telefone e fax (no início da década de 1990) para e-mail, Internet, telefonia celular, *messaging*, teleconferência, videoconferência, ferramentas para compartilhamento de dados, *cloud computing* etc. A troca de dados e informações em equipes virtuais ocorre de duas maneiras distintas: *síncrona* e *assíncrona*.

Na maneira síncrona, existe uma interação simultânea, ou seja, a informação emitida é recebida no mesmo instante pelo receptor. São exemplos de comunicação síncrona a telefonia, o *messaging* (ou *chat*), tele e videoconferência. Ainda que a tecnologia tenha avançado bastante para contribuir com a troca de informações de maneira síncrona, em salas de *chat* e teleconferência não existem expressões faciais ou linguagem corporal para ajudar a interpretar significados e intenções, e ainda verifica-se que nas videoconferências o som e a imagem podem incluir interrupções estranhas. Na comunicação assíncrona não se discute o tema em conjunto, ao mesmo tempo, sendo exemplos desse tipo de comunicação o fax, o e-mail e as ferramentas de compartilhamento de dados. Além disso, a comunicação assíncrona se dá totalmente por escrito, destituída de linguagem corporal, expressão facial e tom de voz, e os dados trocados limitam-se ao que se interpreta nas palavras e vice-versa. Caso se entenda mal o tom ou a intenção, as reações podem sair de linha e se tornar improdutivas. Por outro lado, a eficiência aumenta quando os membros da equipe não estão tolhidos pela necessidade logística de trabalhar no documento no mesmo local e horário, o que favorece o trabalho em times que possuem membros em locais distintos do globo terrestre e em diferentes fusos horários.

Outro aspecto interessante das tecnologias de *groupware* existentes é que elas melhoram e incentivam as contribuições de pessoas que talvez não se sentiriam totalmente à vontade ou confiantes em um grupo, profissionais geralmente com perfil mais introvertido, que não se destacariam em grupos tradicionais. Em um ambiente remoto, elas conseguem fazer suas sugestões e observações, que podem ser consideradas tão relevantes quanto as de outros membros mais expansivos, que em uma reunião presencial teriam o monopólio da comunicação. Entretanto, destaca-se também que a tecnologia de *groupware* pode limitar a criatividade, pois equipes que não mantêm interações reduzem suas possibilidades de colaboração espontânea.

Além da dificuldade natural de uma comunicação remota, a complexidade das diferentes linguagens e barreiras culturais deve ser superada com vistas a uma eficiente troca de informações de maneira virtual. O inglês pode ter se firmado como a "língua dos negócios", mas, embora muitos europeus, asiáticos, africanos, sul-americanos, árabes e outros povos de todo o mundo falem inglês, existem diferenças culturais que dificultam a interpretação das comunicações, mesmo em situações diretas (síncronas). Por esse motivo, tanto os elogios quanto as repreensões em ambientes virtuais podem ser mal interpretados ou exagerados quando enviados por e-mail, teleconferência ou videoconferência.

Peg Neuhauser descreve outra diferença crucial entre equipes tradicionais e virtuais. Ela argumenta que o trabalho na cultura da nova economia transformou-se em execução de projetos, com uma constante formação de equipes para alcançar determinado objetivo. As pessoas desempenham seu papel rapidamente e depois se dispersam, e cada time dura somente o tempo necessário para atingir os resultados desejados. Os diagramas estáveis com divisões, departamentos e unidades de trabalho onde as pessoas vivem e trabalham todos os dias estão sendo gradativamente abandonados. Eles ainda existem, mas boa parte do trabalho diário atualmente se realiza por equipes temporárias, contrastando com o cenário que encontrávamos frequentemente nas empresas até final dos anos 1990. A autora apresenta o conceito de *equipes-Lego*: seus membros e respectivos conhecimentos específicos são considerados como peças de Lego, que podem ser unidas, encaixadas, separadas e montadas novamente para formar objetos completamente diferentes. Os indivíduos são agrupados temporariamente para realizar determinado projeto e, depois que ele é concluído, se dispersam e integram novos grupos com outros objetivos, havendo pouca ou nenhuma interação com os projetos de que participaram previamente.

Esse conceito de equipes temporárias, com membros que chegam, executam seu trabalho e se dispersam, contrasta com o tema do "compromisso coletivo" que surge na definição de equipes virtuais. Como garantir a existência desse compromisso se as pessoas muitas vezes não se conhecem, não sabem que o grupo será posteriormente desfeito e não têm perspectivas de longo prazo dentro desse time? Apresenta-se, então, a última e, talvez, a mais importante diferença entre trabalho tradicional e virtual, a saber, a *dificuldade no estabelecimento de relações de confiança*.

Quando os indivíduos estão separados, eles tendem a estabelecer menos relacionamentos com outros indivíduos (e é com base nos relacionamentos que surgem vínculos de confiança). Um funcionário de uma empresa de alta tecnologia e que trabalha em um ambiente exclusivamente remoto, declarou, em uma entrevista, que em sua rotina profissional "não existe uma interação de uma maneira pessoal, não existe um rosto, o outro membro é simplesmente um conjunto de *bits* e *bytes* que interagem com você". Ele complementa: "quando as pessoas não se veem e não trocam informações mínimas sobre algo não relacionado a trabalho, quando não se enxerga uma linguagem corporal, é muito mais difícil estabelecer uma relação de confiança; entretanto, à medida que se adquire experiência nesse tipo de projeto, começa-se a enxergar claramente quem contribui, quem dificulta e que há feedback — elogio e repreensão — no trabalho remoto".

A confiança, a interação social e a performance do grupo se fixaram em primeiro plano nas preocupações das organizações, à medida que elas lutaram para adaptar a introdução de equipes virtuais como componentes integrais em seus processos. Em geral, níveis significantemente inferiores de confiança interpessoal são observados nas empresas ligadas às tecnologias da informação e comunicação quando comparadas às tradicionais, da chamada velha economia; e esses níveis de confiança interpessoal estão fortemente relacionados com o nível de comprometimento dos empregados.

Outro fator dificultante é a transferência de um local de trabalho fixo para um local de trabalho alternativo, que pode fazer com o que os funcionários se sintam isolados dos colegas e da empresa em geral, pois não existe (ainda) tecnologia que substitua o contato direto proporcionado pelo escritório. Essa mudança trouxe enormes desafios não somente para os gerentes atuais, que devem assegurar que suas equipes atinjam os resultados estabelecidos, mesmo trabalhando à distância, mas também aos próprios trabalhadores remotos, que devem se manter motivados enquanto buscam o alcance dessas metas, mesmo fora do dia a dia do escritório e do contato com os outros parceiros de trabalho. O profissional entrevistado disse ainda que "os contatos são todos por telefone ou e-mail, e chega-se a passar meses sem ver um colega de trabalho, causando uma espécie de depressão". Os sintomas são mais sentidos pelo lado pessoal, pois sente-se uma carência de contato humano, que não é suprida somente pela convivência familiar.

Finalmente, sumarizamos e agrupamos, a seguir, vários aspectos que diferenciam os distintos tipos de equipe:

	Tradicionais	Distantes	Remotas
Contato físico	- Encontro face a face diário - Relações de muita proximidade, conhecimento do outro além de características profissionais - Possibilidade de identificação de afinidades pessoais	- Encontro face a face esporádico - Relações de pouca proximidade, pouco conhecimento além de características profissionais - Afinidades pessoais menos identificáveis	- Contato face a face inexistente - Relações sem proximidade, pouco conhecimento de características profissionais - Reuniões presenciais inexistentes ou muito raras - Afinidades não identificáveis
Comunicação	- Presencial no ambiente de escritório em reuniões - E-mail e telefone complementares - Documentação em papel possível	- Comunicação presencial somente em reuniões esporádicas - Telefone, e-mail e *conference call* - Documentação em papel inviável, possível por e-mail	- E-mail e *conference call* - Raro uso do telefone - Documentação em ferramentas de compartilhamento
Confiança	- Estabilidade devido ao trabalho contínuo a longo prazo - Confiança surge naturalmente na interação dos indivíduos - Divergências detectadas precocemente e resolvidas de imediato - Fácil dar e receber feedback	- Estabilidade devido ao trabalho de longo prazo - Confiança leva mais tempo para surgir devido à menor interação - Divergências resolvidas de tempos em tempos - Mais difícil dar e receber feedback	- Equipes não estáveis, formadas e desfeitas em função de necessidades de projetos - Difícil estabelecer relações de confiança pela total ausência de conhecimento pessoal - Divergências resolvidas em um estágio avançado - Feedback pode ser mal interpretado quando dado à distância, sendo um tema crítico

11.5 Gestão de equipes virtuais: o papel da liderança

Um tema central do desenvolvimento de projetos em ambiente virtual é a utilização de tecnologias adequadas à condução dos times, sem perder de vista a importância de um gerenciamento eficaz da equipe. Pelo fato de terem de compensar a distância física, um dos primeiros aspectos a se considerar na gestão de uma equipe descentralizada é a disponibilidade de tecnologia para possibilitar o trabalho do grupo. Afinal, a tecnologia não garantirá o sucesso de uma equipe virtual, mas certamente pode determinar seu fracasso. Os colaboradores devem contar com hardwares como intranet, Internet, tele e videoconferências e fax, bem como software que apoie atividades de gerenciamento de projetos, compartilhamento de documentos e síntese de gerenciamento de informações executivas, entre outras. Nesse quesito, ainda que haja muitos softwares livres, recomenda-se às empresas que queiram aderir a projetos em ambiente virtual a contratação de uma empresa especializada, pois o gerenciamento de ferramentas de compartilhamento de recursos não é algo simples e não deve desviar a atenção do líder do projeto para seu correto uso. O objetivo de um software de compartilhamento é auxiliar o desenvolvimento de um projeto, e não gerar mais dificuldades para ele.

Uma vez definidos os tipos de tecnologias que estarão disponíveis, cabe ao líder formar o senso de equipe, trabalhando aspectos que favoreçam o surgimento de confiança e uma consolidação sobre o modo de o grupo trabalhar em conjunto, embora seus membros estejam distantes uns dos outros. O líder deve reconhecer a importância da confiança e levar em consideração que ela deve ser desenvolvida de uma maneira distinta em situações de trabalho remoto.

Para que relações de cooperação baseadas em confiança possam se estabelecer, é necessário que consecutivas interações ocorram entre os indivíduos durante um razoável período de tempo. Porém, como propiciar o início de relações de confiança se os componentes de uma equipe virtual não se conhecem? Nesse sentido, existe uma convergência entre os autores e práticas de mercado, orientando que é necessário realizar uma reunião presencial no início de qualquer projeto desse tipo. Essa primeira reunião presencial deve permitir o contato entre as pessoas, visando à socialização. Perfis pessoais devem ser apresentados, e deve-se estimular a interação pessoal dentro e fora do ambiente de trabalho, com a realização de, por exemplo, atividades esportivas, lúdicas, almoços e jantares. Essa troca de informações irá cooperar com a identificação de experiências e similaridades, bem como com a personificação do parceiro de trabalho (que no dia a dia se restringirá a um endereço de e-mail), visando à criação de um sentimento de equipe e o compromisso com o objetivo final.

Contudo, esse primeiro encontro não se pode restringir apenas a um objetivo social. Trata-se de oportunidade para que as metas sejam claramente apresentadas e os líderes devem deixar bem claro qual é sua expectativa para cada um de seus membros durante todas as etapas do projeto. É importante dizer o motivo de escolha desses membros, para que todos entendam sua importância na condução do projeto, bem como os parâmetros de mensuração. É preciso que os integrantes se encontrem pessoalmente no início para chegar a um acordo sobre vários aspectos, dentre eles:

- como o trabalho será dividido;
- como o grupo será administrado e como lidar com a logística;
- que abordagens devem ser usadas nas tomadas de decisão e avaliação dos progressos alcançados pelo grupo;
- finalmente, que normas de comportamento e regras práticas serão necessárias.

Ainda neste início, deve-se discutir o que significa ser um participante integral do grupo, em contraposição a um colaborador ou membro parcial, além de determinar quem terá acesso a que tipos de informações.

Ao grupo cabe, também, analisar quais ferramentas de comunicação serão necessárias, desenvolver e acordar o modo de comunicação na equipe, particularmente quando é necessário tomar decisões, solucionar conflitos e entregar resultados. Nesse aspecto, recomenda-se ao líder que evite impor seus valores e suas perspectivas, para que permaneça aberto à diversidade e possa reconhecer a contribuição que cada um pode dar. Cumpre estabelecer regras de responsividade para o ambiente/cultura onde se está trabalhando: quão rapidamente alguém deve responder um e-mail ou retornar uma ligação? O que fazer ou a quem delegar a responsabilidade quando as pessoas estão fora do escritório ou em férias?

O *empowerment* para tomar decisões independentes relacionadas aos projetos e ao negócio é um componente essencial para reforçar o conceito de equipe e deve ser estimulado pelo líder. Times que obtêm independência e oportunidade de tomar decisões irão funcionar melhor e reduzir a probabilidade de a distância geográfica afetar o resultado do projeto.

Todas essas são questões fundamentais para que a equipe determine sua maneira própria de operar e para que surjam laços mais fortes entre seus componentes. Uma vez finalizada essa etapa inicial, passa-se para a fase de desenvolvimento do trabalho remoto, quando será necessário estabelecer uma comunicação regular: o ideal seria a realização de uma reunião virtual semanal ou mensal, dependendo da duração e do andamento do projeto. Porém, é necessário ter cuidado com questões culturais e fusos horários, respeitando as jornadas de trabalho dos países em questão, bem como feriados e costumes.

Uma das principais distinções no gerenciamento de uma equipe remota é que o líder não está fisicamente junto aos seus liderados. Quando não é possível ver o que as pessoas estão fazendo, deve-se ter o cuidado de gerenciar não as atividades, mas sim os resultados, estabelecendo-se indicadores específicos para cada membro e tarefa.

Outro ponto crítico na gestão de equipes virtuais é a gestão dos indivíduos por meio do feedback. Tanto elogios quanto repreensões podem ser mal interpretados ou exagerados quando enviados por e-mail, teleconferência ou videoconferência. Desse modo, os gerentes são incumbidos de visitar os membros de sua equipe durante o curso do projeto para emitir seus feedbacks e reforçar o relacionamento estabelecido na fase inicial. Recomendam-se também reuniões diretas para formar e desenvolver o entendimento compartilhado e o comprometimento, assim como para solucionar problemas, especialmente quando as coisas não vão bem e o grupo está fragmentado ou com impasses que o impedem de prosseguir. Em momentos como esse, a melhor e, às vezes, única forma de voltar aos trilhos é trabalhar em conjunto na mesma sala, ao mesmo tempo. A tecnologia certamente diminui, mas raramente elimina a necessidade de interações frente a frente durante um projeto desafiador.

Quando os profissionais estão trabalhando virtualmente, eles precisam saber o quanto fazem a diferença. Uma atitude de reconhecimento é ainda mais importante em uma situação como essa do que no gerenciamento de uma equipe tradicional. Recompensas devem ser realizadas conforme as preferências individuais, e para isso é necessário conhecê-las.

Resumindo, existem muitas similaridades entre equipes tradicionais e remotas, porém as diferenças são marcantes e, definitivamente, não são intuitivas para alguém que nunca tenha participado ou liderado um time virtual. É consenso entre todos os autores e consultores que tratam do tema que o trabalho de uma equipe virtual não pode ser conduzido de uma maneira totalmente remota: ainda não existe hoje tecnologia que substitua, em alguns momentos críticos do projeto, o contato humano, especialmente no momento de constituição da equipe, apresentação de feedbacks e em situações de resolução de conflitos ou impasses.

11.6 Conclusão

As principais diferenças entre equipes tradicionais e remotas envolvem principalmente:

- *Comunicação dificultada* pela ausência de contato pessoal, fuso horário distinto e diferença de idiomas.
- Necessidade de *recursos tecnológicos* para auxiliar a comunicação e organizar o material gerado por seus membros, bem como para controlar e documentar avanços.

- Dificuldade na *formação do compromisso* coletivo da equipe, por conta da pouca ou inexistente interação pessoal e da expectativa de que a equipe virtual será desfeita após a conclusão do projeto.
- Falta de *confiança mútua* entre os membros, dos quais o projeto depende, por não se conhecerem e não saberem o que esperar do colega de trabalho.

Em função das barreiras anteriormente descritas, é muito difícil que uma equipe trabalhando de modo totalmente virtual atinja os resultados esperados. O contato pessoal ainda é muito importante para o aprimoramento das relações humanas e fundamental no ambiente profissional, mesmo que em frequência diminuta. Em momentos críticos, como na fase de distribuição de responsabilidades, formação do senso de equipe, realização de feedbacks, solução de conflitos e celebração de etapas conquistadas, a interação pessoal fará a diferença para o sucesso do projeto.

Embora o trabalho virtual apresente tantas diferenças em relação ao presencial, ele propicia uma série de vantagens, em sua aplicação, extremamente benéficas para o aumento da competitividade e produtividade das empresas, das quais se destacam:

- *Acesso a talentos*: possibilidade de seleção de pessoas em função de sua especialidade e experiência, independentemente de onde estiverem.
- *Mais eficiência na condução de projetos*: documentação on-line e atualização imediata dos *status* das ações.
- *Diminuição de custos*: por causa da menor necessidade de viagens, não realocação de colaboradores e possibilidade de acesso a recursos humanos em países com menores custos laborais.
- *Aumento da motivação do colaborador*: com horário e local de trabalho mais flexíveis, que podem se alinhar melhor às necessidades pessoais dos colaboradores.
- *Criatividade e inovação*: em um ambiente virtual, todos têm a mesma oportunidade de apresentarem suas opiniões e serem ouvidos, independentemente de perfil pessoal e nível hierárquico.
- *Oportunidade de estabelecimento de novas parcerias*: com flexibilidade de modalidades.

A participação de pessoas não preparadas para essa nova realidade de trabalho, que adquiriram experiência apenas em ambientes tradicionais, irá inevitavelmente causar atrasos, retrabalhos, conflitos desnecessários e até mesmo cancelamento de projetos. Isso ocorrerá por falta de instrução para transformar as habilidades já adquiridas em um ambiente de trabalho tradicional em habilidades específicas para interagir nesse novo ambiente que a revolução da tecnologia da informação permitiu aflorar.

Por outro lado, as empresas estão somente engatinhando no campo do teletrabalho e equipes virtuais, de modo que ainda não possuem ciência exata da importância que esse tipo de atividade profissional irá assumir nas próximas décadas, nem mesmo de seu impacto na rotina das empresas e na melhoria de seu desempenho financeiro.

> O fato de participar e ser treinado para interagir em uma equipe tradicional (presencial) não assegura o sucesso do participante em uma equipe virtual e, tampouco, do líder de uma equipe virtual. Dessa maneira, é necessário que as empresas coloquem esse tema na pauta estratégica da área de recursos humanos e atualizem seu portfólio de treinamentos, passando a abordar essa questão de um modo mais sistemático, ao disponibilizar instrumentos a seus colaboradores que os capacitem e viabilizem melhores desempenhos e resultados dentro de times virtuais.

À medida que as empresas de sucesso passam a ser aquelas que gerenciam melhor suas informações, e não mais seus ativos contábeis, o trabalho harmonioso em ambiente remoto será um fator preponderante para elas se diferenciarem de seus concorrentes e alavancar seus resultados, atraindo os melhores profissionais do mercado e criando, assim, um círculo virtuoso. Independentemente do grau de importância que esse tema terá para o futuro das organizações, é necessário que aquelas que queiram sobreviver ao ambiente de hipercompetitividade atual se adéquem a essa nova maneira de trabalhar, pois os mercados já mostraram que não se trata mais de uma tendência futura, nem de exclusividade de empresas de alta tecnologia, e sim de uma realidade que se tornará cada vez mais frequente no dia a dia dos profissionais do século XXI.

Referências bibliográficas

BENNIS, W.; NANUS, B. *Líderes*: estratégias para assumir a verdadeira liderança. Trad. de Auriphebo Berrance Simões. São Paulo: Harbra, 1988. 197p. (Título original: *Leaders*: the strategies for taking charge).

BOOG, G. F. *Gestão de equipes virtuais voltadas a processos de transferência de tecnologia*. Projeto Aplicativo na área de gestão de pessoas apresentado ao MBA empresarial da Fundação Dom Cabral. Nova Lima, 2011.

BOOG, G. G. *Os desafios das equipes virtuais*. Artigo distribuído por e-mail pelo Sistema Boog Consultores. São Paulo, 2010.

CHINOWSKY, P. S.; ROJAS, E. M. "Virtual Teams: Guide to Successful Implementation." *Journal of Management in Engineering*, v. 19, n. 3, p. 98-106, jul. 2003.

EWANS, R.; ABBOTT, W. *Remote working and its effects on business relationships*. Londres: Manager, 2010. p. 28-29.

KATZENBACH, J. R.; SMITH, D. K. *Equipes de Alta Performance*: conceitos, princípios e técnicas para potencializar o desempenho das equipes. Trad. de Edite Siegert Sciulli. Rio de Janeiro: Elsevier, 2001. 213 p. 11ª. impressão. (Título original: *The discipline of teams*).

KOTTER, J. P. *Liderando Mudança*. Trad. Follow-Up Traduções e Assessoria de Informática. Rio de Janeiro: Elsevier, 1997. 188 p. 23ª. impressão. (Título original: *Leading change*).

LABROSSE, M. *Managing virtual teams*. Disponível em: <http://onlinelibrary.wiley.com/>. Acesso em: 22 abr. 2013.

NEUHAUSER, P. C.; BENDER, R.; STROMBERG, K. L. *Cultura.com*: como adaptar as empresas ao mundo.com. Trad. de Mirtes Frange de Oliveira Pinheiro. São Paulo: Manole, 2001. 388 p. (Título original: Culture.com: building corporate culture in the connected workplace).

SC MAGAZINE. "Remote Working". *SC Magazine*, Londres, p. 38-29, jan.-fev. 2011.

THE ECONOMIST Intelligence Unit. "Managing virtual teams: taking a more strategic approach". Disponível em: <http://graphics.eiu.com/>. Acesso em: 19 dez. 2012.

ZANINI, M. T. *Confiança*: o principal ativo intangível de uma empresa: pessoas, motivação e construção de valor. Rio de Janeiro: Elsevier, 2007. 163 p.

Guilherme Faber Boog

Graduado em engenharia elétrica pela Unicamp, especialista em administração industrial pela Fundação Vanzolini, da Escola Politécnica da USP, com MBA pela Fundação Dom Cabral, Guilherme Faber Boog trabalha na empresa Siemens, onde já atuou em departamentos da área de energia na Alemanha, nos Estados Unidos e no Brasil. Recentemente, iniciou as atividades da área de energia eólica como gerente de operações, trabalhando frequentemente em ambientes virtuais. Assessora, voluntariamente, os alunos participantes da 3E, Empresa Júnior do curso de engenharia elétrica da Unicamp, com participações em seminários e palestras.

Tel.: +55 19 8152-2704
E-mail: gfboog@gmail.com
LinkedIn: http://br.linkedin.com/pub/guilherme-boog/8/a1a/548

capítulo **12**

Programa de integração para novos funcionários: um início humanizado

Cristina Aiach Weiss

12.1 Objetivos

O objetivo deste capítulo é discorrer detalhadamente sobre o que é um programa de integração institucional, como se dá sua implementação e o que é necessário para identificar erros e acertos nesse processo, enfatizando suas características funcionais e sua importância para a construção de uma cultura inovadora na instituição.

12.2 Introdução

Muito tem sido debatido nos últimos anos sobre o papel do departamento de recursos humanos (RH) nas organizações. Uma série de artigos e livros tem apresentado rumos seguros para as ações de RH na vertente estratégica, em contraposição às ameaças de extinção das ações de RH na vertente operacional. Os profissionais que militam nessa área são constantemente desafiados a equilibrar demandas duplamente importantes e que, ao mesmo tempo, direcionam o foco de suas ações e iniciativas para atividades de maior valor agregado, priorizando os programas que estreitam o relacionamento com o colaborador, isto é, que ressaltam a formação de talentos e a gestão do capital intelectual e do conhecimento, influenciando de forma significativa o posicionamento da instituição em seu mercado de atuação. De forma crescente, os investimentos de RH se direcionam a essas atividades.

As atividades operacionais vêm apontando tendência contínua de terceirização, com a criação das áreas de serviço de RH que abarcam atividades operacionais e processuais, como a terceirização da folha de pagamento, a gestão de benefícios, o serviço social e o treinamento operacional. No rol de iniciativas estratégicas de RH que visam à preservação da imagem institucional estão os programas de integração para novos funcionários, que trazem significativo impacto no desempenho organizacional. Assim, este capítulo se propõe a abordar a função estratégica dessa atividade e sua importância na gestão integrada de RH, isto é, na atração, no desenvolvimento e na retenção de profissionais.

O capítulo abordará, também, o caso prático e bem-sucedido de implementação do Programa de Acolhimento do Deutsche Bank no Brasil, em 2011, que liderei e do qual fui protagonista. A necessidade de implementar tal programa veio da demanda recebida pelos novos funcionários e também da minha própria experiência como nova integrante do time no Brasil. Após detectar que, ao iniciar no banco, o funcionário carecia de um suporte e integração necessária para desempenhar seu papel, o quanto antes, na nova cultura, fui buscar as melhores práticas em outros países em que o banco oferece o programa e fizemos a implementação e adaptação locais.

12.3 Programa de integração

Todo recomeço apresenta desafios consideráveis. Iniciar uma experiência profissional em uma nova instituição requer abertura para a adaptação a uma nova cultura, com novos companheiros de trabalho, um novo gestor e um novo contexto de trabalho.

Um programa de integração busca promover meios para a adaptação humanizada do novo funcionário à empresa contratante, facilitando seu processo de socialização no novo cenário de aprendizado em que ele inicia suas atividades profissionais. Um processo de integração aborda, em seu ciclo de atividades, o histórico da instituição, seus valores e legado, missão, visão e valores fundamentais, características que compõem sua cultura.

Para Stephen P. Robbins (2005), independentemente da qualidade do processo de recrutamento e seleção, os novos funcionários ainda não estão totalmente familiarizados sobre a cultura organizacional assim que iniciam suas atividades. A organização precisa, portanto, ajudá-los a se sociabilizarem rumo à adaptação completa.

Segundo Maria Tereza Leme Fleury (1996), o momento de socialização é crucial para a reprodução do universo simbólico. É por meio das estratégias de integração do indivíduo com a organização que os valores e os comportamentos vão sendo transmitidos e incorporados pelos novos membros. Os rituais de socialização desempenham, ao mesmo tempo, o papel de inclusão do indivíduo no grupo e de delimitação do processo de exclusão dos demais.

O processo de internalização não deve ser utilizado para reprimir ou padronizar o comportamento das pessoas e suas relações com a organização, diz Joel Souza Dutra (2002). Caso a empresa utilize o processo de internalização para iniciar um processo de adestramento comportamental, estará eliminando as possibilidades das contribuições criativas das pessoas e a perda de toda a riqueza da diversidade oferecida pelas diferenças individuais.

12.4 Os tipos de programa de integração

A seguir, são apresentados os principais tipos de programa de integração conduzidos nas organizações:

1. **Programa de integração geral**

O programa de integração geral destina-se a todos os novos funcionários, à exceção daqueles com cargos de liderança, que, por sua função estratégica, devem seguir um programa específico.

Esse programa deve abordar os seguintes aspectos:

- missão, visão e valores institucionais;
- estratégia organizacional;
- aspectos fundamentais da cultura organizacional;
- estrutura organizacional;
- políticas, normas e procedimentos;
- informações relevantes para o bom andamento do novo profissional.

Em geral, um programa de integração tem duração de quatro ou oito horas, dependendo do grau de complexidade da instituição e do nível de detalhamento da abordagem escolhida para os temas citados.

Esse programa pode ser conduzido por um único palestrante, geralmente um representante da área de RH, ou vários, como os representantes das áreas envolvidas no programa, convidados pelo RH. É imprescindível que haja a presença da área de RH para realizar a abertura e a condução do programa, oferecer o acolhimento e as boas-vindas.

Nessa ocasião, a área de RH pode efetuar uma parceria com o presidente ou o responsável pela instituição para que a abertura reflita o compromisso do primeiro líder com a integração dos novos talentos. Em geral, no momento da abertura são utilizados vídeos institucionais que têm por objetivo expor a visão geral da instituição, abordando a história e o progresso conquistado, bem como apresentar as instalações físicas e orientar os novos profissionais sobre as características do ambiente organizacional.

2. **Programa de integração para gestores**

O programa de integração para gestores é destinado a todos os gestores recém-contratados ou promovidos. Nessa etapa do programa, abordam-se, de maneira estratégica e sucinta, as características e particularidades das áreas parceiras com as quais o novo gestor se relacionará, por meio de entrevistas e reuniões previamente agendadas. Além disso, deve-se objetivar que o novo gestor interaja com seus novos pares, apresentando-se formalmente e buscando alianças para o melhor desenvolvimento de seu trabalho na nova posição.

Para um bom resultado dessa integração, algumas precauções são aconselháveis:

- preparar uma carta de boas-vindas ao novo gestor;
- organizar um checklist das principais áreas com as quais ele vai interagir e se relacionar;
- pré-agendar as reuniões individuais com as áreas parceiras;
- enviar informação prévia do novo gestor às áreas parceiras;
- selecionar um profissional da área de RH para dar início ao processo de integração dessa nova liderança, dando as boas-vindas ao recém-contratado, entregando-lhe o material de apoio e acompanhando o andamento das reuniões agendadas;
- elaborar um comunicado institucional a ser enviado a toda a liderança com informações sobre a experiência desse novo líder, sua nova função e informações gerais.

12.5 Preparação de um programa de integração

As principais ferramentas utilizadas na formatação do programa de integração de novos colaboradores são:

1. **Manual de integração**

O manual de integração é peça fundamental para um programa bem organizado; ele apoiará o novo funcionário. Dele constarão as informações que serão abordadas durante o programa, servindo de suporte para eventuais dúvidas durante o período de adaptação funcional.

Algumas precauções são aconselháveis para um bom resultado na criação desse manual:

- ao escolher as informações para o manual, coloque-as na ordem em que serão abordadas durante o programa, de forma clara e objetiva;
- separe as informações por títulos que façam referência aos temas das palestras;
- coloque uma nota de boas-vindas do presidente ou responsável pela instituição;
- anexe os principais organogramas da instituição quando necessário. No caso da diretoria, por exemplo, coloque fotos dos líderes das principais áreas, junto com os organogramas;
- no final de cada bloco de informações, indique os nomes dos responsáveis por elas e seus telefones/ramais para contatos em futuras consultas;
- crie um layout e formato para que o manual seja convidativo e prático para consultas e para ser guardado;
- proponha revisões mensais, ou sempre que for necessário, para assegurar a qualidade das informações transmitidas.

2. **Slides de apoio**

Os slides de apoio, que formam o conteúdo da apresentação visual, além de ser uma ferramenta lúdica, ajudam o palestrante a organizar melhor as ideias durante a apresentação e a registrar a informação para os funcionários.

Para um bom resultado na criação dos slides de apoio, algumas precauções são aconselháveis:

prepare um padrão elegante para os slides, atentando para: pano de fundo, estilo, tamanho e cor da fonte e divisão do assunto principal;

- use o mesmo padrão de slides para todas as apresentações;
- determine um número máximo de slides para cada apresentação de tema, que deverá variar entre quatro e seis;
- evite utilizar efeitos durante a apresentação, pois eles podem desviar a atenção;
- proponha revisões mensais, ou sempre que forem necessárias, para assegurar a qualidade das informações transmitidas.

3. Palestrantes

Os palestrantes de um programa de integração são parte do cartão de visita da instituição e devem estar habilitados a desempenhar tal função, elevando constantemente a atenção do grupo e procurando manter o foco na proposta do encontro. Por isso, a escolha deve ser criteriosa.

Para um bom resultado das apresentações, algumas precauções quanto à escolha dos palestrantes são aconselháveis:

- escolha profissionais seniores, representantes de áreas e conhecedores dos assuntos a serem abordados;
- devem dispor de boa dicção e desenvoltura em apresentações;
- prepare os palestrantes quanto ao contexto do programa;
- verifique se possuem conhecimentos técnicos de apresentação e habilidade para falar em público;
- proponha treinamentos de reciclagem constante em técnicas de apresentação para garantir e manter a qualidade do programa;
- faça reuniões de alinhamento e acompanhamento com o grupo, para discutir oportunidades de melhoria;
- correções devem ser feitas sempre que necessárias.

4. Recursos de infraestrutura

Diversos recursos são utilizados em treinamentos e devem ser adaptados aos programas de integração:

- verifique se os palestrantes dominam os recursos tecnológicos a serem utilizados durante as palestras, como: *data-show, laser point,* computador/notebook, DVD/videocassete, microfone etc.;
- prepare os palestrantes para situações inusitadas: problemas nos slides, ausência de *data-show,* problemas no microfone etc.;
- tenha sempre uma alternativa em mente para situações inusitadas de falha na infraestrutura organizada.

5. *Coffee break*

Embora pareça uma ação rotineira e sem impacto estratégico, o *coffee break* garante a integração dos novos profissionais, proporcionando um momento de socialização e pausa para absorção do conteúdo. São nessas pausas que os profissionais estabelecem alianças que podem permanecer ao longo de seu crescimento na instituição e representar um apoio em sua jornada interna. Esse intervalo deve ser programado em conjunto com as demais ações do programa. Para um bom resultado do intervalo, algumas precauções são aconselháveis:

- o cardápio deve ser elaborado de acordo com a carga horária do programa. Opte por alimentos rápidos e leves, evitando alto nível de saciedade e de sonolência;
- faça uma média ou porção ideal por pessoa para a base de cálculo. Como a boa etiqueta orienta, o convidado não pode deixar de ser servido;

- peça aos participantes que mantenham seus crachás à vista a fim de melhor promover a integração do grupo;
- respeite os horários pré-acordados de início e término do intervalo;
- os profissionais de RH devem, nesse momento, circular pelo grupo, fazendo um breve apanhado da opinião dos participantes, demonstrando atenção, acolhimento e interesse pela percepção do participante quanto à eficácia da atividade;
- nesse momento, ajustes devem ser feitos na carga horária ou nas palestras, em função do feedback recebido pelo grupo.

12.6 Passo a passo: dicas para acertar!

A seguir, algumas dicas para a organização do programa:

- Envie a confirmação do programa de integração, agenda e horários definidos para todos os envolvidos com, no mínimo, 48 horas de antecedência.
- Reserve com antecedência a sala ou o auditório onde será realizado o programa.
- Solicite o *coffee break* com antecedência e de acordo com o número de participantes.
- Imprima uma lista de presença com os nomes, cargos e áreas dos participantes.
- Crie um formulário de avaliação (do tipo reação*/satisfação) para avaliar a satisfação dos participantes com relação ao programa.
- Forneça materiais de apoio adequados, como bloco para anotações, caneta/lápis e pasta para guardar os materiais do programa.
- Confirme a presença dos palestrantes com antecedência.
- Tenha certeza de que todos os detalhes estão coordenados e orquestrados para que a experiência de acolhimento seja a mais verdadeira e bem estruturada possível.

12.7 Caso prático: programa de *on-boarding* do Deutsche Bank

O programa de integração do Deutsche Bank Brasil, programa de *on-boarding*, foi adaptado do programa global existente, considerando características e especificidades locais. Seu intuito é integrar as principais atividades e ações que o novo funcionário deve realizar nos seus primeiros seis meses na instituição, proporcionando o suporte, as ferramentas e os recursos necessários para auxiliar na transição às novas funções e à nova organização.

O objetivo principal do programa é humanizar o processo de entrada, facilitando o convívio do novo indivíduo com a organização, a equipe e os processos já existentes.

O *on-boarding* é dividido em cinco etapas, que se subdividem em várias ações, tanto de recursos humanos quanto de outras áreas, como *compliance* e tecnologia, englobando desde a aprovação da contratação até o momento em que o funcionário completa 180 dias "de banco". Essa integração de todas as atividades em um só programa facilita o planejamento de atividades básicas que o novo profissional realizará nos próximos seis meses.

12.7.1 Principais etapas: o *roadmap*

O programa de *on-boarding* se inicia na fase de pré-contratação, quando o novo funcionário assina o contrato de trabalho, e termina depois de seis meses do início do funcionário

* No Capítulo 6 ("Logística para a produção e realização do treinamento em dez passos"), Fernando Cardoso cita esse tipo de avaliação como parte importante da realização de treinamentos, além de explicar em que consiste.

no Deutsche Bank Brasil. Por meio do *roadmap* (mapa do caminho), a instituição acompanha as ações e processos presentes nos primeiros 180 dias do funcionário no banco. O *roadmap* é importante para nortear o funcionário nesse início, pois representa um planejamento dividido em cinco etapas, que o ajuda a se integrar mais facilmente com a cultura do Deutsche Bank. As atividades das cinco etapas pelas quais o funcionário passa estão descritas abaixo. São elas:

Etapa 1 — pré-contratação:

- o gestor combina com a área de recursos humanos detalhes da contratação do novo funcionário;
- realiza-se um *background checking* de referências;
- uma carta-oferta com uma proposta de trabalho é entregue ao funcionário e assinada por ele;
- a área de recursos humanos envia um e-mail de boas-vindas com uma lista de documentos necessários para iniciar os registros nos sistemas do Deutsche Bank;
- a área de recursos humanos realiza o *on-boarding* nos sistemas para que os acessos do funcionário sejam criados e liberados pela área de tecnologia antes de sua entrada;
- a área de recursos humanos entrega os checklists específicos para o gestor e o *buddy*, bem como o mapa de relacionamentos para o gestor preencher.

Etapa 2 — dia 1:

- dia de integração: é composto por uma série de palestras, vídeos, treinamentos e conversas com as áreas de recursos humanos, tecnologia, controles internos, riscos operacionais, *compliance*, compras, comunicação corporativa e com um diretor executivo do Deutsche Bank. Essa série, que chamamos integração, fornece informações e insights valiosos sobre estrutura, estratégia, carreira, procedimentos e valores do Deutsche Bank;
- o funcionário recebe o *Welcome Manual*: feito para ser uma fonte integrada de informações sobre o Deutsche Bank. Nesse *book*, o funcionário encontra diversas informações sobre a cultura do banco, benefícios individuais, políticas corporativas, acessos, programas de qualidade de vida, desenvolvimento e aperfeiçoamento profissional e ações de responsabilidade social;
- kit: o funcionário recebe seu checklist e o *roadmap* com o planejamento de atividades institucionais para os próximos seis meses. Recebe também uma carta de boas-vindas do CEO e diversos informativos complementares ao manual;
- o gestor envia um e-mail de boas-vindas para sua equipe, apresentando o funcionário;
- o gestor entrega o mapa de relacionamentos preenchido para o novo funcionário;
- o *buddy* recebe o novo funcionário e inicia sua orientação.

Etapa 3 — primeiros 30 dias:

- sessões *one-on-one* do funcionário com o gestor;
- estabelecimento de objetivos;
- construção de networking com os membros da equipe;
- atualização de informações pessoais no sistema global de contatos do Deutsche Bank.

Etapa 4 — primeiros 90 dias:

- treinamentos de *compliance*;
- treinamentos aplicáveis de acordo com as demandas de cada área;
- check-in: almoço com a área de recursos humanos, com os *buddies* e novos integrantes;
- preenchimento da pesquisa global de feedback para novos funcionários.

Etapa 5 — de 90 a 180 dias:

- participação em *calls* e *townhalls*;
- participação em programas de treinamento e desenvolvimento;
- processo de avaliação de desempenho com o gestor imediato;
- rodas de diálogo: segundo check-in formal realizado pela área de recursos humanos.

12.7.2 Principais atores no processo de *on-boarding*

O programa conta com atores essenciais para que seu objetivo seja cumprido, são eles: o gestor, o *buddy*, o novo funcionário e a área de recursos humanos. A seguir, uma descrição do papel de cada ator:

Gestor — a forma como o gestor se prepara para receber o novo funcionário impacta diretamente a impressão sobre o Deutsche Bank e a adaptação do funcionário no novo time. O gestor é o elo entre o novo funcionário e a equipe já existente, entre o funcionário e o banco. Cabe ao gestor trabalhar para dois objetivos principais nesse início: providenciar que o novo funcionário se sinta parte da equipe e realizado com o novo ambiente e, ao mesmo tempo, dar ferramentas para que ele consiga se adaptar rapidamente, de forma a integrar e contribuir com o trabalho. A simples assinatura do contrato de trabalho não garante que o funcionário irá se integrar à cultura e aos processos do banco. A imagem que o gestor passa é de extrema importância, pois, desde o processo de seleção, trata-se do primeiro contato com a organização. Esse contato antes mesmo da contratação integra os componentes considerados pelo indivíduo para escolher aquele local para trabalhar.

Checklist do gestor — o "Manager Checklist" foi feito para guiar o gestor durante o programa de *on-boarding*. As atividades são divididas em três etapas, abarcando a preparação para o primeiro dia, a primeira semana e um período de 30 a 180 dias. A primeira fase consiste em atividades de preparação do ambiente de trabalho e da equipe: o gestor deverá requisitar acessos para o funcionário, conversar com a equipe sobre o papel a ser desempenhado pelo novo profissional, preencher o mapa de relacionamentos (com nomes e contatos de pessoas que serão importantes no dia a dia do funcionário) e entregá-lo ao funcionário no primeiro dia. Na segunda etapa (primeira semana), o gestor se concentrará em definir responsabilidades e fazer com que o funcionário se sinta bem-vindo ao novo time. Sugerimos que, por exemplo, um e-mail apresentando o funcionário seja enviado a pessoas-chave, almoços sejam marcados para apresentar as pessoas que trabalharão mais próximas dele e que se faça um planejamento para mostrar como funcionam os programas, acessos e ferramentas técnicas disponibilizados pelo Deutsche Bank. A última etapa consiste no apoio ao desenvolvimento contínuo com o estabelecimento e alinhamento de objetivos, plano de carreira, participação em programas de treinamento, desenvolvimento entre o novo funcionário e o gestor, estabelecimento das funções e responsabilidades e definição do papel do novo integrante no Deutsche Bank.

Novo integrante — o processo de adaptação das pessoas em um novo ambiente de trabalho, com novos colegas e uma nova cultura, tende a ser difícil e requer esforço. O novo integrante deve estar disposto a aprender sempre com aquilo que é novo, com pessoas diferentes e em um ambiente distinto daquele com que estava acostumado. O papel mais importante é o do novo funcionário, que, desde o momento em que escolhe trabalhar em um novo lugar, tem de estar disposto e aberto às mudanças e ao convívio com a diversidade. O Deutsche Bank disponibiliza todas as ferramentas necessárias para que esse processo seja facilitado e mais natural.

Checklist do novo integrante — no primeiro dia, o funcionário recebe o "New Joiner's Checklist", com a descrição de algumas atividades que sugerimos serem realizadas como parte importante do processo de adaptação. Esse checklist divide as atividades em quatro etapas, por período:

- primeiro dia (obtenção de acessos, apresentação à equipe de trabalho e participação da integração);

- primeira semana (almoços com pessoas indicadas pelo gestor e pelo *buddy* e checagem de acessos a sistemas);
- primeiros 30 dias (treinamentos e acesso das intranets globais e locais do Deutsche Bank);
- primeiros 90 dias (estabelecimento de objetivos, treinamentos e check-in com a área de recursos humanos).

Buddy — nem todas as demandas de informação podem ser providas pelo gestor. Pela própria relação que existe entre gestor e gerido, há questões com as quais o novo integrante pode se sentir desconfortável em compartilhar com o gestor, assim como o gestor pode não ter tempo hábil para auxiliar em coisas básicas. Nesse contexto, surge o papel do *buddy*, que é alguém designado pelo gestor para dar suporte ao funcionário em questões cotidianas. Essa pessoa auxiliará no dia a dia e terá um importante papel na construção do relacionamento e na inserção do novo funcionário na organização. O papel de um *buddy* engloba questões diversas, desde apresentar instalações físicas até auxiliar com questões técnicas e comportamentais. O *buddy* é um colega do novo funcionário, designado pelo gestor, para ser um ponto de contato para esse novo integrante, alguém a quem ele poderá recorrer e fazer perguntas e que prestará assistência geral caso o gestor não esteja disponível. O *buddy* designado não pode ser gestor do novo funcionário, deve ser algum colega da mesma área ou de outra área, mas sem reporte direto; essa recomendação é feita aos gestores na hora de indicar um *buddy*, pois, além de trazer mais liberdade à relação entre *buddy* e funcionário, amplia o networking e possibilita ao funcionário conhecer outras funções dentro de seu departamento e de outras áreas do banco.

Checklist do *buddy* — o *buddy* recebe um checklist, chamado "Buddy's Checklist", assim como o gestor, com algumas atividades que podem guiá-lo durante esse processo. Há atividades divididas em quatro etapas, organizadas por períodos:

- Primeira etapa (preparação): consiste em coordenar com o gestor os procedimentos para o primeiro dia.
- Segunda etapa (primeira semana): é a mais importante para o auxílio à adaptação do novo profissional, consistindo em ações como apresentação das instalações físicas, dos caminhos para acessar sistemas de informação e gerenciais, orientação básica de programas utilizados e sobre busca de informações.
- A terceira etapa ocorre no final da primeira semana e inclui um almoço com o novo funcionário, apresentação de pessoas importantes (de acordo com o mapa de relacionamentos) e das salas para reuniões (assim como o procedimento de reserva).
- Por fim, na quarta etapa o *buddy* continuará acompanhando o funcionário de acordo com as necessidades que surgirem. Esse relacionamento é bastante individualizado e deve ser adaptado caso a caso.

Recursos humanos — coordena o processo e garante que as ferramentas necessárias para a humanização da entrada do novo funcionário em um ambiente já consolidado estarão disponíveis. Os profissionais de RH articularão todo um planejamento individual e customizado para cada novo funcionário, dando atenção e suporte quando necessário. Além disso, o processo inclui a realização de três momentos de acompanhamento formal do programa, que serão descritos no item abaixo.

12.7.3 Compartilhando opiniões: feedbacks

O programa de *on-boarding* é levado muito a sério pelos profissionais do Deutsche Bank. Para garantir um programa proveitoso e informativo, é essencial entender a opinião dos participantes. Apesar de estarmos sempre abertos ao diálogo com os participantes, temos três momentos formais para trocar ideias e ouvir feedbacks:

1. Após completar 45 dias, convidamos os novos funcionários e os *buddies* para um almoço com a área de recursos humanos, momento em que podemos estimular a conversa

e a integração entre os participantes e a troca de ideias sobre o programa. Realizamos esse almoço em um local fora do escritório, pois é importante ocorrer um afastamento do ambiente formal nesse momento.

2. Ao completar 90 dias, o novo funcionário recebe por e-mail uma pesquisa global sobre esse período no Deutsche Bank. A pesquisa é anônima e os resultados são recebidos e analisados pelos profissionais locais de recursos humanos trimestralmente.
3. Depois de seis meses convidamos os funcionários para participar de uma sessão de "Rodas de Diálogo", em que a gestora de RH e um consultor externo coordenam uma conversa entre os participantes, tanto sobre o banco quanto sobre assuntos individuais. Grupos de trabalho são montados e pontos fortes e fracos do Deutsche Bank são discutidos, com base em experiências pessoais. Cada grupo escolhe até cinco temas principais. Após esse levantamento, cada grupo elege um ponto a melhorar e propõe ideias novas. Essas sugestões são apresentadas pela gestora de RH ao comitê executivo para avaliação e planejamento de ações futuras.

12.7.4 Desenvolvimento contínuo

Após seis meses de Deutsche Bank, acreditamos que os novos funcionários já estão totalmente integrados à nossa cultura. Para um processo contínuo de desenvolvimento, há diversas atividades de treinamento e desenvolvimento, locais e globais, disponíveis em um sistema global de gestão de treinamento que permitirá ao funcionário acessar informações sobre treinamentos on-line e presenciais, realizar sua inscrição e acessar seu histórico de atividades. Nesse portal estão todos os treinamentos globais e regionais, muitos deles gratuitos e disponíveis para realização em qualquer momento.

Adicionalmente, lançamos por e-mail programas locais de treinamentos que oferecemos de acordo com a demanda levantada pelos gestores e pelos próprios funcionários. Os treinamentos são customizados e oferecidos por instituições de ensino parceiras ou desenvolvidos e conduzidos pelos próprios profissionais do Deutsche Bank.

12.8 Conclusão

Os desafios para a área de recursos humanos são consideráveis. Além da busca constante de meios para manter o foco em questões estratégicas e que criem valor para a instituição, os profissionais dessa área devem primar por processos de qualidade, alto teor técnico e com indicadores de valor.

As responsabilidades estratégicas da área de RH podem ser resumidas como a busca de melhoria contínua da imagem da instituição, tanto interna quanto externamente; a criação de programas que direcionem a cultura para um alinhamento de sua missão, visão e valores da instituição; a contribuição para o desenho da arquitetura organizacional, papéis e responsabilidades, mecanismos de decisão e integração; e a criação de programas que atraiam, retenham, desenvolvam e promovam o desempenho organizacional.

Nesse contexto, o programa de integração de novos funcionários visa contribuir para o melhor alinhamento dessas diretrizes estratégicas, enfocando a manutenção e o aprimoramento da imagem institucional.

Não há como prever o futuro da função do departamento de recursos humanos e quais serão as práticas que ele virá a desempenhar nas próximas décadas. Mas sabemos que o principal objetivo das corporações é a busca constante de melhoria de seu desempenho organizacional. E a proposta de contribuição do RH para tal intento estratégico é a gestão equilibrada, coerente e alinhada de seu capital intelectual, isto é, as pessoas que compõem a organização.

A missão do RH é promover, continuamente, um alinhamento dessa relação entre as pessoas e a instituição, buscando, cada vez mais, caminhos de abertura, diálogo, engajamento e visão coletiva. A integração de novos profissionais bem conduzida, acolhedora e humanizada é o início do cumprimento dessa missão do RH, promovendo uma relação próspera, produtiva e bem-sucedida.

Referências bibliográficas

BOHLANDER, G. W.; SCOTT, S.; SHERMAN, A. *Administração de recursos humanos*. São Paulo: Thomson Pioneira, 2003.

DUTRA, J. S. *Gestão de pessoas:* modelo, processos, tendências e perspectivas. São Paulo: Atlas, 2002.

FLEURY, M. T. L.; FISCHER, R. M. *Cultura e poder nas organizações*. São Paulo: Atlas, 1996.

PONTES, B. R. *Gestão estratégica nas organizações*. São Paulo: LTR, 2001.

ROBBINS, S. P. *Comportamento organizacional*. São Paulo: Pearson Prentice Hall, 2005.

Cristina Aiach Weiss

Mestre em administração de empresas, especialista em RH pela Fundação Getúlio Vargas (SP) e pela Universidade de Michigan (EUA), Cristina Aiach Weiss também cursou o MBA executivo internacional pela FEA-USP, possui capacitação em *behaviour analysis* pela John E. Reid & Associates, em coaching pelo Integrated Coaching Institute (ICI) e em moderação de conflitos pelo Instituto Familiae, especializando-se na liderança de projetos estratégicos de mudança de cultura, remuneração, capacitação e desenvolvimento de pessoas. Com mais de 20 anos de experiência na área de gestão estratégica de pessoas, é atualmente diretora de recursos humanos para a América Latina do Deutsche Bank. Foi diretora executiva de recursos humanos do Hospital Israelita Albert Einstein, diretora de recursos humanos e serviços corporativos para a América Latina da Merrill Lynch no Brasil e atuou em empresas multinacionais na área internacional e de auditoria. Realiza palestras em congressos nacionais e internacionais e atua na coordenação de eventos voltados para a área de recursos humanos.

E-mail: recursos.humanos@db.com

Agradeço a dedicação e contínuo interesse e apoio na elaboração deste capítulo a Carolina Tiezzi Junqueira, analista de recursos humanos do Deutsche Bank Brasil, responsável pela adaptação do programa global de *on-boarding* de novos funcionários do Deutsche Bank para o Brasil.

capítulo 13

Treinamento técnico

Cristina Valiukenas

13.1 Objetivos

A atividade de T&D acompanha a história da gestão de pessoas, e esta, por sua vez, insere-se nos contornos da evolução dos conhecimentos sobre administração de empresas. A evolução do ambiente empresarial ocorrida ao longo do século XX trouxe significativos impactos na gestão das organizações, requerendo por parte dos trabalhadores respostas cada vez mais rápidas. Assim, é fundamental utilizar uma abordagem perfeitamente alinhada com a necessidade identificada para assegurar o resultado das ações de treinamento. E este capítulo trata das questões fundamentais para a execução de um treinamento técnico bem-sucedido.

13.2 Introdução

O processo de globalização trouxe profundas transformações para as organizações, gerando a necessidade permanente de desenvolvimento e aperfeiçoamento do conjunto de colaboradores. O acelerado desenvolvimento tecnológico, aliado à "redução gradativa do prazo de validade do conhecimento e à emergência da organização não hierárquica, enxuta e flexível" (Soares, 2002), impôs às organizações a necessidade de estruturar o tratamento da educação corporativa.

A atividade de T&D de pessoal é antiga na estrutura das organizações. Treinamento significa a "obtenção de técnicas e habilidades específicas, detalhadas e rotineiras do trabalho" (Megginson et al., 1998, p. 299); ao passo que o desenvolvimento amplia esse escopo para "a melhoria e o crescimento, dentro de um objetivo mais amplo, das habilidades, das atitudes e dos traços de personalidade" (idem).

O cenário de competitividade necessita de trabalhadores com perfil muito mais dinâmico e ativo. Não basta fazer certo, no momento certo. Também é preciso saber quando mudar o que está sendo feito da forma certa. O papel do líder, para alinhamento de sua equipe à estratégia do negócio, é reconhecido como crucial, uma vez que ele está próximo das pessoas e, ao corrigir eventuais desvios de desempenho, executa uma ação de treinamento mesmo quando esta não foi realizada sob tal rótulo.

Alguma vez você já chegou a um posto de gasolina para abastecer seu automóvel, fez rapidamente uma avaliação do desempenho do indivíduo que o atendeu e constatou que ele precisaria de, no mínimo, um treinamento? Pois é. O treinamento técnico compõe o processo que o cliente entende como parte integrante do produto ou do serviço que está sendo entregue. Não se trata do "algo mais", refere-se apenas ao cumprimento da promessa da venda.

13.3 Contexto estratégico

Uma questão relevante para as atividades de T&D é a estratégia definida para o negócio, independentemente da escola de pensamento estratégico que a organização opte por seguir. Isso ocorre porque a estratégia é o elemento de alinhamento das pessoas na organização. Por meio dela, sabe-se o que é importante para a empresa, portanto, deve receber atenção e ser priorizada.

Ao se concordar com o fato de que a estratégia define as prioridades para concentrar os esforços das pessoas, passa-se a entender que é necessário enfocar as atividades de treinamento naquelas habilidades que a equipe precisa ter para executar o que é priorizado.

Assim, se estivéssemos construindo um checklist cujo primeiro tema fosse estratégia, caberiam algumas perguntas, como:

- Qual é a estratégia do negócio?
- Como a área que estou avaliando contribui para a realização da estratégia? Com que criticidade?
- Quais implicações essa estratégia traz para os diferentes processos da empresa?

A compreensão da estratégia, com enfoque em treinamento técnico, mais especificamente, facilita a etapa seguinte, a saber, a de identificação das competências necessárias à função.

13.4 Competências

A gestão de pessoas para a competitividade está alicerçada na busca de um modelo para se obter vantagens em um ambiente competitivo e se articula com base em competências, ou seja, instrumentos e ferramentas são meios para determinado fim, independentemente da escola a que estejam subordinados.

Maria Tereza Fleury (Fleury et al., 2002, p. 55) define competência como um "saber agir responsável e reconhecido que implica mobilizar, integrar, transferir conhecimentos, recursos, habilidades, que agregue valor econômico à organização e valor social ao indivíduo". Essa definição imprime o tom que as áreas de T&D passaram a utilizar a partir da década de 1990.

Fleury ainda propõe a categorização das competências do indivíduo em três blocos:

- *competências de negócio*: relacionadas à compreensão do negócio, seus objetivos na relação com o mercado, clientes e concorrentes; compreensão do ambiente político e social; capacidade de planejamento. Exemplos: conhecimento do negócio, orientação para o cliente;
- *competências técnico-profissionais*: específicas de determinada operação, ocupação ou atividade. Exemplos: utilização avançada de Excel; domínio de Internet e Outlook etc. Também fazem parte das competências técnico-profissionais a atualização constante e a possibilidade de aquisição de novos conhecimentos, além de sua utilização na realização das atividades;
- *competências sociais*: necessárias para interagir com as pessoas. Exemplos: boa comunicação, negociação, flexibilidade para mudanças, sensibilidade cultural, trabalho em equipe.

Entendendo as atividades da equipe, quais competências técnico-profissionais farão diferença no alcance dos objetivos diante da estratégia estabelecida?

13.5 Liderança

A liderança exercida no ambiente de negócios é afetada diretamente pelo dinamismo de todas as variáveis do contexto. Considerando-se que as pessoas de uma equipe são influenciadas na direção de objetivos e metas, que por sua vez se alinham à estratégia, é papel-chave do líder assegurar que tal alvo seja atingido.

É papel do líder:

- expor os objetivos estratégicos definidos pela organização;
- definir metas com a equipe, para que se cumpram os objetivos;
- orientar o grupo para o alcance dos objetivos e metas;
- administrar os recursos disponíveis para alcançar os objetivos e as metas.

Para assegurar o sucesso quanto ao cumprimento dos objetivos e metas, o líder poderá identificar a necessidade de capacitação de sua equipe. Com isso, já estamos diante de uma importante questão na definição das necessidades de treinamento, ou seja, quais capacitações farão diferença para alcançar os objetivos e metas estabelecidos, na perspectiva da liderança dos indivíduos.

Outro fator que interfere diretamente no exercício da liderança é o contexto. Para observá-lo, visualizaremos o contexto em duas dimensões, uma vez que o macro interage com o específico, acarretando consequências para este:

- *contexto macro*: representa o cenário em que o negócio está inserido e o ambiente em que as pessoas vivem. Esse macroambiente interfere, muitas vezes, de forma direta, e, frequentemente, de forma indireta na liderança;
- *contexto específico*: a situação específica do líder e a dele com o liderado ou com a equipe de trabalho.

Não se pode jamais perder de vista que o desenvolvimento cognitivo é parte importante da formação da liderança, mas não é exclusiva. Aspectos relacionados ao desenvolvimento comportamental facilitarão e ampliarão a qualidade do processo decisório e das relações interpessoais. O autogerenciamento para ampliação das competências individuais permitirá traçar metas pessoais de desenvolvimento.

13.6 Outras informações relevantes

13.6.1 Relatórios

Existem outras informações que devem ser analisadas quando se pensa em treinamento técnico:

- introdução ou modificação da tecnologia em uso;
- avaliação de desempenho;
- pesquisas de satisfação junto aos clientes e consumidores ou usuários;
- reclamações recebidas;
- retrabalho: tempo gasto ou número, conforme sistema de medição;
- não conformidades registradas internamente, que não chegaram ao cliente;
- relatórios da qualidade no que diz respeito à utilização de equipamentos, instrumentos de trabalho, uso de instalações etc.;
- acidente de trabalho;
- *turnover*;
- outras, pois cada realidade tem informações específicas relevantes.

A complexidade do ambiente empresarial mudou e isso trouxe a necessidade de uma visão ampla para a compreensão da realidade. Isso significa que, ao falarmos do diagnóstico da situação atual, não basta ler o passado registrado nos relatórios, mas o mais importante é perceber qual a tendência desse passado, para onde ele nos aponta. Esse ponto da curva imaginária (aquela que se constrói com base na observação da tendência) é o espaço das ações de treinamento, pois pode-se desejar desviá-la, lenta ou rapidamente, ou mantê-la, ou, ainda, reconhecer que no estágio em que ela se encontra não será uma ação de treinamento que fará a diferença.

13.6.2 Observação do empregado

Observar o empregado em seu posto de trabalho, suas interações, tensões, enfim, sua atuação ao desempenhar sua função é de fundamental importância nesse processo. Esse momento de aproximação permite ao profissional de RH compreender a sutileza de situações que podem somente ser percebidas por alguém de fora.

Além da observação, será fundamental conversar com os empregados tendo como base um roteiro definido no *briefing* inicialmente passado pela liderança. Nessa entrevista, recomenda-se buscar a visão do empregado para as diferentes informações colhidas ao longo do caminho, até mesmo aquelas relacionadas com estratégia, objetivos e metas. Percebemos que, quando o colaborador sabe para onde está indo e o que é essencial para seguir tal caminho, ele se torna muito mais ativo em todo o processo de geração de resultados.

No passado, quando se pensava em treinamento técnico, a relação entre o sujeito e sua posição era direta, ou seja, se ele era um torneiro mecânico, pensava-se em como seu desempenho poderia ser melhorado para ampliar a produtividade. Nessa época, o ambiente era percebido como sendo um ambiente de maior estabilidade, a vida útil das tecnologias era mais longa e, portanto, era adequada essa relação homem *versus* equipamento *versus* produtividade.

Atualmente, além da acelerada evolução tecnológica, há o crescimento do teletrabalho ou home office, fazendo com que a observação do trabalho seja realizada a distância. Esses fatores contribuem para que o indivíduo necessite "ser", e "não estar", permeável à evolução e rapidamente se adequar ao novo software ou novo equipamento. Observe os trabalhadores de call center, em teletrabalho ou sites, que necessitam assimilar rapidamente novas tecnologias ou softwares que são utilizados em seu cotidiano; ou ainda, os trabalhadores do sistema bancário ou de montadoras que trabalham com robôs. A evolução constante das ferramentas de trabalho, associadas ao perfil dos jovens trabalhadores, produz um ambiente de treinamento de alta velocidade: soluções rápidas para públicos que estão habituados a constantes mudanças. A dinâmica homem *versus* equipamento *versus* produtividade continua, porém, com maior velocidade. Portanto, a competência "aprender a aprender", mais do que nunca, é essencial, assim como o são os conteúdos de treinamento alinhados ao perfil do público-alvo e as formas de trabalho contemporâneas.

Esse é um importante papel do profissional de RH, uma vez que compete a ele auxiliar os gestores nesse processo decisório, fazendo recomendações que implicarão diretamente na capacidade de a organização atingir seus objetivos e, por conseguinte, executar sua estratégia, além do valor econômico diretamente envolvido na solução.

13.7 Soluções de treinamento

Nas seções anteriores, discorremos sobre as origens das informações que serão utilizadas na elaboração do plano de treinamento. Reunimos uma série de informações e, principalmente, conversamos com as pessoas diretamente envolvidas. Esse plano, conforme a empresa e suas políticas, pode ser individualizado por grupo ou área.

13.7.1 Escolha das alternativas para a viabilização do treinamento

Após a conclusão do levantamento de necessidades, a fim de identificar as ações de treinamento necessárias para ampliar as habilidades do indivíduo, surgem outras questões:

- com base no perfil dos treinandos, qual o melhor ambiente de aprendizagem para o tema proposto? Deve-se avaliar, inclusive, se é algo para ser feito internamente ou com a contratação de uma entidade de ensino;
- qual a disponibilidade de recursos da área envolvida?
- em quais horários os treinandos estarão disponíveis para a aprendizagem?
- quanto tempo será necessário para desenvolver o processo de aprendizagem?

Podemos citar como exemplo a adoção de um software para gestão do processo produtivo que deve ser implantado em 500 pontos dispersos pelo Brasil:

- o melhor ambiente para a aprendizagem: o computador, navegando pelo software;
- o recurso disponível na área é de R$ 50 mil, R$ 100 por pessoa;
- os treinandos terão de se ausentar do ambiente de trabalho somente no período da tarde;
- o tempo do programa será de oito horas.

Essas informações já excluem as alternativas que demandem a locação de espaços e viagens. A eventual necessidade de contratação de profissionais do mercado deverá ser analisada exaustivamente.

Esse exemplo introduz a questão das alternativas para soluções de treinamento, são elas:

1. Ambiente presencial em sala ou local de trabalho do indivíduo. Com:

- *Profissional externo*: pode ser instrutor, consultor ou professor.
- *Profissional interno*: pode ser líder direto ou colega de trabalho.

2. Educação a distância:

- *Mediada por computador*: on-line — síncrono ou assíncrono —; autoinstrucional (CD-ROM).
- Mediada por *smartphones* e/ou *tablets*, no modo síncrono ou assíncrono.
- Autoinstrucional, por meio de apostila.
- *Por vídeo*: DVD-player ou videocassete.
- Por telefone, apoiado por um recurso visual compartilhado pela web.

A escolha deve ser realizada buscando responder as perguntas inicialmente apresentadas. Independentemente da escolha feita, os profissionais envolvidos precisam se conscientizar da importância do cumprimento do roteiro do curso e do horário informado aos participantes.

13.7.2 Escolha do método

Apesar de não desejarmos entrar na discussão sobre as suposições de Knowles, o método de Freire, ou ainda sobre alguns outros autores que poderiam ser citados, vale a pena relembrar os princípios defendidos por João Amos Comenius (1592-1670), publicados em sua obra *Didática magna*, editada no século XVII, em 1632, em virtude de sua pertinência ao tema treinamento.

> Ao ensinar um assunto, o professor deve:
>
> 1. apresentar o objeto ou ideia diretamente, fazendo demonstração, pois o aluno aprende por meio dos sentidos, principalmente vendo e tocando;
> 2. mostrar a utilidade específica do conhecimento transmitido e sua aplicação na vida diária;
> 3. fazer referência à natureza e à origem dos fenômenos estudados, isto é, às suas causas;
> 4. explicar primeiro os princípios gerais e só depois os detalhes;
> 5. passar ao assunto ou tópico seguinte do conteúdo apenas quando o aluno tiver compreendido o anterior.

Ao observar essas orientações, podemos escolher o melhor método para o conteúdo a ser aprendido pelos treinandos:

- *expositivo*: centrado na exposição dialogada;
- *demonstrativo*: ancorado na exposição do objeto de aprendizagem;
- *simulação*: execução de determinada atividade em ambiente de teste;
- *monitorado*: execução de determinada atividade com assistência do especialista, também conhecido por coaching ou tutoria.

A classificação adotada para métodos de treinamento estabelece que cada método requer a utilização de recursos instrucionais para viabilizar a obtenção dos objetivos desejados. Como exemplo, jogos de empresa ou de negócios ou ainda dramatizações são recursos do método de simulação; estudo de caso poderá ser um recurso de um método demonstrativo, dependendo do nível de detalhamento do caso, ou poderá ser um recurso do método expositivo; técnicas vivenciais poderão estar associadas à simulação; painel, brainstorming e debate podem ser recursos instrucionais do método expositivo. A opção por uma solução presencial ou a distância ainda implicará na escolha de um dos métodos. Enfim, após definir o método de treinamento também será necessário definir os recursos instrucionais para viabilizar cada método, cuidando para que sejam pertinentes ao conteúdo que se deseja transmitir. Os métodos podem ser utilizados isoladamente ou em conjunto. Essa escolha dependerá do tema abordado e do domínio que os treinandos deverão possuir no final do treinamento.

Método expositivo

A sessão é dividida em duas fases. A *primeira fase* refere-se à integração e à ambientação do treinando. Ela inclui:

- recepção dos participantes;
- apresentação do tema e sua importância;
- explicação do plano e das regras de trabalho da sessão.

A *segunda fase* é dedicada a:

- apresentar os pontos-chave do tema;
- expor todos os itens, por meio de explicações, perguntas e debates, utilizando o material de apoio (*flip chart*, documentos, formulários etc.), exercícios (se cabíveis), e realizar síntese da sessão.

O método expositivo é bastante comum no ambiente de ensino formal. Porém, dependendo do tema do treinamento, ele ainda é bastante oportuno; por exemplo, se for preciso atualizar a equipe quanto a alterações em rotinas já implantadas.

Método demonstrativo

Esse método se divide em duas fases:

1. *Primeira fase*: recepção dos participantes, apresentação do tema e sua importância, explicação do plano e regras de trabalho da sessão.
2. *Segunda fase*: consiste em cinco momentos. São eles:
   - primeira demonstração comentada pelo treinador (passo a passo que engloba a menor parte do trabalho; explicações de como fazer; explicações de por que fazer daquela forma);
   - segunda demonstração comentada e feita por um voluntário (passo a passo, com as explicações de como e por que fazer);
   - mesa-redonda para comentário dos observadores;
   - terceira demonstração por outro treinando (ou fazer com que todos demonstrem a tarefa sob a observação do treinador);
   - conclusões gerais da sessão e síntese.

A junção dos métodos expositivo e demonstrativo é bastante comum em programas de televisão, que têm por objetivo ensinar o expectador a fazer algo, seja receita culinária ou artesanato.

Método por simulação

O método por simulação é recomendado sempre que algo precisa ser testado, por exemplo, uma abordagem de venda, um atendimento telefônico, a utilização de determinado software etc.

1. *Primeira fase*: acolhimento dos participantes, apresentação do tema e sua importância, explicação do plano e regras de trabalho da sessão.
2. *Segunda fase*: envolve as seguintes etapas:
    - escolha dos voluntários (atores) para a representação;
    - preparação dos "atores" (distribuição dos papéis) e observadores;
    - simulação da situação;
    - análise da simulação (ou da tarefa):
        - — pelo ator (funcionário);
        - — pelo ator (cliente);
        - — pelos observadores (treinandos);
        - — pelo treinador (verificando ou acompanhando a ficha de treinamento específico ou o plano da sessão com os seus pontos-chave);
    - conclusões da sessão.

Método monitorado

Esse método, quando adotado, é precedido de uma ou mais aplicações dos métodos anteriormente citados. Primeiro existe o aprendizado teórico do assunto. Eventualmente, pode-se utilizar demonstração e simulação como parte da preparação do indivíduo.

Você já imaginou se as pessoas aprendessem a dirigir apenas pela utilização dos outros métodos? O contexto real é fundamental na construção da aprendizagem, ou seja, dirigir em vias em que circulem simultaneamente outros veículos de diferentes tamanhos, pessoas, outros meios de transporte, enfim, as variáveis que afetam diretamente a aprendizagem necessitam ser vividas, pois todos os sentidos estão sendo trabalhados ao mesmo tempo.

Neste momento, você pode estar se perguntando se esse método é semelhante ao treinamento *on the job*. A diferença reside no fato de que a realização da atividade baseada no método monitorado ocorre na presença do monitor. E esta fase é parte integrante do processo de formação do indivíduo. Essa é a premissa do estágio monitorado, tão comum nas instituições de ensino. No treinamento *on the job*, o indivíduo está trabalhando e interrompe sua atividade, seja para aperfeiçoamento, seja para aprender algo novo. Existem organizações que utilizam esse método de preparação profissional para assumir novas funções, mas também é comum as pessoas utilizarem essas expressões de forma substitutiva.

Considerando-se que o monitor tem papel fundamental na preparação do indivíduo, o sucesso do treinamento monitorado depende, também, de um bom roteiro que direcione as atividades a fim de facilitar a aprendizagem. Esse roteiro deve criar oportunidades para o indivíduo começar pelas atividades mais simples. Aumenta-se a complexidade à medida que ele se sentir seguro nas atividades iniciais. O indivíduo deve conhecer esse roteiro, sabendo o que se espera dele e como será avaliado em cada fase, como forma de ajudá-lo a lidar com sua ansiedade. Vamos agora às duas fases do método.

1. *Primeira fase*:
    - preparação do indivíduo a respeito do tema por meio de um ou mais métodos mencionados; a realização da fase seguinte, ou seja, o treinamento monitorado, somente acontece quando o indivíduo conclui com sucesso a primeira fase.

2. *Segunda fase*:
   - treinamento monitorado.

Enfim, a escolha do melhor método depende do conjunto de fatores descritos anteriormente.

13.8 Sensibilização e envolvimento dos participantes

Para promover a sensibilização e o envolvimento do público-alvo do treinamento, podemos recorrer à publicidade, pois essa é a área do conhecimento que domina a técnica de tornar pública uma proposta. Nessa fase, é disso que precisamos.

Alguns podem estar se perguntando: mas por que isso? Podemos tornar o treinamento obrigatório, todos têm de fazer e pronto. Não podemos deixar de admitir que muitas empresas fazem isso, mas gostaríamos de incitar alguma reflexão sobre o assunto: com base em nossa experiência profissional na área de recursos humanos, não vemos a autoridade como a melhor forma de conquistar pessoas; como profissionais da educação, reconhecemos que são as pessoas que aprendem e, sendo assim, podemos despertá-las para tal propósito; por conta de nossa atuação em liderança, constatamos que não podemos obrigar as pessoas a se comprometer com algo, mas podemos conquistar seus corações com propostas éticas, que permitam a realização de seus sonhos e aspirações.

Consideramos importante destacar, neste momento, que estamos discorrendo sobre como atuar na percepção do indivíduo, ou seja, como ele percebe algo que está sendo proposto. Para chegar até esse ponto, utilizamos a persuasão, ou seja, um modo de levá-lo a aceitar ou acreditar que algo será bom para ele, algo que poderá passar pelo filtro de escolha do próprio indivíduo. Com isso, sugerimos que um lançamento envolvente e estimulante deve preceder o plano de treinamento ou uma intervenção, com a utilização de um plano de comunicação dirigido ao público-alvo, reforçando os aspectos positivos do treinamento e valorizando seus benefícios para o indivíduo, sua postura profissional e a empresa.

Outro importante ator desse processo é o líder imediato. Embora esteja diretamente envolvido com a necessidade de treinamento dos funcionários, é importante, também, que ele seja convidado a auxiliar e a estimular os funcionários a participarem ativamente do treinamento. É fato que, na prática, toda ação de treinamento atinge sua plenipotência durante o exercício da função, momento em que o líder imediato observará a aplicação prática do aprendizado adquirido. Assim, quanto mais esse líder estiver envolvido, mais fácil se tornará sua observação e sua ação futura.

13.9 Avaliação dos resultados alcançados

No que diz respeito à dimensão do ensino corporativo, os resultados da aprendizagem devem ser demonstrados em correto alinhamento com a origem da necessidade. Aplicar um teste de conhecimento no final de um programa é útil apenas para verificar a adequação metodológica, mas pode não sê-lo do ponto de vista do resultado organizacional. O fato de o trabalhador ter assimilado o conhecimento não implica, por si só, certeza de que será colocado em prática, uma vez que, para a aprendizagem se refletir em seu desempenho, existem outros intervenientes no processo.

Essa é uma questão que afeta sobremaneira os investimentos em educação corporativa e foi abordada no Capítulo 4 do *Manual de treinamento e desenvolvimento*: gestão e estratégias. De qualquer forma, consideramos oportuna a utilização dos três primeiros níveis (descritos abaixo) do modelo desenvolvido por Donald Kirkpatrick (apud Fleury, 2002, p. 210), no qual a avaliação deve ser realizada com base nos níveis de:

1. *Reação:* Quanto os participantes ficaram satisfeitos com o programa (conteúdo, instrutores, metodologia, instalações etc.)?

2. *Aprendizado*: Quanto os participantes aprenderam? Houve aumento de conhecimento, desenvolvimento de habilidades ou mudança de atitudes? Todos nós temos diversos exemplos desse nível de avaliação. Afinal, fazer provas é uma prática comum no ambiente de ensino, e há considerável quantidade de trabalhos publicados a esse respeito.
3. *Aplicação*: O aprendizado está sendo aplicado no cotidiano do trabalho? Quais as mudanças percebidas?
4. *Resultados*: Quais os resultados gerados em função do programa? Qual o retorno do programa para os resultados nos negócios? Implantaram novos projetos que geraram valor?

Anteriormente, discorremos sobre a importância de envolver o líder nas ações de treinamento. Essa é a principal razão: nesse nível da avaliação, ele será o responsável pela observação e pelo julgamento. Isso poderá ser feito por meio de um instrumento pontual, encaminhado após trinta dias de treinamento ou mesmo pelos instrumentos formais utilizados para análise do desempenho, se a aplicação planejada ocorrer próxima desse intervalo de tempo.

As avaliações de reação e de aprendizado são rápidas e objetivas. Já o terceiro nível requer tempo para sedimentação, é um resultado de longo prazo que interage com outros elementos do sistema. É fundamental reconhecer que existe interdependência entre o indivíduo, o sistema e todos os elementos que o compõem, fato que não deve ser desprezado ao se avaliar os resultados de intervenções de educação a distância ou presencial.

Eboli (Fleury et al., 2002, p. 212) considera o modelo preconizado por Kirkpatrick como o "estado da arte quando o assunto é avaliação de treinamento", mas reconhece que sua utilização "é tímida devido à dificuldade e ao custo de mensurar os níveis 3 e 4".

Também é necessário identificar os resultados apresentados por outras fontes de informação levantadas na elaboração do diagnóstico e na definição da intervenção de treinamento, independentemente da periodicidade da apuração. A análise desses resultados poderá implicar novas ações de treinamento, levando-se em conta que o conjunto de pessoas inicialmente mapeado permanece na medição seguinte.

13.9.1 Importância da liderança para os resultados em treinamento

Ao líder compete papel de extrema relevância na conquista desses resultados, pois, quando o colaborador retoma o desempenho de suas funções, espera-se que coloque em prática o aprendizado adquirido. Esse é o momento em que o líder tem função essencial, uma vez que a ele compete não apenas assegurar a aplicação daquilo que foi aprendido, mas também potencializá-lo.

A liderança imediata, ao observar que o colaborador está praticando o que foi ensinado, poderá ajudá-lo a melhorar ainda mais, ou mesmo indicar-lhe qual será o próximo desempenho esperado.

Um meio excelente para que o líder exerça esse papel é a prática do feedback. Para isso, algumas poucas regras práticas devem ser seguidas:

1. Certifique-se de que o local é apropriado para conversar, procurando sempre não expor o colaborador ou deixá-lo constrangido. É fundamental que o feedback seja dado logo após a execução da ação que deve ser melhorada, ou seja, quanto mais próximo do momento real, melhor será a compreensão do fato.
2. Descreva a ação do colaborador que pareça inadequada e qual deve ser o modo correto de empreendê-la, enfocando aquilo que é fundamental na ação. O importante é se ater à descrição das ações erradas e certas, tornando o erro absolutamente transparente. Caso o colaborador não tenha percebido o erro ou não concorde que se trate de um erro, prontifique-se a lhe explicar a razão de tal fato ser de uma forma e não de outra.
3. Esteja aberto a ouvir o colaborador. Não esqueça que feedback é parte de um processo de comunicação. Como tal, deve-se saber ouvir ativamente.

Com base na exposição dada percebe-se, enfim, que a liderança é decisiva para o sucesso das ações de treinamento.

13.9.2 Ações corretivas *versus* resultados alcançados

Após a apuração do resultado alcançado, comparando-o ao conjunto de informações utilizado inicialmente para definir a necessidade existente, pode ser necessário elaborar ações corretivas. Para tanto, devemos retomar a análise das causas originais, confrontando-as com os novos dados, a fim de identificar os problemas que podem ser resolvidos por ações de treinamento.

Essa é uma questão relevante, pois é crucial identificar se a não conformidade será solucionada com treinamento, e não com outras questões que envolvem a dinâmica do trabalhador na organização. Como exemplo comum disso, existem fatores de satisfação relacionados às condições de trabalho, que muitas vezes distorcem a produtividade e, por conseguinte, a conformidade; mas isso não se resolve com ações de treinamento técnico.

13.1 OApuração de custos de treinamento

Sugerimos que a apuração dos investimentos de treinamento considere todas as variáveis envolvidas na identificação de um custo. Genericamente, podemos agrupá-las da seguinte forma:

Variáveis	Possíveis custos do treinamento
Pessoas	Se interno ou externo, por meio de consultores: custo pago a outra entidade ou, ainda, valor cobrado por hora, por pessoa, pelo instrutor interno.
	Com participantes: valor hora/homem dos treinandos, quando o curso for realizado no horário de trabalho. Se houver incidência de hora extra para os participantes do curso, considerar esse valor.
Material didático	Com a produção do curso: apostilas, materiais para dinâmicas e exercícios, transparências etc.
Espaço físico	Se realizado externamente, deve ser considerado o valor pago à entidade em cujo espaço o evento ocorreu. Se realizado internamente, deve ser considerado o custo total do metro quadrado ocupado pela área de treinamento. Se incluir serviço extra de *coffee break* e refeição diferenciada, deve-se considerá-lo também.
Viagens e hospedagem	Com os valores gastos com deslocamento, hospedagem e alimentação dos participantes e consultores ou instrutores.
Outros custos	Além da locação de equipamentos, quando houver qualquer outro custo não agrupado anteriormente.

O acompanhamento dos custos de treinamento de forma objetiva facilita comparações e decisões em casos de contratação de serviços externos, evitando-se parâmetros inadequados por falta de informações.

13.11 Conclusão

Treinamento técnico é uma das atividades mais antigas de treinamento. Vem recebendo a atenção de muitos pesquisadores quanto à forma de aplicação, apuração da aprendizagem, enfim, todas as variáveis que envolvem sua aplicação prática. O reconhecimento de que essa atividade está intrinsecamente ligada ao projeto do produto ou serviço e sua consequente entrega ao cliente a torna fundamental em todas as organizações, independentemente do segmento. Por outro lado, seu vínculo direto com produtividade e eficiência econômica amplia a atenção dedicada ao assunto, fazendo com que as organizações se debrucem na busca de soluções a fim de reduzir o tempo de aplicação das intervenções e, ao mesmo tempo, ampliar a capacidade de retenção do indivíduo e sua utilização nas práticas de trabalho. Essa é uma excelente razão para que outras áreas do conhecimento sejam exploradas na busca de soluções.

É preciso considerar ainda que, mesmo ao trabalhar no treinamento técnico, lida-se fundamentalmente com a ampliação da capacidade humana, que, assim, precisa ser interpretada como parte integrante da construção do repertório individual, com reflexos sobre o coletivo de determinada comunidade.

Referências bibliográficas

COMENIUS, J. A. *Didática magna*. São Paulo: Martins Fontes, 2006.

EBOLI, M. *Universidades corporativas*. São Paulo: Edição do autor, 1999.

FLEURY, M. T. L. (Org.). *As pessoas na organização*. São Paulo: Gente, 2002.

GARCIA, S. R. de O. "O fio da história: a gênese da formação profissional no Brasil". Disponível em: <http://www.ced.ufsc.br/gtteanped/23na/trabalhos/0904t.pdf>. Acesso em: 15 jan. 2004.

HAIDT, R. C. C. *Curso de didática geral*. São Paulo: Ática, 2002.

KIRKPATRICK, D. L. *Evaluating Training Programs*: the four levels. São Francisco: Berrett-Koelhler, 1998, apud Maria Tereza Leme Fleury (Org.), As pessoas na organização, op. cit.

MEGGINSON, L. C. et al. *Administração*: conceitos e aplicações. São Paulo: Harbra, 1998.

SANT'ANNA, A.; ROCHA JÚNIOR, I.; GARCIA, L. F. D. *Propaganda: teoria, técnica e prática*. São Paulo: Pioneira, 1998.

SOARES, S. O. *A proposta de universidade corporativa*: temas para reflexão. Dissertação de mestrado em Educação. Santos: Centro Universitário Monte Serrat/Programa de Pós-graduação em Educação, 2002.

Sites indicados

www.anpad.org.br
www.abtd.com.br
http://eric.ed.gov
www.periodicos.capes.gov.br
www.univesptv.cmais.com.br
www.veduca.com.br
www youtube.com

Cristina Valiukenas

Especialista em administração, orientação pedagógica em educação a distância e comunicação social, Cristina Valiukenas é gerente de educação a distância na Escola Superior de Propaganda e Marketing (ESPM) e docente em educação corporativa e comportamento organizacional. Atuou como gerente de pedagogia na Académie Accor e gerente de qualidade na GRSA. É coautora do livro *Gestão do conhecimento e e-learning na prática*, organizado por José Cláudio Cyrineu; dos artigos "A construção do ensino-aprendizagem na educação corporativa", da revista *InterMeio*, n. 19, com Paulo Ricardo da Silva Rosa (UFMS), e "Universidade corporativa: uma metáfora contemporânea", da revista *Estratégica* (FAAP), v. 10, n. 2, com Elisabete Adami Pereira dos Santos (PUC-SP).

Tel.: +55 11 5081-8149
E-mail: crisvaliukenas@terra.com.br

capítulo 14

Treinamento comercial

Denise Moreira Asnis

14.1 Objetivos

Este capítulo tem por objetivos propor uma reflexão quanto ao papel do treinamento comercial, seu âmbito de atuação na formação dos profissionais e, ainda, apresentar o *case* "Natura Cosméticos" sobre o treinamento comercial em venda direta.

É importante salientar que minha visão se baseia em preceitos acadêmicos e conceituais. A maior carga de conhecimento que sustenta as ideias aqui expostas, no entanto, advém de experiências pessoais e profissionais. Não tenho a pretensão de lançar teorias, tampouco fazer estudos acadêmicos sobre o tema, mas gostaria de dividir com você, leitor, meu ponto de vista e experiência sobre desenvolvimento para a área comercial.

14.2 Economia da experiência

Experimentar é um verbo relevante. Na era da informação, as empresas praticamente não têm mais tempo para pensar, criar, planejar, agir, avaliar e corrigir antes de elaborar um modelo. Os modelos são produzidos na base da experimentação, que, por sua vez, foi pensada por um período bem curto, planejada quase que instantaneamente e realizada no menor tempo possível para sair à frente do concorrente. Quando avaliamos o resultado, já temos outro cenário pela frente para analisar. A concorrência, afinal, não ficou inerte nesse período. Assim, na maioria das vezes, não temos muito tempo para corrigir o passado, mas criamos um novo presente olhando ao redor, para a concorrência e para o futuro.

Gosto da frase que algumas pessoas vêm usando: "O mundo será vivido constantemente em Beta". Explico: na área de tecnologia da informação, Beta é o nome que se dá ao sistema que está em teste. Após ter sido desenvolvido, é implantado em teste para que fique por um período em utilização pelo usuário, que valida suas características e avalia se atende às especificações solicitadas. Nesse período de "teste", ao usar o sistema, o usuário cria outras necessidades, desenvolvem-se outras especificações e, em vez de validar o sistema para implementá-lo de fato, ou realizar apenas algumas mudanças de correção, praticamente um novo sistema precisa ser gerado, concebido e desenvolvido novamente. O usuário então receberá uma versão Beta. Devido à necessidade de mudança tão rápida, em vez de validar o mesmo sistema, outro deverá ser desenvolvido, e mais uma versão Beta será encaminhada ao usuário, e assim sucessivamente.

Portanto, na era do Beta estaremos sempre testando ou experimentando, e talvez jamais teremos o tempo de testar e implementar para ver o sistema pronto antes de iniciarmos um novo desenvolvimento.

Experimentação também é relevante em um segundo aspecto. Concordo com alguns profissionais da área de marketing que lançam como tendência ações aplicadas com base na "economia da experiência".

Simplificando, apenas para um alinhamento conceitual, vale a teoria de Joseph Pine II e James Gilmore, que publicaram o primeiro artigo sobre o tema. Os autores estudaram negócios em que os clientes atribuíram valor mais elevado às sensações e, com isso, tornaram-se bem-sucedidos. Ou seja, há algumas empresas que fazem das sensações importante atividade econômica e, consequentemente, esse é um diferencial competitivo que as conduzem ao crescimento econômico. Será este o mote que orientará as empresas da nova era: proporcionar experiências ao vender seus produtos ou serviços.

O consumidor sempre estará predisposto a pagar um pouco mais, nem que sejam centavos da moeda local, por um café servido em uma "butique de café" do que pagaria em um bar do cotidiano. Veja um exemplo prático: tomar café na butique propicia uma experiência que aguça mais os sentidos, e não apenas atende à vontade de tomar café. Na maioria das vezes, a butique de café apresenta seus produtos em um ambiente mais aconchegante, com visual agradável; oferece serviços adicionais, como revistas e jornais do dia; tem ambiente aromatizado; brinda o consumidor com serviço diferenciado e pode apresentar um especialista em café para auxiliar na escolha de tipos de grãos de acordo com seu gosto e paladar, ou mesmo criar uma composição única de grãos diferentes para atender ao paladar exclusivo daquele cliente em particular.

Como ressalta Carlos Ruben Pinto (2011):

> [...] na economia da experiência, cada cliente é envolvido de forma pessoal, dedicando seu tempo a desfrutar de uma série de sensações, e são a elas que eles atribuem valor. Isso exige que cada empresa supere suas funções, que crie e encene experiências memoráveis, transformando seus produtos e serviços em sensações inesquecíveis. Entrar nessa nova economia não é para toda e qualquer empresa. É uma decisão estratégica que afasta a "comoditização" e permite o desenvolvimento da diferenciação, que se reflete positivamente nos preços dos produtos e serviços. As sensações precisam ser "férteis e atraentes" e, sobretudo, renovadas, caso contrário os clientes se afastam.

Pensar apenas em produtos não será a tendência dos futuros profissionais de vendas. Ou seja, dependendo de como se olha, pode-se considerar o café um produto ou serviço, e seu preço pode variar da mesma forma. E pode subir bastante, dependendo do valor agregado: quando se precisa de um serviço e paga-se por ele e, junto com ele, compram-se coisas intangíveis atreladas a seus benefícios principais. Da mesma forma, quando se compra uma experiência, paga-se para desfrutar momentos sensitivos e memoráveis.

Segundo Clemente Nóbrega:

> [...] na verdade, essas coisas já estão por aí há algum tempo. A Disney, por exemplo, é exatamente sobre isso. A tese é que o mundo dos negócios vai ser dominado por abordagens do tipo Disney, independentemente do setor da economia em que se atue. Bares e parques temáticos são a primeira onda. Para cada convidado (nunca clientes), os membros do elenco (nunca empregados) encenam uma produção completa que envolve visão, cheiros, sons, gostos, texturas... O marketing será sensorial. O digital permitirá a criação de ambientes assim — cem por cento humanos.

A economia da experiência também é relevante nos aspectos educacionais e pedagógicos, em que a utilização da tecnologia permite utilizar a visão, o olfato, a audição e o paladar como atores principais, além da razão, nessa vivência experimental. Um dos exemplos mais completos com que travamos contato até agora foi a experiência da Fundação Certi com o Sapiens Circus.

> Fruto de um intenso processo criativo, emocionante e inovador, o Sapiens Circus é uma plataforma itinerante focada em educação e entretenimento. Unindo jogos, tecnologia e conceitos da economia da experiência, o Sapiens Circus apresenta uma nova maneira de promover o aprendizado e comunicação.[1]

Com o auxílio de diversas mídias (imagem, áudio e vídeos), atores, uma história e um jogo, cada projeto torna-se uma experiência memorável para os convidados. Mais que aprender, eles podem interagir e se divertir muito. Vamos retomar esse assunto adiante.

Mas, afinal, qual deve ser o papel do treinamento na formação da área comercial? Gostaria de retornar ao papel da antiga área de T&D perante a nova função das universidades corporativas, ou educação corporativa, como preferi usar:

1. O termo universidade corporativa foi criado nos Estados Unidos e, como tal, tem um significado diferente do utilizado no Brasil, embora acredite estar claro que, ao mencionar universidades corporativas, não desejamos nos comparar ou concorrer com as universidades acadêmicas formais. Nem no modelo de gestão, tampouco na área de atuação. Prefiro não utilizar o termo para não correr o risco de a mensagem ficar truncada.

    1.1 No passado, as empresas treinavam seus funcionários para suprir defasagens de conhecimento ou de *performance* e habilidades, para que a soma dessas ações culminasse com a melhoria de resultados, de forma a atender à estratégia da empresa — o que não necessariamente acontecia. Com o surgimento da educação corporativa, os profissionais de treinamento passaram a questionar o que de fato contribuiria para a melhoria de resultados nas empresas.

    1.2 É preciso deixar claro que as atividades de treinamento não mudaram; a ordem de investimento é que foi alterada. Antes, a verba de treinamento era dividida entre áreas ou gestores e cada um deles decidia como alocar seus recursos. Esperava-se que a soma dessas ações atendesse à estratégia da empresa. Com a educação corporativa, a principal preocupação é atender às necessidades estratégicas das empresas de apresentar uma educação permanente e de longo prazo, antes de enfocar o desenvolvimento individual, em uma programação por demanda. Essa mudança assegura que o treinamento esteja alinhado com a estratégia da empresa.

    1.3 A educação corporativa ainda deve exercer um papel importante nas organizações, ou pelo menos ser agente catalisador na disseminação das crenças, visão de mundo e valores nas empresas.

    1.4 Deve, também, ser um agente da gestão do conhecimento, criando, acumulando e disseminando conhecimentos específicos para aquela cadeia produtiva. Parte desse papel está intimamente ligada ao fato de que não se deve enfocar exclusivamente o que já existe, e sim o futuro, inovar e ser um agente inspirador para tanto.

    1.5 A educação corporativa deve ainda apoiar o encadeamento de relações, interligando funcionários, fornecedores, parceiros, clientes, comunidades do entorno, familiares de funcionários, acionistas etc.; garantir um bom fluxo de informações, cuidando para que o conhecimento não fique ultrapassado ou obsoleto entre as partes. Alguns autores chamam essa prática de cidadania corporativa.

    1.6 Outra faceta importante da educação corporativa: ela não deve chamar para si a responsabilidade, que deve ser exclusivamente do gestor. Esse erro é comum e por anos carregamos alguns vícios a ele relacionados, não exclusivos da área de treinamento. São erros vividos por áreas de RH como um todo, e o pior deles, segundo nosso ponto de vista, é o de exercer o papel do gestor. Temos certeza de que gerenciar performance, dividir conhecimento, definir metas e objetivos, bem como corrigir desvios comportamentais ou o não alinhamento à cultura da empresa, são responsabilidades exclusivas dos gestores, embora algumas vezes o ego do gestor da educação corporativa o traia e ele se sinta poderoso nessas funções. Essa relação não cabe ao gestor da educação corporativa, mas ao líder ou gestor da área de negócios e seu liderado. O papel da educação corporativa é dar oportunidade aos gestores de se aprimorar nessas práticas, ensinar técnicas e ferramentas que os auxiliem nessa função; e tão somente.

1.7 Se essas funções são dos gestores, não cabe à educação corporativa avaliar resultados das performances dos treinandos ou emitir relatórios de avaliação, a não ser relatórios de avaliação de reação, aprendizagem, retenção de conhecimento ou melhoria de processos treinados, por mais sofisticados e bonitos visualmente que os impressos possam vir a ser. Cabe à educação corporativa treinar, e ao gestor, gerenciar a performance.

1.8 A educação corporativa deve oferecer processos mensuráveis e com resultados conhecidos e compartilhados. Precisa ter indicadores de resultados e fatores críticos de sucesso. Isso não significa, de forma alguma, exercer o papel do gestor.

1.9 A atuação da educação corporativa não deve ser isolada das demais funções e ferramentas de recursos humanos. Ao contrário: as melhores práticas sinalizam que somente a perfeita integração entre os sistemas de recompensa, planos de desenvolvimento e carreira, atração e retenção e de qualidade de vida resulta em redução de custos e resultados diferenciados e eficientes. De nada adianta treinar para a concorrência. O melhor treinamento pode ser implementado, mas se os profissionais treinados não se sentem motivados e desafiados a aplicar o que aprenderam na própria organização, e não no concorrente, as ações de RH não estão suficientemente interligadas e com o mesmo objetivo.

2. Ao enfocar o desenvolvimento de médio e longo prazos, a educação corporativa apoia também a retenção de talentos, fator ainda perceptível em algumas empresas: esse é mais um diferencial competitivo da organização.

2.1 É importante que os instrutores — internos ou externos — sejam treinados antes de exercer suas funções. O treinamento não é apenas técnico, pois desde os primórdios as empresas buscam os melhores profissionais e especialistas para exercer o papel de instrutor. É preciso, isso sim, "dar um banho" de cultura, visão de mundo, crenças e valores de sua empresa. A educação — seja ela em sala de aula, a distância, utilizando recursos de multimídia ou não — deve transmitir o modo de ser da empresa em cada tema, exercício ou jogo.

Tal alinhamento só será possível se os profissionais responsáveis pelo desenvolvimento dos programas, pela didática ou pelas ferramentas vivenciarem, no mínimo, um pouco do que vão transmitir. A palavra de ordem é coerência, e ela será percebida se os agentes, materiais e vivências estiverem alinhados com a mesma crença. Para tanto, até mesmo os consultores externos devem conhecer e vivenciar as crenças da empresa e conhecer sua visão de mundo. Se tiverem alinhamento pessoal com elas, melhor.

2.2 Finalizando o tema sobre o papel do treinamento, acredito que a educação corporativa deve se concentrar em atender à estratégia da empresa no autodesenvolvimento dos treinandos, proporcionando-lhes até mesmo a possibilidade de escolher quando, onde e de que forma aprender. Entendo que esse seja um dos diferenciais de nosso tempo, em contraponto ao antigo T&D, quando os processos eram em massa: os mesmos cursos, com a mesma didática e o mesmo recurso audiovisual serviam para todos.

2.3 Devemos fazer valer de fato o conceito da andragogia[1]. Afinal, estamos falando de educação nas empresas e, em princípio, estamos lidando com adultos, que trazem uma vivência que jamais deve ser desprezada. As pessoas têm gostos, estilos e padrões de aprendizagem diferentes umas das outras.

14.3 Treinamento comercial

No cenário dessas constantes mudanças, de um novo papel designado à educação corporativa, com a globalização e a era da economia da experiência, com diferentes estratégias de canais de vendas para produtos e serviços e as vendas feitas pessoal ou eletronicamente, as empresas criaram grupos de vendas mais complexos. Existem modelos em que as equipes de vendas são compostas por profissionais das áreas de pesquisa e desenvolvimento, marketing, finanças e áreas de apoio; algumas vezes até com o próprio concorrente, formalizando consórcios.

O primeiro desafio da educação corporativa nessa área é estimular essas equipes multifuncionais a conhecer o produto ou serviço que elas representam, assim como a concorrência e seus clientes.

O vendedor no padrão antigo ainda está presente em muitas empresas e deve permanecer por alguns anos, mas as empresas de ponta, que se diferenciam no mercado, que buscam resultado qualificado, procuram um profissional diferenciado, que traga resultados e contribuições igualmente diferenciados para a empresa.

As equipes de vendas devem adquirir competências que agreguem valor à empresa e a seus clientes, diferentemente da concorrência.

De fato, estou falando de competências específicas, que preparam o profissional de vendas para este novo momento. E a educação corporativa deve, de forma simples e eficiente, garantir o aprendizado de habilidades, atitudes e conhecimentos, com a premissa inicial de que o profissional é integro e uno, e que, portanto, o treinamento também deve ser integrado. Em outras palavras, a formação desse profissional deve incluir conhecimentos, ferramentas e conceitos técnicos, desenvolver habilidades e providenciar vivências das novas habilidades, tudo isso em um ambiente de aprendizado. Deve haver espaço para o erro, para refazer, para testar e se experimentar em uma nova fase.

É importante lembrar que a formação de uma equipe de vendas deve passar por itens como: prospecção de clientes e de novas demandas, postura pessoal, argumentação, recursos para combater objeções — enfim, técnica de vendas, conhecimento do cliente e de suas necessidades, do produto ou do serviço em profundidade, e, se possível, vivência dos produtos ou serviços como consumidor antes de sair a campo.

Os profissionais dessa área devem também conhecer conceitos de qualidade, atendimento a clientes, o processo mercadológico da empresa, técnicas de negociação, de fechamento de venda e de pós-venda.

Você poderia imaginar que esse seria o ponto final, mas, na realidade, o pulo do gato não está nas fases de um curso para vendas ou no conteúdo do treinamento, mas na coerência

---

1 Segundo Wikipédia: "Arte ou ciência de orientar adultos a aprender, segundo definição creditada a Malcolm Knowles, na década de 1970. O termo remete a um conceito de educação voltada para o adulto, em contraposição à pedagogia, que se refere à educação de crianças (do grego paidós = criança). Para educadores como Pierre Fourter (1973), a andragogia é um conceito amplo de educação do ser humano, em qualquer idade. A Unesco, por sua vez, já utilizou o termo para referir-se à educação continuada". Disponível em: <http://pt.wikipedia.org/wiki/Andragogia>. Acesso em: 2 maio 2013.

com as crenças da empresa e, ainda, na adequação do modelo de seu treinamento para o público-alvo.

É importante conhecer bem as características do público a ser treinado: o que essas pessoas vendem, para quem vendem, qual a escolaridade, o tempo disponível, as rotinas de trabalho, os estilos de aprendizagens e o estilo do gerente.

Essas informações, junto com as características da empresa, ajudarão a decidir por métodos diferentes e adequados às suas necessidades. Podem ser aulas expositivas, cursos multimídia, estudos de caso, aulas vivenciais ou diversos outros métodos. Mas lembre-se: o treinamento de vendas na maior parte das vezes busca uma mudança de atitude de seus participantes. Nos casos em que o foco é comportamento, acreditamos fortemente que toda a atividade vivencial é mais eficaz. Experimente utilizar dramatização, discussões em grupo e estudos de caso. Com certeza, contribuirão significativamente para o processo educacional.

Não faltam profissionais, consultores externos ou internos das empresas que conheçam os conteúdos citados para vendas. Você pode comprar programas de excelente qualidade no mercado, mas deve ter cuidado em não comprar pacotes prontos, pois a aderência à estratégia de sua empresa fará toda a diferença.

Se optar por comprar esse serviço de consultores ou consultorias externas, tenha a preocupação de desenvolver o contato com o profissional que de fato cuidará da implementação. Muitas empresas apresentam um profissional para a fase do desenvolvimento e outro para a fase de implementação, ou ainda um terceiro para atuar na sala de aula. Ainda que o esquema preveja apenas a inserção de um profissional para desenvolver o conteúdo de materiais ou multimídias, evite essa forma de trabalho: isso pode prejudicar a qualidade final.

Lembra-se da tal palavra de ordem: coerência? Se todo o time não estiver alinhado e envolvido, desde o início, no processo educacional, o treinamento correrá o risco de parecer uma "colcha de retalhos", mas não necessariamente feito e desenhado para aquele objetivo; ou, ainda, de os participantes se sentirem na frente de um apresentador profissional, bom de palco, com muita habilidade e fluência, mas sem "alma", algo parecido com a experiência de ouvir um papagaio. Ele até diz as palavras corretamente, mas não sabe por que e nem para quê.

Outro ponto de valor é a experiência. Retomo aqui o conceito da economia da experiência, e meu foco agora é na educação. A vivência remete novamente à andragogia, que nos atesta que o adulto aprende se estiver interessado, se aquele conteúdo fizer sentido na vida dele, se ele for apoiado para solucionar problemas, se o aprendizado possibilitar a superação dos desafios do dia a dia, e, ainda, se ele se sentir parte do processo.

O adulto aprende mais facilmente se o conteúdo ensinado tiver relação com seus valores, sua cultura e seus aspectos sociais e das condições físicas em que vive. Por isso é tão importante empregar técnicas que utilizem a experiência de vida do grupo que será treinado.

Deve-se sempre evitar, é claro, pacotes prontos, como uma apresentação expositiva da vida do instrutor ou de um "vendedor do ano" da matriz ou de outro país, que não tenham relação alguma com os desafios ou o estilo de vida dos treinandos.

É importante lembrar que compartilhar experiências, trocar melhores práticas e dividir tomadas de decisões de sucesso é uma prática muito eficaz e educacional. Recomendamos apenas uma aculturação antes de partilhar conhecimentos com sua equipe.

Mais um engano bastante comum é o de que os cursos devem ser complexos. A complexidade está nos tempos atuais, nas variáveis do dia a dia que se multiplicaram, mas o treinamento deve ser exatamente o oposto: simples e objetivo. Uma boa dica é cuidar para atender única e exclusivamente ao objetivo proposto.

Recebemos uma recomendação muito valiosa da mestra, querida amiga, consultora e profunda conhecedora de treinamento, Cristina D'Arce, da Quartet Labe Consultoria: "Crie a prática de passar seus cursos pelo *SPA* de curso. Não importa seu tamanho final; faça um bom regime nele a fim de ter o mínimo necessário para atender ao objetivo proposto. Tudo que não responde ou não atende ao objetivo inicial, corte!".

O importante é não querer que, no final, eles saibam mais sobre o produto porque você aproveitou o curso para entregar um catálogo de novos produtos, ou que eles tenham uma nova estratégia para atingir os resultados, pensando que eles poderiam "fazer a ponte". Não pense que, uma vez que eles ouviram a experiência do "fulano de tal", estão aptos a montar uma nova abordagem de vendas. É exigir demais de seu programa motivacional, confundir sua equipe, passando um objetivo no programa e cobrando um resultado diferente no dia seguinte.

Outra prática essencial é o reforço. Alguns autores afirmam que as pessoas fazem não aquilo que sabem, mas aquilo a que estão condicionadas; e que se o conteúdo não for reforçado ou relembrado para o participante, tudo será esquecido. Há quem diga que 80% do que aprendemos é esquecido depois de 20 dias. Deixando de lado o aspecto científico e a exatidão dos números, o fato é que, se não fizermos reforços depois do treinamento, teremos de investir em novos programas em um curto espaço de tempo.

Em alguns mercados, a rotatividade nas equipes de vendas é de quase 100% em cinco ou seis anos, o que aumenta a necessidade de reforço para manter a cultura e os valores da empresa.

14.4 Caso prático

Apresento a seguir um caso prático da formação de uma equipe de vendas. Trata-se de um quadro genérico, mas que consolida as ideias mencionadas.

1. O programa de formação foi desenhado considerando-se as crenças, a visão de mundo, o modelo de negócios e os diferenciais da empresa.
2. O objetivo do processo de formação é aperfeiçoar a capacitação da força de vendas, montando equipes e lideranças alinhadas às crenças e aos objetivos estratégicos da empresa.
3. Antes de iniciar a execução dos programas, o objetivo e a estratégia de atuação com a alta direção foram acordados e discutidos com os gestores e os representantes de todos os cargos da área comercial.
4. Foi realizado um grande diagnóstico no campo, avaliando a satisfação dos programas, as dificuldades do cotidiano, as expectativas e as contribuições.
5. Conhecemos o público-alvo com mais critério e detalhes.
6. Montamos um grupo multidisciplinar interno e outro externo para desenvolver os programas.
7. Todos os cursos devem ser percebidos como uma "experiência" em que os cinco sentidos e a razão sejam aguçados. Para tanto, utilizam-se diferentes meios, que vão desde computador (intranet), material a distância em papel e em *audiobook*, quadrinhos ou a tradicional sala de aula.
8. Criamos a figura de um *sponsor*, um profissional sênior da organização que apoia o desenvolvimento dos programas, define em conjunto com a educação corporativa os conteúdos programáticos e valida as ações para todos os programas.

Case Natura: novo modelo de treinamento para a força de vendas

O processo de treinamento comercial sempre foi de grande relevância para a Natura, porém com o passar dos anos percebemos a necessidade de transformar radicalmente não somente os conteúdos oferecidos nas capacitações, mas também os formatos, para que pudessem estar mais conectados e ser mais atrativos para nosso público-alvo.

Percebemos que o processo de treinamento de uma empresa muitas vezes pode reavivar memórias escolares que nós gostaríamos de ter esquecido. O modelo tradicional de sala de aula nas empresas não se diferencia em nada de um modelo escolar no Brasil: professores como únicos detentores do conhecimento traduzindo um modelo extremamente hierárquico na educação, alunos passivos no processo de aprendizagem, a troca de experiência vista como algo dispensável e, principalmente, a falta de um olhar integrado para todo o processo de educação.

Esse modelo, aplicado pela grande maioria das escolas, não se diferenciava muito do que até então era aplicado pelas empresas: funcionários passivos no seu processo de aprendizagem e desenvolvimento, abordagem fragmentada do conhecimento e a crença de que a sala de aula ainda era o melhor ambiente de aprendizado.

Felizmente percebemos um movimento muito interessante tanto no modelo escolar quanto nas práticas de educação aplicadas em uma organização empresarial.

A Natura aperfeiçoou o treinamento para vendas com base em uma nova abordagem. Inicialmente, nós nos inspiramos em um conceito de educação que internamente chamamos por "Pedagogia Natura". É um documento que sintetiza as crenças e o modelo de aprendizagem para a empresa, e também nos baseamos na "Aprendizagem ao Longo da Vida", da Unesco, além de autores como Albert Bandura, Edgar Morin, Ken Wilber, Paulo Freire, entre outros.

Nosso principal desafio era aprimorar a educação para vendas, garantindo resultados superiores, pessoas realizadas com seus trabalhos e proporcionando aprendizado de forma integrada, dinâmica e prazerosa, além de utilizar todos os contatos da equipe de vendas como ponto de desenvolvimento de aprendizado orgânico e contínuo.

Para a Natura, educação para vendas deve ser um conjunto de iniciativas que proporcionem aprendizagem para o negócio e para a vida, estimulando a transformação das pessoas que compõem a força de vendas, contribuindo para o desenvolvimento da equipe e aprimorando as relações, o crescimento das pessoas que estão à sua volta, o desenvolvimento do negócio e a evolução na construção de um mundo melhor.

O conteúdo adquirido por meio dos treinamentos amplia o conhecimento e aumenta as chances de realização de vendas e de satisfação dos clientes, desenvolvendo um relacionamento genuíno e sustentável.

O modelo de capacitação de vendas tem por pressuposto dispor de conteúdos que capacitem nas três dimensões do modelo de relacionamento Natura: vivenciar o "Bem estar Bem", disseminar o "Bem estar Bem" e fazer consultoria por meio das relações.

O principal objetivo do treinamento para vendas é ampliar: conhecimento, relacionamento, troca de experiências e aumento de lucro.

Cumpre ressaltar que pesquisas internas recentes destacaram que o treinamento tem uma contribuição importante no fortalecimento do vínculo da equipe de vendas com a empresa. Evidenciam que o maior resultado é visto na continuidade do profissional na empresa e na sua maior lucratividade quando participa dos treinamentos.

Reavaliamos também que treinamentos não deveriam ser apenas ações educacionais tradicionais. Aproveitamos todos os pontos de contato com a equipe de vendas como grande e valiosa oportunidade de desenvolvimento.

Influenciados pelo conceito de Lifelong Learning desenvolvido pela Unesco, o aprendizado se dá ao longo da vida do colaborador e nas suas ações cotidianas, e não somente em um momento de sala de aula.

O mapa de educação nos diversos pontos de contato da equipe de vendas com a Natura pode ser traduzido pelos seguintes tópicos:

- *Portal do conhecimento*: capacitação virtual com foco em produtos e consultoria e vendas. O colaborador de vendas pode, de forma autônoma, investir continuamente em seu desenvolvimento.
- *Extensão virtual*: conteúdos complementares aos treinamentos presenciais disponibilizados no ambiente virtual com o objetivo de exercitar e reforçar o aprendizado adquirido presencialmente, além de estimular a busca pelo autodesenvolvimento e aprendizado virtual.
- *Autodidatismo*: ferramenta de autodesenvolvimento em que o colaborador de vendas não depende da gestão direta ou de outro profissional para aprender. Tem por objetivo estimular o autoconhecimento por meio de conteúdos estruturados para o crescimento pessoal e profissional.
- *Oficinas e vivências*: eventos regionalizados que almejam fortalecer e estreitar o relacionamento com a força de vendas, ampliar o conhecimento, capacitação, encantamento, autoestima e autoconhecimento.

- *Encontro Natura*: evento que ocorre a cada ciclo de vendas e é conduzido pela gerente de vendas com o objetivo de levar "pílulas" de capacitação às consultoras Natura.
- *Treinamento presencial*: aplicado pela gerente para seu grupo de vendas. O objetivo é proporcionar uma experiência Natura por meio da experimentação dos produtos, gerar capacitação, encantamento, estreitar o vínculo, integrar novos membros, proporcionar troca de experiências, promover transformação social, alavancar o negócio. Para os programas presenciais recomendamos que os grupos sejam de 15 a 20 profissionais, para que haja melhor aproveitamento.

As ações de educação Natura têm dinâmica própria, considerando em sua estrutura: acolhida, vivência, reflexão e fechamento.

- *Acolhida*: acolhe os profissionais, proporciona conexão com os outros e com o tema. Apresenta os objetivos da capacitação e alinha as expectativas do grupo.
- *Vivência*: estimula a experiência e o vivenciar o "Bem estar Bem" por meio da experimentação dos produtos.
- *Reflexão*: estimula os colaboradores a refletir sobre os aprendizados e conhecimentos preexistentes e adquiridos durante o treinamento.
- *Fechamento*: ressalta a importância do treinamento para a atividade de vendas, valorizando a oportunidade de desenvolvimento.

Cabe ao facilitador promover o diálogo, a interação e valorização da diversidade e também o aprendizado com o grupo. Deve utilizar uma linguagem simples, clara, objetiva, transparente e contextualizada ao grupo, alinhada ao perfil dos participantes envolvidos na ação pedagógica. É importante que respeite a diversidade dos participantes e os aspectos sociais e culturais do meio em que eles estão inseridos. Seu uso deve ser diversificado e estimular os cinco sentidos.

Deve-se focar na realização de atividades diferentes que sejam motivadoras, lúdicas e que estimulem o desenvolvimento das competências; investir na criação de um ambiente acolhedor, aconchegante, prazeroso e que estimule a construção do saber. É preciso levar em consideração a história dos participantes e contemplar suas diferentes formas de aprender, estimulando neles a autonomia, o senso crítico e a iniciativa. Além disso, é necessário utilizar recursos didáticos sustentáveis.

O facilitador é aquele que contribui para a construção do conhecimento por meio do diálogo e da interação entre os participantes. É aquele que indica o caminho, que contribui para que os colaboradores alcancem seus objetivos de aprendizagem. Como mediador da construção do novo saber, deverá assumir uma nova postura diante do grupo, que seja de respeito, de igualdade e motivadora constante do aprendizado. Deve respeitar os saberes prévios dos integrantes do grupo e contribuir para novos conhecimentos de maneira significativa e crítica, considerando o contexto de vida do grupo. Deve fortalecer as relações no grupo, sendo afetivo, incentivando a troca de experiências, acolhendo a diversidade e valorizando as contribuições de todos.

Os ambientes de aprendizagem devem expressar a visão de mundo Natura e o seu jeito de educar. Físicos ou virtuais, devem ser acolhedores, aconchegantes e estimular os cinco sentidos. Devem ser de fácil acesso, limpos, ter boa luminosidade e temperatura agradável. A organização da sala é adequada ao objetivo instrucional do curso, objetivando facilitar o aprendizado e a troca de saberes entre as consultoras. Por esse motivo, deve ter *layout* diferente para cada treinamento. O espaço virtual deve ser convidativo, agradável e permitir que as pessoas se sintam livres para escolher seus próprios caminhos.

> É fundamental diminuir a distância entre o que se diz e o que se faz, de tal maneira que, num dado momento, a tua fala seja a tua prática.
>
> PAULO FREIRE

14.5 Conclusão

Ao concluir esta leitura, espero que você, leitor, tenha sido despertado para a importância de observar alguns fatores em seus programas de treinamento. O primeiro deles, sem dúvida, é manter o conteúdo no objetivo traçado, sob pena de atuar em todas as direções e não alcançar a meta proposta. O segundo é lembrar sempre que já não basta transmitir conhecimentos ou habilidades: para prosperar, as empresas precisam proporcionar vivências inesquecíveis a seus clientes e, principalmente, a seus colaboradores. E vivências estão basicamente relacionadas a aprendizados e emoções vividas.

Referências bibliográficas

ALVES, R. *A escola com que sempre sonhei sem imaginar que pudesse existir*. 2. ed. Campinas: Papirus, 2001.

_____. *Educação dos sentidos e mais*. Campinas: Verus, 2005.

BONFIM, D. *Pedagogia no treinamento*: correntes pedagógicas no ambiente de aprendizagem nas organizações. 2. ed. rev. e ampl. Rio de Janeiro: Qualitymark, 2004.

EBOLI, M. *Educação corporativa no Brasil*: mitos e verdades. São Paulo: Gente, 2004.

FREIRE, P. *Pedagogia da autonomia*: saberes necessários à prática educativa. São Paulo: Paz e Terra, 2000.

NÓBREGA, C. "Sucesso no mundo empresarial de hoje não é definido pela tecnologia, mas, sim, pela imaginação". Disponível em: <http://www.clementenobrega.com.br/detalhe_artigos.aspx?id=8807129b-b577-4235-9b5b-7a054cae96f7>. Acesso em: 2 maio 2013.

PINE II, J.; GILMORE, J. "Welcome to the Experience Economy", *Harvard Business Review*, jul./ago. 1998.

PINTO, C. R. "A economia da experiência". *Revista Mercado*, n. 38, jan. 2011, p.18.

RIBEIRO, A. E. do A. *Pedagogia empresarial*: atuação do pedagogo na empresa. 3. ed. Rio de Janeiro: Wak, 2005.

Denise Moreira Asnis

Formada em administração de empresas, atuou em diversas áreas de recursos humanos, qualidade e comunicação interna. Possui experiência profissional no exterior e trabalhou nas empresas Rio Sul Serviços Aéreos Regionais, Banco Crefisul, Citibank e BankBoston. Nesse último, implementou, em 1999, o primeiro programa de educação corporativa voltado para o mercado financeiro no Brasil, chamado Boston School. Foi responsável pelo desenvolvimento do projeto Educação Corporativa Natura e hoje é diretora responsável pelo Escritório de Liderança, que responde pela atração, desenvolvimento, educação, carreira e sucessão da liderança da empresa globalmente.

Tel.: +55 11 4446-2995
E-mail: deniseasnis@natura.net

capítulo 15

Desafios e peculiaridades do treinamento em tecnologia da informação (TI)

Célio Antunes de Souza

15.1 Objetivos

Neste capítulo, procuraremos descrever a evolução da área da tecnologia da informação e comunicação (TIC) nas organizações. Ela ocorre de tal modo que surge a necessidade de se adaptar rapidamente a ela e transformá-la numa ferramenta que trabalhe a nosso favor e traga diferenciais competitivos.

O grande desafio passa a ser a atualização constante com relação a essa nova linguagem, que se aperfeiçoa diariamente e vem agregar valor ao nosso cotidiano e ao de nossas empresas.

15.2 A importância da TIC no meio empresarial e os desafios do gestor de recursos humanos

15.2.1 Histórico

Até a década de 1980, apenas poucas empresas possuíam formas de processar dados, por meio da utilização dos conhecidos *mainframes* ou computadores de grande porte. Apesar dos altíssimos investimentos em pessoal e sistemas, eram pequenas as quantidades de informações operacionais e gerenciais produzidas. Um centro de processamento de dados (CPD) podia gerar relatórios de custos, contabilidade e uma quantidade limitada de relatórios administrativos para a tomada de decisões.

O CPD ficava literalmente isolado em uma sala com temperatura ambiente controlada, e os profissionais que ali trabalhavam tinham o *status* de elite na organização.

Os investimentos eram medidos na casa dos milhões de dólares, e qualquer recurso de memória, processador ou disco rígido tinha custos proibitivos, daí a limitada geração de informações.

Com a popularização dos microcomputadores no final da década de 1970 e começo década de 1980, iniciou-se um processo de descentralização do CPD, distribuindo o poder da computação.

Em meados da década de 1980, durante a reserva de mercado da informática, um *personal computer* (PC) no Brasil custava aproximadamente de US$ 7 mil a US$ 10 mil. As empresas, então, priorizavam os investimentos, e alguns poucos departamentos nessas companhias possuíam um microcomputador: contabilidade, produção, estoque, vendas, compras e diretoria eram prioridades.

Nessa época, com poucas exceções, os microcomputadores eram utilizados basicamente para a digitação de textos, elaboração de planilhas eletrônicas e o uso de aplicativos específicos para a área de contabilidade, por exemplo.

Com o advento das redes locais, *local area network* (LAN), na segunda metade da década de 1980, foi possível conectar todos esses equipamentos dentro dos ambientes empresariais, abrindo a possibilidade de os funcionários interagirem por meio de uma intranet (rede local de computadores), utilizando softwares de *groupware*, ou conhecimento compartilhado.

Para que todos os funcionários pudessem participar dessa intranet, era necessário reduzir os preços dos microcomputadores. Assim, no final da década de 1980, já quase no término da reserva de mercado, podia-se observar essa queda. A comunicação por meio da intranet da empresa possibilitava uma interação cada vez maior entre os funcionários.

Durante a década de 1990, com a abertura de mercado, vários fabricantes mundiais instalaram-se no Brasil, e os tigres asiáticos[1] invadiram o mercado com preços cada vez menores, já na casa dos US$ 2 mil. A comunicação corporativa informatizada deu seu primeiro salto.

Em pouco tempo, as empresas de grande porte forneceram microcomputadores a todos os seus funcionários. Com o crescimento da rede mundial de computadores, a internet, na segunda metade dos anos 1990, a comunicação empresarial evoluiu da intranet para a internet, isto é, as empresas começavam a realizar negócios e operações diretamente no ambiente da web.

As empresas já experimentavam o *business to consumer* (B2C), realizando negócios pela internet diretamente com os consumidores. A fase seguinte foi a criação do *business to business* (B2B), e os negócios entre empresas passaram a utilizar o ambiente da web.

Nestes primeiros anos do século XXI, o que torna as empresas mais velozes e dinâmicas é a utilização da tecnologia da informação em ampla escala. As possibilidades, então, são ilimitadas, e a polêmica globalização finalmente chega, por meio de um mundo sem fronteiras, e impulsionada pelos infinitos caminhos proporcionados pela Internet.

A partir da evolução histórica dos computadores surge, então, o termo tecnologia da informação (TI) e comunicação (TIC). Antes, a tecnologia era usada apenas para automatizar tarefas e eliminar o trabalho humano, no entanto, aos poucos, ela começou a enriquecer todo o processo organizacional, e, nesse novo cenário, a TI assumiu um papel importantíssimo nas organizações, tornando-se fator de crescimento dos lucros e de redução de custos operacionais, pois contribui de maneira decisiva na otimização das atividades, eliminando barreiras de comunicação, culturais, sociais, geográficas, dentre outras, que inibiam o crescimento sustentável das organizações e muito mais.

15.2.2 O papel da TIC nas organizações

A TI abrange tecnologias que interferem em diversas áreas, pois se integra aos sistemas de informação com o uso de equipamentos de hardware, software e recursos multimídia, o que permite o trabalho colaborativo; democratiza o conhecimento, com soluções que usam metodologias da gestão do conhecimento; e gera uma evolução gigantesca no modelo de educação, que por meio das metodologias de aprendizagem a distância ou *e-learning* promovem maior democracia nos relacionamentos entre pessoas e a diminuição do espaço físico/temporal.

Atualmente, temos à disposição inúmeras soluções de acesso remoto proporcionadas pelo avanço dos sistemas de comunicação, pela telefonia móvel e pela popularização da Internet. Com isso, começa o processo de convergência digital de todas as mídias e dispositivos, criando um novo ambiente de trabalho, com inúmeras possibilidades, que se torna virtual. Então, o funcionário expande seu ambiente de trabalho para fora do escritório, que passa a ser qualquer lugar e em qualquer horário, e a TI acompanha esse processo e torna-se um instrumento decisivo para garantir disponibilidade da informação, com comunicação confiável e segura.

---

1 A denominação "tigres asiáticos" é dada aos países que apresentaram grandes taxas de crescimento e rápida industrialização entre as décadas de 1960 e 1990, entre eles, Hong Kong, Singapura, Coreia do Sul e Taiwan (Formosa).

O verdadeiro patrimônio das empresas não são mais as máquinas, os equipamentos e os prédios, mas o novo trabalhador do conhecimento, o *peopleware*.

A produtividade alcançada pelas empresas muda de patamar; passamos para a realidade de um mundo on-line, no qual o funcionário tem nas mãos todas as informações necessárias para realizar seu trabalho. De posse de um smartphone ou um tablet (computador de mão), ele pode verificar a posição dos estoques da própria empresa e de seus fornecedores, tem condições imediatas de negociar margens e também pode tirar o pedido do cliente, que pode acompanhar o processo de entrega do produto pela web. Os sistemas de *e-commerce* proporcionam um crescimento significativo no formato de compra e venda de produtos e serviços, de modo que pessoas em qualquer lugar acompanham seus processos produtivos, fazem rastreamento de produtos, desde a compra até a entrega, e gestores fazem a análise do desempenho de seus negócios, obrigando as empresas a serem muito mais competitivas.

Dessa maneira, a empresa encontra-se inserida em um mundo sem fronteiras, no qual as formas de comunicação modificam-se dia a dia e tornam as decisões cada vez mais instantâneas, em um ambiente interconectado pela Internet.

O surgimento das mídias sociais muda a forma como as pessoas se relacionam, como discutem produtos e serviços. Elas trazem um novo panorama para as organizações, que agora vivem a realidade de um mundo instantâneo, no qual o consumidor emite opiniões sobre produtos e serviços, que são curtidos e compartilhados em escala global. Isso faz com que as empresas conscientes tenham de adotar uma posição ativa, gerenciando o seu relacionamento nas redes sociais e administrando com muita eficácia todo e qualquer conflito a respeito de suas marcas, produtos e serviços. A empresa agora deve manter o consumidor bem informado e usar de extrema transparência no seu relacionamento com o mercado.

O acesso à informação e à comunicação deu grande poder a todas as pessoas: é fácil hoje pesquisar na Internet sobre determinada empresa ou determinada pessoa, tudo ficou muito transparente. Em virtude da opinião de terceiros conseguimos obter na web referência sobre praticamente quase tudo o que possamos imaginar.

Nas mais diversas mídias, clientes conectados ganharam mais poder de barganha e agora tomam decisões que incidem na reputação dos fornecedores, influenciando e sendo influenciados por outras pessoas que utilizam a rede.

Da mesma forma e ao mesmo tempo, as mídias sociais criaram possibilidades, permitindo que empresas se beneficiassem e promovessem uma série de discussões em torno de seus produtos e serviços. Então, graças à concentração de opiniões de grandes grupos em torno de sua marca, essas empresas podem se beneficiar de uma forma de inteligência coletiva que, seguramente, poderá trazer inovação e diferenciação para seus produtos, serviços e demais elementos de seu modelo de negócios.

A partir dessa sinergia do trabalho virtual — *e-learning*, *e-commerce*, mídias sociais, SEM (*search engine marketing*), SEO (*search engine optimization*) — cresce a necessidade de uma comunicação com o público digital, e as empresas precisam adotar uma estratégia de comunicação que seja atraente e competitiva. Surge, então, o *marketing* digital, que, segundo Torres (2009), é o uso das estratégias de marketing aplicadas à Internet a fim de atingir determinados objetivos de uma pessoa ou organização. Ou seja, o marketing apenas deixou de ser exclusivamente tradicional para ganhar visibilidade digital, e deve ser entendido como parte da estratégia de marketing de uma organização. Daí em diante, o marketing digital está atrelado e depende das mesmas premissas do marketing tradicional, só que com uma estratégia de capilaridade muito maior.

Com tudo isso, os gestores de recursos humanos deparam-se, portanto, com a necessidade de atrair, capacitar e reter esse trabalhador do conhecimento, vital para a competitividade empresarial. Assistimos hoje a uma corrida desenfreada por esse capital intelectual.

Pesquisa recente da Associação Brasileira de Empresas de Tecnologia da Informação e Comunicação (Brasscom) estima que exista um déficit de 120 mil vagas na área de TI e desenvolvimento de sistemas. O que ocorre é que muitos países líderes em TI, entre eles, Estados

Unidos, Índia, Inglaterra, Israel, entre outros, demandam vorazmente esse tipo de profissional. Soma-se a isso o fato de que grandes fabricantes mundiais de tecnologia e prestação de serviços tecnológicos estão se instalando no Brasil, atuando como grandes contratantes. Isso significa que estamos todos envolvidos no grande desafio da capacitação de novos profissionais para o mercado. Uma consequência desses fatores é que estamos assistindo, neste momento, a uma escalada dos salários desses profissionais especializados.

Atualmente, a área da tecnologia da informação torna-se cada vez mais estratégica e importante para todo tipo de empresa, independentemente de seu porte ou área de atuação. Expressões como *enterprise resource planning* (ERP), *customer relationship management* (CRM), *business intelligence* (BI), *knowledge management* (KM), *project management* (PM), *e-commerce* (comércio eletrônico), *m-commerce* (comércio eletrônico móvel), *digital convergence* (DC), *e-procurement* (compras eletrônicas), *cloudcomputing* (computação em nuvem), entre outras, estão diretamente ligadas a sistemas informatizados.

A maioria das médias e grandes empresas possui um microcomputador para cada funcionário, conectado à Internet, ou ainda os próprios funcionários possuem seus dispositivos (consumerização). A utilização de processadores de texto, planilhas eletrônicas, banco de dados, ERP, CRM, KM, PM, ferramentas de *e-commerce* e *m-commerce*, softwares de apresentação, ferramentas para desenvolvimento de web design, computação gráfica, linguagens de programação, vídeo digital, plataformas de redes de computadores e sistemas de compartilhamento de informações se dá de modo amplo nos ambientes empresariais.

É imperativo para o gestor de recursos humanos treinar os funcionários e propiciar para a empresa a maior utilização possível dos recursos e obter a máxima produtividade desses sistemas e ferramentas, pois os mais altos investimentos diretos e indiretos das empresas dirigem-se aos funcionários, como salários, encargos trabalhistas e benefícios, aliados aos custos com alta depreciação com microcomputadores, softwares, telefonia e rede local.

A área de TIC tem como características marcantes a inovação e o constante surgimento de novas tecnologias e novas versões. Por vezes, atualizar a versão de toda uma base de software instalada é desnecessário, pois os funcionários ainda não conseguiram extrair os recursos disponíveis na versão atual utilizada pela empresa.

15.3 Questões importantes no perfil, na capacitação e na avaliação dos profissionais de TIC

15.3.1 Perfil do usuário e do técnico de TIC

- **Perfil do usuário**

Usuários são todos os profissionais que não estão ligados diretamente à TIC, mas dela se utilizam, por meio de microcomputadores, notebooks, netbooks e tablets. São chamados "usuários de TI".

Hoje, profissionais dos mais variados segmentos precisam ter conhecimentos pelo menos básicos de programas comuns à maioria das atividades profissionais para melhor desenvolver suas atividades profissionais e aumentar suas chances de crescimento no mercado de trabalho. Dentre esses programas, podemos destacar: Microsoft Windows, Linux, Word, Excel, OpenOffice, Outlook, Internet Explorer e PowerPoint.

- **Perfil do técnico**

Diferentemente do usuário, o técnico está totalmente ligado à TIC. O profissional especializa-se por meio de treinamentos e obtém as capacidades necessárias para realizar tarefas que vão desde suporte ao usuário e desenvolvimento de softwares até a instalação e implementação de grandes e complexos sistemas para as empresas.

Os técnicos especializam-se em diferentes áreas da TI, dependendo de seu perfil; entre elas, podemos destacar: desenvolvimento de sistemas, design de mídia digital, games, computação gráfica, infraestrutura de redes e hardware, banco de dados, ferramentas de escritórios etc. Essas áreas absorvem todo tipo de perfis profissionais. Geralmente, perfis criativos têm maior afinidade com a área de design e perfis lógicos se adaptam melhor à área de programação. Existem, porém, exceções à regra, em razão da grande variedade de segmentos existente em cada área da TIC.

Entre as diversas segmentações em que o profissional pode se especializar, podemos destacar (neste exemplo, desenvolvimento de sistemas) o desenvolvimento de soluções para desktop, Internet e dispositivos móveis, área que está em franco crescimento. Muitos projetos são desenvolvidos para atender demandas de energia, construção civil, indústria e um universo ainda maior de empresas que prestam serviços em centenas de outras áreas. Um fato é comum a todas essas áreas: elas precisam informatizar seus processos com soluções criativas e ampliadas. O setor de desenvolvimento de sistemas abrange as linguagens de programação mais utilizadas no mercado, como Java, .NET e PHP, além de consagrados bancos de dados, como SQL Server, Oracle e MySQL, assim como soluções para Internet, como jQuery, JavaScript, Flash e outros produtos inovadores, como Flex e Android.

Quanto a redes e infraestrutura, esse profissional poderá se especializar em administração de redes, roteamento de dados, implementação, manutenção e atualização de infraestrutura (hardware e cabeamento estruturado).

15.3.2 Principais treinamentos indicados à especialização em TIC

Citamos a seguir os principais treinamentos indicados para especialização em TIC.

1. *Infraestrutura de redes, hardware e banco de dados*: o profissional tem duas áreas como opções:
    - *Infraestrutura de rede física*: módulos de hardware, roteadores Cisco, Huawei, cabeamento estruturado.
    - *Infraestrutura de administração de rede operacional*: Microsoft Windows Server 2008/2012, Linux Network.
2. *Design*: o profissional de design pode optar por trabalhar com web, editoração eletrônica, computação gráfica, CAD ou vídeo digital, com os seguintes conhecimentos:
    - *Web*: conceitos de direção de arte, linguagem XHTML — *tableless*, tecnologia e projeto web, linguagem HTML5, Dreamweaver, Flash, Flash para aplicação em ActionScript, Flash para acesso a dados, Photoshop/CorelDRAW, 3D Studio Max.
    - *Editoração eletrônica*: InDesign/Ilustrator, CorelDRAW, Photoshop, produção gráfica, laboratório de projetos gráficos, laboratório de projetos editoriais, direção de arte.
    - *Computação gráfica*: 3D Studio Max, After Effects/Combustion, Photoshop, pré-edição de vídeo, Premiere.
    - *Videomaker*: pré-edição de vídeo, Premiere, Photoshop, autoração e criação de DVD, After Effects/Combustion, 3D Studio Max.
    - *Cad*: leitura e interpretação de desenho técnico, AutoCAD, Architectural Desktop, Autodesk Map, Autodesk Inventor, 3D Studio Max, CorelDRAW, maquete eletrônica.
3. *Programação*: o profissional de programação poderá optar por trabalhar com desenvolvimento de sistemas, bancos de dados ou como *webmaster*, nos seguintes conhecimentos:
    - *Desenvolvimento de sistemas*: Java, plataformas VB.NET, C#, UML.
    - *Banco de dados*: SQL Server, MySQL, PostgreSQL, Oracle, UML.

- *Webmaster*: HTML, JavaScript, Dreamweaver, ASP, PHP, JavaServer Pages, XML, UML, SQL Server, MySQL, Ajax, PostgreSQL, Oracle.
- *Desenvolvimento Mobile*: iOS Developer, Android, Java Mobile.

4. *Usuários*: existem diversos treinamentos voltados aos usuários. Os mais utilizados em todas as áreas da empresa são: Windows, Linux, Excel, Word, OpenOffice, Internet, Outlook, SAP, PowerPoint, plataformas da Microsiga e da Datasul.

15.3.3 Treinamento adequado para os profissionais de TIC

Em uma área dinâmica como a da tecnologia da informação, desenvolver processos e metodologias capazes de identificar, absorver e amadurecer rapidamente as informações relacionadas às tecnologias potencialmente viáveis, transformando-as em conhecimento, torna-se um grande desafio. Desde cedo, percebemos que agilidade e postura proativa são os ingredientes necessários a um gestor de recursos humanos ou de um centro de treinamento no segmento de tecnologia da informação.

Para o ambiente de treinamento em TIC são necessários: instrutor capacitado, infraestrutura tecnológica da sala de treinamento (computadores, softwares atualizados, infraestrutura de rede local de alta performance, banda larga de Internet, projetor multimídia ou TV LCD com lousa eletrônica ligada ao microcomputador do instrutor) e material didático apropriado para treinamento em TIC.

Além disso, a presença de um profissional de suporte técnico para realizar a instalação do software é necessária, bem como de um profissional de qualidade para fazer a avaliação no final do treinamento, considerando aspectos como desempenho do instrutor, infraestrutura e resultados da aplicação de exercícios práticos de laboratório do material didático.

Para treinar usuários comuns nas ferramentas básicas de escritório existem materiais didáticos em língua portuguesa, fornecidos por centros de treinamento em TIC, que podem atender as necessidades de treinamento de uma corporação.

No caso das novas e mais avançadas tecnologias, o que encontramos na maioria dos centros de treinamento em TIC do mercado são materiais didáticos importados, em língua inglesa, ou livros que não são adequados para o aprendizado em cursos de treinamento. Então, conhecimento básico da língua inglesa por parte dos treinandos é imprescindível, pois a maioria dos softwares ou das ferramentas de TIC é desenvolvida nessa língua. Porém, um material didático desenvolvido em outro idioma dificulta o aprendizado do treinando. Seu rendimento será muito maior se o material estiver disponibilizado na língua portuguesa.

Com base no *case* Impacta Tecnologia, mostraremos a Metodologia Didática Impacta (MDI), composta de elementos importantes como: avaliação prévia de conhecimentos em TIC do treinando; instrutor com vivência prática de mercado; material didático; avaliação diária por meio de business intelligence (BI); e provas de certificação Impacta Certified Specialist (ICS) no final do treinamento.

- *Instrutor*: é importante que o instrutor de TIC esteja envolvido em projetos e execuções reais sobre o assunto ministrado, transmitindo sua vivência durante o treinamento. Com a profusão e a crescente oferta de informações do mundo atual, o treinando busca muito mais do que o que está escrito nos livros.
- *Avaliação*: uma avaliação diária ao final de cada aula do treinamento, realizada diretamente no microcomputador do treinando, no sistema BI, pode gerar um gráfico segundo o qual um profissional de qualidade pode tomar decisões de um dia para o outro relativas a: didática e desempenho do instrutor, carga horária, desenvolvimento dos exercícios de laboratório propostos, relacionamento entre os alunos, aplicabilidade dos conhecimentos adquiridos, infraestrutura da sala de treinamento, *coffee break*, entre outras.

  Sempre que necessário, os treinandos são avaliados em sala de aula também nos seguintes quesitos: conduta em sala de aula, participação, trabalho em equipe, concentração, assimilação, pontos fortes e fracos/a melhorar.

- *Conhecimentos técnicos do treinando*: para a avaliação de conhecimento pré e pós-treinamento do treinando, existem exames de certificação internacionais disponibilizados por centros de exames, como Prometric e V.U.E., porém com custos proibitivos, que variam de cem a mil dólares por exame.
- Na MDI foram desenvolvidas as provas ICS, em mais de trezentas diferentes tecnologias. Para cada tecnologia existe uma base de 250 questões de múltipla escolha, das quais são sorteadas 40 questões para o treinando.
- Os exames ICS são disponibilizados gratuitamente dentro de um programa de treinamento corporativo. Provas avulsas podem ser adquiridas a um pequeno custo, se comparado ao custo dos exames internacionais.
- *Material didático*: no material didático, para cada capítulo são desenvolvidas de cinco a dez competências sobre as quais se aplica um exercício de laboratório.
- São cerca de trezentos materiais didáticos diferentes. Uma área de pesquisa e desenvolvimento de conteúdo (com analistas de conteúdo, redatores, revisores, diagramadores, técnicos de TIC) desenvolve também materiais customizados, de acordo com as necessidades das empresas.
- *Turmas*: as turmas podem ser abertas ou fechadas, tanto nas instalações do centro de treinamento como dentro das instalações da empresa.

15.3.4 Realização de um processo seletivo de custo viável na área de TI para medir efetivamente o conhecimento do candidato em determinada tecnologia

Existem no mercado alguns centros internacionais de exames de certificação, que "certificam" o conhecimento de um profissional em determinada tecnologia. São centros confiáveis, mantidos geralmente por empresas de treinamento criteriosamente avaliadas, em que o profissional fica restrito a um ambiente isolado, sem seus pertences pessoais, e é monitorado e filmado durante toda a realização das provas. No final, o resultado é imediato e é impresso em relatório *score*.

As provas disponíveis nos centros de certificação internacionais como Prometric e V.U.E., mencionados anteriormente, têm custo proibitivo para um processo seletivo.

O resultado das provas ICS, cujas notas variam de zero a dez, é imediatamente repassado para empresas contratantes do serviço e atesta o nível de conhecimento do profissional em determinada tecnologia.

O nível de dificuldade dos exames ICS permite ao profissional se preparar também para realizar os exames internacionais de certificação em TIC.

Para estruturar o ICS de acordo com as necessidades dos profissionais brasileiros, a certificação foi dividida em módulos — Essentials, Advanced e Professional — para que o aluno possa cursar cada um de forma independente. Todos eles permitem ao aluno prestar uma prova e adquirir a certificação do nível cursado.

Tomemos como exemplo o ICS Web Designer, distribuído nos seguintes módulos:

- **Pré-requisitos**

Ambiente Windows (8 horas), direção de arte — conceitos (40 horas), XHTML — tableless (40 horas), tecnologia e projeto web (40 horas).

- **Essentials**

Dreamweaver CS6 — módulo I (40 horas), Flash CS6 (40 horas), Photoshop CS6 — módulo I (40 horas).

- **Advanced**

Introdução à lógica de programação (40 horas), introdução à programação orientada a objeto (16 horas), Flash CS5 — introdução ao ActionScript (40 horas), Dreamweaver CS6 — módulo II (40 horas).

- **Professional**

JavaScript (40 horas), Flash CS5 — aplicações em ActionScript (40 horas), Flash CS5 — acesso a dados (40 horas).

15.3.5 Realização do levantamento adequado das necessidades de capacitação tecnológica. Medição dos resultados do treinamento no tocante ao aprendizado por parte dos funcionários. Avaliação contínua do nível de conhecimento em TIC dos profissionais

Nossa proposta é identificar as funções de cada profissional da organização, junto com as necessidades de conhecimento de ferramentas tecnológicas. Feito esse mapeamento, aplicam-se as provas de certificação ICS das respectivas tecnologias, dentro dos conhecimentos necessários já mapeados de cada funcionário.

Com as notas auferidas nas provas, estabelecem-se notas de corte para cada assunto específico e verifica-se a necessidade de treinamento para cada funcionário. No final dos treinamentos, pode-se aplicar novamente os exames e medir a evolução dos treinandos e a absorção resultantes.

A abordagem das provas ICS refere-se exatamente ao conteúdo dos materiais didáticos presentes na MDI.

15.3.6 Casos de sucesso

É importante que, antes do treinamento corporativo, seja realizado um levantamento de necessidades técnicas (LNT) com equipes e com gestores envolvidos no programa de treinamento. A necessidade de personalização teórica e prática de um treinamento pode ser bem identificada em um LNT.

Em empresas como Rede Globo, Grupo Carrefour e Accenture foram utilizadas provas ICS após o LNT para analisar o conhecimento atual de cada colaborador nas tecnologias e metodologias a serem treinadas. Por meio desses indicadores foi possível identificar não só o nível de conhecimento dos colaboradores, como também o nível em que eles deveriam entrar no programa de treinamento e a necessidade de personalização técnica do conteúdo programático.

Houve casos em que foi necessário utilizar a avaliação de impacto no primeiro dia de aula para testar o conhecimento dos alunos logo no início do treinamento. Dessa forma, foi possível direcionar a complexidade dos exercícios práticos durante o treinamento e compará-la com os resultados obtidos no término do programa. A avaliação diária por meio do BI também é um indicador para aumentar ou diminuir a complexidade e o ritmo de apresentação e desenvolvimento do conteúdo programático, de acordo com as necessidades da equipe treinada.

Além da realização do LNT e da aplicação de exames específicos, é importante que um programa de treinamento considere questões operacionais, organizacionais, técnicas e até mesmo estratégicas. Realizar um treinamento com enfoque no aumento da produtividade operacional, alinhado com as necessidades técnicas e organizacionais, e considerar os objetos de negócios e o planejamento estratégico da organização são o principal caminho para transformar treinamentos em resultados.

Após a realização do treinamento, é interessante utilizar como ferramentas de medição a avaliação técnica de retenção, ou prova de certificação, e uma avaliação final completa.

15.4 A educação continuada em TIC

15.4.1 Fóruns sobre tecnologias emergentes em TIC

É importante que o profissional de TIC esteja conectado às novas tecnologias e inovações. Num mercado dinâmico como o da TIC, ele deve ser um especialista, porém com visão generalista tanto sobre tecnologias como sobre conhecimento de negócios, pois tudo hoje está integrado com a tecnologia.

Existem alguns fóruns e eventos nos quais o profissional pode se atualizar, por exemplo, aqueles promovidos pelo International Data Group (IDG), pela Associação de Usuários de Informática e Telecomunicações (Sucesu) e pelo Gartner. A Impacta também disponibiliza palestras gratuitas em sua Divisão Impacta Eventos, com palestras semanais gratuitas sobre novas tecnologias em TIC e gestão, entre outras.

15.4.2 Pesquisas de mercado na área de TIC

Num cenário de grandes mudanças com TIC, é necessário que todo profissional envolvido tenha acesso a pesquisas de mercado feitas por diversas instituições. Informações sobre as linguagens mais utilizadas, tendências tecnológicas, aspectos críticos de segurança em TIC, por exemplo, podem auxiliar o desenvolvimento do trabalho do profissional.

Assim, o International Data Corporation (IDC) é um instituto de pesquisas que oferece uma gama de pesquisas interessantes, e o Gartner Group também é uma excelente fonte de pesquisas para o profissional de TIC.

15.4.3 A formação do profissional de TIC com visão abrangente do negócio da empresa

Existem diversos centros de treinamento em TIC em todo o Brasil que disponibilizam treinamentos para o profissional. Citaremos alguns exemplos: BFBiz, Ka Solution, Green, Infnet, Impacta Tecnologia, ENG DTP e Multimídia, DRC, AfterWeb e Cadritech.

Nesses centros de treinamentos treinam-se profissionais em ferramentas e tecnologias específicas. Alguns deles fornecem ainda uma preparação conceitual e teórica prévia, pois existem pré-requisitos para a utilização plena de ferramenta tecnológica. Por exemplo, para se desenvolver em uma linguagem como Oracle, .NET, C# e MySQL, são necessários conceitos como lógica de programação visual e conceitos de banco de dados — conhecimentos conceituais desenvolvidos em aulas expositivas com cargas horárias de 80 horas de treinamento, em média.

Para desenvolver grandes aplicações em corporações, requer-se conhecimento mais abrangente da área. Para um analista de sistemas ou um arquiteto da TIC, o caminho mais adequado é a formação em curso superior nas áreas do bacharelado (sistemas de informação, análise de sistemas, ciências da computação) ou como tecnólogo (banco de dados, análise e desenvolvimento de sistemas, redes de computadores, design de mídia digital, entre outros).

Como já citado, é grande a carência de profissionais nesse mercado. Indivíduos preparam-se para atender as necessidades bem específicas nas empresas por meio de treinamentos e certificações em TIC, mesmo sem ter diploma de curso superior. Essa é a situação atual. Muitos desses profissionais, em um segundo momento, vão em busca de formação superior em cursos noturnos, preparando-se então para assumir posições mais estratégicas na área de TIC das empresas. Já não são mais somente desenvolvedores de código baseados apenas em "ferramentas", mas preparam-se para ter uma visão mais abrangente do sistema de informação na empresa.

Muitas faculdades e universidades de todo o Brasil oferecem os cursos que citamos. Algumas são especialmente focadas na área de TIC & Gestão, como a Faculdade de Informática e Administração Paulista (FIAP), o Instituto Brasileiro de Tecnologia Avançada (IBTA) e a Faculdade Impacta Tecnologia.

Com essa visão abrangente, e dentro do *case* Impacta Tecnologia, a Faculdade Impacta Tecnologia foi criada como instituição de ensino superior voltada a profissionais de TI atuantes no mercado de trabalho. Seu processo seletivo de ingresso é composto por uma prova de avaliação de conhecimentos em TIC, avaliação das certificações em TIC já obtidas pelo candidato, além da avaliação de redação em língua portuguesa e provas de matemática, português e inglês.

Seu objetivo é dar continuidade ao processo de formação do profissional já iniciado por meio da capacitação em treinamentos e certificações em TIC.

Alcançam-se melhores resultados capacitando primeiro o profissional em ferramentas de TIC e, posteriormente, agregando conhecimentos acadêmicos, conceituais e sistêmicos.

As inovações apresentadas no processo educacional da Faculdade Impacta Tecnologia estão presentes na tese de doutorado intitulada *Modelo organizacional de educação a distância para instituições tecnológicas*, do professor doutor Valdéres Fernandes Pinheiro, diretor acadêmico da Faculdade Impacta Tecnologia, aprovada com unanimidade por uma banca de doutores da Universidade de São Paulo.

Nesse modelo educacional, as aulas são gravadas integralmente por meio da captura de voz, da escrita e de imagens em lousas eletrônicas, que permitem ao aluno formar uma biblioteca (voz, escrita e imagens) de todo o curso. O aprendizado torna-se muito mais eficaz.

Como todas as aulas são gravadas, existe a possibilidade de o aluno acompanhar paralelamente outros cursos como autodidata, desenvolvendo um conhecimento híbrido, tanto em outras tecnologias como na área de gestão. O aluno de um curso de sistemas de informação pode acompanhar as aulas gravadas em um curso de administração de empresas, por exemplo.

No caso dos cursos superiores de tecnologia, outra grande inovação da Faculdade Impacta Tecnologia é a inclusão no projeto pedagógico Oficina Projeto Empresa (OPE), que consiste em oficinas práticas realizadas por grupos de alunos em situações reais dentro de empresas. Nesse modelo, a aproximação entre universidade e empresa se faz presente por meio das OPEs, das células acadêmicas e dos núcleos de iniciação científica, que são programas de estudo que integram diversas disciplinas com o objetivo de desenvolver competências específicas para a promoção da inovação tecnológica, geração de novos estudos baseados em experiência prática e divulgação dos resultados.

15.5 Conclusão

Com a utilização de uma metodologia adequada não é difícil avaliar o conhecimento dos funcionários, levantar corretamente as necessidades e treinar usuários e técnicos de TIC.

É sempre importante atentar para a formação integral do profissional de TIC, tanto no aspecto acadêmico quanto na forma de atualização e conhecimento de tendências, e, principalmente, promover cada vez mais entendimento do negócio da empresa.

Referências bibliográficas

LOUREIRO, R. de O. "Como competir na era do capital humano". *Revista Qualimetria*, v. 87, p. 9-12, 1998. Disponível em: <www.informal.com.br/artigos/artigos.htm>. Acesso em: 15 jan. 2013.

NONAKA, I.; TAKEUCHI, H. *Criação de conhecimento na empresa*: como as empresas japonesas geram a dinâmica da inovação. Rio de Janeiro: Campus, 1997.

PINHEIRO, V. F. *Modelo organizacional de ensino a distância para instituições tecnológicas*. 2004. Tese (Doutorado em Tecnologia Nuclear — Aplicações) — Instituto de Pesquisas Energéticas e Nucleares, Universidade de São Paulo, São Paulo, 2004. Disponível em: <http://www.teses.usp.br/teses/disponiveis/85/85131/tde-05102007-173822/>. Acesso em: 16 jan. 2013.

STEWART, T. A. *Capital intelectual*: a nova vantagem competitiva das empresas. Rio de Janeiro: Campus, 1998.

TORRES, C. *A Bíblia do marketing digital*. São Paulo: Novatec, 2009.

Sites indicados

www.afterweb.com.br
www.bf.com.br
www.cadritech.com.br
www.drc.com.br
www.eng.com.br
www.gartner.com
www.green.com.br
www.idc.com
www.idg.com.br
www.impacta.com.br
www.infnet.com.br
www.itaa.org
www.itmidia.com.br
www.kasolution.com.br
www.mct.gov.br
www.prometric.com
www.rnp.br
www.sucesu.org.br
www.timaster.com.br
www.vue.com.br

Célio Antunes de Souza

Engenheiro eletrônico formado pelo Mackenzie e pós-graduado em administração de empresas pela FGV-SP, Célio Antunes de Souza é executivo de empresas da área de tecnologia da informação desde 1982. Fundou e preside o Grupo Educacional Impacta Tecnologia, composto pela divisão de treinamento, faculdade, colégio, editora, instituto e consultoria, eleito como a Melhor Empresa de Treinamentos em TI do Brasil, por três vezes em pesquisa corporativa realizada pela editora Segmento, e como a Maior Empresa em Treinamentos de TI no Brasil, pelo International Data Group (IDG). É vice-presidente da Assespro-SP (Associação das Empresas de Tecnologia da Informação) e membro do Conselho Superior de Inovação e Competitividade da Fiesp.

Tel.: +55 11 3254-2230
E-mail: celioas@impacta.com.br

capítulo 16

Um novo paradigma de comunicações nos negócios do mundo globalizado

Oswaldo De Munno Júnior

16.1 Objetivos

Fazer negócios em um mundo globalizado depende da habilidade dos envolvidos em comunicar-se adequadamente e de forma eficaz.

Assim, comunicar-se nos negócios deste mundo globalizado vai muito além de falar um ou outro idioma. Tal constatação por si só é suficiente para derrubar a tese de que, estudando apenas um idioma, supera-se o problema.

Ao longo dos últimos anos, essa tese tem sido fortemente debatida, uma vez que a comunicação deixou de ser uma competência necessária apenas a uma viagem internacional, ou à recepção de estrangeiros no país, ou até mesmo à participação em uma feira internacional de negócios.

Comunicar-se nos negócios em um único mercado requer, sim, o conhecimento e o domínio de um idioma; no caso, o mais universal deles, o inglês — um fator liminar. É verdade que sem o inglês (novamente, recorremos a ele como língua universal) não se estabelece comunicação, o que o torna uma ferramenta indispensável.

Contudo, ao mesmo tempo em que o idioma mostra-se imprescindível na comunicação nos negócios no mundo globalizado, questiona-se se ele, por si só, basta para atender às necessidades que empresas, executivos e profissionais enfrentam em sua exposição global.

Neste capítulo, abordaremos esse questionamento com a devida profundidade e traremos um novo paradigma, o da comunicação nos negócios (*business communication*). Tão importante quanto abordá-lo será defendê-lo, em tese, como uma nova competência gerencial.

16.2 O contexto

Em 1991, surgiam os primeiros sinais mais fortes da globalização no país. No setor automotivo, o segmento de autopeças demonstrava ser a porta de entrada para essa nova "onda". Com a aposta de que a globalização não seria apenas mais uma moda, como as anteriores (*downsizing, rightsizing, reengineering*), questionava-se o seu impacto no dia a dia dos negócios, nas organizações empresariais e na sociedade.

Aquele momento trouxe questionamentos sobre a forma de capacitação gerencial e executiva dos recursos humanos estratégicos das organizações, agora sob a ótica de sua inserção global. A questão central levantada era sobre como seria o trânsito das empresas, de executivos e de profissionais em um único e grande mercado, o mercado globalizado — caracterizado pela pretensão de reunir diferentes mercados e países, diferentes línguas-mães e, principalmente, diferentes culturas.

Orientada por essa visão global, a questão central desdobrou-se em inúmeras outras, como parte de um exercício de visualização do futuro quanto ao comportamento do cliente (empresa, executivo e profissionais) perante o desafio de transitar no mercado globalizado sob o binômio negócio *versus* comunicação.

Como seria tão somente

- Visitar um país a turismo?
- Fazer uma viagem internacional de negócios que se limitasse a visitar uma feira técnica, visitar uma planta produtiva ou participar de um almoço de negócios?
- Atuar internacionalmente por meio, apenas, da atividade de exportação?

E como seria então

- Criar espaço num único mercado existente, com diferentes idiomas, culturas e práticas?
- Prospectar oportunidades de negócios, clientes e melhores práticas?
- Atuar internacionalmente em novas realidades de fusões, aquisições, *global sourcing*, entre outras?

Com base nessa nova realidade, surgia a certeza de que os *negócios seriam realizados por meio da comunicação*. Um novo vocabulário, associado a habilidades gerenciais e visão de negócios global, estabelecia-se e apresentava-se imperativo a partir daí (ver Figura 16.1).

Figura 16.1 Novo vocabulário da globalização

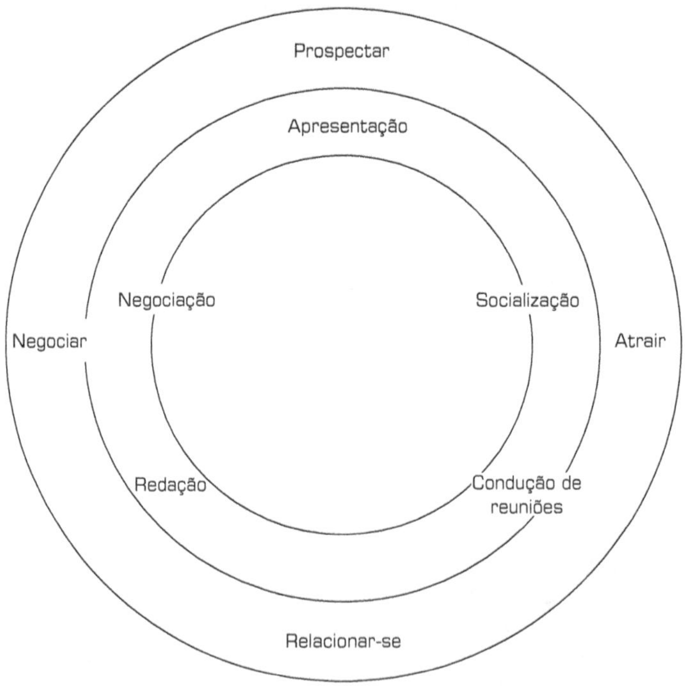

Nesse momento, sequer imaginava-se a ocorrência dos *global processes*, mais um claro e profundo exemplo da globalização, já não limitado ao nível estratégico das organizações e se estendendo para o âmbito operacional.

Quantos questionamentos num simples exercício de visualização do futuro! De lá para cá, de 1991 a 2013, passaram-se mais de vinte anos, e esses e outros questionamentos transformaram-se num verdadeiro desafio para fornecedores de serviço: *como fazer negócios no e com o mundo por meio da comunicação.*

16.2.1 *Business communication chronicle*

Identificamos a seguir alguns pontos essenciais para a comunicação nos negócios.

- Dominar o inglês é o primeiro passo para a inserção global.
- Entender as diferenças culturais nos negócios é decisivo.
- Prospectar negócios exige habilidade em apresentações.
- Desenvolver relacionamento requer habilidade de socialização e condução de reuniões.
- Negociar é uma função da habilidade de comunicação.
- Discutir temas, conceitos, práticas e técnicas de negócios requer sofisticação de linguagem.

16.3 Tempo: a restrição

Não bastassem os desafios impostos pela nova realidade da comunicação global, desencadeou-se, paralelamente, profunda transformação na agenda das empresas, dos executivos e profissionais. Essa agenda passou a ser caracterizada pela forte orientação para resultados e pela sobrecarga de trabalho e responsabilidades, mas, ao mesmo tempo, por uma exigência maior de treinamento e desenvolvimento. Ou seja, originou-se um paradoxo, por conta da relação entre necessidade e disponibilidade, em que o ingrediente básico — o *tempo* — tornou-se escasso.

Figura 16.2 Paradoxo entre necessidade e disponibilidade

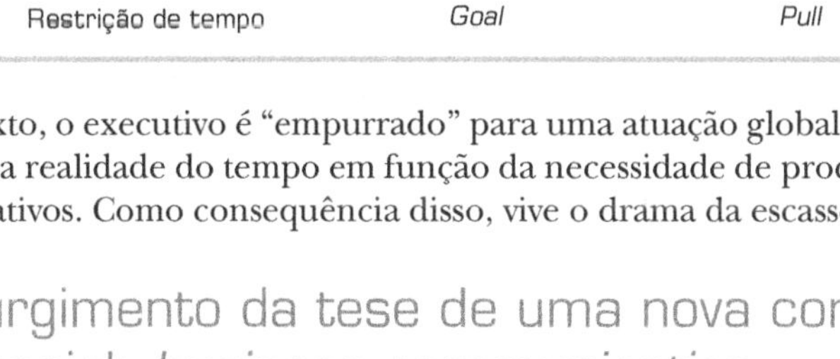

Nesse contexto, o executivo é "empurrado" para uma atuação global e, ao mesmo tempo, é "puxado" para a realidade do tempo em função da necessidade de produzir resultados individuais e corporativos. Como consequência disso, vive o drama da escassez de tempo.

16.4 O surgimento da tese de uma nova competência gerencial: *business communication*

A tese da *business communication* como nova competência gerencial apoia-se na necessidade de o executivo ser um cidadão global e no fato de que dominar um idioma como o inglês não lhe garante sucesso na condução dos negócios *no* e *com* o mundo.

Cria-se, então, *a distinção entre aprender inglês* e *comunicar-se nos negócios em inglês.* A distinção posiciona o idioma como meio, e não como fim. O fim está na inserção global do profissional por meio do desenvolvimento da comunicação aplicada a habilidades gerenciais e aos conhecimentos de negócios.

Se observada a realidade ainda existente nas organizações empresariais, encontraremos profissionais e executivos que ainda se ressentem de um melhor conhecimento do idioma, e cujos desafios para tornar o profissional um cidadão global não são poucos, especialmente se considerada a variável tempo em relação aos resultados.

Portanto, mesmo levando-se em conta que o inglês é fator liminar da comunicação (nossa tese e distinção) e que, ainda assim, executivos e empresas identificam um *gap*, a urgência em superar esse fator liminar é grande e requer ações diferenciadas que possibilitem um salto de resultados em curto prazo.

Uma vez superado o fator liminar, cria-se o desafio seguinte, o da preparação do executivo para atuar globalmente por meio de sua capacitação nas habilidades gerenciais críticas e de sua preparação para discutir temas, conceitos e práticas associados à liderança, à gestão empresarial e às estratégias de negócios.

O desafio toma maiores proporções na medida em que se adiciona o ingrediente da multiculturalidade: as diferenças culturais que determinam o sucesso ou o fracasso da atuação internacional. Questões como a da própria comunicação, etiqueta, ética, geopolítica, entre outras, devem ser cuidadosamente observadas, considerando seu impacto nos negócios.

A Figura 16.3 representa o esquema de nossa tese.

Figura 16.3 O contexto

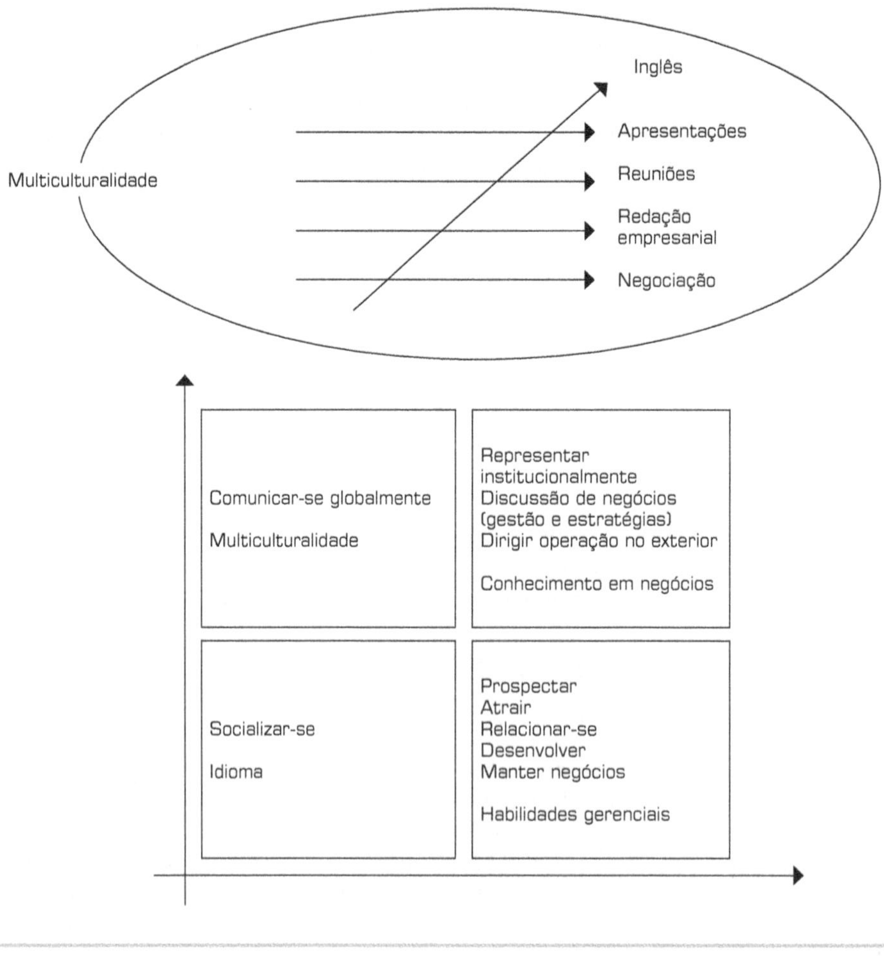

16.5 O fator liminar do inglês

Habituados com a orientação de alcançar resultados elevados em curto prazo, executivos que ainda enfrentam dificuldades com o inglês e não se comunicam adequadamente no idioma dificilmente encontrarão resposta para seu problema em modelos de cursos tradicionais e regulares.

O nível de resposta das metodologias tradicionais está distante da realidade desses executivos, uma vez que a perspectiva do resultado é de longo prazo, o que, por si só, não promove envolvimento e motivação. Além disso, o formato de uma a duas horas de aulas semanais não permite o uso de dinâmicas e conteúdos diferenciados em sala de aula, limitando o modelo à interação professor-aluno, tornando impraticável a reprodução de situações e ambientes de negócios.

E mais, sendo o idioma (no caso, estamos abordando o inglês, mas a discussão não se limita exclusivamente a essa língua) um fator liminar e básico para o estabelecimento da comunicação nos negócios em um ambiente globalizado, aquele executivo que ainda estiver com essa "ferida" aberta será pressionado a encontrar uma solução em curtíssimo prazo, como se fosse um "passaporte" para enfrentar os desafios maiores que virão quando de seu desenvolvimento em *business communication.*

Para aqueles que se encontram ainda no estágio liminar de formação do idioma, uma pergunta permanece: é possível resolver esse problema em curto prazo? Uma experiência bem-sucedida no Brasil é a da metodologia de imersão no inglês — com programas que combinam módulos presenciais mensais, com coaching sem intervalo. Essa metodologia permite ao executivo, com um mínimo de programação mensal de agenda, isolar-se durante dois ou três dias consecutivos de suas outras atividades profissionais e enfocar a atividade de aprendizado.

É importante destacar alguns pontos importantes da proposta. O primeiro deles é que o executivo terá de abandonar seu posto de trabalho, por exemplo, por apenas um dia útil no mês (sexta-feira): o segundo ou o terceiro dia fica por conta de seu final de semana.

O segundo e mais importante ponto é que o executivo, também habituado com "foco", terá de se afastar, mesmo que por pouco tempo, de suas atividades profissionais e "mergulhar" nos dias programados.

Os cuidados a serem tomados pelo executivo quando da escolha dessa metodologia começam pelo seu grau de comprometimento com a agenda. Sua presença nas imersões é essencial, assim como sua dedicação ao cumprimento da carga horária de estudo a distância, de forma a consolidar o aprendizado entre uma imersão e outra.

Outros aspectos a serem observados dizem respeito à oferta do fornecedor. É importante que cada módulo presencial não seja apenas um momento para "falar" o idioma, mas que promova a aquisição de novos conhecimentos e linguagem para aplicação imediata, especialmente em forma de produção oral, daí a importância quanto à escolha de um fornecedor apto a prover o ambiente propício para tal aprendizado.

Será igualmente importante que o dia de treinamento seja o mais longo e intensivo possível, de forma a maximizar a presença do executivo nos dois ou três dias consecutivos, até porque ele está acostumado ao ritmo e à carga horária intensiva diários.

Por último, o executivo deve ser inserido em um programa continuado. Cada etapa realizada (presencial ou a distância) deve fazer parte de um plano de desenvolvimento individualizado (PDI), com objetivos, metas e prazos definidos.

Figura 16.4 Demonstração gráfica da metodologia proposta

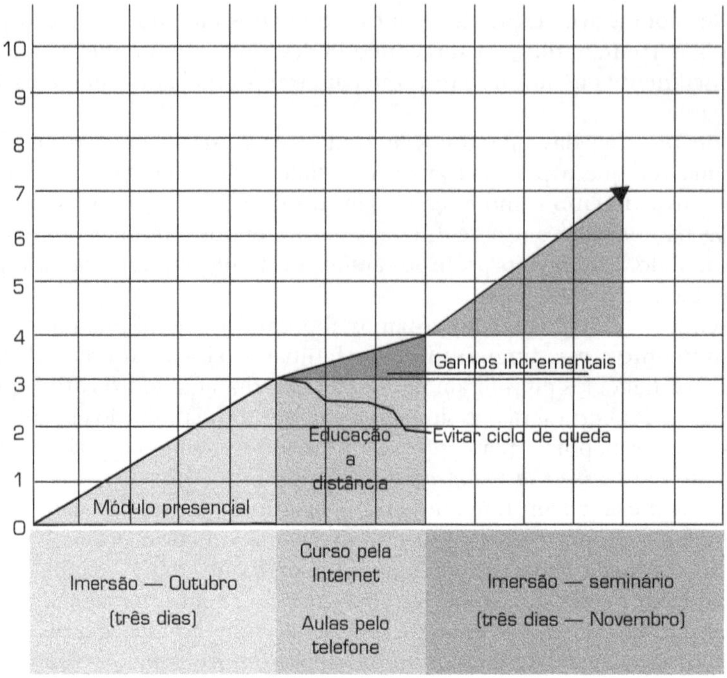

16.6 Um salto para as habilidades gerenciais

Prospectar, desenvolver, relacionar-se e manter negócios no mundo e com o mundo são atividades que requerem, segundo nosso entendimento, um conjunto de habilidades gerenciais imprescindíveis para a atuação global do executivo. Entre elas estão apresentação, negociação, condução e liderança de reuniões e redação empresarial.

Após adquirir conhecimentos e fluência no idioma que garantam um nível de interação social e profissional capaz de fazer o executivo se comunicar em situações do cotidiano, a presença da comunicação nos negócios passa a ser fortemente notada durante o processo de desenvolvimento das habilidades gerenciais.

Quando o executivo passar de uma *exposição internacional limitada a situações de socialização* para uma *exposição internacional mais complexa associada à realização de negócios*, ele se deparará, mais cedo ou mais tarde, com a realidade de que a fluência do idioma não será o bastante. Ele verá que prospectar novos negócios, mercados, clientes, fornecedores, parceiros ou investidores em situações como uma apresentação, por exemplo, exigirá algo mais do que meramente falar o idioma. Comunicação não se limita ao idioma: *linguagem aplicada* combinada com *vocabulário poderoso*, capazes de envolver uma plateia, são seus aspectos complementares. Além disso, sabe-se que uma apresentação eficaz passa por preparação e ensaio intensos, em que, novamente, exige-se um nível de comunicação diferente do que o aprendizado do idioma é capaz de proporcionar.

Situação idêntica ocorre com *reuniões* e *negociações internacionais*. Apesar de estratégias e técnicas serem pontos críticos de uma reunião ou negociação de sucesso, a comunicação deve ser vista como um atributo decisivo e, novamente, a combinação do idioma (como o inglês) com linguagem e vocabulário poderosos pode fazer a diferença.

Por último, a mesma capacidade de envolver plateias por meio da comunicação oral em situações de apresentações, reuniões e negociações mostra-se importante na comunicação escrita (redação), especialmente de e-mails e propostas. O *e-writing* é uma habilidade específica e complementar a ser desenvolvida em língua estrangeira.

O desafio das empresas que atuam internacionalmente, sejam elas multinacionais brasileiras ou estrangeiras, inclui novos elementos, como o das diferenças culturais. Essas habilidades gerenciais, fortemente presentes no patamar executivo/estratégico do negócio, ganham ares de importância no âmbito operacional por meio dos *global processes.* A expansão desses chamados *processos globais,* que criam equipes multiculturais e virtuais, tem promovido uma verdadeira e abrangente comunicação global nos negócios, em que as habilidades de apresentação, negociação, reuniões e redação são exigidas quase diariamente, por meio de recursos como áudio e videoconferência, além de e-mails e *instant messenger.*

16.7 A comunicação e a educação executiva internacional

Organizar, expor e contrastar ideias, argumentar e conduzir discussões sobre conceitos, técnicas e práticas de negócios, especialmente acerca de temas ligados a estratégia, gestão, liderança e outros, são desafios ainda maiores impostos pela comunicação em negócios.

Essas situações estão associadas a executivos que representam institucionalmente suas empresas no exterior, entre eles executivos expatriados que assumiram operações e negócios em outros países e outros que mantêm relação com investidores internacionais, sem falar no primeiro homem da organização, que está sempre exposto a esse tipo de contexto.

Quando discutidos, esses temas muitas vezes têm sua base conceitual e de argumentação extraída das próprias práticas e experiências vividas pelo executivo em sua empresa. Há também, no entanto, situações em que a base conceitual e teórica advém do "banco de escola", de cursos e programas de educação executiva.

Constata-se atualmente no mercado um número crescente de executivos brasileiros em busca de atualização, especialmente nas áreas de gestão avançada em negócios, em escolas de negócios (*business schools*) de primeira linha no exterior, como nos Estados Unidos e na Europa.

Novamente, deparamo-nos com mais um exemplo prático e clássico em *business communication*: preparar o executivo para cursar um programa dessa natureza com um triplo desafio.

O primeiro deles é adquirir novos conhecimentos em áreas consideradas complexas nos negócios. O segundo é adquirir conhecimentos na educação executiva, um modelo de aprendizagem que se caracteriza por forte interação professor-aluno e aluno-aluno, o que exige alto grau de comunicação conduzida em outro idioma, como o inglês. E o terceiro é sobre a troca de experiências entre participantes de diferentes nacionalidades e culturas (a multiculturalidade é outra característica presente em salas de aula nas *top business schools*), o que faz com que a comunicação observe diferenças culturais.

Quem já participou de programas dessa natureza avalia que *a maior dificuldade está na comunicação,* especialmente nas situações descritas. Quanto às dificuldades a respeito da complexidade e da profundidade dos temas abordados, apesar de existirem, são mais facilmente superadas, uma vez que o executivo brasileiro mostra-se um profissional cada vez mais preparado, se comparado com colegas de outros países.

16.8 O desafio de se comunicar nos negócios em diferentes culturas

A tese de que se conhece verdadeiramente a cultura de um país quando se domina a sua língua é difícil de ser transposta para a realidade dos negócios. Dada a integração de diferentes países em torno de um único mercado global, dominar cada uma dessas línguas se mostra inviável para empresas e executivos. Sabe-se, contudo, que não há como fazer negócios com um país/mercado sem o entendimento das diferenças culturais relacionadas, principalmente quanto à etiqueta empresarial, ética nos negócios, geopolítica e ambiente corporativo.

Dessa forma, estabelece-se um paradoxo. A solução mais realista para executivos e empresas é, primeiro, adotar um idioma como "oficial" ou "global", no caso, o inglês, e investir na aquisição de conhecimentos multiculturais, por meio da educação, pelo treinamento e desenvolvimento.

Entendemos que a combinação de investimentos já realizados no aprendizado do inglês com um novo investimento na construção de um *ambiente multicultural* na empresa mostra-se como o caminho mais curto para a obtenção de resultados, e mais factível do que se imaginar capaz de treinar um grupo ou grupos da empresa nos diferentes idiomas dos países em que se atua ou se deseja atuar.

Um ambiente multicultural pode ser construído, sim, por meio de ações de treinamento, como workshops, que enfoquem determinado país, como no formato de *doing business internationally*. Também é possível a um ambiente multicultural expandir/ampliar a visão e a abrangência para um ambiente virtual, com, por exemplo, a construção de um portal da multiculturalidade, que poderá disseminar conhecimentos na organização em caráter democrático e socializado.

Esse ambiente, seja ele presencial e/ou virtual, poderá ser estruturado em forma de matriz, em que se estabelecem relacionamentos com países nos quais a empresa atua ou pretende atuar, com enfoque nas trilhas a serem cobertas, envolvendo, por exemplo, valores, ética, etiqueta, geopolítica e ambiente de trabalho.

Essas e outras questões multiculturais comportam-se como um conteúdo transversal, assim como o conhecimento da língua, e devem ser observadas a todo o momento de comunicação nos negócios com outros países e mercados, especificamente no que diz respeito aos quadrantes das habilidades gerenciais e aos conhecimentos em negócios.

16.9 Conclusão

A *business communication* apresenta-se como uma nova competência gerencial justificada por sua capacidade de inserir o executivo no ambiente global. Apesar de utilizar um idioma estrangeiro (como o inglês) como base da comunicação, a proposição de valor não está no aprendizado do idioma, visto aqui como um fator liminar da comunicação nos negócios globais. Mas a proposição de valor está, sim, na capacidade de combinar o desenvolvimento das habilidades gerenciais, na capacidade de se expressar sobre diferentes temas de negócios e de adquirir conhecimentos multiculturais em situações conduzidas em inglês.

Ao desenvolver e agregar essa competência, o executivo estará preparado para os desafios que permeiam a atuação internacional em diferentes níveis de exposição: estratégico, tático e operacional, diferentemente do simples aprendizado do idioma. Assim, ele será capaz de alcançar o patamar de interação social e profissional.

Oswaldo De Munno Júnior

Formado em análise de sistemas pela PUC-Campinas, Oswaldo De Munno Júnior possui especializações em negócios nas áreas de gestão empresarial pela Kellogg School, da Northwestern University, nos Estados Unidos, em gestão estratégica de pessoas pelo Insead (European Institute of Business Administration), na França, e em estratégias de negócios pela Wharton School, também nos Estados Unidos. É diretor e fundador da Trend School, estabelecida há 24 anos no mercado, do Center for Business Communication (CBC), do Center for International Executive Education (CIEx) e do New York Trend Consulting (NYTC), nos Estados Unidos.

Tel.: +55 11 3667-7240
E-mail: oswaldo@trendschool.com.br
Site: www.trendschool.com.br

capítulo 17

Estagiários e aprendizes

Ruy Leal

17.1 Objetivos

Este capítulo aborda uma questão fundamental: como inserir os jovens das gerações digitais no meio empresarial? E mais, como realizar essa integração nos casos daqueles que apresentam lacunas educacionais?

Embora sejam jovens digitais, possuem preparos diferentes e se ajustarão melhor no mercado de trabalho se aproveitados em programas adequados ao seu momento educacional e às exigências do meio empresarial.

O fato desafiador, tanto para os jovens como para as empresas, é encontrar o mais adequado mecanismo para se alcançar os melhores resultados nos programas de estágio e aprendiz, um sendo adotado voluntariamente pela empresa e o outro obrigatoriamente, por meio de cota imposta pelos agentes fiscalizadores do trabalho.

17.2 Introdução: os jovens deste século e os desafios a vencer

Os jovens das gerações digitais possuem um meio muito peculiar de enxergar as coisas e solucionar problemas, pois nasceram e foram educados dentro do espectro das rápidas mudanças e do enorme avanço da tecnologia.

As empresas rapidamente modificam seus mecanismos de sobrevivência, passando a focar a tecnologia e o componente humano capaz de utilizá-la e, especialmente, desenvolvê-la na mesma velocidade. É assim que deve ser avaliada a contribuição que o jovem digital pode oferecer ao novo universo empresarial.

Afirmo que nenhuma empresa com planos para o futuro pode prescindir dos jovens, ainda mais nesta época, em que as mudanças serão cada vez mais impactantes e inovadoras, além de naturais e intuitivas para essa moçada digital.

Será com este pano de fundo que os textos seguintes abordarão os programas de *estágio* e *aprendiz*, programas esses com objetivos, estruturas e obrigações diferentes, mas que contam com jovens digitais, que, apesar de possuírem preparos distintos, são estratégicos para qualquer empresa que queira vivenciar o futuro. É essencial conhecer bem quem são esses jovens e adotar a melhor equação para investir neles e tê-los como seus profissionais.

17.3 Como atuar com as novas gerações

De alguns anos para cá, um número cada vez maior de empresas vem procurando entender e estudar bem o que essa garotada digital valoriza e como inseri-la da melhor maneira possível no ambiente empresarial existente.

Uma pesquisa realizada pela Hay Group com mais de 5,5 mil jovens em algumas empresas brasileiras oferece alguma luz ao tema, apresentando pontos interessantes sobre o modo de pensar e os sonhos desses meninos e meninas.

Segundo a pesquisa, para focar suas atividades e continuar na empresa, os jovens querem em primeiro lugar se desenvolver muito. Também almejam ter uma excelente relação com sua supervisão, o que inclui serem ouvidos atentamente. Buscam trabalho que seja divertido, forte identificação com os valores da empresa, claros critérios para as promoções e que sejam bem recompensados financeiramente. As aspirações desses jovens apresentam duas pistas interessantes para a compreensão de como eles construíram sua percepção do mundo do trabalho: a primeira está relacionada à convivência intuitiva que desde cedo essa geração tem com a tecnologia. Os jogos eletrônicos, que gostosamente desafiam essa garotada, fazem com que eles avancem etapas com certa facilidade, com a condição de que cada novo avanço resulte em recompensa automática. A outra pista diz respeito ao tipo de educação mais flexível que tiveram em casa, impedindo que compreendessem que, no mundo real, as regras são mais rígidas e que para passar de *etapa* as dificuldades são maiores, mais demoradas e, às vezes, não tão claras.

Em contrapartida, com base na pesquisa identifica-se que os jovens oferecem ao meio empresarial uma série de atributos comportamentais que consideram ser fundamentais: muita empolgação, vitalidade, garra, oxigenação, ideias, agilidade e vontade de trabalhar. Entendo que tais atributos sejam o mínimo que as empresas esperam dos jovens.

A grande dificuldade para as empresas em geral é encontrar o fio condutor entre o talento oferecido pelo candidato e a realidade empresarial desconhecida por ele, de modo a adequar as expectativas dos jovens e as necessidades das empresas. Afinal, são os jovens da vez aqueles que, se bem desenvolvidos e corretamente explorados em suas potencialidades, serão capazes de dar às empresas um jeito novo de realizar seus negócios.

17.4 Estágio de estudantes: o melhor ponto de encontro

De fato, o Brasil é um dos países com as melhores condições para a introdução de estudantes sem experiência no mercado de trabalho. São exércitos de jovens do ensino médio, ensino técnico e ensino superior, em condições técnicas e legais, ávidos para assumir as vagas oferecidas pelas empresas em seus programas de estágio, ao passo que as empresas necessitam sempre renovar os seus quadros de profissionais e, para tanto, devem contar com as novas gerações. Essas necessidades, dos jovens e das empresas, são claramente complementares, com concretas condições para funcionar bem. Então, por que o programa de estágio funciona para um grupo de empresas e não para o outro?

17.5 Dez superdicas para o programa de estágio dar certo

É estimulante verificar que o número de empresas que investem em estagiários vem aumentando com vigor. É bem provável que a Lei 11.788/08, de 26 de setembro de 2008, tenha sua parcela de contribuição para que as empresas realizem bons programas de estágio.

As empresas mais estruturadas estão fortalecendo o modo de formar suas novas equipes: apostando e investindo corretamente em programas de formação de jovens, com ênfase em bons programas de estágio. Não existem milagres nos programas de estágio que conseguem os melhores resultados, mas sim orientações e atitudes claras que fazem mudar o comportamento do público interno com relação aos estagiários. Das práticas assumidas pelo meio empresarial, dez se destacam por sua eficácia e serão tratadas na sequência.

17.5.1 Estágio não é emprego e estagiário não é mão de obra

Vem se alargando no meio empresarial a compreensão de que o estagiário deve ser percebido como um jovem em processo de preparação e de desenvolvimento. Não é recurso para preencher claro na equipe, nem forma mal disfarçada de colocar alguém para realizar atividades que os outros não querem executar, ou completar a equipe por ausência de *headcount*.

As empresas investem em jovens com melhor preparo educacional, geralmente estudantes de ensino técnico ou superior, com talento em estado bruto, merecendo ser lapidados e desenvolvidos com o objetivo de assumir funções ao final do programa.

Se esses argumentos não forem suficientes para alguns entenderem como executar um bom programa de estágio, sobrará a tutela do órgão fiscalizador, pronto para autuar, multar, marcar a imagem da empresa e proibir a contratação de outros estagiários.

17.5.2 Contratando o estagiário para o futuro de sua empresa

Se o programa de estágio como instrumento de formação de equipes for avaliado com atenção, será verificado que se trata de um caminho de entrosamento natural e consistente entre profissionais já experientes e jovens talentosos com vontade de aprender.

Empresas com boas práticas nesse campo demonstram a clara diferença entre ter estagiários e desenvolver programas de estágio. Pode parecer óbvio, mas muita gente não enxerga essas diferenças, que neste caso vão desde assumir estagiários para preencher claros na estrutura funcional, jovens que podem ser substituídos sem dificuldades, pois as atividades que realizam são básicas e rotineiras, até o descompromisso com sua formação prática.

Para realizar programas de estágio, a percepção deve ser outra. As melhores práticas levam as empresas a observar quesitos obrigatórios para obter bons resultados. Passam pelos aspectos operacionais, legais, técnicos e sociais do estágio e também pelos objetivos que se quer alcançar com o programa e pela necessária adequação dos perfis dos jovens atores do programa.

Formar futuros quadros de profissionais com base em um bom programa de estágio exige, antes, forçosa adequação dos perfis dos estagiários que serão selecionados ao perfil da empresa, de acordo com os valores que ela definir.

Um caminho tipicamente utilizado com sucesso pelas empresas nos seus programas de estágio é o que chamamos *namoro das partes*. Para o namoro funcionar bem, é necessário que essas partes, estudantil e empresarial, tenham entre si interesses comuns que venham fortalecer a relação. O fato é que um lado quer vender o seu potencial e o outro quer comprar, de modo que a manutenção dos interesses só ocorrerá se houver comunhão dos perfis. Exemplo: se a empresa alvo tem como característica incentivar seus colaboradores que busquem, prioritariamente, o seu desenvolvimento de carreira, o candidato ao estágio não pode ter como sua vontade principal a busca pela qualidade de vida e de um trabalho *slowly*, já que será bem mais difícil obter um razoável entrosamento desses desejos com os objetivos da empresa.

É essencial que o ponto de partida para se modelar boas equipes por meio de programas de estágio seja avaliar o mais adequado perfil de jovens a serem preparados para contribuir com a construção do futuro dos negócios da empresa. Vinculando esses perfis aos valores da empresa, as chances de êxito aumentam muito.

17.5.3 Chave do sucesso: a quem delegar o preparo do estagiário?

Se a empresa pretende atender à lei de estágio vigente, precisará difundir internamente a correta maneira de enxergar o estagiário em suas dependências. Estagiário é jovem em processo de aprendizado e como tal deve ser percebido.

Sendo assim, a empresa passará aos gestores indicados a responsabilidade de preparar esses jovens para a futura função-alvo. Não será mais o gestor quem pedirá estagiário para completar sua equipe e obter mais resultados para a área. Será a empresa que destacará o gestor, que será incumbido de desenvolver o estagiário, atendendo aos objetivos já estabelecidos pela direção.

Tenho observado, com razoável frequência, programas de estágio de empresas que definem, cuidadosamente, os objetivos da presença dos estagiários em suas dependências, seu plano de desenvolvimento atrelado a esses objetivos e os gestores que assumirão a responsabilidade por conduzi-los a atingir suas metas profissionais. Essas observações têm sido uma fonte admirável de boas práticas com estagiários. Nessas empresas é identificável a importância do bom desempenho do gestor em seu papel de desenvolvedor de estagiários. Sai o gestor de seu antigo padrão de atuar como supervisor, ação notadamente operacional, e entra a adequada condição de mentor de estagiário.

Não adiantará nada a empresa ter estruturado muito bem o programa de estágio que realizará, envolvendo o RH para costurar a operação, com estagiários bem selecionados e comprometidos com seus valores, se os profissionais designados para o dia a dia, no desenvolvimento desses jovens, não estiverem dispostos a atuar como verdadeiros mentores.

17.5.4 Aspectos operacionais do estágio

O primeiro passo a ser considerado é a formalização da relação escola-estudante/estagiário-empresa. Isso se dá ajustando-se as condições para a realização do estágio por meio de um instrumento jurídico (acordo, convênio, contrato etc.) firmado entre a escola, que cederá o estudante, e a empresa, que receberá o estagiário.

Do instrumento jurídico sai o Termo de Compromisso de Estágio (TCE), documento que formaliza a relação entre escola, estudante/estagiário e empresa. As assinaturas do estudante, empresa e escola deverão constar no TCE. Antes de a escola ter firmado sua assinatura no TCE, formalizando assim o seu "de acordo", o estágio não poderá ser iniciado. No TCE deverão constar as condições do estágio:

- Plano de estágio devidamente explicitado.
- Objetivo a alcançar com a presença do estagiário.
- As atividades vinculadas ao objetivo e à área de formação do estudante/estagiário.
- Nomes dos supervisores (empresa e escola).
- Informação sobre o seguro de acidentes pessoais.

Ressalta-se que, durante muitos anos, foi propalado ao mercado que bastava atender as exigências operacionais para o estágio estar legalizado. Mais ou menos. É importante atentar para o estágio em si (o que interessa de fato), embora a formalização da presença do estudante nas dependências da empresa também seja exigida.

17.5.5 Aspectos legais do estágio

Nos aspectos legais, o legislador carregou mais a mão para que o estágio seja corretamente assumido pela sociedade e particularmente pelas empresas. As maiores e mais importantes mudanças da Lei 11.788/08 se situaram junto aos aspectos legais.

As principais mudanças e exigências da lei são as seguintes:

- A assinatura da escola no TCE é obrigatória e deve ocorrer após as assinaturas de seu estudante e da empresa.
- Exige-se o Plano de Estágio.
- A comprovação da situação escolar é obrigatória, sendo feita pelo estudante a cada novo semestre letivo, independentemente de quando iniciou seu estágio.
- O estágio ocorrerá, no máximo, por seis horas por dia ou trinta horas por semana. Fica proibido o estágio de oito horas diárias, que era permitido anteriormente pela lei.

Agora, o estágio para estudantes de ensino médio, ensino técnico, ensino tecnológico e ensino superior só ocorrerá dentro da carga horária diária ou semanal estabelecida pela lei e referendada pela escola.

- A bolsa de estágio e o auxílio transporte são obrigatórios para os estágios não obrigatórios, ou seja, para aqueles estágios que sejam do interesse da empresa.
- Deve haver o recesso remunerado, no valor da bolsa de estágio vigente, de trinta dias após um ano de estágio, de preferência nas férias escolares. Se o estudante realizar menos de um ano de estágio, a empresa é obrigada a pagar o recesso proporcional ao tempo em que ele ficou como estagiário.
- No caso de estágios para estudantes do ensino médio, o número de estagiários não poderá ultrapassar 20% do contingente de empregados da empresa.
- Se a empresa promover desvio no estágio acordado, o estagiário será contratado pelo regime CLT retroativamente ao primeiro dia de estágio. Na reincidência, a empresa ficará proibida de realizar estágio por dois anos.

17.5.6 Aspectos técnicos do estágio

Para os aspectos técnicos, a atenção deve se voltar à qualidade do estágio realizado. Não adianta atender ao que é preceituado nos aspectos legais se o estágio for de qualidade ruim para o desenvolvimento técnico do estudante.

Eis os principais pontos a serem observados:

- A escola define as condições de realização do estágio.
- As atividades destinadas ao estágio devem estar correlacionadas ao programa pedagógico do curso e ao estágio previsto.
- Estágio é estágio, portanto, cuidado com o dia a dia do setor onde ele acontece. A pressão por resultados geralmente interfere na correta condução do estágio e do estagiário.
- Para que o estágio desenvolva o estudante, a supervisão da empresa e da escola é fundamental.
- O supervisor da empresa é corresponsável pela qualidade do estágio desenvolvido. Com o RH da empresa, ele deve promover o desenvolvimento prático do estagiário.
- A avaliação do estágio ocorrerá, no máximo, a cada seis meses de atividades realizadas, e deverá ser enviada à escola do estagiário: é a bússola da qualidade do estágio realizado.

17.5.7 Aspectos sociais do estágio

Não há dúvida de que os aspectos sociais serão aqueles que merecerão mais atenção dos agentes fiscalizadores. São por esses aspectos que se medem o valor do estágio para o estudante e a importância que a empresa dá ao estágio.

Devem ser objeto de atenção dos envolvidos os seguintes pontos:

- O estágio realizado desenvolve o estudante? Tem relação efetiva com os objetivos traçados pela empresa?
- De que atividades o estudante/estagiário participa em seu dia a dia de estágio?
- Como se dá a relação supervisor-estagiário?
- Como o estagiário é visto e tratado pelos demais integrantes da equipe?

Esses pontos são considerados como parte dos aspectos sociais, e não como integrantes dos aspectos técnicos pela responsabilidade social que toda empresa precisa exercer. Programa de estágio bem realizado é sinônimo do exercício da responsabilidade social. Além disso, se o estudante for bem preparado e mesmo assim não puder ser aproveitado pela empresa, poderá assumir funções em outras empresas, tornando a ação social empresarialmente justa.

17.5.8 Cinco medidas internas essenciais

Cada empresa tem suas características de cultura empresarial, estratégia de negócio, visão de futuro, valores e crenças. Contudo, cinco medidas internas adotadas pelas empresas são encontradas na grande maioria dos programas de estágio que apresentam os melhores resultados. Observe se faz sentido:

1. *Vontade da empresa*: traduzida pelo empenho que a alta direção adotará para implantar e fortalecer a política e a estratégia assumidas de valorização dos estagiários no cotidiano de sua estrutura. Grande número de ex-estagiários vem assumindo posições na alta direção de grandes empresas. São histórias de executivos, contratados por essas empresas ainda jovens, que apresentavam enorme potencial e foram de fato apoiados pela direção e pelos funcionários na época em que iniciaram o estágio. Resultados como esses exigem determinação quanto à vontade de investir nos jovens e de perseverar, apesar das dificuldades do trajeto.
2. *Gestor treinado, consciente e interessado*: fator fundamental para que o estágio seja bem realizado. Gestores nessa condição dão a face de sucesso ao programa de estágio. Um cuidado adotado pelas empresas que investem em programas de estágio é promover apurada seleção e treinamento do gestor que irá atuar como mentor do estagiário. Para cumprir essa estratégica função, deverá ter plena consciência de seu papel e estar interessado em desempenhá-lo.
3. *O plano de desenvolvimento do estagiário*: deve abordar os fatores técnicos, comportamentais, culturais e sociais; precisa de atento detalhamento e operação determinada. Contar com um plano de desenvolvimento que norteie e mostre os resultados a serem obtidos para o crescimento do estagiário dá mais segurança para o programa ser bem-sucedido e o deixa bem mais administrável.
4. *O plano de aproveitamento do estagiário*: será aplicado no final de seu estágio. Essa ferramenta é vista pelas empresas como essencial para enxergar melhor as futuras oportunidades. O plano de aproveitamento é elaborado conforme o estagiário avança em seu estágio, demonstrando seus pontos fortes e o talento que tiver para essa ou aquela função. Trata-se de instrumento bastante dinâmico, construído sinergicamente entre a preparação do estagiário e as demandas nascidas nos setores da empresa. Facilitará o aproveitamento de muitos jovens talentosos, evitando-se perdê-los para o mercado ao fim do programa.
5. *RH "costurador"*: com a função de juntar as pontas, precisa estar incumbido de atuar, sistemicamente, no objetivo que a empresa quer alcançar com o programa executado, no desenvolvimento proporcionado ao estagiário, no trabalho de *mentoring* realizado pelo gestor, e acompanhar o movimento ininterrupto das oportunidades.

17.5.9 Bem além do horizonte visível: de estagiário a *trainee*

Nos muitos anos que acompanho estagiários, empresas e seus programas de estágio, verifico numerosos exemplos que apresentam ganhos expressivos tanto aos estagiários quanto às empresas e aos profissionais envolvidos. Quando um programa de estágio atinge os objetivos previstos pela empresa, aquela meninada tão diferente e deslumbrada que iniciou a travessia se transforma em profissionais habilitados para assumir os desafios para os quais foram preparados. Não existe mágica nesse trajeto, somente empenho e foco desde o início, por parte da direção da empresa, do RH e dos gestores responsáveis. E, claro, dos próprios estagiários.

Merece ser observada a tendência, há algum tempo no mercado, de empresas que realizam seu programa de estágio com dois grandes objetivos: o de formar seus futuros profissionais e o de escolher os melhores, no final do programa, para serem seus *trainees*. Trata-se de uma grande sacada, já que garante para a empresa muito mais confiança a respeito de quem está sendo contratado para o programa *trainee*. O conhecimento mútuo já ocorreu durante o estágio, podendo representar custo zero no processo seletivo.

O fato é que, para atingir um objetivo ou outro, ou os dois, um programa de estágio bem realizado representa ganho maior a cada real investido pela empresa, definido pela preparação estruturada recebida pelos estagiários e pelo ganho profissional dos gestores que atuaram como mentores.

17.5.10 Na onda do agente de integração

Os agentes de integração foram essenciais no fomento, organização e operação dos programas de estágio no país. Muito mais até do que as instituições do Poder Público e as educacionais. Foram os agentes que mais viajaram com a malinha embaixo do braço, indo a reuniões, congressos, feiras e convenções, explicando e incentivando as empresas e órgãos públicos a oferecerem oportunidades aos estudantes como estagiários. Nesses quase cinquenta anos de existência dos agentes de integração, muita coisa no campo do estágio mudou, evoluindo de modo a permitir a multiplicidade de novos agentes. Alguns do terceiro setor e outros do setor privado.

Nos últimos trinta anos do século passado, usos e costumes levaram à condição de se dar certa ênfase ao trabalho legal executado pelo agente de integração. Naqueles tempos, a roupagem dos programas de estágio era bastante centrada nos seus aspectos legais. O que era *vendido* pelo agente de integração consistia na importância de a documentação estar corretamente preparada. Mais do que isso, era *vendido* que o modo de se cuidar dessa documentação para *formalizar* o estágio era complexo, exigindo *expertise* para a execução adequada da atividade. Contudo, deve-se ressaltar, graças a alguns atentos RHs e educadores, que o estágio evoluiu em sua concepção, como também em seus objetivos e em como alcançá-los: muito mais condizentes aos desafios do negócio e da competitividade, ou seja, estágios voltados à formação de futuros quadros preparados para impulsionar a empresa no terceiro milênio.

Quem ainda se propõe a ajudar na realização de programas de estágio empenhando-se apenas em cuidar da papelada para a contratação de estagiários estará desenvolvendo trabalho de intermediador, não o de agente de integração. Vai aqui uma nova superdica: ao se decidir por ter um agente de integração na operação de seu programa de estágio, a empresa precisa considerar como ocorre a relação do agente com os demais integrantes do processo, tanto as escolas como, especialmente, os estudantes. Ponto central da superdica: o agente de integração só estará executando com responsabilidade o seu papel de integrador se tiver relacionamento sério junto às *escolas* e aos *estudantes*. E o mais importante, o agente de integração só será útil à *empresa* se fizer bem o papel de integração dos interesses das três partes envolvidas.

O agente responsável sabe que precisa atuar como articulador de uma espécie de *cadeia de suprimentos*. Programa de estágio tem uma premissa para obter resultado: essa cadeia, envolvendo escola, estudante, empresa e agente de integração, precisa funcionar bem. Se algum elo dessa corrente não fizer a sua parte ou se desgastar, seguramente haverá interrupção no processo ou, então, ele se tornará torto, frágil e até mesmo ilegal.

Para ser útil, o agente de integração observa quatro condições:

1. Nunca dormir em *berço esplêndido*. Os procedimentos operacionais que eram suficientes desde os meados da década de 1960 já não o são neste século. O agente só permanecerá útil se abrir mais o seu leque de serviços, de modo que a empresa alcance os objetivos traçados para o programa de estagiários.
2. Deve saber que, se atuar somente como fornecedor operacional, *morrerá*. Se atuar como consultoria, oferecendo as melhores práticas de mercado, *viverá*. E que logo encerrará seus dias se continuar no modelo de cobrança por sua parca atuação operacional.

3. Precisará ter genuíno interesse e possuir real conhecimento das diferenças para ser útil na costura dos objetivos da empresa com os das escolas envolvidas e dos estudantes participantes.
4. O agente de integração atual está ciente de que deve se reinventar, assim como os demais protagonistas estão fazendo há tempos.

17.6 Programa Aprendiz

17.6.1 O primeiro contato do jovem com o mercado de trabalho

Somente por meio do programa *Aprendiz* as empresas do Brasil podem contar com o jovem com menos de 16 anos atuando em suas dependências. A legislação brasileira prevê que o jovem a partir dos 14 anos até completar os 24 pode ser aprendiz. Desde a década de 1940, o programa, denominado *Menor Aprendiz*, já existia, e nessa condição poderia dele participar o jovem que estivesse na faixa etária entre 14 anos até completar os 18 anos. Em dezembro de 2000, foi promulgada a Lei 10.097, que modificou alguns pontos da Consolidação das Leis do Trabalho, a CLT, relativos à contratação de aprendizes, adequando o aproveitamento desses jovens às condições educacionais e empresariais existentes no início do novo século.

Mas, a partir de 2005, o Governo Federal estendeu essa possibilidade para os jovens que tivessem entre 18 e 24 anos. Manteve a idade mínima de 14 anos para entrar no programa e criou o sistema de cotas destinado a empresas com mais de cem funcionários atuando em atividades operacionais. As cotas definidas a partir das funções operacionais executadas nas empresas podem variar na faixa de 5% a 15%, dependendo da quantidade de colaboradores existentes e que atuem nessas funções.

O programa moldado e destinado a essa camada de jovens carentes de profissionalização e com insuficiente preparo educacional mudou muito. As razões:

1. A mudança de cenário, por certo, vem, em primeiro lugar, como uma razão importante que provocou alterações no programa. Em meados do século passado, o Brasil era outro, tanto do ponto de vista produtivo como em relação ao seu sistema educacional. Esse panorama não existe mais. O mundo mudou e o Brasil também. As demandas por profissionais têm outros perfis de exigências, bem como a educação no país, que também mudou o seu perfil (melhorou bastante nos aspectos quantitativos e piorou muito nos qualitativos), possuindo outras obrigações que necessitam ser atendidas.
2. Da década de 1940 para a década de 2010, a população brasileira cresceu quase cinco vezes. E a educação caiu muito em sua qualidade nesses anos. É preciso saber avaliar o que significa a educação formal para o Brasil e para as empresas atualmente, e qual o impacto que provoca em nossos jovens e, em particular, nos aprendizes. Se na década de 1940 a escola pública era de boa qualidade, com excelência educacional em inúmeras instituições de ensino, agora não é mais assim. O ensino público nos níveis fundamental e médio sofreu enorme queda de qualidade. Os jovens envolvidos com escolas públicas, em sua maioria, estão despreparados para enfrentar as oportunidades de trabalho oferecidas pelo meio produtivo. E, nesses casos, o programa *Aprendiz* cai muito bem, constituindo-se como o melhor caminho para jovens nessas condições aportarem no mercado de trabalho.
3. Em 2003, o Governo Federal, aparentemente entendendo esse quadro, lançou o seu programa *Primeiro Emprego*, com o objetivo de atender os jovens em grave situação de risco educacional e na faixa de idade entre 18 e 24 anos. Investiu-se muito dinheiro público para a divulgação do programa, sensibilização das empresas e criação de estrutura pública de apoio operacional ao programa. O resultado foi pífio. Em 2005,

o que era o programa *Menor Aprendiz* passou a ser o programa *Aprendiz*, estendendo o atendimento aos jovens até completarem 24 anos. Foi uma jogada política para não perder os holofotes destinados ao programa *Primeiro Emprego*. Mas foi também uma adequada interpretação sobre os milhões de jovens na condição de serem aprendizes, oriundos de escola pública, com insuficiência educacional para assumir as oportunidades dentro das exigências apresentadas pelas empresas.

17.6.2 As razões pragmáticas da existência do programa Aprendiz

Em diversas pesquisas e verificações efetuadas por órgãos nacionais, o estudante do ensino médio de escola pública no Brasil *conclui* essa etapa educacional sem saber efetuar as contas aritméticas mais básicas, bem como não consegue interpretar um texto que *lê*. Aflora a mais fundamental das questões: que justificativa tem um país que coloca à disposição de seus filhos uma educação de baixíssimo nível, penalizando justamente a camada da população que mais necessita da qualidade de ensino para almejar crescimento econômico e social? Aparecem também as questões objetivas: o que fazer com esses milhões de jovens que saem dos bancos escolares com o *título de formados*, entretanto, despreparados para o mercado?

Outra questão pragmática é a da falta de mão de obra qualificada em diversos setores produtivos. Um país em desenvolvimento necessita de profissionais habilitados para tocar seus projetos e atender as suas demandas, de modo a garantir uma trajetória de crescimento mais sustentável. E onde estão os investimentos necessários à educação e à preparação de nossas camadas de jovens para preencher os claros profissionais existentes no meio produtivo?

Assim, seis objetivos foram definidos.

1. O primeiro deles foi dar trabalho a uma legião de jovens mal preparados educacionalmente. Julgou-se que o número de empresas médias e grandes elegíveis seja suficiente, por meio das cotas, para absorver os aprendizes.
2. O segundo foi contar com o pragmatismo, sempre mais forte e atuante do meio empresarial, que poderá "dar um jeito" na situação, desenvolvendo, com a prática, contingentes de jovens para o trabalho.
3. O terceiro foi encontrar alguma solução para os jovens na faixa de 18 a 24 anos incompletos.
4. O quarto foi dar uma satisfação à sociedade brasileira, em especial às famílias com mais necessidades sociais, por conta do malogro do programa *Primeiro Emprego*.
5. O quinto foi inserir o jovem, por meio do programa *Aprendiz*, em outra rede social, envolvendo empresas, profissionais e entidades de aprendizagem.
6. E o sexto, e último, foi confiar na capacidade da empresa em treinar e desenvolver jovens mal preparados para o trabalho, incluindo conteúdos de caráter educacional, como português, matemática e comunicação escrita.

Só que, para alcançar esses objetivos, a participação das empresas era certamente necessária. E isso foi arranjado com as cotas obrigatórias.

17.6.3 A empresa pode executar um bom programa Aprendiz

Inquestionavelmente, os líderes empresariais buscam os melhores resultados para as empresas onde trabalham, pois também estarão se valorizando profissionalmente. Desse modo, jamais poderão ignorar o que a lógica impõe como obrigatório para as melhores práticas estratégicas que objetivam dar visão de futuro aos seus negócios: contínuo esforço na renovação de suas equipes e genuíno exercício de execução de ações de responsabilidade social.

Ao ser obrigada a atender a sua cota de aprendizes, o melhor que a empresa pode fazer, mesmo a contragosto, é executar o programa com o verdadeiro sentido de responsabilidade social. Não vale a pena dar pouca atenção à obrigação legal, já que, agindo assim, a empresa estará perdendo o dinheiro aplicado e, provavelmente, *market share*. Imagem social ruim impacta negativamente a imagem do negócio.

A melhor prática do mercado segue a convicção de que a realização de um bom programa *Aprendiz* permite a identificação de bons quadros de jovens, inicialmente adormecidos em seu potencial pelo mau ensino médio que em geral vivenciam. Essas empresas adotam algumas diretrizes e cuidados próprios da consciência social que possuem e da busca pelo retorno palpável a quem participa.

A primeira medida adotada consiste em definir o programa de aprendizagem mais afim com a atividade de sua base operacional. Como se trata de jovens com frágil preparo educacional, as empresas de sucesso no programa estipulam o acompanhamento de mais algumas diretrizes:

1. Diagnóstico das áreas e funções em que os jovens aprendizes serão aproveitados ao final do aprendizado e do programa.
2. RH atuante e sinérgico.
3. Treinamento aos gestores que estarão com os aprendizes no cotidiano, quanto aos papéis operacional, legal, técnico e social.
4. Plano para o desenvolvimento dos aprendizes, observando os aspectos técnicos, comportamentais, culturais e sociais.
5. Encaminhamento ao mercado dos jovens não aproveitados.

Com atenção e senso social, é possível perceber interessantes oportunidades com a correta realização de um programa *Aprendiz*, ou seja, promovendo bons resultados para os jovens envolvidos, para as empresas e para o mercado de trabalho: todos saem ganhando.

17.6.4 Ajeitando a empresa para receber os aprendizes

Qualquer relacionamento, especialmente o profissional, iniciado com preconceito, tem grandes chances de não dar certo. Mesmo em empresas mais abertas para receber os aprendizes, porque tinham consciência de responsabilidade social ou porque compreendiam o alcance de um trabalho benfeito com esses jovens, o preconceito também esteve presente pelo menos no início dessa relação. Jovens mal preparados que entram compulsoriamente sempre causam impacto.

Apesar de exercitarem seu papel social com plena consciência, o fato predominante reside na constatação de que serão as pessoas, seus funcionários, que conviverão com os jovens aprendizes. Um dos cuidados mais apontados por um bom número de empresas que contratam aprendizes é sobre a elaboração de um plano de desenvolvimento e de aproveitamento desses jovens. Se bem elaborado, considerando a rotatividade natural dos profissionais lotados em funções operacionais, o plano oferece mais sentido à presença dos aprendizes na empresa, além de facilitar a adesão dos funcionários que atuarão lado a lado com eles.

Outra questão importante é sobre o momento em que essas contratações ocorrem. Em diversas ocasiões, a obrigação do atendimento da cota se concretiza em períodos ruins, ou por perda de resultados, dispensa de funcionários, ou prejuízo operacional, entre outros eventos que provocam e causam mais resistência à presença dos aprendizes.

Algumas empresas adotam determinadas práticas que facilitam a construção de um ambiente propício à vinda de jovens com pouco preparo educacional e nenhum técnico:

1. Jamais admitir aprendizes concomitantemente com a saída de funcionários, o que pode revoltar os funcionários, que terão como alvos a alta direção e os aprendizes.
2. Apresentar às áreas-alvo estudo consistente do *turnover* ocorrido nos últimos anos, acompanhado de plano de desenvolvimento e de aproveitamento dos aprendizes para as funções operacionais que são o objeto da rotatividade de mão de obra.
3. Definir funcionários para serem desenvolvedores dos aprendizes, preparando-os para atuar bem até o fim do programa.

Muitas empresas ficam tentadas a fazer a troca de profissionais treinados e mais caros por jovens aprendizes despreparados, mas bem mais baratos, para não aumentar o quadro. Trata-se de um tiro no pé, fortalecendo o preconceito e o expurgo contra jovens detentores de energia e de talento, atributos próprios das pessoas que nasceram e vivem intuitivamente a era digital.

17.6.5 O melhor valor do aprendiz

A prática mostra que o aprendiz tem pouca formação educacional, compensada pelo seu forte espírito de sobrevivência profissional. A determinação do aprendiz perante a oportunidade recebida é bem maior do que o seu frágil preparo educacional.

Se o contratante compreende que o melhor caminho se situa ao lado do investimento, cumprirá sua cota preparando-se para receber esses jovens aprendizes. Assim, nove pontos são comuns às melhores práticas junto ao meio empresarial em programas para o *Aprendiz*:

1. O primeiro ponto considerado pelas empresas antes de iniciar o programa *Aprendiz* consiste em efetuar criteriosa revisão na política de contratação, formação e retenção de seu quadro de funcionários operacionais.
2. Profissionais preparados para executar tarefas operacionais rareiam nos momentos de *boom* na produção e sobram no mercado em épocas de crise. Porém, o *turnover* histórico junto a esse tipo de profissional é normalmente significativo, assim como o seu custo de substituição.
3. As empresas perceberam que estavam na condição de unir o útil ao agradável, organizando o programa *Aprendiz* de forma a ser o seu fornecedor de mão de obra para as funções operacionais, atendendo também à imposição da cota.
4. Essas empresas têm optado por ações que promovam alianças e apoios de seus *stakeholders*, de maneira a fortalecer as possibilidades de sucesso do programa.
5. Apresentações são realizadas e comunicados internos são lançados aos funcionários, esclarecendo as razões do programa e o que se pretende alcançar com ele. Paralelamente, organizam-se reuniões com os funcionários que serão responsáveis ou *padrinhos* dos aprendizes, mostrando-lhes o programa, os objetivos a alcançar, o treinamento que receberão e o plano de desenvolvimento a ser aplicado.
6. Os responsáveis pelos setores que receberão os aprendizes também são envolvidos, esclarecidos e orientados. Fazem parte de um grupo importante de *stakeholders*, pois podem intervir no ritmo do desenvolvimento dos aprendizes.
7. O programa é apresentado às autoridades de fiscalização, bem como os resultados esperados.
8. A entidade de aprendizagem tem papel importante para o cumprimento dos objetivos planejados, pois deverá desenvolver o conteúdo técnico complementar para o melhor desempenho prático do aprendiz na empresa.
9. Parcela das empresas que alcançam êxito solicita da entidade que ministre forte conteúdo comportamental aos seus aprendizes.

17.7 Completando os passos: as entidades de aprendizagem

Toda empresa precisará de uma entidade qualificada para promover a formação técnica profissional de seus aprendizes, na qualidade necessária, como é exigido pela lei de aprendizagem. A entidade qualificada deve ser registrada no Conselho Municipal dos Direitos da Criança e do Adolescente — CMDCA, para atuar nas condições necessárias de conteúdo e de aprendizagem.

Essas condições se traduzem na obrigação da entidade de fornecer ao empregador o plano do curso, com a especificação do público-alvo, dos conteúdos programáticos, duração, carga horária, mecanismos de acompanhamento, avaliações e certificação do aprendiz.

A entidade de aprendizagem também deve orientar o empregador quanto às melhores maneiras de compatibilizar o desenvolvimento da prática à teoria ministrada nas aulas, elaborando laudos de avaliações do aprendiz, inclusive, se for o caso, para informar seu desempenho insuficiente ou sua inadaptação. A emissão do certificado de conclusão é de responsabilidade da entidade.

O envolvimento dos pais dos jovens, obrigatório no momento da contratação quando se trata de menores, também é recomendável ao longo do programa, cabendo à entidade realizar os contatos e provocar a participação e adesão dos familiares.

A entidade de aprendizagem precisa ser parceira da empresa empregadora. Não deve atuar como um simples fornecedor, pois assim não será possível realizar um bom programa. Explicando melhor: o fornecedor entrega dentro das especificações e dá por concluído o seu trabalho. O parceiro assume do outro lado a corresponsabilidade pelo alcance dos objetivos traçados. A respeito do programa Aprendiz, o empregador precisa ser plenamente assessorado e apoiado, tanto nos aspectos operacionais e legais como, em especial, nos aspectos técnicos e sociais do programa.

Cuidar dos *aspectos operacionais* constitui o primeiro passo para o programa *Aprendiz* dar certo para o jovem, a empresa empregadora e a família do aprendiz. Desde o atendimento da produção burocrática documental, passando pelas orientações sobre o funcionamento das aulas de aprendizagem, as regras de participação, e as avaliações até o papel dos pais no programa, da comunicação, entre outros pontos.

Observar os *aspectos legais* do programa é o segundo passo relacionado ao trabalho que a entidade deve prestar. Em alguns momentos, essa ação da entidade pode transformar esse trabalho em consultoria para os jovens e para a empresa. Há pontos legais, próprios da legislação que rege o programa *Aprendiz*, que necessitam ser seguidos e que as empresas muitas vezes desconhecem.

Mas, de fato, encontram-se nos *aspectos técnicos* os maiores cuidados para que o programa *Aprendiz* apresente bons resultados. Considerando o objetivo de formar para o trabalho jovens educacionalmente mal preparados, as questões técnicas que envolvem o programa devem ser observadas e a atuação da entidade de aprendizagem é igualmente importante. Encontram-se nesse quesito questões como a sinergia na execução do programa de aprendizagem e as atividades práticas do empregador; a promoção de treinamento para os gestores que acompanharão os aprendizes no dia a dia; a indicação de jovens com perfil de interesses adequado às oportunidades oferecidas pelo empregador; avaliações frequentes dos jovens no programa de aprendizagem e orientações quanto ao aproveitamento futuro dos aprendizes.

Para encerrar essa abordagem de todo o apoio que a entidade deve prestar ao empregador, vale citar: assegurar os *aspectos sociais* com toda a energia de que os jovens envolvidos e o empregador necessitam. Esse quesito preza pelas pessoas envolvidas com os aprendizes, fortalecendo as questões sociais e fundamentais a serem valorizadas, que representam a natureza das pessoas, o fim justo de ver jovens com um promissor futuro.

17.7.1 Instituto Via de Acesso: agente de integração e entidade de aprendizagem

O Instituto Via de Acesso foi fundado em 22 de maio de 2003 para atender as demandas dos jovens em seu preparo para o aproveitamento profissional e sua inserção no mercado de trabalho. Com foco nas questões relacionadas à globalização e ao desenvolvimento tecnológico, atua com projetos, programas e atividades dentro de novos modelos, com conteúdos sintonizados às melhores práticas educacionais e empresariais.

Realiza sua proposta de atuação de acordo com três programas institucionais:

1. *Programa gratuito de capacitação e de desenvolvimento de jovens para o mercado de trabalho*: o trabalho de inserção do jovem no mercado de trabalho deve ser precedido de preparo para esse ambiente, em geral, desconhecido. Muitos jovens talentosos são mal aproveitados quando encaminhados sem o devido conhecimento sobre como se dão os códigos de conduta, de comunicação e de comportamento no meio empresarial. Dessa forma, o Instituto Via de Acesso realiza este seu primeiro programa institucional por meio de cursos, workshops, palestras, seminários e fóruns de carreira e de desenvolvimento profissional.
2. *Programa de inserção de jovens no mercado de trabalho*: realizado por meio de quatro vias de acesso do jovem ao mercado de trabalho:
   a) *Programa de Estágio*, que utiliza inédito modelo criado pelo Instituto Via de Acesso, focando o desenvolvimento do estagiário para seu aproveitamento profissional e buscando o maior retorno ao investimento da empresa.
   b) *Programa Aprendiz*, com conteúdo voltado para os pontos fundamentais de interesse ao meio empresarial, além de intenso foco em habilidade comportamental e na sustentabilidade.
   c) *Programa Trainee*, com metodologia própria para transformar estagiários em *trainees*. Opera programas de estágio que resultem no aproveitamento dos estagiários no corpo funcional, e dos melhores em seu programa *trainee*.
   d) *Projeto Social de Preparação e de Inserção de Jovens*: destinado a jovens em situação de risco social e apoiado por empresas interessadas nessa ação social de inclusão.
3. *Programa de eventos educacionais e empresariais*: realizado com o objetivo de realimentar conteúdos e práticas junto ao mercado de trabalho e ao meio educacional. Por meio de mesas-redondas, palestras, seminários e fóruns de carreira, o Instituto Via de Acesso recebe os profissionais e educadores de reconhecida atuação no meio social. Apresenta, contando com eles, os mais atuais conteúdos e práticas que serão importantes para os jovens e parceiros e para a realimentação dos programas e atividades desenvolvidos.

O Instituto Via de Acesso se configura como uma das mais inovadoras agências sociais de preparação e de inserção de jovens no mercado de trabalho, com profunda e própria *expertise* do melhor aproveitamento de jovens pelo meio empresarial, utilizando-se de seus modelos de programas e de projetos totalmente vinculados às necessidades e anseios dos jovens, das empresas, das escolas e dos desafios impostos pela globalização e do desenvolvimento tecnológico.

17.8 Conclusão

A presente discussão buscou demonstrar como é importante, para o desenvolvimento profissional dos estagiários, a atuação conjunta entre empregador, instituição educacional e o agente de integração, se este participar do programa. Viu-se ainda que a observância dos aspectos legais, operacionais, técnicos e sociais, aliada a um programa bem elaborado de estágio, resultará em ganhos para a empresa, o mercado de trabalho e toda a sociedade. Quanto ao programa Aprendiz, foram apresentadas as razões para a empresa assumir os aprendizes como investimento e não como gasto obrigatório por conta de cota imposta pelo órgão fiscalizador do trabalho. Por fim, citou-se o Instituto Via de Acesso e como ele atua para preparar e aprimorar o desenvolvimento dos jovens aprendizes desta geração digital, de potencial promissor para atender aos desafios do mundo globalizado.

Referências bibliográficas

GAUDENCIO, P. *Superdicas para se tornar um verdadeiro líder.* São Paulo: Saraiva, 2006.

GEHRINGER, M. *Superdicas para impulsionar sua carreira.* São Paulo: Saraiva, 2009.

LEAL, R. *Superdicas para empreender seu próprio negócio.* São Paulo: Saraiva, 2008.

_____. *Superdicas para o jovem escolher bem sua profissão.* São Paulo: Saraiva, 2010.

LEAL, R. *Condutores do amanhã: jovens que entram e dão certo no mercado de trabalho.* São Paulo: Saraiva, 2007.

POLITO, R. *Superdicas para falar bem em conversas e apresentações.* São Paulo: Saraiva, 2005.

SOUZA, C. *A NeoEmpresa: o futuro da sua carreira e dos negócios no mundo em reconfiguração.* São Paulo: Integrare, 2011.

Sites indicados

www.conexaoaprendiz.org.br
www.ipp.org.br
www.viadeacesso.org.br

Ruy Leal

Formado em publicidade, propaganda e marketing pela FAAP, com cursos de especialização em direção de marketing pela FGV-SP, em economia pela FIPE-USP e MBA em marketing de serviços pela ESPM, Ruy Leal tem artigos publicados em jornais de circulação nacional, revistas de RH e sites. Atua há mais de 30 anos com capacitação de jovens e sua inserção no mercado de trabalho e na orientação de profissionais de recursos humanos e educadores sobre programas de estágios, coaching e *mentoring*. Atualmente é superintendente geral do Instituto Via de Acesso. É autor dos livros *Condutores do amanhã: jovens que entram e dão certo no mercado de trabalho*, *Superdicas para empreender seu próprio negócio, também no formato de audiolivro*, e *Superdicas para o jovem escolher bem sua profissão*.

Tel.: +55 11 3809-9400
E-mail: ruy.leal@viadeacesso.org

capítulo 18

Treinamento como facilitador de boas comunicações e apresentações

Reinaldo Passadori

18.1 Objetivo

O objetivo deste trabalho é evidenciar que *todos* nós podemos aprimorar continuamente a habilidade de comunicação verbal para atingirmos melhores resultados, tanto nos propósitos pessoais e profissionais quanto nos organizacionais:

1. **Pessoais:**
   - autoconhecimento;
   - segurança;
   - consciência das possibilidades de atuação;
   - posicionamento perante outras pessoas;
   - crença no próprio potencial;
   - reforço da coragem para se expor;
   - ser notado, reconhecido e valorizado.
2. **Profissionais:**
   - desenvoltura nas atividades de contato e relacionamento;
   - falar em público com calma, segurança e naturalidade;
   - melhorar as condições de ganhos;
   - mostrar o efetivo potencial.
3. **Organizacionais:**
   - profissionais mais seguros, preparados e comprometidos;
   - comunicação mais assertiva, com aumento da eficiência e eficácia no trabalho;
   - melhora do clima organizacional;
   - agilidade nos trâmites de informações.

18.2 Introdução

Por que, ou melhor, para que falar bem?

Não são apenas os estudiosos que alertam para a posição de destaque assumida pela comunicação nos últimos anos. Cada vez mais essa percepção é expressa pelo cidadão comum, o indivíduo que sente a necessidade de se comunicar e de se familiarizar, às pressas, com as novas e velozes ferramentas da informação exigidas nos dias de hoje.

Quando a comunicação é vista como indispensável para cultivar relacionamentos, melhorar a qualidade dos processos de trabalho e melhorar a qualidade de vida, não há o que pensar, é preciso buscar todo o conhecimento para o desenvolvimento dessa habilidade.

Esse desafio não é de hoje, pois, em nosso processo de civilização, que tem sua origem em uma estrutura greco-romana, cristã, civil, ocidental, latino-americana, com a mistura de diferentes etnias, observamos que a tão elementar capacidade humana de se comunicar sempre precisou de atenção, desde o núcleo familiar, perpassando por professores de oratória, até o aperfeiçoamento em processos de socialização e relacionamentos ao longo da vida.

Considerando que cada ser humano é único, com sua formação, cultura, traços de personalidade, características hereditárias, influência do meio e tradições, muitos problemas de comunicação acontecem entre as pessoas e, consequentemente, nas empresas em que atuam por conta dessas diferenças. Logo, comunicar-se bem torna-se cada vez mais uma urgência para todo profissional que deseja não só sobreviver, mas, sim, crescer e destacar-se no mundo corporativo.

E assim...

18.3 Sonho e realidade

Gabriel sonhava em ser diretor da empresa na qual trabalhava. Há cinco anos formado em engenharia industrial, trabalhava em uma grande empresa petrolífera e era um profissional esforçado. Sua carreira foi marcada por uma rápida ascensão, era um técnico competente e muito dedicado. Sabia tudo, ou quase tudo, sobre procedimentos técnicos relacionados à sua área de atuação.

Gabriel era estudioso, estava concluindo sua formação em MBA em uma das principais escolas do país. Receber o *status* de diretor, considerando seus desejos, era apenas questão de tempo, pois até o programa de desenvolvimento individual (PDI) sinalizava, em virtude de sua competência, seu perfil e dedicação, que ele seria um futuro gestor de uma das unidades industriais.

Sua trajetória foi rápida e marcada pelo sucesso: de um simples técnico passou a supervisionar o trabalho de outros técnicos; sabia de pronto a solução de muitos problemas, aliás, destacava-se por atuar preventivamente e agia antes de os problemas acontecerem. Daí para o cargo de supervisor foi um passo.

Já fazia um ano que atuava como supervisor, até que surge um chamado, naquela manhã de segunda-feira, para comparecer à sala de reuniões da diretoria. Para sua surpresa, estava sendo indicado para assumir um cargo de gerente em outro departamento. Naturalmente, ficou feliz com o reconhecimento do seu esforço. Assumiria no próximo mês, teria esse tempo para se organizar e preparar-se para as mudanças que viriam com esse passo tão importante em sua vida.

Assim, como todo profissional que luta para ter seu lugar ao sol, surgira finalmente a oportunidade para iniciar o trabalho em esferas de comando e liderança, afinal, tanto estudara para isso. Festejou com a família sua promoção.

Então, no dia combinado, aquilo que parecia ser um mar de rosas tornou-se um martírio, porque se viu diante de certos fantasmas que sempre o assombravam e, agora, inesperadamente, faziam-se presentes nesse novo contexto. Suas novas atribuições implicavam novas atividades para as quais descobriu o seu despreparo. Nesse novo nível, participar de reuniões era uma constante. As discussões eram acirradas, os outros profissionais, bem mais experientes, falavam abertamente sem restrições, algumas vezes em tom agressivo, defendendo veementemente seus pontos de vista e os interesses de seus departamentos.

Gabriel descobriu-se extremamente tímido, não conseguia falar e, quando o fazia, sua voz era trêmula. Ficava ansioso, vermelho, as ideias fugiam, suava só de pensar em falar com aquelas pessoas e participar daqueles debates.

Inventou uma tática: entrava mudo e saía calado. No início, até que funcionou, mas, com o tempo, sua fraqueza começou a ficar evidente, suas ausências, suas limitações e o comentário que começava a circular era se, de fato, a sua promoção tinha sido um bom negócio para a empresa.

A situação piorava ainda mais, pois, além do sofrimento em reuniões, seu cargo implicava manter um relacionamento com autoridades e fazer apresentações de planos e projetos.

Uma decepção total!

Não sabia como planejar e preparar uma apresentação, embora tivesse um senso de organização. Até preparava um roteiro, mas, ao falar, se perdia, não mantinha um ritmo, havia incongruência entre seus gestos, voz e o conteúdo das apresentações.

Outro desafio foi o exercício da liderança, agora não liderava mais técnicos submissos, mas profissionais questionadores e exigentes. Ficava perdido quando tinha de dar um feedback ou corrigir certos procedimentos, e o clima do seu departamento ia de mal a pior — diziam nos corredores e na "rádio peão" que aquele departamento não tinha liderança.

Gabriel estava frustrado e via, a todo momento, refletida em um espelho, a imagem de sua mediocridade e incapacidade. Estava perdido e já pensava em pedir demissão, pois a sua ansiedade se reverberava em irritação que ultrapassava os muros da empresa. Seu ambiente familiar já não era tão harmonioso, não brincava mais com seus filhos e não via saída para o seu problema, nem sabia como resolvê-lo.

Até que...

18.4 Transformando a pedra bruta em diamante

Seu caso foi levado ao departamento de recursos humanos, pois, em avaliações de desempenho feitas anteriormente, não foi detectada nenhuma dificuldade de relacionamento, comunicação e apresentações em público.

Gildo era o responsável pelo desenvolvimento gerencial, gostava do que fazia, tinha prazer em ajudar as pessoas, não só a se prepararem para assumir novas funções, como também a suprir as deficiências desses profissionais para o melhor desempenho de suas tarefas. E mais, tinha a responsabilidade de demitir as pessoas quando, após as devidas ponderações, não conseguiam (ou não queriam) ter o desempenho adequado ou não compactuavam com os valores da organização.

Gabriel foi convocado para uma reunião com Gildo. Alguns maus pensamentos começaram a afligi-lo e, certamente, não eram os melhores que já tinha tido. "Será que serei demitido?"; "O que falaram a meu respeito?"; "Esta promoção pode ser desfeita e poderei voltar ao meu antigo e confortável cargo?".

Gabriel estava aguardando na sala de reuniões do departamento de RH quando entra Gildo, pessoa amável e ponderada, que conhecia bem as pessoas, muito além do currículo e dos certificados. Era um exímio perguntador. Sua filosofia lógica consistia na afirmação de que as boas perguntas são geralmente mais interessantes do que as respostas, pois acreditava que o que move o mundo, mais do que as respostas certas, são as perguntas apropriadas. Costumava dizer que todo o processo de questionamento pode culminar em inovações ou renovações e começa com algum tipo de inquietação, um conflito ou uma necessidade, como era o caso do Gabriel.

No contexto empresarial, sua crença era de que perguntas estratégicas ajudavam a ter uma visão mais ampla da realidade, direcionando o que pode e deve ser mudado. Perguntas simples em uma sequência fazem toda a diferença para o alcance das mudanças esperadas. Foi assim, depois de uma conversa preliminar com Gabriel, que iniciou sua trajetória de transformação.

— O que está acontecendo? — perguntou Gil, pois, embora tivesse várias informações, queria saber do próprio Gabriel, com as próprias palavras dele.

— Percebo que a minha promoção foi uma "furada" — lamentou Gabriel.

— Por quê?

— Eu achava que estava preparado para ser gestor e, diante deste novo desafio, percebo que tenho muitas dificuldades.

— Quais dificuldades?

— Em reuniões, por exemplo, fico apavorado quando sou inquerido ou tenho de apresentar algum projeto, em especial para o *board* da empresa.

— O que mais?

— Quando falo com a minha equipe, percebo que não me levam a sério, até fazem brincadeiras pelas minhas costas. Por mais que eu tente conversar, não consigo mantê-los unidos e integrados.

Gildo observava os detalhes da expressão corporal e da voz de Gabriel. Parecia, apesar de todo o seu potencial e formação, um menino apavorado, sem saber o que fazer. Gildo sabia o que estava fazendo com essa conversa.

Não era um interrogatório, mas sabia que, por meio de perguntas, ajudava as pessoas a chegarem às suas próprias conclusões ou direcioná-las a alguma ação. Fazia isso com maestria. Continuando, perguntou a Gabriel:

— O que você pode fazer para mudar?

— Sinceramente, não sei. Não acredito que um curso ou treinamento possa mudar o meu jeito de ser — disse isso com sinceridade e baseado na sua crença, de uma pessoa com uma visão cartesiana, técnica e lógica.

Então, Gildo perguntou:

— Considerando que seja possível mudar, o que você precisa para resolver esse problema?

— Eu preciso dominar as minhas emoções, fico apavorado diante de um público. Quando ao microfone então, minhas mãos tremem, suam, sinto as pernas tremerem, fico ansioso, uma sensação muito desagradável.

— Por que você não fez nada a respeito ainda?

— Porque nem sequer sabia que isso aconteceria. Achava que, pela lógica, era só ler algum manual e conseguiria, só que na prática não é bem assim.

— Quais são as suas fortalezas?

— Não entendi — disse Gabriel.

Gildo explica:

— Você certamente tem certos valores e conhecimentos, que sempre te ajudaram a superar seus limites. Por exemplo, "sou determinado", "disciplinado", "cumpro minha palavra", "sou um vencedor" etc.

— Entendi — disse Gabriel — sou firme nos meus propósitos, até um pouco teimoso às vezes. Sou íntegro, um homem nobre, honrado, amoroso e procuro viver a minha vida com alegria.

— Muito bem — disse Gildo — agora pense bem no que você, de fato, quer.

— Desejo falar com calma, desenvoltura, naturalidade, com técnica, elegância e assertividade.

— Muito bem. Esse é o primeiro passo. Para saber aonde você quer chegar, primeiro é necessário saber onde você está, conhecer as condições atuais e em seguida definir os passos para atingir seus objetivos. É assim que temos ajudado os profissionais da empresa a estarem aptos para novos desafios. Então, pergunto a você, Gabriel: qual é o primeiro passo para essa mudança?

— É querer e acreditar. Percebo agora a necessidade de enfrentar a timidez, organizar e expor as minhas ideias com clareza e objetividade, além de tornar minha fala interessante e objetiva.

— Muito bem!

Gildo, percebendo que Gabriel tinha clareza do que precisava, contratou um curso personalizado de comunicação verbal e assertividade com a empresa que prestava esse tipo de serviço.

A primeira conversa com o consultor, Márcio, foi objetiva e profícua. Os dois tinham metas claras e definidas: enquanto a de Gabriel era obter recursos para melhor dominar as emoções e saber se comunicar bem, a do consultor era apoiá-lo nesse processo.

— A primeira etapa foi um exercício de autoconhecimento — informou Márcio.

Então, apresentou a Gabriel um questionário e pediu que ele o respondesse sinceramente.

18.5 Questionário: conhecendo seu potencial de comunicador

Responda o questionário abaixo, considerando seus pontos fortes e fracos. Você não precisará apresentá-lo a ninguém, entretanto, ele o ajudará a perceber a qualidade da sua forma de comunicar com você mesmo e com as outras pessoas.

1. O que você pensa quando sabe que vai ter de falar em público?
2. Quais são as reações que você percebe em si mesmo quando você é o centro das atenções: tremedeira, gagueira, sudorese, taquicardia, sobram mãos, não consegue olhar para as pessoas ou algum outro comportamento?
3. O que você faz para administrar sua ansiedade, tensão inicial e a timidez ao enfrentar o público?
4. Como você classifica a sua voz quando a ouve?
5. Você usa a voz e recursos do corpo para manter as pessoas atentas?
6. Você acredita que pode melhorar sua aparência e sua postura? Como?
7. Que expressões e gestos percebe que faz durante sua apresentação?
8. Você já percebeu se tem muitos vícios de linguagem, como: "tá", "né", "certo" e outros?
9. Que recursos você utiliza para manter sua apresentação interessante?
10. Quais são os pontos fortes e fracos em suas apresentações em público?

De posse dessas informações, em local apropriado e com os recursos necessários, Márcio filmou várias falas de Gabriel, ora simulando uma participação em reunião, ora apresentando um projeto para a diretoria, ora fazendo um discurso, ora falando sobre sua vida pessoal.

Assistiram às gravações juntos. Márcio ajudou Gabriel a perceber seus pontos fortes e suas fraquezas e, com base nas expectativas da empresa apontadas por Gildo, nas informações obtidas do questionário respondido e no diagnóstico feito com Márcio, definiram um programa de treinamento a ser desenvolvido em dez sessões de duas horas cada, com uma abordagem teórica e prática, com gravações em vídeo, análise das gravações e as lições a serem praticadas por Gabriel no ambiente de trabalho.

Durante o desenvolvimento das sessões, o facilitador apresentou *gradativamente* as suas observações e recomendações:

18.5.1 Feedback

Dimensão intrapessoal

- *Problemas mais comuns*: baixa autoestima, medo, ansiedade, prepotência, insensibilidade.
- *Sugestões*: reforçar a crença em si mesmo, com autossugestão positiva, conscientização das próprias qualidades, e aprender como afastar-se das negatividades e do pessimismo.

Dimensão interpessoal

- *Problemas mais comuns*: inflexibilidade, preocupação excessiva, insensibilidade.
- *Sugestões*: saber ouvir, controlar as emoções, ter autoconsciência, perceber os vários tipos de pessoas e como saber lidar com cada tipo.

Dimensão vocal

- *Problemas mais comuns*: dicção ruim, ausência de emoção, volume inadequado, velocidade incongruente, ausência de pausas, incoerência entre forma e conteúdo.

- *Sugestões*: aprender a variar características da voz, aprimorar a dicção e conhecer detalhes, como volume, tonalidade, velocidade, sonoridade, musicalidade, interpretação e uso adequado de pausas.

Dimensão corporal

- *Problemas mais comuns:* ausência de gestos, postura deselegante, dificuldade de olhar nos olhos, rigidez corporal, inexpressividade.
- *Sugestões:* fazer gestos (em vez de movimentos), olhar nos olhos, cuidar da postura e da aparência, sorrir, mostrar-se amável e presente.

Dimensão técnica

- *Problemas mais comuns*: desconhecimento de recursos audiovisuais, não saber prepará-los, limitações sobre uso de espaço, como usar o microfone, disposição da sala, dificuldades com iluminação, sonorização e despreparo da equipe de apoio.
- *Sugestões*: aprender como preparar e utilizar adequadamente recursos audiovisuais, testar tudo previamente, familiarizar-se com o ambiente e ensaiar a apresentação *in loco*.

Dimensão intelectual

- *Problemas mais comuns*: desorganização das ideias, indefinição de propósito e objetivo da apresentação, dificuldades de gramática e vocabulário, repertório cultural limitado, fala prolixa ou objetiva em demasia.
- *Sugestões*: planejar as apresentações (propósito, análise do público-alvo, tempo, recursos audiovisuais), aprimorar o desenvolvimento do conteúdo, saber como iniciar, desenvolver e concluir a fala, como ampliar o vocabulário, realizar atualização gramatical e ensaio.

Dimensão espiritual

- *Problemas mais comuns*: desconhecimento dos próprios valores, não valorizar a própria palavra, não ter um “código de honra” claramente definido.
- *Sugestões*: definir o propósito de vida, determinar e ter clareza dos seus próprios valores, exercitar a consciência e realizar exercícios de meditação.

Assim, no passo a passo do desenvolvimento das sessões, Gabriel foi tomando consciência da importância do treinamento da habilidade de comunicação verbal, que, para seu espanto, nunca havia sido desenvolvida em toda a sua formação escolar.

“Curioso, isso”, ele pensou, “se é um assunto tão importante, todos os profissionais têm alguma limitação relacionada à comunicação. Então por que o nosso sistema educacional não valoriza adequadamente essa matéria, inserindo-a nos cursos básicos e superiores?”

O que importa agora é que as mudanças já começaram a acontecer. Aprendidas as lições e devidamente praticadas, Gabriel começou a falar com voz firme, reforçou a autoconfiança, passou a falar “sim” e “não” com naturalidade. Falava com firmeza e educação, mas, na hora de falar com assertividade e segurança, também sabia como fazer.

Percebeu a importância do treinamento como facilitador de um processo, para aprimorar a comunicação em todos os níveis, inclusive na sua vida social e, também, em apresentações em público.

Sua vida mudou! Passou a ser respeitado e valorizado na sua nova função, sentia-se feliz por ter enfrentado seus problemas de timidez e os outros problemas que impediam que se expressasse com segurança e técnica.

Passou a acreditar na possibilidade de ocupação de posições mais importantes na diretoria da empresa, pois agora era possuidor de novos recursos.

Como “última tarefa”, o consultor Márcio, feliz com o resultado do treinando, deixou com Gabriel um exercício de organização de mudanças a serem seguidas, que poderiam ser a base para o seu contínuo aprimoramento.

18.6 "A última tarefa": definição de prioridades

Nas listas a seguir, Gabriel deveria dispor em ordem numérica e de prioridade de 0 a 10 o que deveria ser melhorado dia após dia.

Classifique os itens das listas abaixo entre 0 e 10, de acordo com a sua visão de prioridade de mudança:

Valores e crenças:

- ☐ Aceitar as pessoas como são, com seus defeitos e qualidades, sem preconceitos.
- ☐ Empenhar-me e comprometer-me mais em ser a pessoa que quero ser.
- ☐ Relacionar e descobrir meus 10 valores principais.
- ☐ Fazer uma relação de 20 virtudes que possuo.
- ☐ Expressar, espontaneamente, meu extraordinário e virtuoso ser interior.
- ☐ Estabelecer minhas metas como missão pessoal.
- ☐ Manter sempre a minha palavra como um dos bens mais preciosos que possuo.
- ☐ Sonhar muito e realizar os meus sonhos.
- ☐ Manter minha integridade sem negociá-la e ser ético e congruente com meus valores.
- ☐ Inspirar sempre confiança e corresponder à confiança em mim depositada.

Aspectos psicológicos:

- ☐ Definir e explicitar meus desejos.
- ☐ Acreditar mais em mim mesmo.
- ☐ Ter autoridade sobre o dinheiro e não permitir que o contrário aconteça.
- ☐ Não culpar os outros pelos meus erros, meus limites e incapacidades.
- ☐ Dominar as minhas emoções, ter autocontrole.
- ☐ Escutar comprometidamente as outras pessoas.
- ☐ Aceitar críticas e sugestões e receber elogios com alegria e naturalidade.
- ☐ Conhecer minhas fraquezas e esforçar-me para superá-las, com amor próprio e perseverança.

- [ ] Sorrir e ser agradável e amoroso com as pessoas com as quais convivo.
- [ ] Administrar o excesso de preocupação, perdoar-me pelos meus erros e minhas falhas, tirando proveito dessas experiências.

Linguagem corporal:

- [ ] Desenvolver habilidade gestual.
- [ ] Melhorar minha postura.
- [ ] Cuidar de minha aparência, indumentária, asseio corporal e elegância.
- [ ] Expressar corporalmente segurança, naturalidade e autocontrole.
- [ ] Olhar mais nos olhos das pessoas.
- [ ] Zelar por manter uma aparência agradável e saudável.
- [ ] Gostar do meu corpo e responsabilizar-me por cuidar bem de minha saúde e aparência.
- [ ] Vestir-me de acordo com o ambiente.
- [ ] Deixar as mãos livres para falar em público.
- [ ] Causar boa impressão com um estilo simples e elegante.

Recursos vocais:

- [ ] Aprimorar a dicção.
- [ ] Expressar minhas emoções na voz e na fala.
- [ ] Falar com clareza e elegância.
- [ ] Adequar, conscientemente, o volume da minha voz ao contexto.
- [ ] Desenvolver exercícios respiratórios.
- [ ] Fazer exercícios em voz alta para aprimorar a dicção e a teatralização de minha fala.

Aspectos intelectuais:

- [ ] Falar de improviso.
- [ ] Planejar minhas apresentações, ensaiar e fazer ajustes finais antes de fazer apresentações.

- [ ] Desenvolver estratégias para conhecer e cativar o público-alvo ao planejar apresentações.
- [ ] Dominar e utilizar adequadamente recursos audiovisuais.
- [ ] Ampliar meu vocabulário.
- [ ] Ampliar meus conhecimentos gramaticais e eliminar vícios de pronúncia (tá, certo, né).
- [ ] Fazer meu marketing pessoal.
- [ ] Desenvolver estratégias para iniciar e concluir apresentações e para conectar-me com a plateia.
- [ ] Manter-me sempre atualizado com as notícias e fatos mais significativos.
- [ ] Utilizar histórias para reforçar argumentos, acentuar o interesse dos ouvintes e facilitar-lhes a compreensão.

É desnecessário dizer que a vida de Gabriel mudou e que o resultado do treinamento foi extraordinário. Os cumprimentos começaram a surgir. Os elogios sobre sua performance tornaram-se corriqueiros. O que mais espantou Gabriel foi a rapidez com que processou essas mudanças. Sentiu como se essas habilidades estivessem ali latentes, guardadas, e o que o treinamento fez foi resgatá-las, gerando a confiança que lhe faltava, a voz e a fala assertiva, a segurança no desenvolvimento dos pensamentos, a clareza na linha do raciocínio, as técnicas de memorização e teatralização, culminando em mais segurança. O prazer substituiu o medo e o desconforto que surgiam durante as reuniões, durante as falas que expressavam sua função de líder e durante suas apresentações.

18.7 Conclusão

Organizações conscientes e de vanguarda estão preocupadas em preparar seus líderes e seus colaboradores para que exerçam uma comunicação eficaz e eficiente, pois espera-se que gestores estejam cada vez mais preparados para disseminar seus princípios e suas estratégias, para estimular o comprometimento e alcançar os resultados almejados pela empresa.

Sabemos que todos nós aprendemos a nos comunicar desde cedo, porém no contexto profissional precisamos falar bem e isso significa ter uma comunicação de qualidade, para que todos entrem em sintonia por meio dessa competência.

Acredito que todo desenvolvimento, para ser efetivo, deve perpassar pelo autoconhecimento, porque somente assim será possível reconhecer as próprias qualidades e perceber, por meio dos feedbacks, o que precisa ser melhorado. Esse foi o motivo da história de Gabriel, baseada em inúmeros casos reais, dezenas, centenas, se assim posso dizer, que tenho visto em nossos cursos de comunicação verbal.

Muitos executivos de alto escalão, empresários e profissionais em geral não têm a consciência da importância do desenvolvimento da comunicação verbal em sua vida e, quando são expostos a novos desafios em que ela é necessária, percebem suas limitações e saem correndo em busca de seu desenvolvimento.

Espero, sinceramente, que, ao ler este breve e simples relato, você reflita sobre como exerce sua capacidade de se comunicar, reconhecendo e tornando conscientes os seus pontos fortes e eventuais limites dessa habilidade.

Se for o caso, invista, estude, faça cursos a respeito, busque esse aprimoramento, pois acredito que se trata de um dos grandes diferenciais que asseguram o sucesso e tornam o profissional, de qualquer área que seja, mais completo e mais feliz.

Referências bibliográficas

HOFF, R. *I can see you naked*: a fearless guide to making great presentations. Andrews and McMeel, 1988.

LEEDS, D. *PowerSpeak*: the complete guide to persuasive public speaking and presenting. Prentice Hall Press, 1988.

MELANTONIO, O. *Comunicações verbais*: treinamento programado a distância. IOB.

PASSADORI, R. *Comunicação essencial*: estratégias eficazes para encantar seus ouvintes. São Paulo: Gente, 2003.

______. *As 7 dimensões da comunicação verbal*. São Paulo: Gente, 2009.

Reinaldo Passadori

Graduado em administração e especialista em recursos humanos, comunicação e neurolinguística, Reinaldo Passadori fundou e é CEO do Instituto Passadori — Educação Corporativa, que possui quase 30 anos de atuação no mercado, desenvolvendo as competências de mais de 60 mil pessoas nas 550 maiores e melhores empresas do país. Conferencista requisitado em seu segmento no Brasil, participou de congressos internacionais, como American Communication of Business, American Society for Training and Development e Canadian Society for Training and Development. É articulista das revistas *Você S.A.* e *Seguro Total*, autor dos livros *Comunicação essencial: estratégias eficazes para encantar seus ouvintes*, *As 7 dimensões da comunicação verbal*, *Quem não comunica não lidera*; é coautor de *Media training: como construir uma comunicação eficaz com a imprensa e a sociedade*.

Tel.: +55 11 3488-1200
E-mail: passadori@passadori.com.br
Site: www.passadori.com.br

capítulo 19

Formando e empregando multiplicadores em T&D

Marco Antonio Ornellas

19.1 Objetivos

Você já pensou em multiplicadores de Treinamento e Desenvolvimento sob uma nova perspectiva? Este capítulo levará você a uma viagem, partindo da realidade do mundo atual e de sua conexão com as organizações — passando pelo novo papel da área de recursos humanos, pela aprendizagem no contexto empresarial até, por fim, chegar a algumas respostas às principais questões sobre os multiplicadores.

O que são? Quem são? Quando empregar? O que é preciso saber para ser um deles? Quais as armadilhas?

Aproveite! Há uma oportunidade de reconhecê-los ou mesmo de descobrir se você já não é um deles.

19.2 Introdução: contexto atual

Vivemos num ambiente caracterizado pela velocidade, hipercompetitividade e volatilidade do conhecimento, em que a inovação parece imperar. O rápido avanço da tecnologia e o nascimento das novas gerações, no que tange o pensar, o sentir e o querer, são uma realidade.

Jeanne C. Meister (1999), principal nome mundial no tema universidades corporativas, destaca:

> [...] a emergência da organização não hierárquica, enxuta e flexível; o advento e a consolidação da "economia do conhecimento"; a redução do prazo de validade do conhecimento; o novo foco da empregabilidade em lugar do emprego para a vida toda; é uma mudança fundamental no mercado da educação global.

Em tão pouco tempo, o mundo se tornou distinto do que era há 30 ou mesmo 20 anos. Essa diferença profunda tem nome: complexidade. Vivemos um mundo complexo, diverso e interconectado. A nova ordem tem exigido das pessoas que elas saibam cada vez mais e estejam prontas para as mudanças que acontecem à sua volta. A busca pelo conhecimento, pelo aprendizado, passa a ser, nesse cenário, fator diferenciador de indivíduos e organizações.

É nesse contexto que queremos discutir o processo de aprendizagem, o papel e a importância dos multiplicadores e dos demais *stakeholders* e protagonistas.

19.3 A evolução da função recursos humanos

Já que estamos falando de protagonismo no processo de aprendizagem, é importante entendermos um pouco a evolução, o papel, os instrumentos de ação e os desafios atuais da função de RH. Afinal, essa tem sido a área da organização responsável por educação, treinamento e desenvolvimento de pessoas.

Pouco tempo atrás, tínhamos uma área de recursos humanos que se ocupava de garantir políticas e ferramentas, atuando com processos sem corresponsabilidade e propriedade das lideranças. Era comum ouvirmos "procure o RH" ou "isso é papel de RH". Hoje, acreditamos que o RH precisa desenvolver e agir em conjunto, dar autoria e corresponsabilidade aos vários atores da organização. Precisamos ter líderes mais protagonistas da gestão e do desenvolvimento de pessoas, multiplicando conhecimentos e formando no que se refere às crenças e valores da organização.

Esse novo contexto tem exigido que a área de RH amplie a visão, tire o foco de processos administrativos e burocráticos e passe a adotar o papel de guardiã das normas, valores e cultura da organização; o papel de construtora do aprendizado organizacional; o papel de agente e implementadora da mudança e da estratégia; e a fomentadora do aprendizado e conhecimento corporativo, garantindo o resultado e os objetivos do negócio.

Para tanto, a área deve conhecer profundamente o negócio, participar dele, vivê-lo, adotar processos e práticas, tais como: criar centros de conhecimento e universidades corporativas; investir no desenvolvimento das lideranças (líderes criando líderes); e fomentar o empenho e o comprometimento organizacional.

19.4 Responsabilidade pela educação

Nessa mesma direção, educação deixou de ser monopólio do governo ou da escola no contexto tradicional. A responsabilidade pela aprendizagem é de todos nós, família, sociedade e organizações.

A educação não termina quando o aluno se forma. É um processo contínuo, permanente e constante. Hoje, esperamos que as pessoas (nossos filhos, os trabalhadores, a sociedade de maneira geral) construam a própria base de conhecimento na caminhada por toda uma vida. Eu, aos 54 anos, ainda estou construindo meu conhecimento e aprendizado pessoal, trocando, refletindo, questionando e aprendendo com a experiência.

É nesse âmbito que o emprego e a formação de multiplicadores têm espaço e significado.

19.4.1 O que é aprendizagem?

Aprendizagem é uma das funções mentais mais importantes para o ser humano, é o processo pelo qual competências, habilidades, conhecimentos, comportamentos ou valores são adquiridos ou modificados, como resultado de estudo, experiência, formação, raciocínio e observação. Ela está diretamente relacionada à educação e ao desenvolvimento pessoal. Deve ser devidamente orientada e é favorecida quando o indivíduo está motivado.

Segundo o psicólogo canadense Albert Bandura, autor da teoria social cognitiva, os principais fatores que favorecem a aprendizagem são: atenção, motivação e expectativas.

No contexto da aprendizagem social, definimos aprendizagem como a aquisição de conhecimentos e habilidades por meio de métodos colaborativos, imediatos e relevantes apresentados no contexto do trabalho.

De acordo com a nova ênfase educacional, centrada na aprendizagem, o professor é coautor do processo de aprendizagem dos alunos. Nesse enfoque, o conhecimento é construído e reconstruído continuamente: aprendizagem, aprendiz, semente, germinar...

Jay Cross, especialista em aprendizagem corporativa, acredita que a educação informal é responsável por 85% do aprendizado que tem sentido, a principal forma de as pessoas aprenderem no trabalho. Adquirimos conhecimento por meio dos erros, com a experiência, fazendo perguntas aos que estão do nosso lado, quando temos tempo para reflexão e quando confiamos uns nos outros.

Contraditoriamente, as empresas não aprendem com os erros e não investem tempo em troca de experiências e reflexão. O ritmo acelerado e a pressão por resultados sufoca a aprendizagem. Mais contraditoriamente ainda, as áreas de treinamento confundem os treinamentos formais e as escolas com aprendizagem e se esquecem da sua missão de ajudar a criar o tecido social, as redes e as comunidades de aprendizado da organização, de facilitar a comunicação e a troca de informações. Para Cross, o aprendizado é interativo, descentralizado e contínuo.

19.4.2 Os velhos e os novos paradigmas da aprendizagem

Seguimos Meister (1999) novamente:

> A hierarquia corporativa, antigamente estável e de movimentos lentos, com os "pensadores" no topo da pirâmide e os "fazedores" na base, é pouco apropriada ao novo ambiente competitivo e de movimentos rápidos. [...] Essa organização do século XXI valoriza o trabalho em equipe em detrimento do individualismo, sai à procura de mercados globais em detrimento dos domésticos e enfoca as necessidades do cliente em lugar do lucro no curto prazo. [...] a empresa do século XXI existe em uma economia em que mais e mais valor agregado será criado pelo capital humano. Nela, trabalho e aprendizagem são essencialmente a mesma coisa, com ênfase no desenvolvimento da capacidade do indivíduo de aprender.

O que podemos dizer sobre a aprendizagem no futuro? Como ela se dará? Quem serão os facilitadores dessa aprendizagem? Que mídias e canais serão utilizados?

Vejamos na Figura 19.1 as principais diferenças entre o antigo paradigma de treinamento e o novo paradigma de aprendizagem.

Figura 19.1 Diferenças entre antigo paradigma de treinamento e novo paradigma de aprendizagem

Mudança de paradigma do treinamento para a aprendizagem

Antigo paradigma de treinamento		**Novo paradigma de aprendizagem**
Prédio	Local	Aprendizagem disponível sempre que solicitada, em qualquer hora e em qualquer lugar
Atualizar qualificações técnicas	Conteúdo	Desenvolver competências básicas do ambiente de negócios
Aprender ouvindo	Metodologia	Aprender agindo
Funcionários internos	Público-alvo	Equipe de funcionários, clientes, fornecedores de produtos
Professores e consultores de universidades externas	Corpo docente	Gerentes seniores internos e um consórcio de professores universitários e consultores
Evento único	Frequência	Processo contínuo de aprendizagem
Desenvolver o estoque de qualificações do indivíduo	Meta	Solucionar problemas empresariais reais e melhorar o desempenho no trabalho

Falar de educação e aprendizagem é falar de desenvolvimento de competências importantes para o ambiente de negócios. É esse o foco e a essência das áreas de RH, dos centros de aprendizagem e das universidades corporativas. Meister aponta sete importantes competências:

1. capacidade de aprender a aprender;
2. comunicação e colaboração;
3. criatividade e resolução de problemas;
4. conhecimento tecnológico;
5. conhecimento de negócios globais;
6. liderança;
7. autogerenciamento da carreira.

Observe que é possível aprender todas essas competências, exceto a de conteúdo mais técnico (conhecimento tecnológico), dialogando, compartilhando, por meio da experiência, de trocas com mentores e multiplicadores e refletindo. Oitenta e cinco porcento desse aprendizado não se dá nas escolas e nos programas de treinamento tradicionais.

Aprendizagem é ação. É um processo contínuo e precisa estar disponível sempre, a qualquer hora e lugar.

19.4.3 Quem são os nossos instrutores e professores?

Nesse contexto, quem serão nossos instrutores e professores? Um corpo docente que expõe teorias, conceitos, demonstra sabedoria em uma sala de aula para os funcionários e em seguida vai embora? Ou teremos líderes internos, especialistas ou não, mas com experiência, prática, coleção de erros, alinhados com a cultura, os valores e as referências organizacionais e, principalmente, engajados na missão de compartilhar conhecimento?

Há aproximadamente 20 anos fui contratado, na época como consultor, por uma multinacional do setor financeiro para apoiar um programa de desenvolvimento de líderes cujo foco era o aprendizado do modelo da liderança situacional e a discussão e montagem de planos de ação com base na avaliação 360 graus. Imagine minha surpresa quando percebi que parte do treinamento era ministrada por executivos de primeira linha da própria empresa.

Eles conduziam parte do treinamento, discutindo e compartilhando os valores da companhia e os impactos que a gestão de pessoa imprimia no clima organizacional e na avaliação 360 graus. Um consultor máster facilitava esse processo e o conduzia em parceria com o executivo de linha. Eu e outros consultores realizávamos sessões individuais, discutindo planos de ação, orientando, enfim, atuando como coach dos participantes do referido seminário — transformando reflexões e trocas em sala de aula em planos práticos para o dia a dia.

Lembro bem que esse modelo me deixou curioso, surpreso positivamente, e me fez observar o jeito como esses líderes compartilhavam suas histórias e apresentavam conceitos e teorias, demonstrando praticidade, e como cada um deles havia transformado seu modelo de gestão.

Deve-se considerar o ineditismo dessa prática para a época. Ainda hoje poderíamos dizer tratar-se de uma atividade um tanto quanto fora do comum. O normal seria um consultor, docente ou instrutor, apresentar teorias e conceitos a um grupo de participantes, ávidos por questionar a praticidade de tais teorias e modelos, segundo o velho jargão: "ah, na minha realidade essa teoria não se aplica".

Sempre fui e sou partidário de que a liderança deve se envolver direta e positivamente em todas as ações de desenvolvimento de líderes. Temos exemplos tanto de executivos que se envolvem e se comprometem com programas de desenvolvimento como dos que não querem saber dessa prática e mostram-se absolutamente desinformados sobre essas e outras iniciativas conduzidas pela área de RH.

Nunca é demais reforçar a importância do líder como modelo e referência de comportamento e de alinhamento com a imagem e os valores da organização.

A pesquisa *Learning and Development Roundtable 2003 Employee Development Survey*, da Corporate Executive Board, mostra que os gerentes investem 20% do tempo (e não mais apenas dez minutos por dia) em atividades para desenvolvimento dos colaboradores. Mesmo sabendo que gerentes que valorizam a gestão de pessoas conseguem melhoria de desempenho, a questão está não em aumentar a quantidade de tempo investido, mas em saber usar essa pequena quantidade de forma mais eficaz.

Não estamos aqui desvalorizando a importância de consultores, professores, instrutores e palestrantes externos, com experiências e notórios saberes (colhidos em várias organizações e diferentes culturas). Mas consideramos fundamental, para uma aprendizagem realmente efetiva, a parceria e a presença de multiplicadores executivos compartilhando experiências, validando os conceitos e apresentando caminhos e soluções.

Você tem alguma dúvida com relação ao impacto que causaria, por exemplo, a apresentação do conceito de delegação pelos consultores externos e sua validação pelo principal executivo da empresa? Fora o aspecto de modelo, referência e representação que um executivo tem sobre o processo de aprendizagem, a Figura 19.2 reforça a importância da retenção.

Figura 19.2 A pirâmide da aprendizagem

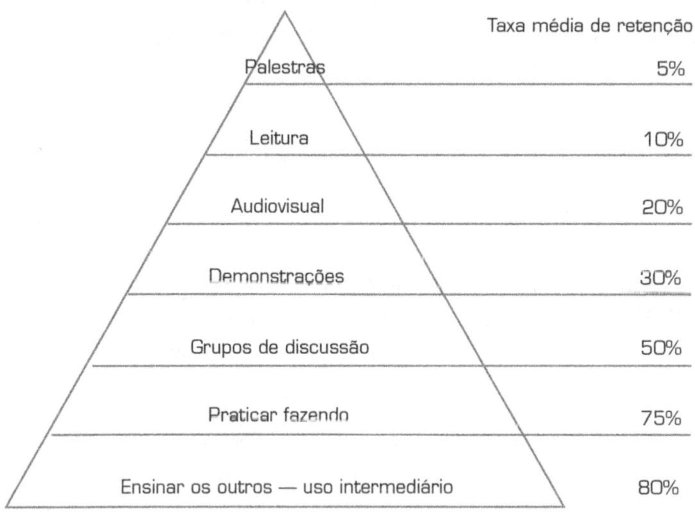

© NTL Institute for Applied Behavioral Science

Qual o impacto na retenção da aprendizagem e, consequentemente, no trabalho, na organização e no negócio quando temos a oportunidade de compartilhar o que aprendemos com outros em grupos de discussão, ou quando praticamos o que fazemos e, mais ainda, quando ensinamos os outros?

Se o uso de multiplicadores nos parece uma alternativa mais efetiva para a aprendizagem, falta discutirmos que competências e comportamentos dariam mais qualidade a esse processo. E mais: que condições e que "treinamentos" são necessários para formar bons multiplicadores? Compartilhar e expandir conhecimento é um atributo inato ou pode ser desenvolvido? Como e quando usar o multiplicador?

19.4.4 Quem são os multiplicadores?

Ao pensarmos em multiplicadores, devemos falar das referências na organização. Quem são eles e quantos são na organização? Quem são nossos modelos operacionais? Quem são as referências em valores, comportamentos e competências? Quem são os nossos exemplos organizacionais? Quem são as pessoas que têm conhecimento para compartilhar?

Referências são os CEOs, que devem estar inteiramente comprometidos com o desenvolvimento das lideranças. São os executivos seniores. Também acreditamos que multiplicadores e referências são todos os profissionais com conhecimento e sabedoria para compartilhar e trocar. Enfim, acreditamos que todos podem e devem ser multiplicadores. Basta querer e ouvir a voz do coração.

Ser multiplicador é mais do que simplesmente ensinar o outro. É orientá-lo e ajudá-lo na caminhada. É permitir e facilitar a curiosidade e as respostas às inúmeras perguntas. É dar ao outro o alimento necessário para o crescimento.

Mapear as lideranças e as referências técnicas que se dispõem a multiplicar conhecimento e experiências é o primeiro passo. Em seguida, precisamos engajá-los e comprometê-los com a proposta. Sem exageros ou complicações, deve-se tratar esse processo como algo natural, fluido, próprio da natureza humana — compartilhar com a alma, o coração e a cabeça nossas experiências, erros, sabedorias, dúvidas. Enfim, falar de dentro de nós para o outro. Por fim, temos de investir no processo de formação:

- compartilhando as melhores e piores práticas com comunidades de aprendizagem;
- propiciando o autoconhecimento e a reflexão pessoal;
- facilitando o questionamento, as perguntas e as dúvidas;
- e praticando em situações mais controladas e de menor complexidade.

19.4.5 O que é preciso ser ou ter?

Dividimos as competências e os comportamentos importantes a um multiplicador em três conjuntos:

1. *Competências intrapessoais*: para ser um multiplicador, mais do que ter, é preciso ser uma pessoa íntegra e **autêntica**, que se conheça e saiba avaliar com realismo pontos fortes e fracos. Esse **domínio pessoal** é a chave do equilíbrio, da harmonia e da sabedoria. Precisa **crer em sua missão** e em seu verdadeiro compromisso com o crescimento do outro.
2. *Competências interpessoais*: aprendizagem é algo que se dá na relação. Portanto, além das competências intrapessoais, é importante dominar as competências relacionais, como ser bom **comunicador**, **influenciador**, **líder** e **negociador**. Sem essas competências, não conseguiremos chegar à cabeça ou ao coração das pessoas e, dificilmente, conseguiremos transformar o que elas aprendem em ações.
3. *Competências específicas ou técnicas*: por fim, e não menos importante, mas de modo complementar, o conhecimento técnico ou específico do tema e do assunto que se quer compartilhar é fundamental. Esse domínio pressupõe confiança e segurança para escolher caminhos, alternativas e responder aos questionamentos e dúvidas. Reconhecer a caminhada, as dificuldades enfrentadas, os erros e os acertos vividos é a base para a empatia com o processo de aprendizagem do outro. Esse é, segundo nossa opinião, o grande diferencial dos multiplicadores em relação aos professores, docentes e instrutores que impõem o saber ao aprendiz.

Entendemos que as competências técnicas e/ou específicas e as intrapessoais são imprescindíveis no processo de escolha. Já as competências interpessoais poderão ter pesos diferentes dependendo do assunto ou do tema a ser multiplicado.

19.4.6 Onde empregamos multiplicadores?

Onde utilizamos e empregamos o multiplicador? Reconhecer quais conhecimentos e competências são essenciais, o *core* da organização, pode ser o ponto de partida. Quais são os conhecimentos e comportamentos-chave? Essa análise pode ajudar na escolha dos facilitadores e multiplicadores, internos ou externos.

Outros aspectos importantes são a demanda de aprendizagem, de acordo com cada necessidade detectada, a logística e a geografia organizacional. A cultura empresarial é outro elemento: nesse quesito encontramos empresas que valorizam mais o treinamento realizado por multiplicadores internos do que consultores externos, ao passo que outras acreditam que "santos de casa não fazem milagres".

Nossa opinião é que ambos os facilitadores podem contribuir e de fato contribuem no processo de aprendizagem e devem ser considerados no planejamento de treinamento, de modo que se possa aproveitar o máximo de benefício e vantagem de cada um em favor da melhor aprendizagem.

19.4.7 Quando?

Quando precisamos de um multiplicador? De acordo com nossa experiência, não visualizamos qualquer contexto em que não caiba a presença de um multiplicador. Portanto, para mim a resposta é *sempre*. A presença de um multiplicador:

- apoia docentes e consultores externos, aplicando teorias e conceitos expostos;
- mostra que o aprendizado é possível e pode ser transferido para o dia a dia;
- oferece aos funcionários oportunidades de diálogos e trocas de ideias;
- aproxima a liderança de profissionais e equipes;
- determina o comprometimento da organização com a aprendizagem e o desenvolvimento das pessoas;
- mostra que treinamento é tarefa de um líder;
- demonstra que a gestão de pessoas é um valor praticado pela organização.

Seja em parceria com um consultor ou docente externo, seja na condução integral do processo de aprendizagem, adotar multiplicadores acelera o processo de desenvolvimento de competências e resultados para o negócio.

Nunca é demais ressaltar que o assunto a ser abordado, comportamental ou técnico, é também um fator decisivo na escolha ou combinação dos multiplicadores.

19.4.8 Possíveis armadilhas

Você já sabe que nossa opinião é pela presença, pelo emprego e pela participação dos multiplicadores internos no processo de aprendizagem organizacional. É possível que você esteja se perguntando se, ou tendo uma ilusão de que, não há obstáculos ou armadilhas. Mas, pelo contrário, existem armadilhas e algumas ciladas a se evitar:

1. Escolher os multiplicadores por determinação e não por convite é a maior das armadilhas. Temos de considerar que nem todos querem ou se sentem preparados para assumir essa função e papel. Imagine um multiplicador tendo de cumprir o papel de educador por determinação e não por desejo. Com certeza, isso comprometerá todo o sistema e o resultado do processo será afetado. Aprendizagem envolve autenticidade. É um processo de doação, carinho e amor.
2. Outra armadilha está na seleção dos multiplicadores. Há pessoas que não têm as características mínimas para serem multiplicadores, facilitadores de aprendizagem. Você deve estar pensando que estamos sendo contraditórios, mas aqui nos referimos a características como:
   - timidez em excesso;
   - falta de equilíbrio emocional;
   - baixa flexibilidade;

- perfeccionismo em excesso;
- pouca paciência;
- dificuldade de se expor e se afirmar;
- excesso de autoconfiança (arrogância).

Todas essas características em essência não são boas ou ruins. O excesso delas pode descarrilar uma carreira, no caso particular, a de um multiplicador.

1. A imagem e o poder que o multiplicador possui, bem como a forte conexão com a estrutura organizacional, podem dificultar que os aprendizes tenham momentos de reflexão, questionamento, troca e exposição. Por outro lado, pessoas sem o reconhecido poder pessoal (carisma, simpatia e acessibilidade) também podem não ser efetivas como multiplicadores.
2. A exigência por resultados pode comprometer o processo da aprendizagem informal. Para multiplicadores, é desejável o compromisso com o processo informal. Do contrário, o educador será visto apenas como um papel na estrutura da organização. Essa pode ser uma opção na carreira, mas não deve ser o foco do projeto de multiplicadores de treinamento.
3. Outra cilada é a falta de empatia com o outro e com o processo. Considerando o pensar, o sentir e o querer, a aprendizagem implica algumas dificuldades que, como facilitadores, precisamos trabalhar no aprendiz em três dimensões: **pensamento** — apegar-se às velhas fórmulas e conceitos; **emocional** — reconhecer que não sabe, lidar com medos e erros; e, por último, **vontade** — querer aprender, mudar o mundo e ter coragem para agir.

19.5 Conclusão

Empregar e formar multiplicadores de treinamento de aprendizagem é uma importante, estratégica e inovadora alternativa no caminho da gestão e disseminação do conhecimento. O processo é simples, econômico, efetivo e com inúmeros benefícios para o conjunto da organização. Ainda assim, observações apontam que é uma prática pouco utilizada nas empresas, pois velhos modelos ainda estão na cabeça dos líderes e nas áreas de RH das organizações.

Aprendemos com os erros, com a experiência, perguntando aos que estão do nosso lado, quando temos tempo para reflexão, quando confiamos uns nos outros. Aprendemos com o outro!

Referências bibliográficas

BANDURA, A.; WALTERS, R. H. *Aprendizaje social y desarrollo de la personalidad*. Espanha: Alianza, 1990.

CROSS, J. *Informal learning*: rediscovering the natural pathways that inspire innovation and performance. John Wiley & Sons, 2007.

McGRATH, R. G.; SARGUT, G. *"Aprenda a viver com a complexidade"*. Harvard Business Review, dez. 1969.

MEISTER, J. C. *Educação Corporativa*. São Paulo: Makron Books, 1999.

MEISTER, J. C.; WILLYERD, K. *The 2020 workplace*: how innovative companies attract, develop, and keep tomorrow's employees today. Harper, 2010.

ULRICH, D. *Recursos humanos estratégicos*. São Paulo: Futura, 2000.

Marco Antonio Ornellas

Psicólogo com especialização em comportamento organizacional pela California American University, mestrando em biologia cultural pela Escuela Matríztica de Universidad Mayor do Chile e formado em coaching pelo Instituto EcoSocial e em dinâmica de grupo pela Sociedade Brasileira de Dinâmica dos Grupos (SBDG), Marco Antonio Ornellas é consultor certificado em liderança situacional pelo Center for Leadership Studies e em liderança situacional II pela Blanchard Training and Development, Inc. Tem credenciamento nas ferramentas de assessment MBTI, DISC e HOGAN e é professor convidado da FIA-USP para alguns temas nos programas de MBA, diretor acadêmico do MBA em RH com ênfase em consultoria e desenvolvimento organizacional. Membro fundador da ICF — International Coach Federation e consultor e diretor da Ornellas & Associados.

Tel.: +55 11 4612-8047/99196-3120
E-mail: marco.ornellas@uol.com.br
Site: www.ornellas.com.br

capítulo 20

Treinamento em saúde e segurança do trabalho: desafios e peculiaridades

Marcia Bueno

20.1 Objetivos

Ainda hoje observamos, infelizmente, o lado amedrontador do trabalho: o que acidenta, incapacita e mata. No Brasil, os números oficiais apontam para uma guerra invisível em que morrem, todos os anos, aproximadamente 3 mil trabalhadores e outros 700 mil sofrem acidentes. Isso significa uma morte a cada duas horas de trabalho e seis acidentes por minuto trabalhado, de modo que metade desses acidentes acomete trabalhadores entre 20 e 30 anos de idade. O sucesso de um programa de segurança traduz-se na eliminação das lesões e doenças ocupacionais. A combinação de programas focados em pessoas, processos e condições do ambiente de trabalho certamente trará bons resultados. Sabemos que em termos de condições de trabalho ainda temos muito a melhorar e não conseguiremos bons resultados no curto prazo, pois é necessário investir em melhorias estruturais e de maquinário, uma realidade distante no cenário brasileiro.

Portanto, uma das armas mais importantes para se conseguir um ambiente de trabalho livre de acidentes continua sendo, sem dúvida, o treinamento, focando em pessoas e comportamentos.

Assim, este capítulo busca facilitar para o gestor a implementação de um programa de treinamento eficaz em qualquer tipo de negócio, levando em conta as peculiaridades da área e as nuances do comportamento humano.

20.2 Introdução

Por que dedicar um capítulo ao treinamento em segurança? Existe mesmo alguma peculiaridade? Algo que nos obrigue a olhar de modo especial para esse tipo de treinamento?

A maioria dos profissionais que trabalham já há algum tempo com saúde e segurança do trabalho percebe que há muito o que fazer e aprender sobre o tema. Não é raro encontrar colegas perplexos logo após a ocorrência de um acidente, grave ou não, tentando entender como e por que aquilo pôde acontecer, principalmente depois de tanto treinamento, comunicação, regras e campanhas de conscientização. Como pode haver falhas quando tratamos de preservação de vidas? Como uma pessoa pode se arriscar não cumprindo os procedimentos na produção de uma peça ou na manutenção de uma máquina? Por que o projeto do equipamento ou máquina não foi capaz de prever esse risco? Parece óbvio que ninguém em sã consciência queira se machucar ou machucar alguém. Não tenho dúvida de que todos queremos, dia após dia, retornar às nossas casas da mesma maneira que saímos para trabalhar. Se é assim, o que está faltando?

Se a resposta fosse fácil, já teríamos eliminado definitivamente os acidentes do ambiente de trabalho. O certo é que, ao lidarmos com pessoas e comportamentos, tudo pode se tornar bem complexo.

Uma pesquisa realizada em Missouri, nos Estados Unidos, a respeito de indenizações trabalhistas concluiu que um dos maiores fatores contribuintes para lesões relacionadas ao trabalho naquela região é a percepção dos funcionários de que "treinamento em segurança não é importante". Talvez uma resposta politicamente correta seja: "treinamento em segurança é chato". Para os profissionais que atuam na área, que tal prestar mais atenção nas reações das pessoas ao serem convocadas para um treinamento sobre segurança? Por que não vemos entusiasmo semelhante quando elas são convidadas para uma sessão de cinema, por exemplo?

Treinamento definitivamente não é tudo em um programa de saúde e segurança do trabalho, mas representa parcela importantíssima dele — e merece atenção especial. Voltando à pesquisa, talvez não seja o conteúdo que não desperte interesse, mas a maneira como ele é apresentado.

Ao discorrer sobre a importância do assunto, apresentar um roteiro básico para a implementação de um programa de treinamento e comentar sobre os tipos de treinamento existentes, convido iniciantes ou veteranos na área a também refletir, para podermos juntos buscar modos efetivos de melhorar substancialmente a qualidade e os resultados desse tipo de treinamento.

20.3 A importância do treinamento em saúde e segurança

Vários fatores podem contribuir para a repetição de um comportamento não seguro, incluindo falta de conhecimento, de percepção do risco, de experiência, de treinamento, questões gerenciais, supervisão e comunicação. Na prática, é muito raro ocorrer uma falha devido a um não cumprimento proposital de regras de saúde e segurança.

O principal objetivo de um programa de treinamento dessa natureza é assegurar que os trabalhadores de uma organização conheçam os riscos relativos ao seu trabalho, ao ambiente onde é realizado, para entenderem a necessidade e a maneira de se protegerem para não sofrerem lesões nem adoecerem em função do trabalho realizado. Espera-se também que desenvolvam uma cultura de segurança positiva, de forma que o trabalho com saúde e segurança seja prioridade para todos. Como consequência, o programa de treinamento também garantirá que essa organização, no mínimo, cumpra sua obrigação legal de proteger a saúde e a segurança de seus empregados.

Treinamento eficaz, em primeiro lugar, facilita a formação de empregados competentes em saúde e segurança no trabalho e, certamente, contribuirá com o negócio, evitando os custos relacionados a acidentes e doenças — custos não apenas financeiros, pois estamos falando de pessoas.

Podemos dizer ainda que produtos danificados, perda de produção e desmotivação da equipe podem certamente ser o resultado de um ambiente em que a segurança não é compreendida nem valorizada.

Uma das medidas do sucesso desse programa é o grau de cumprimento das regras de segurança e a consequente redução dos índices de acidentes. A menos que os colaboradores tenham um compromisso pessoal em trabalhar com segurança e, portanto, efetivamente trabalhem de forma segura, vigilância constante será necessária para assegurar o cumprimento mínimo dessas regras.

Há grande diferença entre cumprir as regras de segurança e trabalhar de modo seguro. Regras de segurança bem escritas especificam comportamentos que protegem as pessoas de acidentes e lesões. Quando as pessoas trabalham com segurança, elas não somente seguem essas regras, mas estão plenamente conscientes dos riscos de seu trabalho e permanecem alertas a potenciais acidentes, embora não estejam especificados nessas regras; elas compreendem também que, na dúvida, o importante é interromper e pedir ajuda, pois acreditam que basta um segundo para perder a chance de ter alguma dúvida respondida.

Infelizmente, nenhum conjunto de regras de segurança pode ser perfeito ou completo; ainda que conseguíssemos montar um manual com todas as regras possíveis, além do grande volume final, como faríamos para garantir sua leitura, compreensão e retenção de informações pelos trabalhadores, bem como a cobrança de cumprimento pela liderança, que obviamente precisaria conhecer cada uma delas profundamente?

Não bastam somente regras de segurança bem elaboradas, é necessário que cada trabalhador entenda os riscos de seu ambiente de trabalho e seja instruído quanto a como proceder para prevenir lesões ou doenças; aqui cabe uma analogia entre qualidade e segurança — assim como a qualidade deve ser intrínseca a determinado produto, o comportamento seguro deve ser inerente à pessoa. Podemos até obrigar uma pessoa a obedecer às regras de segurança, mas é impossível forçar alguém a ter um comportamento seguro.

É natural que autoconfiança aumente ao longo do tempo. Em alguns casos, seu excesso chega a substituir a precaução inicial na execução de tarefas rotineiras, quando o trabalho ainda era novo e interessante. Sem um alerta periódico sobre os riscos que sempre estarão presentes, as chances de ocorrência de acidentes aumentarão.

Nem sempre os trabalhadores reconhecem a importância do treinamento sobre segurança, ou talvez o considerem, como já foi dito, desnecessário, muitas vezes porque "já fazem isso há anos". É preciso compreender que se lembrar de que o perigo está lá e ninguém está livre de acidentes é um benefício importante. Desse modo, o importante é que os trabalhadores acreditem no treinamento e entendam:

- o propósito do treinamento;
- por que seguir as regras e os procedimentos é importante para eles;
- quais as consequências de não estar treinado e não seguir as regras e os procedimentos.

Vale ressaltar que o treinamento não ocorre apenas numa sala de aula. Os programas de saúde e segurança precisam ser abrangentes para serem eficazes, e todos os seus elementos apresentam oportunidades para diferentes tipos de treinamentos.

Naturalmente, as pessoas preocupam-se com sua própria segurança e dificilmente vão se recusar a participar desse esforço conjunto, desde que reconheçam sua importância e constatem a mesma preocupação pela liderança. A participação gera o compromisso e, para maximizá-lo e diversificar a maneira pela qual a segurança é apresentada, os funcionários poderão ser envolvidos no programa de diversas maneiras, participando regularmente de:

- comitês de segurança;
- grupos para solução de problemas específicos de segurança em sua área;
- auditorias de segurança em outras áreas;
- programas de sugestões sobre como eliminar ou minimizar riscos;
- programas de observação de comportamento etc.

20.4 Treinamento como parte de um sistema de gestão

Quem possui em sua organização algum sistema de gestão já implantado (IS0 9001 para qualidade, ISO 14001 para meio ambiente, por exemplo), e, portanto, esteja familiarizado com o processo de treinamento recomendado — talvez já usufruindo dos benefícios alcançados em longo prazo —, certamente o utilizará também em seu programa de saúde e segurança.

É o caso da norma OHSAS 18001, um guia para a implementação do programa de saúde e segurança e efetivação do programa de treinamento. Essa norma, que determina os requisitos para um sistema de gestão de saúde e segurança, teve como base as duas normas anteriormente mencionadas, de modo a facilitar a integração de todos esses sistemas caso essa seja a opção da organização. O enfoque dado ao treinamento é praticamente o mesmo em todas elas, e podemos dizer que, por meio desses sistemas, o programa de treinamento nas empresas foi elevado a uma posição de destaque.

A grande vantagem dos sistemas de gestão é a riqueza de um sistema bem implementado, que pode ser esquematizada a seguir (ver Quadro 20.1); nesse quadro, observamos que todo e qualquer programa desenvolvido em sua organização pode e deve ser "amarrado" por meio dos requisitos apresentados, de modo que todas as necessidades sejam continuamente endereçadas e revisadas, em busca da melhoria contínua.

Vê-se, no Quadro 20.1, que o treinamento permeia todos os programas de saúde e segurança. Sendo assim, garantirá a definição, a execução e a revisão permanente de processos de treinamento: orientação ao novo empregado, descrições de cargos, treinamentos periódicos, gerenciamento do treinamento e verificação de habilidades e competências.

20.4.1 Política de saúde e segurança da organização

O compromisso com a implementação de um programa de treinamento começa na alta gerência — com um programa de prevenção de riscos em que o treinamento em saúde e segurança no trabalho estará inserido. Se a liderança não acreditar no seu valor e na sua necessidade, o que deverá comprovar por meio de suas atitudes, será muito difícil levá-lo adiante de maneira consistente — esse compromisso precisa ser formalizado e comunicado, por exemplo, em um sistema de gestão, por meio da política local de saúde e segurança, de forma a nortear o negócio e os respectivos planos de ação para que o apoiem.

Lembre-se de que esse compromisso, ou política de saúde e segurança, deve estar alinhado com a cultura da organização, que direciona o comportamento das pessoas e as ensina como interpretar e reagir às situações por meio de valores, normas e regras.

Quadro 20.1 Exemplos de matriz de treinamento

Requisitos OHSAS 18001	Programas de saúde e segurança											
	Programa de conservação auditiva		Programa de proteção de máquinas		Programa de prevenção de quedas		PPRA		Programa de segurança em eletricidade		Programa de proteção respiratória	
Política de saúde e segurança												
Planejamento												
Implementação e operação												
Estrutura e responsabilidades												
Treinamento, conscientização e competência												
Comunicação												
Documentação												
Controle de documentos												
Verificação e ação corretiva												
Revisão gerencial												

Programas de segurança eficazes consideram a importância dos papéis da liderança e dos funcionários. A liderança é responsável por todos os aspectos do negócio, sendo saúde e segurança um desses aspectos — a responsabilidade pelo sucesso ou pelo fracasso do programa também é da liderança, que deve servir de exemplo.

Não há dúvida de que a atitude de um funcionário tende a refletir as atitudes da liderança. Dessa forma, uma atitude positiva de um líder com relação à segurança no ambiente de trabalho se refletirá no modo como os trabalhadores assumem suas responsabilidades. Ao passo que será mais prejudicial ao compromisso de um funcionário com as regras de segurança presenciar o descaso ou a violação delas por um líder.

20.4.2 Planejamento e implementação do programa de treinamento

Após definir a necessidade da organização sobre o estabelecimento do programa, é preciso responder às seguintes perguntas:

- Quais são os treinamentos que devem ser incluídos no meu programa?
- Quem deverá ser treinado?
- Qual deve ser a frequência de treinamento?
- Quais são as prioridades?
- Que metodologia deve ser usada?
- Quem ministrará o treinamento?

Respostas adequadas a essas perguntas terão impacto direto no programa de treinamento. Identificando os riscos relacionados ao negócio, poderemos começar a associar as necessidades de treinamento, sejam elas ligadas à educação exigida para a função, ao treinamento específico e/ou à experiência. Para realizar a identificação adequadamente, será necessário levantar ou revisar toda a informação relativa aos processos de produção e manutenção envolvidos (atividades rotineiras ou não), estatísticas e relatórios de acidentes, relatórios de auditorias, legislação aplicável e requisitos específicos de sua organização, de modo que todas as necessidades sejam endereçadas e seja possível elaborar um programa de treinamento.

Concluída essa etapa, é possível elaborar uma matriz de treinamento em que as necessidades específicas estarão identificadas.

O requisito básico é formar a competência para a execução de tarefas com impacto na saúde e na segurança.

Quadro 20.2 Matriz de treinamentos necessários identificados e periodicidade

Matriz de treinamentos necessários identificados e periodicidade								
	Liderança em segurança	Riscos ergonômicos (básico)	Riscos ergonômicos (avançado)	Especialização em ergonomia	Proteção respiratória	Proteção de máquinas e equipamentos (básico)	Proteção de máquinas e equipamentos (avançado)	Conservação auditiva
Diretores	Inicial	Inicial+ Bianual			Inicial Gerencial			
Gerentes	Inicial	Inicial+ Bianual			Inicial			
Supervisores	Inicial		Inicial+ Anual		Anual	Anual	Anual	Inicial+ Anual
Engenheiros de projeto	Inicial		Inicial+ Anual		Inicial		Bianual	Inicial+ Anual
Engenheiros de segurança	Inicial			Requisito cargo	Requisito cargo	Requisito cargo	Inicial	Inicial+ Anual
Eletricistas	Inicial	Inicial+ Bianual			Inicial+ Anual	Inicial+ Anual		Inicial+ Anual
Mecânicos	Inicial	Inicial+ Anual			Inicial+ Anual	Inicial+ Anual		Inicial+ Anual
Operadores	Inicial	Inicial+ Bianual			Inicial+ Anual	Inicial+ Bianual		Inicial+ Anual

20.5 Tipos de treinamento

20.5.1 Conversas ou diálogos de segurança

Algumas organizações estabelecem conversas semanais ou até mesmo diárias, às vezes intercaladas com outros assuntos relevantes à organização. Geralmente é um treinamento em tom de bate-papo, mas deve enfocar a prevenção de riscos.

Se nos primeiros 10 minutos não for possível manter a atenção do público, algo vai mal. Além disso, 20 minutos são mais do que suficientes para transmitir — e bem — qualquer mensagem. Lembro novamente que, infelizmente, uma conversa sobre saúde e segurança nunca será tão atraente quanto ir ao cinema, caso este em que se escolhe aquilo a que se quer assistir. As pessoas estão ali porque precisam; portanto, seja objetivo.

A relevância do que será transmitido é um ponto crucial. Antes de iniciar, pergunte a si mesmo o quanto do que será dito vai ajudar na manutenção de um ambiente seguro. Em seguida, decida o que deve ser feito para demonstrar que o tema é, de fato, relevante: correlação com fatos conhecidos, exemplos da área de trabalho e compartilhamento de experiências sempre ajudam. No caso de um assunto já conhecido, o desafio consiste em transformar algo antigo em outra coisa completamente nova: que tal identificar alguém que possa contar uma história?

20.5.2 Treinamento formal

Todo funcionário deve receber um treinamento inicial que enfoque os princípios, processos e riscos do trabalho que realizará — lembrando que devemos sempre tentar fazê-lo do modo mais simples, objetivo e relevante possível. Muita informação e vocabulário excessivamente técnico não terão valor nenhum se o público não entender que a finalidade de um treinamento desse tipo é prevenir doenças, lesões e salvar vidas. Vale muito mais demonstrar sua preocupação com a segurança do que conhecimento técnico sobre o tema. E, mais do que isso, em vez de enfocar em não fazer isso ou aquilo, experimente valorizar o "como fazer da maneira correta", sem deixar que a segurança pareça algo separado do todo. É importante reforçar que fazer da maneira certa é fazer com qualidade e segurança.

Em seguida, um teste servirá ao propósito de avaliar a apreensão do assunto, bem como documentar o treinamento (lembre-se de que a documentação é um ponto importante para a gestão do programa, além do fato de que em algum momento você será solicitado a comprovar em uma auditoria ou fiscalização que o treinamento foi realmente ministrado).

Pontos importantes que não foram entendidos deverão ser revistos para esclarecimento e para assegurar que a informação crítica tenha sido compreendida.

Depois do treinamento inicial e de os funcionários já terem iniciado o trabalho na área, será necessário revisar periodicamente alguns fundamentos básicos, de modo a não haver desvios das práticas de trabalho com relação ao que foi estabelecido. Conversas e reuniões de segurança para discussão de riscos entre trabalhadores novos e antigos, sempre acompanhadas de um especialista no assunto, geralmente dão bom resultado prático, além de ser boa oportunidade de entrosamento entre os novos colegas.

O treinamento para novas funções também é de suma importância, pois, ainda que os riscos sejam similares, as práticas de trabalho geralmente são diferentes, exigindo um "retreinamento". Parece um tanto óbvio, mas, por vezes, isso passa despercebido pelo supervisor quando, por exemplo, assume-se que a pessoa esteja familiarizada com os procedimentos por ter trabalhado próxima do colega que já desempenha determinada função.

Pergunte-se sempre, avalie e tome alguma atitude.

- As pessoas compreendem efetivamente o que é requerido?
- Você está seguro de que este treinamento transmitiu e promoveu o conhecimento e a competência necessários à realização da tarefa/trabalho com segurança?
- Houve mudança no comportamento ou nas práticas de trabalho?
- Os indicadores de desempenho refletem o resultado esperado?

20.5.3 Treinamento prático (*on the job*) e individual

Apesar de o treinamento formal ser importante, boa parte do aprendizado acaba acontecendo fora da sala de aula, isto é, no próprio local de trabalho. Esse tipo de treinamento tem grande impacto no aprendizado, portanto, devemos tirar proveito disso, identificando pessoas que se destacam com relação ao seu comportamento seguro e incentivando a criação e a manutenção de grupos de aprendizado, a fim de aumentar a eficácia do programa de saúde e segurança do trabalho. Também é interessante, sempre que possível, complementar o treinamento formal com treinamento prático; por exemplo, após o treinamento formal sobre riscos ergonômicos, cada um deverá identificar os riscos em sua área de trabalho.

No caso de treinamento para utilização de máquinas e equipamentos, após a instrução fundamental deve-se promover uma familiarização com o equipamento; caso haja algum tipo de risco ao operador, como líquido em alta temperatura, por exemplo, a familiarização deve ser inicialmente realizada sem a presença desse fator de risco, para evitar incidentes.

Ao realizar as tarefas sob a supervisão de um instrutor qualificado, o funcionário demonstrará o grau de retenção (ou não) do conhecimento básico para a realização do trabalho. Outra maneira de alcançar esse objetivo é por meio da revisão e discussão de casos, de vídeos educativos e de métodos de prevenção utilizados.

A realização do trabalho ao longo do tempo ajudará a desenvolver a habilidade necessária — isso também pode ser realizado com a ajuda de um colega cuja proficiência e habilidade tenham sido previamente avaliadas e validadas. É importante ressaltar que só deverá ser permitida a realização do trabalho sem acompanhamento aos novos funcionários que tenham demonstrado sua capacidade de realizá-lo com habilidade e segurança. Também deverá se instituir um acompanhamento periódico com o novo trabalhador durante um período preestabelecido (semanas) de modo a assegurar que as novas habilidades tenham sido realmente apreendidas.

Lembre-se...

- O treinamento só pode ser eficaz se for assimilado.
- O treinamento deve ser programado com regularidade.
- O treinamento deve ser feito em classe, na prática e no trabalho.

20.5.4 Considerações sobre outras técnicas de treinamento

- *Demonstrações que sejam interativas e encorajem a participação do público*: permitem que um grupo maior de pessoas tome parte em um treinamento.
- *Recursos audiovisuais e demonstrações ou programas computadorizados*: recursos efetivos em demonstrações "ao vivo", que seriam muito caras ou perigosas. Uma grande inovação nesse campo é o uso de realidade virtual para a simulação de atividades de alto risco.
- *Material impresso*: pode ser útil apenas como informação suplementar, mas é importante analisar sua real necessidade; em caso afirmativo, lembre-se de que o material e o público têm de ser compatíveis.
- *E-learning*: já existem diversas organizações que oferecem treinamentos por meio da Internet ou intranet de empresas. Por exemplo: treinamento teórico sobre direção defensiva, interpretação de fichas de segurança de produtos químicos, segurança em veículos industriais, bloqueio de energias perigosas etc.

Ao decidir qual das técnicas poderá surtir mais efeito, o instrutor deve considerar a mensagem que precisa ser transmitida e, principalmente, as características de seu público. Uma palestra, por exemplo, não é adequada a um treinamento sobre segurança na operação de pontes rolantes; nesse caso, uma demonstração para um grupo reduzido ou um treinamento individual *on the job* seriam as melhores opções.

As *condições do local* onde o treinamento acontecerá também contam muito no momento de decidir pelo tipo de treinamento. Será possível utilizar uma sala onde os empregados assistirão a um vídeo confortavelmente ou ouvir uma palestra sem distrações?

20.6 Métodos para medir a eficácia do treinamento

20.6.1 Avaliação de desempenho ou demonstrações

Cada funcionário demonstra ao instrutor o que acabou de aprender. Essas demonstrações geralmente consomem mais tempo, mas são muito úteis. Exemplos incluem o uso adequado de proteção auditiva ou proteção respiratória, procedimento correto para a identificação de materiais/áreas perigosas etc.

20.6.2 Testes

Este é certamente o método mais comum, fácil e barato. Entretanto, é geralmente o menos confiável. Testes são mais adequados para avaliar o conhecimento sobre legislação, mudança de política ou outro assunto que não envolva o desempenho pessoal.

20.6.3 Observações aleatórias no trabalho pela supervisão

São efetivas se o supervisor ou instrutor corrige imediatamente qualquer desvio e recompensa os funcionários que incorporaram as instruções de segurança ao seu trabalho. Quanto ao tempo despendido, não têm grande impacto, uma vez que a observação de seus subordinados faz parte do trabalho do supervisor.

20.7 Documentação necessária ao treinamento

Todos os treinamentos deverão ser documentados em todas as etapas — lembre-se de manter uma relação de participantes, respectivas assinaturas, resumo do treinamento, fichas de avaliação e resultados, planos de ação e acompanhamentos subsequentes, a fim de possibilitar melhoria contínua do processo.

Um ponto importante é a garantia do acompanhamento de pessoal em férias, em licença ou que, por algum outro motivo, não pôde comparecer a um treinamento. Deverá haver algum mecanismo que garanta a essas pessoas o recebimento do devido treinamento assim que retornarem às suas funções.

20.8 Instrutores e apresentações

Um instrutor que tenha credibilidade entre seus alunos possui valor inestimável para qualquer organização. Reconhecemos esse tipo de instrutor naqueles que entendem do assunto a ser discutido, principalmente porque já vivenciaram a experiência, como um técnico de segurança que já foi operador em alguma área da produção. Instrutores sem experiência correm o risco de serem desafiados por "veteranos" que, simplesmente porque não se identificam com o instrutor, desconsiderarão informações importantes. Uma boa tática para evitar esse tipo de problema seria treinar esse "veterano" para auxiliar nos treinamentos. Desse modo, ele poderá ser um exemplo positivo aos colegas, além de não se sentir entediado em treinamentos que "não lhe acrescentam nada".

Entretanto, dependendo do assunto a ser apresentado e discutido, vale a pena identificar um profissional com essas características ainda que não faça parte do quadro de profissionais de sua organização; por exemplo, para treinamentos específicos, como no caso de segurança em trabalhos com eletricidade, quando é preciso garantir a eficácia máxima e imediata do treinamento.

Apesar de o treinamento em saúde e segurança ser exatamente importante, os cursos de formação de técnicos ou engenheiros de segurança do trabalho ainda não dão ênfase ao tema. Assim, os profissionais começam a atuar na área muito mal preparados para exercer adequadamente a tarefa designada. Em alguns casos, o treinamento é visto como um mal necessário, quando deveria ser considerado a maior oportunidade de iniciar uma mudança positiva de comportamento. Em geral, todos os instrutores deveriam melhorar suas habilidades de oratória e retenção da atenção do público, mas tenha certeza de que, quando se fala em segurança, o material e a metodologia de treinamento poderão ofuscar parcialmente qualquer dificuldade, pois o material por si só manterá o ritmo e a atenção do público.

20.9 Mais algumas dicas

- Você não precisa empregar toneladas de termos técnicos, gráficos e estatísticas para provar ao público que domina o assunto. Use apenas o indispensável. Como já dissemos, demonstre sua preocupação com o assunto, e não seu conhecimento enciclopédico.
- Se insistirmos em prolongar nossa apresentação com temas paralelos, muitas vezes interessantes apenas para nós mesmos, reforçaremos a sensação de que segurança é um assunto desinteressante. Também é importante realizar pausas a cada 20 minutos ou quando há mudança de tópico.
- Sempre que possível, deixe algum assunto no ar, de forma que se crie a sensação de que ainda há mais sobre o que conversar.

Lembre-se...

- Discorra sobre o que vai falar.
- Fale.
- Discorra sobre o que foi falado.

Treinamentos específicos sobre o trabalho a ser realizado geralmente são ministrados pelo supervisor da área. Alguns supervisores têm dificuldade em convencer sua equipe a levar a sério o treinamento ou as medidas de segurança; o problema pode estar na atitude do supervisor, na atitude do subordinado ou na comunicação entre eles.

Na maioria das vezes, o próprio supervisor sente dificuldades em convencer a si mesmo sobre o valor do treinamento em segurança. Sendo assim, ele certamente não será capaz de convencer seus subordinados de sua importância. Para minimizar situações desse tipo, a organização deve encorajar esse supervisor a pedir ajuda à área de recursos humanos, pois, em muitos casos, o problema não é o treinamento em si, mas a maneira como ele vem sendo ministrado. Por exemplo, ele pode não gostar de um vídeo utilizado para um treinamento sobre manuseio de materiais perigosos por achar que já está ultrapassado — neste caso, outras alternativas poderão ser apresentadas a ele, como um exercício prático ou um jogo.

20.10 Teorias sobre aprendizagem de adultos e analfabetismo funcional — pontos para reflexão

Voltando ao convite para refletir sobre o assunto, com o objetivo de buscar novas formas de garantir melhores resultados para o treinamento em saúde e segurança, é importante apresentar teorias recentes sobre o tema que, de certo modo, têm ajudado a esclarecer algumas dúvidas e a melhorar a eficácia desses programas.

Podemos assumir que, em todas as organizações, as pessoas a serem treinadas encaixam-se na definição de *aprendizes adultos*.

Para Knowles, Holton e Swanson (1998), aprendizes adultos necessitam de treinamento ligado a experiências da vida real e de aplicação das habilidades ou dos conhecimentos apreendidos em circunstâncias imediatas. Adultos são pragmáticos em seu aprendizado; diferentemente das crianças em uma escola, adultos não concentrarão sua energia em um aprendizado que não lhes pareça relevante às suas vidas.

Eles concluem seu estudo declarando que:

> [...] a aprendizagem é um processo pelo qual o adulto aprende a se tornar consciente e avaliar sua experiência. Para fazer isso ele não pode começar pelo estudo de assuntos na esperança de que algum dia essa informação lhe será útil. Em resumo, minha concepção de educação para adultos é esta: uma aventura cooperativa na aprendizagem informal e não autoritária, cujo propósito principal é descobrir o significado da experiência, uma técnica de aprendizagem para adultos que faz a educação relacionar-se com a vida.

Sendo assim, devemos considerar os preceitos do modelo de Knowles (denominado andragógico) ao planejar nossos treinamentos, pois adultos:

- *precisam estar motivados a aprender*: isso acontece quando possuem necessidades e interesses que a aprendizagem satisfará; logo, esses são os pontos de partida para a organização das atividades de aprendizagem de adultos;
- *precisam entender por que precisam aprender algo*;
- *precisam estar prontos para aprender*: a educação de adultos deve considerar as diferenças de estilo, idade, tempo, local e ritmo de aprendizagem;
- *precisam que o treinamento seja autodirigido*: o papel do instrutor é engajar-se em um processo de mútua investigação em vez de transmitir seu conhecimento, e não avaliar sua adequação com relação ao processo;
- *precisam que o treinamento tenha relação com experiências anteriores*: experiência é o recurso mais rico para a aprendizagem de adultos; assim, a metodologia básica da educação de adultos é a análise da experiência;
- *precisam acreditar que o que estão aprendendo está relacionado à solução de problemas*: a orientação de adultos para a aprendizagem é centrada em fatos do cotidiano; sendo assim, as unidades apropriadas para a organização da aprendizagem de adultos são as situações da vida, não os assuntos.

Outro ponto que começa a ser discutido e deve ser devidamente analisado e abordado é o analfabetismo funcional. Não se trata de pessoas que não sabem ler, escrever ou fazer contas, mas de pessoas que têm dificuldade de compreensão da palavra escrita, além da dificuldade de resolução de problemas, matemáticos ou não.

Estudo do Ibope identificou que apenas 26% da população brasileira com mais de 15 anos têm domínio pleno das habilidades de leitura e escrita. Isso significa que somente um em cada quatro jovens e adultos consegue compreender totalmente as informações contidas em um texto e relacioná-las com outros dados. A parcela restante, 74%, é formada pelos analfabetos funcionais.*

É arriscado para uma organização contar, em seu quadro, com pessoas que não compreendem sinais de aviso de perigo, instruções de segurança, procedimentos operacionais; pior ainda é saber que nessa estatística também estão incluídas pessoas com formação universitária.

Mais um desafio para nosso programa de treinamento...

* Esses e outros dados dessa pesquisa encontram-se disponíveis em <http://www.ipm.org.br/download/informe_versao%20final_12072012b.pdf>.

20.11 Conclusão

Um programa de treinamento bem concebido e bem administrado indica que o comportamento seguro se alcança pela compreensão dos riscos relacionados ao trabalho e das regras em segurança. O comprometimento para trabalhar com segurança vem com o tempo e com a experiência na função, uma vez que não pode ser forçado ou mandatório — é uma decisão pessoal —, e se reforçará à medida que princípios de comportamento humano forem incorporados ao programa de treinamento; por exemplo, as especificidades do aprendizado de adultos ou o foco na identificação e no endereçamento adequado do analfabetismo funcional.

Mudanças no modo de pensar resultam em mudanças de antigas crenças; as mudanças dessas crenças resultam em mudanças de atitudes; e as mudanças de atitudes, por fim, resultam em mudanças de comportamento. A meta de quem trabalha com saúde e segurança do trabalho é incentivar o comportamento seguro. Um treinamento eficaz é o catalisador para se atingir essa meta.

A maioria das pessoas assume que treinamento é algo fácil. Entretanto, requer muita dedicação e, por que não, muita paixão pela arte.

Referências bibliográficas

BILLETT, S. "Situated learning in the workplace: having another look at apprenticeships". *Industrial and commercial training*, v. 26, n. 11, 1994.

CDC/NIOSH. *Principles of adult learning*. Disponível em: <www.cdc.gov>. CDC — Centers for Disease Control and Prevention, NIOSH — National Institute for Occupational Safety and Health.

CROSS, K. P. *Adults as learners*: increasing participation and facilitating learning. São Francisco: Jossey-Bass, 1981.

EKENES, J. M. "Fostering a safety culture". *Light Metals 1993*. Warrendale: S.K. Das, 1993.

KNOWLES, M. S.; HOLTON, E. F.; SWANSON, R. A. *The adult learner*: the definitive classic in adult education and human resource development. 5. ed. Woburn: Butterworth-Heinemann, 1998.

MILES, K. K. "Use of participatory training techniques in a right-to-know train-the-trainer course for New Jersey public employees". *American Journal of Industrial Medicine*, v. 55, n. 3, 1992.

OHSAS 18001:1999. *Occupational health and safety management systems — Specification.*

WOO, S. "Creative training". *Occupational health and safety*, v. 75, n. 1, jan. 2006.

Marcia Bueno

Graduada em engenharia química com especialização em segurança do trabalho pelo Mackenzie e higiene ocupacional pelo Itsemap, Marcia Bueno tem MBA em gestão de negócios pelo IBMEC-SP e MBA em sustentabilidade pela FGV-CES. Atua há 25 anos na área de segurança, saúde e meio ambiente em empresas globais como Du Pont, Environmental Resources Management (ERM) e Alcoa. Atualmente, é gerente corporativa de segurança, saúde e sustentabilidade ambiental na Dairy Partners Americas, *joint venture* entre Nestlé e Fonterra.

E-mail: mpbueno@me.com

capítulo 21

Gestão da diversidade e a contribuição do voluntariado empresarial

Jorgete Leite Lemos

> Ninguém nasce odiando outra pessoa pela cor da sua pele ou por sua origem ou religião. Para odiar, as pessoas precisam aprender; e se elas podem aprender a odiar, podem ser ensinadas a amar, pois o amor chega mais naturalmente ao coração humano do que o oposto. A bondade humana é uma chama que pode ser oculta, jamais extinta.
>
> Nelson Mandela

21.1 Objetivos

Neste capítulo apresentaremos uma breve retrospectiva da evolução da gestão da diversidade, sua posição atual e alternativas para inserir esse tipo de gestão em uma organização empresarial, ressaltando fragilidades, potencialidades e oportunidades, uma vez que a análise do tema requer a predisposição favorável dos interlocutores. Requer, também, uma cuidadosa análise do ambiente interno da organização, sua cultura, e confronto com o ambiente externo, considerados em uma determinada época, pois envolve valores e ética que se alteram na linha do tempo. Nesse ambiente interno, destacaremos como forças as oportunidades a serem aproveitadas e a predisposição da ação voluntária pela força de trabalho.

21.2 Introdução

> Quem quer, pode ou deve ensinar? Todos nós.

Nosso comportamento frente à diversidade requer a identificação de qual das vertentes filosóficas adotamos. Apresentamos aqui três vertentes, sem entrar no mérito do que é certo ou errado; são elas:

- a ético-religiosa, a mesma que defende o amar ao próximo como a nós mesmos;
- o autocentramento (atitude ou comportamento de quem tem a si mesmo como seu principal ponto de interesse, de atenção, de consideração);
- a tolerância, que se afirma com base na diferença, no espaço da alteridade (pressuposto básico de que todo o homem social interage e interdepende de outros indivíduos).

A diversidade que abordaremos pressupõe:

- seres humanos em pleno gozo de seus direitos de cidadania, sem o sofrimento provocado por preconceito e discriminação relacionados à raça, etnia, gênero, condição física, idade, escolaridade, estilo de vida, orientação sexual, origem geográfica e de quaisquer outras formas de diversidade;
- organizações cidadãs, com atitude socialmente responsável e visão que incorporem a sustentabilidade;

- a convivência entre seres humanos diversos, seguindo o exemplo da natureza que, sabiamente, interage com todas as suas partes e se complementam.

Além disso, consideramos que diversidade é também:

- coexistência respeitosa dos grupos de minoria (termo da sociologia que considera a posição de poder na sociedade e desconsidera a sua representação quantitativa) com os grupos da maioria (aqueles que estão mais próximos do poder);
- elemento-chave para a sustentabilidade corporativa, porque a grande preocupação dos dirigentes das corporações, na atualidade, converge para as questões relativas a:
  - *desenvolvimento sustentável*: "O desenvolvimento que procura satisfazer as necessidades da geração atual, sem comprometer a capacidade das gerações futuras de satisfazerem as suas próprias necessidades; o que significa possibilitar que as pessoas, agora e no futuro, atinjam um nível satisfatório de desenvolvimento social e econômico e de realização humana e cultural, fazendo, ao mesmo tempo, um uso razoável dos recursos da terra e preservando as espécies e os habitantes naturais", conforme definido no Relatório Brundtland, elaborado pela Comissão Mundial sobre o Meio Ambiente e Desenvolvimento, em 1983, pela Assembleia das Nações Unidas;
  - *sustentabilidade corporativa*: um novo modelo de gestão de negócios, em que a atuação nas dimensões social e ambiental, aliada a boas práticas de governança, interfere positivamente na dimensão econômica, agregando valor à organização, formando o *triple bottom line*, ou o tripé — resultado econômico-financeiro mais o resultado social e resultado ambiental, situando-os no mesmo patamar de valor. Na dimensão social, temos a ênfase à promoção da diversidade.

A diversidade está presente como indicador componente de diversos pactos globais, como: Social Accountability International (SAI) (SA 8000), Balanço Social, Global Reporting Initiative (GRI), Global Compact, Trabalho Decente, entre outros. Também integra a governança corporativa, conforme pode ser observado a seguir, ratificando a importância vital do conceito e das práticas de diversidade em nossa sociedade e, por conseguinte, em nossas organizações.

Figura 21.1

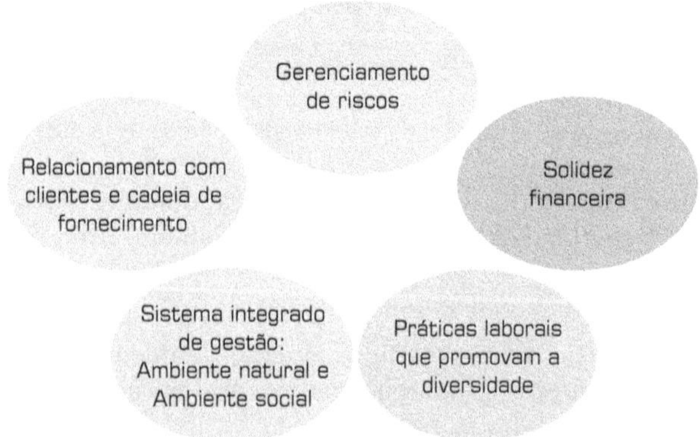

21.3 Ações afirmativas à gestão da diversidade com equidade

21.3.1 Ações afirmativas

Antes de falar sobre gestão da diversidade precisamos abordar a definição e aplicação de sua antecessora: as chamadas *ações afirmativas.*

As ações afirmativas se revelam um eficaz instrumento de promoção da inclusão para compensar e reparar segmentos que historicamente acumularam perdas em razão de discriminação de qualquer tipo.

Na realidade, ações afirmativas são válidas quando têm como objetivo possibilitar a igualdade de acesso às oportunidades — vetor fundamental para sustentabilidade social, pois elas:

- avaliam as causas e consequências da desigualdade;
- analisam os meios para corrigir desequilíbrios;
- eliminam a discriminação;
- promovem a igualdade de oportunidades.

Em 1984, as ações afirmativas adotadas pelos países da União Europeia eram focadas na questão do gênero, pela crescente entrada de mulheres no mercado de trabalho, até então restrito aos homens, e foram assim definidas: "ações afirmativas têm como objetivo contribuir para cancelar ou corrigir as desigualdades de fato, de maneira que se promova a presença e a participação de mulheres em todos os setores profissionais e em todos os níveis de responsabilidade" (Conselho dos Países da União Europeia, 1984).

Os alicerces das ações afirmativas foram:

- *1958*: Convenção 111 — OIT, referente à discriminação em matéria de emprego e profissão.
- *1960*: Convenção relativa à luta contra a discriminação no campo do ensino, Conferência Geral da United Nations Educational, Scientific and Cultural Organization — Unesco (Organizações das Nações Unidas para a Educação, Ciência e Cultura) de 15/12/1960.
- *1966*: Convenção internacional para a eliminação de todas as formas de discriminação racial, ONU.

21.3.2 Gestão da diversidade — atualidade

> A globalização, ao mundializar técnicas e tecnologias, não deve pasteurizar as diferenças, as quais evidenciam a riqueza da diversidade humana. Portanto, é fundamental inocular os diversos valores humanos nos mais diferentes ambientes como forma de permitir o desenvolvimento pleno das potencialidades dos indivíduos.
>
> Professor Dr. Hélio Santos, presidente do Instituto Brasileiro da Diversidade

Gestão da diversidade é:

Planejamento e implementação de sistemas organizacionais que fazem com que as potenciais vantagens da diversidade sejam maximizadas, enquanto suas potenciais desvantagens são minimizadas.

Compreende todas as diferentes identidades presentes na empresa; a diversidade passa a ser uma vantagem competitiva para atrair talentos, para promover a sensibilização para novas culturas, novos mercados, favorecendo o potencial aumento da criatividade e da inovação, e a alavancagem da capacidade de resolução de problemas com maior flexibilidade no sistema administrativo.

Surgiu como resposta dos administradores norte-americanos às políticas de ação afirmativa das décadas de 1960 e 1970.

Em 1986, o *Wall Street Journal* apresentou o Relatório da Comissão Federal do Ministério do Trabalho dos Estados Unidos sobre um fenômeno observado na economia americana, que o jornal chamou de "The glass ceiling" (O teto de vidro).

Teto de vidro era o termo utilizado para se referir à ameaça que o ambiente externo representava ao país, caso não houvesse um rápido realinhamento das políticas e práticas vigentes, com vista à eliminação de barreiras políticas, percepções e práticas que afetavam os cinco grupos sub-representados na alta direção das empresas privadas americanas:

1. mulheres negras e indígenas;
2. homens negros e indígenas;
3. asiáticos;
4. povos das ilhas do Pacífico;
5. povos hispano-americanos ou latinos.

Mulheres e minorias, quando em posições no alto escalão, tendiam a ocupar mais os cargos de suporte e menos os cargos de decisão como marketing, vendas ou produção.

Mulheres e homens de minorias, quando em cargos de decisão, tinham remuneração 79% menor, comparativamente a dos brancos do mesmo nível.

Em 1991, o Ministério do Trabalho e o Departamento do Trabalho americanos realizaram a pesquisa "Relatório sobre a Iniciativa do Teto de Vidro" que serviu de suporte para a proposta da intervenção legal sobre esse "fenômeno", incorporada como parágrafo II da lei de Direitos Civis de 1991.

Por esse instrumento, foi criada a comissão composta pelo Ministério do Trabalho e por 21 membros representantes de etnias, gênero e filiação política, com o objetivo de desenvolver um estudo e apresentar sugestões para eliminar as barreiras artificiais para o progresso de mulheres e minorias.

Por quê?

- Porque a competitividade crescente exigia atrair e manter os melhores e mais flexíveis trabalhadores e administradores disponíveis em todos os níveis da organização.
- Porque manter um único e pequeno corpo de talentos seria um erro de tática para a competitividade.

> Em 1993, um estudo com 500 pequenas e médias empresas, nos Estados Unidos, revelou que as empresas bem-sucedidas em eliminar seus próprios tetos de vidro alcançaram recordes de investimento no mercado de ações, na proporção de aproximadamente 2,5 vezes mais, quando comparadas a outras do mesmo porte.

Então, por que as barreiras continuavam a existir, e tão fortemente, com relação à raça negra? Algumas causas são:

- preconceito, discriminação, racismo;
- persistência de crenças irreais de que os excluídos, em geral, homens e mulheres negros, eram desqualificados;
- medo de mudança diante das demandas de um mundo em transformação.

Uma ação efetiva para solucionar a questão foi a criação da Comissão Federal do Teto de Vidro, como propõe a seção 204 da Lei Pública 102-166, na qual inclui o parágrafo II sobre esse tema, sendo de competência da comissão:

- Examinar a aptidão desses grupos, para alcançar posições de direção e tomada de decisão.
- Examinar as oportunidades para alcançar posições de direção e tomada de decisão.
- Realizar pesquisa de base sobre práticas, políticas e métodos aplicados à seleção e à alocação de pessoal para posições de direção e tomada de decisão.
- Conduzir pesquisas comparativas entre empresas em que as minorias são promovidas à alta direção *versus* aquelas em que isso não ocorreu.
- Sintetizar pesquisas disponíveis sobre programas e práticas bem-sucedidas, entre outras ações.

Em nosso país, estamos seguindo trajetória similar; primeiro surgem as ações afirmativas. Mas, e depois? Como exemplo, temos a ação do governo para as pessoas com deficiência, com a criação da Lei Previdenciária 8.213 de 24/7/1991, que define cotas para admissão de pessoas com deficiências nas organizações empresariais, proporcional à totalidade do efetivo, e a cota para que negros tenham acesso à universidade.

Vamos esperar determinações legais ou vamos nos antecipar, preparando a nossa organização para a inclusão de **gênero,** raça, etnia, idade em sua pauta de prioridades?

21.3.3 Gestão da diversidade — tendências

É a promoção da diversidade, com equidade, que é a disposição de reconhecer, igualmente, o direito de cada um. Requer imparcialidade e respeito. Na prática, a equidade ocorre quando homens e mulheres, com a mesma competência, ocupando o mesmo cargo ou função, têm remunerações iguais. O mesmo critério se aplica aos binômios negros e brancos, idosos e jovens, pessoas com deficiência e pessoas sem essas deficiências.

O que prevalece é a meritocracia.

21.4 Passos para inserção da gestão da diversidade na organização

21.4.1 Análise do ambiente

O primeiro passo é a identificação do estágio no qual a organização se encontra, frente ao entendimento das questões relativas à diversidade.

O estágio ideal é o do reconhecimento que os empregados fazem escolhas e tomam decisões baseadas na sua própria bagagem cultural; escolhas feitas por causa das suas filiações em grupos de identidade. É essencial que a organização também tenha desenvolvido uma visão sobre diversidade que permita incorporar as contribuições dos empregados ao trabalho, repensando as tarefas primárias e redefinindo os mercados, produtos e estratégias, missões, práticas de negócios e, até mesmo, culturas. Esse estágio demonstra que a organização tem o foco da inclusão.

21.4.2 Sensibilização de toda a força de trabalho

> A desigualdade em nosso país é um problema estrutural e sua eliminação passa por desconstruir seus instrumentos de reprodução.
>
> Sergio Besserman Viana, presidente do IBGE no período entre 1999 e 2003

A frase anterior nos inspirou a buscar, como estratégia, desconstruir para reconstruir, processo semelhante ao posicionamento e reposicionamento. Essa é uma alternativa criativa, pois a proposta é trabalhar fazendo analogia às ferramentas de marketing, sendo:

- *Posicionamento*: aquilo que é colocado na nossa mente, por meio dos mais diversos meios de comunicação e que, ao encontrar espaço vazio na mente para a uma determinada informação, ali se deposita, impedindo que uma segunda ou terceira informação sobre o mesmo tema se instale.
- *Reposicionamento*: processo no qual é preciso retirar o que está na mente, para que uma nova ideia possa entrar; por isso, a complexidade é maior.

O posicionamento sobre as minorias foi obtido com adjetivação negativa e sempre em desvantagem quanto à sua possibilidade de contribuição quando comparadas às maiorias.

Vejamos que histórias **falaciosas e tendenciosas** nos contaram sobre:

Raça

Negro é	Branco é
• Sujo	• Limpo
• Ignorante	• Inteligente
• Preguiçoso	• Diligente
• Submisso	• Orgulhoso
• Impulsivo	• Reflexivo
• Corpo	• Cabeça

Gênero

As primeiras brasileiras foram índias, pois nos navios vindos de Portugal não embarcavam mulheres, em função da difícil travessia do Atlântico.

Negras, índias ou brancas, todas eram vistas como seres frágeis e não pensantes.

Às escravas e índias cabiam o trabalho na lavoura e o trabalho doméstico, e muitos portugueses mantinham essas índias ou escravas como concubinas. Algumas delas se recusavam a ter filhos, praticando aborto para não ver mais um escravo nascer.

Quanto à mulher branca, aprendia a cuidar da casa e do trabalho artesanal.

Pessoas com deficiência

O tratamento conferido às pessoas com deficiência ao longo da história nos mostra que na Idade Antiga elas eram consideradas um "fardo" e, por isso, eram condenadas à morte como solução. Na Idade Média, eram colocadas na mendicância, tidas como párias, imagens ainda hoje disseminadas em filmes, e somente no século XX, após a Segunda Guerra Mundial, começaram a ser vistas com atenção, devido ao grande número de mutilados, ainda jovens, em consequência da guerra.

Idoso: o que fazer quando a pirâmide etária muda sua configuração?

Figura 21.2 Pirâmide etária formada a partir dos dados coletados para o Censo 2010

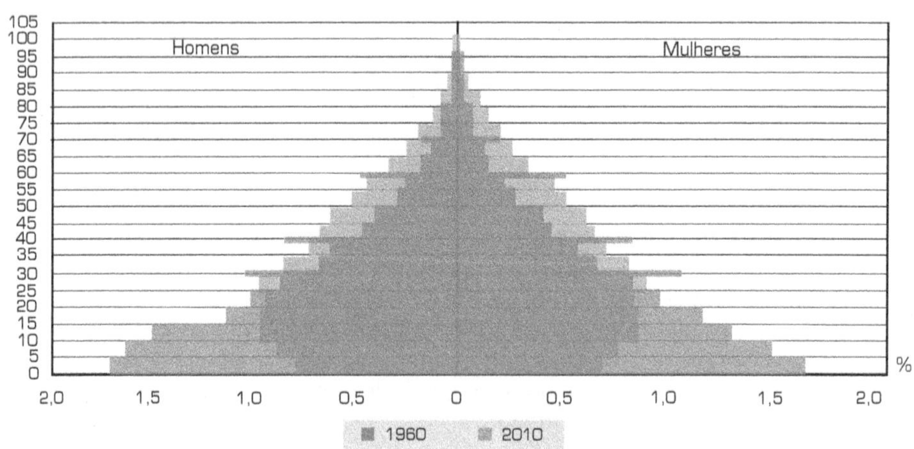

Fonte: IBGE, Censo Demográfico 1960/2010

A possibilidade, antes inimaginável, de a longevidade, no século XXI, atingir 120 anos e de a expectativa de vida ficar cada vez mais próxima dos três dígitos, com pessoas produtivas, geradoras de renda e, em muitos casos, mantenedoras do seu grupo familiar, hoje é uma realidade.

E nesse cenário de alta expectativa de vida, as referências históricas sobre os idosos, negros, mulheres (gênero) e pessoas com deficiência continua a alimentar o posicionamento sobre essas minorias. Como consequência desses posicionamentos, temos a manutenção de:

- *Preconceitos*: opinião formada sem reflexão. Atitude negativa com grande carga afetiva, perante um grupo e seus integrantes, que considera as diferenças entre os grupos como fraquezas.
- *Discriminação*: ações desenvolvidas por membros dos grupos dominantes, que provocam um impacto diferencial negativo nos membros dos grupos minoritários (Feagan e Feagan, 1986). Quando institucionalizada, dá origem aos "ismos" organizacionais: racismo, sexismo, heterossexismo etc.
- *Racismo*: engloba ideologias racistas, atitudes fundadas em preconceitos raciais, comportamentos discriminatórios, disposições estruturais e práticas institucionalizadas que provocam a desigualdade, assim como a ideia de que as relações discriminatórias entre grupos são moral e cientificamente justificáveis.

Para combater toda essa carga negativa e falaciosa de informações, precisamos nos reposicionar usando informações positivas. Exemplos de sucesso não nos faltam na atualidade. Vejamos apenas alguns:

- atletas paraolímpicos: nosso país tem número recorde;
- artistas que pintam com os pés;
- deficiente visual fotógrafo, Evgen Bavcar;
- mulheres presidentes da república em vários países;
- negro, Ministro da Justiça, referencial de desempenho e idoneidade;
- idosos no mundo do trabalho, altamente contributivos.

Reposicionar, excluindo as associações existentes (negro/sujo, por exemplo), com a inserção de novas associações mais construtivas e verdadeiras. A operacionalização do reposicionamento deve envolver a mudança das associações já desenvolvidas pelo público-alvo (estimuladas ou não), de forma que ele passe a realizar considerações diferentes das realizadas até então sobre uma determinada segmentação social.

O conteúdo das comunicações para o reposicionamento deve passar por:

- desconstrução de estereótipos, do preconceito, da discriminação e do racismo;
- enraizamento de valores de respeito à diversidade;
- facilitação do processo de equiparação de oportunidades, com a informação de direitos civis, via ações afirmativas, cumprimento da legislação e acordos mantidos com a OIT, Unesco e ONU;
- demonstração de impactos positivos sobre resultados da organização.

Estruturação

Identificado em que estágio se encontra a organização, percebendo que há forças internas que viabilizarão a proposta, reconhecendo que as oportunidades do ambiente externo são reais e tendo organizado as ferramentas de comunicação para o reposicionamento, podemos seguir para a estruturação de ações para implantação, a saber:

- Criação da política de gestão da diversidade alinhada ao planejamento estratégico da organização.
- Enraizamento dos valores e princípios da organização via interpretação, disseminação e sustentação das definições estratégicas e conceituais da organização quanto ao negócio, visão, missão e valores e verificação da convergência entre os valores da organização e os da força de trabalho.

- Preparação dos gestores e líderes, via treinamento e desenvolvimento, visando à validação e adesão à proposta.
- Inserção de indicadores da gestão de desempenho dos gestores e líderes, relacionados à diversidade.
- Preparação de multiplicadores para atuação na disseminação do processo: o voluntariado empresarial.
- Definição e formalização de parcerias estratégicas, internas e externas à organização, para sustentação da proposta.

A relação listada anteriormente não apresenta uma sequência engessada, podendo ser definida e adotada de acordo com as características de cada organização.

21.4.3 Como formar e manter um ambiente diverso

Considerando que a diversidade é transversal a todos os processos de gestão de pessoas, abordamos, a seguir, a contribuição de cada um desses processos, ressaltando que essa não é uma competência restrita à área de RH, mas também, aos gestores em todos os níveis.

1. Atração de talentos

É o planejamento para mensurar o talento organizacional em relação às necessidades organizacionais e à direção do negócio.

Recomendamos:

- Assegurar-se de que as pessoas responsáveis pelo processo de "atração" já incorporaram os valores da promoção da diversidade com equidade.
- Contratar e promover pessoas com experiências e perspectivas diferentes.
- Inovar e renovar suas fontes de captação de pessoal, fazendo parceria com universidades e ONGs atuantes nas diversas segmentações sociais excluídas.

2. Integração

É a etapa na qual acontece a interação do novo empregado à organização, ao seu ambiente de trabalho, aos seus pares e aos gestores.

Recomendamos:

- Fazer do programa de integração uma excelente oportunidade para informar sobre a política da diversidade da organização e como esse tema é tratado, de forma transversal, em todos os processos de gestão de pessoas, naturalmente.

3. Desenvolvimento

É preparar a totalidade da força de trabalho para seus papéis presentes e futuros, acelerando o desenvolvimento para as posições-chave e de alto potencial.

Recomendamos:

- Observar que as pessoas antes tidas como pertencentes às minorias, a partir da contratação, passaram a ser clientes dos serviços internos da organização e fornecedoras de suas competências; frequentarão, igualmente, ações de treinamento e desenvolvimento.

4. Engajamento e alinhamento

É melhorar a disposição das pessoas para que contribuam além do esperado, sem serem solicitadas para tal, com o sentimento de donas do negócio.

Recomendamos:

- Gerar oportunidade de participação a todos, na construção ou na melhoria de processos.

5. Transição de carreira

É o aprimoramento da reorganização do capital humano através do planejamento e da implementação de processos de transição interna e de aposentadoria, dando suporte aos indivíduos no seu gerenciamento de carreira.

Recomendamos:

- Fazer do período de permanência na organização uma oportunidade para transição, deixando acessíveis à força de trabalho, todos os recursos de realinhamento da qualidade de vida, planejamento da educação para garantia do trabalho e renda.

6. Monitoramento do perfil da força de trabalho

Atividade contínua, visando acompanhar as informações a respeito do perfil da força de trabalho da organização, identificando as discrepâncias e mudanças nas situações comparativas referentes às mulheres, negros, pessoas com deficiência, idosos ou outros grupos relevantes para a empresa.

Recomendamos:

- Manter-se em constante interação como mercado, acompanhando práticas atuais e tendências e reciclar-se com informações acessíveis nos mais diversos meios de comunicação, mas não abrir mão da interação junto às associações proficcionais c grupos informais.

21.5 Contribuição do voluntariado empresarial na gestão da diversidade

O tema voluntariado empresarial foi objeto da edição anterior do *Manual de Treinamento e Desenvolvimento — processos e operações*, capítulo "T&D para o voluntariado", no qual detalhamos as características e oportunidades de ação voluntária nas organizações e reiteramos as vantagens decorrentes desse grupo de trabalho.

O voluntário individual é aquele impulsionado para o desafio de fazer doando seu tempo, competências — conhecimento, habilidades e atitudes, recursos — em prol de uma causa.

O voluntariado empresarial é a forma organizada, orientada e apoiada pela empresa para que voluntários individuais canalizem seu potencial para projetos e não para ações pontuais. Pode ser aproveitado como um dos meios de sustentação da gestão da diversidade, por meio de ações de endomarketing — marketing para o público interno — aproveitando oportunidades como:

- *Identidade com a causa*: o voluntário empresarial adere aos projetos de causas para as quais está sensibilizado e preparado.
- *Motivação*: o voluntário tem orgulho de estar em uma organização que valoriza a diversidade e de ter papel significativo no processo. O voluntário tem orgulho de ser parte da organização.
- *Capilaridade*: a locação dos voluntários nas diversas partes componentes da organização, ao lado de seus pares e gestores, viabiliza o diálogo sobre assuntos de difícil abordagem, usando uma forma coloquial, cotidiana, conseguindo que suas mensagens penetrem de forma quase subliminar na mente de seus colegas e gestores.

21.6 Ações de treinamento e desenvolvimento para a contribuição do voluntariado empresarial no processo de gestão da diversidade

Voluntariado é ação social transformadora, consciente e solidária.

A organização quer, precisa e deve transformar o seu ambiente e, ao analisar o ambiente interno, identifica uma força: pessoas predispostas à ação voluntária.

As questões apresentadas a seguir, atualmente, constam do processo de "Atração de talentos" (Recrutamento e seleção) quando o candidato é indagado sobre suas práticas externas ao ambiente de trabalho, caracterizando uma pesquisa de potenciais voluntários:

O que você gosta de fazer fora do ambiente de trabalho? Se a resposta for "voluntariado", prossiga:

- Qual a sua motivação e expectativa com relação ao voluntariado?
- Quais os seus valores?
- Qual a disponibilidade de tempo e com que público gosta de atuar?
- Com que atividade quer contribuir?
- Deseja realizar ações individuais?
- Gostaria de participar de projetos ou grupos?
- Quer realizar trabalho voluntário em uma organização social?
- Quer ser um voluntário a distância: Internet ou telefone?

É fundamental levar em conta que as pessoas são motivadas a participar em atividades voluntárias por:

- Necessidade de filiação, de poder ou de sucesso.
- Altruísmo; por reciprocidade, ajudar aos que os ajudaram.
- Por responsabilidade social; auxílio aos que estão em situação de exclusão, buscando gerar oportunidade de acesso aos direitos essenciais da cidadania.

Tendo realizado e mantido atualizado esse cadastro de potencial para ação voluntária, a organização pode estruturar recursos para preparar tais pessoas para o voluntariado empresarial, valendo-se das ferramentas de T&D.

21.6.1 Treinamento e desenvolvimento

Procedimentos que as empresas vêm adotando na implantação do Programa de Treinamento e Desenvolvimento específico sobre diversidade:

1. Definição de foco

Observam-se os segmentos da população priorizados — negros, mulheres, pessoas com deficiência, profissionais com mais de 45 anos, jovens aprendizes, profissionais com diferentes orientações sexuais —, e definem-se as ações necessárias.

Recomendamos:

- Que o conteúdo seja elaborado com base no estudo das necessidades atuais/futuras e nos objetivos propostos para a organização, ressaltando a importância da quantificação e qualificação do ambiente nesse estudo, a fim de que possamos ter objetivos tangíveis e realizar uma avaliação da eficiência, da eficácia e da efetividade do treinamento.

2. Definição dos objetivos do treinamento do voluntariado empresarial na gestão da diversidade

Desenvolver multiplicadores que influenciem e facilitem o engajamento da força de trabalho na direção da visão da organização, quanto à gestão da diversidade com equidade.

3. *Conteúdo programático: competências do voluntariado*

Figura 21.3

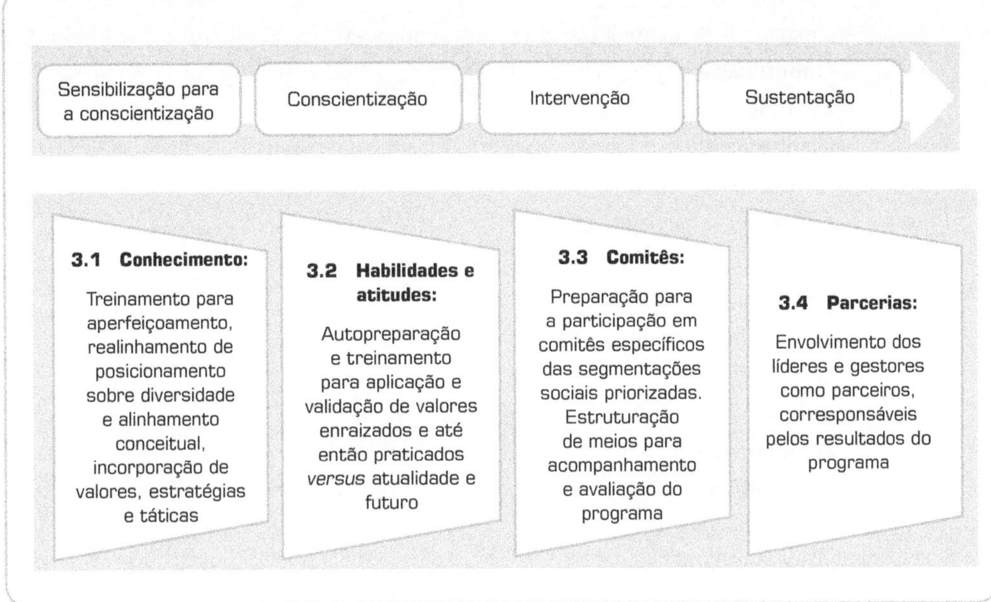

3.1 Sensibilização para a conscientização: Conhecimento

- Geral:
  - atualização em relação às conjunturas nacional, macropolíticas e sociais;
  - interpretação das tendências sociais, demográficas e informação dos indicadores sociais do ambiente externo à organização;
  - reinterpretação do planejamento estratégico da organização e informação dos indicadores sociais do ambiente interno.
- Específico:
  - legislação nacional e pactos globais relacionados à diversidade;
  - ética: das correntes filosóficas ao Código de Ética da Organização;
  - responsabilidade social corporativa;
  - indicadores de qualidade de vida no trabalho com ênfase no valor à diversidade;
  - terceiro setor, sua legislação e incentivos;
  - filantropia;
  - marketing social.

3.2 Conscientização: Habilidades e atitudes a serem desenvolvidas

- Empatia:
  - orientação para o projeto;
  - compreensão e capacidade de desenvolver os outros;
  - promoção da diversidade;
  - percepção e leitura das correntes emocionais e dos relacionamentos de poder nos grupos.

- Flexibilidade:
  - capacidade de lidar com conflitos; autonomia para fazer seus próprios julgamentos;
  - capacidade de negociação inter e intraequipes (capacidade/nível de influência);
  - comunicação;
  - liderança;
  - catalisador de mudanças;
  - formação de vínculos;
  - colaboração e cooperação.
- Autopercepção:
  - percepção emocional;
  - autoavaliação real;
  - autoconfiança.
- Autorregulação:
  - autocontrole;
  - confiabilidade;
  - (ser) consciencioso;
  - adaptabilidade.
- Motivação:
  - disponibilidade para realização;
  - dedicação;
  - iniciativa;
  - inovação;
  - otimismo.

3.3 Intervenção: Comitês

Os comitês poderão ser específicos para diversas segmentações, por exemplo, podem ser comitês específicos para gênero, para defender etnias, como a dos negros, para trabalhar assuntos relacionados a pessoas com deficiência, determinadas faixas etárias, entre outras segmentações, e eles poderão ter atribuições, como:

- Monitorar o cumprimento da política e das normas definidas pela organização, para a gestão da diversidade.
- Identificar e/ou gerar demandas para as áreas componentes da organização, via gestores e líderes.
- Subsidiar a alta direção da organização com o resultado de estudos, com base nas expectativas e necessidades identificadas de forma sistemática ou assistemática.
- Disseminar informações por meio da participação em atividades de comunicação interna, entre outras atribuições.

3.4 Sustentação: Parcerias

Os asseguradores do sucesso do programa serão os gestores e líderes. Os voluntários devem ser preparados para a abordagem a esses grupos e, para tal, deverá ocorrer a demonstração da relação das ações desenvolvidas pelo voluntariado com os resultados das áreas e da organização.

21.7 Gestão da diversidade — riscos a serem contornados para implantação

Devemos considerar que:

- Desigualdades sociais são da responsabilidade política do Estado e não da área de recursos humanos das empresas.
- Cada realidade vai demandar um estudo e um programa apropriados, não sendo garantido o sucesso da transferência de *cases* de multinacionais, por exemplo.
- A crença na "democracia racial brasileira" (cruzamento de identidades entre brancos, negros e índios, convivendo de forma harmoniosa), que nega a existência de discriminação, mascara o preconceito e entra em conflito com a ideologia da gestão da diversidade, ao negar práticas discriminatórias.

21.8 Referência para a implantação

Sugerimos, como referência, o *Manual de Normas e Requisitos de Gestão para a Valorização da Diversidade nas Organizações*, que descreve os requisitos de gestão para a concessão do Selo Paulista da Diversidade às organizações estabelecidas no Estado de São Paulo. O Selo Paulista da Diversidade é uma iniciativa do governo do Estado de São Paulo, instituído pelo decreto 52.080, de 22 de agosto de 2007. Essa política pública tem como objetivo estimular as organizações públicas, privadas e da sociedade civil a incorporar a diversidade em suas estratégias de negócios, políticas de recursos humanos e na sua gestão de atendimento.

Minha participação nesse processo de concessão do selo teve início em 2007, representando a Associação Brasileira de Recursos Humanos (ABRH), da qual, na época, era vice-presidente de Responsabilidade Social e Desenvolvimento Sustentável. Desde então, sou membro ativo do Comitê Gestor do Selo Paulista da Diversidade.

21.9 Conclusão

Metaforicamente, comparamos a diversidade a um cristal, catalisador de conteúdos e formas que, ao ser atravessado por um raio de luz (as diferentes oportunidades de acesso à educação, trabalho e renda), passa a ser um difusor de outros conteúdos e formas, maximizando as diferentes potencialidades do ser humano. Um cristal branco transparente, que é a síntese de todas as outras cores.

Deixando a metáfora como pano de fundo, indagamos: qual a visão que estabeleceremos para gestão da diversidade com equidade? Usaremos como referência o relatório *Vision 2050: The new agenda for business*, lançado em fevereiro de 2012 pelo World Business Council for Sustainable Development — WBCSD, fruto do estudo feito por 29 empresas de 20 países do mundo, com foco no longo prazo para as próximas quatro décadas. O relatório propõe sete ações para se alcançar a sustentabilidade, envolvendo mudanças de comportamento, inovação social e tecnológica, das quais destacamos a primeira, entre as sete relacionadas:

> Atender às necessidades de desenvolvimento de bilhões de pessoas, possibilitando educação e empoderamento econômico, especialmente das mulheres, além de soluções, estilos de vida e comportamentos radicalmente ecoeficientes.

Nessa ação proposta temos explicitada a questão da diversidade. Quantos, entre os nove bilhões de seres humanos, em 2050, ainda estarão na miséria por não terem o seu acesso ao mundo do trabalho porque são "diversos"?

Sugerimos a reflexão sobre o meio em que nos inserimos e por onde podemos recomeçar para, quem sabe, muito em breve, vivenciar esta proposta:

[...] temos uma visão de governança em que não há diversidade. O que existe é uma ilimitada igualdade. Somos todos iguais, com competências, características próprias e peculiares que determinam o indivíduo como parte do Universo, assim como a natureza, a mais ampla identidade que compõe a matriz criativa e harmoniosa de tudo e todos. Não há um único tom de verde, mas uma ilimitada tonalidade de uma mesma natureza. Diversidade dicotomiza, separa. Diferencia.

Sheila Pimentel, presidente do Instituto Humanitare

Referências bibliográficas

BENTO, M. A. S. *Ação afirmativa e diversidade no trabalho*. São Paulo: CEERT/ Casa do Psicólogo, 2000.

COX JR., T. *Cultural Diversity in Organizations. Theory, research and practice*. São Francisco: Berret-Koehler, 1994.

_____. "Diversity and glass ceiling iniciatives as national economic imperatives". *Research Support*, School of Business Administration, 1994.

_____. "Workforce Diversity and Organizational Performance". Disponível em: <http://www.migration-boell.de/web/diversity/48_1569.asp>. Acesso em: 2 maio 2013.

RIES, A.; TROUT, J. *Posicionamento como a mídia faz sua cabeça*. São Paulo: Pioneira, 1993.

SILVA JR., H. Direito de Igualdade Racial. São Paulo: Juarez de Oliveira, 2002.

ZANELLI, J. C.; BORGES-ANDRADE, J. E.; BASTOS, A. V. B. *Psicologia, Organizações e Trabalho no Brasil*. São Paulo: Artmed, 2004.

Sites indicados

www.diversidade.sp.gov.br
www.ethos.org.br
www.ibge.org.br
www.jorgetelemos.com.br

Jorgete Leite Lemos

Atual diretora de diversidade da ABRH Nacional para o mandato 2013/2015. Como vice-presidente de Responsabilidade Social e Desenvolvimento Sustentável da ABRH Nacional, 1999/2009, lançou a diversidade como um dos pilares da Associação. Eleita diretora-adjunta do Instituto Brasileiro da Diversidade, por ocasião da sua criação. Ativa colaboradora junto a organizações promotoras da diversidade, tendo sido agraciada com o título de Comendadora da Ordem Zumbi dos Palmares, da Afrobras (2005). Recebeu também a Medalha Ordem do Mérito Cívico Afro-Brasileiro Afrobras (2004 e 2005). Atua em Consultoria Organizacional desde 1990. Diretora-executiva da Jorgete Lemos Pesquisas e Serviços. Consultora em Gestão e Organização Social nas organizações empresariais; Serviço Social, Benefícios e Responsabilidade Social Empresarial. Como pesquisadora, formula conteúdos para treinamento e publicações técnicas.
Conferencista em âmbito nacional.

Tel.: +55 11 3207-3945 / 99606-6588
E-mail: jorgete.lemos@terra.com.br
Site: www.jorgetelemos.com.br

capítulo 22

Going global: aprendizagem intercultural como desafio empresarial

Hanna Maria Helstelä

22.1 Objetivos

Este capítulo visa demonstrar que o desenvolvimento de competência intercultural consiste em um processo contínuo de aprendizagem autorreflexiva que pode ser fomentado e apoiado por meio de treinamento específico. Uma comunicação intercultural eficaz emerge da consciência de que o pensamento, o comportamento e a maneira como nós nos comunicamos com os outros se baseiam em *nossa* visão de mundo culturalmente determinada, ao passo que pessoas oriundas de outros contextos culturais percebem o mundo de forma distinta. Com a internacionalização do mundo dos negócios, esta temática ganha essencial importância para as empresas.

Faremos uma definição do conceito de cultura e, na sequência, descreveremos a nossa compreensão de comunicação e competência intercultural para demonstrar em que ponto o desenvolvimento da sensibilidade intercultural se inicia. Com a proposta do Modelo do Desenvolvimento da Sensibilidade Intercultural (Development Model of Intercultural Sensitivity — DMIS), Milton Bennett contribuiu de forma significativa para o desenvolvimento de uma abordagem eficaz de aprendizagem de sensibilidade intercultural. Esse modelo será explicitado de forma detalhada. Depois, recorreremos a dois exemplos para mostrar como treinamentos interculturais podem auxiliar empresas na busca de sucesso econômico em âmbito internacional.

Este capítulo não deve se confundir como guia de instruções para o desenvolvimento de um módulo de treinamento, mas deve ser entendido, antes, como uma orientação inicial para um tema complexo.

22.2 Introdução

Nas últimas décadas, a internacionalização da economia mundial vem crescendo cada vez mais de modo acelerado. O Brasil faz parte das economias dos mercados emergentes e alcançou uma posição de destaque na economia mundial. Muitas empresas brasileiras expandem seus negócios para o exterior, enquanto grandes corporações multinacionais, englobando também empresas de pequeno e médio portes, acabam criando suas filiais no Brasil. A colaboração com colegas e parceiros estrangeiros se torna frequente e não se limita mais aos gestores nas posições mais altas das hierarquias ou aos expatriados. As escolas de línguas no Brasil se expandem e se multiplicam em razão de uma demanda crescente por parte de estudantes, funcionários e empresas que investem em línguas estrangeiras com a expectativa de se preparar para os mercados internacionais.

Para a compreensão mútua, um idioma comum no âmbito do negócio internacional, geralmente o inglês, é inegavelmente o pré-requisito de qualquer cooperação internacional.

Todavia, conhecimento de línguas não é o suficiente para se comunicar com êxito em contextos interculturais. O idioma é expressão de cada cultura, ao passo que a nossa língua materna interfere no modo como pensamos e percebemos o mundo (Deutscher, 2010). Frequentemente, carecemos da consciência de que nós não apenas traduzimos certas palavras, como, por exemplo, "reunião" para "*meeting*", como também atribuímos a cada conceito utilizado um significado próprio que reflete a nossa cultura específica. Contudo, partimos, de forma muito natural, do pressuposto de que todos nós falamos da *mesma coisa*. A mera questão do que deve ser o sentido e o objetivo de uma reunião é respondida de forma distinta por pessoas oriundas de diferentes contextos culturais. Enquanto os norte-americanos realizam reuniões basicamente para tomar *decisões*, para os alemães a maior relevância da reunião consiste no *alinhamento* com colegas e colaboradores. Já para os japoneses o objetivo fundamental é *a busca do consenso* (Lewis, 2008). É justamente dessas diferenças, para além da linguagem, que não temos consciência no dia a dia. É por isso que surgem confusões e aborrecimentos, porque as reuniões com colegas estrangeiros não procedem da forma imaginada.

A maior parte dos mal-entendidos na cooperação internacional não surge por causa de problemas linguísticos e nem por divergências sobre valores, mas resultam geralmente de uma prática inadequada da comunicação intercultural. *Como* nós dizemos algo, *o que* nós dizemos e *qual significado* atribuímos ao que foi dito depende profundamente da nossa cultura. As mensagens recebidas são comumente interpretadas com base em nossa compreensão cultural e, deste modo, acontece que, muitas vezes, atribuímos ao discurso um significado distinto daquele atribuído por nosso interlocutor. A globalização nos desafia a desenvolvermos nossa capacidade em comunicação intercultural. A aquisição de informações e conhecimento sobre outros países, sobre sua história, o sistema político, religioso e social, a economia etc. é certamente necessária e útil, porém esse conhecimento por si só não nos proporciona as habilidades necessárias para que possamos nos comunicar de forma adequada em contextos interculturais e lidar melhor com parceiros de negócios ou colegas estrangeiros.

Segundo a *Harvard Business Review*, a competência intercultural é uma das mais importantes para os gestores do século XXI (Molinsky et al., 2012). Não é nada raro que projetos e negócios internacionais cheguem a fracassar ou que grandes gestores que se destacaram no seu país em virtude de sua liderança falhem quando são enviados para o exterior, por causa de conflitos e mal-entendidos interculturais. A noção de "*business*", sobretudo a compreensão sobre como praticá-lo com êxito, não é a mesma em todos os lugares do mundo. O que funciona perfeitamente em um dado contexto cultural pode provocar um resultado contrário em outro.

A comunicação intercultural é um desafio permanente e não pode ser aprendida por meio somente de uma palestra ou de um treinamento único. Nem é possível supor que alguém que passou por diversas estadas no exterior, ou que tenha viajado durante anos pelo mundo como executivo, automaticamente já pudesse ter adquirido competência intercultural. Como frisa Milton Bennett 920012a), um dos mais importantes interculturalistas, a "competência" não deriva de forma automática do "contato". O contato com outras culturas pode contribuir para promover mais tolerância e a redução de preconceitos, como pode igualmente resultar no oposto.

> A chave é se o "poder" é distribuído de forma igual ou não. Se não, como nos casos em que existe contato entre turistas, colonialistas, gestores "expatriados" ou imigrantes e a cultura local, os dois lados, no mais das vezes, saem com preconceitos ainda maiores.*

22.3 Cultura

No sentido mais amplo, entende-se cultura como um *sistema de orientação para grupos de pessoas*. Grupos específicos podem ser distinguidos de outros por diferentes tipos de "delimitações",

* As traduções de todos os trechos citados são de nossa autoria.

ou seja, existem diferentes formas de definir quem é parte de um grupo e quem não é. Tais delimitações podem se basear no nascimento, em contratos firmados, declarações de adesão ou na formação. Nesse sentido, grupos podem ser, por exemplo, nações, grupos religiosos, partidos políticos, famílias, empresas, associações etc. Se tratarmos de questões interculturais, precisamos, porém, de uma caracterização mais específica do conceito de cultura. De acordo com Peter Berger e Thomas Luckmann (2007), a ordem social consiste em uma realidade objetiva e outra subjetiva. As duas realidades se constroem e se mantêm num processo de reciprocidade.

Figura 22.1 Reciprocidade das culturas objetiva e subjetiva, de acordo com Berger, Luckmann e Bennett

22.3.1 Cultura objetiva

Com a realidade objetiva, Berger e Luckmann caracterizam particularmente o processo de institucionalização, sendo de crucial importância para o estabelecimento e a manutenção de ordem no cotidiano. Portanto, tudo que foi *criado* pelo homem é subsumido sob o conceito de "cultura objetiva", por exemplo: os Estados, sistemas econômicos e políticos, sistemas jurídicos, organizações, processos, arquitetura, mas também música, literatura, pratos de comida, costumes religiosos, tradições, idiomas. É um elemento fundamental do processo de institucionalização a criação de regras, normas e regulamentos que aumentam a previsibilidade e, com isso, a própria orientação.

22.3.2 Cultura subjetiva

A cultura subjetiva se refere, segundo Berger e Luckmann, ao processo da *internalização*. Qualquer membro de uma instituição desempenha nela diferentes papéis sociais. O primogênito masculino de uma família desempenha tanto o papel de filho dos pais como, e ao mesmo tempo, o do irmão mais velho para seus irmãos. Papéis são representativos da ordem institucional ao mesmo tempo em que a própria instituição se revela por um processo de externalização, isto é, pelo desempenho concreto dos papéis por parte de seus membros. Na medida em que o primogênito se comporta como filho e como irmão mais velho, ele contribui para a criação e manutenção da instituição chamada família.

É pelo processo de socialização que aprendemos a atribuir um sentido subjetivo à realidade objetiva e, desta forma, compreendê-la. Por outro lado, aprendemos como se comportar em consonância com o papel exercido. Trata-se, pois, da coordenação de significados e ações dentro de uma instituição. Compreendem-se, portanto, por "cultura subjetiva", sistemas de valores, formas de percepção, estilos comunicativos, padrões de comportamento, rituais sociais etc.

Dessa maneira, forma-se o que denominamos *a nossa visão do mundo*, a maneira como apreendemos nosso mundo e como interpretamos os acontecimentos. Isso nos proporciona uma orientação para saber o que deve ser considerado certo ou errado em cada contexto.

22.4 Competência e comunicação intercultural

Grande parte dos treinamentos interculturais enfoca a "cultura objetiva", a transmissão de conhecimento específico sobre diferentes países. Quando nós vamos a outro país, seja como turista, executivo ou expatriado, tais conhecimentos não são apenas importantes, como também necessários, muitas vezes até para sobreviver. Para se virar bem num contexto estranho, é fundamental adquirir conhecimentos sobre seu funcionamento, sobre a ordem prevalecente. Porém, é importante constatar, neste momento, que conhecimento por si só não gera competência intercultural. Conhecimento sobre tradições chinesas, sobre o sistema político e econômico da China não ajuda muito a se comportar diferentemente nesse país, isto é, de forma apropriada à cultura daquele país. Esse conhecimento pode até contribuir para gerar mais confusões e mal-entendidos, na medida em que a nossa tendência é sempre a de interpretar o que nós percebemos com base em nossa própria visão do mundo. Nesse caso, é alta a probabilidade de que nossa interpretação não esteja em consonância com o contexto cultural alheio. Por isso, quando se trata de cultura e competência intercultural, é crucial que direcionemos a nossa atenção para o aspecto da "cultura subjetiva".

> Em geral, a comunicação intercultural enfoca neste aspecto cultural da visão do mundo e não tanto no das instituições. A comunicação humana é conduzida por pessoas, não por instituições. A preocupação de qualquer estudo sobre comunicação se refere, portanto, à maneira como seres humanos organizam significado. (Bennett, 2012b)

Comunicação significa intercâmbio de informações entre pessoas e geração de significado. Sempre quando falamos algo para alguém, o falado tem um significado específico para nós. Não consiste apenas da mera informação, mas também revela algo sobre o nosso modo de pensar, sobre nossos sentimentos, nossa postura etc. Qual importância o outro atribui ao falado depende de sua própria interpretação. O que falamos, a maneira como falamos e como os outros entendem o falado é sempre influenciado por nossa experiência de vida e, assim, por nossa visão do mundo (Gudykunst, 1998). Quando nós compartilhamos a mesma visão do mundo, pelo menos aproximadamente, ou seja, se fomos socializados em um ambiente semelhante, a probabilidade de entendermos o significado do falado da forma como efetivamente foi pensado aumenta.

Falamos de *comunicação intercultural* no caso de processos comunicativos entre pessoas oriundas de diferentes grupos, culturalmente divergentes entre si de forma significativa. Isso não se refere apenas a pessoas de diferentes países, mas, em nosso caso, enfocamos primordialmente essa situação.

Segundo Gudykunst, competência intercultural significa a capacidade de se comportar em uma cultura alheia de maneira que as próprias intenções sejam compreendidas pelos outros e, ao mesmo tempo, que sejamos capazes de interpretar os comportamentos dos outros de forma correta. Pessoas que sabem interpretar o comportamento alheio não à luz do próprio contexto cultural, ou seja, com base em sua própria visão do mundo, mas conseguem enxergar e avaliar uma situação a partir de uma *terceira perspectiva*, são mais efetivas na comunicação intercultural (Gudykunst, 1998). A adoção da terceira perspectiva é uma tentativa de procurar e de se abrir a possíveis outras interpretações cujo sentido não se revela para nós de forma imediata. Se meu jovem interlocutor chinês não olha no meu rosto e se interpreto esse comportamento baseado apenas na minha própria visão do mundo, eu provavelmente interpretaria sua postura como se ele tivesse algo a ocultar, não fosse honesto ou que não ousa me olhar porque é tímido. Somente quando consigo me distanciar da minha perspectiva cultural para adotar uma terceira perspectiva eu tenho condições para me abrir a outras interpretações, por exemplo, o eventual reconhecimento que o seu motivo é simplesmente uma demonstração de respeito à minha pessoa. Ter competência intercultural significa que aprendemos a lidar com diferenças culturais de forma a cometermos o menor número possível de tais mal-entendidos.

22.5 Fases do desenvolvimento da sensibilidade intercultural

Como já frisamos anteriormente, o desenvolvimento da competência intercultural envolve um processo contínuo de aprendizagem autorreflexiva. Processos de aprendizagem são mais efetivos quando se leva em consideração a fase de desenvolvimento em que cada aprendiz se encontra. Milton Bennett constatou nítidas diferenças quanto ao progresso de aprendizagem entre pessoas confrontadas com desafios interculturais, fato que o estimulou a estudar melhor as suas causas.

Pessoas que já tiveram um maior grau de competência intercultural pareciam dispor de uma qualidade diferenciada de perceber diferenças culturais (Bennett, 2004). Como resultado de sua pesquisa surgiu o Modelo de Desenvolvimento de Sensibilidade Intercultural (DMIS). No processo de desenvolvimento de sensibilidade cultural, de acordo com Bennett (2004), passamos por diferentes fases de desenvolvimento. Ele contrapõe dois níveis básicos de percepção, o etnocentrismo e o etnorrelativismo:

> Usei o termo "etnocentrismo" para me referir à experiência da própria cultura como "central para a realidade". Com isso me refiro ao fato de que crenças e comportamentos que as pessoas adquirem na primeira socialização não são questionados; são vivenciados "justamente assim como as coisas são". Eu cunhei o termo "etnorrelativismo" para opô-lo ao etnocentrismo — a experiência de seus próprios comportamentos e crenças como meramente uma organização da realidade entre muitas possibilidades viáveis.

Cada um dos dois níveis de desenvolvimento podem, por sua vez, ser divididos em três fases. O DMIS nos proporciona pistas valiosas para o desenvolvimento de processos sustentáveis de aprendizagem intercultural (Bennett, 2011). Convém notar neste momento que todos nós precisamos percorrer essas fases de desenvolvimento em direção à sensibilidade cultural.

Figura 22.2 O Modelo de Desenvolvimento da Sensibilidade Intercultural, de acordo com Milton Bennett (2011)

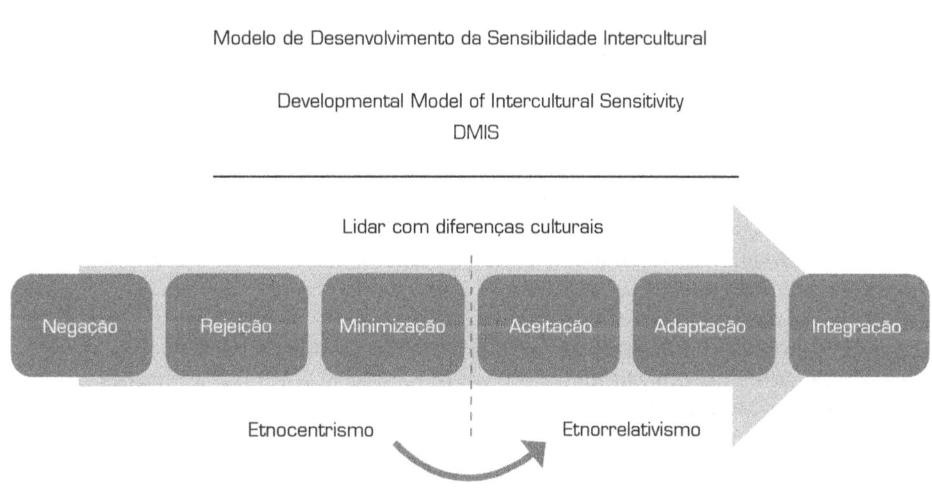

22.5.1 Etnocentrismo

Como já ressaltamos anteriormente, no etnocentrismo é a cultura própria, isto é, a visão do mundo resultante dela, que é vista como "correta", bem como evita-se o enfrentamento de diferenças culturais. Esse processo começa com a negação de diferenças culturais e passa pela rejeição do alheio até a minimização das diferenças.

a) Negação

Nesta primeira fase não dispomos ainda de uma noção sobre a influência da cultura em nossa vida. Nós não tivemos muitas oportunidades para coletar experiências a esse respeito em razão da homogeneidade de nosso ambiente. Nós não percebemos diferenças culturais ou só o fazemos de maneira simplista. Isso pode se expressar, por exemplo, em perguntas do tipo "Os chineses também têm televisores?" ou "Nos EUA todas as pessoas vivem no luxo?". Ocorre que o comportamento de pessoas alheias é interpretado como déficits pessoais ou falta de inteligência. Frequentemente, reagimos nesta fase com agressividade contra o estranho porque percebemos quaisquer mudanças como ameaçadoras, reforçando uma postura básica conservadora.

Ainda não temos desenvolvida uma percepção pronunciada das diferenças culturais. Para evitar que as pessoas se sintam sobrecarregadas na confrontação com outras culturas, Bennett recomenda concentrar o processo de aprendizagem nos aspectos da cultura objetiva e em temas com os quais o aprendiz tem certa familiaridade. Aspectos da cultura subjetiva devem ser tratados de forma muito cautelosa. No fundo, trata-se de despertar a curiosidade por outras culturas e fomentar uma atitude positiva na investigação de diferenças. Se isso for bem-sucedido, a próxima fase, da rejeição, se torna menos grave.

b) Rejeição

Já dispomos de uma noção sobre diferenças culturais, embora esta seja ainda pouco diferenciada e se expresse na adoção de estereótipos. É comum a polarização entre "nós" e "os outros", e as diferenças culturais vêm sendo categorizadas de forma valorativa em termos de superior/inferior. A nossa própria cultura, e com isso a maneira como tratamos de temas e solucionamos problemas ou desenvolvemos coisas novas, é geralmente vivenciada como superior a outras culturas. Mas pode também ocorrer justamente o contrário, ou seja, que vivenciemos a nossa cultura como inferior, imaginando que em outras culturas tudo está melhor.

Nesta fase, Bennett recomenda enfocar as semelhanças e a cooperação. Que tipos de experiência comparáveis fizemos em nossas culturas? Quais objetivos e necessidades compartilhamos? Ainda não faz sentido entrar em uma consideração e categorização diferenciada das diferenças culturais. Quando se consegue dissolver com sucesso a atitude negativa, passamos para o próximo passo, o da minimização das diferenças culturais.

c) Minimização

Nesta fase de desenvolvimento vivencia-se a igualdade, na medida em que a rejeição é superada e passa-se a reconhecer que todos somos seres na mesma Terra. Tornamo-nos tolerantes e empáticos com relação a pessoas de outras culturas e parece que alcançamos o mais alto grau de sensibilidade intercultural. O problema, no entanto, é que nesta fase consideramos e interpretamos tudo à luz de nossa própria visão do mundo. Partimos da suposição de que nossa compreensão quanto ao que é "certo" ou "errado" é universal e tendemos a equalizar as diferenças. Se nós apertamos as mãos ao nos cumprimentar, inclinamos a cabeça ou trocamos beijos, tudo é visto como a mesma coisa, uma forma de expressar "respeito". Bennett comparou isso com o daltonismo. Vemos tudo pela tonalidade de nossos óculos sem perceber a pluralidade de cores. Embora possa ser muito agradável ver todas as pessoas como iguais, ainda estamos no lado do etnocentrismo.

A atenção deveria ser dirigida a diferenças compreensíveis e passíveis de serem vivenciadas, como diferentes estilos da comunicação, comportamento não verbal e diferenças no uso da linguagem. É particularmente importante desenvolver uma consciência da própria cultura.

> Somente no caso de você perceber que suas crenças, comportamentos e valores são ao menos influenciados pelo contexto particular em que você foi socializado, você pode imaginar plenamente alternativas a eles. Neste estágio, facilitadores precisam abordar o desenvolvimento da autoconsciência cultural em oposição a outras culturas, antes de passar a tratar detalhes de outras culturas. Este é o momento para introduzir os quadros gerais de referência de comunicação intercultural. (Bennett, 2004)

22.5.2 Etnorrelativismo

Quando começamos a entender que existem distintas *possibilidades de construção* que nos permitem entender o mundo e a organização da convivência humana, chegamos ao etnorrelativismo. Aprendemos a perceber a nossa própria cultura no contexto e em relação a outras culturas. No âmbito do etnorrelativismo podemos também distinguir três fases. Partindo da aceitação, podemos passar para a adaptação e, no caso de pessoas que se socializaram ou vivem em ambientes multiculturais, é até possível alcançar o nível da integração das diferenças culturais na própria personalidade.

a) Aceitação

Nesta fase do desenvolvimento reconhecemos que pessoas de outras culturas percebem o mundo de forma diferente do que nós. Deste modo, nossa visão de mundo não perde seu significado, mas aprendemos a aceitar outras visões de mundo e reconhecer a influência de nossa maneira de ver o mundo na organização da nossa vida e na convivência com os outros. Nós começamos a reconhecer que problemas são tratados de maneira diferente em variados contextos culturais e que a significância de uma solução sempre precisa ser avaliada no respectivo contexto cultural. Nós aprendemos a perceber e compreender tanto o comportamento como os valores com relação ao contexto cultural. A aceitação de diferenças culturais não significa que precisamos necessariamente aprovar os valores dos outros. É perfeitamente possível avaliar diferenças culturais de forma crítica ou negativa. Todavia, enquanto na fase da rejeição a crítica costuma ser expressa na base dos próprios valores, agora tornamo-nos capazes de situar a crítica no respectivo contexto cultural. Nós manifestamos nossa crítica com base nos valores da cultura cujo comportamento criticamos.

> O reconhecimento de que as pessoas são igualmente complexas, mas diferentes, é o forte antídoto do fanatismo. Antes de tentar reduzir o preconceito diretamente (o que, no caso de sucesso, somente leva à minimização), o movimento para a aceitação estende a fronteira da semelhança e diferença humana para incluir outros grupos. Em outras palavras, é concedida a pessoas de outras culturas a mesma e única humanidade. (Bennett, 2012b)

Este processo de aprendizagem pode ser promovido por meio do trabalho com categorias culturais, as quais nos ajudem a perceber e analisar a comunicação e o comportamento de forma mais diferenciada. Uma dessas categorias é, por exemplo, o estilo de comunicação, que pode ser subdividido em um estilo direto e um indireto de comunicação, com baixa ou alta relação contextual. Outra categoria é a do comportamentos individualistas e coletivista que nos proporciona uma ideia sobre se o comportamento favorece mais os interesses particulares ou os coletivos do grupo. Tais categorizações nos proporcionam padrões de percepção e um vocabulário que nos permite reconhecer e denominar as diferenças. É fundamental confrontar-se com valores culturalmente condicionados. Quando aprendemos a identificar e compreender outros sistemas valorativos, tornamo-nos capazes de trocar o quadro cultural de referência.

b) Adaptação

Quando conseguimos observar e compreender os acontecimentos a partir de diferentes perspectivas culturais, podemos ampliar nosso repertório comportamental. Cada vez mais desenvolvemos um sentimento de como devemos nos comportar em diferentes contextos culturais de maneira que as nossas intenções possam ser entendidas e, ao mesmo tempo, nossa capacidade de interpretar o comportamento dos outros possa ser aprimorada. Falamos de sentimento, porque de fato trata-se de sentir o comportamento culturalmente apropriado. Podemos dispor das regras de polidez de uma cultura, mas se nós não dispomos também da sensibilidade com relação ao outro sistema de valores, carecemos da capacidade de transformar tais regras em atitudes e comportamento apropriados. Pessoas que cresceram em diferentes culturas transitam por suas diferentes culturas de origem de forma natural e com sensibilidade pelo comportamento apropriado, sem refletir e sem consciência a respeito. A capacidade de se adaptar a outros contextos culturais vem sendo frequentemente confundida com a assimilação de outra cultura.

> A ideia da assimilação é que você deveria abrir mão do que você era antes e assumir a visão do mundo de seu anfitrião ou da cultura dominante. A concepção da adaptação oferece uma alternativa à assimilação. A adaptação envolve a ampliação de seu repertório de crenças e comportamentos e não a substituição de um conjunto por outro. Assim, você não precisa abrir mão de sua identidade cultural primária para operar de forma efetiva num contexto cultural diferente. (Bennett, 2004)

Enquanto assimilação é um processo unilateral, adaptação é um processo recíproco. Se esse processo ocorre entre pessoas que já dispõem de sensibilidade intercultural, então surge por meio da adaptação mútua uma chamada *terceira cultura virtual*. Nesse caso, nenhuma das culturas envolvidas é dominante. Em vez disso, surge algo novo que funde diferenças existentes. A ênfase do processo de aprendizagem deveria ser dada na criação consciente de uma terceira cultura virtual. Enquanto nos movemos interculturalmente versados "entre os mundos", a confrontação com a própria identidade cultural torna-se importante para preservar a autenticidade pessoal.

c) Integração

Esta fase marca uma diferença substancial na identidade cultural do indivíduo. Não se trata, neste caso, de uma ampliação da sensibilidade intercultural. Pessoas que, por um longo período, vivem intensamente em múltiplas culturas podem vivenciar uma integração das diferentes culturas em sua identidade pessoal. Isso pode ocorrer quando crescemos em múltiplas culturas ou quando vivemos durante muitos anos em países diferentes, e, como consequência, nós não nos definimos mais exclusivamente por meio de uma cultura só, mas por uma diversidade de culturas. Pessoas que vivem dessa maneira, com integração de diferentes culturas na sua personalidade, locomovem-se de forma muito natural nos diferentes contextos culturais, mas, como *nômades culturais*, muitas vezes têm a impressão de não estar em casa em lugar algum.

O DMIS de Bennett nos fornece elementos valiosos para sabermos como é possível apoiar o desenvolvimento da sensibilidade intercultural. Recorrendo a perguntas sobre a maneira de como se lida com situações e temas interculturais, quais experiências prévias existem e quais atitudes predominam em relação a diferenças culturais, é possível chegar a uma avaliação sobre em qual fase de desenvolvimento alguém se encontra no que concerne à competência intercultural. Quando se trabalha com equipes e organizações, é natural que existam diferenças individuais. Nesse caso, recomenda-se considerar aquela fase de desenvolvimento que prevalece na equipe ou organização como ponto de partida para a intervenção.

22.6 Os benefícios de treinamentos interculturais para empresas

O que interessa às empresas é realizar suas tarefas e enfrentar os desafios econômicos com sucesso. Neste mundo de negócios crescentemente globalizado, a cooperação intercultural se tornou um fator de êxito decisivo, demandando, portanto, soluções para torná-la mais efetiva. O desenvolvimento de sensibilidade intercultural se tornou peça-chave para um trabalho internacional com êxito. Todavia, os treinamentos interculturais apenas conseguem proporcionar um valor agregado perceptível à empresa se os seus conteúdos se orientam de acordo com as necessidades concretas das empresas e de seus funcionários. Vamos verificar em dois exemplos o que isso significa.

a) Primeiro exemplo

No primeiro caso, o expatriado deve ser preparado para uma estada de três anos em uma subsidiária no exterior. Inicialmente, as seguintes dúvidas deveriam ser esclarecidas: de quais experiências o funcionário dispõe com atividades em países estrangeiros? Em que medida ele já conhece a cultura do país de destino? Que função ele desempenhará no país estrangeiro? Trata-se de uma função de especialista/técnico ou de gerência e liderança? Qual o significado e a importância de sua atividade no exterior para a empresa?

Primeiramente, é importante prover o expatriado com um conhecimento adequado sobre os aspectos objetivos da cultura do país receptor para lhe facilitar o processo de aclimação no país e na empresa. Muito mais crucial para o êxito de sua missão será, certamente, como ele conseguirá levar a cabo suas tarefas no novo contexto cultural. Assim, a concepção do treinamento deveria se orientar de acordo com a função que o expatriado deverá exercer na empresa: ele desempenhará uma função apenas de especialista, ou uma função de liderança que envolve responsabilidade na gestão de pessoas? Como especialista/técnico, o trabalho do expatriado se concentra basicamente em aconselhar, ensinar e até treinar colegas e gestores. Já no caso de alguém desempenhar papéis de chefia, sendo responsável por gerenciar uma equipe ou um departamento, as exigências de um treinamento efetivo são bem distintas.

Enquanto o especialista deve aprender como a atividade de aconselhamento pode ser bem-sucedida, no caso de funções de liderança o foco deve ser em como lidar de forma adequada com colaboradores e outros gestores, além dos temas de liderança operacional e estratégica. Quais são as possíveis estratégias de êxito para as atividades na nova cultura e que diferenças existem em relação às estratégias habituais na cultura de origem? Quais valores e normas valem quanto à realização de tarefas? Que tipo de comportamento e quais formas de comunicação são adequados para a função a ser desempenhada no novo contexto? Uma boa preparação e efetivo apoio profissional no desenvolvimento da indispensável sensibilidade cultural serão de grande valor para o sucesso da estadia no exterior para que se possa desempenhar adequadamente as tarefas atribuídas.

b) Segundo exemplo

No segundo caso, uma equipe internacional de gestores pretende realizar um treinamento intercultural. Nesse caso, recomenda-se esclarecer inicialmente as seguintes dúvidas: quais os motivos da demanda? Todos os membros da equipe compartilham dessa demanda? O que se pretende alcançar com o treinamento? Quais seriam possíveis indicadores para identificar posteriormente o grau de progresso alcançado?

Supondo que o objetivo seja aumentar a efetividade da cooperação na equipe, então seria recomendável esclarecer inicialmente o que cada um entende como *eficácia* e *cooperação.* Para isso não existe uma resposta universalmente válida. Somente existem respostas específicas para cada contexto cultural específico. Na sequência, impõe-se a pergunta quanto ao tipo de cooperação de que essa equipe internacional necessita e como pode ser posta em prática. Mesmo nesses casos, não existe uma solução universalmente válida; sendo assim, o desafio consiste na busca coletiva de uma solução própria por parte dessa equipe de gestores, contando nesse processo de ajustamento com o apoio profissional do treinador intercultural. É só assim que uma solução consistente e sustentável pode ser encontrada.

Figura 22.3 O fundamento para treinamentos interculturais eficientes

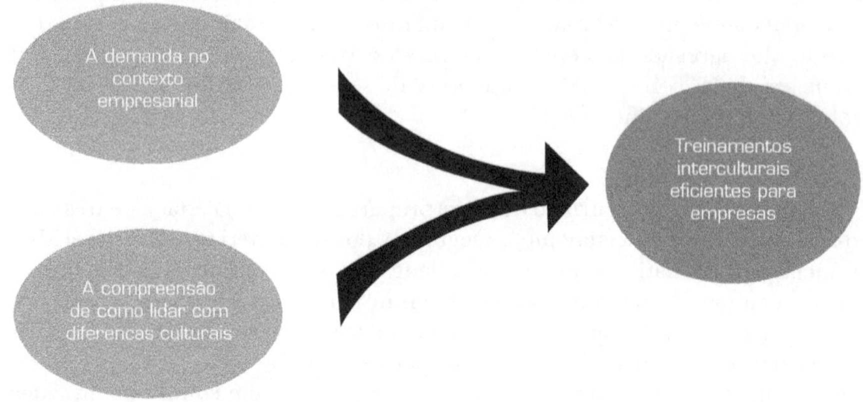

Os dois casos mostram que, dependendo da demanda e do contexto específico, diferentes concepções de treinamentos, ajustadas às exigências particulares, se fazem necessárias. Não é a questão da interculturalidade em si que está em primeiro plano, mas sim cada desafio peculiar que demanda uma solução. O modo de intervenção deve se orientar no estágio do desenvolvimento da sensibilidade intercultural em que os envolvidos se encontram, conforme descrito na Seção 22.4. Dessa maneira, é possível assegurar que o treinamento alcance o efeito desejado de forma efetiva e sustentável. Quanto mais complexo o tema ou a tarefa, tanto maior a relevância para o sucesso empresarial e mais necessário serão os investimentos no desenvolvimento de competência intercultural. Ou seja, o sucesso de um importante projeto internacional não pode ser assegurado por uma palestra de duas horas sobre diferenças culturais.

22.7 Conclusão

Conforme argumentamos neste artigo, o desenvolvimento da competência intercultural representa muito mais do que a apropriação de conhecimentos sobre países e culturas estrangeiros. O início da pesquisa intercultural data dos anos 1960, quando Edward T. Hall e Geert Hofstede publicaram suas primeiras pesquisas sobre o tema. Desde então, muitas pesquisas foram levadas a cabo, gerando conhecimento valioso sobre diferenças culturais e respectivas categorizações. No entanto, até hoje existe muito pouco conhecimento sobre como aplicar o desenvolvimento da sensibilidade intercultural na prática empresarial.

No fim das contas, a comunicação intercultural somente promete sucesso efetivo à medida que conseguirmos avançar das práticas etnocêntricas habituais a uma nova prática de cooperação internacional e global baseada nos pressupostos e princípios do etnorrelativismo. Entendemos que treinamentos interculturais bem concebidos e ajustados às demandas reais e tarefas concretas são, hoje, nos tempos da globalização, um fator essencial para estratégias bem-sucedidas da internacionalização de negócios em direção à conquista dos mercados globais.

Referências bibliográficas

BERGER, P. L.; LUCKMANN, T. *Die gesellschaftliche Konstruktion der Wirklichkeit*. 21. ed. Frankfurt/M.: Fischer, 2007.

DEUTSCHER, G. *Through the language glass*: why the world looks different in other languages. Nova York: Metropolitan Books, Henry Holt and Company, LLC, 2010.

GUDYKUNST, W. B. *Bridging differences*: effective intergroup communication. Thousand Oaks/London/New Dehli: Sage Publications, 1998.

LEWIS, R. D. *When cultures collide*: leading across cultures. Boston/Londres: Nicholas Brealey Publishing, 2008.

MOLINSKY, A. L. Skill 1: Code switching between cultures. In: MOLINSKY, A. L. et al. "Three skills every 21st-century manager needs". *Harvard Business Review*, jan./fev. 2012.

BENNETT, M. J. "Becoming interculturally competent". In: WURZEL, J. S. (E.). *Toward multiculturalism*: a reader in multicultural education. 2. ed. Newton: Intercultural Resource Corporation, 2004.

_____. *A developmental model of intercultural sensitivity*. Trabalho apresentado no Intercultural Development Research Institute, Hillsboro/Milano, 2011. Disponível em: <http://www.idrinstitute.org/allegati/IDRI_t_Pubblicazioni/47/FILE_Documento_Bennett_DMIS_12pp_quotes_rev_2011.pdf>. Acesso em: 20 dez. 2012

BENNETT, M. J. *Turning cross-cultural contact into intercultural learning*. Trabalho apresentado no 8º International Congress on Higher Education, Havana, 2012a. Disponível em: <http://www.idrinstitute.org/allegati/IDRI_t_Pubblicazioni/50/FILE_Documento_Universidad_2012_paper.pdf>. Acesso em: 2 jan. 2013.

_____. *Intercultural communication*. Trabalho apresentado no Intercultural Development Research Institute, Hillsboro/Milano, 25 out. 2012b.

Sites indicados

• Associação intercultural mundial

SIETAR — Society for Intercultural Education, Training and Research no Brasil: http://sietarbrasil.blogspot.com.br

• Principais institutos interculturais

IDR Institute: www.idrinstitute.org

Intercultural Communication Institute: www.intercultural.org

• Informações específicas sobre países:

https://www.cia.gov/library/publications/the-world-factbook/index.html

http://www.travel.state.gov/travel/cis_pa_tw/cis_pa_tw_1168.html

Hanna Maria Helstelä

A finlandesa Hanna Maria Helstelä cresceu na Alemanha, onde se graduou e fez mestrado em ciências da administração pela Universidade de Constança. Atuou por 20 anos na área de desenvolvimento organizacional na Daimler AG, na ZF Friedrichshafen AG, na ZF do Brasil, e ministrou aulas sobre liderança e gestão de mudanças na Universidade Cooperativo do Estado de Baden-Württemberg, na Alemanha. No Brasil desde 2010, fundou em 2013 a empresa Hanna Helstelä, Treinamento & Desenvolvimento. Trabalha como treinadora, coach executivo e palestrante, concentrando suas atividades profissionais no desenvolvimento de liderança e de cooperação intercultural. Atualmente está cursando o programa para especialistas interculturais da Academia de Pesquisa e Desenvolvimento Intercultural (IDRAcademy) em Milão, na Itália.

Tel.: +55 11 95464-8342
E-mail: hanna@helstela.com
Site: www.helstela.com

capítulo 23

Treinamento em larga escala: processos e tecnologias

Daniel Orlean

23.1 Objetivos

Você já se deparou com o desafio de desenvolver grandes contingentes de pessoas de forma descentralizada ou, ainda, de forma descentralizada e recorrente? Mil pessoas? Dez mil pessoas? Imagine 50 mil pessoas, em todo o território nacional, que precisam ter acesso a novos conhecimentos e competências todo mês, por exemplo?

Se já vivenciou algum cenário semelhante, em maior ou menor grau, você certamente enfrentou o desafio de realizar um treinamento em larga escala. Neste capítulo, apresentaremos conceitos, cenários, estratégias educacionais, metodologias e tecnologias que podem ser adotados pelas organizações para que sejam bem-sucedidas nessas empreitadas, bem como dicas e inovações que estão sendo exploradas pelas empresas para que alcancem seus objetivos.

E, dentro dessa nova realidade, surge uma oportunidade: a falta de tempo disponível facilita a entrada de tecnologias e metodologias de aprendizado como ferramentas catalisadoras, acelerando os processos do programa de treinamento e desenvolvimento em larga escala. Avaliaremos, também, quais são os fatores críticos para o sucesso dessas ações de treinamento e discutiremos indicadores e métricas que podem ser aplicados para acompanhar sua evolução.

23.2 O cenário da educação corporativa

O cenário da educação corporativa tem se transformado consideravelmente nos últimos anos. Da tradicional sala de aula, com oito horas diárias de treinamento presencial e altos custos logísticos, para um cenário multiconectado, dialógico, colaborativo, social e transmídia, com o uso combinado de metodologias e estratégias educacionais modernas e efetivas, alinhadas à cultura e ao dia a dia das novas gerações.

Porém, essa mudança de paradigma educacional não tem ocorrido de forma fácil e sem resistência. Há, ainda, um longo caminho a ser percorrido e que depende sobremaneira da nossa atuação como líderes e profissionais da área de gestão de pessoas e educação.

23.2.1 De onde surgiu nosso paradigma educacional?

Por um bom tempo, buscamos replicar para as novas gerações as fórmulas de como aprendemos e de como "aprendemos a aprender". Muitos devem se lembrar bem do paradigma "professor-currículo-turma-aluno". Havia a hora de "brincar" e a hora de aprender. Nas escolas, as matérias eram divididas em blocos e privilegiavam um aprendizado vertical, profundo e teórico.

Isso mudou? Muito pouco. As disciplinas divididas em bloco ainda imperam nas escolas. Quando muito, introduzimos algumas tecnologias, como notebooks e a Internet, além de avaliações mais multidisciplinares, mas o aprendizado ainda é fragmentado e bem distante da realidade. Anos depois, chegamos ao ambiente de trabalho e percebemos que o mundo não é dividido em disciplinas.

A colaboração e o compartilhamento de conhecimentos muitas vezes são desestimulados e vistos como "cola" ou incapacidade de resolver os problemas por si só. Isso, no entanto, não seria natural para uma geração que compartilha, sem pudor, sua vida em redes sociais como Facebook, Twitter, Instagram e outras semelhantes?

23.2.2 E nas organizações?*

Fazendo um paralelo com as empresas, vemos que muitas vezes também incentivamos uma educação fragmentada no ambiente corporativo. Como contraponto, em seu popular "Framework para Compartilhamento de Conhecimento", a British Petroleum apresentou os três grandes momentos para essas atividades: antes, durante e depois. Simples e genial, não? Certamente nenhum momento fica fora dessas três categorias!

Aprender antes de pôr em prática algum conhecimento, aprender durante a realização de uma tarefa e aprender depois com os erros e acertos ou como forma de perenizar as competências desenvolvidas. Todo momento de interação passa a figurar como uma oportunidade de aprendizado, principalmente em uma sociedade transmídia, multiconectada, multitarefa e multicanal.

Apesar disso, o aprendizado corporativo ainda tem sido muito estimulado fora do contexto do trabalho – por meio da realização de cursos antes da implantação de um novo processo ou tecnologia, de ações preparatórias para o lançamento de um novo produto ou promoção etc. Não haveria qualquer problema nisso se a nossa taxa de retenção de aprendizado não ficasse, segundo pesquisas, em uma faixa entre 3% e 7% do que foi lecionado em iniciativas com essas características. Aprender antes é bom e importante, mas não pode ser uma ação isolada.

23.3 Novos caminhos

Por outro lado — e apesar disso tudo — é interessante perceber que cresce o número de empresas que investem em soluções de educação transmídia (que combinam diferentes mídias e canais para atingir o público-alvo) e de suporte ao desempenho, com metodologias como *on the job*, *e-learning* e *workflow learning* (em tradução livre, aprendizado no trabalho e aprendizado durante o fluxo de trabalho, respectivamente). Seja para atender ao cliente, operar máquinas e equipamentos ou utilizar sistemas de software, essas soluções têm mostrado alta efetividade e grande retorno do investimento, requisito cada vez mais exigido para aprovação de qualquer tipo de programa educacional.

No entanto, ao mesmo tempo em que cresce o clamor por colaboradores mais capacitados, líderes empresariais encurtam, na mesma proporção, o tempo disponível para ações presenciais, que "tiram" esses profissionais do ambiente de trabalho.

Por isso, cabem aos profissionais de gestão de pessoas, responsáveis pelos processos de educação, treinamento e desenvolvimento, os desafios de transmitir conhecimentos e desenvolver competências de forma cada vez mais ágil e efetiva, comprovando o retorno que cada ação traz para a corporação.

* Daqui em diante, parte de nossa discussão será adaptada do artigo "Nos momentos certos: como aprender além dos limites da sala de aula. Antes, durante e depois", que escrevemos com L. A. Costacurta Junqueira, em 2012, para a revista *Melhor gestão de pessoas*.

Como garantir, então, o aprendizado em todos os momentos necessários: antes, durante e depois? Afinal, sem desenvolvimento e capacitação, nenhuma empresa consegue manter seus diferenciais e suas vantagens competitivas por muito tempo.

23.4 Larga escala

São muitas as variáveis que podem estabelecer esse cenário. A seguir, encontram-se algumas delas listadas e analisadas.

- **Quantidade de treinandos**

Um dos indicadores mais representativos. Com o crescimento e a expansão das organizações, aumenta a demanda por treinamento de grandes volumes de profissionais em temas diversos, que podem compreender a implantação de um novo sistema, uma nova legislação e o desdobramento da estratégia organizacional, entre outros temas.

Nesse contexto, torna-se extremamente dispendioso adotar estratégias tradicionais, que demandem transporte em massa de profissionais, pois, além do custo direto com passagens, diárias e alimentação, há ainda o custo de oportunidade e os lucros cessantes causados pela retirada de profissionais da operação.

No entanto, o conceito de larga escala com base na quantidade de treinandos pode mudar de organização para organização. Ao passo que para algumas empresas um treinamento para mil colaboradores é usual e de fácil realização, para outras, cem pessoas já representam um desafio e demandam estratégia diferenciada.

- **Quantidade de ações de treinamento**

Em muitos casos, o volume de profissionais que requerem treinamento pode ser grande, mas a quantidade de ações pode ser ainda maior. Imagine, por exemplo, um programa que envolva diferentes intervenções e múltiplos temas, independentemente da periodicidade ou do tempo gasto com cada ação. Dez ações de duas horas cada? Cinquenta pequenas ações de cinco minutos? Articular e desarticular a estrutura para o treinamento diversas vezes, bem como proceder com agendamentos, convocações e avaliações, pode ser um trabalho hercúleo e nada producente. Por esse motivo, os programas devem ser elaborados da forma mais integrada possível, em estruturas que costumamos chamar "*seamless learning*" ("aprendizado sem costuras").

- **Volume de horas de treinamento**

Diversos setores enfrentam um cenário legal que demanda treinamentos mandatórios de grande volume. Isso é comum na área de segurança, de saúde, financeira, entre outros setores regulados. Não é raro que, para manter a conformidade legal, as organizações tenham de "submeter" seus colaboradores a treinamentos de 40, 80 e até 120 horas por ano. Como resolver esse caso, evitando grandes ausências dos profissionais de seus postos de trabalho, de seus processos e responsabilidades? Esse é um dos grandes desafios com que profissionais de educação corporativa lidam e que podem ser trabalhados à luz das estratégias de larga escala.

- **Variedade de locais**

Sua organização tem atuação nacional — ou até internacional — e precisa capacitar profissionais espalhados por diferentes locais do país, ou até do mundo? Alguns desses profissionais estão em centros urbanos, com facilidade de acesso e em ambientes corporativos, mas outros se encontram em locais de difícil acesso e, muitas vezes, com conectividade limitada? Um grande desafio é descobrir como levar o conhecimento a esse profissional, de modo a superar esse cenário de grandes exigências logísticas, de distribuição e de acompanhamento.

- **Periodicidade e repetição de ações de treinamento**

Uma situação bastante comum é a aplicação de treinamentos que demandem diversas intervenções periódicas para cumprimento dos objetivos educacionais traçados. A dificuldade de realização de ações presenciais, nesse caso, se intensifica, uma vez que os custos seriam multiplicados pelas ocorrências dos treinamentos.

- **Profissionais fora de ambientes corporativos**

Apesar de não se tratar de problema restrito a situações de treinamento em larga escala, organizações que precisam desenvolver profissionais que estão em campo enfrentam desafios semelhantes. Vendedores e promotores de venda, profissionais de chão de fábrica, profissionais de logística, mineração e petróleo, enfermeiros e profissionais da saúde, instaladores e técnicos de campo, atendentes de *contact centers*, líderes de operações; são inúmeros os exemplos de setores e cargos em que não é efetiva a aplicação de soluções que exijam que o profissional esteja imerso em ambiente corporativo, "controlado". A própria natureza do trabalho desses profissionais exige estratégias transmídia e que façam uso estratégico de soluções de mobilidade, que também serão discutidas.

23.5 Antes das metodologias e tecnologias

Antes de listarmos metodologias e tecnologias que podem ser utilizadas para treinamentos em larga escala, falemos um pouco sobre o que precisa ser definido na concepção de qualquer programa de treinamento corporativo.

23.5.1 Entenda aonde quer chegar

A primeira dica parece óbvia, mas é surpreendente o número de profissionais que não consegue responder a um conjunto de perguntas fundamentais:

a) Qual a sua meta com o treinamento?

b) Será que esse objetivo pode ser alcançado com ações de treinamento?

c) Que objetivos de negócio o treinamento ajudará a atingir?

d) O quanto isso depende dos colaboradores? Que conhecimentos, habilidades e atitudes precisam ser desenvolvidos para cumprir tais objetivos?

Sem saber qual o destino desejado, todos os processos relacionados ao treinamento tornam-se frágeis: da "venda" interna do projeto à avaliação de resultados, passando pela contratação de parceiros e elaboração e execução das ações. Todo treinamento deve ter um objetivo claro, apoiando metas de negócio pertinentes e explicitando quais competências devem ser desenvolvidas. (Adaptado de Orlean e Junqueira, 2012)

23.6 Saiba defender o retorno do investimento em treinamento

Comprovar para os executivos o retorno do investimento não é tão complicado quanto parece, embora essa comprovação seja adotada por um percentual ainda pequeno de organizações. Comece apresentando indicadores que serão melhorados com a ação de desenvolvimento, buscando descrever os retornos — financeiros ou não — que serão alcançados com sua aplicação.

Apresentamos a seguir alguns exemplos que podem ser trabalhados já com a meta almejada, em especial para treinamentos em larga escala, visando melhorar:

- *Produtividade*: produziremos melhor e com menores custos?
- *Receita/vendas*: faturaremos e venderemos mais?
- *Qualidade*: nossos produtos terão mais qualidade?
- *Qualidade percebida*: nossos clientes perceberão um aumento de qualidade?
- *Satisfação do cliente*: nossos clientes ficarão mais satisfeitos com nosso produto ou serviço?
- *Ciclo de vida do cliente*: nosso cliente ficará conosco por mais tempo?
- *Tíquete médio*: venderemos mais para cada cliente?
- *Margem operacional*: vamos aumentar nossos resultados após os pagamentos das despesas/custos?
- *Diminuição da perda de clientes*: reteremos mais clientes?
- *Diminuição do ciclo de venda*: vamos completar as transações mais rapidamente?
- *Aumento da satisfação do colaborador*: nosso colaborador ficará mais satisfeito em fazer parte de nossa organização?
- *Aumento do nível de prontidão*: quanto tempo é necessário para que os profissionais estejam preparados para seus desafios?
- *Aumento de* time-to-performance: nossos colaboradores passarão a gerar os resultados esperados mais rapidamente?
- *Diminuição de perdas*: teremos menores perdas de produtos, serviços e insumos?
- *Diminuição de reclamações*: vamos receber menos reclamações de nossos clientes?
- *Aumento de conformidade com processos/normas/regulamentações*: estaremos com uma maior conformidade perante algum conjunto de regulamentações ou nossos processos de qualidade?

Existem outras possibilidades, mas essa lista busca apenas fornecer uma linha de pensamento plausível para que a pergunta sobre o retorno do investimento possa ser mais bem respondida. Com base nos indicadores, o que cada um deles representa para a organização? É possível avaliar financeiramente?

Mesmo que não seja possível provar quantitativamente o retorno que determinado treinamento trará para sua companhia, liste argumentos qualitativos e benefícios esperados. Em muitas situações, isso já representará grande avanço na estruturação de um programa em larga escala, que muitas vezes requer custos globais mais elevados. Quanto mais você souber quais objetivos de negócio essa iniciativa ajudará a alcançar, melhor será seu desempenho no processo.

23.6.1 Conheça seu público-alvo, seu perfil e sua diversidade

> Já vimos treinamentos fantasticamente desenvolvidos e estruturados funcionarem muito bem para um público, mas fracassarem para outros.
>
> A linguagem, a metodologia, a forma de interação do facilitador com os participantes, os exemplos citados e até o ambiente no qual o treinamento será conduzido são fatores que devem ser avaliados à luz do perfil do público-alvo, que pode ser homogêneo ou heterogêneo quanto à origem, fatores socioculturais e conhecimento prévio do tema. (Orlean e Junqueira, 2012)

Em treinamentos em larga escala, é muito comum enfrentarmos públicos bastante heterogêneos, sejam por questões socioeconômico-demográficas, como por outros fatores específicos de regiões, países ou setores de atuação.

23.6.2 Trabalhe o pré-treinamento

> Invista em atividades de pré-treinamento, envolvendo os futuros participantes e seus gestores. Estimule as lideranças a tornarem claras suas expectativas com relação aos objetivos de negócio e objetivos educacionais das ações, a convocarem os participantes e até a participarem da abertura das ações, demonstrando a visão corporativa da importância daquele evento. O investimento é em geral significativamente menor que o do treinamento em si, mas o retorno, comprovadamente alto. Nada como ver o líder presente para reforçar o valor da ação para os colaboradores. (Adaptado de Orlean e Junqueira, 2012)

Essa é uma dica importante em treinamentos em larga escala, pois grandes volumes de pessoas funcionam de maneira peculiar e a adesão pode levar a um grande sucesso ou a um grande fracasso. Com um trabalho de pré-treinamento benfeito, a adesão incremental é mais fácil de ser alcançada.

23.6.3 Escolha a metodologia de olho nas variáveis trabalhadas: objetivos e perfil do público são fatores cruciais nesse processo

A metodologia deve ser pautada pelo perfil dos participantes, trabalho que exercem, competências a serem desenvolvidas e podem ter manifestações variadas, como construtivista, behaviorista e cognitiva. Procure conhecer as aplicabilidades, forças e fraquezas de cada uma e faça sua escolha de acordo com os objetivos propostos (Orlean e Junqueira, 2012.)

Em cenários de treinamento em larga escala, a metodologia precisa estar especialmente alinhada ao conjunto de tecnologias adotadas e adequada à sua estrutura, público-alvo, objetivos e temas a serem desenvolvidos.

23.6.4 Desenvolva uma experiência de aprendizado que engaje: antes, durante e depois, e que perdure!

> O potencial de inovação em treinamento chegou a um patamar bastante elevado se comparado a outros contextos da história corporativa. A combinação de abordagens e tecnologias disponíveis permite o desenvolvimento de experiências de aprendizado completas que ultrapassam os limites das salas de aula e passam a fazer parte do dia a dia do profissional de forma integrada. (Orlean e Junqueira, 2012)

No entanto, um dos maiores desafios dos profissionais do setor encontra-se na dicotomia entre atenção e retenção. Como engajar o profissional e garantir que o aprendizado perdurará? Como despertar sua motivação para que ele participe das ações sem um sentimento de obrigação, mas entendendo o significado, a relevância e o propósito de cada treinamento? Como conseguir tudo isso para grupos de dezenas de milhares de pessoas?

Segundo os preceitos da andragogia, é crucial descobrir e comunicar o que seu público valoriza. O participante corporativo tem motivações individuais, que podem variar desde o simples reconhecimento do dever cumprido a elementos extrínsecos, como possibilidades de promoções, premiações e crescimento salarial. Identifique qual a força motora prevalente para seu público e como as ações de treinamento podem ser combinadas com essas características.

23.7 Metodologias e tecnologias

Diversas tendências podem ser citadas quando discorremos sobre a aplicação de metodologias e tecnologias em treinamentos em larga escala.

O primeiro passo a se seguir antes de aplicar qualquer metodologia é desenhar o modelo do programa, definindo o momento de cada ação e identificando claramente o objetivo educacional, o público-alvo e os recursos instrucionais utilizados.

Por exemplo:

Programa de excelência em vendas			
Nome da ação	Objetivo educacional	Público-alvo	Recursos instrucionais
Vídeo de apresentação	Disseminar os conceitos básicos sobre o tema a ser tratado no treinamento	Todos	Vídeo
e-learning	Apresentar os novos produtos e serviços de forma a desenvolver os argumentos básicos de venda	Força de vendas externa	e-learning de 1 hora, on-line
Workshop presencial	Desenvolver os processos comerciais e apresentar formas efetivas de garantir a conformidade dos times externos	Gerentes comerciais	Workshop de 8 horas com simulações e estudos de caso
Evento de encerramento	Resumir os principais conceitos, técnicas e processos comerciais relacionados à excelência em vendas	Todos	Evento presencial de 2 horas para os profissionais da localidade em que será realizado + transmissão via IP para outras regionais e profissionais de trabalho externo

O objetivo educacional deve estabelecer os fins a serem alcançados com a aplicação da ação educacional: os conhecimentos, habilidades e comportamentos almejados e mudança de atitude esperada depois da realização do treinamento. O público-alvo deve determinar a quem aquela ação específica se destina; os recursos instrucionais representam os diversos meios que serão utilizados: materiais didáticos, conteúdos e demais peças.

Entre as estratégias que combinam recursos instrucionais, podemos citar os exemplos a seguir.

23.7.1 E-learning e *active learning*

A última geração do método de e-learning exige uma estrutura bem fundamentada associada a um design arrojado e muita interação. Podemos até nos utilizar do método de e-learning tradicional para prover informações ou *rapid learning* para estudar um tópico mais simples. Mas somente a interatividade e a participação permitem que o aprendizado seja mais efetivo em temas mais complexos ou que exijam reflexão e experimentação.

Apesar da existência de diferentes estilos de aprendizados, a célebre citação de Confúcio, pensador e filósofo chinês, que dizia "Conte-me e eu esqueço. Mostre-me e eu me lembro. Envolva-me e eu compreendo" mantém-se bastante atual.

Por isso, o *active learning* tem crescido bastante. O termo descreve um processo no qual os participantes são engajados em atividades como leitura, escrita, discussão e solução de problemas que promovam análise, síntese e avaliação de cenários, visando reforçar a participação e o aprendizado. O aprendizado colaborativo também é bem comum nesses contextos.

Uma grande indústria farmacêutica aplicou uma solução com essa abordagem para capacitação de propagandistas. Situações diversas foram gravadas com atores que representavam médicos e que expunham dúvidas e situações que deveriam ser resolvidas pelos colaboradores da empresa. O projeto teve enorme sucesso e boa adesão do público-alvo, gerando retenção de conhecimento significativamente maior do que a abordagem tradicional.

O e-learning e o *active learning* assíncronos são soluções escaláveis, pois permitem que o colaborador realize as ações em seu próprio ritmo e ambiente. Soluções síncronas permitem atingir muitas pessoas em diferentes locais, mas não permitem tamanha flexibilidade de tempo e ritmo.

23.7.2 Educação transmídia

Pessoas diferentes possuem estilos diversificados de aprendizagem e sentem-se mais confortáveis com tipos distintos de mídias, momentos de interação e dispositivos. Trata-se do tripé que denominamos facilidade, conveniência e preferência. Cada participante tem a combinação própria que intensifica o seu aprendizado. Se antes as ações conduzidas pelas empresas privilegiavam um estilo de aprendizagem lógico-racional — e o meio de entrega era uniforme, presencial –, os avanços nas pesquisas de neuroaprendizado sustentam abordagens que estimulam diferentes estilos, aproveitando estímulos auditivos, visuais e sinestésicos para aumento da retenção de conhecimento e desenvolvimento de competências. Combinadas com as possibilidades permitidas pelas novas tecnologias e infraestrutura de comunicação, as abordagens transmídia chamam a atenção das organizações e crescem a taxas aceleradas.

Trilhas de aprendizado completas agora podem ser encontradas combinando-se ações presenciais e digitais com o uso intenso de vídeos, conteúdos em áudio e interativos, textos, fóruns de discussão e jogos, sem esgotar todas as manifestações que se mostram possíveis e permeando todos os momentos — antes, durante e depois das atividades — que demandam as competências desenvolvidas. (Adaptado de Orlean e Junqueira, 2012)

O uso combinado desses recursos permite alcançar maior quantidade de pessoas, de forma mais descentralizada e periódica, mais vezes. Em contrapartida, demandam a existência de infraestrutura de TI, de redes, de banda de Internet e ferramentas de conectividade adequadas, nem sempre disponíveis.

23.7.3 Aprendizado baseado em histórias — *storytelling*

O homem conta histórias desde o início da civilização. Segundo Jean-Paul Sartre, entendemos tudo na vida humana por meio das histórias. Histórias engajam e estimulam os dois lados do cérebro. Histórias atingem todos os estilos de aprendizado. Histórias podem ser personalizadas e originais. Histórias dão credibilidade, envolvem, humanizam e conectam.

O treinamento baseado em histórias é uma forma de enraizar conceitos, comportamentos e valores nas pessoas. Porém, apesar de parecerem artesanais, esses treinamentos exigem estrutura e conhecimento de técnicas específicas — mas não necessariamente complexas. (Adaptado de Orlean e Junqueira, 2012)

Histórias podem ser contadas em várias mídias, de forma assíncrona e interativa, e podem atingir milhões de pessoas. Uma websérie, por exemplo, pode representar o dia a dia de um conjunto de clientes para treinamento de força de vendas (caso real aplicado por uma grande empresa de telecom), ou pequenos *cartoons* animados podem servir de pano de fundo para reforçar conceitos de saúde e segurança, sendo exibidos no refeitório, em salas de espera etc. (outro grande projeto liderado por uma empresa de mineração para atingir um grande público de campo). Ou, ainda, um personagem pode ser âncora de diversas histórias para reforçar conceitos sobre o posicionamento dos produtos da empresa, em cenários e situações variados (caso de engajamento interno de uma empresa que é referência em alimentos e bebidas).

23.7.4 Entertreinamento — *entertraining*

> Aprender pode ser uma experiência divertida. Empresas de todos os setores investem em treinamentos lúdicos e inusitados para chamar a atenção dos participantes e fortalecer a retenção de conceitos e práticas. É a junção do treinamento com o entretenimento, permitindo a adoção de estratégias prazerosas e recompensadoras que gerem experiências de ampla aceitação e resultados duradouros. (Orlean e Junqueira, 2012)

Esse tipo de ação permite o envolvimento de grandes grupos de pessoas em curto espaço de tempo. Recentemente, duas importantes empresas que se fundiram levaram grandes grupos de colaboradores e líderes ao cinema para participar de um "festival" e entrar em contato com o novo posicionamento, novo portfólio de produtos e serviços, missão, visão e valores e as principais mudanças a que cada um seria submetido.

23.7.5 Aprendizado "gamificado" — *gamification of learning*

Quando as gerações que cresceram jogando videogame chegam ao ambiente de trabalho, temos uma situação avassaladora, pois conquistar a atenção dessas pessoas nos treinamentos é um desafio.

Acostumados a missões claras, feedback rápido e celebração de vitórias, esses profissionais demandam características semelhantes no ambiente de trabalho e nas ações de treinamento. Jogos de negócios, simuladores e serious games são ações educacionais altamente eficientes que incorporam essas características (McGonigal, 2011; Kapp, 2012). (Adaptado de Orlean e Junqueira, 2012)

Os jogos podem ser utilizados on-line, presencialmente ou na modalidade *blended*, combinação de on-line com presencial. A abordagem on-line pode ser realizada individualmente, em modalidades multiusuário ou colaborativas, e permite atender quantidades significativas de participantes. A presencial também pode abarcar grandes grupos, mas exige estrutura e logística cuidadosas, bem como mecânicas que permitam tamanha interação.

A modalidade *blended* combina pontos fortes das duas abordagens: pode abordar pontos críticos, que demandem interação pessoal e engajamento para a parte presencial, bem como suprir a necessidade de ações recorrentes e periódicas que passam a ser realizadas no mundo on-line.

Recentemente, um grande banco desenvolveu para seus líderes um *game* a fim de promover práticas e atitudes de liderança mais alinhadas à cultura da organização, em um ambiente on-line que representava fielmente os escritórios do banco e situações típicas do cargo. Uma grande empresa que atua no setor extrativista realizou, presencialmente e com o uso de simuladores, um jogo de negócios em que os gestores podiam ver os impactos de suas decisões na saúde e segurança de seus funcionários, recebendo feedbacks precisos sobre as ações mais adequadas. Outro exemplo foi de uma grande organização do setor de telecomunicações que conseguiu treinar 40 mil pessoas na modalidade on-line e 12 mil presencialmente em um jogo inspirado em competições esportivas e com situações que seriam vividas por esses profissionais nos diferentes canais de venda em que atuavam. Em todos os três casos, a avaliação de reação mostrou que o nível de engajamento alcançado superava os resultados de abordagens tradicionais usadas em ações anteriores, além de a avaliação de aprendizado também se mostrar mais satisfatória.

23.7.6 Aprendizado experiencial

> Ouvir, ver e viver lições, histórias e conceitos estimulam diferentes regiões do cérebro e geram resultados mais ou menos duradouros de acordo com o indivíduo. O aprendizado experiencial tem um grande valor, pois leva o participante a desenvolver um conjunto de conhecimentos, habilidades e atitudes que não poderiam ser desenvolvidos com a mesma intensidade em contextos tradicionais. (Orlean e Junqueira, 2012)

O aprendizado experiencial não é uma modalidade que permite facilmente um ganho de escala, mas não deve ser descartada *a priori*. Cabe ao gestor identificar como replicar a experiência em diversas situações ou engajar grandes públicos nas experiências projetadas.

23.7.7 Aprendizado durante o trabalho — *on-the-job learning*

> Uma das abordagens mais clássicas do "aprender durante", o aprendizado durante o trabalho evoluiu bastante ao longo dos últimos anos. Se anteriormente dependia do talento do facilitador, que funcionava como um mentor dos participantes, agora pode ser encontrado com um grande conjunto de materiais de apoio e suporte, como planos, roteiros, guias, tutoriais, listas de verificação, conteúdos audiovisuais portáteis e outras maneiras de permitir ganhos de escala e garantir a uniformidade. (Orlean e Junqueira, 2012)

23.7.8 *Workflow learning* e sistemas de suporte ao desempenho

> O *workflow learning* (aprendizado no fluxo de trabalho) pode ser aplicado "antes" ou "durante" as atividades, pois está baseado na representação do fluxo de trabalho a ser realizado para desenvolver nos participantes as competências necessárias para um bom desempenho. Os sistemas de suporte ao desempenho são metodologias que permitem oferecer apoio a uma realização adequada do trabalho durante sua execução e se encontram frequentemente em situações que ocorrem por meio da interação com máquinas, equipamentos e sistemas. (Adaptado de Orlean e Junqueira, 2012)

Essa abordagem é bastante utilizada por empresas que prestam atendimento técnico ou especializado e empresas de *contact center*, uma vez que desenvolve as habilidades necessárias seguindo de forma precisa as ações que aquele profissional executará em sua rotina. O fluxo de trabalho mapeado e transformado em material educacional pode ser aplicado e reaplicado em grande escala e em diferentes modalidades, e-learning, *active learning*, *on-the-job learning* etc.

23.7.9 *Mobile learning*

> Esta é uma abordagem com enorme potencial, mas requer cuidados. Implantar *mobile learning* não significa migrar conteúdos desenvolvidos para outras plataformas ou mídias para dispositivos móveis como celulares, smartphones ou tablets. É ir além, integrando as vantagens desses dispositivos na experiência de ensino e aprendizagem. A solução educacional deve ser planejada considerando-se cada dispositivo, perfil e necessidades dos participantes. Disponibilidade e

conveniência, úteis para a distribuição de conteúdos e informações que podem ser necessárias em trânsito ou em momentos críticos e decisivos do dia a dia do profissional, são algumas vantagens. (Adaptado de Orlean e Junqueira, 2012)

Em treinamentos em larga escala, o *mobile learning* é uma alternativa cada vez mais viável e que cresce exponencialmente, à medida que aumenta a utilização de smartphones e tablets conectados no mercado. No Brasil, a prevalência de celulares já é comparável à do rádio, da televisão e da geladeira (Estatísticas Brasil, 2012). A popularização dos planos de dados nas operadoras telefônicas, a distribuição em massa de vídeos, áudios e conteúdos interativos como tutoriais e jogos representarão uma transformação na forma como as pessoas irão aprender.

23.7.10 Aprendizado informal e colaborativo

> Pesquisas mostram que 80% do que aprendemos é desenvolvido fora de iniciativas formais de treinamento (Cross, 2006). São interações com os colegas, líderes, clientes, parceiros e equipes. E, cada vez mais, essas interações ocorrem em espaços digitais e virtuais, como redes sociais e ambientes colaborativos. Empresas enxergaram esse potencial e desenvolvem ações utilizando esses ambientes para estimular a troca e o aprendizado entre as pessoas. O aprendizado informal e colaborativo pode ser adotado antes, durante e depois das atividades que demandam determinado conhecimento, reforçando-se em cada momento um objetivo educacional. Antes, servindo para estimular e introduzir os temas a serem tratados. Durante, servindo como apoio complementar ou mesmo para condução de atividades virtuais, como discussões síncronas e assíncronas e disseminação de conteúdo. Depois, fazendo o papel de plataformas para gestão do conhecimento corporativo e tornando perenes as lições aprendidas e as melhores práticas desenvolvidas. (Orlean e Junqueira, 2012)

Redes de aprendizado informal e colaborativo podem atingir milhares de profissionais ao mesmo tempo, integrando-os em comunidades de interesse e fóruns. Uma grande empresa petrolífera utilizou essa abordagem com grande sucesso para conectar seus profissionais especialistas que atuam em grandes extensões territoriais, compartilhando as melhores práticas, lições aprendidas e alertas técnicos em seus projetos.

23.7.11 Teleaulas e videoaulas

O uso intenso de vídeos cresce no setor de educação e ganhou força com o surgimento das redes IP, grandes distribuidoras desses conteúdos.

Teleaulas representam a transmissão de uma aula para diferentes pontos distantes entre si, representando um ganho de escala considerável. Muitas soluções já permitem a interação com o professor remotamente, por meio de chats e microblogs.

Videoaulas — nesta definição — são aulas que podem ser gravadas em diferentes níveis de sofisticação: de simples gravações a soluções em vídeo detalhadamente roteirizadas, utilizando recursos especiais como animações 3D. Podem ser distribuídas para públicos que não possuem os recursos de conectividade necessários ou serem disponibilizadas em plataformas de EAD mais tradicionais.

23.8 Conclusão

A certeza que temos é de que não passamos da superfície de possibilidades para o desenvolvimento das pessoas em larga escala. Os avanços quanto ao conhecimento sobre como o cérebro aprende e as evoluções metodológicas e tecnológicas, apesar de aceleradas e intensas, ainda estão em seu início. O papel do profissional de treinamento e desenvolvimento se voltará, sem dúvida, cada vez mais a entender os objetivos, comprovar ou estimar o retorno das ações e a promover experiências de aprendizado que se mostrem eficientes para seus públicos, em larga escala ou não. Nesse ponto, o uso de metodologias e tecnologias adequadas é fundamental. O infográfico "Que estratégia educacional utilizar?" (Orlean, 2013) fornece um mapa de como aplicar as ferramentas mais adequadas para os diferentes cenários trabalhados neste capítulo, e o livro *Brilliance by Design* dá boas dicas de como criar experiências de aprendizado que conectem, inspirem e engajem pessoas (Halsey, 2011).

Existem centenas de exemplos que podem ser estudados e utilizados como referência por organizações que enxergam na inovação a melhor saída para desenvolver profissionais e construir equipes preparadas e motivadas para os desafios atuais. Aqui citamos alguns casos, sem citar as empresas, por questões de confidencialidade. Porém, muitas delas abrem as portas para profissionais interessados em realizar ações de *benchmarking* e troca de experiências.

Referências bibliográficas

Cross, J. *Informal learning*: rediscovering the natural pathways that inspire innovation and performance. Pfeiffer, 2006.

ESTATÍSTICAS Brasil. Brasil, 2012. Disponível em: <www.teleco.com.br>. Acesso em: 14 maio 2013.

HALSEY, V. *Brilliance by Design*: creating learning experiences that connect, inspire, and engage. Berrett-Koehler Publishers, 2011.

KAPP, K. M. *The gamification of learning and instruction*: game-based methods and strategies for training and education. Pfeiffer, 2012.

McGONIGAL, J. *Reality is broken*: why games make us better and how they can change the world. Penguin Books, 2011.

ORLEAN, D. "Que estratégia educacional utilizar?" Affero, 2013.

______. "Nos momentos certos: como aprender além dos limites da sala de aula. Antes, durante e depois". Melhor gestão de pessoas, 2012. Disponível em: <http://www.revistamelhor.com.br/textos/297/nos-momentos-certos-264618-1.asp>.Acesso em: 14 maio 2013.

Daniel Orlean

Especialista em inteligência organizacional pela COPPE-UFRJ, graduado e mestre em engenharia pela PUC-Rio, Daniel Orlean é diretor da Affero, empresa líder na área de soluções para educação corporativa presente em todo o território nacional, palestrante, professor e anjo de empresas nascentes, tendo liderado projetos em dezenas de grandes empresas do país.

Tel.: +55 21 8123-2170
E-mail: daniel.orlean@affero.com.br

Parte **três**

Métodos e técnicas em T&D

Floriano Serra

Apresentação

Quando iniciei minha carreira em treinamento e desenvolvimento, no início da década de 1970, predominava o treinamento expositivo, que colocava sob os refletores principais a figura do instrutor ou expositor. Além da habilidade verbal que se esperava encontrar nesse profissional, poucos eram os recursos adicionais. No campo das ferramentas audiovisuais, usavam-se as já superadas transparências e os antigos *slides*, vítimas quase constantes da Lei de Murphy: por mais cuidado que o expositor tivesse, não era raro aparecer uma imagem de cabeça para baixo ou com o texto ao contrário.

Quanto aos processos e metodologias, as práticas mais avançadas consistiam em atividades que hoje estariam obsoletas não fossem os aperfeiçoamentos e as atualizações recebidos das novas tecnologias da comunicação e da informática: refiro-me especialmente aos jogos de empresas e de tomadas de decisão na forma de simulações. Alguns com pomposos nomes importados, como *business games, team building, sensitivity training* ou *role-playing*. Também já se percebia a aplicação da instrução programada, um questionário de treinamento baseado nos conceitos do psicólogo americano Frederic Skinner. Tais programas abordavam geralmente questões operacionais ou administrativas.

Nas duas décadas seguintes, o treinamento comportamental ganhou mais espaço com o aparecimento e consequente aplicação de conceitos e teorias da psicologia, como a análise transacional (Eric Berne), a programação neurolinguística/PNL (Richard Bandler e John Grinder) e a dinâmica de grupo (Kurt Lewin), que vinha sendo usada basicamente em trabalhos psicoterapêuticos, na forma de psicodrama. A partir desse momento os recursos se tornaram cada vez mais sofisticados e tecnológicos — sem abrir mão, claramente, da metodologia presencial, mesmo com a chegada do treinamento a distância.

Objetivos

É sobre esse upgrade dos atuais recursos em treinamento e desenvolvimento que este capítulo se debruça, discorrendo sobre processos e métodos inovadores, alguns dos quais quase que ainda em fase introdutória. No final, o leitor certamente refletirá sobre as inúmeras possibilidades dos programas de treinamento e desenvolvimento para fomentar os talentos e as habilidades dos participantes. Para tanto, será fundamental que as empresas confiem, acreditem, invistam e cedam espaço para os novos instrumentos de melhoria e mudança comportamental.

Abordagens

Os autores convidados a ilustrar esta parte são profissionais experientes, do mais alto gabarito e, como o leitor poderá constatar, estão absolutamente qualificados para as abordagens que apresentarão nas páginas seguintes.

Quatro dos artigos deste bloco abordam métodos e técnicas vivenciais, em maior ou menor especificidade. E isso não é por acaso: o aprendizado pela emoção tem uma enorme eficácia quando o objetivo é estimular a reflexão, o autoconhecimento e o crescimento emocional.

O pedagogo norte-americano John Dewey (1859-1952), reconhecido como um dos fundadores da escola filosófica do pragmatismo e pioneiro da psicologia funcional, destacou-se por ter apresentado inovadores métodos experienciais de aprendizagem que resultariam no treinamento vivencial. Ele afirmava que a melhor maneira de se aprender alguma coisa era vivenciando. Justificava seu ponto de vista defendendo que as sensações e reflexões individuais e coletivas motivadas pelas vivências transformam-se em conceitos que, por sua vez, são internalizados pelos treinandos e incorporados ao seu modo de ser, gerando assim as transformações desejadas ou necessárias. O que, na verdade, não se constituía em nenhuma novidade: séculos atrás, Galileu Galilei já havia dito que "não se pode ensinar nada a um homem; só é possível ajudá-lo a encontrar a coisa dentro de si".

Outros inovadores e eficazes métodos e técnicas são apresentados pelos demais autores. As características, condições e objetivos de cada evento determinarão a escolha da ferramenta a ser utilizada. Cada uma, à sua maneira, cumpre a missão esperada.

Dinâmicas e técnicas vivenciais em T&D

Nesse capítulo, Tatiana Wernikoff e Ana Maria de Freitas discorrem sobre o uso de dinâmicas e métodos vivenciais em T&D. Trata-se de um texto da maior importância para quem utiliza as técnicas ou apenas se interessa por treinamento comportamental.

O treinamento vivencial, por mobilizar sentimentos e emoções reveladoras, possui uma especial capacidade de produzir no treinando uma inevitável reflexão que conduzirá a mudanças de atitudes e comportamentos. Tatiana e Ana Maria abordam essa questão com maestria. Fazem uma objetiva introdução ao tema, oferecem amplo histórico do uso das técnicas, incluindo a fase de "deslumbramento" dos anos 1960/1970, e chegam aos dias de hoje oferecendo uma clara e didática definição e esclarecimento dos seus conceitos e prática. Além disso, disponibilizam ao leitor os passos para construção e aplicação de dinâmicas de grupo e técnicas vivenciais nos processos de T&D.

Ênfase especial é dada ao papel do facilitador, considerado pelas autoras como a *chave para um trabalho profissional de excelência* . No entanto, nenhuma etapa do processo é deixada de lado. De forma simples e funcional, as autoras dão todas as "dicas" válidas para antes, durante e depois, visando assegurar a correta aplicação da técnica. Nesse sentido, abordam-se questões relativas à escolha das dinâmicas, à definição dos objetivos e dos resultados esperados, ao local e ao material de apoio e, novamente, ao facilitador: seu papel, sua importância, sua postura, suas colocações. Nenhum ponto deixa de ser investigado.

Música: uma ferramenta a ser "des-coberta"

Não menos importante, o segundo capítulo desta parte aborda uma ferramenta muito poderosa, apesar de ainda pouco usada nos programas de treinamento e desenvolvimento nas empresas: a música.

Além de ser um recurso vivencial, a música, adequadamente selecionada e empregada, mobiliza fortes emoções e sentimentos, com a vantagem adicional de, quase sempre, promover a movimentação corporal com novas mobilizações. Não precisamos recorrer a Wilhelm Reich, o criador da orgonoterapia, para explicar e justificar a potência mobilizadora de posturas, movimentos e respirações.

Quem nos fala desse tema é o consultor e palestrante internacional Guilhermo Santiago, criador do método SOM (Sistema de Organização Musical) e fundador do Projeto Unicórnio, do qual é também diretor. Sua relação com a música, sua prática e seu ensino é íntima e constante: pode-se dizer que é pesquisador em tempo integral. Compõe trilhas sonoras para cinema e teatro e é um premiado músico profissional.

Conforme explica o autor, é o poder mobilizador da música que faz com que ela venha a comprometer ou abrilhantar um evento que a utilize como ferramenta. Para orientar de forma bem clara e didática aqueles que se interessarem pelo tema, Guilhermo descreve com detalhes o significado e a importância de cada parte da música: ritmo, melodia e harmonia. Depois, discorre sobre trilhas sonoras e jogos musicais. Nessa parte, usando um grupo de jazz como exemplo, nos alerta para a estreita correlação que existe entre uma orquestra e uma empresa. E dá o roteiro completo para a aplicação do jogo musical "orquestra cooperativa", durante o qual podem ser observados e avaliados diversos componentes do contexto de uma organização, como a cooperação, inovação, criatividade, comunicação, espírito de equipe e outros.

Para que esse jogo possa oferecer subsídios úteis e práticos, Guilhermo ainda oferece uma série de perguntas que poderão ser feitas aos participantes, incitando a reflexão, a análise, a conscientização e o consequente crescimento pessoal e profissional. Como resultado, as relações e o ambiente profissional passam a ser percebidos com mais clareza, compreensão e motivação.

O autor conclui lembrando que a música é uma ferramenta muito potente e eficaz, mas que é preciso, ao usá-la, estar atento para sua adequação aos objetivos, ao tema e ao contexto, facilitando, assim, o aprendizado.

Teatro Treinamento

Esse capítulo apresenta o Teatro Treinamento, recurso que explora também os caminhos da vivência.

Quem discorre sobre essa técnica é o premiado palestrante e produtor executivo Reinaldo David Rizk, cofundador do conhecido e prestigiado grupo de teatro para empresas "Toque de Areia".

No seu texto, Reinaldo destaca o papel do Teatro Treinamento como agente para despertar a consciência e impulsionar a ação no contexto corporativo, *objetivando o treinamento e desenvolvimento do corpo funcional de empresas de todos os ramos de atividade.* Além de apresentar conceitos de forma lúdica, essa técnica, em parte por conta dessa ludicidade, facilita a assimilação e retenção do conteúdo apresentado. Ao longo da matéria, ficam muito claros os objetivos do Teatro Treinamento, bem como suas principais diferenças em relação ao teatro convencional, sobretudo pelo seu foco no universo empresarial.

Nesse sentido, especial ênfase é dada pelo autor à necessidade de o Teatro Treinamento manter o foco no seu objetivo de atender a uma demanda corporativa, que requer sempre temática, linguagem e abordagem pertinentes e consistentes com aquele universo. Ainda que similares por serem veículos de cultura e educação do indivíduo, o Teatro Treinamento difere do teatro convencional na essência e na forma, evitando, por exemplo, o recurso do riso fácil — contagiante, mas nem sempre adequado no contexto corporativo.

Do ponto de vista prático, Reinaldo define as modalidades da técnica e, quase como num "checklist", relaciona os pré-requisitos para a produção de um Teatro Treinamento. O autor parte da indispensável consistência da mensagem, passando pela necessária qualidade técnica e artística, até a importância da cenografia, figurinos, adereços, sonoplastia, iluminação, montagem e das próprias interpretações dos atores.

Chama, ainda, a atenção para a absoluta necessidade de se buscar e atingir o ponto de equilíbrio entre os aspectos lúdicos da apresentação, os aspectos técnicos e o seu conteúdo. Tudo é descrito de forma muito clara e didática.

Por fim, são relatados vários "*cases*" da própria vivência do autor para destacar os resultados e benefícios obtidos com o Teatro Treinamento.

Do e-learning para a alta performance

Temos nesse capítulo a excelente matéria do consultor Francisco Antonio Soeltl, matemático por formação. Ele nos fala do percurso histórico do e-learning para a alta performance.

Francisco fundou e preside a MicroPower e o Portal Learning & Performance Brasil. Em seu texto, estimula o leitor a refletir sobre as novas alternativas disponíveis para promover o desenvolvimento humano, mostrando que o aprendizado corporativo é apenas um meio, e não um fim em si mesmo. Segundo essa premissa, defende que é preciso ir além da certificação do conhecimento e das habilidades e avançar na sua aplicação. Defende que só assim se poderá chegar à melhoria da produtividade e ao desempenho das pessoas.

Após oferecer ampla retrospectiva da prática do e-learning, Francisco apresenta a *arquitetura do aprendizado e desempenho.* O conceito introduziu, a partir de 2008, novos paradigmas nos processos educacionais, fundamentais para todo e qualquer tipo de aprendizagem.

Um dos pontos altos de sua apresentação é a descrição da *arquitetura da Universidade Corporativa Ampliada*, uma visão inovadora para promover a produtividade das pessoas e a competitividade das organizações. Essa apresentação toma como base mais de uma década de prática e as experiências das 136 organizações que participaram do Prêmio e-Learning Brasil no período de 2002 a 2012.

Conforme o texto detalha, a adoção do e-learning gerou muitos benefícios às corporações, o que justifica os contínuos investimentos na área, como o leitor poderá constatar nos gráficos inseridos no texto.

Dentre as várias ilustrações e gráficos apresentados, merece especial atenção o quadro que descreve os *obstáculos ao desempenho* e *possíveis intervenções.*

Por último, reforçando o aspecto funcional de sua matéria, Francisco descreve as dez práticas mais frequentemente adotadas pelas organizações na implantação de seus projetos de e-learning.

Redes sociais como recurso de desenvolvimento de pessoas

Embora reconheça que as experiências com redes sociais ainda estão em fase embrionária, Arthur Cymerman Asnis discorre amplamente sobre sua importância nos processos de desenvolvimento de pessoas.

Arthur começa seu texto com uma interessante digressão sobre a conceituação do "ser" e do "ter", contrapondo-a à do "fazer". Assim, destaca a importância da responsabilidade individual e da confiança como elementos das redes sociais que, hoje, criaram uma irreversível interdependência entre as pessoas do mundo inteiro. A respeito de comunicação, cita Zygmunt Bauman: *estamos todos no mesmo barco.* Em todos os segmentos da vida, estamos globalizados, interligados pelas diversas maneiras de se espalhar as informações e as mudanças. Dessa maneira, as pessoas e suas conexões constituem, na visão do autor, os dois elementos básicos da rede social. A eles se juntam propósito, qualidade, frequência e moderação.

A importância da responsabilidade e da confiança é retomada no texto quando Arthur lembra uma das mais fortes características da rede social: permitir relacionamentos horizontais e descentralizados, em que cada pessoa é autônoma. Sua capacidade de decisão de "ir e vir" reside na distância de um simples *click*.

Depois dessas considerações, o autor nos remete à questão do desenvolvimento, concluindo que as redes sociais tornam acessíveis as bases do conhecimento que consumimos diariamente, uma vez que estamos permanentemente expostos a novos e diferentes estímulos que podem nos motivar a mudar e nos desenvolver. Com a consequente democratização e a ampla disseminação desses conhecimentos, deixa de ser válida a afirmação antiga de que "conhecimento (ou informação) é poder". A avalanche de dados disponibilizada a todos, a toda hora, de forma intermitente, impossibilita qualquer pessoa de manter o monopólio do conhecimento ou da informação. A saída é compartimentalizar esse conhecimento coletivo, de modo que cada um se dedica a uma "fatia".

O fundamental, portanto, não é saber de tudo, mas saber onde encontrar quem saiba o que nos interessa saber. Segundo o autor, este é *um dos principais pressupostos da aprendizagem colaborativa e da aprendizagem por meio das redes sociais.* Seria a verdadeira gestão do conhecimento.

Para fundamentar sua posição, Arthur descreve o resultado de pesquisas realizadas em empresas junto a executivos encarregados de processos de aprendizagem. A maioria dos pesquisados afirmou que os processos de aprendizagem por meio de redes sociais apresentaram, em 2009, relevância no desenvolvimento de pessoas e que tal ferramenta não era simples mania ou moda, mas um processo consolidado, seja por meio de redes internas ou externas. Logo, veio para ficar.

O autor conclui seu texto com importantes recomendações de ordem prática quanto à qualidade e adequação dos contatos e da validade dos conteúdos como fatores decisivos à criação e manutenção de um ambiente saudável e eficiente de aprendizagem e desenvolvimento.

Outdoor training

Nesse texto, Roberto Zardo explicita detalhadamente a prática do *outdoor training*, que, como ele mesmo define, é uma *técnica de T&D praticada em ambientes externos.* De início, o autor nos oferece um amplo histórico sobre a técnica e narra, em detalhes, seus primeiros passos no processo de sua aplicação, descrevendo as ações como aprendiz e praticante.

O curioso é que, apesar de parecer uma atividade de uso recente, na verdade, como nos conta Roberto, o *outdoor training* remonta ao tempo dos gregos e romanos, algo por volta dos anos 300 a.C. Essa informação pode surpreender a muitos porque, como destaca Roberto, é escassa a literatura no Brasil sobre essa técnica. Felizmente, o texto fornece inúmeras dicas práticas para quem desejar se aprofundar no assunto: vão desde livros recomendados a indicações de instituições e locais onde se pode aprender e praticar essa técnica.

Todo o texto é valioso, mas é particularmente interessante refletir sobre o quadro que apresenta as vantagens de utilização do *outdoor training*, observando-se as comparações com o treinamento em sala de aula. É um confronto esclarecedor entre o treinamento cognitivo e o vivencial.

De forma muito didática e útil para os futuros usuários da técnica, Roberto descreve um dia típico de aplicação do *outdoor training*: um verdadeiro roteiro prático. Ainda nessa linha objetiva, o texto inclui uma sessão de perguntas e respostas, esclarecendo as principais dúvidas que o público costuma ter a respeito do *outdoor training*.

Por fim, Roberto fornece um didático roteiro para a elaboração de um programa: desde o número de participantes, carga horária e quantidade de desafios que devem ser propostos até formas de avaliação e muitos outros dados de indiscutível relevância.

Constelações sistêmicas: um método inovador de desenvolvimento humano e organizacional

O último capítulo desta parte apresenta um excelente texto sobre a contribuição das constelações organizacionais aos processos de T&D, com autoria da psicóloga Maria Izabel Rodrigues, diretora-fundadora da Faybel, empresa de consultoria empresarial. Logo de início, ela oferece amplo histórico sobre as constelações, explica sua origem, seus objetivos, sua linha de atuação e, principalmente, alguns dos pressupostos teóricos que fundamentam essa ferramenta, como o pensamento sistêmico, a multidimensionalidade dos seres vivos e da vida e o conceito de campos de informação.

E como essa técnica, que chegou ao Brasil em 2003, se aplica ao contexto empresarial? A autora explica que, assim como acontece nas famílias, também nas empresas existem as ordens dos sistemas organizacionais. Quando essas ordens não são respeitadas, surgem os conflitos no trabalho e, com eles, a desmotivação, a queda de produtividade e de qualidade e até o comprometimento dos resultados esperados. Tudo isso é explicado de maneira clara e consistente.

Muito interessante é a relação de diversas perguntas para reflexão que podem ser feitas aos treinandos sobre o clima e o contexto de uma organização. Tais perguntas apontam para um diagnóstico e um direcionamento para a aplicação da técnica.

Uma boa pergunta é: quando fazer uma constelação?

Essa questão é prontamente respondida pela autora, que, entre os inúmeros objetivos que podem ser trabalhados pela constelação, relaciona alguns que se constituem frequentemente em entraves nas empresas: processo de tomada de decisão, avaliação e administração do clima, necessidade de mudanças, gestão de conflitos, recrutamento e seleção de pessoal, treinamento e desenvolvimento e tantos outros.

De forma a atestar a validade da técnica na solução de alguns problemas organizacionais, a autora transcreve depoimentos de gestores, líderes e empresários sobre os resultados obtidos com a constelação em suas organizações.

Por fim, para permitir ao profissional uma experiência prática valiosa que lhe possibilite avaliar o vigor da técnica, Maria Izabel propõe ao leitor um exercício prático de visualização criativa de uma constelação profissional. Com base nas instruções claras e detalhadas, o profissional poderá realizar o exercício com sua equipe e desfrutar dos seus surpreendentes resultados de fortalecimento e integração coletiva.

Floriano Serra

Psicólogo, consultor, palestrante, facilitador de cursos, seminários e workshops comportamentais, Floriano Serra atua na área de RH e tem experiência em empresas nacionais e multinacionais. Sua gestão como diretor garantiu à Apsen Farmacêutica o título de uma das "melhores empresas para trabalhar no Brasil", em pesquisas promovidas pelas revistas *Exame* e *Época*. Atualmente, é diretor executivo da Somma 4 Desenvolvimento Pessoal e Organizacional. Tem mais de 15 livros e 400 artigos publicados sobre comportamento pessoal e profissional e mantém coluna fixa em três revistas.

Tel.: +55 11 5183-5861/ 99125-6471
E-mail: florianoserra@somma4.com.br

capítulo 24

Dinâmicas e técnicas vivenciais em T&D

Tatiana Wernikoff
Ana Maria de Freitas

> Precisamos de meios para ajudar grupos a ter uma visão compartilhada, a definir em conjunto o que é importante, o que deve ser focado e em que se deve prestar menos atenção. Há princípios e ferramentas nos processos de desenvolvimento que ajudam pessoas e grupos a evoluírem sua visão e perspectiva linear do mundo e da organização para uma visão e ação sistêmicas.
>
> PETER SENGE

24.1 Objetivos

Este capítulo se propõe a abordar, em termos práticos, a elaboração e aplicação de dinâmicas de grupo e técnicas vivenciais nos processos de T&D. Esperamos passar a nossos leitores os cuidados, a atenção com as pessoas, os limites e as abrangências dessas técnicas. Talvez seja pretensão nossa, mas vamos nos empenhar para transferir toda a paixão que temos por esse tipo de trabalho. Assim, nosso enfoque principal consiste no papel do facilitador, chave para um trabalho profissional de excelência.

24.2 Introdução

Parece muito natural dizer, hoje, que o que importa nas organizações, além do foco em resultados, das estratégias e das regras e princípios, é o trabalho em equipe, a comunicação, o compartilhamento. Essa é uma ideia que já se tornou espontânea, vivida, aplicada: é certamente um forte indicativo da evolução do aspecto social nas relações corporativas.

Acontece, porém, que a convivência com pessoas diferentes nem sempre é um dos processos de vida mais fáceis de serem operacionalizados. Dorwin Cartwright, em artigo escrito em 1951, já dizia que a sobrevivência das organizações e da sociedade dependeria da habilidade humana de criar relações capazes de aproveitar, para um uso construtivo, as enormes energias e competências individuais. Simplificando, precisamos, de acordo com o pensamento do autor, aprender a mudar a maneira como uma pessoa se comporta com relação a outras. Mas ele pergunta: como promover mudanças nas pessoas sem restringir a liberdade nem limitar as potencialidades que impedem as individualidades de ser bloqueadas?

As atividades grupais são, desde a época de Cartwright, a melhor forma de melhorar relacionamentos e entender as diferenças individuais, além de ser um instrumento fundamental para o desenvolvimento pessoal, da equipe e da organização. Parte-se do pressuposto quase "óbvio" de que o ser humano é social, gregário e não consegue viver a não ser em contato com outros seres humanos.

Sabemos, contudo, que a vida em sociedade precisa ser aprendida, elaborada, sistematizada, estruturada. Em tempos imemoriais, a comunidade era instintivamente formada, com papéis e responsabilidades espontaneamente assumidos, quase sempre em função da necessidade de segurança.

A Era Industrial mudou esse cenário. Pessoas foram acostumadas a receber seus papéis, a serem orientadas sobre o que fazer e que resultado oferecer. A evolução veio e várias eras se sucederam, transformando a vida das organizações e das pessoas.

Termos como iniciativa, autonomia, transparência, respeito mútuo, responsabilidade individual, compartilhamento, ética e outros trouxeram novos significados para todos que trabalham em organizações.

O trabalho em equipe, com bem-estar e sintonia, exigiu um processo de desenvolvimento que, além de lidar com a capacidade racional, isto é, o entendimento, precisava envolver também sentimentos e emoções para favorecer a assimilação e criar vínculos entre as pessoas.

Então, é nesse momento que se faz necessário realizar dinâmicas de grupo e aplicar técnicas vivenciais em trabalhos de treinamento e desenvolvimento, para facilitar, e muito, esse processo de aprendizagem do adulto.

24.3 Breve história

Quando o conceito de andragogia (Knowles, 1988) se estabeleceu, percebeu-se que os métodos tradicionais de aprendizagem deixavam a desejar no caso de aprendizes já em idade adulta. Os trabalhos de Kurt Lewin trouxeram luz ao entendimento de grupos e dos processos de aprendizagem, o que, do ponto de vista pedagógico, representou um avanço. Já do ponto de vista psicológico, foram as contribuições de Bion, de Moreno, de Rogers, de Didier Anzieu, de Pichon-Rivière e outros que enriqueceram e aprofundaram o conhecimento sobre a dinâmica dos grupos e a maneira como se poderia lidar com equipes de uma forma mais produtiva e verdadeira.

Ao longo da nossa história organizacional, desde os anos 1960, quando as dinâmicas de grupo praticamente iniciaram sua vida no Brasil, muitos acertos e muitos erros fizeram parte desse processo. Atualmente, já podemos dizer que atingimos uma etapa de maturidade ao lidar com as pessoas, os grupos e as organizações. Ainda assim, consideramos que alguns aspectos relacionados a cuidados e recomendações são essenciais quando o assunto é a interação com as pessoas.

24.3.1 De olho no passado

O entusiasmo e o fascínio pelos jogos e técnicas vivenciais, sobretudo no século passado, nas décadas de 1970 e 1980, levaram a dinâmica de grupo a ter papel de destaque em todos os programas de treinamento e desenvolvimento e estimular um elevado interesse da maioria dos facilitadores de grupos.

Nessa época, houve uma avalanche de cursos ou treinamento para profissionais que queriam conhecer ou aprimorar seus conhecimentos em técnicas de dinâmica de grupo que ganharam espaço nas mais renomadas instituições.

Esse encantamento pela dinâmica de grupo *versus* o despreparo e a imaturidade dos profissionais que usavam a técnica provocou um desgaste da ferramenta e até certa rejeição por parte dos treinandos (existia até o site *odeiodinamica*). Falava-se em dinâmica de grupo e as pessoas entravam em pânico, preocupadas muitas vezes sobre de que modo seriam expostas, com medo de sofrer vexames ou coisas do gênero.

Com as mudanças significativas no cenário organizacional e cultural das últimas décadas, passou-se a utilizar técnicas, estímulos e jogos vivenciais em programas de treinamento ou desenvolvimento de modo responsável e ético.

24.4 O conceito

A palavra *dinâmica* vem do grego e significa "força". Assim, servindo-nos de uma definição simples, podemos dizer que dinâmica de grupo é o estudo das forças que movem um grupo: o que faz emergir a força do grupo, que condições a modificam, quais consequências gera etc. A aplicação do conceito de dinâmica de grupo consiste na utilização do conhecimento a respeito dessas forças para alcançar algum objetivo, alguma meta traçada. Mas aqui vamos simplificar nosso trabalho, atentando mais para as atividades que são reunidas sob o nome de dinâmicas de grupo, o que compreende também as técnicas vivenciais.

24.5 A prática

A atividade envolve **exercícios**, **jogos**, **diálogos dirigidos**, **discussões em pequenos grupos**, **dramatizações**, **vivências**, cujo foco principal está no aprendizado, seja com o intuito de: **melhorar relacionamentos**, **atingir algum objetivo comum**, **desenvolver competências e habilidades necessárias para algum trabalho específico**, **reforçar o vínculo entre pessoas, propiciar determinados papéis dentro de um grupo**. As atividades podem estar incluídas em processos de *team building*, de desenvolvimento de equipes, de desenvolvimento de lideranças, planejamento, entre outros.

24.5.1 Técnicas lúdicas e o aprendizado

Muito se ouve de participantes que passaram por atividades em grupo, em um treinamento em que "brincadeiras" foram usadas, o que os ajudou a ficarem mais à vontade. No entanto, há facilitadores que buscam uma "brincadeira" para ser usada com um grupo não apenas com o intuito de descontrair, como também para integrar pessoas.

Aqui focamos o lúdico como forma de levar o grupo à obtenção de conhecimento, a um aprendizado efetivo, a uma maior integração. Há uma máxima famosa de Confúcio ("O que ouço esqueço, o que vejo entendo, o que faço aprendo") que tem muito a ver com os processos de aprendizagem, respeitadas as diferenças individuais (ser mais sinestésico, mais visual, mais auditivo, ter mais necessidade de escrever etc.).

Em vez de falar sobre as maneiras de fazer as coisas, os jogos oferecem aos participantes oportunidades para colocarem em prática suas habilidades ou experimentarem ações dentro de um ambiente resguardado para tal.

24.5.2 A elaboração do processo

Vamos lembrar um ponto fundamental: as técnicas são **meios**, e não **fins** em si mesmas. Elas são desenvolvidas para que algum objetivo seja atingido. Mais essencial que isso, elas são usadas para permitir, preservar, garantir que os participantes, sujeitos do treinamento, sintam-se respeitados, valorizados e atendidos. Alguns aspectos básicos que dizem respeito ao líder do processo, que chamaremos facilitador, merecem destaque antes de começarmos o passo a passo.

Dinâmica de grupo

Não são técnicas rígidas que devem ser seguidas à risca. Muito vale a iniciativa de quem as utiliza, adaptando-se às circunstâncias do tempo e do meio.

Agostinho Minicucci

24.5.3 Reflexões iniciais

Algumas perguntas iniciais podem facilitar bastante o trabalho:

- Conheço o grupo, as características dos participantes, seu momento?
- Sei qual é o objetivo almejado?
- Qual a cultura desta organização onde trabalho, quais seus valores e princípios com relação ao comportamento de líderes e equipes?
- Que vínculo já tenho com as pessoas?
- Preciso estar atento às minhas características que podem propiciar uma relação de confiança com os participantes?
- Tenho uma forma de comunicação fluida, fácil de ser acompanhada?
- Tenho todas as informações de que necessito para planejar meu trabalho?

Grande parte do sucesso do trabalho irá depender da maneira como o facilitador se coloca antes, durante e depois do processo.

24.5.4. O facilitador

Carl Rogers (2002) fez um excelente trabalho sobre o papel e a postura do facilitador, de modo que achamos que vale a pena referir as ideias desse mestre do processo de aprendizagem grupal. Rogers usa os termos "aluno" e "sala de aula", que respeitamos, pois ele aborda um processo amplo de aprendizagem que podemos considerar bem pertinente aos nossos propósitos. Ele ressalta alguns pontos bem interessantes sobre o facilitador, o qual:

1. Tem papel determinante no estabelecimento da disposição inicial ou no clima do grupo ou na experiência em aula: *se sua filosofia básica é a da confiança no grupo e nos indivíduos que o compõem, esse ponto de vista será comunicado de muitas maneiras sutis.*
2. Ajuda a trazer à tona e a elucidar tanto os propósitos individuais, na sala de aula, quanto os mais gerais do grupo: *a aceitação de opiniões contraditórias e dos conflitos e a permissão para as pessoas apresentarem seus objetivos; isto ajudará a criar um clima propício para a aprendizagem.*
3. Conta com o desejo do aluno de realizar os propósitos que têm sentido para cada um, como força da motivação subjacente à aprendizagem significativa: *o facilitador pode aceitar o desejo de dependência de alguns e ajudar outros a utilizar das próprias experiências e desejos.*
4. Empenha-se em organizar e tornar facilmente disponíveis recursos para a aprendizagem, na mais ampla ordem possível.
5. Considera a si mesmo como recurso flexível a ser utilizado pelo grupo: *sua experiência e sua maturidade lhe permitem ser "usado" pelo grupo, sem se sentir desprestigiado!*
6. Correspondendo às expressões do grupo, na sala de aula, aceita o conteúdo intelectual e as atitudes emotivas. Esforça-se por dar a cada aspecto o grau de realce que lhe é emprestado pelo grupo ou por uma pessoa: *a autenticidade lhe permite aceitar tanto racionalizações como emoções.*
7. Em um clima de receptividade, fica apto a se tornar também um aprendiz (participante do grupo).
8. Toma a iniciativa de compartilhar com o grupo sentimentos e ideias, não se impondo ou exigindo: *tem liberdade para se expressar e para dar* feedback *ao grupo, partilha suas satisfações ou desapontamentos, sem juízos ou apreciações.*
9. Por meio da experiência em aula, permanece atento às expressões de sentimentos profundos ou fortes: *por sua receptividade às tensões, ajuda as pessoas a se abrirem a uma compreensão construtiva e ao uso de vínculos existentes entre elas.*
10. No exercício de suas funções, procura reconhecer e aceitar suas próprias limitações.

Algumas experiências que tivemos ao longo dos anos reforçaram sobremaneira o cuidado e a atenção que precisamos ter quando lidamos com pessoas. Citaremos um exemplo:

> Eu (Tatiana Wernikoff) estava à frente de um grupo de *trainees* juntamente com outra consultora em um processo de desenvolvimento de lideranças. Após uma dinâmica de apresentação entre os participantes, um deles se levantou e disse: "Por que devo me apresentar como pessoa? Acho que basta conhecerem minhas habilidades e competências; não concordo com este exercício!".
> A outra facilitadora rebateu o argumento, o que suscitou uma polêmica entre ela e o *trainee*, tornando o ambiente pesado e defensivo. Ela foi amplamente rejeitada pelo grupo e eu tive de continuar o trabalho sozinha, mas consegui, felizmente, salvar o processo.
>
> **Como?** Conversando naturalmente com o grupo sobre o ocorrido, refletindo sobre o comportamento humano, a possibilidade de algum descontrole emocional e as "pisadas de bola" que até facilitadores de grupo cometem.
>
> **Qual a grande lição?** O participante testa o facilitador, com certeza, até conseguir formar uma relação de confiança; assim, precisamos estar seguros de que ele não está contra nós, embora nos teste a cada momento.
>
> **Como agir?** Respeitar a posição de cada um e repassar o questionamento para o grupo pode ser uma atitude do facilitador!

24.5.5 Habilidades, competências e aprimoramento para a excelência nos resultados

Uma de nós foi aluna de Agostinho Minicucci na graduação em psicologia, na década de 1980, e ele era o responsável pela disciplina Dinâmica de Grupo, que foi muito produtiva na carreira. O aprendizado contribuiu muito para uma boa reflexão a respeito de como um profissional que queira ser um bom facilitador deve se preparar.

24.5.6 Para se tornar um bom facilitador

Pensamos que a formação de um facilitador de grupo não ocorre de forma tão cartesiana ou somente com o acúmulo de cursos estruturados. Consideramos pontos essenciais, com base em nossas experiências e conversas com colegas experientes:

1. Interesse genuíno pelas pessoas, começando por você. Portanto, trabalhe constantemente, sem descanso, o autoconhecimento.
2. Amplo conhecimento e interesse pelos mais variados temas do cotidiano: teorias da educação, teorias da inteligência, cultura, modelos mentais, política, economia, dentre outros assuntos relevantes.
3. Experiência teórico-vivencial, realização de seminários de fundamentação teórica e exercício de experimentação, de observação e coordenação de processos grupais, em que a teoria e a prática se complementam.
4. Perspicácia e flexibilidade para manejar ou adaptar os estímulos e/ou técnicas de acordo com as respostas do grupo, que nem sempre estão dentro de um contexto conhecido ou vivenciado pelo facilitador.
5. Entender que o facilitador não é o protagonista da história, não deve "roubar a cena" e nem ter a pretensão de ser a única fonte de conhecimento.
6. Capacidade aguçada de ouvir e compreender as "entrelinhas", o que determinadas falas ou atitudes de um ou mais participantes podem revelar: habilidade de escuta ativa.

24.6 Preparando um processo

Há reflexões e atividades que devem ser pensadas e estruturadas para três diferentes momentos: **antes**, **durante** e **depois** de um processo de dinâmica em grupo.

24.6.1 Antes

Entendimento da demanda e do cenário

Precisamos colher informações detalhadas do cenário, do momento, da necessidade. Temos sempre de lembrar que cada empresa tem sua cultura, seus hábitos, sua visão sobre pessoas, suas políticas.

É fundamental, ainda, conhecer algumas características do grupo que será objeto do trabalho.

Além disso, é essencial saber se o facilitador é interno, ou seja, da empresa, ou externo, isto é, consultor contratado: os dois papéis requerem diferentes profundidades de conhecimento do momento.

Objetivos e conteúdo

- Qual o propósito deste trabalho ou da atividade em questão?
- Qual o nível de aprendizado esperado no final da atividade?
- Que competência deve ser estimulada ou desenvolvida?
- Qual a expectativa dos participantes?
- Qual a expectativa da empresa com relação à mudança de atitudes dos participantes?

Após definir os objetivos, é de extrema importância selecionar as atividades corretas para as necessidades de um determinado grupo, a fim de alcançar os resultados ou consequências desejados. Pensamos que, para tanto, deve-se considerar cinco critérios-chave:

1. Tamanho do grupo.
2. Maturidade do grupo.
3. Grau de interação no trabalho dos componentes do grupo.
4. A qualidade dos relacionamentos atuais.
5. Disponibilidade de tempo para atividades de grupo.

Seleção e escolha da técnica ou estímulo

A escolha ou seleção dos estímulos deverá levar em consideração os itens anteriores, que nortearão o processo, visto que, para objetivos preestabelecidos, há diversos jogos ou técnicas de acordo com a complexidade e as exigências da demanda.

No entanto, deve-se ter cuidado para não se "apaixonar" por determinada técnica ou estímulo e não ignorar se a escolha realizada é ou não adequada para o momento daquele grupo.

A familiaridade com a técnica escolhida é condição importantíssima para usá-la com um grupo, seja por tê-la experimentado ou por ter acompanhado a aplicação de tal estímulo.

Mais uma questão importante reside na flexibilidade necessária para ajustar o planejamento caso a continuidade dos trabalhos o peça.

Material de apoio

A escolha do material é etapa importante do planejamento da atividade: deve-se separar aqueles que possibilitem e facilitem a realização da vivência ou jogo. Contudo, nossa vivência nos mostrou que é bom ter sempre à mão outros recursos, constituindo uma "caixa de emergência", "uma mochila SOS". Não foram poucas as situações em que eles salvaram o trabalho.

Além disso, o uso cada vez mais frequente de recursos audiovisuais ou de recursos que dependam de tecnologia ou Internet também requer cuidados; é prudente assegurar o acesso a um formato alternativo de aplicação da técnica escolhida ou realizar um *back-up*, pois, afinal, até as mais modernas tecnologias têm seus dias de mau funcionamento ou de "apagão". *Lembre-se sempre de testar os equipamentos que for usar.* A seguir, um exemplo de situação em que fomos surpreendidas por um problema técnico:

> Certa ocasião, fora de São Paulo, nas dependências de um cliente, estávamos no meio de uma apresentação em PowerPoint quando... acabou a luz do prédio! Rapidamente, conseguimos outro lugar para trabalhar com o grupo, mas sem recursos de informática!
>
> **Solução inicial**: manter a adesão e o interesse do grupo.
>
> **Solução intermediária**: negociar ampliação de horário de aula.
>
> **Solução final**: encontrar outro modo de alcançar os objetivos. Estabelecemos uma forma de diálogo em pequenos grupos, a fim de que eles debatessem e chegassem a conclusões sobre o assunto que estava sendo apresentado.
>
> **Comentário posterior do grupo**: "Sempre que a gente lamenta o que aconteceu e não está focado em solução possível, perdemos tempo e não chegamos a lugar algum".

24.6.2 Durante

Rapport

O momento inicial de contato com o grupo tem por objetivo estabelecer um clima mais descontraído e de aproximação entre facilitador e participantes. Caberá a cada facilitador usar os recursos que lhe são familiares.

Proposta e consigna

Listamos a seguir algumas instruções para propiciar esse *rapport* entre facilitador e participantes. Deve-se:

- Garantir que todos os participantes estejam atentos ao início da atividade e, caso não estejam, tentar reverter a situação.
- Ser claro e assertivo na explicação da atividade para que os participantes tenham pleno entendimento das instruções.
- Estar atento para não expressar suas crenças, valores pessoais ou juízo de valores ao se comunicar com o grupo.
- Dar os parâmetros necessários para o grupo fazer a administração do tempo, ou seja, pontue o horário de início e término da atividade.
- Estabelecer um "contrato de convivência e funcionamento": indicado para dar clareza e transparência na relação entre o facilitador e o grupo, sendo esse um dos passos para a criação de uma relação de confiança.

Um foco

Muitos participantes serão cooperativos, interessados, atuantes. Mas, no entanto, também devemos ficar atentos a comportamentos que possam apresentar:

- agressividade como forma de se proteger;
- rejeição da atividade e do grupo;
- negação/resistência;

- isolamento;
- discordância constante.

Vale lembrar que essas atitudes geralmente não são contra o facilitador, mas fazem parte do momento ou das características da pessoa. Cabe ao facilitador lidar com a situação, sem expor a pessoa ou se alterar com a situação. Poderá conversar individualmente, para tentar minimizar os efeitos negativos sobre o grupo.

Desenvolvimento da técnica

Durante o jogo ou vivência, a participação do facilitador deve ser a mais discreta possível, a fim de permitir que o trabalho se desenvolva sem suas intervenções e evitando que suas manifestações não verbais sejam tendenciosas.

E mais, é uma atribuição importante do facilitador estar atento para não "se misturar ao grupo", preservando uma distância que lhe permita fazer as observações de maneira neutra e sem envolvimento profundo.

Cada grupo é único, ímpar e imprevisível

Pode acontecer de a técnica escolhida ser muito boa, fácil, interessante (no entender do facilitador!) e, de repente, o grupo se mostrar inquieto, "desligado", com algumas pessoas, inclusive, demonstrando irritação.

O que o facilitador pode fazer neste momento? Perceber o que está acontecendo e ser flexível o bastante para modificar rapidamente suas ações, sem perder o objetivo de vista.

Assim, conclui-se que cabe ao facilitador **trabalhar antes o momento do grupo e somente depois pensar em técnicas.**

Processamento

Toda atividade com grupos é um momento de troca. O fim de cada etapa de um processo de desenvolvimento ou treinamento específico requer uma etapa de processamento. Trata-se do momento de explorar o conteúdo e observar comportamentos e reações dos participantes durante a atividade: requer habilidade para estimular o grupo a fazer a relação entre a vivência experimentada e o objetivo previamente planejado. O participante é estimulado a se colocar de forma espontânea, falando de suas percepções. O facilitador pode fazer perguntas que levem o grupo a construir a "ponte" entre os exercícios vividos e o seu dia a dia, sua atuação e relação com o meio.

Aqui convém falar sobre um ponto fundamental: o facilitador deve oferecer um feedback ao grupo sempre que terminar um processo, para manter a relação de troca.

Também recomendamos que atividades simples sempre sejam realizadas com materiais do cotidiano, para que o grupo se sinta bem acolhido e termine o processo em um estado de serenidade e bem-estar, mas com muitas reflexões e adesão aos contratos estabelecidos para a solução ou encaminhamento dos objetivos previamente existentes.

24.6.3 Depois

Uma reflexão

Nossa experiência nos ensinou a valorizar a aplicação de uma autoavaliação que considere como nos sentimos após cada atividade, quais foram nossos sucessos e quais as atitudes que precisam ser repensadas.

Com base nos resultados da autoavaliação, refletimos: podemos mudar algum posicionamento que nos tenha incomodado? Alguma atitude nossa incomodou os participantes: poderíamos ter agido de maneira diferente? O que aprendemos a nosso respeito? Afinal, em um processo dessa natureza o aprendizado deve ser bilateral!

24.6.4 Um aprendizado que queremos compartilhar: nossa experiência de "coliderança ou cocoordenação"

A vivência em condução ou facilitação de grupos nos levou a experimentar algumas formas de atuação. Gostaríamos de compartilhar um formato que mudou significativamente nossa forma de agir: trabalhar em dupla, ou seja, ter um cofacilitador, o que nos gerou alguns benefícios, entre eles:

- as percepções tendem a ser mais amplas;
- as experiências e os repertórios de ambos podem se complementar;
- o grupo experimenta estilos diferentes de liderança;
- há maior possibilidade de trocas de percepções durante o processo;
- propicia sinergia e fortalecimento do papel de facilitador, bem como do senso de responsabilidade;
- as trocas de feedback entre ambos são valiosas para melhorar a compreensão do que se passa com o grupo.

24.7 Conclusão

Toda metodologia vivencial pode ser atraente, desafiadora para os participantes e por que não? — também para o profissional que a utiliza. Mas nem a empresa contratante do trabalho, nem os participantes são "cobaias de laboratório". Como se discutiu, as atividades são meios para cumprir os objetivos e assim devem sempre ser encaradas.

Nossa experiência mostrou que, quanto mais simples as técnicas, mais a relação entre facilitador e grupo é valorizada. Para isso, a preparação conceitual e atitudinal do facilitador é o ponto-chave para o desenvolvimento de um bom trabalho, pois permitirá que o profissional nunca desqualifique ou infantilize os integrantes de um grupo. Optamos por privilegiar o papel do facilitador, líder do processo. O aprendizado de técnicas e estímulos é fundamental, mas sabemos que a bibliografia a respeito e os cursos específicos constituirão a base do desenvolvimento da atuação profissional responsável e bem-sucedida.

Referências bibliográficas

CARTWRIGHT, D. Achieving change in people: some applications of group dynamics theory. *Research and Application Journal*, n. 9, 2008.

COREY, G. et al. *Técnicas de grupo*. São Paulo: Zahar Editores, 1983.

FALCÃO, P. Métodos vivenciais em T&D. In: BOOG, G. G.; BOOG, M. T. (Orgs.). *Manual de treinamento e desenvolvimento*: processos e operações. São Paulo: Pearson Prentice Hall, 2007, p. 236-45.

KNOWLES, M. S. *The modern practice of adult education*: from pedagogy to andragogy. Cambridge: Cambridge Book Co. Revised edition, 1988.

MINICUCCI, A. *Dinâmica de Grupo*: teorias e sistemas. 5. ed. São Paulo: Atlas, 2002.

MOSCOVICI, F. *Desenvolvimento interpessoal*: treinamento em grupo. Rio de Janeiro: José Olympio, 2005.

MOSCOVICI, F. *Equipes dão certo*: a multiplicação do talento humano. 2. ed. Rio de Janeiro: José Olympio, 1994.

NAZZARO, A.-M. et al. "*Group dynamics and team building*". Artigo distribuído em curso.

ROGERS, C. R. *Grupos de encontro*. 8. ed. São Paulo: Martins Fontes, 2002.

SENGE, P. M. *The fifth discipline*: the art and practice of the learning organization. Nova York: Doubleday Currency, 1990.

WARNER, J. "Team work". Artigo publicado no site Ready to Manage, jan. 2013.

ZIMERMAN, D. *Como trabalhamos com grupos*. Porto Alegre: Artes Médicas, 1998.

Sites indicados

http://www.lemeconsultoria.com.br/v3/jogos-e-dinamicas-de-grupo/
http://www.kombo.com.br/materiais-rh/dinamicas
http://www.slideshare.net/danielasipert/110-dinamicas-de-grupo
http://www.slideshare.net/gentemais/exemplo-de-dinamicas
http://www.slideshare.net/lobinha2008/jogos-cooperativos-02-presentation

Tatiana Wernikoff

Formada em psicologia pela Universidade de São Paulo e especialista em psicologia organizacional, psicodrama pedagógico, terapia organizacional e coordenação de grupos pela Sociedade Brasileira de Dinâmica dos Grupos, Tatiana Wernikoff foi, por 38 anos, sócia-proprietária do Instituto de Psicologia Organizacional (IPO), com atuação brasileira em avaliação psicológica, processos de *assessment*, treinamento e desenvolvimento de pessoas, equipes e lideranças. Atualmente é consultora e trabalha com parcerias em processos de desenvolvimento e coaching em várias organizações.

Tel.: +55 11 99125-6865
E-mail: tati.wernikoff@uol.com.br

Ana Maria de Freitas

Psicóloga com especialização em gestão de recursos humanos e psicoterapia breve, coordenadora de grupos pela Sociedade Brasileira de Dinâmica dos Grupos (SBDG) e especialista em seleção por competências, desenvolvimento de programas de estágio e de *trainee*, além de consultoria e T&D, Ana Maria de Freitas tem 28 anos de experiência em gestão de recursos humanos, com atuação em empresas nacionais e multinacionais dos mais diversos segmentos. É certificada em instrumentos de mapeamento de perfil/*assessment* como Quantum, Team Management Profile (TMP) e treinamento em Human Guide, dentre outros. Sócia-diretora do Instituto de Psicologia Organizacional (IPO), onde atua desde 1997, também é facilitadora em grupos de estudos e conselheira da Associação Brasileira de Recursos Humanos (ABRH).

Tel.: +55 11 3255-5733
E-mail: anamaria@ipoinstituto.com.br

capítulo 25

Música: uma ferramenta a ser "des-coberta"

Guilhermo Santiago

Escutamos muito, porém ouvimos pouco.
PIERRE SCHAEFFER

Quando Pierre Schaeffer escreveu essa frase, acredito que estava pensando sobre a quantidade de estímulos sonoros que passam pelas nossas orelhas externas (caixa de ressonância) e internas (aparelhos que foram desenvolvidos para captar o som). Todos vindos da mesma natureza, mas com funções diferentes.

Nossos ancestrais utilizavam a audição para ouvir a presa ou para fugir de um predador, e acredito que, muitas vezes, obtinham êxito.

Sabe-se que, na história da humanidade, o ruído (som que atrapalha o que estamos fazendo) e o barulho (som propositalmente gerado) — ou a combinação de vários sons, isto é, a música — vêm sendo estudados e, o mais importante, em minha opinião, aplicados em vários contextos e situações. Os *vikings*, por exemplo, marcavam o ritmo dos remos de acordo com um tambor que mantinham em seus barcos; segundo registros, os mantras indianos datam de até três mil anos a.C. e são repetidos da mesma forma até os dias de hoje.

O método Sistema de Organização Musical (SOM) estuda essas relações entre música e emoção, bem como todas as relações do som com o ser humano, transitando entre a transdisciplinaridade (até o presente momento, o método SOM é utilizado em projetos nas áreas comportamental, educacional, de saúde e artística) e o cotidiano. Aborda o tema música/homem e desmistifica esse campo (tão pouco explorado), lançando mão de disciplinas como física, matemática, geografia, história e neurociência. E assim, a música, até agora utilizada apenas como entretenimento em nossa cultura ocidental, passa a ter papel mais abrangente, potencializando sua aplicação em quaisquer temas e áreas, dependendo da criatividade de cada um...

25.1 Objetivo

O objetivo deste capítulo é incentivar os profissionais a utilizar a "música" — seja por meio de suas partes: ritmo, melodia ou harmonia, seja por meio dos jogos musicais — como uma ferramenta que agrega valor e potencializa muito o trabalho de treinamento e desenvolvimento do capital humano. Entretanto, seu uso exige cuidado e profissionalismo, pois quando aplicada de modo desinformado ou incongruente pode prejudicar o desempenho e comprometer o resultado de um treinamento ou de uma palestra.

25.2 Ritmo como ferramenta para o trabalho

Tudo na vida é ritmo: o padrão de determinadas pulsões durante um período. Caminhamos em dois tempos, pois somos bípedes: quando cada um dos pés toca o solo, formamos padrões de sequências de passos e ritmos. Se o foco é a respiração, passamos a mensurar em três tempos:

1. o início do inspirar;
2. o exato momento em que paramos de inspirar e passamos a expirar;
3. o final do expirar.

O ritmo da música é medido por sua pulsação, que é a mesma do batimento cardíaco. Exemplo: 55 batimentos por minuto, 120 batimentos por minuto etc.

Nosso batimento cardíaco aumenta ou diminui de acordo com o ritmo executado à nossa volta, isto é, buscamos empatia naturalmente. Muitas vezes, ao chegar em casa, sentamos em uma espreguiçadeira ou em uma poltrona confortável e, para relaxar, colocamos uma música calma com ritmo lento, isto é, passamos a seguinte mensagem a nossos sistemas corporal e mental: "Quero diminuir o meu batimento cardíaco até alcançar o ritmo da música".

Mas, ao levantar pela manhã, sabendo que o dia será bastante agitado e que precisaremos de um tônus e uma dosagem de adrenalina para levantar e ir para o trabalho, colocamos uma música de ritmo mais rápido, para que nosso batimento cardíaco acompanhe esse compasso e, assim, possamos "acelerar" o sangue em nosso corpo.

Em uma música executada ao vivo, os instrumentos podem ser tocados em momentos diferentes, mas sempre no mesmo ritmo; ou fazendo, cada um, parte do mesmo ritmo, gerando, assim, a complementariedade para a construção do todo. Se forem executados em diferentes ritmos, gerarão desconforto para quem está ouvindo e também para quem está executando. Da mesma forma que uma equipe de trabalho.

Cada um de nós possui um ritmo de batimentos cardíacos, de respiração, de caminhar, de se comunicar. Por meio desses ritmos podemos provocar empatia ou antipatia, de acordo com a maneira pela qual usamos esse mecanismo.

Muitas vezes, profissionais que lidam com o público não percebem que, na primeira abordagem, estão em ritmos diferentes. A pessoa é contratada para passar uma mensagem e não consegue perceber que existe uma discrepância rítmica, não lê a reação do público. Essa relação, que poderia ser 100% ajustada e eficiente, chega, quando muito, a 40% — isso quando há boa vontade de ambas as partes.

Ritmo é vida. Tudo está pulsando ao nosso redor. Se quero parar de "*sobre*viver" e passar a "*con*viver" preciso me incluir no mundo. Isso significa também perceber que "sou o outro do outro".

Sugiro uma técnica simples, porém eficaz: a empatia respiratória. Tente respirar no mesmo ritmo do indivíduo que está interagindo com você — seu parceiro de trabalho ou, por exemplo, o ascensorista que o ajuda a chegar ao andar em que trabalha — e perceba o efeito desse exercício.

25.3 Melodia: o DNA da música

Imagine uma pessoa falando monotonicamente. Isto é, falando na mesma entonação o tempo todo, mantendo uma constância em sua voz: a mesma intensidade, volume, ritmo, altura etc. Pode ser que em algum momento de sua vida, na escola, no círculo de amizades, em seu trabalho ou até mesmo neste exato instante, você já tenha encontrado ou se lembrado de alguém que apresente essa característica. Essas pessoas parecem estar lendo um texto, mas, na verdade, essa é a forma pela qual vivem seu dia a dia.

As consequências dessa voz monotônica, no começo da interatividade com o público, normalmente são desastrosas, pois criam impactos negativos: no começo, geram incongruência, que passa à irritabilidade e, posteriormente, transforma-se em descrédito. Por fim, tais pessoas são literalmente deixadas de lado, pela falta de dinâmica e/ou estímulos sonoros. Não há o novo, ou a abordagem não é suficiente.

Gosto de citar um exemplo que ocorre no dia a dia: os ambientes refrigerados. O preço que pagamos, muitas vezes, para termos um ambiente de acordo com as nossas necessidades, é um ruído (veja conceito citado anteriormente) muito grande, que geralmente chega a atrapalhar até mesmo o andamento do trabalho. No primeiro momento, esse ruído (som que atrapalha o que estamos propostos a fazer) irrita, mas conforme o tempo passa esse desconforto sonoro torna-se um pano de fundo, isto é, ignoramos solenemente o ruído, assim como ignoramos uma voz monotônica após certo tempo: passamos a bocejar, contar as lâmpadas do ambiente etc. Claro que essa ação é uma atitude inconsciente, e nosso inconsciente nos alerta e diz que devemos voltar o foco para o que realmente estamos propostos a fazer — só que com muito mais dificuldade. Sentimos que algo está em desacordo, está desarmônico, mas muitas vezes não nos damos conta do que nos incomoda.

Outro exemplo são os telefones, celulares, *pagers* e as buzinas dos automóveis e motocicletas. Foram pensados e fabricados, justamente, para irritar, e assim, trazer a sua concentração para o acontecimento. Imagine uma buzina de automóvel com um som harmônico, melodioso e suave. Acredito que o trânsito seria um caos, pois todos nós (inclusive eu) cometeríamos infrações, só para ouvirmos o doce som provindo de outros automóveis.

O mesmo fenômeno acontece conosco. Quando queremos gerar determinado impacto na comunicação, necessitamos de vários estímulos diferentes e que sejam suficientes. E, se menciono a suficiência de estímulos sonoros e na voz, não digo em momento algum a palavra "excesso". Esse tema merece abordagem mais ampla.

Quando uma criança ganha um brinquedo novo ou descobre uma nova estratégia em sua percepção de mundo, sua tendência é exagerar na intensidade e/ou na repetição dessa estratégia.

No adulto também ocorre esse fenômeno quando aprende algo. Existe uma tendência ao exagero: deixamos de ser monotônicos e passamos ao excesso, tornando-nos pernósticos e caricatos. "Soamos falsos", isto é, retornamos ao ponto de partida.

Essa equação e equalização são idiossincráticas. Cada um de nós tem um limite e um meio-termo, pois todos nós somos *indivíduos*: não nos dividimos e, portanto, somos diferentes uns dos outros. Essa diferença vai além de fronteiras. Isso, literalmente, em princípio, parece óbvio, mas sabe-se hoje que nos Andes, em função da altitude e do clima próprios do lugar, os nativos possuem um registro vocal bem mais agudo do que o restante da população mundial, salvo algumas exceções.

Os afrodescendentes possuem um ótimo aparelho fonador, com timbres muito particulares. Por simples curiosidade, a África é um continente extremamente musical, muito ligado ao ritmo. Os tambores, elemento muito presente na música do continente, têm frequência baixa. Além da orelha, outras partes do corpo ressoam com as vibrações do instrumento, e uma dessas partes é o quadril. Isso explicaria a facilidade do africano para a dança.

Já na Europa, principalmente na região leste, o ritmo quase sempre é acelerado e em compasso binário, pois o frio é muito intenso e a dança caminhada se faz necessária.

O nível que considero ser de excelência na comunicação é o equilíbrio, isto é, o meio do caminho entre a "monotonia" e o exagero, e que seja o mais natural possível. A voz está para a melodia assim como o batimento cardíaco está para o ritmo. A voz é a matéria-prima da melodia. Na mesma proporção isso acontece na música, quando a melodia segue padrões de repetição, intermináveis. Em um trecho de ópera, quando os solistas — cantores e cantoras — sustentam uma nota musical sem respirar, ficam sem ar, sentem-se desconfortáveis.

Em hipótese nenhuma estou generalizando. Existem músicas "repetitivas" que são geniais, como "Bolero" (1928), composto por Maurice Ravel (1875-1937), ou "Kalimando", do espetáculo *Mystère* do grupo Cirque du Soleil, verdadeiras obras de arte sonora, que geram harmonia e tranquilidade com a repetição; mas, nesses casos, estamos mencionando artistas que vivem e "*com*-vivem" com a arte diariamente.

Ainda no tópico melodia, menciono a influência da poesia ou letra da música inserida na linha melódica. Sobre isso, minha sugestão em relação à aplicação de música em treinamentos, atividades ou palestras é que utilizem músicas instrumentais, se possível desconhecidas, e evitem músicas cantadas, com letras. A melodia, em si, desenvolve o inconsciente. O lado consciente deve ficar a critério somente do profissional, ou do conteúdo da palestra/treinamento. A última coisa que um profissional da área de treinamento quer ter é a atenção do público dividida. Existe uma forma de colocar a voz sem nenhum tipo de problema. Essa forma, chamada *gramilô* ou *gromerô*, é quando o som do fonema é mais importante que o sentido literal da palavra. A música citada anteriormente, "Kalimando", também é um gramilô, pois a letra não quer dizer absolutamente nada, e a voz funciona como mais um instrumento musical.

25.4 Harmonia como fusão das partes envolvidas

A harmonia é uma das partes mais importantes da música, pois é o momento em que a obra é maior do que as soma das partes, isto é, o *com*-junto, o resultado, é o que realmente importa.

Um outro resultado é o que extraímos quando apenas um som de um bongô e um timbre de um oboé são executados ao mesmo tempo, no mesmo espaço. Estou me referindo à obra do maestro Ennio Morricone (que acredito ser o maior compositor de trilhas sonoras que já existiu e ainda na ativa) no filme *A missão*, 1986, de direção de Roland Joffé. Na introdução do CD, na primeira faixa, "On Earth as it in Heaven", percebemos que entra um coral logo após o bongô começar a solar realizando um ritmo, remetendo a uma atmosfera tribal, uma ilustração sonora que nos transporta a uma floresta, porém a uma floresta habitada, pois possui um ritmo definido, uma pulsação e logo depois entra a melodia do oboé trazendo a civilização europeia, a "beleza" da colonização com as missões jesuíticas.

A genialidade do maestro Morricone, que com apenas dois solos de instrumentos completamente diferentes gera, em poucos minutos, sensações de universos tão distantes, é evidente.

A "gestão da harmonia" — arte de gerenciar e "regenciar" as diferenças (nome e conceito que estou cunhando e em que tenho me debruçado para desenvolver relações líder/liderado) — é o conceito em que o resultado final é maior do que a soma das partes. O todo é maior do que o indivíduo, claro que sem menosprezar de forma nenhuma a atitude individual.

Um bom exemplo disso pode ser observado se pesquisarmos o mapeamento dos instrumentos musicais das famosas orquestras mundiais, pois veremos que existem departamentos de acordo com o timbre e o impacto sonoro de cada instrumento.

Em alguns sites da Internet, poderemos ver inúmeros exemplos de posicionamentos dos instrumentos de uma orquestra.

Um tímpano, posicionado sempre ao fundo (salvo alguns arranjos específicos), se executado com toda intensidade com certeza vai abafar um contrabaixo — situado à direita do maestro — se estiverem próximos. Por essa razão, esses dois instrumentos são posicionados distantes um do outro.

No entendimento do líder/maestro o conjunto tem de ficar homogêneo (o que não quer dizer igual) e, para que isso aconteça, tem de haver uma "departamentalização" como na música, isto é, percussão atrás, sopros ao centro, cordas graves do lado direito e, à esquerda, cordas agudas.

Dessa forma, o público recebe o som de uma forma harmônica e equilibrada/equalizada, até os sons mais sutis aparecem, os detalhes surgem nos matizes propostos pelo compositor e/ou arranjador. Da mesma maneira, no ambiente corporativo, o resultado é percebido pelo mercado através da atuação de um time específico ou de determinada empresa. Todas as atitudes, mesmo as mais sutis, são percebidas por todos, inclusive pelo colaborador.

Hoje ouço inúmeros comentários comparando a organização de uma orquestra e a organização de empresas. Comparações de diversos aspectos como atitude, ritmo de mercado, departamentos de sopro, de cordas, de percussão etc.

O maestro como líder, conduzindo o trabalho e servindo de parâmetro para os liderados, lembrando a intenção, a emoção da obra executada e a interpretação do que o compositor queria dizer na época em que criou a obra, ou até mesmo a interpretação do próprio maestro.

Em âmbito geral, a analogia é muito bem estruturada e, em minha opinião, faz sentido. Mas quero compartilhar um ponto de vista que me preocupa quando essa analogia é mencionada.

Dentro de um ambiente musical, o músico de orquestra dificilmente cria, e nem pode colocar a sua emoção e/ou a sua visão em relação à obra, isto é, trata-se de uma organização que não aproveita os talentos de seus liderados e que, no mínimo, está em desvantagem em relação ao mercado. As inúmeras possibilidades e talentos são subutilizadas. Se falamos em relação ao campo da arte, do entretenimento, faz sentido, pois o objetivo é soar o mais belo possível. Inúmeros concertos são executados para que somente o maestro mostre a sua genialidade.

Alguns músicos, porém, se submetem a repetir e a traduzir o que o maestro "manda". Claro que, nesses casos, estamos falando sobre "sumidades"; citando apenas um exemplo entre vários, temos o do maestro vitalício da Orquestra Filarmônica de Israel, o indiano Zubin Mehta. Creio que a maioria dos músicos amaria ser regido por ele.

Mas, em se tratando de música para o universo corporativo, creio que é preciso ter cuidado.

Existe uma estrutura de time no âmbito musical, em meu ponto de vista, que se enquadra perfeitamente em todos os elementos comportamentais incluindo criatividade e inovação. Que estrutura seria essa? A de um grupo de jazz. Em minha ótica, esse time possui elementos que permitem uma comparação direta com o que acontece em uma organização corporativa.

Lembro-me de um espaço noturno, especializado em jazz, chamado Teta Jazz Bar, que visito quando quero ver "boa arte". Certa vez, em plena segunda-feira à noite, houve uma apresentação de uma artista, natural da Finlândia, tocando trompete e três músicos brasileiros. Não havia a comunicação da língua, pois um não falava o idioma do outro, mas a comunicação dos sons de seus instrumentos era indescritivelmente linda.

No caso citado, existem pontos em comum, exemplo:

1. Todos se movem e respondem ao mesmo ritmo, todos executam seus instrumentos de acordo com um "batimento cardíaco", uma pulsação (que podemos considerar o equivalente ao ritmo e à pulsação do mercado, no caso das corporações).
2. Existe um tom predeterminado pelos componentes do grupo, e claro, podendo mudar a qualquer momento essa tonalidade.
3. A informação é compartilhada por todos do grupo.
4. Também se faz presente uma linha melódica e, de tempos em tempos, os instrumentos de solo se reportam e reafirmam a melodia combinada (com o grupo) em determinados compassos. Mas, diferentemente de uma orquestra, existe um espaço, contado em compassos, para cada instrumentista improvisar e dar sua colaboração ao conjunto.

Aqui vale observar que, no campo corporativo, o improviso muitas vezes pode soar como "gambiarra", como algo malfeito, ou apenas um paliativo. Entretanto, na música, um instrumentista que improvisa é um artista que detém o conhecimento para fazê-lo. Domina seu instrumento de trabalho de tal forma a ponto de extrair sons que mostre seu virtuose e, dentro dessa estrutura, retorna ao combinado (à linha melódica mestra da música).

Na estrutura do jazz, todos têm espaço para criar, para desenvolver e mostrar qual seu ponto de vista, enquanto os outros instrumentistas com os seus recursos dão suporte ao solista.

Isto é, existe estrutura, disciplina, espírito de equipe, cooperação (na maioria das vezes), respeito. Mas ao contrário de uma orquestra, existe também liderança compartilhada, espaço para criação e para a inovação.

25.5 Trilha sonora para seu trabalho

No Congresso Brasileiro de Treinamento e Desenvolvimento (CBTD), de 01/12/2004, ministrei um workshop denominado "Trilha sonoras, ferramentas para T&D". Comecei meu trabalho reproduzindo um trecho do desenho animado *O rei leão* (1994), dos diretores Roger Allers e Rob Minkoff.

Não pretendo dissertar sobre o filme em si. O motivo pelo qual comecei meu trabalho dessa forma era fazer com que as pessoas percebessem a importância do som e da música, no caso, em um desenho — com uma boa dose de prazer em ouvir uma obra dos compositores Hans Florian Zimmer e Lebo M., de quem sou grande admirador.

Reproduzi duas vezes a mesma cena. Na primeira vez, lembro-me de que alguém reclamou, pois estava completamente sem som — eu havia propositalmente baixado o volume. Foram minutos intermináveis. Nesse momento, pedi a cada participante que avaliasse, numa escala de zero a dez, que grau de emoção e de sentimento o estímulo havia causado. Após alguns segundos repeti a mesma cena, dessa vez com o volume na potência correta e a equalização (graves, médios e agudos) na medida confortável.

Após a repetição do trecho do filme, pedi novamente que as pessoas avaliassem e comparassem a emoção e o sentimento despertados na primeira e na segunda reproduções. A reação foi impressionante: o nível de emoção e de sentimento cresceu consideravelmente; uma participante comentou que a diferença para o segundo impacto gerado foi de 100%. Os comentários foram fechados com um slide que dizia: "Imaginem essa emoção agregada à sua palestra, treinamento ou qualquer outro trabalho".

Quando, em determinada atividade, alia-se o trabalho certo à música ou o som adequado, existe congruência e potencialização do trabalho. Entretanto, uma ressalva deve ser feita: se a música for inserida de forma irresponsável ou sem o devido cuidado, não surtirá o efeito desejado; ou pior, haverá uma reação de mesma intensidade, só que contrária. Além de não contribuir, a música provavelmente atrapalhará, pois haverá incongruência entre a atividade e a trilha sonora. O que percebo no universo comportamental são profissionais das mais diversas áreas, até mesmo a comportamental, à qual este Manual é direcionado, que em vez de facilitadores tornam-se "dificultadores" de grupo, pois adicionam músicas com função de trilha sonora, e não para auxiliar o trabalho. Muitas vezes essa música é utilizada por modismo (sem verificar o nível cultural dos participantes) ou é do gosto pessoal do treinador. Nem sempre uma música tem o mesmo impacto em todas as pessoas — afinal, são indivíduos, isto é, como já mencionado, "não se dividem". A música, nesse caso, tem a função de determinar o tempo de uma atividade ou predispor o organismo a exercer determinada função que vá em direção ao que foi proposto na atividade.

Outro ponto a se mencionar é a execução de músicas repetidas à exaustão, a ponto de não surtirem mais efeito. Exemplo: "O que é o que é?" (1982), de Gonzaguinha, compositor de primeiríssima qualidade. Mas, de tanto ser executada, chegamos a pensar: "Nossa! Gonzaguinha de novo...". Outro exemplo é "Conquest of Paradise", música de Vangelis, da trilha sonora do filme, dirigido por Ridley Scott, *1492: A conquista do paraíso* (1992): já foi tão executada em formaturas que tem o efeito contrário — em vez da surpresa, torna previsível o encerramento de qualquer atividade.

Não tenho um mecanismo capaz de mensurar em números o quanto a música agrega a uma atividade de treinamento, mas sei que, quando a música certa toca no momento certo, o efeito é impressionante. Pela teoria da economia da experiência, elaborada pelos pesquisadores B. Joseph Pine II e James H. Gilmore, podemos dizer que a música é um dos pilares de evasão: isto é, ela permite que, por determinados momentos, o participante saia da realidade e entre em um sonho.

Faça uma experiência: quando estiver com a família ou com os amigos assistindo a um filme — melhor se for de ação e que contenha emoções fortes —, no momento de mais impacto da história, deixe a TV sem som. Perceba as reações. Mas só faça isso se tiver certeza de que não sofrerá retaliações ou embargos do grupo que estiver assistindo.

25.6 Jogos sugeridos

25.6.1 Orquestra cooperativa

A ideia é compor uma estrutura sonora e/ou música com instrumentos musicais e objetos sonoros.

O exercício possui várias fases:

- *1ª fase*: apresentação de alguns instrumentos musicais e objetos sonoros mais exóticos para criar um ambiente lúdico.
- *2ª fase*: exploração dos instrumentos pelos participantes.
- *3ª fase*: desmembramento da equipe em subgrupos. Desafia-se o grupo a compor uma célula sonora (esse nome é dado para tirar o peso de uma música com estrutura acadêmica). Isto é, os participantes terão de organizar uma história com trilha sonora ou uma música e, após um período que será combinado de antemão, acontecerá a apresentação dessa criação. Enquanto os participantes apresentam seu trabalho, o facilitador faz uma análise sonora e/ou musical.
- *4ª fase*: após a apresentação dos subgrupos, pede-se que eles, inspirando-se no resultado que obtiveram, componham uma quarta célula sonora. A partir daí o grupo inteiro, após a apresentação, faz a avaliação (que poderá ser feita de várias formas), que geralmente acontece seguindo esta estrutura:

  — Como se sentiram?

  — O que esta atividade trabalha?

  — Qual a analogia desta atividade com a empresa?

  — O que aprendi com esta atividade que poderei aplicar no dia a dia?

Após obter as respostas dos participantes, oferece-se o feedback da análise coletada nas apresentações dos subgrupos e do grupo. Essa análise poderá ser feita de duas maneiras:

1. Avaliando comportamentos no dia a dia, atitudes, nível de cooperação etc.
2. Baseando-se na criação musical: neste ponto é interessante que o facilitador tenha um mínimo de conhecimento musical, pois surgem ritmos (por exemplo, o "semba", que é o pai do samba, misturado com a música europeia e a música indígena), melodias (às vezes dois participantes utilizam o mesmo instrumento e constroem melodias complementares) e harmonias prodigiosas.

O resultado dos participantes, na maioria das vezes, é surpreendente, pois as pessoas não dominam, ou mesmo desconhecem, os instrumentos e os objetos sonoros, uma vez que metade desses instrumentos pertence a outras culturas (africana, andina ou indígena). Ainda assim, o resultado é muito bom e, o mais importante, é proveniente do grupo, pois não há proposta do facilitador.

Nessa atividade o grupo se torna autogerenciável.

Sugestão de pontos que podem ser abordados sob a ótica do comportamento:

- Cooperação.
- Inovação.
- Criatividade.
- Flexibilidade.
- Reflexo — menor intervalo entre o estímulo e a resposta.
- Comunicação.

- Atenção, concentração, foco, comprometimento.
- Predisposição ao trabalho em grupo.
- Visão sistêmica.
- A importância do todo e de cada um como indivíduo (a sua nota musical; ou sua contribuição no processo de um objetivo) é fator fundamental, pois sem sua atuação (sua nota) é impossível atingir o objetivo (executar a música).
- *Team building* (formação de equipes).
- Respeitar as diferenças (só é possível executar uma música se as notas forem diferentes).
- Autoestima (possivelmente, estaremos lidando com um grande número de pessoas que não entendem de música). Elas utilizarão instrumentos convencionais e objetos do dia a dia que podem ser usados para esse fim (colheres, cuias, canos etc.).

.25.6.2 Percussão corporativa

A atividade Percussão Corporativa consiste em os participantes executarem uma sonoplastia para o tema "um dia na floresta", com percussão corporal (técnica que objetiva produzir vários sons usando o próprio corpo: bater palmas, por exemplo).

Com várias formas de timbres teremos uma harmonia produzida utilizando as diferenças, o que cria um cenário muito próximo à realidade. Ou seja, em uma empresa lidamos com diferenças e é através dessas diferenças que conseguimos atingir os objetivos e metas propostos.

Sugestão de pontos que poderão ser abordados:

- A importância de cada um para a construção do todo.
- Embora as pessoas estejam produzindo no mesmo ritmo, se alguém deixar de contribuir em um dado momento, existirá o conjunto que lhe dará suporte. Essa pessoa então se prepararia para a próxima ação, na qual, possivelmente, seria ela que daria suporte a alguém que, por algum motivo, não pôde executar seu papel.
- O resultado do time como um todo.
- Aparecem nitidamente as diferenças que, quando harmonizadas, resultam em objetivos "unificados" e/ou "alinhados".
- Atenção, concentração e reflexo para o dia a dia, pois a música é uma das formas de arte que acontecem no tempo (por exemplo, no caso de uma pintura, o pintor pode voltar e retocar o que criou; o mesmo não acontece com a música, pois o instrumentista não pode voltar e corrigir um compasso já reproduzido).
- Visão holística (obtém-se um panorama geral da empresa, pois as paredes desaparecem e um subgrupo percebe o que outro subgrupo está fazendo).
- Autoestima.
- Com base na "economia da experiência" (sustentada em quatro pilares: educação, para que se tenha o compromisso de mudança de comportamento; entretenimento, para que seja divertido; estética, para que seja bonito; e evasão, para que o trabalho permita ir além da realidade, com liberdade para criar e inovar), teoria/estudo que consiste em tentar fazer de seu trabalho algo precioso como uma obra de arte.

25.7 Conclusão

Em ambientes de treinamento, a utilização da ferramenta "música", e de suas partes (melodia, ritmo etc.), permite que haja evasão, um dos pilares da economia da experiência, possibilitando que as pessoas possam se libertar das amarras convencionais e ir além da realidade imediata, a fim de sonhar, criar e inovar. Trata-se de oferecer elementos extras para que o indivíduo colabore com o todo, trabalhando sempre num ritmo harmonioso com o conjunto.

É importante ressaltar, porém, que se a música inserida for inadequada para a atividade realizada, ou culturalmente ineficaz em relação aos participantes, os facilitadores podem acabar se tornando *dificultadores* de grupos, e não o contrário, como deveriam ser. Portanto, a adequação e pertinência da música ao contexto que será trabalhado é fundamental, sendo assim, é sempre bom buscar a ajuda de especialistas no assunto quando decidir usar a música como ferramenta de treinamento e desenvolvimento de pessoas e profissionais.

Além disso, utilizar trilhas sonoras conhecidas também pode ser um grande problema quando essas trilhas se tornam lugar-comum, ou seja, já foram reproduzidas tantas vezes que não surtem mais o efeito desejado.

Por tudo o que falamos neste capítulo, é fácil perceber que a música é uma ferramenta de treinamento e desenvolvimento de valor inestimável, que ainda é subutilizada como potencializador sonoro de um trabalho, seja ele de que natureza for.

Concluindo, devemos ter um mente que quando se insere uma trilha musical adequada em uma atividade, ou no treinamento de membros de uma organização, há um crescimento exponencial do impacto da informação transmitida nesses eventos, pois a música serve para amplificar as emoções e os sentimentos, facilitando, assim, o aprendizado e a absorção do conteúdo desenvolvido.

Referências bibliográficas

ABDOUNUR, O. J. *Matemática e música*: o pensamento analógico na construção de significados. São Paulo: Escrituras, 1999. (Série Ensaios Transversais).

ADORNO, T. W. *Filosofia da nova música*. São Paulo: Perspectiva, 1998. (Coleção Estudos).

ALBERT, M. *A música contemporânea*. Trad. Luís Amaral e Irineu Garcia. Rio de Janeiro: Biblioteca Salvat de Grandes Temas/GT, 1979.

ANDRADE, M. de. *Dicionário musical brasileiro*. Coord. Oneyda Alvarenga e Flávia Camargo Toni. São Paulo: Edusp, 1989. (Coleção Reconquista do Brasil).

BAÑOL, F. S. *Manual de musicoterapia*. São Paulo: Sol Nascente, s/d.

BARRAUD, H. *Para compreender as músicas de hoje*. São Paulo: Perspectiva, 1997.

BASSANO, M. *A cura pela música e pela cor*. São Paulo: Cultrix, 1999.

CAMPOS, A. *Música de invenção*. São Paulo: Perspectiva, 1998.

CHENG, S. C.-T. *O tao da voz*: uma abordagem das técnicas do canto e da voz falada combinando as tradições oriental e ocidental. Rio de Janeiro: Rocco, 1999.

CIRALI, G. *Acorde para o sucesso*. São Paulo: Gente, 2000.

CUNHA, A. G. da. *Dicionário Etimológico Nova Fronteira da Língua Portuguesa*. Rio de Janeiro: Nova Fronteira, 1997.

DRUMMOND, M. *A cor do som*: seus segredos e enigmas revelam maior equilíbrio físico e espiritual. São Paulo: Elevação, 1999.

FRATERNIDADE ROSACRUZ. *A escala musical e o esquema de evolução*. São Paulo: Fraternidade Rosacruz — Sede Central do Brasil, s/d.

FREGTMAN, C. D. *Holomúsica*: um caminho de evolução transpessoal. São Paulo: Cultrix, 1995.

HAMEL, P. M. *O autoconhecimento através da música*: uma nova maneira de sentir e viver a música. São Paulo: Cultrix, 1995.

ISAACS, A.; MARTIN, E. (Orgs.). *Dicionário de música*. Rio de Janeiro: Zahar, 1985.

JEANDOT, N. *Explorando o universo da música*. São Paulo: Scipione, 1993. (Série Pensamento e Ação no Magistério().

JOURDAIN, R. *Música, cérebro e êxtase*: como a música captura nossa imaginação. Rio de Janeiro: Objetiva, 1998.

KOELLREUTTER, H.-J. *Introdução à estética e à composição musical contemporânea*. Bernadete Zagonel; Salete M. La Chiamulera (Orgs.). Porto Alegre: Movimento, 1987.

KÜHN, C. *La formación musical del oído*. Barcelona: Labor, 1994.

LENIG, C. E. *Tratado da musicoterapia*. São Paulo: Sobral, 1977.

MEDAGLIA, J. *Música impopular*. São Paulo: Global, 1988.

MELGAR, E.; LARRIMBE, C. R. *Cultura musical*. Buenos Aires: Kapelusz, 1957.

NEVES, P. *Mixagem*: o ouvido musical do Brasil. São Paulo: Max Limonad, 2000.

PAHLEN, K. *Nueva síntesis del saber musical*. Buenos Aires: Emecé, 1989.

PENNA, M. *Reavaliações e buscas em musicalização*. São Paulo: Loyola, 1990.

PINE II, J. B; GILMORE, J. H. *Experience economy*. Boston: Harvard Business School Press, 1999.

RETI, R. *Tonalidad, atonalidad, pantonalidad*. Madri: Rialp, 1965.

ROTH, G. *Os ritmos da alma*: o movimento como prática espiritual. São Paulo: Cultrix, 1997.

RUUD, E. *Caminhos da musicoterapia*. São Paulo: Summus, 1990.

RUUD, E. *Música e saúde*. São Paulo: Summus, 1991.

SÁ, S. *Fábrica de sons*: tudo sobre. São Paulo: Globo, 1995.

SCHAFER, R. M. *A afinação do mundo*. São Paulo: Unesp, 2001.

_______. *O ouvido pensante*. São Paulo: Unesp, 1991.

STEFANI, G. *Para entender a música*. Rio de Janeiro: Globo, 1989.

STEWART, R. J. *Música e psique*: as formas musicais e os estados alterados da consciência. São Paulo: Círculo do Livro, 1990.

TAME, D. *O poder oculto da música*. São Paulo: Cultrix, 1984.

TATIT, L. *Musicando a semiótica*: ensaios. São Paulo: Annablume, 1997.

VILELLA, E. C. *Filosofia da voz*. São Paulo: Conservatório de Canto Orfeônico, 1961.

WATSON, A.; DRURY, N. *Musicoterapia*: um caminho holístico para a harmonia interior. São Paulo: Ground, 1990.

Sites indicados

www.guilhermosantiago.com
www.ouvirativo.com.br
www.musica.ufmg.br/

Guilhermo Santiago

Diretor-presidente da Royes Consultoria em Desenvolvimento Humano Ltda., é criador do Método SOM (Sistema de Organização Musical) e fundador e diretor do Projeto Unicórnio (existente há 20 anos). Coautor do *Manual de Treinamento & Desenvolvimento*, Makron Books, 1999, e também do *Manual de gestão de pessoas e equipes*, Gente, 2002. Colaborador da ABTD (Associação Brasileira de Treinamento e Desenvolvimento). Palestrante e consultor internacional. Professor do curso de pós-graduação em Educação Lúdica do Instituto Superior de Educação. Pesquisador sonoro; compositor de trilhas sonoras para cinema e teatro; músico profissional com diversos prêmios em vários estados (cantor, compositor e intérprete). Também atuou como educador em diversas empresas nacionais e multinacionais; ministra cursos e workshops de desenvolvimento, utilizando a musicalidade como técnica; *practitioner* em programação neurolinguística coaching, certificado pelo ICC (International Coaching Community).

Tel.: +55 11 4332-7729/4330-4704
E-mail: contato@guilhermosantiago.com
Site: www.royesconsultoria.com/www.guilhermosantiago.com

capítulo 26

Teatro Treinamento

Reinaldo David Rizk

26.1 Objetivo

Nosso objetivo neste capítulo é conceituar o Teatro Treinamento*, tecendo considerações sobre a importância do teatro como fonte de questionamento e entretenimento para o espectador, promovendo autoconhecimento e conhecimento das relações humanas. Assim, vamos analisar sua aplicação no meio empresarial e os benefícios decorrentes quanto à capacitação, reciclagem, desenvolvimento de competências e melhoria das habilidades dos profissionais de uma empresa.

26.2 Conceito

O vocábulo *teatro* tem sua origem no verbo grego *theastai*, que significa ver, contemplar, olhar e foi provavelmente cunhado com a primeira máscara utilizada pelo homem para simular ou representar seus sentimentos e emoções: medo, amor, saudade, desafio ou frustração, entre outros. O que provocou, natural e espontaneamente, o exercício do signo. Assim, a arte dramática é essencialmente interdisciplinar e semiótica, na medida em que utiliza signos verbais, como a palavra, e não verbais, como o gesto, a entonação e as expressões fisionômicas, bem como uma gama de códigos e sistemas que envolvem espaço, tempo, movimento cênico do ator, figurino e iluminação.

Cabe ressaltar a importância do teatro como recriação da vida. Vida pessoal, vida afetiva, vida profissional: um profundo laboratório para manipulação e experiência de emoções na prática das mais insondáveis descobertas, na sintonia e interação com as mais significativas metáforas. O teatro possibilita compreender o que se deve mudar ou o que se deve manter pela convergência ou contraposição com os códigos enunciados pelo contexto, pela apreensão da palavra que se ouve e do universo que se intui.

A alquimia do teatro propicia ao profissional-espectador de uma peça teatral de treinamento um olhar renovador para o universo empresarial à medida que lhe permite ver de fora, distinguir traços característicos, identificar ou reconhecer-se.

Assistir a uma peça teatral é acontecimento significativo na vida de todo ser humano. O vínculo entre ator e plateia é vigoroso, sinérgico e sinestésico. Espectador e obra identificam-se. Como se, no palco, o mundo íntimo do espectador se reencontrasse consigo numa nova perspectiva e ótica. Detalhes que tornarão a experiência única e incomparável. Este é o papel do teatro: despertar a consciência e impulsionar a ação.

* Como criador, patenteei a expressão "Teatro Treinamento", assegurando sua propriedade e exclusividade de uso.

Idêntica é a função do Teatro Treinamento, com os mesmos objetivos e processos. A diferença está no foco: dirige-se ao meio corporativo, objetivando o treinamento e desenvolvimento do corpo funcional de empresas de todos os ramos de atividade, indústrias, comércio e serviços.

O Teatro Treinamento é, nesse sentido, um recurso especial de T&D que tem revolucionado a forma de apresentar conceitos, facilitar a assimilação e retenção do conteúdo apresentado, ou maximizar a sobrevida desses conhecimentos na mente, um meio que incita ação e reação, atuando na emoção do profissional treinado.

No entanto, para a grande transformação, para a verdadeira mudança de qualquer natureza, progressiva e contínua, com vias ao enriquecimento do pensamento e da compreensão, a qualidade é imprescindível. Teatro de qualidade deve dizer algo fundamental, inovador ou de forma inovadora, algo que acrescente.

Um bom teatro exige o processo criativo como fator determinante e a qualidade do olhar como diferencial para o espelhamento e alteração do que realmente existe. O lugar-comum sempre parte de uma premissa verdadeira. Cabe, porém, aprofundá-lo. Repetir lugares-comuns ou nada dizer além do que já se sabe não produz a qualidade imprescindível para um treinamento eficiente e eficaz, tampouco remete o indivíduo aos necessários instrumentos de melhoria de sua performance pessoal ou profissional.

Logo, ao decidir utilizar essa arte de treinamento, é necessário atentar quanto à escolha do fornecedor, se conta com equipe de profissionais altamente capacitados tanto acadêmica quanto profissionalmente, com *expertise* comprovada pela experiência de mercado, para atingir os melhores resultados na utilização do teatro como recurso especial de T&D.

Por sua natureza, o Teatro Treinamento, tanto quanto qualquer modalidade teatral, deve assumir seu compromisso com o público, levando até ele o enredo e, consequentemente, propiciando a formação de uma nova consciência.

26.3 Características básicas do Teatro Treinamento

Pretendemos, neste item, diferenciar o Teatro Treinamento das outras modalidades de ações lúdicas, registrando os pré-requisitos indispensáveis para que o Teatro Treinamento realmente cumpra a função de “treinamento”.

Não é tarefa difícil alterar a essência do Teatro Treinamento. O teatro por si só é lúdico e predispõe, sem dificuldade, a plateia ao riso. Nesse sentido, adentrar no riso fácil, com pouco ou nenhum conteúdo, é tarefa bastante simples.

O Teatro Treinamento não se distingue do teatro convencional como veículo de cultura, transmissão de mensagens e educação do indivíduo. No entanto, o Teatro Treinamento, como já mencionamos, tem o foco no público corporativo e, consequentemente, no universo empresarial, remetendo automaticamente a linguagem, a trama, o cenário e todos os elementos de sua infraestrutura para as especificidades de seu *target*, ou seja, a sua adequação ao perfil e às necessidades de seu habitat e sua plateia.

É impossível desvincular o conceito de Teatro Treinamento do conceito de treinamento empresarial, uma vez que aquele também pressupõe provocar a criação, absorção, retenção, propagação, investimento e utilização do conhecimento da organização, por meio de um processo de aprendizagem progressivo, ativo e contínuo que objetive a melhoria dos resultados de negócios e a capacitação para o enfrentamento dos desafios de mercado, haja visto o grande diferencial competitivo das empresas estar, sobretudo em nossos dias, alicerçado na capacitação das pessoas envolvidas em sua cadeia de valor: de colaboradores e parceiros a fornecedores e clientes.

26.3.1 Pré-requisito

O pré-requisito fundamental para a produção de um teatro que se caracterize como Teatro Treinamento é atingir o ponto de equilíbrio preciso entre diversão, técnica e conteúdo, significativamente mais distante da alegria informal das ações lúdicas.

Assim, tem-se como exemplo a marcante ingenuidade da novela do Teatro Treinamento, que não pode exceder os limites do ambiente empresarial nem constranger o público espectador com excessos de intimidade nas brincadeiras, piadas e processos interativos. No entanto, a ingenuidade não deve estar presente no processo de produção como um todo, considerando-se que o sistema produção/distribuição/exibição merece o olhar experimentado e empreendedor de profissionais que invistam em especialistas para a criação da estrutura necessária ao máximo aproveitamento do conteúdo de treinamento.

26.4 Cuidados na realização

Com base nos pontos abordados até aqui, queremos agora ressaltar a necessidade de inúmeros cuidados, da máxima atenção e do expressivo "saber como" na produção ou recomendação de uma peça teatral de treinamento, considerando fundamental a qualidade total da mensagem, artística e técnica.

O processo de emissão e recepção da mensagem compromete os objetivos do treinamento, influindo, de forma decisiva, para bons ou maus resultados das ações desenvolvidas, o que, em última instância, interferirá na melhoria ou não das relações interpessoais e organizacionais das empresas.

Nesse sentido, outro atributo da comunicação torna-se fundamental para a perfeita avaliação do resultado: o processo de ajustamento, ou seja, o feedback. Se há comunicação, a expectativa de resposta é inerente. Partindo desse pressuposto, quando se utiliza um recurso de treinamento como o teatro, é imprescindível avaliar o quanto esse instrumento possibilitou a realimentação corporativa, a partir da interpretação do feedback.

26.4.1 Qualidade da mensagem

A comunicação da mensagem entre emissor e receptor nem sempre se dá em círculo fechado e bem-sucedido, já que a intenção da mensagem transmitida será proporcionalmente apreendida de acordo com uma multiplicidade de fatores absolutamente complexos que envolvem a transmissão ou recepção de códigos verbais ou não verbais, de forma consciente ou inconsciente. Para que a interação "mensagem/recepção da mensagem" se efetue e permita a plena comunicação, é preciso atentar para três pontos de alta importância:

1. A mensagem deve atingir com eficácia os níveis intrapessoal e interpessoal para que a comunicação ocorra em sua totalidade. O conteúdo de conceitos transmitidos deve estimular, primeiramente, respostas do íntimo do espectador e, posteriormente, oriundas de suas relações com os membros de sua corporação.
2. Uma comunicação de qualidade se fará pelo levantamento claro, assertivo e coeso do perfil do público-alvo e das necessidades específicas da empresa; pela criação de condições ideais de foco e abordagem; por meio do conhecimento dos sentimentos, valores e atitudes do grupo a ser treinado, o que determinará qual o conteúdo pertinente e a mensagem precisa que agregarão valor, criando ambiente pleno de receptividade e otimismo.
3. Teatro de qualidade com mensagem bem elaborada não basta para o sucesso do treinamento. O resultado bem-sucedido de um grupo poderá ser totalmente inapropriado para outro. Vale lembrar que a qualidade do espetáculo não garante o sucesso do treinamento se não for conveniente ou adequado ao perfil, às necessidades e aos valores daquela plateia específica.

26.4.2 Qualidade técnica e artística

Uma peça teatral de Teatro Treinamento tem suas especificidades, se comparada a uma produção teatral convencional. Todavia, nada que a diferencie e distancie no que se refere ao resultado da obra e, consequentemente, aos profissionais envolvidos, que necessitam, identicamente, da conjunção de sólida formação cultural, ética e técnica, bem como teórica e artística, que predisponha e capacite a equipe tanto para uma atuação profissional qualificada quanto para a investigação de novas linguagens, propostas, técnicas e metodologias de trabalho. Vamos analisar alguns elementos integrantes da produção cênica do Teatro Treinamento:

- *cenografia*: o cenário, como elemento integrado ao espetáculo, deve ser concebido por estudos, projetos, análise de materiais e atendimento das necessidades intrínsecas aos espetáculos de Teatro Treinamento, que exigem cenário cabível para os mais diversos espaços, desde teatros, auditórios, tendas, hotéis e áreas internas ou externas da sede da empresa contratante. Apesar de bastante elaborado para atender, facilitar e estimular o visual da apresentação cênica, a construção do cenário exige, ao mesmo tempo, ser tecnicamente compatível com o caráter itinerante do Teatro Treinamento;
- *iluminação*: deve partir de um projeto e roteiro marcados pelos recursos básicos do teatro, ou seja, dos principais equipamentos, características e funções da luz, uma vez que as peças teatrais, como já mencionamos, por seu caráter itinerante, devem avaliar a multiplicidade de espaços e destinos e, consequentemente, as adaptações e improvisos que serão enfrentados na impossibilidade de transporte (pelo custo oneroso) dos equipamentos e recursos próprios da companhia teatral. O que não pode invalidar, em nenhuma hipótese, a pretensão e consecução de uma iluminação cênica que atenda aos princípios estéticos e técnicos da iluminação teatral, observando a teoria das cores e utilização dos filtros, bem como o posicionamento e afinação dos refletores para criação dos efeitos especiais;
- *sonoplastia*: o que foi dito no item iluminação vale para a sonoplastia. Projeto e roteiro devem prever equipamentos básicos e essenciais para gravação e reprodução sonora. A formação da imagem sonora, denotativa e conotativa, a gravação e reprodução de som e ruídos, bem como os efeitos especiais, suas fontes e prática de estudo em montagem de trilhas (CDs) e as operações em peças teatrais de treinamento devem ser adaptados à previsão de praticidade e custo menos oneroso sem que, no entanto, esbarrem sequer no empobrecimento e perda de qualidade ou criatividade do espetáculo;
- *técnicas de montagem e desmontagem*: as características gerais do local da apresentação do espetáculo (teatro, auditório, hotel, tenda, áreas internas ou externas da sede das empresas), da caixa do palco ou dimensões de área improvisada para apresentação (módulos utilizados numa determinada dimensão — largura, comprimento, altura — para formatação do palco, bem como área de camarins e coxias criadas pelo uso de biombos ou divisórias), ou ainda os equipamentos técnicos (da companhia teatral, do teatro ou auditório, do hotel ou ainda de terceiros — locados pela empresa contratante) determinarão uma logística específica para cada caso, visando ao desenvolvimento perfeito do processo de montagem e desmontagem do espetáculo teatral de treinamento que atenda ao cronograma do evento;
- *figurino e adereços*: a riqueza de detalhes nos cuidados com figurino e adereços compreende perfeita sincronia entre cores e iluminação; cores e significação de estados de ânimo, personalidade, temperamento e simbologia (bom/mau; belo/feio; positivo/negativo; amor/desamor, entre outras), panorama do tema, época e habitat, bem como com todo o contexto da novela. Por isso trajes e adereços, em seus estilos, materiais básicos, com suas cores e iluminação, constituem elementos de significação, forma e função de suma importância na criação e produção do texto cênico. Portanto, o projeto e o roteiro dos figurinos e adereços contribuem de forma decisiva para o sucesso do conjunto do espetáculo e da atuação dos atores, sobretudo no que se refere ao manejo cênico nas encenações de um teatro itinerante como o Teatro Treinamento, pois devem permitir simplicidade, rapidez e conforto nas trocas e no transporte;
- *interpretação*: cumpre ratificar que Teatro Treinamento é a arte aplicada ao treinamento. Exige excelência de interpretação para que se faça a identidade, a interação, o encanta-

mento do público espectador. Sendo assim, exige atores profissionais, habilitados e direcionados para os princípios e técnicas de construção de personagens, visando a um trabalho de cena que transmita a intenção da mensagem. Atores que sejam competentes na criação de uma multiplicidade de papéis e para os mais diversos estilos de encenação. Que disponham dos conhecimentos teóricos e práticos do estilo e da movimentação dos figurinos e adereços e que, apesar de nem sempre dançarinos, tenham movimento expressivo e conhecimentos básicos das técnicas de dança e sua inter-relação com a linguagem cênica;

- *resultado dos cuidados na produção*: se a peça teatral de treinamento não for, essencialmente, um recurso especial em T&D, certamente não chegará a encantar, informar, treinar, motivar e impactar a plateia e, nesse sentido, não será autêntica. Não recriará a realidade do universo empresarial e não influirá na transformação de paradigmas, na reformulação de valores e na mudança de posturas. Não proporcionará feedback positivo e, por conseguinte, não cumprirá o seu papel de cumplicidade com o processo de melhoria da corporação. Ou seja, não adianta arriscar. Sem todos os cuidados necessários na produção de um espetáculo teatral de treinamento, a apresentação poderá ser agradável, descontrair, fazer rir, mas não atingirá os objetivos específicos do Teatro Treinamento.

26.5 Teatro Treinamento: novo mercado artístico

Considerando o que foi registrado anteriormente, evidencia-se a importância do Teatro Treinamento como novo espaço para o desenvolvimento profissional da arte, história e cultura empresariais, sobretudo quando se entende, como ocorre em nosso país, a arte, e o teatro em particular, como objetos de lei de incentivo, tais as dificuldades enfrentadas para a sua produção e empreendimento, tópico que abordaremos agora.

A contratação do trabalho artístico experiente de profissionais da arte teatral para prestação de serviços na modalidade Teatro Treinamento permite a atores, produtores, diretores, dramaturgos, cenógrafos, sonoplastas, figurinistas, técnicos de iluminação e som e demais profissionais da área exercer suas atividades profissionais em novo mercado, que se expande e toma vulto à medida que promove resultados incontestáveis na prática e sucesso de treinamentos empresariais.

Na área teatral, o Teatro Treinamento oferece novas oportunidades de profissionalização e exercício de atividades remuneradas, transformando-se em mercado emergente, pois as empresas abrem campo para profissionais de teatro, abrangendo ações de reciclagem, capacitação profissional e treinamento por meio de peças, espetáculos e oficinas teatrais.

26.6 Resultados e benefícios do Teatro Treinamento

O Teatro Treinamento, como meio de comunicação e cultura empresariais, proporciona uma série tão ampla de benefícios e resultados positivos e, de modo geral, tão extraordinariamente visíveis e palpáveis, que impossível seria — por questão de espaço e risco de cansar o leitor — expor e comentar cada aspecto. Neste item consideramos apenas alguns tópicos bastante significativos para a realidade do treinamento empresarial, que busca soluções e resultados permanentemente eficazes e efetivos para atender com presteza as necessidades de reciclagem, atualização e otimização da capacidade e atuação de seus profissionais.

26.6.1 Persuasão

O teatro é capaz de atingir de forma direta a infraestrutura do pensamento, da afetividade, da sensibilidade, do espírito, em suma, do indivíduo a ele submetido. É como se atores e plateia, palco e público, coexistissem na ação, numa unicidade estimulante, cúmplices, num perfeito circuito aberto para a transmissão e recepção de emoções, imaginação e criatividade, que marcarão, de forma indelével, o senso crítico, os conceitos e, consequentemente, a visão de mundo de seus espectadores.

26.6.2 Síntese

A linguagem teatral tem um poder de síntese inigualável, à medida que utiliza uma gama múltipla e simultânea de códigos verbais e não verbais que integram a mensagem, tornando-a inextinguível no consciente ou subconsciente do expectador. Este, por sua vez, vai armazená-la, sem dúvida alguma, para ativá-la no momento propício. Aqui está a grande força desse especial recurso de T&D que, de forma livre, descontraída e, muitas vezes, subliminar, perpetua conceitos e predispõe a mudanças.

26.6.3 Retenção

A memória registra com maior firmeza os impulsos transmitidos pelo teatro, já que a multiplicidade e diversificação dos códigos utilizados para transmissão da mensagem atingem razão, emoção e senso estético do espectador. Quaisquer que sejam os temas focados, pois para o teatro não há restrição de proposição ou abordagem, o público estará exposto ao limite máximo de impactos que serão apreendidos por todos os sentidos, do que resultará um altíssimo índice de assimilação e retenção de conteúdo. O teatro, mais que qualquer outro recurso utilizado em programas de treinamento, proporcionará uma sobrevida significativamente maior dos conceitos trabalhados.

26.6.4 Quebra da rotina

O novo é sempre uma quebra no que está estabelecido como prática. Toda a forma de treinamento e/ou programa de treinamento não deixam de ser uma expectativa, uma novidade, na medida em que não fazem parte do cronograma habitual de atividades individuais ou coletivas do dia a dia. Todavia, nada se assemelha ao recurso do Teatro Treinamento, que, mais que qualquer outra forma de treinamento, carrega em si o inusitado, suscitando uma expectativa de altíssimo grau, pois leva à empresa o encanto e a magia do improviso e do inesperado, componentes de sua própria infraestrutura, culminando em maior disponibilidade e receptividade do espectador para a própria ação do treinamento.

26.7 Produção e apresentação do Teatro Treinamento: modalidades

Como o espaço físico para encenação do Teatro Treinamento é marcado pela diversidade, pela mobilidade e multiplicidade de itinerários e destinos, bem como por sua plena adequação ao habitat, ao perfil do público-alvo, às necessidades específicas da empresa, à filosofia e política do programa de treinamento, enfim, à plateia, o presente item objetiva demonstrar que, para atender a todas essas especificidades, há várias formas de composição e apresentação do Teatro Treinamento.

26.7.1 Peças teatrais abertas

Trata-se de apresentações abertas ao público por venda de ingressos, variável ousada, pois todo o processo de divulgação é centrado no conteúdo da peça. Para tanto, é necessária uma peça teatral com excelente elenco, produção e direção e, mais que isso, com conteúdo convincente e instigante, que provoque e mantenha o interesse não somente do público corporativo, mas também do público em geral. Tal realização conduz à democratização do

Teatro Treinamento: as peças teatrais abertas ao público contêm, em sua essência, os princípios fundamentais de cidadania, ética e responsabilidade social, visto que propiciam às micro e pequena empresas a mesma oportunidade das médias, grandes e multinacionais, ou seja, a possibilidade de utilizar toda a sinergia e alquimia do teatro para treinar, motivar, reciclar e capacitar seus profissionais.

26.7.2 Peças teatrais de repertório

Pré-formatadas, abordam temas genéricos e convenientes a todas as empresas no que se refere aos argumentos abordados: motivação, liderança, atendimento ao cliente, sucesso, qualidade total, entre outros tantos quesitos necessários a um programa de treinamento, colocados à disposição para uma rápida escolha do contratante. Cumpre observar com mais detalhes algumas características que envolvem a aquisição desse tipo de espetáculo:

- *Amostragem*: as peças teatrais de repertório, previamente produzidas, permitem ao contratante o acesso imediato ao ponto essencial da peça (cerca de 20 minutos), o que viabiliza análise mais cuidadosa do resultado final da obra em curtíssimo prazo e, consequentemente, sua plena adequação ao programa de treinamento.
- *Investimento*: à disposição das empresas, como se em exposição em um estande de produtos, preveem menor investimento de capital, uma vez que os custos de pré-produção e produção ficam minimizados pela multiplicidade de apresentações.
- *Adaptação*: passíveis de adaptação pelo enxerto de trechos de texto ou alterações na caracterização das personagens, as peças de repertório possibilitam algumas modificações em seu conteúdo, desde que não abalem a estrutura básica da criação, o que implicaria perda de qualidade do conjunto cênico e da integridade da mensagem. Cabe observar que um número expressivo de abordagens específicas que demandem grandes alterações no conteúdo de uma peça teatral enquadra-se em processo significativamente diverso: o da customização, apresentado na sequência.

26.7.3 Peças teatrais customizadas

Produzidas sob encomenda, com base em estudo específico, caso a caso, de acordo com o tema particularizado pelos profissionais de treinamento e desenvolvimento. Este formato exige criação e produção total da peça, envolvendo todas as fases da criação, da pré-produção à produção, passando por *briefing* minucioso e coeso, tanto quanto assertivo, levantado por profissional experiente, com *feeling*, conhecimentos da área, informado sobre o negócio, a política e a filosofia da empresa contratante e especializado para que, em plena sintonia com os representantes da empresa, possa colher os elementos básicos e singulares que promovam um resultado final positivo e bem-sucedido. As peças de Teatro Treinamento customizadas exigirão:

- *briefing* e *brainstorming*;
- sinopse e texto;
- aprovação do texto;
- ajustes e construção final do texto;
- seleção de elenco e ensaios;
- figurinos, materiais de cena, cenário e trilha sonora;
- avaliação da empresa por meio de apresentação em processo adiantado de ensaio;
- ajustes finais sugeridos pela produção e direção em sintonia com as observações dos representantes da empresa contratante;
- apresentação final para o contratante.

Cabe registrar a importância de um tempo hábil de no mínimo 15 dias para a produção de uma peça teatral customizada, não obstante o prazo ideal seja de um mês, para que o desenvolvimento de todas as fases se faça de forma confortável e previna imprevistos.

26.7.4 Esquetes teatrais customizados

Peças teatrais curtas, de até dez minutos geralmente, com elenco menor, e de alto impacto conceitual quando aliadas ao treinamento como reforço de um conceito específico trabalhado. Uma variável excelente para se realizar entre palestras ou mesmo dentro de uma palestra, sem ocupar espaço na agenda do evento com um espetáculo maior.

26.7.5 Oficinas teatrais para não atores ou curso comportamental com técnicas teatrais

Outra forma de levar o Teatro Treinamento ao público corporativo das empresas, utilizando técnicas teatrais para desenvolvimento do potencial do corpo funcional. Em detalhes:

1. *O curso*: interpretação teatral com exercícios de desinibição, autoestima e trabalho coletivo em quatro, oito ou mais horas, *in company* ou em apresentações abertas ao público.
2. *Focos principais*: despertar a criatividade, estimular a imaginação e a concentração, além de proporcionar ganhos e benefícios no processo de comunicação, envolvendo linguagem, corpo e emoções. Procura-se, assim, trabalhar a pessoa como um todo: postura, fisiologia e voz como complemento da comunicação em todos os seus aspectos essenciais. Estudar a presença de palco e construir a autoconfiança nas apresentações públicas, promovendo superação e proatividade em situações imprevistas. Ministrar técnicas de relaxamento e noções de interpretação de texto, viabilizando a compatibilidade entre carga emocional, mensagem e público e incitando o improviso teatral, com exercícios de autoconhecimento, jogos dramáticos e de sensibilização.
3. *Público-alvo*: profissionais de T&D, vendas e negócios, RH em geral, gerentes, líderes, instrutores, palestrantes e todos que se dedicam à apresentação de trabalhos e projetos.
4. *Professores*: atores e diretores teatrais.

26.7.6 Você encena

Como o próprio nome diz, os facilitadores realizarão um trabalho que leve os funcionários de uma empresa a criar um esquete teatral e apresentá-lo, um grupo para o outro. Existe todo um trabalho de preparação com foco na mobilização da sensibilidade por meio de experiências similares às do ritual do ator, de modo que o processo se distingue da oficina porque viabiliza a reunião de grupos grandes que são divididos em grupos menores para melhor realizarem o trabalho. Além da experiência de subir ao palco, de exercitar o trabalho em equipe e, também, a humildade, cada grupo desenvolverá o tema do esquete teatral de acordo com as necessidades de reforço de aprendizagem ou mesmo com o próprio tema do evento: atividade riquíssima em aprendizagem e de forte componente emocional.

26.7.7 Circuito teatral comportamental

Atividade igualmente indicada para grupos grandes e subdivididos em grupos menores, em que cada instrutor realiza seu exercício em uma sala e o grupo faz o circuito, percorrendo as salas e participando dos exercícios. Trabalham-se quantos grupos forem necessários, mas recomenda-se formar grupos de até 20 pessoas para cada sala onde se realiza um exercício, uma vivência. As vivências escolhidas são determinadas em função do *briefing* do cliente. O resultado é um evento altamente dinâmico e estimulante, sendo realizado com duração de três a oito horas, dependendo da quantidade de pessoas.

26.7.8 Oficina de talentos

É uma atividade que pode ser realizada com grande número de pessoas dentro dos eventos empresariais. A oficina de talentos trabalha a criatividade, a integração e a superação, por meio da montagem de grandes coreografias. Após todo processo de ensaio, os grupos se apresentam, uns para os outros, tornando, assim, o evento muito agradável e empolgante. O tempo de duração da oficina é de cerca de duas horas.

26.7.9 Intervenções teatrais

Como o próprio nome diz, as intervenções intervêm no ambiente de trabalho de forma inesperada, quebrando a rotina dos funcionários. Atividade excelente para comunicar novos procedimentos, novas ideias, mudanças na forma de fazer algo, lembretes importantes, comemorações e assim por diante, uma vez que se tratam de ações rápidas e de alto impacto.

26.7.10 Teatro oculto

O teatro oculto se caracteriza quando o ator/atriz se mistura com os treinandos e se manifesta como se fosse um deles. Modalidade que surpreende o espectador, com atores preparados para interagir com o evento de forma inusitada. Pode ser dentro de uma sala de aula, numa palestra, num jantar de confraternização etc. É excelente para movimentar o evento e gerar discussões que aprofundam os temas. Exige grande preparação dos atores para estarem aptos para as intervenções de forma adequada.

26.7.11 *Role playings*

Modalidade em que os atores assumem os papéis de clientes (internos ou externos) para interagir com o treinando, que deverá manter uma conversa com eles. A vantagem do *role playing* é que os atores interagem baseados nas sensações sentidas durante a conversa. É excelente para treinamento de feedbacks (cliente interno) ou mesmo para avaliação de atendimentos (cliente externo).

26.8 Cases do Teatro Treinamento

O Teatro Treinamento e todas as suas formas de produção, montagem e apresentação deu a seus profissionais inúmeros casos de superação e sucesso ao longo de sua trajetória. Neste item, vamos registrar alguns *cases*, considerando o feedback sempre positivo desse recurso especial de T&D.

Participação em eventos

Nossas peças teatrais, sempre com temas relacionados a pessoas e processos, estiveram presentes nos maiores eventos de RH do país: 30º Congresso Mundial de T&D (Porto Alegre); CONARH; congressos das regionais da ABRH; COPAJOG (Belo Horizonte); Congresso de TH (Uberlândia); 16º CRIARH (Recife) e Congresso da ABTD (Santos).

O Teatro Treinamento em empresa alemã

Fomos convidados para criar um espetáculo teatral customizado para disseminar a política de valores de uma empresa estrangeira (Bosch), cujo país-sede é a Alemanha, de forma rápida e para todos os funcionários. Então, a consultoria realizada nesse país detectou, após ampla pesquisa, os valores da empresa, que ainda não haviam sido expressos por escrito, mas eram vivenciados pelos funcionários. Assim, na filial brasileira a metodologia empregada para apresentá-los a todos os 11.500 funcionários foi o teatro, em 76 apresentações, em todas as suas unidades.

Teatro de despedida

É comum a realização de espetáculos ou esquetes teatrais para homenagear funcionários antigos de casa ou como despedida de presidentes e diretores. Foi o caso de uma grande multinacional francesa (Rhodia) que perderia seu presidente após longos anos para a Europa. Então, o diretor de RH nos contratou para homenageá-lo com um espetáculo teatral que retratasse suas características. A emoção de se ver no palco levou o presidente às lágrimas, que, de surpresa, nos chamou de lado e pediu para fazermos o mesmo para o diretor de RH, que se aposentaria dentro de dois meses. Criamos, assim, uma forma diferente de apresentação: um show de variedades em que cada atração representava uma habilidade do diretor. O resultado foi emocionante e surpreendente.

Teatro aberto

Com o tema "Atendimento ao cliente externo", produzimos a peça *Apertem os cintos, o cliente sumiu!*, com 500 apresentações realizadas para centenas de empresas, destacando a apresentação em um programa de treinamento de uma grande loja de varejo, a Pernambucanas, para mais de 12 mil funcionários, em 44 apresentações.

26.9 Conclusão

No intento de conceituar o Teatro Treinamento, esperamos ter abordado toda a amplitude e importância desse recurso especial de T&D que, essencialmente, prevê a aplicação da arte para o enriquecimento da cultura empresarial, a valorização do lazer como metodologia e didática do treinamento e, acima de tudo, a capacitação profissional pela integração de diversão, técnica e conteúdo, focando o ser humano em sua totalidade: razão, emoção e estética.

Referências bibliográficas

Estou convicto de que a bagagem de informações a que tive acesso pelo privilégio e prazer da leitura e pesquisa influenciou na redação deste capítulo. Não menciono a bibliografia porque redigi o texto com base em minha experiência pessoal como criador, divulgador e pesquisador do Teatro Treinamento, sem realizar levantamento ou investigação minuciosa e específica do tema em questão em manuais ou obras de outros autores.

Reinaldo David Rizk

Graduado em engenharia civil com pós-graduação em ciência psicossomática, Reinaldo David Rizk é palestrante e escritor, com inúmeros artigos publicados em revistas especializadas e artigos em livros da coleção Ser Mais. É o cofundador, com a atriz e diretora teatral Eliane Rizk, da empresa de T&D Toque de Areia, atuando como diretor administrativo e produtor executivo. Em parceria com a Commit, produziu 24 vídeos para treinamento, comercializados em todo o país. Produziu mais de 200 peças teatrais customizadas e 22 peças teatrais de repertório, com temas variados como qualidade, liderança e atendimento. Apresentou suas peças, ainda, em espetáculos abertos, cerca de 280 vezes para mais de 15 mil empresas diferentes em várias cidades do Brasil, atingindo a marca de 2.800 apresentações de seus espetáculos teatrais em 23 Estados do país, em mais de 300 cidades, com apresentações "*in company*" para mais de mil empresas. Entre todas as modalidades de Teatro Treinamento, realizou mais de três mil eventos, para um público de cerca de 500 mil espectadores. Sua empresa foi eleita entre o Top 5 no Prêmio Top of Mind para Fornecedores de RH, promovido pela Fênix Central de Negócios, no segmento Recurso para Treinamento, em três edições, e angariou os prêmios Fornecedores de Confiança 2009, pela revista *Melhor*, publicação oficial da ABRH; Top of Quality 2005, na categoria Soluções em Treinamento, promovido pela Ordem dos Parlamentares do Brasil; Quality Brasil e Mercosul, promovido pela International Quality Service (IQS), e foi listada entre os 100 Melhores Fornecedores de RH, de 2010 a 2013, pela revista *Gestão e RH*.

Tel.: +55 11 5063-2929
E-mail: rizk@toquedeareia.com.br
Site: www.toquedeareia.com.br

capítulo 27

Do e-learning para a alta performance

Francisco Antonio Soeltl

27.1 Objetivos

A fim de estimular o leitor a refletir sobre as novas alternativas disponíveis para promover o desenvolvimento humano nesta edição do *Manual de Treinamento e Desenvolvimento*, transmitiremos uma perspectiva inovadora que o auxiliará a entender que o aprendizado para as organizações, diferentemente das instituições de ensino, é apenas um meio, e não um fim em si mesmo, e que é preciso ir além da certificação de conhecimento ou habilidade, isto é, deve-se estimular sua aplicação para melhorar continuamente a produtividade e performance das pessoas na busca permanente pela superação dos resultados esperados.

Para tanto, inicialmente faremos uma breve retrospectiva, atualizando as principais informações, da prática do e-learning que foi objeto deste capítulo na edição de 2007 e, a seguir, apresentaremos a arquitetura do aprendizado e desempenho que, a partir de 2008, provocou uma mudança de paradigma em nosso país e nos fez entender que, por meio de cursos, sejam eles presenciais ou on-line, as pessoas aprendem no máximo 20% do que precisam saber para ter um bom desempenho e que os 80% complementares são obtidos no ambiente informal do trabalho, com a gestão do conhecimento, o suporte ao desempenho e o coaching & mentoring.

Para completar, apresentaremos a arquitetura da Universidade Corporativa Ampliada, uma visão inspiradora e inovadora para promover a produtividade das pessoas e a competitividade das organizações de forma sustentável, consolidada em 2012 com o objetivo de contribuir com a implantação da prática da alta performance em nosso país.

27.2 Prática do e-learning

O uso da tecnologia como aliada do processo de desenvolvimento de pessoas em nosso país consolida-se a cada ano, incorporando, dessa forma, o e-learning em praticamente todas as atividades de ensino-aprendizado.

Ao longo dos últimos 14 anos, e com base nas experiências das 136 organizações que participaram do Prêmio e-Learning Brasil de 2002 a 2012, pudemos constatar as excepcionais contribuições que essa prática já apresentou em nosso país.

Os benefícios acumulados de R$ 16,2 bilhões foram responsáveis pelo retorno, em menos de seis meses, dos investimentos também acumulados de R$ 7,6 bilhões (veja a Figura 27.1):

Figura 27.1 Gráfico de investimento e retorno gerado pela prática de e-learning no Brasil

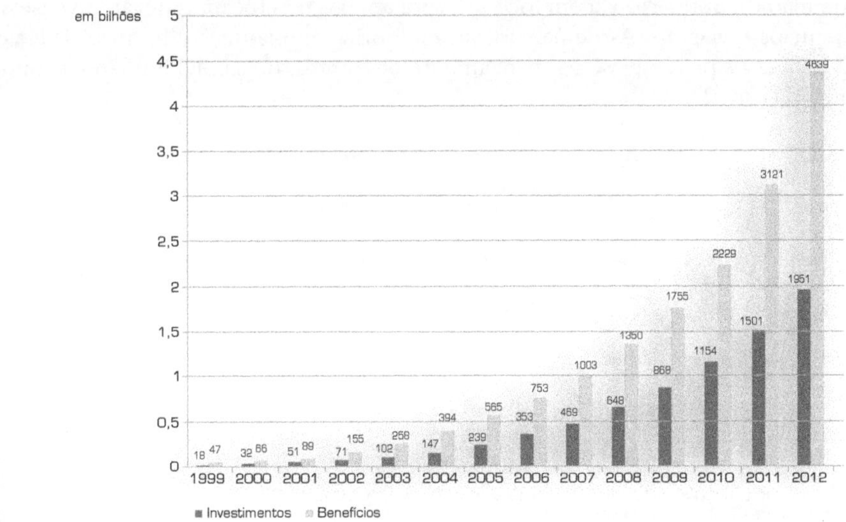

Fonte: Prêmio e-Learning Brasil de 2002 a 2012.

No cálculo dos benefícios, as organizações participantes apresentaram com maior frequência 18 razões de negócio: nove com foco externo (cadeia de valor: acionistas, clientes, fornecedores e parceiros) e nove com foco interno (colaboradores e mão de obra terceirizada).

Das nove razões de negócio mais frequentes no cálculo dos benefícios, considerando-se a cadeia de valor das organizações (acionistas, clientes, fornecedores e parceiros), isto é, com foco externo, sete se referem a melhorias: capacitação da força de vendas, utilização dos produtos já lançados, agilizar o desenvolvimento e o lançamento de novos produtos, satisfação dos clientes e novas oportunidades de negócios; e apenas duas apontam para redução de custos: viagens e cursos (veja a Figura 27.2):

Figura 27.2 Razões de negócio que geraram os benefícios pela prática de e-learning no Brasil com foco externo

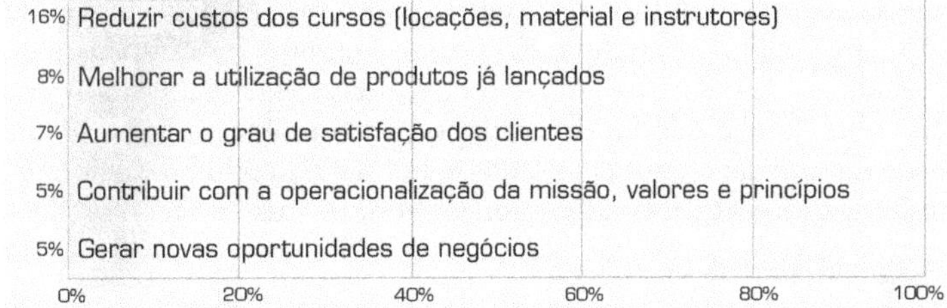

Fonte: Prêmio e-Learning Brasil de 2002 a 2012.

Das nove razões de negócio mais frequentes no cálculo dos benefícios, levando-se em conta os colaboradores contratados diretamente e aqueles que prestam serviços a partir de terceirização de mão de obra, isto é, com foco interno, apenas três focam redução de custos: oportunidade, cursos e viagens. As demais focam melhorias: implantação de novo sistema, produtividade, processos produtivos, desenvolvimento e retenção de capital humano, e autodesenvolvimento (Figura 27.3):

Figura 27.3 Razões de negócio que geraram os benefícios pela prática de e-learning no Brasil com foco interno

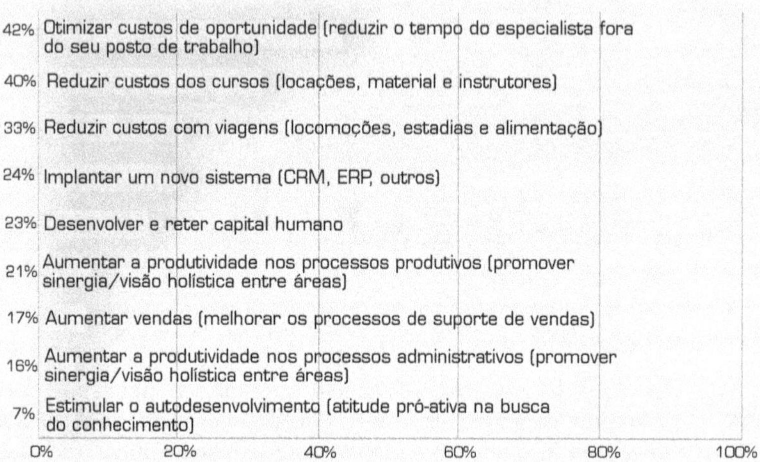

Fonte: Prêmio e-Learning Brasil de 2002 a 2012.

A seguir, relacionamos as dez práticas mais frequentemente adotadas pelas organizações na implantação de seus projetos de e-learning:

1. Alinhamento com a estratégia

No momento de implantação do e-learning é importante alinhar seu sucesso com as estratégias organizacionais, bem como com propostas pedagógicas adequadas às necessidades da organização. Com esse alinhamento, será possível nortear as etapas de planejamento, a definição de demanda por treinamentos, os públicos-alvo e, principalmente, os conteúdos que serão desenvolvidos. Logo, esse processo ocorrerá de forma mais ágil e eficaz, combinando perfeitamente com o suporte que o e-learning tende a oferecer.

2. Avaliação de resultados

Os resultados que devem ser analisados em projetos de e-learning vão desde a avaliação de aprendizagem em relação aos objetivos educacionais planejados até os retornos estratégico e financeiro. Para isso, é preciso definir corretamente um processo avaliativo e um acompanhamento baseado em métricas predefinidas. Como exemplos de métricas para eficiência, podemos citar o número de cursos realizados, a quantidade de colaboradores treinados, de certificações emitidas etc. Já para medir a eficácia podemos analisar o número de desistências em relação à atuação da tutoria, o conhecimento de um novo produto relacionado a seu volume de vendas e os indicadores de aprendizagem com e sem o uso da tecnologia.

3. Foco na pedagogia, não na tecnologia

A tecnologia a ser utilizada deve se adequar às necessidades de cada modalidade de ensino, seja presencial ou on-line. O foco deve sempre residir na maneira mais didática de transmitir a informação ao aluno, e não apenas na tecnologia em si. Portanto, um treinamento não deve ser julgado apenas por seus recursos visuais ou tecnológicos, mas sim pelos seus valores educacionais e pela oportunidade que proporciona ao treinando de obter conhecimento sobre o assunto proposto. Tais valores garantem os bons resultados de cada projeto.

4. Importância da metodologia e da gestão de mudanças

Diversos tipos de iniciativa no âmbito educacional são tomados dentro de uma organização: a implantação do e-learning é um deles. Apesar de diferentes, todas as iniciativas têm em comum o mesmo mote: o fator humano. Assim, é importante que qualquer mudança seja bem administrada. Mudanças que acontecem de forma surpreendente podem ocasionar resistências e outras atitudes negativas que, na maioria das vezes, são causadas por falta de entendimento inicial. Assim, faz-se necessária uma comunicação eficaz, informando de antemão as mudanças que ocorrerão e a forma como elas afetarão as atividades profissionais de cada colaborador. É preciso reservar um bom período para o esclarecimento de dúvidas. Com o processo claro, é possível evitar a desmotivação e a obtenção de resultados abaixo do esperado.

5. Apoio ao projeto e ao público-alvo

A receptividade do público-alvo é primordial para assegurar o processo de aprendizagem. Desse modo, a abordagem do curso deve oferecer a orientação adequada ao processo por meio de monitoria, tutoria e assessoria pedagógica, estimulando a absorção do conhecimento e/ou habilidade com autonomia, e ajudando, assim, a construção do conhecimento de quem busca o aprendizado. Além disso, o apoio ao projeto garantirá a efetividade e o sucesso de seu desenvolvimento, contando com o engajamento de todos os envolvidos.

6. Continuidade e expansão

Qualquer projeto com resultados positivos será superado em pouco tempo se não tiver algum tipo de continuidade. Em projetos de e-learning, isso não é diferente. Toda forma de expansão do projeto, além da continuidade, poderá gerar resultados melhores ainda, aumentando a efetividade. O projeto deve se estender a todos os departamentos da organização, dessa forma o conhecimento chegará a todos, ao mesmo tempo em que novos objetivos de aprendizagem serão detectados.

7. Engajamento, patrocínio e valorização

O sucesso de qualquer projeto depende do nível de engajamento da equipe. Do mesmo modo, é preciso que todos agreguem um valor importante tanto ao projeto em si como aos participantes. Nesse caso, os profissionais que realizam os treinamentos de e-learning devem ser incentivados por seus líderes a participar, ou seja, assim serão convencidos sobre a importância de sua participação. Outro ponto importante é que a própria liderança deve acreditar no projeto, colaborando com recursos financeiros que o tornem viável.

8. Garantia de infraestrutura

Equipe e investimentos financeiros são partes fundamentais para o bom andamento do projeto, mas nada disso irá adiantar caso a organização não disponibilize infraestrutura adequada para sua realização: desde um servidor com capacidade de armazenamento condizente com sua demanda, elementos de rede e Internet, espaços físicos e quantidades suficientes de hardware e software. Uma opção comumente adotada é o aluguel de infraestrutura externa, com oferta de treinamentos em horários alternativos. Muitos consideram essa opção a mais viável.

9. Integração e estratégia do conhecimento

O mundo tecnológico sofre constantes mudanças. O que hoje é de última geração pode se tornar obsoleto amanhã. Além disso, surgem novos formatos de interação e novas possibilidades de utilização dessas técnicas em e-learning. No entanto, não devemos encarar essa situação de forma ruim, mas sim aproveitar a oportunidade de atender novas demandas e descobrir facilidades sempre considerando o que já foi realizado e sem perder a essência do conteúdo inicial, que vem a ser o mais importante.

10. Planejamento e gestão

Um dos principais fatores de sucesso em processos de ensino-aprendizagem é a gestão eficiente em cada uma de suas etapas: pré-projeto, planejamento, implantação e avaliação. Assim como projetos de outras áreas, o planejamento e o acompanhamento de cada fase de desenvolvimento de projetos de e-learning possibilitam avaliar práticas que devem ser aperfeiçoadas para otimizar o processo e maximizar os resultados.

O leitor poderá encontrar dados atualizados sobre o assunto no site <www.learning-performancebrasil.com.br>, em que os resultados das pesquisas mensais e a evolução das melhores práticas são publicados, bem como poderá fazer download das edições do Anuário Learning & Performance Brasil desde 2004.

27.3 Além do e-learning e a arquitetura do aprendizado e desempenho

Em 2008, com a vinda de Marc Rosenberg ao Brasil e o lançamento de seu livro *Além do e-learning*, a prática dessa modalidade de ensino se integrou ao contexto da arquitetura do aprendizado e desempenho, contribuindo de forma decisiva para ampliarmos nosso entendimento do aprendizado no ambiente formal, também chamado instrucional, responsável por apenas 20% do que as pessoas precisam dominar para ter um bom desempenho. E mais: os 80% complementares são obtidos no ambiente informal do trabalho, por meio da gestão do conhecimento, suporte ao desempenho e coaching & *mentoring* (veja a Figura 27.4):

Figura 27.4 Arquitetura do aprendizado e desempenho

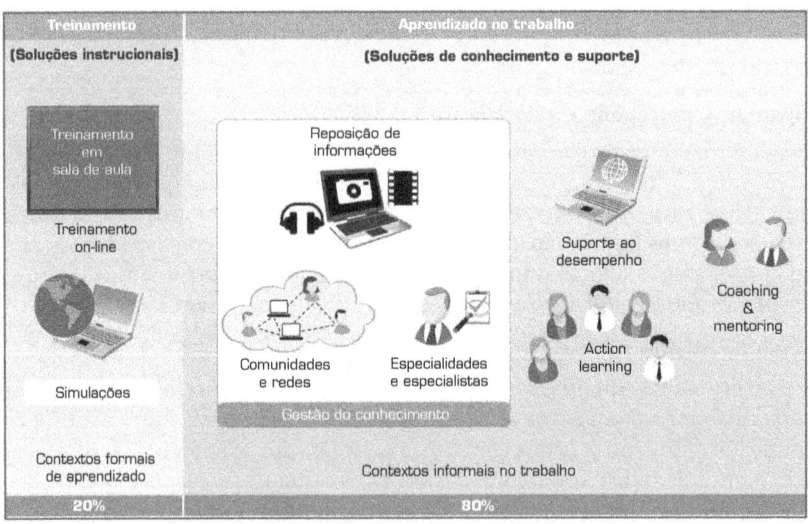

Fonte: MicroPower (veja o endereço para o site na seção *Sites indicados*).

O aprendizado em sua forma tradicional, que nos acostumamos a chamar de *treinamento*, tem sido realizado ao longo de décadas por meio dos cursos presenciais em salas de aulas dos centros de treinamento e escolas.

Nos últimos 12 anos, o processo de ensino-aprendizado vem sendo enriquecido com a utilização das tecnologias disponíveis e emergentes que propiciaram o desenvolvimento dos cursos on-line e das simulações que passaram a fazer parte do dia a dia não só das organizações, como das escolas.

Pesquisas demonstram que essa modalidade propicia às pessoas no máximo 20% do conhecimento e habilidades necessários para terem um bom desempenho em suas atividades profissionais e que os 80% restantes são adquiridos no ambiente de trabalho.

No ambiente de trabalho observamos com muita frequência a utilização de repositórios de informações que podem ser acessados com ferramentas de busca, como Google e Wikis. Dessa forma, o conhecimento encontra-se disponível, aguardando o momento de sua aplicação, quando as pessoas resolvem acessá-lo, para aplicá-lo ou compartilhá-lo com seus amigos nas comunidades de conhecimento, prática ou interesse, como o Facebook.

O mapeamento das especialidades e dos respectivos especialistas de uma organização pode potencializar o desenvolvimento e a produtividade das pessoas, disponibilizando em agendas momentos informais de interação, que poderiam ser viabilizados em encontros presenciais, chats, fóruns, ou mesmo em salas virtuais.

O suporte ao desempenho pode ser entendido de um modo simples como a disponibilização das instruções, ou passo a passo, a fim de apoiar as pessoas no momento da execução de um processo, mesmo que elas não tenham recebido o devido treinamento.

O *action learning* é um método que permite o aprendizado por meio da realização de trabalhos em grupos pequenos, de seis a oito pessoas, e consiste fundamentalmente em apoiar o componente do grupo que apresentou uma situação ou problema a refletir e encontrar a solução com perguntas assertivas, segundo uma metodologia específica.

O coaching & mentoring são ferramentas de extrema contribuição para o desenvolvimento pessoal quando aplicados de forma efetiva no momento da execução das atividades, de modo que o coaching se caracteriza pela utilização de perguntas assertivas para incitar a reflexão do interlocutor e consequente conclusão a respeito da solução ou caminho a adotar, ao passo que o mentoring deve ser aplicado para os profissionais em seus novos desafios como orientação, ou seja, ajudando-os com a definição de como devem proceder.

Para fundamentar a efetividade da arquitetura do aprendizado e desempenho, Marc Rosenberg apresentou em seu livro *Além do e-learning* o resultado de estudo realizado por Ferdinand Fournies que identificou 14 obstáculos que interferem na performance das pessoas, dos quais a apenas quatro recomenda-se treinamento como uma das possíveis intervenções (Veja a Tabela 27.1):

Tabela 27.1 Obstáculos ao desempenho e possíveis intervenções

Obstáculos ao desempenho	Possíveis intervenções
1. **As pessoas não sabem desempenhar (realizar o esperado)** Ninguém lhes orientou sobre o que deve ser feito Não há pessoas com experiência na atividade ou exemplos a seguir Não há documentação que oriente como desempenhar Não há treinamento ou o treinamento não fornece preparo adequado	Treinamento Gestão do conhecimento Colaboração Mentoring ou coaching Suporte ao desempenho
2. **As pessoas não sabem desempenhar apropriadamente** Ninguém lhes informou como desempenhar apropriadamente As expectativas de desempenho são duvidosas Não há documentação sobre o que fazer Não há treinamento ou o treinamento não funciona	Treinamento Gestão do conhecimento Colaboração Tutoria e coaching Suporte ao desempenho Medidas, avaliações e apreciações de desempenho
3. **As pessoas não sabem o que devem desempenhar** Ninguém lhes informou o que devem desempenhar As expectativas de desempenho são duvidosas Não há documentação sobre desempenho	Treinamento Gestão da mudança Comunicações Tutoria e coaching

4. As pessoas não sabem por que devem desempenhar Elas não veem os benefícios do desempenho Elas acreditam que já estão desempenhando	Treinamento Gestão do conhecimento Colaboração Gestão da mudança Comunicações Tutoria e coaching
5. As pessoas não têm os recursos financeiros ou tecnológicos para desempenhar Não há nenhuma verba para suporte ao desempenho Informaram-lhes para desempenhar sem que lhes dessem as ferramentas para isso As ferramentas que elas têm são desatualizadas As ferramentas que elas têm não funcionam Elas têm as ferramentas erradas	Financiamento Softwares aplicativos Hardware e conectividade Suporte técnico Ferramentas mecânicas
6. As pessoas não têm os recursos humanos para desempenhar Não há pessoas suficientes para fazer o trabalho As pessoas apropriadas para fazer o trabalho não estão disponíveis As pessoas que farão o trabalho não estão organizadas apropriadamente	Formação de quadros, recrutamento Formação de equipes Alocação de recursos Design organizacional
7. As pessoas não são recompensadas por desempenhar corretamente Elas não recebem qualquer benefício para desempenhar corretamente A recompensa é inadequada com relação ao esforço e risco	Recompensas e incentivos Liderança e supervisão
8. As pessoas são punidas por desempenhar corretamente Seguir os meios antigos comporta menos risco	Recompensas e incentivos Liderança e supervisão
9. Não há consequências por fazer o trabalho errado ou mesmo por fazer Não há diferenciação entre aqueles que desempenham e os que não o fazem Não desempenhar não acarreta nenhum risco	Recompensas e incentivos Liderança e supervisão
10. O meio físico não oferece suporte ao desempenho Não há lugar para desempenhar O espaço de trabalho não contribui para o desempenho	Design do local de trabalho Ergonomia Fatores humanos
11. A função ou a tarefa é mal concebida O desempenho não faz nenhum sentido O novo modo de se fazer as coisas é mais difícil do que o antigo	Design da função Design de processos e de fluxos de trabalho Design centrado no desempenho Reengenharia
12. As pessoas não acreditam [no novo modo de execução] Elas acham que o novo modo é errado ou ineficiente Elas acham que o modo antigo é melhor Elas já tentaram antes, mas não funcionou Elas não acreditam que a organização realmente confie nelas	Mudança da gestão (pode incluir um componente de treinamento) Comunicações Recompensas e incentivos Tutoria e coaching
13. As pessoas estão ocupadas demais fazendo outras coisas São repassadas a elas muitas orientações conflitantes Elas estão trabalhando em demasia Elas não sabem o que é mais importante Elas estão trabalhando em coisas que são mais recompensadoras ou fáceis de fazer	Priorização Gestão do tempo Design da função Design de processos e de fluxos de trabalho Design da organização Liderança e supervisão
14. As pessoas não têm a capacidade de desempenhar Elas não têm a capacidade física (força) ou a capacidade intelectual (aptidão) para desempenhar Elas deixam de desempenhar devido a limitações físicas (por exemplo, alcance prejudicado da visão)	Nova atribuição de serviços Rescisão do contrato Assistência por deficiência física

27.4 Prática da alta performance

A partir da conscientização de que o valor do conhecimento ou das habilidades só é quantificado quando for efetivamente aplicado para a obtenção de melhores resultados e de que o desempenho das pessoas é influenciado pela capacidade de superar os obstáculos que lhes são apresentados no dia a dia, procurou-se identificar quais seriam as práticas que potencializavam o desempenho esperado.

Nessa trajetória, foram identificadas em 2010, na pesquisa realizada pelo i4cp — Institute for Corporate Productivity, nos Estados Unidos e Europa, as nove melhores práticas aplicadas nas organizações com alta performance. São elas:

1. O processo de avaliação de performance inclui planos de desenvolvimento para o período de trabalho subsequente.
2. Os líderes recebem treinamento para a condução de uma entrevista de avaliação de performance.
3. Existem critérios definidos para medir a qualidade do processo de avaliação de performance.
4. Há um processo definido para tratar as pessoas com performance insatisfatória.
5. A avaliação inclui outras informações além do julgamento dos líderes, como evidências de performance.
6. O processo de avaliação de performance é consistente em toda a organização.
7. Os colaboradores esperam feedback de sua performance mais do que uma vez por ano.
8. Feedback de 360° é utilizado para apoiar o processo de avaliação de performance.
9. O processo de avaliação de performance inclui revisão contínua de objetivos e feedback dos gestores.

A pesquisa constatou ainda que, quanto maior o número dessas práticas aplicadas, independentemente de quais sejam, mais a organização se aproxima de apresentar alta performance financeira.

Assim, em 2011, a MicroPower, com o apoio de dez seccionais da ABRH nacional (Amazonas, Goiás, Maranhão, Minas Gerais, Mato Grosso, Paraíba, Rio de Janeiro, Rio Grande do Sul, Santa Catarina e São Paulo) e da ABES — Associação Brasileira das Empresas de Software, fez a mesma pesquisa no Brasil, constatando que, apesar de a distribuição da aplicação das nove melhores práticas que caracterizaram as organizações de alta performance ser semelhante à das organizações dos Estados Unidos e Europa, temos em nosso país um potencial enorme para melhoria, pois mais de 35% das organizações consideradas não aplicavam nenhuma das nove (veja a Figura 27.5).

Figura 27.5 Comparativo de pesquisa realizada nos EUA e na Europa (2010) com pesquisa no Brasil (2011)

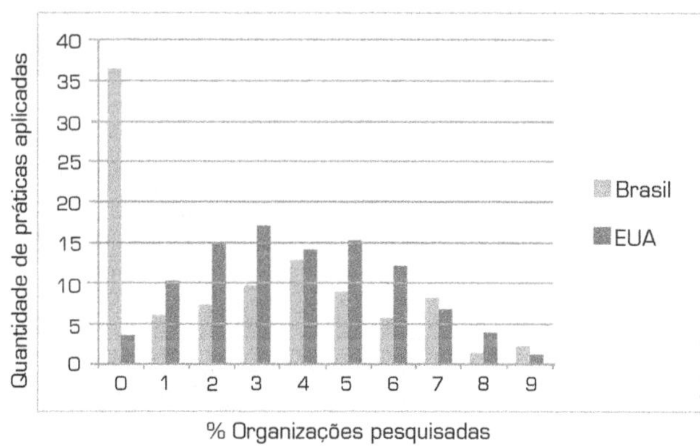

Fonte: MicroPower, com base na pesquisa realizada pelo i4cp.

Em 2012, o i4cp realizou a mesma pesquisa na Rússia, e os resultados foram surpreendentes, pois as organizações em operação no Brasil, que aplicam as melhores práticas, apresentam sucesso, focando a gestão de performance como vantagem estratégica, ao passo que as organizações nos Estados Unidos continuam a utilizá-la apenas como ferramenta para classificação de performance.

Na Figura 27.6, observamos que no Brasil a gestão de performance é um processo que permite às organizações o alinhamento da aplicação das competências aos objetivos e estratégias propostos pela empresa. Também permite identificar as pessoas que de fato apresentam performance acima dos 100% esperados, suportando dessa maneira a prática da alta performance na organização como um todo, além de apoiar a definição e o acompanhamento do plano de desenvolvimento individual de seus colaboradores e auxiliar na definição dos aumentos salariais por meritocracia e no processo de sucessão e desenvolvimento da carreira.

Figura 27.6 Aplicações das melhores práticas no Brasil, Estados Unidos e Rússia

	Brasil	Rússia	EUA
Para identificar funcionários *top performers*	61,6%	49,5%	52,1%
Para apoiar decisão de promoção	60,3%	37,2%	48,2%
Para identificar funcionários que necessitam de desenvolvimento/treinamento	59,7%	34,0%	35,2%
Para apoiar toda a organização e focar em alta performance	50,7%	40,2%	61,6%
Para apoiar decisão de remuneração	51,7%	47,3%	54,7%
Para estreitar o alinhamento estratégico entre objetivos organizacionais e habilidades	51,3%	26,9%	31,1%

Fonte: i4cp.

Com base nessas constatações e em função da demanda crescente das organizações por profissionais preparados para fazer frente à competição global em praticamente todos os setores da economia, concluímos que a implantação da prática da alta performance pode melhorar a produtividade do pessoal já contratado em pelo menos 15%, sem o correspondente aumento dos custos.

Assim, para operacionalizar a implantação da prática da alta performance em uma organização, é fundamental que todos os colaboradores, de todos os níveis hierárquicos, concentrem suas energias na realização das atividades que realmente contribuam para superar os resultados esperados.

Nesse contexto entendemos ser fundamental integrar a gestão de performance ao desenvolvimento de talentos, de modo que, em 2012, consolidamos a primeira versão da arquitetura da Universidade Corporativa Ampliada, considerada por Marc Rosenberg como o pensamento avançado de como as soluções abrangentes de aprendizagem e desempenho serão desenvolvidas no futuro.

27.5 Arquitetura da Universidade Corporativa Ampliada

A arquitetura da Universidade Corporativa Ampliada (veja a Figura 27.7) é uma solução inspiradora e inovadora que vai além das fronteiras das universidades corporativas tradicionais, focando sua estrutura nas competências, valores e especialidades, irradiando, a partir desse núcleo, a gestão integrada dos processos e informações dos demais subsistemas que compõem a gestão estratégica do capital humano, para fomentar a prática da alta performance.

Essa arquitetura contempla a utilização das fontes de conhecimento e das soluções consultivas e tecnológicas disponíveis no mercado a fim de:

- otimizar os investimentos em desenvolvimento de pessoas;
- estimular a permanência dos talentos em seus quadros de colaboradores;
- promover a produtividade das pessoas e a competitividade das organizações;
- potencializar de forma sustentável os resultados esperados.

Figura 27.7 Arquitetura da Universidade Corporativa Ampliada

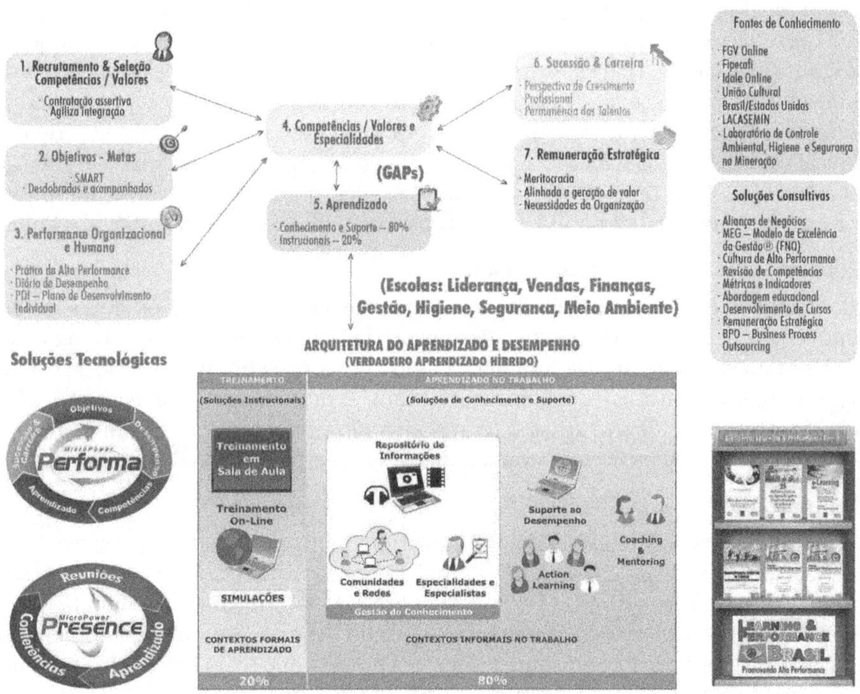

Fonte: MicroPower (veja o endereço do site na seção *Sites indicados*).

Apresentaremos a seguir um breve descritivo dos componentes da arquitetura da Universidade Corporativa Ampliada.

27.5.1 Gestão estratégica do capital humano

A gestão integrada dos processos e demais informações dos sete subsistemas arrolados a seguir oferecem aos gestores um melhor controle das variáveis que de fato interferem na produtividade das pessoas e promovem as condições necessárias para estimular essas pessoas a continuar dedicando seus talentos à causa comum, ou seja, o sucesso da organização.

1. Recrutamento & Seleção por competências e valores

As contratações são feitas segundo estratégias de captação e seleção, alinhadas aos objetivos de negócios e crescimento da organização, que buscam identificar de forma assertiva os profissionais com as competências requeridas para atender prontamente aos desafios.

O recrutamento ainda tem por objetivo agilizar a integração desses profissionais ao ambiente de trabalho, em função de seus valores serem compatíveis com a cultura organizacional.

2. Objetivos e metas

O estabelecimento de objetivos e metas desafiadores e alinhados às estratégias estrutura a base do planejamento das organizações, assim, sua definição deve ser eSpecífica, Mensurável, Atingível, Relevante e no Tempo estabelecido (SMART). Devem, ainda, ser comunicados de forma clara, desdobrados para todos os níveis da organização e acompanhados em tempo de corrigir eventuais desvios de rota que possam prejudicar sua realização.

3. Performance organizacional e humana

O nível de performance esperado pelos acionistas de uma organização somente será atingido, ou idealmente superado, se as pessoas que nela trabalham também atenderem ou superarem os níveis de performance esperados de cada um. Esse nível está diretamente relacionado com a capacidade que essas pessoas têm de atender aos desafios estabelecidos, de se sentirem motivadas a aplicar de forma efetiva suas competências, de receber de modo adequado o feedback permanente de suas realizações, contando com um ambiente de trabalho que propicie o autodesenvolvimento e com infraestrutura que propicie a autorrealização e a conquista do sucesso. Os registros dos destaques do desempenho e a realização do plano de desenvolvimento individual são práticas que fundamentam o sucesso individual e coletivo.

4. Competências, valores e especialidades

A identificação e conhecimento das competências essenciais para os negócios permite desdobrá-las para as funções, de forma a desenvolvê-las e mantê-las nos níveis exigidos. Possibilita o melhor aproveitamento do capital humano, de acordo com suas aptidões, evidenciando as especialidades essenciais da organização. Assim, as pessoas serão corretamente alocadas, adequadas às tarefas que devem realizar, contando com um conjunto de conhecimentos, habilidades e atitudes que permitem a tomada de decisões e a execução das ações com sucesso.

5. Aprendizado

As ações de desenvolvimento ultrapassam o escopo dos treinamentos presenciais, on-line e das simulações, considerados contextos formais de aprendizado, conhecidos como soluções instrucionais, nos quais se adquirem e se retêm 20% do conhecimento e habilidade necessários para atingir ou superar a performance esperada. Devem contemplar também todas as atividades que proporcionam o aprendizado efetivo no contexto informal do trabalho, chamadas soluções de conhecimento e suporte, e que promovem a aquisição e retenção dos 80% complementares, utilizando-se da gestão do conhecimento com seus repositórios acessíveis por meio das ferramentas de busca, comunidades e redes, especialistas por área de especialidade, com respectivas agendas para coaching e mentoring, suporte ao desempenho e action learning, conforme apresentado na arquitetura do aprendizado e desempenho.

6. Sucessão & Carreira

Com um ambiente favorável ao autodesenvolvimento, objetivos e metas claramente definidos e comunicados e feedback permanente, a organização oferece as condições necessárias para que as pessoas percebam a perspectiva de crescimento profissional e os requisitos necessários para tanto, sentindo-se estimuladas a permanecer na empresa. Dessa forma, os profissionais que transbordam os níveis de proficiência exigidos nas funções ou cargos que ocupam e superam, consistentemente, os objetivos e metas estabelecidos encontram na organização em que trabalham as condições necessárias para o seu desenvolvimento profissional.

7. Remuneração estratégica

A remuneração estratégica ou meritocrática é a abordagem que auxilia as organizações a desenhar e implementar um modelo de remuneração alinhado aos drivers de geração de valor ao negócio, que motivam os colaboradores a atingir e, idealmente, superar os resultados e performance esperados. É possível realizá-la a partir da definição do pacote de remuneração, de acordo com a realidade da organização e das expectativas dos diferentes tipos de colaboradores contratados.

Para complementar a gestão integrada dos sete subsistemas expostos, a arquitetura da universidade corporativa contempla ainda:

Fontes de conhecimento

As escolas da universidade corporativa muitas vezes necessitam de apoio externo especializado para a realização de cursos e elaboração de conteúdos. Buscar convênios com instituições renomadas é uma alternativa bastante eficaz do ponto de vista da qualidade e do custo. Na Figura 27.7 apresentamos como exemplo algumas instituições de ensino de reconhecida excelência: FIPECAFI, IDALE Online, União Cultural Brasil-Estados Unidos, LACASEMIN — Laboratório de Controle Ambiental, Higiene e Segurança na Mineração da Escola Politécnica da USP, e G-MIRM — Global Minerals Industry Risk Management.

Soluções consultivas

A implantação da arquitetura da Universidade Corporativa Ampliada, bem como a definição de suas estratégias e metodologias, requer conhecimento de negócios e de processos que nem sempre estão disponíveis na organização. Uma consultoria especializada pode aportar o conhecimento necessário, apoiar as atividades de implantação e fornecer o respaldo técnico para a validação e o aculturamento das novas metodologias e estratégias adotadas. Na Figura 27.7 foram brevemente listadas algumas alternativas para potencializar esse aporte.

Soluções tecnológicas

A gestão integrada dos processos e informações dos sete subsistemas da gestão estratégica do capital humano deve contemplar as tecnologias disponíveis e emergentes. Como exemplo, apresentamos na Figura 27.7 as duas soluções da MicroPower: Performa (gerenciamento de forma integrada das informações de objetivos, desempenho, competências, aprendizado e sucessão e carreira) e Presence (áudio e videoconferência por meio da Internet).

27.6 Conclusão

Esperamos que nossa exposição tenha apresentado meios a partir dos quais seja possível às organizações aprimorar as práticas de e-learning com vistas à alta performance. Assim, uma vez que baseamos, vez ou outra, nossa discussão em experiência própria advinda da realização de trabalhos junto à MicroPower, encerraremos este capítulo compartilhando o depoimento* de Marc Rosenberg durante sua visita ao Brasil em 2012, por ocasião de sua participação do CONARH — Congresso Brasileiro de Recursos Humanos:

> A arquitetura da Universidade Corporativa Ampliada da MicroPower representa o pensamento avançado de como as soluções abrangentes de aprendizagem e desempenho serão desenvolvidas no futuro.
>
> Ela integra programas de treinamento com *e-learning*, mas mais do que isso, ela também incorpora várias estratégias importantes que estão focadas na aprendizagem no local de trabalho, em vez de sala de aula, incluindo repositórios de informação (gestão do conhecimento), comunidades e redes (aprendizagem social), e especialidades.

* Extraído do site da MicroPower, disponível em <http://www.micropower.com.br/v4/uca.html#7>. Acesso em: 21 maio 2013.

Ela também traz suporte ao desempenho, action learning, coaching e mentoring. Isso representa claramente a compreensão que a maior parte da aprendizagem — cerca de 80% dela — tem lugar no ambiente de trabalho e nos momentos de necessidade.

Estas novas metodologias não substituem a aprendizagem tradicional, mas a aumenta e reforça. A integração que a MicroPower fez de minha arquitetura do aprendizado e desempenho é um exemplo real do poder da aprendizagem, quando vai além da sala de aula e apoia as pessoas diretamente no escritório, na fábrica ou em qualquer outro lugar onde elas trabalham.

Além de tudo isso, a Universidade Corporativa Ampliada da MicroPower abrange processos de desempenho e princípios de gestão, por meio de metas e gestão de competências, permitindo às organizações otimizar a forma como cuidam de seus talentos, com foco em sucessão, carreira e remuneração estratégica.

Isso fornece uma solução única e sustentável para gestão de performance e desenvolvimento de talentos, levando a organização à alta performance em seus negócios.

Referências bibliográficas

ROSENBERG, M. *Além do e-Learning*. Rio de Janeiro: Qualitymark, 2008.

DAM, N. van. *25 melhores práticas em aprendizagem e desenvolvimento de talentos*. Rio de Janeiro: Qualitymark, 2009.

SOELTL, F. A. *e-learning no Brasil*: retrospectiva, melhores práticas e tendências. Rio de Janeiro: Qualitymark, 2010.

______. *Desenvolvimento Acelerado de Talentos nas Empresas de Alta Performance*. 2. ed. MicroPower, 2012. Disponível em: <http://www.micropower.com.br/v4/publicacoes_biblioteca.html>. Acesso em: 8 maio 2013.

______. *Prêmio Learning & Performance Brasil 2012/2013*. Disponível em: <http://www.micropower.com.br/v4/publicacoes_biblioteca.html>. Acesso em: 8 maio 2013.

Sites indicados

www.learning-performancebrasil.com.br
www.micropower.com.br
www.micropoweruca.com.br

Francisco Antonio Soeltl

Graduado em matemática, Francisco Antonio Soeltl é professor e fez sua carreira como executivo atuando em empresas como Rhodia, Alcoa, Ford New Holland, Fiat do Brasil e Construtora Lix da Cunha. É o fundador e presidente da MicroPower, do Portal Learning & Performance Brasil e membro do Comitê de Criação do CONARH e dos conselhos da ABRH-SP e ABES. Assumiu em janeiro de 2013 a Secretaria de Desenvolvimento Econômico e Relações do Trabalho da Prefeitura Municipal de São Caetano do Sul.

Tel.: +55 11 3041-8600
E-mails: francisco@micropower.com.br/francisco.antonio@saocaetanodosul.sp.gov.br

capítulo 28

Redes sociais como recurso de desenvolvimento de pessoas

Arthur Cymerman Asnis

28.1 Objetivos

O propósito deste capítulo é possibilitar a você, leitor, as bases para uma reflexão sobre o processo de desenvolvimento de pessoas à luz do surgimento das redes sociais.

As redes sociais permeiam o nosso mundo há poucos anos e, considerando-se a velocidade com que as transformações vêm ocorrendo, em um suceder sistêmico e recursivo, as experiências com redes sociais e as informações sobre essas experiências estão em fase embrionária.

Assim, as indicações apresentadas no desenrolar deste capítulo devem servir como alicerce reflexivo para a escolha dos caminhos a serem seguidos pelas empresas e pelos profissionais das áreas de recursos humanos e demais profissionais.

28.2 Um pouco de filosofia

Não encare "filosofia" como sinônimo de "papo furado", mas considere-a tão somente como a possibilidade de parar e pensar no que está à nossa volta nos dias de hoje e na cultura em que vivemos. Aliás, filosofia é um termo que se origina do grego e que pode ser traduzido como "amigos da sabedoria". Sabedoria plena, segundo a mitologia, era uma virtude atribuída somente aos deuses e o mais próximo que o homem poderia chegar da sabedoria era ser filósofo.

Tudo o que discutiremos aqui está intimamente ligado ao tema deste capítulo: o desenvolvimento de pessoas por meio das redes sociais.

28.2.1 Ter, ser e fazer

Tenho visto, inclusive nas redes sociais, a discussão dos paradigmas "ter" e "ser". Nessa discussão, o "ter" carrega o sentido de quantidade, aquilo que acumulamos. Exemplo: o sujeito que é medido pela quantidade ou pelo preço de coisas das quais é proprietário. Existe um movimento para colocar "fora de moda" aquele cujo principal atributo é o "ter", embora estejamos coabitando em uma cultura em que o "sucesso" tem fundamento em medidas objetivas e quantificáveis.

Em contraponto ao "ter", surge a valorização do "ser". O "ser", em que o importante não é o que você tem, mas o que você é. O perigo desse olhar é que o "ser" não admite limites ou bordas, o "ser" é incondicional. Usamos a expressão: "fulano é uma pessoa do bem". Uma variação que o "ser" admite é o "estar". Eu não "sou", mas "estou". Percebo o "estar" como uma corruptela do "ser".

A proposta aqui é olhar para o "fazer". Humberto Maturana[1] propõe a mudança do "ser" para o "fazer": "Como é que estou fazendo o que estou fazendo? Em que momento estou fazendo?". Cada um de nós tem uma história única, percebe as coisas de uma forma singular e que pode ser diferente da forma como o outro percebe. Assim, posso me perguntar: "Como estou fazendo o que estou fazendo; de que maneira o outro me percebe?".

A proposta dessa reflexão, no contexto das redes sociais, é olhar para *como* eu me relaciono com os outros da rede. Olhar para o "meu fazer". Vamos tratar mais adiante da importância da responsabilidade individual e da confiança, como componentes das redes sociais.

28.2.2 A interdependência

Segundo Zygmunt Bauman[2], vivemos um processo de transformação da sociedade em que habitamos e, imersos nesse processo de transformação, temos pouca clareza do que está por vir. Todavia, duas coisas aconteceram e são irreversíveis, e uma delas é:

> [...] nós, a humanidade do planeta, multiplicamos as conexões, as relações, as interdependências, as comunicações espalhadas em todo o mundo. Nós estamos agora em uma posição em que todos nós dependemos uns dos outros. O que acontece na Malásia quer você saiba ou não, sinta ou não, tem uma tremenda importância nas perspectivas de vida dos jovens em São Paulo e vice-versa, estamos todos no mesmo barco. Esta é a primeira vez na história em que o mundo é realmente um único país, em certo sentido. (Zygmunt Bauman, em entrevista concedida ao programa "Fronteiras do Pensamento", em 25/7/2011. Disponível em: <http://www.youtube.com/watch?v=POZcBNo-D4A>)

O fenômeno da globalização acentuou a percepção da interdependência e de suas consequências. O caráter sistêmico recursivo (que podemos chamar de interdependência) da nossa existência e das relações que estabelecemos sempre existiu, sempre esteve presente como um componente do viver humano e dos seres vivos em geral, todavia, a percepção da sua presença agora é algo inequívoco.

Era comum, no mundo corporativo, que os problemas ditos pessoais ficassem fora do ambiente e do expediente de trabalho, ou seja, ao entrar no escritório o funcionário deveria estar com a cabeça — leia-se: de corpo e alma — integralmente no trabalho.

Já faz mais de uma década que isso é algo que não conseguimos ver. O que mudou? Mudaram as pessoas? É óbvio que as pessoas vêm se transformando ao longo do tempo, sempre de forma congruente às transformações culturais. No entanto, duas transformações importantes que, literalmente, apropriaram-se das nossas vidas foram: a tecnologia de telecomunicações e a tecnologia de Internet. Antes do uso intensivo dessas tecnologias, as paredes da empresa constituíam-se em uma barreira para que questões pessoais no âmbito da família, por exemplo, ficassem fora do ambiente de trabalho. Associado a isso, para fazer uma ligação telefônica particular era necessário pedir à telefonista do escritório e, muitas vezes, o aparelho telefônico ficava na mesa de outra pessoa, situação que restringia o assunto e o tempo da ligação. Hoje, com ramais de discagem direta, aparelhos celulares, mensagens instantâneas e correio eletrônico, os vários domínios (trabalho, família, amigos, clube, religião etc.), nos quais a nossa vida cotidiana acontece, acompanham-nos a cada instante do dia. Não que fosse diferente antes, ou seja, como hoje, vivíamos vários domínios simultaneamente, todavia como estávamos sem comunicação com os demais domínios a nossa atenção se voltava para um determinado domínio, no nosso exemplo: o do trabalho.

---

1 Humberto R. Maturana, biólogo chileno, nascido em 1928, Prêmio Nacional de Ciências do Chile. Autor de diversos livros, dentre eles: *A árvore do conhecimento — As bases biológicas do conhecimento humano* (1984, com Francisco Varella), *Habitar humano em seis ensaios de biologia-cultural* (2009, com Ximena Dávila).

2 Zygmunt Bauman, sociólogo polonês, nascido em 1925, vive na Inglaterra desde 1971. Professor emérito de sociologia das universidades de Leeds e Varsóvia, autor de diversos livros, dentre eles: *Modernidade e holocausto* (1989), *Modernidade líquida* (2000), *Amor líquido* (2003), *Vida líquida* (2005) e *Tempos líquidos* (2006).

28.2.3 A instantaneidade

Percebo a instantaneidade nas demandas que permeiam a nossa vida no presente em que vivemos.

O fenômeno da globalização e as transformações tecnológicas nos mantêm plugados e acessíveis em todos os momentos, de forma que a atenção que damos a um assunto ou demanda está determinada pelos limites que a nossa ansiedade (ou o nosso interesse) impõe.

28.2.4 O dilema entre gerações

Vivemos em um mundo em transformação. Sempre foi assim, todavia minha percepção é de que a velocidade com que se dão as descobertas que a humanidade vem fazendo é cada vez maior e tem por base as próprias descobertas.

Considerando que o tempo para que alguém se aposente, excluindo-se casos especiais, não é menor que 35 anos de trabalho, convivemos e nos relacionamos com pessoas de três ou quatro gerações diferentes ao mesmo tempo, podendo chegar a cinco ou seis se pensarmos no aumento da expectativa de vida.

Com o mundo em transformação, transformam-se os modelos sociais e culturais que vivemos, assim como a tecnologia. As bases das transformações que ocorrem a cada um de nós e com as quais contribuímos de maneira espontânea pelo simples fato de estarmos vivos e nos relacionando com outras pessoas, de forma geral, nos são desconhecidas e não buscamos entendê-las, dado que não fazem sentido e não contribuem para o nosso cotidiano, exceto nas oportunidades em que necessitamos recorrer a tais bases ou fontes para solucionar alguma perturbação que surge no nosso cotidiano.

Daí aparece o dilema entre gerações. Não interessa ao jovem que hoje ingressa em uma organização trabalhar sem o uso da Internet ou de um computador, como era antigamente, pois essa experiência não contribui para as suas questões cotidianas. Assim, ele aproveita a Internet e o computador como uma condição preexistente. Para aquele cuja vida profissional começou antes do surgimento da Internet e do computador, essas variantes tecnológicas vieram depois e transformaram a forma de trabalhar. Contudo, as experiências de antes e de depois coabitam o seu cotidiano.

De forma recorrente, ouço dizer que gerações mais jovens operam na superfície, enquanto pessoas de gerações anteriores têm mais profundidade. Considero que essa afirmação pode decorrer da dificuldade de alguém em viver em um tempo no qual aquilo que era valorizado já não tem o mesmo valor. Vejamos: há alguns anos as transações e os cálculos da folha de pagamentos de uma empresa eram feitos manualmente ou em planilhas eletrônicas ou, ainda, em birôs de processamento, que apenas processavam a aritmética dos números digitados, gerando um holerite ao final. Todos os demais processos dependiam das pessoas que precisavam ter um determinado conjunto de conhecimentos na área. Hoje, com a transformação da tecnologia e o domínio dos processos, os sistemas de administração de pessoal e folha de pagamento fazem todo o processo. Com isso, diminuiu a necessidade de intervenção e mesmo de conhecimento detalhado das transações da folha. Assim, transformaram-se não somente os processos como também os seus operadores, que somos nós. Reconhecer esse fenômeno é de fundamental importância para trabalhar o dilema entre gerações.

28.3 Redes sociais

> Redes constituem a nova morfologia das nossas sociedades, e a difusão da lógica da rede modifica substancialmente a operação e os produtos nos processos de produção, experiência, poder e cultura.
>
> Manuel Castells[3]

3 Manuel Castells, sociólogo espanhol, nascido em 1942. Extraído do livro *A sociedade em rede*, primeiro volume da trilogia "A Era da Informação: Economia, Sociedade e Cultura".

28.3.1 Uma definição para rede social

Para o propósito deste capítulo, uma rede social pode ser definida, inicialmente, por dois elementos básicos: as pessoas e suas conexões. Usando a imagem de uma rede de voleibol, por exemplo, as pessoas estarão representadas pelos nós, e as conexões, pelos fios que ligam um nó a outros nós.

Assim, por meio de suas conexões é possível uma pessoa interagir com outras e com a rede em si, considerando que a resultante do conjunto composto pelas pessoas e por suas conexões é muito maior que as partes em si. Uma perturbação ou força aplicada a qualquer ponto da rede provoca uma mudança em toda a rede. Isso nos leva a refletir sobre a interdependência das pessoas e conexões que compõem uma rede social.

Também, não é possível isolar as pessoas de suas conexões. As redes constituem um padrão que é próprio de cada uma delas e que tem componentes associados às interações, como: propósito, qualidade, frequência e moderação. Agregamos, pois, mais fatores constitutivos às redes sociais além das pessoas e suas conexões.

Outra característica das redes é o fato de que elas permitem que os relacionamentos sejam horizontais e não verticais ou hierárquicos, que a dinâmica de troca entre as pessoas seja descentralizada e não centralizada. Dessa forma as redes são sustentadas, entre outras forças, pela confiança e pela responsabilidade entre as pessoas que as compõem.

Redes sociais constituídas no espaço da tecnologia de computadores e que utilizam a Internet como meio de realização das inteirações apresentam uma característica bastante interessante e única: a facilidade para ingressar na rede ou fazer amigos e a facilidade de sair da rede ou desfazer amizades. No espaço das relações não virtuais, fazer amigos ou ingressar em uma rede demanda um contato pessoal, no qual o pedido de amizade ou ingresso precisa ser verbalizado e respondido face a face. Da mesma forma, sair de uma rede ou desfazer uma amizade, nesse espaço, exige certa dose de coragem. Já no espaço virtual, para conectar-se a uma rede ou desconectar-se dela, para fazer amigos ou desfazer amizades, basta um clique.

O uso de redes sociais rompe várias fronteiras: geográficas, culturais, idiomáticas e, inclusive, as fronteiras das organizações. Ficamos, pois, expostos a novos e diferentes estímulos e, dessa forma, vamos nos transformando ou nos desenvolvendo.

Analogamente, as redes sociais tornam acessíveis, por meio de poucos *cliques*, as bases de conhecimento que consumimos.

28.3.2 Gestão do conhecimento

Convivemos, em muitos domínios, com a afirmação de que "conhecimento é poder" ou "informação é poder", que interpreto no sentido de que acumular conhecimento e informação é possibilitar ter o controle, na ânsia de querer saber mais que o outro para ter mais ou para ter "controle".

Essa questão cai por terra, pois não damos conta de saber tudo o que precisamos para nos manter constantemente atualizados, dada a velocidade com que novas informações e novos conhecimentos surgem. Novas descobertas vão tornando as verdades, até então aceitas por todos, fragmentadas e permitem uma interpretação à luz do que é novo ou mais recente. Além disso, "ninguém sabe tudo, cada um sabe alguma coisa"[4].

No campo da informática, pense nos cursos de graduação que duram quatro anos. Esse período é suficiente para que ocorram transformações não só nas linguagens de programação como na forma de pensar a arquitetura dos sistemas. Assim, apostar em uma única fonte emissora de conhecimento já não atende às necessidades da cultura em que vivemos.

No meu entender, nos dias de hoje, o professor, tradicional fonte emissora de conhecimento, assume um papel de facilitador de processos de aprendizagem e não mais de educador.

4 Do texto "As árvores de conhecimento e a gestão estratégica de informações e do conhecimento", de Arthur Hyppólito de Moura, junho de 2001. Extraído de Educartis Wiki Knowledges, da Educartis do Brasil.

Aproveitando-me do que escutei de uma conversa com José Pacheco[5], em uma reunião da "SOL Brasil"[6]: "ensinar é impossível e aprender é inevitável".

O conhecimento e a informação que necessitamos moram no mundo, residem no coletivo. Muitas vezes, nem sequer conhecemos seu paradeiro. Aí lançamos mão das nossas conexões e das conexões das pessoas que conhecemos com o objetivo de encontrar alguém que nos leve até eles.

Sem desmerecer a importância da educação dita formal, vamos nos apropriando do conhecimento do coletivo, que está disponível no mundo, em busca das informações necessárias para o nosso viver cotidiano, a cada momento das nossas vidas.

Assim, acredito que promover a gestão do conhecimento quer dizer saber onde buscar e como acessar as informações no plano do conhecimento coletivo, do qual também faço parte.

Elliott Masie[7], em uma palestra no Canadá, em 2010, disse que apenas parte do conhecimento necessário se encontra sabidamente dentro da organização e acessível por meio de catálogos e referências. É preciso ter uma memória transacional para saber onde buscar o conhecimento, e a quem recorrer, quando precisar dele.

Dessa forma, não preciso ter no meu time de trabalho pessoas que conheçam tudo, todavia preciso ter pessoas que conheçam pessoas que possam ajudar a resolver as questões no momento em que elas aparecerem, em um processo recursivo de manutenção dessa rede de pessoas. Esse é um dos principais pressupostos da aprendizagem colaborativa e da aprendizagem por meio das redes sociais. Uma habilidade importante é ir construindo e mantendo essa rede com qualidade, de forma que ela seja ágil no trânsito daquilo que eu busco. E, repetindo, essas redes são sustentadas, entre outras forças, pela confiança e pela responsabilidade entre as pessoas que as compõem.

28.4 Redes sociais nas organizações

A seguir, vamos apresentar o resultado de uma pesquisa feita pelo Masie Center, em março de 2009, da qual participaram 1.069 profissionais ao redor do mundo que têm alguma responsabilidade formal por processos de aprendizagem em suas empresas. A pesquisa teve como tema: "Social Learning — o uso das redes sociais e da tecnologia para alavancar a 'sabedoria dos colegas' para a aprendizagem corporativa".

Perguntados sobre quais tecnologias utilizam em suas empresas, podendo indicar mais de uma, 57% dos respondentes incluíram a utilização de "Portais colaborativos", 52% incluíram processos de coaching e aprendizagem com seus pares, 48% incluíram vídeos e imagens, 47% incluíram "Espaços colaborativos", 45% incluíram blogs, 42% incluíram sistemas de gestão de aprendizagem (LMS — Learning Management System) com funcionalidades de redes sociais corporativas, e 41% incluíram redes sociais, entre outras respostas apresentadas.

Para 62% dos pesquisados, processos de aprendizagem por meio de redes sociais já apresentavam, em 2009, relevância no desenvolvimento de pessoas. Quando a pergunta foi se o uso das redes sociais é uma mania ou moda, 77% disseram que não é mania ou moda, 12% ficaram neutros e 11% consideravam o uso das redes sociais nos processos de aprendizagem como modismo.

---

5 José Francisco de Almeida Pacheco, português, nascido em 1951, Mestre em Ciências da Educação pela Faculdade de Psicologia e de Ciências da Educação pela Universidade do Porto (Portugal), coordena, desde 1976, a Escola da Ponte, da qual é idealizador, instituição que se notabilizou pelo projeto inovador baseado na autonomia dos estudantes (fonte: Wikipédia).

6 SOL — Society for Organization Learning, fundada em 1997, sucessora do MIT Center for Organization Learning, dirigido por Peter Senge. No Brasil, a SOL se reúne mensalmente com o propósito de ser uma comunidade de aprendizagem voltada a desvendar, integrar, semear e implementar conhecimentos e práticas para o desenvolvimento consciente e interdependente de pessoas e instituições.

7 Elliott Masie é considerado como aquele que cunhou o termo "e-learning". Reconhecido futurista, analista, pesquisador e organizador crítico da aprendizagem da força de trabalho, dos processos de colaboração nas organizações e das tecnologias emergentes. Editor da Learning TRENDS, newsletter que circula pela Internet lida por mais de 52 mil executivos no mundo. É autor de inúmeros livros e artigos e muitas de suas palestras e entrevistas podem ser encontradas em seus sites na web e no YouTube.

Outro dado interessante revelado pela pesquisa é que a principal barreira ao aprendizado e ao desenvolvimento das pessoas, por meio das redes sociais, residia na cultura da organização.

A barreira cultural é uma barreira importante, dado que suplantá-la é algo mais difícil do que outras esferas. Muitas empresas restringem o acesso de seus colaboradores à Internet ou a determinados sites e ferramentas. Identifico, como fundamento a tais restrições, questões como segurança do acesso, a sensibilidade em relação às informações e ao conhecimento, a produtividade e o modelo mental e crenças. Em segurança de acesso, incluo o receio de que a rede lógica e os repositórios de dados sejam acessados por pessoas não autorizadas, incluindo hackers, que possam fazê-lo com a intenção maliciosa de causar prejuízo à organização, incluindo clientes, colaboradores e demais *stakeholders*. Quanto à sensibilidade em relação às informações e ao conhecimento, muitas informações estratégicas e confidenciais estão documentadas e armazenadas. No que tange à produtividade, esse tem sido um tema de considerável recorrência em todas as discussões que envolvem o acesso à Internet no ambiente de trabalho. Sobre esse assunto vale um estudo mais aprofundado, que foge ao tema deste capítulo e deve considerar diversas perspectivas. Citando duas delas:

1. o significado de "produtividade" para pessoas cuja história e experiências vêm de um momento histórico em que as redes mundiais e a Internet não existiam é diferente para pessoas que nasceram na era digital;
2. o modelo econômico e financeiro e sua pressão por resultados que possam ser traduzidos em variáveis objetivas e quantificáveis.

Finalizando, quanto à barreira cultural substanciada pelas crenças e pelo modelo mental, acredito que muitos profissionais desprezam novos modelos e oportunidades até que o emprego desses modelos se torne algo aceito por todos, modelando o presente com base nas experiências do passado — o que não é ruim em si —, sem se permitirem abrir mão de suas certezas para dar espaço ao futuro que vai emergindo no presente.

28.4.1 Redes sociais fechadas ou internas

O processo de transformação que vivemos abriu espaço para o surgimento de ferramentas que possibilitam criar e manter redes sociais internas na organização.

Ainda que não aproveite a infinidade de conexões possíveis nas redes sociais abertas, as redes fechadas têm o papel de estimular o acesso rápido ao conhecimento que está sendo gerado, a cada instante, internamente. Também funcionam como um repositório de conhecimentos formal e informal. Se considerarmos organizações de portes médio e grande, falando da quantidade de colaboradores, muitos deles, com certeza, não se conhecem pessoalmente ou sabem da existência de outro colaborador que, por suas experiências, vividas em outras empresas, na própria empresa ou em outros domínios que não o organizacional (família, amigos, clube, igreja, hobby etc.), possa ser uma referência que agregue conhecimento relevante para contribuir em determinada situação.

Um bom exemplo de utilização de redes sociais internas é o caso de uma empresa de software de Joinville que incluiu no processo de certificação de seus colaboradores e distribuidores a interação por meio de uma rede social corporativa.

Os produtos de software que suportam redes sociais corporativas têm entre suas principais funcionalidades a possibilidade de criar e administrar comunidades, criar e manter blogs e fóruns de discussão, funcionalidades de chat, eventos, publicação de artigos e de vídeos e assim por diante. Tais produtos possibilitam mediação, de forma que conteúdos possam ser liberados ou bloqueados de acordo com as regras e políticas estabelecidas para as interações.

Esses produtos apresentam a funcionalidade de atribuir pontos para as inteirações. Exemplo: pontos são atribuídos a quem cria e mantém um blog, comenta em blog ou fórum, posta artigos e interage de outras maneiras, podendo a relevância da interação e do conteúdo ser determinada por moderadores.

No caso da empresa de Joinville, estabeleceu-se que o processo de certificação de seus colaboradores, e dos profissionais da sua cadeia de valor, seria dado por treinamentos a distância, seguidos de exame de certificação e, também, pela quantidade e qualidade das interações, na rede social corporativa, ligadas a tema, módulo, funcionalidade ou componente técnica e tecnológica.

Esse processo, implantado no final de 2010, possibilitou a construção de uma base de conhecimento, em que muitas das dificuldades que surgem no processo de implantação foram socializadas, bem como foram socializadas as soluções que cada um encontrou para contornar tais dificuldades. Ao mesmo tempo, as questões identificadas retroalimentam as áreas de desenvolvimento do produto. De tudo, o resultado mais interessante foi perceber o aumento na participação das pessoas ao criar um espaço onde cada um, à sua maneira, pôde manifestar-se, reconhecer competência nos outros e ter reconhecidas suas competências. Estabeleceram-se relações de responsabilidade e confiança.

28.4.2 Redes sociais abertas ou públicas

As redes sociais abertas ou públicas, como o Facebook[8] e o LinkedIn[9], são redes sociais em que a adesão é livre, sujeita apenas ao compromisso de observar certas regras estabelecidas pelos criadores e organizadores da rede.

Filipe Carrera[10], no livro *Liderar em rede*, classifica as redes sociais em redes sociais profissionais e redes sociais pessoais. Entendo que essa é uma classificação com objetivos didáticos, todavia o uso que as pessoas fazem das redes sociais cada vez mais se entrelaça e torna difícil qualquer classificação. Há grupos no Facebook que, considerando o propósito com base no qual foram criados, podem ser classificados como grupos com objetivo profissional, pois esse é o cunho do elo que une seus componentes. Um exemplo disso é o grupo "Amigos do CBTD/ABTD"[11], um grupo fechado — a participação requer a aprovação do moderador — iniciado por Ricardo Pimenta[12], cujos objetivos são, entre outros, preservar a memória dos encontros promovidos pela ABTD, cultivar os laços afetivos que surgiram entre pessoas de vários recantos deste Brasil, possibilitar a troca constante de informações profissionais e pessoais e apoiar o desenvolvimento individual dos participantes.

O ser humano é um organismo biológico-cultural[13] único, que realiza seu viver em múltiplos domínios (profissional, familiar etc.). Até boa parte do século XX, podíamos separar os momentos em que vivíamos e nos ordenávamos em cada um dos vários domínios que vivemos. Contudo, hoje, não se percebem mais linhas divisórias definidas e vivemos vários domínios ao mesmo tempo. Assim é na nossa participação em redes sociais. Não dá para delimitarmos espaços ou domínios. Eu me apresento em um espaço "pessoal" e acabo visto pelas pessoas que interagem comigo no espaço profissional e vice-versa. Segundo Filipe Carrera, vivemos um momento de fusão entre a vida privada e a vida profissional.

28.5 Desenvolvimento de pessoas

Há alguns anos percebo uma discussão que paira no ar: *De quem é a responsabilidade pelo desenvolvimento das pessoas?*

Até os anos 1990, certamente, entregávamos a responsabilidade formal pelo desenvolvimento das pessoas (mais especificamente, a atividade de treinar como principal vetor que conferíamos ao processo de desenvolvimento) às empresas para as quais trabalhávamos.

8 Criado em 2004 por estudantes da Universidade de Harvard. Números: 920 milhões de usuários ativos, 600 milhões acessam ao menos uma vez por dia, mais de 80% dos usuários estão fora dos EUA, mais de 250 milhões acessam por meio de dispositivos móveis (telefone celular etc.) e está disponível em mais de 70 idiomas diferentes.

9 Lançado em 2003, em 2011 tinha mais de 100 milhões de membros em mais de 200 países ou territórios.

10 Filipe Carrera, escritor e professor português, ministra treinamentos e palestras sobre redes sociais em mais de 50 países.

11 ABTD — Associação Brasileira de Treinamento e Desenvolvimento; CBTD — Congresso Brasileiro de Treinamento e Desenvolvimento.

12 Ricardo Corrêa Pimenta é especialista em Recursos Humanos.

13 Da Biologia Cultural, linha reflexiva cujo nome foi atribuído pelos pesquisadores e pensadores chilenos Ximena Dávila e Humberto Maturana.

Passamos dessa fase para a fase em que cada um tem a responsabilidade de cuidar de sua empregabilidade e de seu processo de desenvolvimento, buscando alternativas nas quais a empresa já não supre muitas das lacunas identificadas.

Em uma ou outra situação, minha percepção é a de que o modo de operar está ligado àquele da "causa e efeito". Quando a empresa já não dá conta dos processos de desenvolvimento, entre outros, porque os orçamentos de recursos financeiros e de *headcount* foram comprimidos, busca transferir para as pessoas a responsabilidade de boa parte do processo de desenvolvimento individual. Aí surge o estímulo para que cada um cuide da sua empregabilidade. No entanto, não temos encontrado as respostas que atendam às expectativas que criamos, especialmente, de conseguirmos colaboradores com alto foco, compromisso e produtividade (tidos como comportamentos que maximizam resultados quantificáveis).

Aprendi, com Cecília Whitaker Bergamini[14], pesquisadora do tema *motivação*, que uma pessoa não tem a capacidade de motivar outra pessoa, qualquer que seja, sob qualquer circunstância. O processo de motivação é um processo que ocorre, exclusivamente, no interior de cada um de nós a partir de questões e necessidades que são nossas e individuais. Creio que é possível criar condições que recepcionem tais questões e necessidades, tornando o espaço relacional propício para que a motivação do outro surja, sem que, contudo, consigamos determinar o seu êxito.

Considere a afirmação: "ninguém desenvolve ninguém". Esse é outro tema interessante e vem da pesquisa científica e da obra de Humberto Maturana complementada pelo pensamento denominado Biologia Cultural. Em sua pesquisa — Biologia do Conhecer — sobre como se dá o processo do que chamamos "conhecer", ele demonstra que o sistema nervoso é um sistema fechado e disso decorre que qualquer estímulo que o meio possa produzir apenas dispara reações no organismo cujo resultado não é possível prever. Portanto, da Biologia do Conhecer, temos que não é possível determinar o desenvolvimento, ou seja, ninguém pode pretender para si a incumbência de desenvolver o outro; poderá, todavia, estimular e fomentar as circunstâncias para que o outro possa se desenvolver.

28.6 Conclusão

Acredito poder dizer que, ao menos na era pós-moderna, as redes sociais sempre fizeram parte da nossa vida cotidiana. Há dez anos, ou um pouco menos, as redes sociais vêm ocupando um espaço que surgiu graças à disponibilidade da tecnologia da informação, tornou mais fácil a comunicação, a interconectividade, a portabilidade e a mobilidade. Isso, sem dúvida, alterou o alcance, o modo e a frequência das interações nas redes sociais das quais participamos.

Vários pontos são importantes e se Interconectam em uma teia sistêmica, em que não é possível dissociá-los ou fragmentá-los.

Com tanto conhecimento disponível na Internet, o que torna distinta a participação de uma pessoa em uma rede social, sob a perspectiva do seu desenvolvimento pessoal e profissional, baseia-se na interação possível com outras pessoas. Considere que o nosso processo de aprendizagem se dá na convivência com outras pessoas, por meio das experiências que vivemos e que formam nosso repertório. Uma rede de contatos se constrói baseada na troca, na confiança e na responsabilidade. Em decorrência disso, a qualidade dos contatos e a possibilidade de contribuição de cada um aparece como de fundamental importância.

As redes sociais internas são de enorme valia para manter disponível e facilmente acessível os conhecimentos formal e informal da organização e, com isso, contribuem também para a criação de um ambiente de aprendizagem e desenvolvimento dos colaboradores.

Um dos pontos importantes para o sucesso de uma rede social, aberta ou fechada, está no propósito e na dinâmica de interação que seus participantes estabelecem. No caso de redes sociais internas, a área responsável deve criar modelos adequados à cultura da organização,

14 Cecília Whitaker Bergamini, psicóloga, doutora e livre-docente em Administração, professora da EAESP da Fundação Getúlio Vargas e consultora organizacional.

para fomentar a participação das pessoas e meios de estimular a qualidade desejada dessas interações. Tenha em mente que o engajamento em uma rede social depende daquilo que toca, faz sentido e atende a alguns daqueles que se deseja engajar.

Diversidade é uma característica importante. Tanto a diversidade associada à forma do conteúdo como aquela associada a perspectivas e olhares. Ela cria um espaço para a reflexão e análise crítica sobre o conteúdo e as interações.

Ao utilizar uma rede social com objetivo profissional, considere o propósito, o que é valor para você e o que você acredita ser valor para as demais pessoas participantes. A quantidade excessiva de postagens e, especialmente, postagens de interesse exclusivo daquele que posta sem interesse para o outro, é demasiado desinteressante, pois o outro dá valor à disponibilidade do seu tempo. Usar uma rede social com objetivo pessoal não garante que outros participantes a considerem da mesma forma.

Se desejar incluir como oportunidade de desenvolvimento dos colaboradores da sua empresa o vetor "redes sociais", faça uma reflexão sobre como acontecem os processos de aprendizagem e de colaboração na sua empresa hoje. Essa reflexão deverá ser o ponto de partida. Observe como são as políticas da empresa para questões de acesso à Internet. Analise a cultura da organização para entender quais barreiras enfrentará. Olhe para o processo de produção e para os produtos que a organização produz e entrega e busque dentro e fora dela fontes de conhecimento que possam agregar valor. Avalie, também, quais habilidades e conhecimentos do tipo *soft skills* estão alinhados à cultura e à estratégia e para os quais você deseja criar um ambiente favorável ao desenvolvimento. Não menos importante, busque e escolha algumas ferramentas tecnológicas apropriadas às suas condições, políticas e restrições.

Por fim, se você deseja conversar sobre quaisquer dos pontos abordados neste capítulo, escreva para arthur.asnis@softtrade.com.br.

Referências bibliográficas

BAUMAN, Z. *Modernidade líquida*. Rio de Janeiro: Editora Zahar, 2001.

CARRERA, F.; CASTRO, A. P. *Liderar em rede — O guia essencial do líder conectado*. São Paulo: Qualitymark, 2012.

CASTELLS, M. *A Sociedade em rede*. 6. ed. São Paulo: Paz e Terra, 1999.

_____. *O poder da identidade*. 1. ed. São Paulo: Paz e Terra, 1999.

_____. *Fim de milênio*. 3. ed. São Paulo: Paz e Terra, 2009.

MATURANA, H. *A ontologia da realidade*. Belo Horizonte: UFMG, 1997.

MATURANA, H.; DÁVILA, X. *Habitar humano em seis ensaios de Biologia Cultural*. São Paulo: Palas Athena, 2009.

MATURANA, H.; POERKSEN, B. *From being to doing, the origins of the Biology of cognition*. Paperback, 2004.

MATURANA, H.; VARELA, F. *A árvore do conhecimento* — As bases biológicas do conhecimento humano. São Paulo: Palas Athena, 2004.

Sites indicados

Augusto de Franco — www.augustodefranco.com.br
Biologia Cultural — www.matriztica.cl
Cecília Whitaker Bergamini — www.ceciliabergamini.com.br
Educartis do Brasil — www.educartis.com
Elliott Masie — www.elliottmasie.com
Filipe Carrera — www.filipecarrera.com
LinkedIn — www.linkedin.com
Masie Center — www.masie.com
Ricardo Corrêa Pimenta — www.facebook.com/ricardoc.pimenta
SOL Brasil — www.solbrasilonline.org.br

Arthur Cymerman Asnis

Formado em Administração e em Direito, pós-graduado em Administração e Recursos Humanos, atuou em diversas empresas nas áreas de Organização e Métodos e de Recursos Humanos. Empresário há 25 anos, sócio da Soft Trade Soluções para Recursos Humanos e da Essence RH, empresas que atuam em consultoria e no desenvolvimento de software para as áreas de RH. Tem formação em Coaching pelo Instituto Ecosocial. Formado em Biologia Cultural pela Escola Matriztica de Santiago (Chile). Autor de artigos, convidado para palestras e debates, participou, de 2006 a 2012, do Comitê Técnico-Científico do Congresso Brasileiro de T&D — CBTD. Representante e consultor, no Brasil, da Escola Matriztica de Santiago (Biologia Cultural, Humberto Maturana e Ximena Dávila). Presidente no Brasil da Associação Internacional de Parceiros Certificados Microsoft.

Tel.: +55 11 98398-9908
E-mail: arthur.asnis@softtrade.com.br

capítulo 29

Outdoor training

Roberto Zardo

29.1 Introdução

Escrever é fácil: você começa com uma letra maiúscula e termina com um ponto-final.
No meio você coloca as ideias.
PABLO NERUDA

Escrever este capítulo é uma honra e também um grande desafio, pois o tema é rico, complexo e profundo. Por isso, acredito que a paixão que tenho pelo desenvolvimento das pessoas e a necessidade de síntese serão meus referenciais ao longo destas páginas, em que compartilho com humildade e carinho os aprendizados de mais de 20 anos atuando como facilitador de *outdoor training*, para milhares de pessoas não só no Brasil, como na Argentina, na Bolívia, no Chile e no Peru. Provisoriamente, vamos definir *outdoor training* como técnica de T&D praticada em ambientes externos.

Poderia ter escolhido algumas vertentes teóricas ou práticas ou combinar ambas, mas preferi usar minha própria história, que é a que conheço melhor, como "pano de fundo" para relatar as vivências com *outdoor training*. Os riscos são evidentes, visto que histórias pessoais revelam facetas parciais de um tema amplo e, provavelmente, ainda mal compreendido. Todavia, acredito que os riscos possam ser minimizados se o leitor não estiver buscando apenas um tratado científico e sim um referencial para suas próprias pesquisas e ampliação dos conhecimentos sobre o tema.

Reconhecendo que "as pessoas somente enxergam aquilo que estão preparadas para ver", conforme afirmou Ralph Waldo Emerson, e seguindo a citação de Friedrich Nietzsche de que "os leitores extraem dos livros, consoante o seu caráter, a exemplo da abelha ou da aranha, do suco das flores retiram o mel, a outra o veneno", procurarei seguir os conselhos de Neruda dando foco nas ideias, vivências e aprendizados que tenho de *outdoor training* ao longo das próximas páginas. Adoro mel e respeito o nobre papel das abelhas e também das aranhas na natureza.

29.2 Minha vivência como praticante e "aprendiz" de *outdoor training*

O que temos que aprender a fazer, aprendemos fazendo.
ARISTÓTELES

O primeiro contato com o tema aconteceu em 1991, quando um colega de trabalho compartilhou o que de melhor e impactante tinha visto na Conferência Anual da ASTD (American Society for Training and Development), realizada no primeiro semestre de 1991, nos Estados Unidos — observe o Quadro 29.1, que faz um comparativo entre as atividades em sala de aula e as atividades do tipo *outdoor training*. Ao analisar esse quadro, o tema que chamou a atenção foi *outdoor training* e o motivo do meu interesse foi, principalmente, sua última linha. Entretanto, como em qualquer comparação, devemos ter em mente que a "brasa foi puxada para uma sardinha", buscando ampliar as vantagens de uma técnica de T&D em relação à outra. Mas minha vivência mostra que ambas são importantes e a escolha dependerá de uma série de fatores que explorarei ao longo do texto.

Quadro 29.1 Motivos para usar outdoor training

	Atividades em sala de aula	Atividades tipo *outdoor training*
Fundamentos	cognitivo	vivencial
Utilização	mente	mente, corpo e espírito
Conhecimento	facilitador	participante
Risco	baixo	alto e percebido
Processo	individual	equipe
Confiança	no facilitador	na equipe
Método	observação, memorização, ação e lembrança	ação, reflexão, transferência e nova ação
Retenção	10%	80% após três meses

Fonte: ASTD International Conference & Exposition, USA, 1991.

Com apoio de um consultor, programei uma viagem de trabalho e estudos em algumas das mais conhecidas escolas de *outdoor training* nos Estados Unidos, na época. A primeira escala foi no estado do Colorado, onde no período de 8 a 13 de outubro de 1991 participei do curso Management Training Seminar, 38ª turma, na COBS (Colorado Outward Bound School) nas montanhas de Leadville. A COBS foi fundada em 1961 e atualmente atende todos os anos mais de sete mil pessoas de 400 organizações dos mais diversos setores da economia americana. Essa escola é considerada a pioneira nos Estados Unidos em levar, na década de 1980, o *outdoor training* para executivos e demais pessoas de organizações empresariais, bem como órgãos governamentais e entidades sem fins lucrativos.

Meu batismo foi uma corrida de alguns quilômetros, debaixo de um frio intenso, pois estávamos no início do outono e em altitude em torno de três mil metros, e finalizada com mergulho num lago coberto com uma fina crosta de gelo. Sobrevivi. Na sequência, participei de uma série de atividades que começaram com uma escalada em um "paredão" de cerca de 40 metros de altura. Quando cheguei ao topo, crente de que havia terminado o desafio, os instrutores (Ed e Sally) me "convidaram" a descer fazendo *rappel* (técnica que consiste em descer uma parede de rocha vertical, com auxílio de cordas e dispositivos específicos). Nos três dias seguintes, participei de várias atividades, anotando tudo em meu "caderninho de aprendiz".

A finalização do meu treinamento foi subir o Monte Massive, segunda montanha mais alta do Colorado, com 4.396 metros. Desde o planejamento até alcançarmos, juntamente com quatro americanos, duas americanas e um brasileiro, o pico e voltarmos ao acampamento base foram dois dias de muita aventura, emoção, ótimas reflexões e aprendizados. Quando voltamos para a "civilização" em um hotel próximo ao aeroporto de Denver (Colorado), lembro claramente minhas alegrias: banho quente, uma taça de vinho e um suculento filé com fritas, e o melhor de tudo foi dormir em uma cama com colchão e travesseiro, após seis dias "dormindo" em sacos de dormir e tendo a mochila como travesseiro. Estava no paraíso. É incrível, mas sinto que estou vivenciando novamente essa atividade, mesmo depois de 21 anos. Parece que a retenção, pelo menos no meu caso, é bem superior aos três meses apresentados no Quadro 29.1.

Acervo do autor.

Depois do curso na COBS, visitei outras instituições que atuavam, algumas ainda atuam, com *outdoor training*: Pecos River Learning Center (Santa Fé, no Novo México), Waterhouse Center (Snohomish, em Washington), Cradlerock Outdoor Network (Woodstown, em Nova Jersey), outra cujo nome não recordo (em Orlando, na Flórida) e ProAction Associates (Colma, na Califórnia). Uma constatação pessoal de retenção é que na única instituição cujo nome não lembro, eu não participei de nenhuma atividade de *outdoor training*, apenas conversei com as pessoas, já nas demais participei de várias atividades.

Na ProAction, conheci as pessoas que se tornaram meus primeiros gurus em outdoor training: Reno Taini (biólogo, mestre em educação, doutor em educação experiencial, criador da Innovative Wilderness School) e Randi Du Bois (educadora, facilitadora de treinamentos, consultora de RH, ex-prefeita da cidade de Colma e cofundadora da Women in the Wilderness). Um fato que aumentou meu orgulho pelo Brasil e de ser brasileiro é que, durante um jantar com Reno Taini, soube que um dos seus gurus em educação é o brasileiríssimo Paulo Freire, que faleceu em 1997.

29.3 Um pouco de História

> Existem mais coisas dentro de nós do que imaginamos. Se pudermos perceber isso, não iremos nos contentar com menos.
>
> Kurt Hahn

Com meus gurus, Reno e Randi, tive um pouco de contato com a história e os aspectos relevantes do *outdoor training*. Aprendi, por exemplo, que esse tipo de atividade tem sido usado desde os tempos antigos pelos romanos e gregos. Acredita-se que os romanos, na construção da Via Ápia, em 312 a.C., tenham usado atividades de treinamento ao ar livre. No caso dos gregos, o filósofo Aristóteles fundou em 336 a.C. a escola peripatética, que se tornou a primeira escola filosófica no Liceu, também criado por ele em Atenas. A palavra peripatético, em grego, significa "ambulante" ou "itinerante", ou seja, na escola peripatética, Aristóteles ensinava seus discípulos ao ar livre. Seu método incluía caminhadas, leituras e preleções sob os portais cobertos do Liceu ou sob as árvores que o cercavam. Cabe lembrar que o Liceu criado por Aristóteles funcionou por mais de quatro séculos e, quem quiser ter uma ideia de seu método, pode assistir ao filme *Sociedade dos poetas mortos,* no qual o professor John Keating (Robin Williams) usa em várias situações a metodologia criada por Aristóteles.

Para poupar tempo, convido o leitor a dar um salto na História até o ano de 1907. Nesse ano, foi realizado, no Reino Unido, o primeiro acampamento escoteiro. O movimento do escotismo foi criado por Robert Stephenson Smyth Baden-Powell, militar inglês que viveu de 1857 a 1941. Até os dias de hoje o escotismo usa essencialmente treinamentos ao ar livre e é praticado por milhões de pessoas em vários países. Interessante observar que o método do escotismo contempla cinco pontos que têm forte aderência aos "modernos" conceitos que usamos no *outdoor training*: 1) aceitação da lei e da promessa escoteira (significa prometer vivenciá-las, assumir um compromisso de vida, um código de ética e de comportamento); 2) aprender fazendo; 3) vida em equipe; 4) atividades progressivas, atraentes e variadas; 5) desenvolvimento pessoal com orientação individual. "Sempre alerta!" é o lema dos escoteiros.

Se tivermos que indicar o "pai" do *outdoor training* contemporâneo, sem dúvidas, o nome é Kurt Matthias Robert Martin Hahn, educador alemão, nascido em 1886 e falecido em 1974, considerado um "divisor de águas" entre o que conhecemos nos dias atuais como *outdoor training*. Ele fundou escolas e instituições educacionais, como por exemplo, a Escola Gordonstoun, o Movimento UWC (United World Colleges) e a Escola de Educação ao Ar Livre Outward Bound. A primeira escola Outward Bound, cujo nome é uma expressão típica de navegação usada para determinar o momento em que uma embarcação deixa o porto seguro rumo aos desafios do mar aberto, foi fundada por Kurt Hahn e Lawrence Holt na cidade de Aberdovey, no País de Gales, em 1941.

A história que compartilho me foi contada em um belo fim de tarde no quintal da casa do Reno e da Randi, na região de São Francisco, Califórnia. Observou-se, durante a Segunda Guerra Mundial que, quando um navio era atingido por torpedos e afundava, o percentual de marinheiros velhos que sobreviviam era maior que o de jovens. Aparentemente um paradoxo, já que os jovens tinham muito mais vigor físico para enfrentar o naufrágio do que os mais velhos. Todavia, análises posteriores mais amplas mostraram que, embora os jovens tivessem mais vigor físico, eles não tinham vivência nesse tipo de experiência proporcionada por um naufrágio em situação de guerra. Já os velhos marinheiros haviam sobrevivido a outros naufrágios e também haviam sido treinados em situações simulando naufrágios. Em outras palavras, os jovens marinheiros tinham apenas vigor físico e quase nenhuma vivência prática, por outro lado, os velhos marinheiros, embora sem estarem no auge do vigor físico, tinham vivenciado e, melhor, sobrevivido a situações similares. Parece ser esse um forte *insight* para a criação do que hoje conhecemos como *outdoor training*.

Ao analisar novamente o Quadro 29.1, parece que após a história de marinheiros descrita no parágrafo anterior, teremos mais uma evidência de que a retenção de atividades tipo *outdoor training* é realmente muitas vezes superior às atividades típicas realizadas em salas de aula ou equivalentes. Dados divulgados pelo NTL (National Institute for Applied Behavioral Sciences) mostram uma taxa média de retenção entre 5% e 20% para palestras, leituras e atividades audiovisuais. A taxa sobe para 50% a 80% quando temos grupos de discussão, equipes praticando ao fazer alguma atividade e quando ensinam outras pessoas, segundo Jeanne Meister, em *Educação corporativa: a gestão do capital intelectual através das universidades corporativas*. Acredito que Confúcio estava certo ao afirmar: "Se ouço, esqueço; se vejo, lembro; se faço, entendo".

Infelizmente, existe escassa literatura sobre *outdoor training* no Brasil. Alguns autores, como Gustavo Boog, Magdalena Boog, Paul Dinsmore, Carlos Rodrigues Moreira e Luciano Munck têm escrito sobre o tema. Relatos, fruto da minha vivência nesses 20 anos de atividade, indicam que no início da década de 1990, a GE (General Electric) na sua divisão de locomotivas na cidade de Campinas/SP usava o DDM (desafio das mudanças), uma espécie de treinamento do tipo *outdoor*. É dessa época também o lançamento do TEAL (treinamento experiencial ao ar livre) pela Dinsmore e Associados na cidade do Rio de Janeiro. No mesmo período, a Amil (empresa de assistência médica) passou a usar atividades de *outdoor* em seu portfólio de atividades de T&D.

divisão de artigos médicos da Johnson & Johnson começou a usar o *outdoor* em 1991. Em 1995, a Cargill Agrícola também usava essa abordagem com o nome de Sports Mind. A General Motors, no seu clube de campo na cidade de Jambeiro (SP), criou um centro de treinamento ao ar livre denominado Excel. Certamente, teríamos outros exemplos de uso do *outdoor* aqui no Brasil, todavia, os aqui relatados, na minha visão, eram os mais significativos e divulgados.

Em pleno século XXI, temos no Brasil dezenas de instituições especializadas em facilitar atividades de *outdoor training* e certamente milhares de organizações e pessoas participando desse tipo de atividade em praticamente todos os Estados brasileiros. No item 29.7, compartilharei algumas dicas para o processo de contratação de instituições e facilitadores para conduzirem atividades de *outdoor training*.

29.4 Meu entendimento de *outdoor training*

> A educação é um processo social, é desenvolvimento. Não é a preparação para a vida, é a própria vida.
>
> JOHN DEWEY

Para facilitar o entendimento de *outdoor training*, utilizo nos treinamentos a definição a seguir, que é uma mescla do que aprendi e vivenciei nesses mais de 20 anos de atuação:

> Processo vivencial que apresenta desafio real, com risco percebido, preferencialmente em ambientes abertos, a uma equipe de pessoas que usarão suas competências, especialmente de resolução de problemas, liderança, comunicação, criatividade e trabalho em equipe, para superar esse desafio.

Aos interessados em uma definição acadêmica, recomendo aquela citada por Maria Santos, Miguel Fernández-Caparrós e Jesús Gómez, no texto "Desarrollo de competencias emocionales en los directivos de una organización a través del *outdoor training*" que, com base em Mark Tuson, Marni Goldenberg e Philip Jones e Clifford Oswick definiram *outdoor training* como:

> Uma nova metodologia de aprendizagem destinada à capacitação de pessoas, e, de uma forma particular, de equipes, especialmente indicada para conseguir o desenvolvimento e aumento das competências emocionais e a transmissão de valores, tendo a natureza como "sala de aula" e a aprendizagem experiencial como método, com o propósito de permitir a reflexão por meio de atividades realizadas na natureza e posterior análise e um ambiente similar ao cotidiano.

A classificação básica de atividades de *outdoor training* mais usada, de acordo com minha vivência, nos Estados Unidos e também no Brasil:

1. *Low ropes*: atividades realizadas no nível do solo. Por exemplo, "quadrado perfeito", em que todos os participantes, vendados, devem formar um quadrado, usando uma corda (*ropes*, na língua inglesa) longa fornecida pelo facilitador.
2. *High ropes*: atividades realizadas a certa altura do solo. Por exemplo, arvorismo e suas diversas variações.
3. *Wilderness*: atividades realizadas em ambientes com alta interação com a natureza. Por exemplo, montanhismo, *rafting* (descida de corredeiras em botes infláveis), trilhas, acampamento etc.

O livro *Quicksilver*, de Karl Rohnke e Steve Butler, apresenta 139 exemplos, com ilustrações e instruções, de atividades de *outdoor training*.

Minha percepção ao aplicar o *outdoor training* no Brasil e em alguns países latino-americanos é de que as pessoas preferem as atividades tipo *low ropes.* Entre as razões apontadas pelos participantes encontramos que esse tipo de atividade tem maior aderência com os valores culturais de nossos países. Além desse motivo, as pessoas se sentem mais à vontade ao praticarem atividades envolvendo toda a equipe do que atividades com foco individual. Outra constatação é de que as atividades tipo *wilderness* são apreciadas pela maioria das pessoas. O motivo principal é a oportunidade de estarem em contato direto com a natureza (é interessante observar que a maioria dos participantes trabalha e vive em cidades "congestionadas" sob todos os aspectos).

A metodologia que uso nas atividades que tive e tenho o privilégio de facilitar tem raízes nos meus gurus, leituras e práticas. Antes de apresentar o desafio, faço uma breve explanação, geralmente em sala de aula, do que é o *outdoor training.* Também reforço aspectos de segurança e de que ninguém é obrigado a participar de qualquer tipo de atividade que não se sinta confortável em fazer. O respeito pela individualidade é o primeiro passo para conseguirmos obter o melhor da diversidade. Em seguida vou apresentando desafios, de oito a dez, durante um período de oito horas para uma equipe de aproximadamente 30 pessoas. Ao final de cada desafio, conduzo um bate-papo (*debriefing*) com base em seis etapas (quatro durante as atividades e duas após):

1. Compartilhar reações (individual).
2. Processar informações (equipe).
3. Analogia com o dia a dia da organização.
4. Planejar mudanças ao voltar para o trabalho.
5. Vivenciar mudanças no local de trabalho.
6. Ao vivenciar a mudança a pessoa acaba *repetindo o ciclo,* o que facilita a "retenção" do que foi aprendido durante as atividades.

29.5 Meus primeiros passos como facilitador de atividades de *outdoor training*

Experiência não é o que nos acontece, mas o que fazemos com aquilo que nos acontece.

ALDOUS HUXLEY

É interessante que meu objetivo principal ao participar de atividades nos Estados Unidos, visitar instituições e aprender com gurus era apenas "ver" a então novidade e recomendar ou não seu uso na organização em que eu trabalhava, na época, aqui no Brasil. Uma série de razões mudaram radicalmente o objetivo principal. Tão logo voltei ao Brasil, tive o privilégio de praticar o que eu havia aprendido com um grupo de executivos que estavam participando de uma atividade de T&D em sala de aula em uma cidade no interior de São Paulo. O local oferecia condições na sua área externa, então, prontamente montei um conjunto de cinco atividades de *outdoor* tipo *low ropes.*

A receptividade foi tão boa que imediatamente fui convidado a expandir as atividades para todos os níveis da organização. Todavia, a reação inicial dos participantes foi, no mínimo, de surpresa. Afinal, estavam acostumados a salas confortáveis, ar-condicionado, cadeiras macias etc. De repente estavam de bermudas, tênis e camisetas participando de desafios nada usuais para os padrões esperados para atividades de T&D. Relatos dos participantes apontaram que os principais benefícios desse tipo de atividades são:

- vivenciar em vez de apenas ouvir sobre uma atividade de T&D, pois segundo as pessoas o *outdoor training* "convida" o uso do nosso corpo e alma além da mente;
- possibilidade de colocar a "mão na massa", ou seja, aprender fazendo;

- o conhecimento é gerado pelos participantes e não somente pelo facilitador;
- acreditam que pelo fato de terem vivenciado a atividade irão lembrar com mais facilidade do que se apenas estivessem ouvindo ou lendo algo. Sobre esse ponto, retenção, tive oportunidade de falar recentemente com um colega que participou dessa atividade e sua memória estava praticamente intacta. Ele lembrou detalhes que eu mesmo havia esquecido.

Gostaria de compartilhar a excelente receptividade que as pessoas de "chão de fábrica e de escritório" tiveram com esse tipo de atividade, até então uma novidade. Essas pessoas, acostumadas a colocar a "mão na massa" todos os dias ficaram muito à vontade com os desafios que apresentei. Durante o bate-papo após cada atividade, o problema era controlar o tempo, pois o nível de participação e de contribuições era enorme, provavelmente represado ou não devidamente estimulado nas outras atividades de T&D em sala de aula.

Finalizo este tópico agradecendo às pessoas com quem tive o privilégio de atuar como facilitador de *outdoor training*, às pessoas das organizações que contrataram meus serviços, aos meus "gurus americanos" Randi e Reno, aos meus "gurus brasileiros" Elizeu Carlos Boer (acampamento, montanhismo), Demétrius Alexandre (trilhas, arvorismo), José Roberto Pupo (*rafting*) entre tantos outros igualmente importantes. Certamente omiti nomes de pessoas queridas para as quais peço humildemente perdão pela não citação nominal, todos estão bem guardados em meu coração.

29.6 Exemplos de aplicação de *outdoor training*

> A alegria não chega apenas no encontro do achado, mas faz parte do processo da busca. E ensinar e aprender não pode dar-se fora da procura, fora da boniteza e da alegria.
>
> Paulo Freire

A proposta neste tópico é compartilhar uma atividade, com duração aproximada de oito horas, tipo *low ropes* que realizei para milhares de pessoas em vários países sul-americanos em pelo menos uma dezena de empresas, entre elas: Ambev, Cargill, FIA-FEA (USP), Johnson & Johnson, Lubrizol, Natura (Argentina, Brasil, Bolívia, Chile e Peru) e TNT. Buscando inspiração em William Edwards Deming, que disse: "Todos os modelos estão errados, alguns são úteis", recomendo que o leitor use o conteúdo do Quadro 29.2, a seguir, apenas como referencial e não como modelo. Com o mesmo propósito, destaco alguns critérios que usei e uso para escolha dos locais para conduzir atividades de *outdoor training*: facilidades de logística; histórico dos serviços prestados e de aspectos de segurança; qualidade das instalações, especialmente quando estivermos usando equipamentos específicos de *high ropes* e/ou *wilderness*; relação custo-benefício etc.

Quadro 29.2 Um dia típico de *outdoor training* com atividades *low ropes*

Atividade	Desafio(2)	Focos principais	Materiais de apoio
Introdução(1)	Apresentar a atividade para a equipe e os resultados esperados	Obter atenção da equipe	Apresentação(3)
Passar bolas	Desafiar a equipe a passar bolas de tênis, falando o nome da pessoa que irá recebê-las	Integração, quebra de paradigma, trabalho em equipe	Três bolas de tênis
Fila indiana	Equipe, em fila indiana e "muda", deverá cumprir desafio proposto pelo facilitador	Comunicação, criatividade, relação cliente/fornecedor	Nenhum

Todos a bordo	Usando caixas plásticas como plataforma, a equipe deverá usar a mínima quantidade para "acomodar" todos os participantes	Trabalho em equipe, quebra de paradigma, liderança	Dez caixas plásticas
Mudança	Equipe, no papel de clientes e fornecedores, cumprirá desafio dado pelo facilitador	Criatividade, trabalho em equipe, relação cliente/fornecedor	Nenhum
Esqui gigante	"Mudos" comandando "cegos" a movimentarem-se usando esquis gigantes	Comunicação, liderança, confiança, trabalho em equipe	Vendas, cordas e caibros de madeira
João-bobo	Equipe em círculo com um participante no centro que será "movimentado" pelas pessoas que compõem o círculo	Trabalho em equipe, confiança	Nenhum
Par ou ímpar	Jogo — tipo par ou ímpar — no qual os participantes optarão por uma das três opções oferecidas pelo facilitador	Relacionamento interpessoal, confiança, feedback instantâneo	Nenhum
Trust fall	Equipe deverá suportar a "queda", altura média de 1,5 metro, de cada participante	Trabalho em equipe, confiança, planejamento, desafiar limites	Escada com cinco degraus
Aviãozinho	Cada participante escreverá seus três desafios para as próximas semanas. A folha será transformada em um avião e lançada entre a equipe	Comprometimento pessoal, estabelecimento de objetivos, compartilhamento de desafios	Um impresso por participante(4)
Avaliação e encerramento(5)	Reforçar os objetivos da atividade e resultados; fazer avaliação formal	Afirmação de compromissos e melhoria contínua	Nenhum

(1) Geralmente feita em sala de aula, pode também ser feita ao ar livre. É fundamental ter alguém da organização com senioridade para fazer a abertura do evento.

(2) Ao final de cada desafio é feito o bate-papo (*debriefing*). É a parte mais rica da atividade.

(3) Conjunto de apresentações contendo: objetivos da atividade; definição, histórico e modalidades de *outdoor training*; aspectos de segurança; motivos para uso do *outdoor training* (Quadro 29.1); informações gerais (horários de almoço, intervalos etc.).

(4) Folha contendo de um a três desafios que os participantes estarão dispostos a colocar em prática quando voltarem ao trabalho.

(5) Geralmente feitos em sala de aula, podem também ser feitos ao ar livre. É fundamental ter alguém da organização com senioridade para fazer o encerramento do evento. A organização deve aplicar seus instrumentos normais para avaliar a efetividade dessa atividade, desde o nível de reação até o de resultados nos meses subsequentes.

29.7 Aprendizados, considerações finais e recomendações

> Feliz aquele que transfere o que sabe e aprende o que ensina.
>
> Cora Coralina

Minha vivência no mundo acadêmico tem bases em aprendizagem organizacional onde aprendi que uma das melhores maneiras de aprender algo é perguntando. Portanto, compartilharei meus aprendizados, recomendações e as considerações finais no formato de perguntas e respostas.

1. Que outras denominações são usadas para atividades de *outdoor training*?

No Brasil, os nomes que percebo serem mais usados são: treinamento ao ar livre, esportes de aventura, treinamento vivencial ao ar livre etc. Nos Estados Unidos, alguns sinônimos são: *adventure education, adventure programming, outdoor learning, outdoor school, outward bound school* etc. Prefiro usar o termo *outdoor training*, pois mesmo em língua inglesa, expressa, em minha opinião, a essência desse tipo de atividade de T&D. Existem centenas de nomes comerciais tanto no Brasil — TEAL, *ecotraining* etc. — como nos Estados Unidos — COBS, OBI etc. — e certamente no mundo todo para designar organizações que prestam serviços de *outdoor training*.

2. O uso de atividades de *outdoor training* é recomendado em que situações?

As atividades de *outdoor training* como qualquer outra atividade de T&D devem ser tratadas de forma estratégica. Infelizmente tenho observado que muitas organizações usam o *outdoor* de forma isolada e, o que é pior, como modismo. Entendo que devemos respeitar as decisões de cada organização, todavia não recomendo usar atividades de *outdoor training* com objetivo específico de lazer ou de submeter as pessoas a atividades competitivas. Esse não é o espírito do *outdoor training*. Devemos usar atividades de *outdoor training* para fortalecer equipes, respeitando os limites de cada participante e ampliando as competências, por exemplo, de liderança, comunicação, processo decisório, entre outras. Finalizo esta resposta com uma citação de Maslow: "Se a única ferramenta que temos é um martelo, nossa tendência é enxergarmos cada problema como um prego", e recordando que *outdoor training* é uma das várias técnicas que podem e devem ser usadas em atividades de T&D. O ideal é uma mescla de atividades, considerando as estratégias de T&D, de gestão de pessoas, da cultura e dos objetivos da organização. O *outdoor*, bem como as demais atividades de T&D, não deve ser encarado como a panaceia em gestão de pessoas.

3. Existe uma ordem sequencial das atividades? Qual o número ideal de participantes?

Minha vivência indica que existe um possível "caminho" para aplicação de atividades de *outdoor training*. O ideal é começar pelas atividades tipo *low ropes*. Após alguns meses e de acordo com as estratégias de T&D e respeitando a cultura da organização podemos partir para atividades tipo *high ropes* e/ou *wilderness*. Meu histórico de aplicação por tipo de atividades aponta para algo em torno de 60% *low ropes*; 10% *high ropes* e 30% *wilderness*. Acredito que a eficácia é maior quando o grupo tem entre 24 e 30 participantes. Menos do que isso, em algumas atividades, perde-se o foco na equipe. Mais do que isso, a parte fundamental, que é o bate-papo (*debriefing*), fica comprometida.

4. Quais locais são ideais para a prática de atividades de *outdoor training*?

Para as atividades tipo *low ropes* podem ser usados locais que ofereçam aos participantes contato com a natureza. Se a organização tem um clube de campo ou similar deve usar esse local em primeiro lugar. Por exemplo, já facilitei atividades desse tipo em parques, praias, jardins de escritórios, jardins de instalações fabris, clubes etc. Para as atividades tipo *high ropes* devemos usar instalações apropriadas e seguras. Normalmente existem locais específicos para esse tipo de atividade. Devemos sempre verificar, com antecedência apropriada, as competências técnicas das pessoas que irão conduzir as atividades e também as condições de segurança dos equipamentos. É imprescindível obter o histórico dessas organizações e das suas equipes de instrutores.

5. As atividades devem ser conduzidas por facilitadores internos ou externos?

Não existe receita mágica. Em minha opinião e vivência, a atividade mais importante de *outdoor training* é o processo de bate-papo (*debriefing*) feito logo após a conclusão, ou não, de um desafio proposto pelo facilitador. Infelizmente, tenho visto casos em que a ênfase na atividade e principalmente na conclusão e, o que é pior, na competição entre equipes, tem sido valorizada acima de qualquer coisa. Isso não é *outdoor training*! Para a eficácia de atividades, nos três tipos, é fundamental que o facilitador tenha as competências para conduzir equipes em atividades de T&D, que conheça a organização e seus desafios, bem como os objetivos esperados de cada atividade. Normalmente isso é encontrado em pessoas que pertencem à organização, no caso, facilitadores internos. Todavia, nem todas as organizações têm esses facilitadores preparados. Surge então uma alternativa que tem se mostrado eficaz: o uso de facilitadores internos, especialmente para conduzirem o bate-papo (*debriefing*), e de facilitadores externos, especialmente nas atividades tipo *high ropes* e *wilderness*. Esses tipos de atividades exigem competências específicas e técnicas que dificilmente são encontradas dentro das organizações que contratam serviços de *outdoor training*.

6. Em caso de contratação de facilitadores externos, que cuidados devemos ter?

Como em qualquer contratação de serviços de T&D devemos ter clareza das vantagens e desvantagens de contratarmos profissionais de fora da organização. Uma vez decidido pela contratação, devemos estabelecer os critérios de escolha, por exemplo, competências dos facilitadores, verba/recursos/tempo disponíveis etc. O próximo passo é buscar no mercado quem pode nos atender. Aqui vale muito o "QI" (quem indicou), não no sentido pejorativo do termo, e sim da informação de alguém de sua confiança que contratou os serviços de A ou B e os resultados obtidos. Particularmente gosto muito de verificar o histórico de quem estou contratando, bem como referências além da minha rede de relacionamentos e, principalmente, conversar com as pessoas antes da contratação. Infelizmente constatamos que o velho ditado "por fora bela viola, por dentro pão bolorento" é mais verdadeiro do que podemos imaginar, pois existem algumas organizações e facilitadores externos "maquiados" de profissionais de *outdoor training*.

7. O *outdoor training* é uma atividade segura?

Estatisticamente falando, o *outdoor training*, especialmente o *low ropes*, é mais seguro do que jogar futebol ou andar de bicicleta ou a pé em centros urbanos brasileiros. Mesmo as atividades *high ropes* e *wilderness* são seguras, embora com risco percebido mais alto. Para todas as atividades e especialmente as duas que têm maior risco percebido, a prevenção é a chave para a garantia da integridade dos participantes. Jamais devemos expor os participantes em atividades que não sejam conduzidas por pessoas comprovadamente especializadas e com os equipamentos em perfeito estado de uso e conservação.

8. Quais as vantagens e desvantagens do uso de *outdoor training*?

Acredito que as principais vantagens sejam: a oportunidade de vivenciar atividades nas quais a aprendizagem pela ação é fator fundamental no fortalecimento de equipes, na retenção e possível aplicação dos aprendizados e na possibilidade de termos um ser humano atuando holisticamente durante e depois das atividades. As principais desvantagens: uso de facilitadores despreparados e atividades sem conexão com as estratégias de T&D e de gestão de pessoas. Buscando inspiração no estudo da filosofia hermética do Antigo Egito e da Grécia, encontramos o princípio da polaridade: "Tudo é duplo; tudo tem polos; tudo tem o seu oposto; o igual e o desigual são a mesma coisa; os opostos são idênticos em natureza, mas diferentes em grau; os extremos se tocam; todos os paradoxos podem ser reconciliados" (*O Caibalion*, p. 24). Em suma, o que hoje é uma vantagem amanhã pode ser uma desvantagem e vice-versa. Uma vez mais, é fundamental termos clareza daquilo que buscamos.

9. Como medir os resultados das atividades de *outdoor training*?

Acredito que existem vários modelos para medir a efetividade de atividades de T&D. Entre eles destacamos: os quatro níveis de Kirkpatrick (reação, aprendizado, comportamento e resultados), o de Hamblin, que acrescenta mais um nível (mudança na organização), além dos apontados por Kirkpatrick. Existe também o modelo MAIS (modelo de avaliação integrado e somativo) de Borges-Andrade e equipe, que recomenda uma avaliação considerando múltiplas variáveis integradas e classificadas em cinco componentes: 1) ambiente, que é subdividido em quatro componentes — a) necessidades, b) apoio, c) disseminação e d) resultados de longo prazo; 2) insumos; 3) procedimentos; 4) processos; e 5) resultados.

Santos, Fernández-Caparrós e Gómez publicaram um estudo analisando o desenho e a efetividade de uma atividade de *outdoor* para executivos. A principal conclusão do estudo é que as pessoas evoluíram e melhoraram suas competências emocionais de trabalho em equipe e colaboração, estabelecimento de vínculos, comunicação e estímulo à mudança. Acredito que, principalmente no Brasil, existe uma importante lacuna de trabalhos acadêmicos para a medição da eficácia de atividades de *outdoor training*.

Que perguntas adicionais o leitor gostaria de fazer? Terei o maior prazer em responder via e-mail: zardo@zardoeassociados.com.br, ou pessoalmente.

Referências bibliográficas

BOOG, M. "Outdoor training (treinamento ao ar livre)". In: BOOG, G. G.; BOOG, M. T. (Coords.). *Manual de treinamento e desenvolvimento*: processos e operações. São Paulo: Pearson Prentice Hall, 2006.

CAMAYSAR, R. *O Caibalion*. São Paulo: Pensamento/Cultrix, 2009.

DINSMORE, P. C. TEAL — *Uma revolução em educação empresarial*. Rio de Janeiro: Senac, 2004.

MEISTER, J. C. *Educação corporativa*: a gestão do capital intelectual através das universidades corporativas. São Paulo: Makron Books, 1999.

MOREIRA, C. E. R.; MUNCK, L. "Estilos de aprendizagem versus treinamento vivencial ao ar livre". *Revista de Administração da Universidade Federal de Santa Maria*, v. 3, n. 1, p. 9-25, jan./abr. 2010.

ROHNKE, K.; BUTLER, S. *Quicksilver*: adventure games, initiative problems, trust activities and a guide for effective leadership. Dubuque: Kendall/Hunt Publishing Company, 1995.

SANTOS, M. J. C.; FERNÁNDEZ-CAPARRÓS, M. R.; GÓMEZ, J. M. "Desarrollo de competencias emocionales en los directivos de una organización a través del outdoor training". *Encontros Científicos*, Faro, n. 6, 2010. Disponível em: <http://www.scielo.gpeari.mctes.pt/>. Acesso em: 18 nov. 2012.

ZARDO, R. "Avaliação de resultados de treinamentos". Departamento de pós-graduação e extensão. Valinhos, SP: Anhanguera Educacional, 2010. Texto adaptado de ZARDO, R. "Avaliação de resultados e dos sistemas de TD&E". Material da 4ª aula da disciplina Treinamento e Desenvolvimento, ministrada no curso de pós-graduação *lato sensu* televirtual MBA em Gestão de Pessoas — Uniderp/Rede LFG, 2009.

Sites nacionais indicados

Alaya — http://www.alaya.com.br/alaya-brotas/
Canoar — http://www.canoar.com/
Ecotraining — http://www.boog.com.br/workshops-ecotraining
Outward Bound Brasil (OBB) — http://www.obb.org.br/
Teal — http://www.dinsmorecorp.com/br/teal
Zardo & Associados — http://www.zardoeassociados.com.br/

Sites internacionais indicados

Association for Experiential Education (AEE) — http://www.aee.org/
Colorado Outward Bound School (COBS) — http://www.cobs.org/
Kurt Hahn — http://www.kurthahn.org/links/links.html
National Outdoor Leadership School (NOLS) — http://www.nols.edu/
Outward Bound International (OBI) — http://www.outwardbound.net/
Waterhouse Center — http://www.waterhousecenter.com/

Roberto Zardo

Sócio-diretor da Zardo & Associados, consultoria em gestão de pessoas e de negócios. Técnico mecânico. Economista, com MBA em recursos humanos pela Universidade de São Paulo. Mestre em administração de empresas, com ênfase em gestão de pessoas pela Universidade Presbiteriana Mackenzie. Atualmente trabalha voluntariamente como diretor de estratégia e qualidade da ADVB/SC, desde 2012. Ex-diretor institucional da FNQ (Fundação Nacional da Qualidade). Trabalhou por mais de 40 anos nas empresas: Perdigão (atual BRF Brasil Foods, como office boy), General Motors, Johnson & Johnson, Cargill e Natura, como executivo nas áreas de manufatura, engenharia, projetos de localização industrial no Brasil e Argentina, compras, importação, exportação, qualidade, excelência em gestão, recursos humanos e serviços aos clientes (*contact center*, *picking*, distribuição e logística). Ex-professor de programas de pós-graduação em gestão de pessoas e de negócios de diversas universidades, tais como Mackenzie, Trevisan Escola de Negócios, Anhanguera Educacional e Univap. Coautor de livros de gestão de pessoas, planejamento de carreiras, gestão por competência.

Tel.: +55 48 3364-2303/3364-2395
E-mail: zardo@zardoeassociados.com.br
Site: www.zardoeassociados.com.br

capítulo 30

Constelações sistêmicas: um método inovador de desenvolvimento humano e organizacional

Maria Izabel Rodrigues

30.1 Objetivo

O presente capítulo tem como objetivo apresentar sucintamente esse instrumento de desenvolvimento de pessoas e organizações chamado *constelação organizacional*, que tantos benefícios tem trazido às empresas, instituições, líderes, profissionais de RH e consultores que o têm utilizado nos processos de desenvolvimento organizacional e coaching ao longo dos últimos anos no Brasil e no mundo.

Mas, antes de discorrer sobre a ferramenta, vamos falar de suas origens e, também, de alguns pressupostos teóricos que estão por trás dessa prática: o pensamento sistêmico, a multidimensionalidade dos seres vivos e da vida e o conceito de campos de informação.

Vamos oferecer apenas uma introdução, pois o assunto é bastante complexo e, para aqueles interessados em se aprofundar em alguns dos temas aqui apresentados, fornecemos no final do capítulo referências bibliográficas que podem servir como guia para a sua pesquisa inicial.

30.2 Constelações sistêmicas

Constelações sistêmicas ou constelações familiares, como são comumente chamadas, foram criadas e desenvolvidas pelo alemão Bert Hellinger, há 40 anos, inicialmente como um método de terapia familiar. Vejamos em que consiste tal método.

30.2.1 Bert Hellinger e as constelações familiares

Trabalhando durante anos com seus pacientes, Hellinger constatou que somos ligados inconscientemente aos destinos de nossos ancestrais familiares. Se essa ligação for boa, ela nos dará força, coragem, saúde, e nossa vida fluirá relativamente bem; se for má, ela nos trará pesar, insegurança, doença, e nossa vida poderá estagnar ou não fluir bem da maneira que sempre almejamos.

No desenrolar de uma constelação, que pode acontecer em grupo ou individualmente, é possível ver como os destinos de nossos familiares, às vezes de um passado bastante remoto, afetam nossa vida presente, muitas vezes em forma de acontecimentos funestos, como mortes trágicas e/ou precoces, doenças graves, adição a drogas, entre outros.

Vamos elucidar um pouco como funciona, na prática, esse processo.

Num trabalho de constelação, o paciente que busca ajuda tem uma questão ou uma queixa que se torna o foco do trabalho de desvelamento das forças inconscientes ligadas ao seu passado ancestral e que estão atuando sobre ele, sua vida e sua questão.

No grupo, pessoas que nunca viram antes o paciente e, portanto, não sabem nada a respeito de sua vida e seu passado familiar entram no trabalho da constelação como "representantes" de seus entes familiares. Sem nenhuma informação prévia, esses representantes sentem, pensam e se comportam como os representados e trazem à luz informações preciosas que estão no inconsciente do sistema familiar do paciente. O que se mostra fora de ordem é colocado dentro de uma ordem, que Bert Hellinger chamou "ordens do amor".

São três as *ordens* mais importantes:

1. O direito de pertencer

Todos que nascem numa família têm o direito de pertencer. Inclusive os filhos bastardos, abortados ou que morreram precocemente. E também todos aqueles que, de forma decisiva, contribuíram para a vida e para a morte naquele sistema.

2. O equilíbrio entre o dar e o receber

Deve haver um equilíbrio quanto ao dar e ao "tomar" entre as pessoas de um sistema. Quando um dá demais ou o outro somente recebe, a relação entre as partes tende a se romper. Pais dão, filhos recebem, mas essa equação deve se equilibrar em prol da harmonia do sistema.

3. A precedência de quem chegou primeiro

Os pais chegaram antes dos filhos, os avós chegaram antes dos pais e os índios chegaram antes de nós ao Brasil. Todos que chegaram antes devem ser respeitados e honrados. Ocorre muitas vezes que um filho queira ser maior que seus pais porque eles não têm todo o conhecimento e experiência de que ele hoje dispõe. O filho, agindo dessa maneira, perde força e pode ter problemas na sua vida futura.

30.2.2 Pressupostos conceituais

Para entender o que ocorre numa constelação e como acontecem as explicitações do campo inconsciente do sistema, temos como base alguns pressupostos importantes e fundamentais. Vejamos alguns deles a seguir:

a) A multidimensionalidade dos seres vivos e da vida

Dizer que somos seres multidimensionais significa dizer que somos e vivemos simultaneamente várias dimensões, várias realidades paralelas.

Somos corpo, mente e espírito. Somos matéria e energia. Somos consciência pessoal, coletiva e espiritual.

A vida é multidimensional. E interconectada.

Aparentemente, isso é obvio, mas os sistemas da sociedade atual — econômico, político, educacional e de saúde, entre outros — foram todos construídos com base no pensamento cartesiano fragmentado que não considera essa multidimensionalidade nem a interconexão de que estamos aqui falando.

Para entendermos melhor o que são e como ocorrem os processos das constelações, vamos nos ater somente ao conceito multidimensional da consciência em seus três níveis: pessoal; coletiva ou sistêmica; espiritual.

- **Consciência pessoal**

É a consciência individualizada, estreita e limitada, que se preocupa com aquilo que é bom ou mau para o indivíduo. Aqui a prioridade é o indivíduo, o grupo e a sociedade ficam em segundo plano. Um exemplo da atuação da consciência pessoal sobre as demais consciências é a atitude de uma pessoa que joga lixo na rua, ou do latifundiário que desmata sua fazenda indiscriminadamente visando apenas ao lucro fácil.

Nos sistemas familiares ou organizacionais, trata-se da atuação da consciência pessoal quando um indivíduo age de maneira isolada, individualista, visando apenas ao seu bem. Um exemplo pode ser o de um funcionário que, por estar mais perto do chefe do que seus pares, se aproveita das "facilidades" advindas dessa condição, sem considerar os direitos iguais de seus colegas.

- **Consciência coletiva ou sistêmica**

Essa consciência é mais ampla e está a serviço do grupo, seja ele familiar, de trabalho, religioso ou político. Aqui a consciência pessoal fica em segundo plano e o indivíduo que pertence ao grupo fará qualquer coisa para continuar a pertencer, até matar ou morrer. Mas, apesar de mais ampla, ela ainda tem seu limite: inclui o que é bom e exclui o que é mau para o grupo.

É essa consciência que atua na maioria das "desordens" que vemos nas constelações. Uma criança pode adoecer e até morrer no lugar de um dos pais que "está querendo ir embora". A consciência sistêmica atua inconscientemente nessa criança, que diz: "Minha mãe querida, antes que você se vá, eu vou no seu lugar". Para que a mãe continue pertencendo ao grupo familiar, a criança, em seu amor infantil, quer ir embora em seu lugar.

- **Consciência espiritual**

Essa consciência diz respeito à totalidade, onde todos somos um, onde não existe diferenciação entre o bem e o mal. Ela responde ao movimento da grande força que une e movimenta tudo e todos os seres vivos. Aqui não há limites de pertencimento, porque todos pertencem. A questão é se estamos ou não em sintonia com o grande fluxo de vida. Para essa consciência não há separação entre passado, presente e futuro, entre energia e matéria, entre as dimensões física e espiritual.

Quando se trata da atuação dessa consciência, as constelações transcendem o campo sistêmico e podem ajudar se o terapeuta for capaz de trabalhar em sintonia com o movimento do espírito. Mas essa abordagem é mais limitada nos trabalhos das constelações organizacionais.

b) Campos de informação

Nos últimos anos, a chamada "nova ciência" tem chamado a atenção com suas novas descobertas. A epigenética e Bruce Lipton, com suas pesquisas, nos presentearam com conceitos interessantes, como a memória celular e a importância do meio ambiente no desenvolvimento da gênese do ser humano. Rupert Sheldrake explicou em seus estudos como a memória de acontecimentos no âmbito social e humano é "guardada", formando o que ele chamou campos mórficos e influenciando os grupos sociais e a sociedade de um modo nunca antes imaginado. Ervin Laszlo, propondo a teoria integral de tudo, apresentou, com fortes argumentos, a ideia da interconectividade e da comunicação entre todo ser vivo, do macro ao microcosmo e vice-versa. Segundo ele, tudo está ligado e se comunica constantemente, independente de tempo e espaço. Mais recentemente, o futurólogo Otto Scharmer tem chamado atenção com suas ideias explicitadas na teoria U, que sustenta a existência de um nível de realidade sutil e profundo, que ele denomina "Presença", que nos toca e nos influencia, mesmo que não saibamos disso.

Antes mesmo do século passado, Jung, ao desenvolver sua psicologia analítica, já sustentava a ideia do inconsciente coletivo, segundo a qual tudo o que é vivido e experimentado fica "guardado" num banco de memórias da humanidade e pode ser acessado por meio dos sonhos, dos *insights*, das premonições etc.

Somente é possível entender o que são e como acontecem as constelações se aceitamos todos esses conceitos aqui expostos.

30.3 Constelações organizacionais

Inspirado no trabalho de Hellinger e adotado posteriormente por diversos profissionais da área empresarial, o método das constelações organizacionais desenvolveu-se muito rapidamente, a princípio na Europa e, mais tarde, em outros continentes.

O método chegou no Brasil em 2003, quando alguns consultores, já em contato com as constelações familiares desde 2000, organizaram o 1º Seminário Internacional de Constelações Organizacionais, em São Paulo. No ano seguinte, teve início a 1ª Formação em Constelações Sistêmicas Organizacionais e Coaching Sistêmico, e hoje temos vários profissionais especializados nessa abordagem espalhados pelo país.

30.3.1 As ordens dos sistemas organizacionais

Assim como na família também existem "as ordens" nos sistemas organizacionais que, quando não respeitadas, geram conflitos, desmotivação, estagnação, resistências e até mesmo doenças na dinâmica e nas relações de trabalho, comprometendo os resultados da empresa e, consequentemente, sua saúde e sua perenidade.

Com base nessa abordagem, situações conflituosas são desveladas, surgindo novas percepções e imagens dos fatos e situações, auxiliando os gestores e profissionais de RH no manejo das questões humanas na organização.

Com esse método também é possível olhar para as dinâmicas ocultas e inconscientes do ambiente organizacional, ampliando assim a percepção e compreensão dos acontecimentos e auxiliando nas tomadas de decisões e no gerenciamento dos eventos organizacionais.

Alguns consultores de constelações, entre eles Gunthard Weber, Klaus Grochowiak, Klaus Horn e Regine Brick, referem-se às ordens dos sistemas organizacionais como princípios básicos que devem nortear o profissional que adota essa abordagem em seu trabalho, seja como empresário, líder, funcionário, coach ou consultor de empresa.

Quais seriam, então, essas *ordens*? Discorremos sobre elas na sequência e fornecemos algumas perguntas para reflexão. Será que a empresa em que você trabalha está em sintonia com essas ordens?

a) O direito de pertencer

Na organização, todos têm o mesmo direito de pertencer. Mas esse direito acarreta também o compromisso de prestar uma contribuição condizente com a função ocupada no sistema, no sentido de desenvolver e perenizar a organização. Esta, por sua vez, cuida de seus funcionários, incentivando-os com benefícios diferenciados, e eles se mostram leais à organização e comprometidos com suas metas. Se um dos dois lados lidar levianamente com o outro (por exemplo, se a empresa faz um corte em massa de funcionários de maneira insensível ou se o funcionário adota uma atitude de não cumprimento de seus deveres), surge uma espécie de dívida na organização, que onera a relação entre os funcionários com sua dedicação à empresa e a organização com sua confiança no funcionário.

Perguntas para reflexão

- Os fundadores da empresa são conhecidos e reconhecidos?
- Sua história é conhecida pelos funcionários?
- Os profissionais que já saíram da empresa são homenageados em virtude das contribuições que fizeram?
- Todos os empregados têm o mesmo direito de pertencer?
- Os donos, acionistas, diretores e executivos sentem-se como pertencentes e os funcionários os veem como pertencentes?
- Os funcionários falam com orgulho da empresa em que trabalham?

b) Equilíbrio entre dar e receber

A troca do "dar e receber" também cria vínculos e obrigações recíprocas entre os funcionários e a organização. Comumente, em algumas empresas tradicionais é difícil despedir um funcionário antigo de casa, mesmo que cometa deslizes mais graves, porque o vínculo entre ambos é forte. Mas, quanto maiores e impessoais se tornarem as organizações (por exemplo, os grupos multinacionais) e quanto maior for a mobilidade exigida, menos esses vínculos serão considerados por ambas as partes.

Perguntas para reflexão

- Os funcionários consideram seus salários razoáveis? Eles se sentem felizes por assumir responsabilidades em suas áreas?
- A carga de trabalho está distribuída de maneira justa?
- O corpo gerencial se importa com as necessidades de seus funcionários?
- As avaliações de desempenho são consideradas justas pelos dois lados?
- Quando ocorre lucratividade acima do previsto, a empresa costuma partilhar os resultados com os funcionários?

c) Precedência de quem chegou primeiro

Quando se trata de funcionários do mesmo nível, aquele que está há mais tempo na empresa tem direitos mais sólidos. Os que chegaram depois dele deverão respeitar esses direitos. Esse princípio se aplica, sobretudo, aos iniciadores e fundadores da organização. Embora pessoas hierarquicamente superiores tenham preferência, convém a elas saber apreciar a experiência e os méritos daqueles que chegaram antes delas à organização. Caso contrário, poderá haver desmotivação e falta de interesse por parte daqueles que não foram reconhecidos e também de seus colegas sensíveis a essa ordem.

Perguntas para reflexão

- Em empresas com 15 anos ou mais, as tradições são cultuadas? Elas valorizam ações ou atividades de homenagem? Por exemplo, celebração de aniversários, menção honrosa por tempo de empresa no jornal interno?
- A experiência dos mais antigos é valorizada e eles possuem "*status* diferenciado"?
- Quando surgem boas oportunidades de promoção, os mais experientes são priorizados na ocupação dessas posições?
- Os fundadores e iniciadores são honrados e lembrados pelos atuais funcionários?

d) Toda organização precisa de líderes

As organizações têm necessidade de líderes. Mas a liderança deve ser justificada por meio de resultados e desempenho adequado na respectiva função. Só assim o dirigente tem autoridade e estima em sua posição. Mitos do tipo "somos todos iguais" só criam insegurança e conflitos de relacionamento: a equipe fica preocupada em saber como o chefe gostaria de solucionar determinado problema ou surgem longas discussões infrutíferas quando é necessário tomar uma decisão rápida. Num grupo de iguais, quando não há uma hierarquia formal, cabe ao iniciador a prioridade na tomada de decisões.

Perguntas para reflexão

- Os executivos assumem riscos pessoais pela empresa?
- Os donos ou principais acionistas sentem-se responsáveis pela empresa? Eles são conhecidos e respeitados pelos funcionários?
- O corpo gerencial está ciente de sua responsabilidade pela empresa como um todo?
- Os gerentes estão cientes de sua responsabilidade de liderança sobre os funcionários?
- Os líderes da empresa se veem como funcionários a serviço da companhia e dos empregados? Suas decisões são respeitadas pelos funcionários?

e) Desempenho diferenciado deve ser reconhecido de forma diferenciada

Quando alguns funcionários, apesar de desempenharem a mesma função e receber remuneração igual, têm competências ou habilidades especiais que garantem o sucesso e o desenvolvimento da organização, é necessário lhes prestar reconhecimento especial e fornecer incentivo pelas contribuições feitas, para que continuem na empresa. Aqueles que não fizeram por merecer, no entanto, não devem receber recompensa por mérito, para evitar que outros funcionários mais merecedores percam a confiança e deixem a organização para ir em busca de empresas mais justas nesse quesito. Sempre que alguém se sacrifica pela organização, a ponto de perder a própria vida por ela, é muito importante que seja honrado de alguma maneira.

Perguntas para reflexão

- O bom desempenho e o sucesso são reconhecidos pela empresa?
- Quando alguns funcionários ou equipes apresentam performance acima da média, a empresa os reconhece de maneira diferenciada?
- O sistema de premiação, promoção ou aumento salarial leva em consideração o merecimento?
- Os funcionários mais competentes e qualificados são respeitados pelos menos experientes e menos qualificados?
- A empresa se preocupa em premiar funcionários que alcançaram resultados excepcionais isoladamente?
- O corpo gerencial assume a responsabilidade de reconhecer de forma especial o desempenho diferenciado?

f) O direito de ir e de ficar

Na constelação organizacional frequentemente se pergunta: alguém precisa ir embora ou pode ficar? Pode ficar quem precisa da organização e corresponde ao posto que ocupa e à função que exerce. Quem não precisa mais da organização pode perder alguma chance interessante se continuar em seu quadro. Às vezes é necessário que alguém vá embora porque prejudicou sistemática ou egoisticamente outros dentro do sistema. Caso não vá embora ou não seja demitido, surgem problemas relacionais, desmotivação e perda de confiança. Funcionários excluídos, injustamente dispensados, expulsos ou não promovidos mesmo quando mereciam costumam emperrar ou perturbar o clima da empresa e, não raro, são representados e imitados por seus sucessores.

Nos casos de demissão por parte da organização, é importante, tanto para a empresa quanto para o funcionário, que o desligamento se realize num clima de respeito mútuo, para que a organização se mantenha bem e o ex-funcionário também continue bem em seu próximo emprego. Rituais de boas-vindas e de despedida facilitam esses processos nas organizações.

Perguntas para reflexão

- A empresa dá oportunidade de desenvolvimento de carreira a seus funcionários? Ela trata com respeito o funcionário que quer sair porque encontrou uma oportunidade melhor em outra empresa?
- A organização incentiva seus funcionários a aprender outras tarefas de maneira que possam ocupar outros cargos na própria empresa?
- A empresa costuma "deixar as portas abertas" para bons funcionários que decidem ir embora? Ela reconhece os funcionários antigos que ficaram quando o tempo era de "vacas magras"?
- Os gerentes estão preparados para liberar os bons funcionários quando boas oportunidade surgem a eles?

g) Pessoas se fortalecem quando estão na posição certa ou merecida

Na constelação de uma organização, fica logo patente se alguém ocupa seu lugar com energia boa e tranquila ou se está enfraquecido. No lugar certo e adequado, a pessoa se sente segura, tranquila e com boa energia. Por isso é tão importante encontrar esse lugar. Em postos usurpados, as pessoas têm fantasias de grandeza e se portam com arrogância. Em postos que enfraquecem, as pessoas não se sentem valorizadas, não se dão o devido valor, ou falta-lhes apoio.

Perguntas para reflexão

- Os funcionários estão felizes no cargo que ocupam? Eles respeitam a posição de cada um na hierarquia?
- A empresa dá oportunidade para que seus funcionários façam o trabalho de acordo com suas habilidades, talentos e vocação?
- Os funcionários reconhecem quando alguém ganha uma posição de acordo com sua competência e merecimento?
- Os chefes se preocupam em adequar os cargos e as pessoas de maneira justa? Eles se mostram preocupados em conceder a seus funcionários um bom lugar na estrutura hierárquica?

h) O "novo" é bem-vindo e o "antigo" deve ser honrado

Novas ideias são aceitas com dificuldade em organizações que não sabem dar valor àquilo que é atual, pois o que é antigo geralmente garantiu bons resultados durante longo tempo. É melhor prestar, primeiro, reconhecimento ao que existe, em vez de atacar logo o antigo para impor suas próprias ideias e planos. O recém-chegado deve primeiro procurar orientar-se, observando o que é válido dentro do sistema e inserindo-se nele. Mas não é necessário mostrar a todo o momento o quanto se estima o antigo. Trata-se, sobretudo, de uma atitude interior.

Perguntas para reflexão

- Os funcionários e gerentes antigos trabalham construtiva e cooperativamente quando há inovações, mudanças e reestruturações?
- Seguindo o processo de modernização ou as inovações tecnológicas, os antigos procedimentos, produtos ou serviços ainda são reconhecidos?
- Os gerentes e funcionários novos utilizam a experiência dos mais antigos de "casa"? Eles buscam conhecer a história e os resultados de experiências passadas e incorporá-los em seus procedimentos?
- Os funcionários antigos demonstram interesses visíveis e orgulho em passar adiante suas experiências e o "pulo do gato"?
- O corpo gerencial está aberto às inovações sem, contudo, deixar de honrar toda a história do "antigo"?

i) Organizações são sistemas voltados a um propósito

Existem muitos grupos de trabalho que perderam de vista grande parte de seus objetivos. Os funcionários começam, então, a se ocupar consigo próprios, com problemas de relacionamento ou com queixas contra "os de cima" e com a situação. É necessário ter sempre claro o fato de que a empresa existe em função de um propósito que pode ser mais prático ou mais espiritual, mas nem sempre isso é algo aberto e declarado para todos.

Perguntas para reflexão

- O *core business* da empresa é explícito e conhecido por todos?
- Os investimentos são priorizados levando-se em consideração a empresa em sua totalidade?

- Os funcionários defendem publicamente a empresa, seus produtos ou serviços? Eles demonstram esforços visíveis para atingir as metas e objetivos comuns? Eles conversam a respeito da empresa, seus produtos e serviços de maneira positiva?
- Num trabalho de equipe, as responsabilidades dos líderes e dos membros da equipe estão claramente definidas?

j) O que "é" precisa ter permissão para "ser"

As empresas, de um modo geral, temem uma comunicação transparente com seus funcionários, principalmente nas situações de crises, mas existem fatos e situações que simplesmente não podem ser escondidos. As consequências de uma comunicação não transparente quase sempre são funestas, culminando na quebra do vínculo de confiança do funcionário com a organização e abrindo espaço para fofocas e distorções, espalhando medo e insegurança, sempre nocivos ao clima da organização. Também é importante que os colaboradores participem das situações de expansão e desenvolvimento. Se a empresa opta pela comunicação íntegra, ela se fortalece e os vínculos entre ela e seus funcionários também se fortalecem. Todos ganham com isso, não importando se o momento é de prosperidade ou de "vacas magras".

Perguntas para reflexão

- A situação financeira da empresa é conhecida pelos funcionários?
- Os sucessos e insucessos são discutidos abertamente?
- Se os desligamentos e *turnover* estão altos, há espaço para os funcionários conversarem sobre isso?
- Os clientes são tratados com respeito dentro da companhia?
- Os projetos de crescimento e desenvolvimento da empresa são partilhados com os funcionários?
- Os conflitos são tratados naturalmente, sem tentativas de jogá-los "para baixo do tapete"?

30.4 Constelações organizacionais na prática

Tratamos até aqui dos princípios e conceitos que servem de base e ajudam a compreender as constelações sistêmicas e em especial as constelações organizacionais, mas como esse método acontece na prática, em que situações podemos fazer uso dessa ferramenta?

A seguir, tratamos desse assunto.

30.4.1 Quando fazer uma constelação?

O método das constelações pode atender a inúmeros objetivos e deve ser utilizado como uma etapa no processo de desenvolvimento e transformação de uma empresa e de seus funcionários, nunca como uma atividade isolada.

A seguir, encontram-se alguns dos principais focos que podem ser trabalhados numa constelação:

- *Prognóstico para auxílio em tomadas de decisão*: "Minha empresa vai lançar um novo produto e nós gostaríamos de saber como o mercado vai recebê-lo".
- *Diagnóstico das dinâmicas interativas e de clima*: "Nossa empresa está num momento de grande expansão e nós precisamos saber se nosso corpo gerencial está comprometido e preparado para essa grande mudança que ocorrerá em curto prazo".
- *Auxílio na gestão de mudanças organizacionais*: "Nossa empresa acabou de ser 'comprada' por um grupo internacional, temos um plano de integração das duas empresas e gostaríamos de saber quais são os principais obstáculos para geri-las com mais conhecimento de causa".

- *Auxílio na gestão de conflitos*: "Há cinco anos estou tentando colocar um gerente geral na minha empresa, mas todos que já passaram pela função rapidamente entraram em conflito com os gerentes atuais, inviabilizando sua permanência na empresa".
- *Teste de possíveis resultados de decisões estratégicas*: "A empresa tomou algumas decisões estratégicas importantes para o próximo ano, no sentido de melhorar sua performance, e queremos testar os possíveis resultados dessas decisões".
- *Auxílio em questões de decisões e dilemas*: "Estamos lançando um novo produto e temos dois nomes igualmente bons para tornar-se a marca registrada desse produto. Uma parte do corpo gerencial opta por um nome e a outra parte opta por outro. Há um ano conversamos sobre isso e não conseguimos decidir".
- *Desenvolvimento profissional e pessoal dos funcionários*: "Eu estou na empresa que sempre almejei, no cargo que sempre almejei, gosto do trabalho que faço, mas todos os dias acordo com grande insatisfação e pesar por ter de ir para esse trabalho".
- *Auxílio no processo de recrutamento e seleção*: "Estou selecionando uma gerente geral para a minha empresa, tenho três candidatas e gostaria de saber qual é a mais adequada para suprir a demanda e as exigências do cargo".
- *Orientação em mudança ou transição de carreira*: "Atualmente estou satisfeito na empresa em que trabalho, mas recebi uma proposta de um novo emprego muito interessante pelos desafios e projeção profissional que me daria. Gostaria de saber quais são os pontos positivos e negativos dessa mudança".

30.4.2 Visão sistêmica — perguntas sistêmicas

Um trabalho de constelação só é possível a partir de uma visão sistêmica, e as perguntas que nos levam a explorar toda a complexidade que envolve as dinâmicas entrelaçadas do sistema em foco devem ser, naturalmente, sistêmicas.

Mas o que é, afinal, uma pergunta sistêmica?

É toda pergunta que nos remete a fatos, situações e pessoas ligados à totalidade daquele sistema e suas interconexões. Isso significa dizer que não vamos explorar somente o presente, mas também o passado e o futuro daquele sistema. Vamos explorar o microssistema, inserido num sistema mais amplo, este, por sua vez, num sistema mais amplo, e assim sucessivamente. Do micro para o macro e do macro para o micro, num raciocínio circular, holístico e muito pouco cartesiano.

Vejamos um caso:

> O senhor I.R. é um empresário do setor de segurança e vigilância que tem uma sociedade com outra pessoa. Cada um dos sócios tem 50% de participação na sociedade. Ultimamente, I.R. vem enfrentando dificuldades no relacionamento com esse sócio e quer uma orientação sobre o que fazer e quais os caminhos possíveis para melhorar essa questão.

Quais seriam, então, as perguntas sistêmicas que o consultor/coach poderia fazer para o cliente nesse primeiro atendimento?

Indicamos a seguir algumas possibilidades:

- Quem é o fundador? São os dois? Ou apenas um deles?
- Se forem os dois, quem teve a ideia do negócio? Quem convidou quem?
- Se a empresa foi comprada, em que circunstâncias ela foi vendida? Foi vendida por um preço justo para todos?

- O que cada um dos sócios dá e recebe na empresa está em equilíbrio?
- Existem fatos importantes no passado profissional desses sócios dignos de serem considerados? Por exemplo, a falência de um deles numa empresa anterior a essa?

Como se pode constatar, essas são perguntas que a princípio podem parecer banais e se prestar apenas à curiosidade do gestor/consultor, mas, dentro da visão sistêmica, todas elas têm importância fundamental para a definição do foco e o desenvolvimento do processo da constelação.

30.5 Depoimentos de gestores

Convidamos três gestores que fizeram constelação organizacional conosco a fornecer depoimentos sobre a ajuda que receberam desse método de consultoria, considerando os objetivos que tinham ao solicitar esse trabalho.

Perguntamos: *Em que sentido a constelação organizacional realizada contribuiu para os seus objetivos e seu papel de líder e/ou gestor?*

Vejamos as respostas:

José Eduardo Avino Fernandez

Sócio e diretor da empresa Angels Estúdio de Som Ltda. — São Paulo (SP)

Quando fiz a constelação da Angels, eu tinha acabado de romper uma sociedade de dez anos e não era nada fácil fazer as mudanças necessárias. No entanto, a constelação fez com que eu pudesse ampliar a visão da minha empresa internamente e no mercado, podendo posicioná-la de forma muito saudável, gerando estímulos positivos para a equipe e incrementando seu posicionamento e a marca.

O grande diferencial, mesmo, da constelação é a conscientização das relações e funções internas, o que me permitiu gerir com maior competência e discernimento as tomadas de decisão. Os resultados foram muito positivos: alcançamos uma harmonia interna, os prazos nas entregas dos serviços melhoraram consideravelmente e o crescimento individual foi tamanho que pude delegar com mais confiança. Num mercado tão competitivo e voraz, a Angels conseguiu se posicionar como um estúdio de som de qualidade, investiu em novos negócios e cresceu financeiramente.

José Roberto Alves Freitas

Sócio-administrador da Transportadora Turística Benfica Ltda. — São Caetano do Sul (SP)

Fundamentalmente, me possibilitou ter uma visão muito mais ampliada do meu lugar em relação aos demais núcleos societários, bem como muito mais aprofundada quanto às minhas reais opções de ação e minhas verdadeiras responsabilidades dentro da estrutura gerencial da empresa.

E, além do que possa ter contribuído para mim, pessoalmente, contribuiu em muito para a própria empresa, que acabou colhendo uma variedade de informações que estavam ocultas e que afloraram à vista de todos, através dos representantes neutros que nem sequer sabiam que papéis representavam. No entanto, para os vários membros da empresa que testemunharam a experiência, foi patente a veracidade e autenticidade das informações e situações que ali surgiram.

Podemos também dizer que dois anos depois ainda temos desdobramentos positivos e concretos atuando no sistema, pois, a partir do que ali foi mostrado, resolveu-se seguir um novo caminho na implantação do processo sucessório, envolvendo um trabalho formidável e profundo na formação da próxima geração de herdeiros que atuam ou não nas várias empresas de nosso grupo empresarial.

Marcelo Cardoso

Vice-presidente de desenvolvimento e sustentabilidade da Natura — São Paulo (SP)

O entendimento e experiência da constelação acima das intervenções me permitem ter um olhar sistêmico e integrado para as dinâmicas organizacionais e de como elas influenciam as relações, os processos e seus resultados.

As intervenções ao longo dos últimos cinco anos foram muitas e já se iniciaram antes da minha entrada, inclusive para contribuir para que eu ocupasse melhor o meu lugar, e depois com diversos outros objetivos, como trabalhar os direcionadores da cultura da empresa, a contratação de novos colaboradores, decisão estratégica, lançamento de projetos, entre outros.

A abordagem se incorporou para um grupo de pessoas como parte de apoio à gestão.

30.6 Conclusão

As constelações organizacionais como método de desenvolvimento organizacional ainda são pouco conhecidas e utilizadas no Brasil e no mundo, pois surgiram somente nos últimos 15 anos. Seu desenvolvimento, no entanto, tem sido rápido, pois muitos gestores, líderes e consultores que delas se utilizaram receberam ajuda de forma rápida e precisa, seja na tomada de decisões estratégicas, seja no esclarecimento das dinâmicas ocultas de sua organização, seja na gestão das pessoas e grupos em seu papel de líder. Num mundo cada vez mais veloz e exigente de ações e respostas rápidas, o método das constelações pode ser de grande valia.

Contudo, é preciso estar aberto a novos paradigmas, uma vez que as constelações se apoiam em paradigmas absolutamente novos, como a capacidade que o ser humano tem de captar informações do campo inconsciente de um sistema somente por meio de sua sensibilidade, percepção sutil e intuição. É preciso ver o desenrolar de uma constelação para entender melhor o que expusemos aqui.

Também queremos dizer que somente as informações que demos neste capítulo não bastam para entender o que de fato é uma constelação organizacional. Se você tiver interesse em conhecer mais e se aprofundar nesse tema, pesquise na Internet e nos livros publicados em português ou em outras línguas.

Referências bibliográficas

BRADEN, G. *O efeito Isaías*. São Paulo: Cultrix, 2007.

CAPRA, F. *A teia da vida*. São Paulo: Cultrix, 2012.

______. *As conexões ocultas*: ciência para uma vida sustentável. São Paulo: Cultrix, 2011.

GOSWAMI, A. *O universo autoconsciente*: como a consciência cria o mundo material. Tradução de Ruy Jungmann. 2. ed. São Paulo: Aleph, 2007.

GROCHOWIAK, K.; CASTELLA, J. *Constelações organizacionais*: consultoria organizacional sistêmico-dinâmica. São Paulo: Cultrix, 2007.

HELLINGER, B.; HOVEL, G. T. *Constelações familiares*. São Paulo: Cultrix, 2012.

HORN, K. P.; BRICK, R. *Invisible dynamics*: systemic constellations in organisations and in business. Carl-Auer, 2005.

LASZLO, E. *A ciência e o campo akáshico:* uma teoria integral de tudo. São Paulo: Cultrix, 2008.

LIPTON, B. H. *A biologia da crença*. São Paulo: Butterfly, 2004.

McTAGGART, L. *O campo:* em busca da força secreta do universo. Rio de Janeiro: Rocco, 2008.

SENGE, P. et al. *Presença:* propósito humano e o campo do futuro. São Paulo: Cultrix, 2007.

SHELDRAKE, R. *A sensação de estar sendo observado*. São Paulo: Cultrix, 2004.

STAM, J. J. *A alma do negócio*. Atman, 2005.

WEBER, G.; GROSS, B. *Constelações organizacionais*. Disponível em: <http://www.consteladoressistemicos.com/index.php/publicacoes/46-constelacoes-organizacionais--gunthard-weber-e-brigitte-gross>. Acesso em: 9 maio 2013.

Sites indicados

www.ibssistemicas.com.br
www.conexaosistemica.com.br
www.institutohellinger.com.br
www.simon-weber.de
www.talentmanager.pt
www.inscena.ch

Maria Izabel Rodrigues

Maria Izabel Rodrigues é diretora fundadora da Faybel Consultoria Empresarial Ltda. É psicóloga, psicoterapeuta e consultora de empresas desde 1991. Antes, construiu sua carreira na área de RH de empresas multinacionais como o Grupo Saint Gobain e Grupo Villares, atuando por 13 anos como consultora interna de recursos humanos e gerente de RH de unidade fabril. Nos últimos anos estudou e se especializou nas áreas de psicologia transpessoal e pensamento sistêmico. É formada e trabalha com constelações familiares e organizacionais desde 2004. Atualmente, dedica-se à prática clínica, coaching sistêmico, workshops e cursos de formação em constelações sistêmicas familiares e organizacionais.

Tel.: +55 11 3586-3500
E-mail: faybel@faybel.com.br
Site: www.faybel.com.br

Parte quatro

Aplicações das ferramentas de gestão de pessoas em T&D

Marcos Baumgartner

Introdução

A inquietude humana faz pensar. Um pensar diferente que permite um novo entendimento de nossas ações, nossa vida e os seus significados. Um pensar que permite compreender a dinâmica e os motivos de que nós, profissionais de T&D, precisamos para exercer nossa razão de ser perante as perspectivas de vida e ação corporativas. Mas, infelizmente, muitas vezes, tendemos a reduzir nossos pensamentos ao mundo que nos envolve e não pensamos *fora da caixa*. Somos seduzidos pela ideia de sermos os "especialistas" e que temos todas as respostas de acordo com nossa própria visão. Frequentes são as tentativas de transformar essa realidade. Mas quantas vezes essas tentativas tornam-se frustrantes? Quantas vezes nos percebemos despreparados para aproveitar as oportunidades de aprendizagens e abrimos mão das intenções de mudança? Somos especialistas em fazer generalizações, abandonando o objetivo de contribuirmos para a construção de um mundo melhor e darmos um novo sentido à vida corporativa em geral.

Quem se pergunta se vale o esforço de tentar mudar a realidade que nos desconforta e incomoda sabe que, de qualquer forma, a cada tentativa, sempre teremos a possibilidade de sermos um pouco mais completos em nosso trabalho, em nossas vidas e em nossos destinos. Os que vão em frente, que buscam superar as adversidades, são, a meu ver, os que se tornam grandes exemplos. São os que fazem as mais significativas diferenças em um mundo de mesmices e relativa acomodação. São os que se tornam verdadeiros representantes de uma classe de profissionais idealizados por toda e qualquer empresa.

Restam os que ficaram para trás, protegidos por um contexto conservador e de baixo risco. Esses buscam copiar modelos como se fosse possível para alguém transformar-se com base em uma vivência que é única para quem a experimenta. Fazer o que outros já fizeram com sucesso é inegavelmente importante, mas não suficiente para tornar suas vidas diferentes, plenas de um novo sentido e de renovados motivos. É fundamental pensar a respeito, avaliar experiências bem-sucedidas e, principalmente, apropriar-se do conhecimento oferecido. Fazem a diferença aqueles que não se conformam, não se acomodam e nem desistem. Esses parecem ter no seu DNA um forte desejo de tornarem-se o exemplo de algo sem precedentes: a incansável busca da "marca" própria.

Enfim, inquietar-se é preciso. É preciso entender que todo ser humano tem uma forma peculiar de interpretar o mundo e um jeito próprio de achar seu lugar e seu papel nele. Sentimentos, motivações, princípios éticos, valores, ideias e preferências são determinantes para se atingir esse estado de consciência. São os ingredientes necessários para sabermos que estamos onde estamos por escolha, porque lá nos colocamos. É preciso ser e sentir-se livre para encontrar os próprios valores e dar sentido à vida. É essa a inquietude que nos faz pensar. Talvez nossa melhor escolha seja permanecermos inquietos.

Objetivos

A proposta desta parte é apresentar uma alternativa para quem procura um novo significado do papel a ser desempenhado pelo profissional de T&D nas organizações do mundo de hoje: um estímulo para despertar o desejo de buscar novas competências para que esse desempenho se mostre eficaz e efetivo para a realização dos seus propósitos. E apresentar o que poderíamos chamar de um painel de algumas ferramentas de gestão de pessoas, que possam constituir recursos úteis para aqueles inquietos que se apropriarem desse conhecimento e puderem refletir sobre o melhor uso desses recursos.

Comece essa leitura considerando que, no mundo de hoje, novas estruturas e demandas organizacionais estão alterando a natureza do trabalho dos profissionais de treinamento e desenvolvimento. As empresas buscam evoluir com a esperança de encontrar estruturas inovadoras e mais impulsionadoras do sucesso do seu negócio, num ambiente econômico volátil. Elas estão se tornando mais ágeis, mais flexíveis, trabalhando em rede com uma configuração mais horizontalizada e virtual — ampliando o escopo e o perfil dos cargos, funções e papéis dos seus colaboradores, tornando ainda mais complexo o objetivo dos profissionais de T&D, que é melhorar o desempenho humano nas organizações.

Há na literatura do comportamento humano no mundo corporativo excelentes recursos e ferramentas que ajudam quem está precisando saber como o desempenho humano pode e deve ser melhorado e como as aplicações dessas ferramentas podem concentrar os esforços de melhoria sobre os indivíduos, grupos ou organizações. Mas, dependendo do objetivo de aplicação, esses esforços para a mudança podem estabelecer um escopo mais amplo ou mais restrito, o que acaba exigindo a utilização de ferramentas muito diferentes.

Todos sabemos que a dinâmica corporativa, complexa e multifacetada, exige do profissional de T&D uma razoável consciência sobre o seu papel na realidade organizacional em que está inserido. Some-se a isso uma série de competências que lhe serão exigidas para que consiga, no desempenho de suas funções, sucesso no seu propósito de melhoria do desempenho humano nas organizações. Por essa razão, nada melhor do que avaliarmos mais profundamente a questão dos papéis a serem desempenhados pelo profissional de T&D e entendermos por que é importante pensar nas aplicações das ferramentas de gestão de pessoas em T&D.

Há alguns anos, tomei conhecimento de um estudo realizado pela American Society for Training and Development (ASTD) e, agora, gostaria de utilizá-lo para explicar melhor essa questão dos papéis. Esse estudo identificou quatro papéis fundamentais para um desempenho de sucesso do profissional de T&D: (1) o de estrategista da aprendizagem, (2) o de parceiro de negócios, (3) o de gestor de projetos e, finalmente, (4) o de profissional especialista. Esses quatro papéis estão definidos nesse estudo como:

- *Estrategista da aprendizagem*: no desempenho desse papel, o profissional de T&D deve determinar como a aprendizagem e a melhoria de desempenho no local de trabalho podem ser mais bem aproveitados para alcançar a longo prazo o sucesso do negócio, agregando valor no atendimento das necessidades organizacionais. Nesse papel, o profissional de T&D deve saber conduzir o planejamento e a implementação de estratégias de aprendizagem e de melhoria do desempenho, dando suporte à direção estratégica da organização.
- *Parceiro de negócios*: como parceiro do negócio, o profissional de T&D deve, com base em seu conhecimento do negócio da empresa, estabelecer parcerias com seus clientes internos, identificando oportunidades de melhoria do desempenho humano, avaliando possíveis soluções e recomendando ações que terão impacto positivo nos processos de trabalho. Deve, também, adotar uma postura colaborativa, usar estilos relacionais diferenciados com os diferentes clientes e apoiar-se em métodos de comunicação eficazes para a construção de relacionamentos de longo prazo com seus clientes internos.
- *Gestor de projetos*: nesse papel, o profissional de T&D deve elaborar planos, definir recursos, monitorar a efetiva entrega das soluções, remover barreiras, comunicar resultados e assegurar a execução eficaz do plano de ação, minimizando, dessa forma, os riscos de falhas na implementação.
- *Profissional especialista*: ao desempenhar o papel de especialista, o profissional de T&D deve projetar, desenvolver, produzir ou avaliar soluções de aprendizagem e melhoria de desempenho. Nesse papel lhe é exigido um conhecimento aprofundado de ferramentas de gestão de pessoas como: planejamento de carreira e gestão de talentos, coaching, gestão de mudança da cultura organizacional, melhoria de performance humana, gestão do conhecimento, medição e avaliação, entre outras.

O estudo culminou, entre outros resultados, em um modelo de conhecimentos e habilidades necessários para o desempenho do profissional de T&D nas organizações, hoje e no futuro. O modelo ASTD concluiu que existem três dimensões fundamentais na formação desses profissionais para que possam atender todas as demandas e expectativas dessa nova realidade do mundo do trabalho.

Essas dimensões do conhecimento são: (1) competências, (2) áreas de conhecimento profissional e (3) papéis. Estão definidas no estudo da ASTD como a seguir:

1. *Competências*: são conjuntos de habilidades, conhecimentos e comportamentos necessários para o sucesso do trabalho. Embora isso não seja uma novidade, é importante considerar que, diferentemente do que acontece na maioria das empresas, faz-se necessário que tanto gerentes como empregados precisem dominar o conceito de competências. Os gerentes, para tomar decisões adequadas e monitorar o desempenho do seu pessoal; os empregados, porque as competências fornecem um roteiro de como podem ter sucesso no trabalho. Para entender melhor o conceito de gestão de competências, você encontrará, nesta parte, um excelente texto de Maria Rita Gramigna (Capítulo 31 — *A interface da gestão por competências com T&D*), que aborda as questões mais importantes sobre gestão por competências.
2. *Áreas de conhecimento profissional*: representadas pelo domínio de conceitos e habilidades técnicas e profissionais específicas, contemplam os conhecimentos necessários para um resultado de sucesso em mudança e melhoria de desempenho. As áreas de conhecimento consistem, resumidamente, das especializações que um profissional de T&D deve ter, além das competências fundamentais da sua profissão, e englobam o conhecimento das ferramentas de gestão de pessoas necessárias para o desempenho do papel de especialista, anteriormente mencionado. Veremos mais adiante que, embora um grande número de profissionais de T&D seja altamente especializado, seria desejável

que tivessem conhecimento em mais de uma área de especialização. Você entenderá melhor essa proposição quando falarmos especificamente sobre as ferramentas de gestão de pessoas.

3. *Papéis*: como vimos anteriormente, os papéis são grandes áreas de responsabilidade dentro da profissão de T&D que exigem uma combinação de competências e especializações, de forma a garantir um desempenho eficaz. Os papéis não são os cargos. Eles são muito mais fluidos, dependendo da aplicação do conhecimento ou do projeto a ser realizado. Para o profissional de T&D, desempenhar papéis pode ser visto como uma ação análoga à manutenção de uma coleção de chapéus: muda-se de chapéu dependendo do contexto ou da situação.

Ao utilizar o estudo da ASTD como referência para a ação de treinamento e desenvolvimento, podemos perceber que no centro de tudo está a estratégia do negócio. Mas isso não vale apenas para a função de T&D. Uma reflexão mais detalhada do sistema corporativo nos permite perceber que todas as funções organizacionais estão a serviço do desempenho do negócio, daí a importância de o profissional de T&D conhecer a razão de ser dos seus clientes internos e seus processos, incluindo-se aí as ferramentas de gestão de pessoas. Imagine-se desenvolvendo um projeto para aumentar a produtividade de uma área-cliente. Você poderá, baseado em suas análises, concluir que a melhor intervenção seria reformular os processos e mecanismos adotados para remunerar, recompensar e prestar reconhecimento. E isso exigirá um conhecimento que você talvez ainda não tenha e que, de alguma forma, nunca se preocupou em ter. Nesse momento você estará prestes a desempenhar dois papéis básicos: o de parceiro de negócio e o de profissional especialista. Você terá de se apropriar de conhecimentos e ferramentas que lhe permitam fornecer *expertise* em várias áreas tradicionais da função de RH e deverá aplicar uma ampla gama de habilidades que ainda não domina, mas que vão ajudá-lo a maximizar suas contribuições. Essa percepção é fundamental para que sua ação alcance os resultados desejados. Assim, a ação de T&D deixa de ser definida pela simples entrega de projetos de treinamento e passa a ser uma ação muito mais complexa e multidisciplinar, exigindo a utilização de variadas ferramentas, métodos e processos e tornando necessário um entendimento mais consistente das ferramentas de gestão de pessoas.

Nos capítulos desta parte, o tema gestão por competências é aprofundado com muita propriedade pela consultora Maria Rita Gramigna, que nos apresenta, com base em sua experiência, uma retrospectiva objetiva das estratégias de gestão adotadas no Brasil nas últimas décadas e nos introduz a um modelo de gestão de pessoas por competências, de forma bastante prática, detalhando todas as suas fases e apontando as interfaces desse modelo com a função de T&D.

A seguir, o tema "assédio moral", muito bem explicado e empregado por Edina Bom Sucesso no seu brilhante texto, nos leva a compreender aspectos da gestão da cultura organizacional que, entre outras formas de expressão, se manifestam, citando Hirigoyen, por "comportamentos, palavras, atos, gestos e escritos que possam trazer dano à personalidade, à dignidade ou à integridade física ou psíquica de uma pessoa, pôr em perigo seu emprego ou degradar o ambiente de trabalho".

E, finalmente, o tema coaching é apresentado como uma ferramenta poderosa para o desenvolvimento individual. Desenvolvido pelo consultor Marcos Wunderlich, o tema aprofunda o entendimento da ferramenta coaching para muito além de uma conceituação preciosa, descrevendo-o como um processo dinâmico cuja eficácia dependerá muito mais da capacidade intuitiva do coach e da sua adaptabilidade aos diferentes momentos da relação coach-coachee. Marcos também explica por que a prática do coaching tende a ser um poderoso canal de realização e autoconhecimento para as partes envolvidas, a organização e para a sociedade como um todo.

Conclusão

Os conteúdos apresentados nesta parte buscam identificar comportamentos, conhecimentos e responsabilidades que, segundo meu modo de ver, são críticos para os profissionais de T&D quanto à utilização de ferramentas de gestão de pessoas. A princípio, o valor real dessas competências e do desempenho de papéis reside na possibilidade de fortalecimento da nossa profissão, tornando essa atuação um fator determinante para um reconhecimento da importância dessa função no processo de melhoria do desempenho organizacional, de grupos e pessoas. Para tanto, os profissionais de T&D que estão sendo exigidos a trabalhar em suas organizações incorporando novos papéis e apropriando-se de competências antes não demandadas devem buscar uma participação mais estratégica e atuar de forma a fortalecer a integração dos subsistemas de recursos humanos, tornando-os mais focados, eficientes e flexíveis. Pretende-se, assim, que esta parte sirva como uma valiosa ferramenta educacional para os especialistas de T&D, para ampliar sua percepção para esse novo papel. Minha expectativa é a de que, por meio de uma profunda revisão das próprias competências e papéis, o profissional de T&D possa desconstruir e ressignificar o valor estratégico da sua existência, alimentando essa inquietação transformadora que o faz capaz de produzir impactos positivos nos resultados do negócio da sua organização.

Referências bibliográficas

BAUMGARTNER, M. "Inquietar-se é preciso!" T&D *Inteligência Corporativa*. T&D Editora, n. 177, fev./mar. 2013.

BAUMGARTNER, M; CASARINI, F. G. (Orgs.). *Educação corporativa*: da teoria à prática. São Paulo: Senac, 2012.

ASTD COMPETENCY MODEL: MAPPING THE FUTURE. ASTD Publishing House, 2005.

Sites indicados

www.institutointegralbrasil.com.br
www.rtd.com.br
www.astd.org

Marcos Baumgartner

Psicólogo especializado em psicologia das organizações, Marcos Baumgartner fez carreira executiva como gerente e diretor de RH em empresas como Philips do Brasil, Mafersa, SKF do Brasil e Grupo Villares. É diretor-presidente da T&D Editora Empreendimentos Culturais, diretor executivo da AEC Brasil (Associação Brasileira de Educação Corporativa) e membro do Conselho Consultivo do Programa de Estudos em Gestão de Pessoas da Faculdade de Economia e Administração da Universidade de São Paulo. Atua como consultor de empresas na implementação de sistemas de educação corporativa e programas de gestão de desempenho estratégico, gestão por competências, desenvolvimento de liderança e *change management*. É mediador, facilitador e palestrante em congressos nacionais e internacionais, com participações em: ASTD International Conference/Fórum Ibero-Americano de T&D, encontros empresariais do Senac-SP, Congresso Ibero-Americano de T&D, Congresso Argentino de Recursos Humanos, ESARH, Talent Management Forum, Congresso Brasileiro de T&D, entre outros. Organizou, em parceria com Fabiana Casarini, o livro *Educação corporativa: da teoria à prática, e é publisher* da revista *T&D Inteligência Corporativa*.

Tel.: +55 11 5073-3222
E-mail: diretor@rtd.com.br

capítulo 31

A interface da gestão por competências com T&D

Maria Rita Gramigna

31.1 Objetivos

Ao desenvolver o tema "interface de T&D com a gestão de pessoas", proponho os seguintes objetivos:

1. Fazer breve retrospectiva das estratégias de gestão adotadas no Brasil nas últimas décadas.
2. Apresentar um modelo de gestão de pessoas por competências, de forma resumida, em todas as suas fases, apontando as interfaces do treinamento e desenvolvimento com o modelo oferecido.

31.2 Introdução

As profundas mudanças que acontecem em ritmo acelerado nos permitem constatar a transição da Era da Informação para a Era do Conhecimento e propõem um novo desafio aos gestores: como garantir a competitividade das empresas, já que o mercado torna-se cada vez mais globalizado e demarcado por gigantes do primeiro mundo?

A resposta parece convergir a um único ponto: temos de cuidar das pessoas.

Gerir recursos humanos e suas competências de forma a constituir equipes talentosas é o fator determinante para a obtenção de vantagens competitivas.

Nas últimas décadas descobriu-se a mais rica fonte de aporte à informação, aos serviços e à tecnologia: os seres humanos. Daí a afirmação que a única forma de se obter sucesso com eficiência e estratégia é investir na revisão dos modelos vigentes, adequando-os aos novos tempos.

Os primeiros passos já estão sendo trilhados pelas empresas de vanguarda, que vêm inovando suas práticas.

Admitir profissionais com potencial, treinar e desenvolver seus domínios de competências, valorizá-los e manter um constante estado de motivação nos quadros empresariais é o grande "pulo do gato" na gestão de pessoas.

31.2.1 Breve retrospectiva

Os últimos 100 anos foram dominados por modelos de gestão importados, alguns de sucesso, outros, verdadeiros fiascos.

As empresas brasileiras ficaram a reboque de todos os grandes movimentos. No final do século passado, conseguimos emparelhar com o primeiro mundo, graças ao avanço das tecnologias da informação.

Dentre as estratégias da administração que deram certo e criaram frutos, destaco:

1. Ações de orientação para clientes.
2. Valor das pessoas como o "ativo" que não aparece nos balanços.
3. Ênfase em resultados e não em processos.
4. Ações de conscientização da importância da cultura empresarial disseminada entre os membros da organização.
5. Estímulo ao empresariamento e ao empreendedorismo.
6. Criação de universidades corporativas como trilha para capacitar membros internos e externos de uma empresa.

Essas estratégias comprovam que a valorização do ser humano é fonte de maximização de resultados: da descoberta do cliente como fonte de sobrevivência e existência à universidade corporativa[1], a qual vem preenchendo as lacunas do ensino formal, o foco são as pessoas.

Desenhar um modelo de gestão estratégico de recursos humanos implica ver o presente com foco no futuro. Plantar agora para colher o mais breve possível!

31.3 Subsistemas que sustentam gestão de pessoas

Ao definir um modelo de gestão de pessoas focado nas competências e talentos, faz-se necessário conhecer os blocos de sustentação do sistema de recursos humanos e os principais objetivos desse processo.

Subsistemas de sustentação na gestão de pessoas

1. Provisão
2. Aplicação
3. Manutenção
4. Desenvolvimento
5. Controle

Principais objetivos na gestão de pessoas (RH)

1. Criar, manter e desenvolver um contingente de pessoas com habilidades e motivação para realizar os objetivos organizacionais.
2. Criar, manter e desenvolver condições organizacionais de aplicação, desenvolvimento e satisfação plena das pessoas para cumprimento dos objetivos individuais.
3. Alcançar eficiência e eficácia por meio dos profissionais disponíveis.

Com esses objetivos em mente, vejamos a seguir a relação entre cada subsistema de gestão pessoal e suas respectivas funções.

Tabela 31.1 Objetivos na gestão de pessoas

Subsistemas	Funções
1. Provisão	• Pesquisar o mercado de RH • Recrutar pessoas • Selecionar • Integrar

1 Cumpre citar que, no Capítulo 27, Francisco Antonio Soeltl discorre sobre a universidade corporativa e o e-learning na busca da alta performance.

2. Aplicação	• Analisar e descrever cargos • Planejar a alocação de pessoas • Definir planos de carreira • Avaliar o desempenho
3. Manutenção	• Administrar salários • Definir planos de benefícios • Cuidar da segurança e higiene do trabalho • Administrar relações trabalhistas
4. Desenvolvimento	• Capacitar através de treinamento • Desenvolver com intervenções específicas • Administrar o desenvolvimento organizacional
5. Controle	• Montar e administrar o banco de dados da empresa • Definir um sistema de informação • Responsabilizar-se pela auditoria

FONTE: CHIAVENATO, 1999.

31.4 Visão segmentada: uma práxis vigente

O gerenciamento de pessoas ainda funciona em algumas empresas de forma segmentada, reforçando a ideia de que cada subsistema deve ser gerido de forma independente do outro. Assim, essas empresas assemelham-se aos feudos, onde os jogos de poder acarretam espaços delimitados por fronteiras, com defasagens na comunicação e nas interfaces.

Como resultado da falta de visão sistêmica, a empresa fica vulnerável no mercado em que atua, apresentando consequências negativas, entre as quais destacam-se:

1. *Fuga do capital intelectual*: os profissionais talentosos, ao perceberem que não há um projeto de aproveitamento de suas competências, tendem a se lançar no mercado em busca de melhores oportunidades e levam o patrimônio intelectual junto com eles.

2. *Fortalecimento da concorrência*: a corrida dos funcionários por novas ocupações traz para a empresa que os deixou escapar um *gap* que só é preenchido em um tempo relativamente longo, já que os novos contratados precisam de um período de adaptação ao trabalho e à cultura.

3. *Retorno de investimento aquém do esperado*: o desenho de projetos isolados na área de RH, em qualquer subsistema, traz poucas possibilidades de resultados significativos. Tal isolamento acontece por motivos variados: desinformação, jogos de poder, inexistência de diretrizes superiores, necessidade de reforço da imagem da área, entre outros.

Elevar o patamar de resultados e alavancar competências exige uma solução integrada entre os diversos subsistemas de sustentação à gestão de pessoas.

31.5 Um desafio que se apresenta

No momento em que as empresas descobrem o valor do capital humano, novos papéis são incorporados aos gestores. Entre os mais comuns podemos citar os de:

- mentor;
- educador;
- desenvolvedor de talentos;
- conselheiro.

Hoje, cada gestor tem consciência de sua responsabilidade no treinamento e desenvolvimento da equipe que coordena. A crença do líder como super-homem, responsável por todas as decisões de sucesso, cai por terra quando afloram os talentos nos espaços organizacionais.

Algumas questões estão na ordem do dia no mundo gerencial. Todos sabem o que devem fazer, mas alguns sentem dificuldades em achar o caminho e perguntam:

- Como lidar com esta nova ordem, se até bem pouco tempo atrás a atenção com a máquina era maior do que com o homem?
- Como alinhar os talentos pessoais à estratégia empresarial?
- Como engajar as pessoas em um projeto coletivo evitando que se sintam atraídas por outras empresas?
- Por onde começam os investimentos?

O Dr. Eraldo Montenegro, em um de seus artigos publicados na mídia, apresenta de forma resumida a visão tradicional e mostra-nos as direções dos esforços gerenciais no que se refere ao treinamento e desenvolvimento de talentos. Ele afirma:

> Orientar os investimentos no desenvolvimento dos talentos para atender de forma estratégica às necessidades da empresa e os anseios dos trabalhadores é o grande desafio dos gerentes neste novo século.
>
> Os esforços devem se concentrar em duas direções específicas:
>
> 1ª — A identificação dos potenciais, devidamente ajustados às competências exigidas pela direção da empresa;
>
> 2ª — A elaboração de planos de capacitação, desenhados com a devida orientação para metas estrategicamente determinadas.
>
> Até o momento, esses desafios emergentes eram enfrentados por meio de três grandes processos pelos gestores de pessoas:
>
> O tradicional *LNT — Levantamento de Necessidades de Treinamento* — que terminava por caracterizar a soma dos desejos dos usuários. Partindo dos catálogos ou de bases de cursos, os usuários explicitavam as atividades de capacitação que deveriam ser objeto da programação. A liberdade de ação do usuário enfraquecia o projeto, possibilitando a premiação e a punição através do treinamento. Neste contexto, restava ao gestor de Recursos Humanos uma ação reativa, ficando a reboque das áreas solicitantes. A volumosa massa de dados provocava na área de Recursos Humanos um exaustivo trabalho mecanicista — a consolidação física dos dados. Com base em planilhas de custos das atividades solicitadas no LNT, desenvolve-se a consolidação financeira. Na construção do orçamento geral da empresa, começam a surgir cortes financeiros de modo que o treinamento, não raramente, é preterido em razão da prioridade dos projetos das áreas de negócios. Uma apreciação final nos leva a constatar forte redução no levantamento de necessidades inicial.
>
> O segundo desafio está focado nas *Atividades de Capacitação.* Como consequência dos critérios quantitativos para determinar o modelo final de LNT e a dificuldade de o gestor de RH intervir nos critérios de solicitação do usuário, grande parte do treinamento executado não guarda uma relação direta com as reais necessidades da empresa. Se analisarmos o volume de atividades terceirizadas, constatamos um grande número adquirido sob a forma de pacote fechado, inexistindo um desenvolvimento específico, ajustado à competência essencial do negócio.
>
> Finalmente, o *Banco de Competências dos Empregados* é fortemente centrado nos conhecimentos relacionados com o cargo, sem que existam maiores preocupações com as atitudes e habilidades. Nessa configuração, ao pensar a constituição de equipes, remanejamento de empregados, programas de avaliação, redução e ampliação dos quadros, além da falta de informação para a composição de uma solução mais apropriada, corre-se o risco de não se atender às competências propostas pela direção da empresa. (Adaptado de Montenegro, 2007)

31.5.1 Desenvolvendo competências

As palavras e as expressões que designam a nova ordem são divulgadas a todo momento em jornais, revistas especializadas e na mídia em geral. Na lista das mais cotadas estão:

- capital intelectual;
- capital humano;
- talentos humanos.

Mudanças à vista!

Essa nova terminologia vem acompanhada por questões norteadoras de um novo processo de gestão de pessoas. São elas:

- Que inovações ainda virão por aí?
- O que está sendo praticado hoje pelas empresas brasileiras é suficiente para enfrentar um mercado competitivo e globalizado?
- Qual a chave da sobrevivência com sucesso?
- O que as empresas poderão agregar ao seu negócio para torná-las mais competitivas?

A resposta a esses questionamentos reside em um modelo que vem se delineando como um dos mais adequados aos novos tempos: o da gestão por competências.

31.6 Gestão por competências

Para entender esse modelo, vamos partir de sua definição e, em seguida, analisar as etapas necessárias para sua aplicação na gestão de pessoas.

31.6.1 Definição

A gestão por competências é um conjunto de ferramentas, instrumentos e processos metodológicos que permite gerir pessoas de forma estratégica e integrada.

No atual contexto, competências[2] são "repertórios de comportamentos que algumas pessoas dominam melhor que outras, o que as faz eficazes em uma determinada situação" (Levy-Leboyer, 2007).

Podemos identificá-las, ainda, por meio da sigla CHAI, reunião de conhecimentos, habilidades, atitudes e interesses que, em ação, diferenciam uma pessoa da outra.

31.6.2 Componentes de uma competência

Para ilustrar o conceito de competências, usamos a metáfora da árvore:

Figura 31.1 Árvore como competência

2 Ver Capítulo 5, em que Renato Lee faz uma investigação sobre o conceito de competência de acordo com a norma ISO.

Uma árvore é composta por três partes: raízes, tronco e copa (esta com suas folhas e frutos). Ao relacionarmos o desenho da árvore com uma competência, podemos estabelecer as seguintes comparações:

- **A raiz corresponde às atitudes**

As *atitudes* são formadas pelo conjunto de valores e crenças adquiridos ao longo da vida. É pelas atitudes que as pessoas demonstram suas premissas, adotam determinados comportamentos e criam culturas pessoais.

O grau de envolvimento e comprometimento com os objetivos, metas e projetos coletivos está diretamente relacionado com os valores e crenças das pessoas.

Se acreditamos, por exemplo, que somos importantes na construção de um mundo melhor para se viver, nossas atitudes certamente conduzirão a um esforço em direção às mudanças necessárias para tanto. Do contrário, se não acreditamos que podemos mudar o curso da História, nossa atitude será de passividade e conformismo.

A atitude é o início de tudo, o principal componente da competência. Está relacionada com "querer ser e querer agir".

Para a gestão de pessoas, priorizam-se algumas atitudes facilitadoras, cujas características principais são:

Tabela 31.2 Atitudes facilitadoras na gestão de pessoas

Atitudes	Palavras-chave
Crença no próprio potencial de liderança.	Autoestima
Busca do crescimento pessoal permanente.	Autodesenvolvimento
Quebra de resistências e preconceitos. Abertura ao novo. Ousadia e flexibilidade.	Inovação/criatividade
Ausência de falsidade, esperteza, cinismo e politicagem. Respeito pelo ser humano e por todas as formas de vida.	Ética
Interesse pelo bem comum e pelo desenvolvimento da comunidade. Iniciativa de organização social.	Participação cidadã
Trabalho em equipe, ajuda mútua, parcerias. Crença no potencial de construção de um grupo.	Cooperação e empreendedorismo
Aceitação e respeito às diferentes crenças, opiniões, raças, posições políticas etc.	Empatia
Aceitação dos diversos pontos de vista, com tomada de decisões levando em conta várias formas de perceber a situação. Modificação da postura de ter de "vencer a discussão" e "ter razão sempre".	Diálogo
Visão ampliada. Compreensão de que tudo está inter-relacionado.	Visão sistêmica

- **O tronco corresponde ao conhecimento**

O *conhecimento* é o segundo componente de uma competência. Trata-se do conjunto de informações e experiências que a pessoa armazena e lança mão quando precisa. Quanto maior esse conhecimento e experiência, mais a ação transformadora se fortalece e instiga as pessoas a enfrentar com flexibilidade e sabedoria os diversos desafios do dia a dia.

Procurar ver além das fronteiras e muros, perceber as novas necessidades e buscar as fontes de pesquisa são comportamentos que tornam a trajetória profissional divertida e rica, abrindo as portas da oportunidade.

Em nossa jornada com as pessoas, é preciso *ser um eterno aprendiz*.

- **A copa (com seus frutos, flores e folhas) corresponde às habilidades**

Agir em busca de resultados positivos, tendo como base os valores, as crenças e o conhecimento é o que chamamos *habilidade.*

Algumas pessoas acumulam um baú de informações e têm dificuldade de abri-lo para uso. Com o tempo, o baú é esquecido e ninguém se beneficiou de seu conteúdo.

As habilidades precisam ser demonstradas na prática. O líder, além de deter o conhecimento, precisa demonstrá-lo com ações.

De nada adianta colecionar cursos, leituras, informações em geral e cultivar crenças positivas se toda essa bagagem não estiver a serviço de algum benefício para a coletividade na qual o líder está inserido.

31.6.3 Premissas da gestão por competências

Ao estabelecer um modelo de gestão por competências, faz-se necessário atentar às premissas básicas que balizam as ações gerenciais:

1. Conscientização de que *cada tipo de negócio necessita de pessoas com perfis específicos e que cada posto de trabalho existente na empresa tem características próprias* e deve ser ocupado por profissionais que apresentem um determinado rol de competências.
2. Reconhecimento de que aqueles que ocupam funções gerenciais são responsáveis pela oferta de oportunidades que permitam o desenvolvimento e a aquisição de novas competências.
3. Crença de que sempre haverá demanda para o desenvolvimento de novas competências e de que o que se exige hoje para a boa execução de um trabalho poderá amanhã agregar novas exigências.

As premissas precisam ser divulgadas, comentadas e discutidas até que se tornem um complemento atitudinal internalizado por todos os colaboradores e gestores de uma empresa.

31.6.4 Gestão por competências: visão geral de um modelo e suas interfaces

Sua implementação dá-se por meio de blocos de ação relacionados às funções de RH. A figura a seguir apresenta os diversos blocos da gestão por competências:

Figura 31.3 Modelo MRG (Maria Rita Gramigna)

Fonte: Gramigna, 2007.

31.6.5 Breve relato de cada etapa do modelo

Sensibilização

Para ter sucesso, o envolvimento e a adesão da alta administração e dos gestores em função de liderança são fundamentais. A sensibilização desse público visando ao comprometimento é a primeira etapa do processo.

Essa sensibilização poderá ser realizada com intervenções variadas:

- Reuniões de apresentação e discussão do modelo, para prováveis adaptações à cultura da empresa.
- Fóruns de discussão com o objetivo de detectar as falhas do modelo vigente.
- Participação em palestras e em cursos específicos que tratem do tema.

Quando a alta administração e os gestores aderirem à ideia, passa-se à segunda etapa. Duas ações são fundamentais neste momento:

- Verificar se as missões setoriais estão compatíveis com a missão da empresa.
- Validar as responsabilidades de cada unidade ou grupos de funções.

Bloco 1: mapeamento de perfis

Consiste em listar as competências necessárias a cada grupo de funções, delinear os perfis e estabelecer mecanismos de verificação de performances individuais.

A partir daí, o corpo gerencial é treinado para acompanhar o desempenho de suas equipes, identificando os pontos de excelência e os pontos de insuficiência.

Bloco 2: formação do banco de competências

O banco de competências é uma ação estratégica usada pelas empresas de vanguarda. Ao armazenar informações individuais de cada empregado, referentes às competências em potencial, os gestores têm uma excelente fonte de consulta que os auxilia na tomada de decisão, no que se refere a:

- Quem precisa ser capacitado?
- Quem precisa de aconselhamento?
- Quem pode ser promovido?
- Com quem posso contar para atuar no projeto "X" ou "Y"?

Para a formação desse banco é de fundamental importância prover:

- Instrumentos para avaliar potencial.
- Capacitação para suprir lacunas.
- Avaliação do desempenho.

Ao final desse processo, a organização terá seus colaboradores agrupados em quatro áreas:

1. *Área crítica*: composta por pessoas que demonstram pouco potencial para as atividades sob sua responsabilidade, além de desempenho abaixo do esperado. Precisam de estímulo, apoio do líder para se sentirem importantes para o sistema e, principalmente, necessitam urgente de capacitação e orientação.
2. *Mantenedores*: esse grupo possui colaboradores dedicados que conseguem executar suas tarefas adequadamente. Entretanto, não possuem um grande potencial que possa ser aproveitado em novos desafios. Nesse caso, o líder tem a importante missão de reforçar a importância de cada pessoa no processo, fornecer feedback de desempenho e estimular o desenvolvimento.
3. *Futuros talentos*: pessoas novas na função, *trainees*, estagiários e colaboradores que se defrontam com novos projetos geralmente ficam nesse quadrante. Apresentam potencial, mas ainda não têm um bom desempenho. Precisam ser treinados, informados, capacitados.

4. *Talentos revelados*: um grupo especial e muito importante para a organização. É fundamental investir na retenção dessas pessoas. As estratégias variam desde a oferta de novos desafios, oportunidades de promoção, participação em eventos externos por mérito até a indicação para compor grupos especiais. Lembre-se de que é a forma como a liderança os trata o que mantém esse grupo na empresa. Como são muito requisitados pelo mercado, as oportunidades para mudar de empresa não lhes faltam. Hora de retenção de talentos!

Preparação para certificação

As interfaces do T&D começam pelo primeiro bloco. Após mapear as competências das pessoas e da instituição, já é possível desenhar um programa institucional de capacitação com foco nos perfis desejados. O programa poderá ter um núcleo comum de temas relacionados às competências definidas bem como subprojetos específicos que atendam às necessidades de cada área da empresa.

O eixo central propõe, no segundo bloco, a formação do banco de competências institucional, cujo propósito é identificar potenciais, gerar informações e ancorar o T&D na preparação de sucessores, alinhamento de competências, formação de lideranças, entre outras ações relacionadas.

Bloco 3: desenvolvimento

O terceiro bloco permite verificar a eficácia das capacitações oferecidas aos colaboradores, bem como identificar *gap* de competências, iniciando um novo ciclo de demandas de treinamento.

Bloco 4: avaliação de desempenho

A avaliação de desempenho complementa as informações para fechar o perfil de competências individuais. O processo é realizado com base nas competências definidas pela empresa, com regularidade anual ou semestral, em períodos preestabelecidos.

Na ocasião dos eventos de avaliação de desempenho, a área de gestão de pessoas tem a responsabilidade de preparar líderes e liderados para o processo.

O modelo mais usado atualmente é o de avaliação em redes (também conhecida pelo nome de avaliação 360°). Nessa forma de avaliação, as empresas saem de um processo vertical, segundo o qual o chefe avalia o funcionário, para um modelo de redes, do qual participam todos que têm interface com o avaliado: chefia, cliente interno, fornecedor interno e colegas.

A avaliação de desempenho é praticamente a única fonte de feedback dos colaboradores sobre suas performances. É recomendável planejar uma forma de os avaliados receberem esse retorno. É por meio da informação sobre o desempenho que eles poderão buscar a capacitação e o desenvolvimento, reduzindo as lacunas apontadas.

Bloco 5: carreira e remuneração

É, ainda, por meio do T&D que os profissionais têm maiores chances de conquistar ou mudar de posição em suas carreiras, obtendo novos patamares em sua remuneração, ou seja, o quinto bloco.

O T&D está presente ainda na norma ISO 10015, que apresenta três orientações básicas aos gestores de pessoas que têm como meta a certificação da área de treinamento:

> ***É conveniente que a organização***:
> Defina a competência necessária a cada atividade que afeta a qualidade dos produtos e serviços.
> Avalie a competência do pessoal para realizar a atividade.
> Elabore planos para eliminar quaisquer lacunas de competências que possam existir.

31.7 Conclusão

A atividade de capacitação é hoje uma das mais valorizadas nas empresas de vanguarda. Após longo período de investimentos em tecnologia e processos, os olhos voltaram-se para as pessoas, confirmando a máxima segundo a qual "a maior riqueza das organizações é o seu patrimônio humano".

Formas inovadoras de gerir pessoas, entre elas a gestão por competências, vêm dando o suporte necessário para a excelência no desenvolvimento de pessoas, possibilitando que nosso mercado alcance o nível de competitividade exigido nos novos tempos: tempos de competências.

Referências bibliográficas

CHIAVENATO, I. *Gestão de pessoas*: o novo papel dos recursos humanos nas organizações. Rio de Janeiro: Campus, 1999.

DRUCKER, P. F. *O líder do futuro*: visões, estratégias e práticas para uma nova era. São Paulo: Futura, 1996.

______. *Administrando para o futuro*: os anos 90 e a virada do século. 5. ed. São Paulo: Pioneira, 1996.

GRAMIGNA, M. R. *Modelo de competências e gestão dos talentos*. São Paulo: Pearson, 2002.

LEVY-LEBOYER, C. Gestión de las competências. Barcelona: Gestión, 2007.

MONTENEGRO, E. "Gestão por competências". Revista Decidir, abr. 2007.

NBR ISO 10015. *Gestão da qualidade*: diretrizes para treinamento. Disponível em: <http://www.planningconsultoria.com/resources/NBR%20ISO%2010015%20-%202001%20-%20Diretrizes%20para%20Treinamento%5B1%5D.pdf>. Acesso em: 14 maio 2013.

MOLLER, C. *O lado humano da qualidade*. 4. ed. São Paulo: Pioneira.

ROBBINS, S. P. *Administração*: mudanças e perspectivas. São Paulo: Saraiva, 2000.

Site indicado

Artigos e textos variados sobre gestão: http://www.administradores.com.br/.

Maria Rita Gramigna

Pedagoga, pós-graduada em administração de recursos humanos e mestre em criatividade aplicada total pela Universidade de Santiago de Compostela (Espanha), Maria Rita Gramigna é conferencista e facilitadora em eventos nacionais e internacionais, tendo sido pioneira na organização e difusão da metodologia de jogos de empresa no Brasil. Idealizadora do modelo de competências MRG (Maria Rita Gramigna), com aplicação no Brasil desde 1997, e do COPAJOG — Congresso Pan-Americano de Jogos de Empresa e Criatividade (em 1997, 1999 e 2001), é ainda autora dos livros *Jogos de empresa*, *Jogos de empresa e técnicas vivenciais*, *Modelo de competências e gestão dos talentos*, *Líderes inovadores: ferramentas de criatividade que fazem a diferença* e coautora do *Manual de gestão de pessoas e equipes* e do *Manual de treinamento e desenvolvimento*. Atualmente é a diretora-presidente do IGP — Instituto de Gestão de Pessoas e professora universitária em diversos cursos de MBA e pós-graduação em instituições do país. Em Portugal, ministra curso de mestrado em criatividade aplicada total na Universidade Fernando Pessoa, na cidade do Porto.

Tel.: +55 31 2515-9475/71 3018-5971

E-mail: ritamrg@terra.com.br

Site: www.mrg.com.br

capítulo 32

T&D e os desafios do assédio moral no trabalho

Edina Bom Sucesso

32.1 Objetivos

Este capítulo aborda algumas causas de assédio moral, sem qualquer pretensão de esgotar o tema ainda recente e também controverso e relevante na vida das pessoas que geram os resultados organizacionais. Pretende-se, com este trabalho, enfatizar o que o RH pode fazer para prevenir práticas de assédio, bem como sugerir formas de atuação em situações nas quais as medidas preventivas não surtiram o efeito esperado.

Vale ressaltar que o termo assédio moral é recente, embora grosserias, maus-tratos, perseguições e humilhações sejam acontecimentos conhecidos desde as origens das relações de trabalho. Entretanto, na esfera jurídica, crescem os pedidos de indenização de funcionários, em decorrência de grosserias, maus-tratos, humilhações e constrangimentos persistentes provenientes de chefes ou colegas. O tema é complexo requerendo a consideração de múltiplas variáveis e exigindo cuidados no diagnóstico de situações concretas que possam ser efetivamente consideradas como assédio moral.

32.2 Introdução

Historicamente, desde as práticas do trabalho informal pode-se presumir a ocorrência de assédio moral nos relacionamentos. A natureza competitiva e violenta do ser humano não é fato novo.

Nenhum modelo político ou econômico baniu condutas competitivas nem evitou abusos de poder. Nenhum modo de organização do trabalho, até o presente momento, evitou grosserias, constrangimentos e humilhações.

Relatos de pessoas que viveram regimes da lógica capitalista, comunista ou socialista comprovam situações de assédio moral. São pessoas que tomam decisões, definem regras, estabelecem políticas, estabelecem os valores que norteiam os relacionamentos. São essas mesmas pessoas que seguem ou burlam regras, abusam ou não, do poder que lhes foi conferido.

Acompanhei pessoalmente ou assessorei colegas consultores na condução de ações para prevenir ou coibir posturas dos líderes que poderiam ser caracterizadas como assédio moral, nos diferentes segmentos da economia. Existe assédio moral no serviço público e na iniciativa privada, nas ONGs, nas instituições religiosas, nas universidades públicas e particulares. Existe assédio moral entre familiares, vizinhos e entre amigos.

Na prestação de serviços, nas empresas familiares dos diferentes pontos do planeta, neste momento, alguém estará sofrendo em consequência de hostilidades, perseguições ou de maus-tratos continuados e persistentes no trabalho.

Seria insensatez atribuir a uma causa específica a ocorrência do assédio moral nas organizações. São múltiplas e inter-relacionadas as variáveis que tentam explicar condutas que humilham e constrangem, gerando sofrimento no trabalho. Entre os maiores vilões estão as pressões por resultados impostas pelo sistema capitalista, o modo de organização do trabalho, as normas e regras que regulam o funcionamento interno das empresas.

As pressões por resultados, cada dia mais intensas nos mercados competitivos, são tomadas por muitos como o principal determinante da forma agressiva como os gestores tratam os integrantes de suas equipes. Entretanto, em minha experiência profissional como consultora, por mais de quatro décadas, um dos casos de assédio moral em que fui chamada a atuar como consultora ocorreu em uma empresa com baixas cobranças por resultados, cuja proprietária era criticada por ser paternalista e pouco audaciosa nas iniciativas de conquistar novos mercados.

Sistemas políticos e modelos de gerenciamento são idealizados por pessoas, com suas personalidades, anseios, motivações e habilidades. Cultura e sociedade são construídas e solidificadas ao longo do tempo pelos seus integrantes. Suas crenças, ideologias, esperanças e contradições marcam as gerações e mostram a complexidade de construir uma sociedade justa.

O termo assédio moral passou, recentemente, a ser utilizado, embora grosserias, maus-tratos, perseguições e humilhações repetitivas sejam acontecimentos conhecidos desde as origens das relações de trabalho. Do mesmo modo, murros na mesa, gritos e ironias são, igualmente, condutas presenciadas entre gestores e seus subordinados e, até mesmo, entre colegas.

Ao que em português denominamos assédio moral, no idioma inglês, o termo utilizado é *mobbing* e foi empregado primeiramente por Konrad Lorenz (1903-1989), cientista austríaco vencedor do prêmio Nobel de Medicina em 1973, quando publicou o livro *A agressão: uma história natural do mal*, em 1963. Nele, esse autor denominou *mobbing* aos ataques de grupos de pequenos animais a um único animal*.

Heinz Leymann, mestre em Psicologia e Psiquiatria é um dos mais referenciados estudiosos sobre o tema assédio moral. Nascido na Alemanha em 1932, ele viveu e trabalhou na Suécia, falecendo em Estocolmo, em 1999.

Na década de 1960, Peter Paul Heinemann, médico sueco, utilizou o termo *mobbing* para descrever condutas muito destrutivas de crianças, mais especificamente para os ataques de um pequeno grupo de crianças contra um coleguinha.

Pesquisadores norte-americanos, australianos e ingleses distinguem assédio moral de *bullying*, termo utilizado para comportamentos constrangedores ou cruéis, entre alunos, no ambiente escolar. Defendem que o *bullying* envolve, além das ameaças, agressão física. A violência física raramente ocorre no trabalho, o termo mais utilizado é *mobbing*, que se refere às condutas mais "sofisticadas" e sutis, como perseguições e críticas impiedosas.

Marie-France Hirigoyen (2010) é vitimóloga e se declara precursora dos debates sobre o tema assédio moral, destacando que esse assunto foi ignorado na França, até a publicação do seu primeiro livro.

Na quinta edição do livro *O mal-estar no trabalho, redefinindo o assédio moral*, Hirigoyen (2011, p. 65) assim define o termo:

> Por assédio em um local de trabalho temos que entender toda e qualquer conduta abusiva, manifestando-se, sobretudo, por comportamentos, palavras, atos, gestos, escritos, que possam trazer dano à personalidade, à dignidade ou à integridade física ou psíquica de uma pessoa, pôr em perigo seu emprego ou degradar o ambiente de trabalho.

* Disponível em: <http://www.leymann.se/English/frame.html>. Acesso em: 30 jan. 2013.

Essa autora francesa considera o assédio moral como violência, mesmo que de forma sub-reptícia. Entretanto, destaca que podem ser consideradas como assédio moral as atitudes hostis frequentes e repetitivas, com efeito destrutivo e cumulativo na saúde do trabalhador.

Por sua vez, na obra *Assédio moral no trabalho*, a médica brasileira Margarida Barreto (2011, p. 37), assim define o assédio moral:

> É uma conduta abusiva, intencional, frequente e repetitiva, que ocorre no ambiente de trabalho e que visa diminuir, humilhar, vexar, constranger, desqualificar e demolir psiquicamente um indivíduo ou um grupo, degradando as suas condições de trabalho, atingindo a sua dignidade e colocando em risco a sua integridade pessoal e profissional.

Para a maioria dos autores, o assédio moral acontece quando há perseguição e humilhação proposital e repetitiva e não deve ser confundido com ações esporádicas de maus-tratos ou de agressividade. O termo diz respeito somente às situações frequentes e duradouras.

Do mesmo modo, o conflito no ambiente de trabalho não é considerado como uma modalidade de assédio moral, pois ocorre entre pessoas que se enfrentam, defendendo suas ideias e posições, expressando suas divergências, ainda que por vezes de maneira muito enfática. Quando se trata de assédio moral, o assediado não tem vez: quanto mais reage, mais desperta a fúria do assediador e alimenta as intenções vingativas.

A insistência na diferenciação do assédio moral de outras condutas eventuais que humilhem e constranjam não é, entretanto, uma forma de desculpar comportamentos que, embora não configurem nas instâncias jurídicas o assédio moral, não podem ser tolerados, considerando-se que o respeito nas relações interpessoais é, universalmente, um dos mais importantes valores nas relações de trabalho.

Qualquer comportamento que humilhe e constranja, mesmo que eventual, não deve ser alimentado nem tolerado. Como guardiães de pessoas, os profissionais de RH devem disseminar na cultura organizacional a importância de aprender a conviver de forma respeitosa.

32.3 Características da cultura organizacional e suas implicações nas relações no trabalho

Em situações nas quais fui chamada a participar, adotei a entrevista individual como instrumento de diagnóstico de possíveis situações de assédio moral no trabalho. Os entrevistados mostravam-se receosos, temendo pelo seu futuro na empresa, caso suas respostas fossem identificadas e o assediador permanecesse na empresa. Muitos deles manifestavam abertamente essa preocupação, outros eram lacônicos ou evasivos nos comentários.

De modo geral, desconfiavam das medidas por parte da alta direção da empresa, dizendo que a diretoria era conivente com tais práticas e que, em muitos casos, estimulava o estilo cruel de gerenciamento como estratégia para o cumprimento de metas impossíveis de serem alcançadas. Era essencial o *rapport* cuidadoso, o esclarecimento sobre o sigilo das informações e a forma como os resultados seriam registrados e apresentados à direção da empresa.

Do mesmo modo, foi necessária uma conversa aberta e franca com a direção da empresa, mostrando os riscos do uso das informações do diagnóstico, destacando as exigências éticas definidas pelos Conselhos de Psicologia, na proteção aos entrevistados, como ponto de partida do estabelecimento de vínculos de confiança.

Constatei, em alguns casos, que as respostas dos primeiros entrevistados eram muito semelhantes, levando-me a supor que os depoimentos foram previamente combinados. Essa dúvida foi esclarecida diretamente com alguns dos entrevistados e a minha suposição mostrou-se fundamentada. Por isso, introduzi perguntas diferentes e solicitei dados e fatos de modo a evitar respostas previamente pactuadas.

Ao pedir detalhes que evidenciassem a veracidade das informações prestadas, alguns dos entrevistados confessavam que realmente não haviam presenciado os fatos, somente souberam por relatos de colegas.

Em muitos casos, havia a descrença explícita no diagnóstico, pois os entrevistados consideravam que a empresa estava contratando um psicólogo para colocar "panos quentes" no problema, dando uma satisfação aos funcionários, mas nada mudaria. Afirmavam que a empresa sabia dos fatos e não tomou medidas porque a "corda sempre arrebenta do lado mais fraco" (funcionários). Acreditavam que o assediador seria mantido no cargo e que os colaboradores mais críticos seriam identificados e punidos.

Medo das consequências de se dizer a verdade, temor por possíveis represálias entre colegas que se sentem ameaçados, direta ou indiretamente, são posturas que mostram traços da cultura organizacional. O entrevistador precisa certificar-se, caso a caso, do que está por trás das respostas e ouvir diferentes fontes de informação, de modo a reduzir as possibilidades de erro na constatação de práticas de assédio moral.

Cabe ressaltar que em todas as empresas para as quais prestei serviços, onde ocorriam condutas que configuram assédio, predominavam a desconfiança e a desmotivação, e o clima de trabalho evidenciava o medo experimentado pelos assediados e até mesmo por colegas, temerosos em ser o próximo alvo de humilhações.

Quando a empresa demorava a intervir nas situações de assédio avolumavam-se os problemas. Aumentavam os boatos, formavam-se pequenos grupos compostos por colegas que apoiavam o assediado, embora nem sempre expressassem seu descontentamento diretamente ao assediador.

A experiência no diagnóstico levou-me a entender que, em particular, quatro fatores mereceram a atenção dos profissionais de RH, por estarem intimamente associados às práticas de assédio moral nas organizações: a falsa cegueira da alta administração, o culto à grosseria, a escolha equivocada de gestores e a impunidade aos assediadores.

32.3.1 Pressões por resultados e a falsa cegueira da alta administração

O cenário externo que circunda os negócios é complexo e alguns acontecimentos nem sempre podem ser controlados pelas organizações, influenciando fortemente o desempenho econômico de países e o resultado financeiro das empresas, constituindo-se em verdadeiro tormento para acionistas e dirigentes empresariais.

Soma-se a isso a crescente exigência do cliente, com múltiplas opções de escolha de fornecedor, inclusive em mercados que, embora distantes, são facilmente acessíveis, requerendo das empresas maior qualidade, menores preços e entrega imediata. Os gestores e suas equipes são e serão cada vez mais exigidos. Tudo aponta para o aumento da complexidade dos negócios e para a crescente competitividade, ampliando continuamente a necessidade de novas competências e habilidades. Aprender a aprender e aprender por toda a vida não são meros clichês, sendo, sim, a pura expressão da realidade.

Paradoxalmente, embora se peça cooperação, as empresas incentivam a competição. As demandas sobre os gestores se avolumam, levando especialistas, como Henry Mintzberg (2003), a afirmar que os executivos são cada vez mais pressionados a colaborar e a competir, a mudar sem parar e, ao mesmo tempo, manter a ordem, cumprir metas financeiras e simultaneamente, cuidar muito bem das pessoas.

Lidar continuamente com demandas aparentemente contraditórias desafia e pode resultar em estresse. Sentindo-se pressionados, gestores com baixo controle emocional impõem às suas equipes exigências impossíveis de serem efetivadas. E, para serem bem vistos pela direção, exercem pressão de forma completamente inadequada. Exigem do trabalhador que tenha hora de chegada ao trabalho, mas não para saída. Adiam férias e ocupam integralmente as pessoas, como se estas não tivessem direito à vida pessoal.

E quanto mais pressionados por resultados, mais alguns gestores maltratam seus colaboradores. A impressão resultante é que o mundo empresarial é assim mesmo, sendo a conduta grosseira dos chefes componente normal do jogo.

As pressões externas, entretanto, não podem servir de desculpas nem justificar as práticas abusivas ou os jogos políticos para humilhar quem não responder às expectativas de desempenho. Do mesmo modo, não se podem aceitar justificativas para quem critica o funcionário na presença de clientes, para encobrir falhas nos processos internos, que dificultam a obtenção de resultados. E tampouco deve-se isentar de responsabilidade os dirigentes que fecham os olhos para as más práticas nos bastidores dos departamentos, desde que as metas sejam alcançadas.

Em muitos casos, a alta direção prefere desconhecer o que se passa nas bases, não se importando com o modo como os gestores tratam as pessoas rumo ao atingimento de metas. Quando queixas trabalhistas ou mesmo processos de assédio moral vêm à tona, a direção aparenta surpresa.

Essa aparente cegueira é, muitas vezes, fachada que esconde a preocupação exclusiva com os resultados, negligenciando quem verdadeiramente gera o lucro. A cúpula da empresa sabe que, ao pressionar os gestores, estes repassam às equipes a sua dor e, em muitos casos, uma das principais medidas adotadas por quem sofre é eleger culpados pelos erros, esquivando-se da sua parte de responsabilidade.

Não existe defesa para o tratamento hostil continuado e frequente, para a perseguição e para a humilhação. Cabe aos gestores rever a crença equivocada de que os fins justificam os meios e que na sociedade capitalista o que na realidade conta é a entrega do lucro aos acionistas, seja qual for o preço emocional para quem produz.

32.3.2 O culto à grosseria

Algumas pessoas ficam conhecidas por seus acessos de raiva e nem sempre é fácil dizer a elas o quanto essa postura incomoda, podendo gerar desconforto e até mesmo dor emocional. Considerando-se sinceras, francas e diretas, falam o que pensam, sem perceber que a forma como se expressam mostra grosseria e má educação. A forma rude de tratamento causa mal-estar e provoca o distanciamento dos colegas de trabalho.

Parte desses indivíduos tidos como mal-educados são assim porque desvalorizam a polidez, afirmando que não têm tempo para as gentilezas, sendo muito ocupados e, por isso, não se dão ao luxo de prestar atenção no outro. Menosprezam a atenção e o cuidado com as pessoas, considerando que essas posturas denotam fragilidade ou "carência emocional".

Pessoas vingativas tomam alguns como bodes expiatórios, sendo capazes de prejudicar, perseguir e maltratar. Por serem temperamentais e difíceis de receber críticas, correm o risco da repetição de práticas hostis. Além disso, a propensão vingativa predispõe ao acerto de contas.

Grosserias acontecem tanto entre colegas quanto entre chefes em relação a subordinados e vice-versa. E todos nós sabemos que o mal-estar no trabalho prejudica o desempenho. Grande parte das pessoas perde a concentração, outras se tornam apáticas, e há quem adoeça quando submetido a humilhações e grosserias.

E se o tratamento grosseiro é praticado pelos ocupantes dos cargos mais altos na empresa, o mau exemplo vindo de cima é repetido pelos gestores, espalhando as toxinas da grosseria por toda a organização.

Brincadeiras fora de hora, apelidos que constrangem são também comportamentos a serem desestimulados. Do mesmo modo que a grosseria, a insistência nessas atitudes pode gerar mal-estar.

Cabe alertar as equipes sobre esses riscos e disseminar na cultura organizacional a diferença entre as virtudes do bom humor e as desvantagens do tratamento gerador de insatisfação ou embaraço. A informalidade, a descontração e a leveza nos relacionamentos agem a favor da motivação. Entretanto, os limites pessoais de tolerância às brincadeiras variam de pessoa para pessoa e há quem se sinta embaraçado e constrangido em função de determinados comentários.

Insistimos no cuidado nos relacionamentos por considerar que as atitudes respeitosas previnem práticas de assédio moral. O cuidado com as pessoas e a leveza nas relações de trabalho são condutas a serem incentivadas. Cabe lembrar Comte-Sponville (2001), quando escreve que a polidez, como as demais virtudes, se aprende primeiro pela imitação, depois ocorre a sua internalização. As boas maneiras precedem as boas intenções e levam a estas. Nenhuma virtude é natural. É preciso tornar-se virtuoso e é praticando que aprendemos. No ambiente de trabalho a polidez pode marcar o começo do respeito ao outro, do uso adequado do poder e especialmente da concretização de parcerias internas.

32.3.3 A escolha equivocada de gestores

Liderar não é uma função sempre simpática. Decisões drásticas têm que ser tomadas, pessoas serão demitidas, projetos interrompidos, interesses pessoais frustrados. Certamente todos os gestores já cometeram erros no tratamento com os seus colaboradores, pares e superiores hierárquicos. O erro faz parte da vida dos seres humanos, mesmo quando são boas as intenções.

Até aqueles considerados bons gestores confessam que algumas vezes extrapolaram o seu papel, precipitando-se nos julgamentos, tratando alguém com indiferença ou irritação. Cabem, portanto, medidas de auditoria do desempenho gerencial, pesquisas de clima, canais abertos para reclamações. A surpresa pelo que se passa nos porões da organização sinaliza que o papel diretivo não está sendo exercido.

Por tudo isso, a escolha dos ocupantes de funções gerenciais é tarefa desafiadora e extremamente relevante. Entretanto, nem sempre a seleção de gestores é feita com o cuidado requerido. Presenciamos, sistematicamente, a promoção de bons técnicos e competentes especialistas que, entretanto, não possuem traços pessoais favoráveis ao exercício da liderança.

Líderes afetam de modo significativo a vida das pessoas e quando a ação gerencial é ineficaz destrói o espírito de equipe e enfraquece a cooperação, podendo prejudicar a qualidade de vida e a felicidade. E em alguns casos, os efeitos negativos são marcas que permanecem.

Departamentos disputam espaço, pessoas fazem o que for preciso para serem promovidas, colegas delatam colegas, gestores difamam funcionários competentes diante dos quais se sentem ameaçados.

É possível evitar a ambição pelo poder? Existem instrumentos de avaliação que asseguram a escolha totalmente acertada de ocupantes de funções gerenciais? Seria possível encontrar colaboradores totalmente aptos para o exercício da função gerencial, que durante toda a carreira não gerem constrangimentos ou mal-estar nas suas equipes? Essas e outras perguntas fazem, historicamente, parte dos dilemas tanto dos profissionais de RH quanto de quem, independentemente da formação acadêmica e da busca de sucesso na carreira, considera o respeito nos relacionamentos como valor fundamental.

A natureza humana, violenta e defensiva faz parte do mundo real. Como muitos perfis humanos predispõem os indivíduos a práticas cruéis, cabe à empresa estabelecer limites, treinar e desenvolver as pessoas, conscientizando-as sobre a importância do autoconhecimento e do autocontrole.

Os instrumentos estruturados de avaliação, bem como testes psicológicos, identificam traços pessoais que predispõem a pessoa a condutas arbitrárias e impróprias, difíceis de serem redirecionadas. Por outro lado, indicam indivíduos capazes de aprofundar-se no autoconhecimento e rever posturas que afetam negativamente a saúde emocional de colaboradores.

O que se pode fazer é apurar as técnicas de seleção de gestores, investindo na formação de sucessores, descobrindo quem realmente mostra vocação para exercer a liderança respeitosa e assertiva.

Cabe à empresa, entretanto, a atenção permanente à atuação das lideranças e ao relacionamento entre colegas, adotando medidas ostensivas de combate ao abuso do poder e, principalmente, investindo nas ações de auditoria comportamental, nas pesquisas de clima, no apoio ao desenvolvimento das lideranças e na formação de equipes cooperativas.

E, mais que isso, se mesmo orientados e apoiados alguns insistem em humilhar e perseguir, é essencial punir quem abusa do poder e insiste em práticas abusivas nos relacionamentos.

32.3.4 A impunidade aos assediadores

É comum constatar que a direção das empresas faz vistas grossas, tanto em relação aos maus-tratos praticados pelos gestores, quanto em relação às hostilidades entre colegas. Sem medidas punitivas, as práticas desrespeitosas perpetuam-se no ambiente de trabalho.

Em algumas empresas, gestores "mão de ferro" são até mesmo bem vistos pelos proprietários e dirigentes de empresas. E é difícil entender porque tais gestores são mantidos em seus cargos, quando tantos estudos mostram que profissionais insatisfeitos e equipes desmotivadas erram mais, adoecem mais, faltam mais ao trabalho, comparativamente a quem atua em um clima motivador e propenso à qualidade de vida.

Vejamos o que afirma Ulrich, na obra *Por que trabalhamos? Como grandes líderes constroem organizações comprometidas que vencem* (Bookman, 2011):

> Entre 1998 e 2008, as empresas mais admiradas na lista da revista *Fortune* tiveram o dobro do retorno de mercado em relação à concorrência. Esse estudioso destaca que a probabilidade de um funcionário aceitar convite para mudar de empresa varia de 60% a 79% quando a nova empresa investe em seus funcionários.

O autor destaca, ainda, que em 61 hospitais no Reino Unido houve um declínio de 7% na taxa de mortalidade quando investiram no bem-estar de seus funcionários. E mais: somente 13% dos empregados com baixo comprometimento recomendariam os produtos ou serviços da sua empresa, comparados com 78% dos empregados comprometidos.

O comprometimento e a fidelidade à empresa são posturas desejadas e resultam do respeito, da valorização, do reconhecimento e das relações. E aquelas empresas que mantém em seus postos gestores desrespeitosos, mostram, de alguma forma, que aceitam esse tipo de comportamento.

Vítimas de maus-tratos no trabalho recolhem-se quando sabem que o assediador pode agir livremente e que a empresa é conivente com tal comportamento.

Defendo que todos devem ter mais de uma oportunidade para mudar o comportamento. Entretanto, a experiência mostra que somente existe esperança de autotransformação quando o assediador reconhece a sua inadequação, pede desculpas e aceita tratar-se. Em alguns casos, o tratamento psicológico ou psiquiátrico pode ajudar. Em outros, o Coaching Executivo funciona e o gestor, constatando a inadequação das suas posturas, investe na autotransformação. Independentemente das razões alegadas por quem assedia, ações que se configuram como assédio moral não podem ser justificadas. Quem desrespeita e maltrata precisa admitir seu erro, dispondo-se a rever suas condutas e posturas.

Em minha trajetória profissional, defrontei-me com pessoas sem qualquer disponibilidade ou abertura para a mudança de comportamento. Muitas delas nem sequer admitiram suas posturas negativas, negando-se a admitir os fatos e até mesmo atribuindo à vítima a responsabilidade pelos problemas.

Uma das situações relatadas ocorreu após um diagnóstico realizado com 52 pessoas, entre as quais 45 afirmaram ser tratadas pelo chefe com grosserias e comentários hostis por parte da gerente da área. Esta, ao receber tal informação, negou cada uma das queixas, dizendo: "Constato que tenho na equipe 45 mentirosos, invejosos e interessados no meu cargo. E não sei como alguém ainda leva em conta injúrias como essas".

Quais são as perspectivas de mudança de comportamento de quem nem sequer admite suas falhas? Seja pela falta de autoconhecimento, ou pela insensibilidade ao outro, ou mesmo por não prestar atenção às próprias características pessoais, aquela gestora fechou todas as portas de um possível processo de orientação ou de coaching.

A alta direção é a principal responsável pela prevenção do assédio moral, pois é seu o papel de definição dos valores organizacionais. Depois de descritos, tais valores precisam ser rigorosamente colocados em prática. Entretanto, em muitas organizações, a declaração de missão e de valores é medida pró-forma. Os valores são expostos no website, transcritos em cartazes e *banners*, afixados nas paredes, colados no verso do crachá de identificação, no entanto, não são adotados mecanismos para assegurar que esses valores sejam praticados.

Valores e crenças são princípios norteadores do comportamento, das atitudes e das decisões de todos os integrantes da comunidade organizacional, independentemente da posição hierárquica. O pressuposto é que os valores são inegociáveis e duradouros, estabelecendo as bases das relações interpessoais, rumo ao alcance dos resultados.

Portanto, são os valores que definem como a empresa espera que os seus integrantes se comportem individualmente, tratem os clientes, relacionem-se com a comunidade e expressem a responsabilidade social. E, evidentemente, estabelecem a forma como os líderes devem se comportar em relação aos seus pares, tratar os superiores hierárquicos, agir em relação aos subordinados, estabelecer parcerias internas.

As declarações de valores incluem, predominantemente, a ética nos relacionamentos, a integridade e o respeito no tratamento a todos os públicos com os quais a empresa se relaciona. Por isso, se os valores fossem concretizados, não haveria espaço para o assédio moral na organização. Líderes seriam alertados sobre a tolerância zero aos abusos de autoridade, às perseguições, às condutas tiranas. E os empregados orientados a não se sujeitarem aos maus-tratos e desqualificações. Todos saberiam dos fóruns para a denúncia de práticas que contrariassem os valores e ferissem as diretrizes estabelecidas pela cúpula.

Recebidas as reclamações, independentemente da gravidade, o autor seria ouvido e reorientado. Saberia que a empresa não toleraria a repetição da postura e tomaria conhecimento sobre as medidas de consequência, nos casos de reincidência. Nada diferente do que prevê a legislação trabalhista: advertência verbal, advertência escrita, demissão por justa causa.

Com relação ao assediado, o apoio da empresa seria imprescindível, quer por psicólogos, assistentes sociais ou outros profissionais preparados para lidar com a dor emocional de quem sofre maus-tratos.

Tudo isso parece fácil e óbvio. Entretanto, não é o que as pesquisas confirmam. No artigo "Assédio moral no trabalho: repercussões sobre a saúde do trabalhador", Osvaldo da Silva Peixoto e Ivonete Vieira Pereira mostram isto:

> A pesquisa realizada no Brasil pela Dra. Margarida Barreto (2000) durante a elaboração de sua dissertação de mestrado em Psicologia Social observou repercussões do AMT sobre a saúde de 870 homens e mulheres vítimas de opressão no ambiente profissional, nas quais aponta reações clínicas que vão desde crises de choro até a tentativa de suicídio. O estudo ainda revela que as mulheres e os homens eram acometidos de estado depressivo em 60% e 70%, respectivamente. Outro resultado interessante é que 100% dos homens tinham ideia de suicídio; já as mulheres, somente 16,2% apresentavam esse distúrbio psíquico.

Os assediadores que insistem em perseguir e constranger precisam ser punidos com a demissão. Essa medida será o melhor recado que a empresa dará aos seus colaboradores e aos demais gestores: aqui, pessoas merecem consideração e respeito. Quem quebra essa regra e não se dispõe a se desculpar e mudar posturas não pode fazer parte do nosso time. Nós precisamos dos nossos colaboradores e nos importamos com eles.

Infelizmente, muitas empresas somente afastam o gestor quando constatam o valor da indenização decorrente de ações judiciais de assédio moral. Até então, ignoravam o que se passava ou acreditavam que as vítimas se manteriam em silêncio. Felizmente, aumenta a cada dia o número daqueles que denunciam os maus-tratos.

32.4 O perfil do assediador

No meu entendimento, considerando-se os aspectos psicológicos presentes nos relacionamentos, o perfil do assediador deve ser analisado e compreendido. O que distingue a pessoa agressiva, incômoda ou geradora de constrangimentos de um assediador é a perseguição insistente, caracterizada pela teima em repetidos comentários, gestos ou expressões que atormentam e incomodam. Além disso, quem assedia tem a intenção de destruir a autoestima e a felicidade do outro, sendo incapaz de arrepender-se, desculpar-se ou de esforçar-se para evitar novas ofensas.

O assédio moral vai além dos destemperos e do descontrole emocional. Seu agente é um crítico perverso, incapaz de refletir sobre os efeitos destrutivos gerados na vítima pela sua insensibilidade cruel.

Um dos critérios é identificar o assediador e entender o que motiva o seu comportamento. Cabe identificar evidências de satisfação em humilhar, de se mostrar superior, agindo com frieza e insensibilidade em relação à vítima.

A frequência dos maus-tratos e a intenção destrutiva do assediador, a constância em provocar, vexar e atormentar soma-se à sua falta de sensibilidade sobre as implicações dos maus-tratos na vida emocional do assediado.

Cabe, em especial aos profissionais da área da gestão de pessoas, considerar que o assediador, em geral, nega-se a reparar o mal causado e a admitir ter ofendido. Quando confrontado sobre sua postura inadequada, é hábil em mentir na tentativa de confundir quem o enfrenta. É, ainda, capaz de alimentar desejos de vingança, sendo arrogante nos comentários e indiferente aos sentimentos das vítimas.

Assediadores são predominantemente arrogantes, consideram-se donos da verdade, superestimam sua competência pessoal e não aceitam críticas. São, em geral, incapazes de repensar seus atos, de entender que destroem a felicidade alheia. E, por isso mesmo, preferem alvos fortes, felizes e competentes. Suas armas poderosas são a crítica destrutiva e a capacidade de desmontar a autoestima do outro e, por isso, afastá-los das vítimas é uma das medidas necessárias, pois ninguém ficará livre das suas intenções vingativas.

Por tudo isso, é essencial separar comportamentos agressivos ocasionais do assédio moral, pois existe o risco da banalização do termo, de transformar conflitos e desavenças numa indústria de indenizações.

32.5 Conclusão

Assédio moral não é tema exclusivo de determinada área acadêmica. Médicos, psicólogos, sociólogos, assistentes sociais podem ser grandes interessados, mas, sozinhos, nada fazem. Constato que a área jurídica tem sido a nossa maior aliada. Do mesmo modo que regras severas coíbem imprudência de motoristas, algumas pessoas somente mudam posturas quando ameaçadas por ressarcimento financeiro por quem apresentou provas, acatadas por um juiz, de ter se sentido humilhado, constrangido e prejudicado em sua saúde física ou emocional.

Vem aumentando significativamente o número de reclamações na instância jurídica e os pareceres dos juízes, as multas atribuídas ao causador do dano têm despertado empresários e gestores quanto aos riscos das condutas abusivas nos relacionamentos. Quem não entende o recado por meios de conscientização talvez reveja posturas inadequadas temendo processos trabalhistas desgastantes e que ferem a imagem de quem é acusado de assédio.

O profissional de RH é, em muitas empresas, quem recebe queixas de assédio moral, em especial aqueles que desfrutam credibilidade e que são vistos como confiáveis e isentos no tratamento dos problemas nos relacionamentos interpessoais. São esses, também, que alertam os gestores sobre como as normas e regras estabelecidas são interpretadas pelos integrantes das equipes.

Entretanto, por mais que se sinalize a importância de um RH estratégico, que influencie as decisões sobre pessoas, cabe reconhecer que muitos profissionais não conseguem se fazer ouvir nas organizações.

Uma das angústias manifestadas mais constantemente por profissionais de RH é a impotência experimentada ao ouvirem reclamações ou mesmo denúncias de assédio moral e, mesmo apontando isso à direção da empresa, nada acontecer em relação aos assediadores. E as atitudes adotadas por esses profissionais variam. Alguns se desligam da empresa, outros permanecem, sentindo-se muito mal e sem coragem de pedir demissão.

Aqueles que permanecem também agem de formas muito variadas. Há quem persista, anos seguidos, no propósito de mudar a cultura organizacional, criando espaços para dialogar com assediadores e alertar a direção sobre a ocorrência de práticas abusivas nos relacionamentos que acontecem nos bastidores das unidades de trabalho. Outros, infelizmente, são passivos em relação a isso temendo serem demitidos, fazem vistas grossas ao que se passa. Muito mais importante que criticar quem se acomoda frente aos relacionamentos desrespeitosos é insistir no que é o verdadeiro papel de um profissional de RH.

Ao optar por ser guardião de pessoas, cabe o compromisso pessoal em pesquisar e aplicar, sistematicamente, novas técnicas e adotar melhores práticas para recrutar, selecionar, treinar, acompanhar e avaliar o desempenho. Erros no diagnóstico resultam em sérios problemas. Pessoas que não gostam do que fazem, não possuem ou não querem desenvolver determinadas competências, se forem admitidas ou promovidas, causarão dificuldades.

Profissionais de RH não podem tudo, mas podem muito. O permanente desafio e o maior compromisso é desenvolver os dois pilares fundamentais para construir a confiança: integridade pessoal e competência profissional constituem as fontes para exercer influência positiva dentro e fora da empresa.

Ao selecionar pessoas com traços de personalidade promissores da reflexão, do empenho no autoconhecimento e na coragem de repensar posturas e atitudes, criamos condições para a qualidade de vida no trabalho e prevenimos práticas de assédio moral. Entretanto, se a escolha for de quem escolheu a ambição desmedida, a intenção de subir na carreira custe o que custar, ou de quem acredita que o poder pode ser exercido sem ética, perpetuaremos as práticas de assédio moral. Em muitas situações será preciso arcar com as consequências e enfrentar o *status quo*. Será necessário o posicionamento sincero frente à direção e defender o respeito nos relacionamentos. Trata-se de contribuir para mudar a empresa, ou decidir mudar de empresa.

Referências bibliográficas

BARRETO, M.; FREITAS, M. E.; HELOANI, R. *Assédio moral no trabalho*. São Paulo: Cengage Learning, 2011.

COMTE, A. S. *Pequeno tratado das grandes virtudes*. São Paulo: Martins Fontes, 2001.

HIRIGOYEN, M.-F. *Assédio moral*: a violência perversa no cotidiano. 13. ed. Rio de Janeiro: Bertrand Brasil, 2011.

_____. *Mal-estar no trabalho*: redefinindo o assédio moral. 5. ed. Rio de Janeiro: Bertrand Brasil, 2010.

MINTZBERG, H. "Cinco mentes brilhantes do executivo". *Harvard Business Review*, nov., 2003.

PEIXOTO, O. da S.; PEREIRA, I. V. "Assédio moral no trabalho: repercussões sobre a saúde do trabalhador". *Revista Brasileira de Medicina do Trabalho*. Belo Horizonte, v. 3, n. 2, p. 135-7, ago-dez 2005.

ULRICH, D.; ULRICH, W. *Por que trabalhamos? Como grandes líderes constroem organizações comprometidas que vencem*. Porto Alegre: Bookman, 2011.

Sites indicados

http://ext02.tst.jus.br/pls/no01/NO_NOTICIASNOVO.Exibe_Noticia?p_cod_noticia=7298&p_cod_area_noticia=ASCS

http://g1.globo.com/Noticias/Brasil/0,MUL313873-5598,00-MORADORES+SAO+CONHECIDOS+POR+APELI DOS+EM+CIDADE+MINEIRA.html.

http://jus.uol.com.br/revista/texto/9021/assedio-moral-no-trabalho/2

http://www.assediomoral.org/IMG/pdf/Artigo_Assédio_Moral_no_Trabalho.pdf

http://portaldoprofessor.mec.gov.br/fichaTecnicaAula.html?aula=25614

http://revistaepoca.globo.com/Revista/Epoca/0,,EMI12817-15259,00--O+PESADELO+DO+ASSÉDIO+MORAL.html.

http://www.ctoc.pt/downloads/files/1155034857_40a49.pdf.

http://www.enquetefacil.com/RespWeb/Cuestionarios.aspx?EID=1019117&MSJ=NO#Inicio

http://www.leiassediomoral.com.br/autor_livro.htm.

http://www.leymann.se/English/frame.html.

http://www.uniabc.br/site/blogs/historia/acervo/A%20contemporaneidade%20da%20obra%20de%20Shakespeare%20-%20Andreia.pdf

http://www2.uol.com.br/vyaestelar/entrevista_suzana.htm

Edina Bom Sucesso

Edina Bom Sucesso é psicóloga e mestre em Administração de Empresas pela UFMG. Em 1989, fundou a Ergon — Consultoria e Educação Continuada, atuando nessa empresa até a presente data, como consultora e diretora.

É consultora de escolas, instituições governamentais, empresas públicas e privadas. Realiza, em todo o país, palestras sobre os temas dos livros publicados.

Participou da Missão de Educadores Brasileiros Para a Qualidade do Ensino, na Pensilvânia; do Curso de Diagnóstico Organizacional do Centro de Ensino para Estrangeiros de Iokohama, no Japão; ministrou a palestra "Comunicação e cultura num mundo em permanente transformação", em Cuba. Em 2012, iniciou o Programa de Doutorado em Psicologia da Educação na Faculdade do Minho, em Portugal. Publicou os livros: *Relações interpessoais e qualidade de vida no trabalho*; *Afeto e limite: uma vida melhor para pais e filhos*; *Autoestima e felicidade*; *Até quando: Tortura psicológica e assédio moral no trabalho*. Foi organizadora do livro *Competências em consultoria* e autora de artigos nas seguintes obras: *Wellness*, da Editora Gente; *Manual de Treinamento e Desenvolvimento*, Editora Pearson, 2006; *Tempo de convergir*, Editora Gente.

Tel.: +55 31 3342-2030
E-mail:edina@ergon.com.br

capítulo 33

T&D e coaching

Marcos Wunderlich

33.1 Objetivos

Este capítulo discorre de forma genérica sobre diferentes e multifacetados aspectos da aplicação da metodologia de coaching no Brasil, com base na visão e experiência do autor. Espero, com a leitura deste texto, incentivar o leitor, para que possa fazer suas próprias reflexões e elaborar sínteses pessoais sobre o tema.

Minha maior experiência consiste na formação de pessoas para a prática, profissional ou não, de coaching e metodologias semelhantes.

Assim, tenho como proposta descrever várias situações inerentes à prática e obtenção de resultados com base na aplicação da metodologia do coaching, tanto no campo pessoal quanto no profissional.

A aplicação pode se dar de diferentes formas e meios, mas o ponto básico que mais recomendo é entender o coaching como um processo dinâmico, que tem diretrizes e finalidades, mas cuja eficácia depende muito mais da capacidade intuitiva e adaptabilidade ao momento do que da aplicação do coaching como um modelo rígido ou estático.

33.2 O que é coaching?

Para entender de uma forma mais assertiva a definição e a prática de coaching, pretendo explorar a origem mais atual dessa metodologia. Essa palavra foi cunhada por um "coach" (instrutor de tênis e esportista norte-americano) chamado Timothy Gallwey. Tim, como é conhecido, percebeu que conseguia melhores resultados com seus alunos quando usava determinadas ferramentas que geravam maior atenção e aprendizagem mais experiencial e menos explicativa. Dessa experiência surgiu seu primeiro livro, intitulado *The inner game of tennis* (*O jogo interior de tênis*), cujo foco é a preparação interior do cliente para melhores resultados, o que ele denominou de coaching.

O termo foi se disseminando, primeiro, no mundo dos esportes e, posteriormente, em ambientes organizacionais, e daí para toda a sociedade.

O coaching tem como principal finalidade a obtenção de melhores resultados operacionais de esportistas, de profissionais em ambientes de trabalho ou mesmo quanto ao cumprimento de metas pessoais.

Definição moderna e atualizada da atividade é a do ICF — International Coach Federation, disponível no site dessa associação (veja o endereço em *Sites indicados*):

> Coaching é uma parceria entre o coach (profissional treinado para entregar o processo de coaching) e o coachee (pessoa que passará pelo processo de coaching), em um processo estimulante e criativo que os inspira a maximizar o seu potencial pessoal e profissional, na busca do alcance dos seus objetivos e metas através do desenvolvimento de novos e mais efetivos comportamentos.

33.3 T&D e coaching

O processo mais abrangente de T&D incorporou nestes últimos anos a metodologia de coaching como uma ferramenta útil e válida principalmente para alavancar resultados pessoais e profissionais de forma direta, efetiva, rápida e personalizada.

A utilização do coaching se intensificou muito com a globalização dos mercados, pois, em um ambiente altamente competitivo, tornaram-se perceptíveis os resultados mais rápidos e personalizados alcançados com essa técnica, superando de forma significativa os resultados dos treinamentos tradicionais e massivos da sala de aula.

33.4 Finalidades do coaching

O foco principal do coaching é o auxílio, o planejamento e o apoio do coach para o cumprimento da(s) meta(s) de seu cliente, cujos objetivos podem ser tanto relacionados a questões pessoais quanto a profissionais ou mesmo sociais, de curto ou médio prazo. Já no caso de metas a longo prazo certamente o trabalho migrará para o campo do *mentoring*, metodologia-irmã cujas diferenças em relação ao coaching serão explicadas ainda neste mesmo capítulo.

O coach pode trabalhar com seu cliente visando ao cumprimento de uma ou mais metas simultaneamente. Mesmo no caso de um objetivo único, o profissional deve estar apto a visualizar as diferentes variáveis da situação, a fim de auxiliar o cliente na resolução da questão a partir do cenário completo, contribuindo dessa forma para assegurar a excelência do resultado final.

33.5 Tipos de coaching

Já se disse que coaching é uma metodologia voltada ao alcance de metas ou melhorias de processos pessoais, profissionais, organizacionais ou sociais. A aplicação dessa metodologia pode ocorrer em diferentes campos, esferas ou aspectos das atividades humanas, entre eles: coaching de vida, de performance ou desempenho, de liderança, de negócios, de marketing, de finanças, de carreira, de sucessão, de equipe, esportivo, voltado à felicidade, à harmonização, ao *wellness* (bem-estar), espiritual, de casal, xamânico, voltado à sexualidade, de saúde e vários outros.

A metodologia de coaching, portanto, pode ser aplicada nas diferentes áreas de conhecimentos e vivência humana. É muito importante entender que o coaching é diferente de processos de consultoria. Nessa última área, o consultor emite orientações precisas e fornece soluções, ao passo que no coaching as soluções são dadas pelo próprio cliente: essa é a diferença fundamental entre consultoria e coaching.

De modo geral, o coaching em ambientes organizacionais é considerado uma ferramenta para liderança de alta performance, ou seja, é uma metodologia diferente e mais profunda que a consultoria e procura atingir resultados mais efetivos e consistentes a partir de novas formas de atuação das pessoas na organização. Muitas vezes, o líder interno que aplica essa metodologia também é chamado *líder-coach*.

33.6 Considerações importantes na aplicação do coaching

Neste item serão abordados aspectos constitutivos da metodologia do coaching e de sua aplicação.

33.6.1 Dois modos de aplicação do coaching: formal e informal

O coaching formal caracteriza-se pela realização de encontros, reuniões, atividades ou agendas com data, local e horários previamente marcados. Cada encontro de coaching formal tem duração média de 90 minutos. Já o coaching informal é exercido de forma implícita ou explícita, a qualquer tempo, local e situação: trata-se mais de ter uma atitude de coach nos relacionamentos. O método informal é mais aplicado em ambientes organizacionais e pode ser praticado por gerentes ou líderes nas suas próprias equipes. A aplicação informal também pode ocorrer entre os membros do corpo gerencial de uma instituição, de acordo com a necessidade e os relacionamentos de confiança que existem entre as pessoas do grupo.

33.6.2 Temários do coaching

Um encontro de coaching pode ser realizado quando o objetivo reside na exploração de um tema definido, ou, ainda, pode-se realizar um encontro livre, sem agendamento temático prévio, pois o tema é proposto pelo coachee no momento do encontro.

33.6.3 Principal característica do coaching: um coach não dá soluções ou receitas a seu cliente

Esta é a principal diferença entre a atuação de um *coach* e um *consultor*.

Geralmente, consultores propõem soluções e indicam caminhos, ao passo que os coaches utilizam técnicas e habilidades que permitem ao próprio coachee elaborar, por si só, as próprias respostas.

Estas respostas próprias surgem frequentemente por meio de *insights* — muitas vezes ocasionados por perguntas poderosas feitas pelo coach — e pela própria experiência vivenciada pelo cliente. Ou seja, cada pessoa já tem internamente um campo de sabedoria capaz de fornecer todas as respostas necessárias.

A autodescoberta, em virtude das soluções encontradas a partir do próprio cliente, propicia-lhe um processo mais profundo, mais sólido e coerente.

33.6.4 Um coach pode aplicar diferentes ferramentas e adotar diferentes métodos ou escolas de coaching

Como mencionado anteriormente, coaching não é uma metodologia linear, nem rígida ou estática. Trata-se, antes de tudo, de um profundo processo de comunicação entre coach e coachee, em que ocorrem mútuas descobertas e ambos se beneficiam fortemente. Para essa prática, que visa à obtenção de um resultado, existem diferentes ferramentas, modelos de abordagem e diferentes escolas de coaching.

33.6.5 Sigilo

O processo de coaching é necessariamente sigiloso e seu conteúdo não pode ser revelado a terceiros. Mesmo quando feito em uma empresa, seja por um coach externo ou interno, essa regra continua válida e representantes da empresa não devem obter informações sobre seus colaboradores junto ao coach. Caso alguma informação seja necessária, deve ser procurada diretamente com o coachee, e somente a ele caberá decidir revelar ou não as questões feitas, sejam pessoais ou profissionais.

33.6.6 A quem se destina

Na esfera organizacional, a primeira finalidade do coaching é ativar competências e talentos que estejam em estado ainda latente no campo das potencialidades das pessoas. Esse processo se destina às pessoas mais aptas a galgar novos postos e que precisem de um suporte preparatório. O coaching em si visa, portanto, ao reforço e atuação com as pessoas que se encontram na lista de espera dos processos sucessórios.

Muitas vezes, o coaching tem sido aplicado para lidar com "funcionários-problema". Esse também pode ser um fim, mas não se trata da intenção ou finalidade primordial de uso dessa metodologia.

Podemos fazer uma analogia com a função de um coach esportivo: a figura do técnico de um time de futebol, por exemplo. O técnico (ou coach) busca obter a alta performance tanto do atleta individualmente como da equipe como um conjunto sinérgico e cooperativo. Logo, esta é a função do coach: ativar as potencialidades e gerar positividade para aprimorar o desempenho e os resultados. O foco do coach não reside na resolução de problemas, embora também precise fazê-lo frequentemente.

33.6.7 Adesão espontânea ou por convite

A prática de coaching não deve ser obrigatória ou compulsória nas organizações. Portanto, a implantação do coaching em ambientes de trabalho deve ser feita de forma adequada, sem imposições, e com a formação de uma massa crítica de pessoas favoráveis à ideia que deem sustentabilidade ao processo. Um coach não pode ser obrigado a aceitar um coachee, e vice-versa. Caso a massa crítica não esteja formada, a empresa deve formá-la mediante um processo de sensibilização, palestras, minicursos, entre outras formas.

33.6.8 O self-coach

Por determinado período, o coachee vai depender da ação ou contratação de um coach externo, mas, à medida que avança, passa a internalizar o processo e dominar boa parte das ferramentas, aprendendo também a se tornar um coach de si mesmo. Trata-se aqui de um nível mais elevado e altamente recomendado. Quando chega ao nível de ser um self-coach, podemos afirmar que a pessoa já está atuando em um nível de autocondução e proatividade.

É importante alertar o leitor de que o coaching, embora seja uma metodologia eficaz e importante, tem seus próprios limites, seja na abrangência como na sua utilização.

Em outras palavras, um coachee não deve jamais se tornar dependente de um coach. E o coach, por sua vez, precisa estar muito focado na autopotencialização de seu cliente, para que alcance um novo patamar de autonomia e autocondução, onde haja cada vez menos a necessidade do coaching.

Portanto, todo coaching tem "tempo de utilidade ou de validade", muito útil para a fase da vida pessoal ou profissional do coachee que requeira essa metodologia de treinamento, tornando-se realmente importante.

33.6.9 Quem são os profissionais de coaching?

Pode-se considerar profissionais de coaching as pessoas que se dedicam a aplicar a metodologia — formal ou informal — do coaching, com ou sem remuneração.

Não se trata de uma profissão regulamentada, portanto qualquer pessoa pode aplicar e exercer essa atividade, com curso ou sem curso de formação.

Obviamente, alguém que tenha passado por um processo de formação ou certificação certamente terá capacitação mais adequada de aplicação. Logo, recomendo que cada interessado procure uma escola cuja metodologia seja compatível com seu modo de ser, viver ou pensar. Há várias escolas, tanto no Brasil quanto no exterior, com carga horária variável. No entanto, é importante frisar que nenhuma escola faz uma formação *oficial*, pois o coaching é um processo empírico, próprio das pessoas, e deve ser visto como um patrimônio da humanidade e do qual nenhuma entidade ou organização específica pode se apropriar.

Os coaches podem atuar de duas formas:

1. Quando são gerentes ou profissionais em ambientes organizacionais e praticam o coaching internamente, de modo formal ou informal.
2. Quando um coach é um profissional independente e presta serviços para pessoas físicas ou jurídicas. Neste caso, o modo de atuação é formal.

Nas organizações, o coaching pode ser implantado como um programa interno, para a formação interna dos gerentes e líderes como futuros coaches. Outra alternativa é contratar coaches externos, que poderão atender as pessoas de forma individual ou coletivamente.

33.6.10 Coaching individual ou em grupo

O coaching não é um processo necessariamente individual e também pode ser aplicado em pequenos grupos, que podem reunir pares ou pessoas de diferentes níveis hierárquicos. No entanto, recomenda-se que haja um espaço de livre acesso para coaching individual, no caso de algum participante sentir tal necessidade. O coaching em grupo é indicado no caso da necessidade de atender um determinado número de pessoas e também quando houver limitação de investimento financeiro.

33.6.11 As diferentes metodologias de desenvolvimento e transformação de pessoas

No processo de evolução da humanidade surgiram metodologias e formas diferentes de abordar situações em que havia a necessidade de intervenção externa para ajuda ou orientação. Cada uma dessas formas e metodologias se relaciona com as demais, é interdependente e tem igual importância e eficiência. O que difere uma da outra são a finalidade e o grau de abrangência de cada uma de forma particular. A seguir, faremos sucinta descrição de algumas:

- *Counseling*: trata do compartilhamento de experiências, sugestões e opiniões específicas, aconselhamento, estudo e obtenção de conhecimentos determinados.
- *Consultoria*: processo mais tradicional, em que há a figura do consultor, cujo foco é fazer projetos, emitir pareceres e dar soluções técnicas.
- *Coaching*: voltado à melhoria de processos, recursos, operacionalidade ou cumprimento de metas.
- *Mentoring*: está ligado a aspectos humanos e relacionais e explora as necessidades mais profundas da liderança de alta performance.
- *Holomentoring*: idêntico ao *mentoring*, porém abordado ou realizado com mentalidade holística e sistêmica.
- *Psicoterapia*: atividade exercida exclusivamente por psicólogo e/ou psiquiatra formado e com diploma reconhecido. Geralmente é um processo mais profundo que o coaching e considera de forma efetiva a influência do passado no presente e no futuro. Também está ligado à remoção ou ressignificação de marcas traumáticas na memória do paciente.
- *Terapia*: processo ou atividade de proveito e geração de bem-estar, como caminhadas, exercícios, massagens, artes marciais, amizades, viagens, passeios, tempo de descanso, lazer, período sabático e todas as terapias ditas alternativas, inclusive a psicanálise.

Vamos agora a alguns esclarecimentos importantes:

1. Sugiro evitar chamar de "sessão" um encontro de coaching, mas sim de agenda, encontro, reunião, a fim de evitar a recorrência semântica que remete ao domínio da psicologia tradicional.
2. O coaching tem foco no presente e no futuro, enquanto a psicoterapia tem foco em processos de dor psíquica e na influência do passado. Portanto, coaching e psicoterapia são processos totalmente diferentes e no coaching não se pratica, sob nenhuma hipótese, a psicoterapia. Ainda que um coach seja formado como psicoterapeuta, não deve exercer as duas atividades com um mesmo cliente.
3. Quando um coach nota que sua ação não está gerando resultados ou percebe sintomas de dificuldade mental, isto é, de entendimento, deve-se considerar a possibilidade de

o cliente ser encaminhado a um processo psicoterapêutico. Em função disso, apesar de seu alto valor para a potencialização e a superação de muitas dificuldades das pessoas, o coaching também tem restrições e não se aplica a todas as dificuldades, especialmente àquelas que advêm de processos mais profundos.

4. O coaching pode ser terapêutico, pois é capaz de beneficiar e fazer muito bem às pessoas — neste sentido, ele é terapêutico, mas nunca será psicoterapêutico. No coaching, a relação entre o coach e seu coachee é de amizade e de real interesse de um pela vida do outro. Nesse clima interativo surgem diálogos produtivos, com muitos *insights* e acesso à sabedoria inata de cada um. Logo, a troca e o diálogo são terapêuticos, pois fazem muito bem aos envolvidos no processo de coaching.
5. Diferentes clientes têm diferentes necessidades. Portanto, deve-se avaliar com cuidado qual a real necessidade do cliente para que seja adotada a metodologia correta. Alguns necessitam mais do *counseling*, outros, do coaching, de consultoria, de psicoterapia, do *mentoring* ou *holomentoring*.
6. Talvez todas essas metodologias se manifestem no decorrer do processo de coaching, de modo que caberá ao coach ter percepção desse fato para fazer a devida orientação. Aliás, encaminhar o cliente para as atividades de psicoterapia quando necessário é de fundamental importância.
7. O coach bem preparado saberá praticar o coaching, o *counseling*, o *mentoring* e o *holomentoring* de forma adequada e no momento adequado para o verdadeiro desenvolvimento e aproveitamento do cliente. Um dos requisitos para a função de coach é ter a mente aberta para não se prender a uma única metodologia e aplicá-la indiscriminadamente em todas as situações.

A seguir, a gravura inspirada no livro *Teoria U: como liderar pela percepção e realização do futuro emergente*, de Otto Scharmer, ilustra as diferentes abrangências e focos entre consultoria, coaching e mentoring. Segundo Scharmer (2012), o coaching enfoca os processos, ao passo que o *mentoring* prioriza a fonte, ou seja, atinge o ser humano e sua mente, origem de tudo o que acontece em nosso mundo processual.

Figura 33.1 Diferenças de abrangência e foco entre consultoria, coaching e mentoring

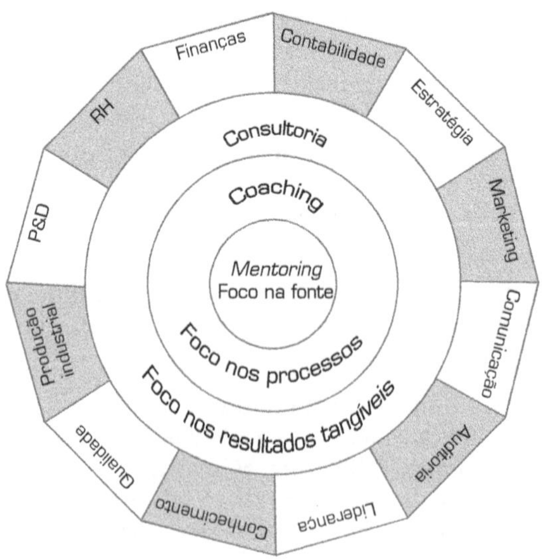

33.7 As escolas e as associações de coaching

Existem hoje no mundo diferentes escolas de coaching, cada uma com suas próprias visões de mundo, que embasam suas diretrizes e atividades. Não há uma unanimidade conceitual e até mesmo definições de coaching e *mentoring* são contraditórias entre diferentes autores. Não existe uma divisão clara que delimite os diferentes territórios. Na minha trajetória, quanto mais estudei e li sobre o assunto, mais confuso fiquei. Portanto, tive de escolher entre as diferentes abordagens e optei por seguir os conceitos emitidos por Tim Gallwey e John Whitmore, ambos precursores da metodologia de coaching na década de 1970 nos Estados Unidos e Inglaterra, embora entre eles também não haja total harmonia conceitual. Acabei fundando escola própria de coaching, *mentoring* e *holomentoring*, fundamentada nas próprias experiências de vida, onde divulgo principalmente uma conceituação peculiar e as ferramentas correspondentes.

Assim, sugiro que cada coach formate sua própria forma de atuação, mantendo as diretrizes gerais da metodologia. Na realidade, cada coach é único e tem suas próprias experiências e visão de mundo. Cada cliente escolhe o coach com o qual tiver maior empatia ou que tenha as melhores condições de ajudá-lo nas suas dificuldades.

Entre as muitas associações de coaching no mundo, a mais conceituada é a ICF — International Coach Federation. Essas diferentes associações setoriais, como ICF, ECA (European Coaching Association) e ICC (International Coaching Community), são de caráter privado e não oficializadas por nenhum governo. Congregam profissionais, geram mútua ajuda, orientam atividades, autoclassificam-se em níveis hierárquicos e também referendam cursos e atividades com suas próprias diretrizes e formas de entendimento.

Algumas escolas criaram suas próprias associações como forma de autorreferência e posicionamento de mercado.

Todo coach pode filiar-se às associações que tenham estatutos próprios e que o aceitem como membro, assim como poderá atuar profissionalmente dentro de seus parâmetros particulares. Mas nenhum coach tem a obrigatoriedade de se filiar; trata-se de uma escolha para obtenção de uma forma de atuação e posicionamento de imagem.

Algumas empresas, ao contratar serviços de coaching, exigem que o contratado seja filiado ou que tenha os títulos concedidos por determinada associação, ou, ainda, que seja formado por determinada escola. Trata-se de uma forma sutil e questionável de minimização de riscos contra maus profissionais de coaching.

33.8 As ferramentas de coaching

Não há também um consenso quanto às ferramentas ou instrumentos de coaching. Cada escola autoriza seus alunos a utilizar as ferramentas próprias da escola.

Algumas ferramentas são muito utilizadas de forma comum em diferentes escolas, como a "Roda da Vida" e a "Perguntas Poderosas". Essa última auxilia o coach a extrair as respostas de seus clientes. As perguntas são abertas, bem elaboradas e conduzem o coachee a discernir com clareza sua situação.

Cada criador de uma escola adota suas próprias ferramentas. Por exemplo, Tim Gallwey baseia as ferramentas de sua criação, inspiração ou adaptação em outras áreas do saber. Da mesma forma, diferentes criadores ou inspiradores de escolas de coaching criam ou adaptam suas ferramentas e ensinam uma metodologia própria de aplicação.

Na escola Holos realizamos, em primeiro lugar, encontros temáticos previamente agendados para referenciar o cliente em uma linguagem, visão e instrumentação comum ao coach e ao coachee, a fim de ampliar a visão de mundo atual, para, então, em um segundo momento, tratar das questões específicas do coachee. Essa forma tem se mostrado benéfica, pois a ampliação/mudança da visão de mundo é essencial, uma vez que, sem tal processo, não haverá mudanças reais ou efetivas ao cliente.

Hoje, no Brasil, existem as escolas de coaching sistêmico, coaching ontológico, coaching com PNL, coaching terapêutico, coaching com psicodrama, coaching comportamental, coaching integrado, holos coaching e *mentoring*, entre outras. Algumas são filiadas a associações de coaching nacionais ou internacionais, outras trabalham de forma mais independente.

As diferentes formações também têm diferentes cargas horárias, de opções mais concisas e focadas nos pontos-chave a outras definidas pela longa duração e etapas que o aluno deve cumprir.

Atualmente estão em voga os cursos de MBA ou pós-graduação em coaching, por meio dos quais escolas se associam a instituições de nível superior para a realização dos programas e fornecimento de diplomas registrados no Ministério da Educação.

A proliferação de escolas e atividades de coaching preenche uma importante lacuna no desenvolvimento pessoal e profissional no Brasil. Primeiro, as pessoas começaram a realmente dialogar mais, então aprenderam a importância do uso da inteligência coletiva e ativação da sabedoria inata de cada um. Assim, tivemos a oportunidade de sair do âmbito dos conhecimentos apenas racionais e mergulhar na real capacidade e potencialidade de cada ser.

Tenho ouvido maravilhosos relatos de experiências de descobertas e de autossuperação em virtude do coaching, de pessoas que recuperaram sua autoestima, criaram projetos, refizeram seus relacionamentos familiares, galgaram postos em suas organizações, fundaram novas empresas ou ONGs, salvaram corporações da falência e muitos outros.

33.9 Maestria do coach

Pessoas que trabalham como coaches precisam atuar com alto grau de entendimento da natureza humana. O aspecto mais importante e profundo que se exige de um coach é sua clareza de intenção, que deve sempre estar voltada para o bem-estar e atendimento do seu cliente.

Um coach deve manter cultivo contínuo de seu desenvolvimento pessoal e relacional, além de buscar inovações de forma constante. Dessa forma poderá manter o clima de confiança e bem-estar necessário ao contato com seus clientes.

A Figura 33.2 apresenta um conjunto de qualidades pessoais que correspondem ao estado de maestria pessoal do coach. Os itens foram inseridos de acordo com os três campos mentais segundo a visão do cérebro trino de MacLean. O hemisfério esquerdo (imagine a representação de um cérebro visto por trás) corresponde à mente racional, o direito, à mente intuitiva/emocional, e a parte comum — o corpo caloso — corresponde à mente operacional.

Esse conjunto de qualidades forma a base que pode gerar ou fomentar a maestria pessoal de um coach, segundo a Escola Holos.

Figura 33.2 Maestria pessoal do coach

Mente racional Conhecimento e sabedoria	Mente intuitiva/emocional Amor e sabedoria
Visão dinâmica da vida Capacidade de focar Objetividade Direcionamento pessoal Clareza dos referenciais mentais	Sensibilidade com o todo Capacidade de focar Captação intuitiva Acolhimento e generosidade Automotivação

Mente operacional
Poder pessoal

Sensibilidade com o todo
Autocondução
Habilidade gestora
Liderança como serviço
Realização pessoal

33.10 Como se pratica o coaching?

Seguem alguns conselhos úteis:

- Primeiro, a prática do coaching deve seguir rigorosos parâmetros éticos. Recomendo leitura e estudo do código de ética do ICF, disponível no site da organização (veja *Sites indicados*, ao fim do texto) para download.
- O coach deve prezar sempre pelo desenvolvimento pessoal e profissional, esmerando-se nas capacidades essenciais (segundo as orientações da ICF) a qualquer coach, que permitem:
  - — cumprir diretrizes éticas e padrões profissionais;
  - — estabelecer o acordo de coaching;
  - — estabelecer confiança e intimidade com o cliente;
  - — assegurar a presença em coaching;
  - — comunicar-se de maneira efetiva;
  - — escutar ativamente;
  - — realizar questionamento instigante;
  - — comunicar-se diretamente;
  - — facilitar o aprendizado e gerar resultados;
  - — criar conscientização;
  - — desenvolver ações;
  - — planejar e definir metas;
  - — executar a gestão de progresso e responsabilização.
- O coaching pode ser praticado de várias maneiras. Se em ambientes de trabalho, recomenda-se o uso de uma sala de reuniões neutra, sem interferências externas, pois é desaconselhável realizá-lo na sala ou local de trabalho do cliente.
- Se o coach tiver sala própria, é importante cuidar da decoração, da limpeza, dispor de mobília confortável e servir, pelo menos, água durante os encontros.
- O coaching também pode ser realizado em ambientes externos, em meio à natureza, ou mesmo durante uma caminhada, num almoço ou café da tarde.
- Quando envolver uma situação com refeições, não é permitido ingerir bebidas alcoólicas.
- O coach deve estar sempre atento às questões emergentes ou manter sua presença durante uma emergência. O importante é atender a emergência e não seguir um plano temático previamente elaborado, se for o caso.
- Antes da chegada do cliente, recomendo que o coach faça uma preparação interior para receber a pessoa — com meditação, oração, tempo de silêncio, leitura de uma mensagem inspiradora, entre outras atividades, para que haja recepção condigna e propícia para estimular a capacidade de geração de clima afetivo e de compreensão, sem julgamentos.
- As regras, por vezes rígidas, do coaching não estão acima do atendimento do cliente. Se alguma ação diferente das regras realmente for benéfica e tiver clareza de intenção, a ação de benefício estará acima das regras.
- Um coach pode assinalar tarefas ao cliente, como a elaboração de um plano de ação de implantação de uma decisão, leitura de livros, resenhas, estudo, que ele assista a um filme, escreva textos e faça outras atividades que o coach julgar conveniente para seu desenvolvimento.

- Durante o encontro de coaching, é muito importante promover um clima de interatividade, de respeito e amizade.
- O excesso de compromisso com o êxito de um coach pode prejudicar o coachee, pois pode gerar rigidez e expectativas que acabam não permitindo a fluidez natural da relação e dos trabalhos. É melhor diminuir o compromisso com o êxito!
- O coaching pode ser feito com pessoas próximas ou mesmo familiares, desde que haja total isenção e nenhum direcionamento ou manipulação.
- Nos ambientes organizacionais, quem exerce o papel de coach é o líder, o gerente. Quando no papel de coach, a função de chefia deve ser abandonada pelo gerente: tratam-se de papéis distintos. Um chefe pode determinar ações, um coach não pode determinar nada.

33.11 Vantagens do coaching nas organizações

A prática de coaching em ambientes organizacionais pode gerar vários resultados, entre os quais se destacam:

- capital intelectual diferenciado;
- solidez empresarial;
- aumento nos resultados operacionais;
- sinergia organizacional;
- disseminação dos conhecimentos;
- aprendizagem contínua;
- atuação com mentalidade holístico-sistêmica;
- reflexo na qualidade das pessoas e da organização;
- envolvimento nos processos de melhoria contínua;
- lideranças mais efetivas;
- clima organizacional agradável e dinâmico;
- reforço da confiança e da credibilidade na organização;
- compartilhamento nos riscos decisórios;
- reforço na imagem das pessoas;
- potencialização das pessoas;
- relacionamentos focados em qualidade e resultados.

Encarada com seriedade e clareza de intenção, a prática do coaching tende a ser um canal de realização e autoconhecimento tanto para o coach quanto para o coachee, resultando em benefícios estendidos a toda a sociedade em virtude do desenvolvimento e da evolução das pessoas e suas organizações.

33.12 Conclusão

Neste capítulo apresentei a metodologia de coaching como uma ferramenta de T&D, embora coaching e *mentoring* sejam processos abrangentes e que podem, em alguns momentos, extrapolar os próprios limites do T&D.

As finalidades e os tipos de coaching, seus modos, formas e cuidados de aplicação também foram abordados, bem como a relação de interdependência entre coaching e *mentoring*. Na sequência, apontei as diferentes escolas de coaching e as diferentes ferramentas. Por fim, discorri sobre a maestria pessoal do coach, tecendo ainda outras informações complementares.

O capítulo foi escrito para leitores dispostos a conhecer e inteirar-se mais sobre essa metodologia. Recomendo aos interessados em aprofundar-se ou mesmo profissionalizar-se como coaches que façam sua formação numa escola cuja linha de instrumentação seja compatível com a sua visão de mundo.

Ressalto que todo coach precisa conhecer a metodologia e utilizar bem as ferramentas, que também transcenda as próprias ferramentas, que siga a sua intuição e sensibilidade ao lidar com o cliente e que possa, de uma forma hábil, beneficiá-lo.

Um coach precisa saber que, por mais que um cliente diga desejar apenas um resultado específico, ele busca, mesmo inconscientemente e antes de tudo, a felicidade e realização de vida.

Referências bibliográficas

GALLWEY, W. T. *O jogo interior de tênis.* São Paulo: Textonovo, 1996.

LUZ, M. *Agora é pra valer! A verdadeira história de quem passou de chefe dos outros a líder de si mesmo.* São Paulo: DVS, 2012.

PERCIA, A. et al. *Master coaches:* técnicas e relatos de mestres do coaching. São Paulo: Ser Mais, 2012.

SCHARMER, C. O. *Teoria U*: como liderar pela percepção e realização do futuro emergente. Elsevier, 2010.

SENGE, P. et al. *Presença*: propósito humano e o campo do futuro. São Paulo: Cultrix, 2012.

WHITMORE, J. *Coaching para performance*: aprimorando pessoas, desempenhos e resultados. Rio de Janeiro: Qualitymark, 2006.

______. *Coaching para aprimorar o desempenho*: os princípios e a prática do coaching e da liderança. São Paulo: Laselva, 2012.

Sites indicados

www.holos.org.br
www.coachfederation.org
www.icfbrasil.org

Marcos Wunderlich

Formado e pós-graduado na área tecnológica de engenharia, Marcos Wunderlich é consultor, master coach e mentor de executivos com 28 anos de experiência profissional, formado e certificado nos Estados Unidos na metodologia The Inner Game® — The Essence of Coaching, com Timothy Gallwey. Precursor na introdução de formação em coaching e mentoring no Brasil, é referência nacional na formação, profissionalização, instrumentação e certificação internacional em coaching, master coaching e mentoring com visão holístico-sistêmica e complexa. Pesquisador do comportamento e da mente humana, é o criador do Sistema ISOR® de desenvolvimento de pessoas e organizações, com abordagem teórica e prática distinta e inovadora, testada e aprovada com sucesso por milhares de clientes e empresas, também denominado coaching brasileiro no exterior. Atualmente é o presidente executivo do Instituto Holos de Qualidade, filiado ao ICF — International Coach Federation, e ao IBCO — Instituto Brasileiro dos Consultores de Organização. Consultor CMC — Certified Management Consultant do ICMCI — International Council of Management Consulting Institutes e coautor dos livros *Manual completo de coaching: grandes especialistas apresentam estudos e métodos para a excelência na prática de suas técnicas, Master coaches: técnicas e relatos de mestres do coaching, Coaching II: grandes mestres ensinam como estabelecer e alcançar resultados extraordinários na sua vida pessoal e profissional* e coordenador editorial do livro *Coaching e mentoring.*

Tel.: +55 48 3235-2009
E-mail: diretoria@holos.org.br

Parte **cinco**

Fornecedores e recursos de T&D

Pedro Buarque Franco Netto

Objetivos

O objetivo desta parte é traçar o panorama que envolve a atuação das áreas de RH, quanto às atividades de treinamento e desenvolvimento, em situações em que é necessário recorrer a fontes externas. Nesses casos, os desafios que se apresentam aos responsáveis pelos programas de T&D envolvem duas questões centrais:

1. Quais os caminhos a seguir para assegurar os resultados dos projetos a serem desenvolvidos?
2. Como identificar, eleger e interagir com os agentes externos parceiros no projeto?

O que deve anteceder a contratação de fornecedores?

O cenário que hoje envolve a contratação de serviços externos de T&D difere em muito daquele que há algum tempo se apresentava às organizações — tanto privadas quanto públicas. O processo de desenvolvimento organizacional — mais acelerado a cada dia, em razão da evolução do conhecimento e da exigência de rápidos e efetivos resultados — faz hoje recair sobre os setores responsáveis de RH as mais fortes exigências a respeito da contratação de serviços externos. Cada vez mais adquirem-se menos cursos prontos (os chamados cursos de "prateleira"), ao passo que se avolumam demandas definidas com base em diretrizes estratégicas e necessidades específicas das organizações. Daí resultam dois pilares necessários para garantir basicamente a estruturação de projetos que balizarão as contratações: a competência de profissionais familiarizados com a elaboração de projetos de T&D e sua interação com o cliente interno solicitante do projeto, requisitos importantes para a definição das especificações técnicas que possam assegurar o cumprimento dos objetivos definidos. Assim feito, a "entrega" do projeto ao fornecedor se dá de forma segura quanto ao cumprimento das obrigações que ele assumirá, ao mesmo tempo em que constitui a referência de exigência de qualidade para a sua escolha no mercado.

Nessa linha, evidencia-se uma das questões mais delicadas da área de RH e que afeta, particularmente, seu segmento de T&D: a escolha de recursos externos para suprir as necessidades de treinamento e desenvolvimento de seus colaboradores nos mais diversos temas.

Quem será o parceiro do sucesso ou do fracasso?

Dia a dia, as fontes externas multiplicam-se, constituindo oferta ampla e variada, o que realça a necessidade de cuidado nas especificações do projeto, de modo que se estabeleça uma primeira "peneira" no vasto rol de ofertas de mercado, em meio às quais poucas têm efetiva reputação técnica.

De modo geral, há quatro requisitos fundamentais para o sucesso de um programa de T&D:

1. um correto diagnóstico das necessidades;
2. a competente estruturação do projeto a ser desenvolvido;
3. a criteriosa escolha do agente externo responsável pela execução;
4. a eficaz aplicação de recursos financeiros destinados ao projeto.

O bom diagnóstico orienta para ações bem estruturadas; já o mau diagnóstico leva a ações subaproveitadas, a perdas relevantes, tangíveis e intangíveis. O bom projeto conduz para a efetividade técnica do treinamento. Os investimentos — aplicados com o objetivo de ampliar a inteligência e a competitividade do negócio — devem ser planejados para atender às reais demandas de capacitação, garantindo efetividade aos resultados.

Os aspectos anteriormente tratados — o bom diagnóstico, um consistente projeto, a competência técnica do contratado e uma racional destinação de recursos — são condições indispensáveis à execução exitosa do processo de treinamento.

A partir daí segue a questão central, que envolve diretamente a responsabilidade da coordenação do projeto: a quem confiar a sua execução? Como interagir com essa parte? Quem será o parceiro do sucesso ou do fracasso?

As situações que se apresentam são as mais diversas e oferecem aspectos de análise que se aplicam de forma geral e, em certos casos, de forma específica.

Numa primeira hipótese, no que se refere a qualquer situação de treinamento a contratar, algumas ações para "filtrar" as ofertas do mercado podem ser realizadas, como:

- mapeamento das instituições que oferecem o mesmo tipo de treinamento;
- reunião de informações sobre o treinamento dessas instituições, principalmente sobre o conteúdo programático detalhado, currículo dos docentes e avaliações formais de cursos da mesma natureza realizados (nem todas estarão dispostas a fornecer, mas é bom pedir);
- análise, em conjunto com o cliente interno, da adequação do conteúdo do programa perante suas expectativas e necessidades;
- avaliação das informações e decisão, preferencialmente adotando o critério *técnica* versus *preço* na apreciação das hipóteses em estudo.

A partir daí, pode-se estabelecer o "filtro", ou seja, elencar as instituições que, a princípio, atendem às especificações técnicas do projeto (quais as melhores conjugações entre conteúdo programático, professores, custos e organização administrativa?).

Uma segunda situação, complementar à anterior, mas que comporta critérios mais específicos, refere-se aos programas corporativos, usualmente denominados *in company* ou "fechados", modalidade comum em organizações com quadros de colaboradores amplos, que favorecem a formação de turmas numerosas, condição esta necessária à viabilização do treinamento sob os pontos de vista metodológico e financeiro. Sob o aspecto financeiro, há que se considerar que a relação custo/participante deve ser vantajosa, se comparada às condições de mesmos treinamentos oferecidos pelo mercado, na forma de eventos públicos ou "abertos". Já sob o ponto de vista metodológico, há que se observar se as atividades requerem quórum necessário ao desenvolvimento de dinâmicas inerentes ao treinamento.

O treinamento viabilizado no regime *in company* traz vantagens consideráveis, como:

- adequação do conteúdo programático, que se ajusta às especificações do projeto;
- substancial redução do custo por participante em relação ao curso aberto;
- realização do treinamento em época propícia e horários convenientes;
- desenvolvimento do treinamento vivenciando a realidade de trabalho dos participantes, notadamente na aplicação de estudos de casos direcionados à realidade da organização;
- favorecimento da integração e intercâmbio técnico entre os participantes.

A sintonia entre as partes envolvidas

Para assegurar os resultados, no entanto, as partes envolvidas no projeto deverão estar em sintonia: a coordenação do projeto, por parte do RH, o cliente interno e a consultoria que o aplicará. A integração dessas partes gera as condições de sucesso. São elas: o ajuste do conteúdo do programa aos seus objetivos e ao perfil dos participantes; o levantamento dos elementos para estudos de casos, quando houver; e o estabelecimento dos critérios de avaliação. As avaliações de reação e suas consolidações devem passar pela análise e pelas considerações das três partes, pois retratam o grau de atendimento aos propósitos traçados para o projeto. Nem sempre, no entanto, as partes estão atentas a esse aspecto, embora sua importância seja relevante, principalmente para o RH (lembremo-nos do PDCA, um dos mais fortes instrumentos da gestão da qualidade).

O RH é a parte dominante do processo de treinamento, dada a sua responsabilidade direta na escolha da consultoria, na interface com o cliente interno e na coordenação da execução do projeto. Além do mais, as avaliações, juntamente com o seu parecer, são os mais fortes referenciais do desempenho da consultoria.

Considerações finais

Como introdução aos artigos que a seguir são apresentados nesta parte do manual, procuramos abordar de forma sintética os aspectos envolvidos na gestão do processo de treinamento, referentes à sua estruturação e à relação entre a organização entre contratante e fornecedores de serviços. Como se pode observar, a matéria tratada é de cunho essencialmente prático, contendo referenciais genéricos para o dia a dia de profissionais que, em suas organizações, cuidam da elaboração e execução de projetos de T&D.

No artigo de Cirlene Werneck do Carmo, intitulado "Contratação de fornecedores de serviços de T&D", a autora analisa detalhadamente o passo a passo para a contratação e implementação de projetos, matéria esta que representa um precioso instrumento de apoio para as pessoas que viabilizam as iniciativas de treinamento e desenvolvimento em suas organizações.

Finalizando esta parte do manual, José Luiz Ricca apresenta seu texto "Sistema oficial de apoio ao T&D", enfocando a atuação de instituições que dispõem de sistemas que oferecem ensino de várias naturezas e modalidades, voltadas à formação profissional em diversos níveis, desde o aprendizado técnico ao ensino acadêmico.

Pedro Buarque Franco Netto

Graduado em Administração pela Universidade Federal do Rio de Janeiro, Pedro Buarque Franco Netto foi superintendente do Plano de Aperfeiçoamento de Pessoal de Nível Superior do Ministério de Minas e Energia e exerceu o cargo de superintendente de recursos humanos da Comissão Nacional de Energia Nuclear (CNEN). É diretor do IDEMP — Instituto de Desenvolvimento Empresarial.

Tel.: +55 21 2524-4266
E-mail: idemp@idemp.com.br

capítulo 34

Contratação de fornecedores de serviços de T&D

Cirlene Werneck do Carmo

34.1 Objetivos

Os objetivos deste capítulo são:

- trazer informações que ajudem você a decidir pela contratação ou não de profissionais externos;
- localizar, selecionar e decidir quem contratar;
- sinalizar alguns cuidados necessários durante a fase de diagnóstico e contratação;
- reforçar a importância do acompanhamento dado pela área de T&D;
- enfatizar a relevância da avaliação dos resultados alcançados com o serviço contratado;
- evidenciar a corresponsabilidade do profissional de T&D e do fornecedor contratado com os resultados a serem alcançados.

Antes de redigir este capítulo, fiz uma ampla pesquisa na literatura disponível, visitei diversos sites e li inúmeros artigos sobre o tema. Fiz também uma pesquisa com vários profissionais e com fornecedores de serviços para T&D, a maior parte deles clientes e fornecedores da nossa empresa. Há 22 anos a Wec presta serviço a áreas de T&D, justamente buscando fornecedores que possam atender às necessidades de T&D dos seus clientes.

O que vocês irão ler, portanto, foi escrito a diversas mãos e retrata a experiência de organizações de variados portes e de fornecedores que atuam nas mais variadas áreas, ambos localizados em diferentes Estados do Brasil. Assim, sempre que me referir a *fornecedores*, entendam qualquer empresa ou profissional que preste qualquer tipo de serviço para T&D: cursos presenciais, cursos "in company", cursos a distância, consultoria, palestra, teatro de treinamento, treinamento experiencial ao ar livre, coaching, desenvolvimento de ferramentas de apoio e/ou outros serviços e produtos para T&D.

34.2 Colocando o *que* antes do *como*

São várias as demandas que nos levam a decidir pela contratação ou não de consultores externos. Afinal, como fazer para definir que ações de T&D deverão ser realizadas com recursos internos e quais delas com recursos externos?

Primeiro, defina *o que* precisa ser feito, qual a ação a ser realizada e, só depois, pense no modo adequado de fazê-la.

Muitas vezes somos levados pela pressão de tempo, de hierarquia, de resultados a pensarmos antes no *como* sem identificarmos claramente *o que* precisa ser feito e *para que* precisa ser feito. Como consequência, buscamos receitas prontas que agilizem a realização da atividade. Viramos *tarefeiros*, aceitamos como verdade e, sem questionar, saímos fazendo...

Imaginem a sua área de T&D como sendo uma "empresa" que presta serviços para diversos clientes — os "clientes internos". Para que a sua "empresa" seja bem-sucedida certamente precisará realizar diversas ações de treinamento. Porém, não será a quantidade de ações que você disponibilizará no mercado que irá fazer com que a sua empresa tenha sucesso. Certamente seus clientes ficarão mais satisfeitos se obtiverem os resultados desejados com o menor número possível de ações. Quantidade não é qualidade. Portanto, definir com clareza *o que* precisa ser feito e *para que*, será fundamental para se chegar ao *como* fazer.

Então, ao perceber os *sintomas*, procure identificar as causas e, com base nelas, defina os objetivos a serem alcançados com cada ação e como você poderá medir o resultado dessas ações.

Então, após definir a ação de T&D que deverá ser realizada, poderá analisar *com quem* deverá realizá-la: com colaboradores da sua empresa ou com fornecedores externos.

34.3 Para que as empresas contratam fornecedores externos?

As atividades de T&D desenvolvidas com recursos internos geralmente são mais voltadas a conteúdos técnicos diretamente relacionados ao negócio da empresa; já treinamentos comportamentais ou de gestão são realizados com recursos externos. Há uma tendência de ambos serem realizados com recursos internos para público-alvo operacional.

Empresas transnacionais geralmente precisam implementar nas suas unidades o que foi definido na matriz.

Em que momento, afinal, precisamos contratar fornecedores externos?

- *Para ajudar a pensar no futuro*: enquanto tentamos definir o futuro, ele já passou... O futuro acontece a todo instante; é sempre! Portanto, se pensar no futuro for um processo contínuo, trazer pessoas de fora, com vivências de outras organizações, conhecimento do mercado, atualização, com autoridade para questionar e instigar... este é o caminho.
- *Para superarmos os momentos de crise*: pacientes terminais muitas vezes recebem apenas medicação paliativa e as chances de cura, em geral, são muito pequenas. Mas se as crises não forem tão graves, a contratação de fornecedores externos é altamente recomendável, pois poderão trabalhar com maior habilidade as resistências que certamente surgirão.

Não contrate fornecedores externos por puro modismo, só porque é o tema da moda, porque as empresas estão fazendo, porque o consultor/palestrante é famoso, porque é o assunto do momento, porque seus concorrentes já fizeram ou porque a sua empresa quer ser a primeira a fazer e com isso se tornar notícia. Certamente agir dessa forma reforçará as queixas que frequentemente escutamos da direção e das demais áreas da empresa. Precisamos ter foco e gerar resultados positivos!

Veja a seguir algumas situações em que a contratação de fornecedores externos é altamente recomendada:

- realização de projetos que a organização não domina;
- transferência de conhecimento e tecnologia;
- processos de mudança organizacional;
- implementação de modelo de gestão;

- atuação com atividades terceirizadas;
- minimização de custos com processos de RH;
- apoio a processos decisórios;
- atuação em parceria;
- atuação nas estratégias da organização.

34.3.1 Vantagens e desvantagens de contratar fornecedores externos

Entre as vantagens para contratar fornecedores externos, temos:

- *Conhecimento e capacitação*: o contato com profissionais que são especialistas no assunto e que têm informações atualizadas do mercado possibilita ampliar e aprofundar conhecimentos e se conectar com novas realidades. Nos treinamentos, além do domínio do assunto, a melhor preparação didática é a utilização de novas técnicas e metodologias;
- *Experiências diversificadas*: por ter contato frequente com empresas de diferentes portes e segmentos, têm uma visão mais abrangente, podendo ajudar com novas ideias e soluções. A troca de experiências enriquecerá o debate e dará oportunidade de crescimento para os envolvidos;
- *Credibilidade*: existem situações em que os participantes dão mais crédito às propostas trazidas pelo consultor externo. Não é regra, mas o consultor externo tem autoridade reconhecida, afinal, como diz o ditado, "Santo de casa não faz milagres";
- *Isenção*: o consultor não está contaminado com a cultura da empresa, não está preso a conceitos preestabelecidos e traz um olhar amplo e multidisciplinar. Está, portanto, mais livre para analisar os fenômenos organizacionais, tratar de temas que possam trazer situações conflitantes entre áreas da empresa, e está isento — ou pelo menos deveria estar — de acordos e conchavos políticos;
- *Independência e autonomia para dizer a verdade*: têm autonomia para dizer a verdade, podendo questionar o óbvio e fazer análises críticas sem ter envolvimento funcional. Às vezes, funcionários com medo de represálias não expõem suas ideias, o que não acontece com fornecedores externos que trazem ideias "arejadas";
- *Visão de fora*: traz uma visão externa, um novo olhar sobre os fatos, o que possibilita ver o problema interno sob uma nova perspectiva, mais claramente, com uma análise não viciada;
- *Tempo/agilidade*: por ser o seu negócio, consegue ter maior velocidade de resposta, agilidade no desenvolvimento das atividades;
- *Network*: a participação em eventos abertos (seminários públicos) oferece a possibilidade de troca de informações e experiências com os palestrantes/instrutores e com outros profissionais de outras empresas presentes no evento;
- *Custos*: nos treinamentos ao ar livre, manter uma estrutura de equipamentos e profissionais para eventos esporádicos tem custo muito elevado;
- *Outros*: dedicação exclusiva à atividade; ajuda a compensar quadro enxuto da área de T&D; flexibilidade para se adaptar às mudanças solicitadas rapidamente; foco nos resultados.

Como desvantagens podemos citar:

- *Não conhecer o negócio da empresa*: como não vive a realidade da empresa, nem sempre tem o alinhamento necessário com os objetivos de negócios;
- *Custo*: investimento mais elevado, pois além do custo direto da contratação, pode envolver gastos com passagens, estadias etc. É importante ter claro que não estamos, neste momento, analisando o retorno do investimento;

- *Dúvidas sobre a escolha do profissional certo*: caso o processo de escolha não tenha tido critérios bem definidos, pode acontecer de o fornecedor escolhido não atender às expectativas;
- *Comprometimento*: o fornecedor deve estar comprometido com o resultado do trabalho contratado. Atitudes por parte do cliente como: "se der certo, eu acertei na escolha" ou "se der errado, a culpa é da consultoria" são muitas vezes reforçadas pela postura do fornecedor de "se julgar o dono do projeto". Agindo assim, o fornecedor alimenta o medo de assumir riscos, o que prejudica a todos os envolvidos. A postura do cliente somada à do fornecedor poderá resultar em outra situação ainda mais grave: o não comprometimento dos demais funcionários para com a sustentação do trabalho;
- Outros:
  a. não desenvolver a iniciativa do pessoal interno para a solução de problemas que estão ao seu alcance;
  b. criar dependência com relação ao fornecedor;
  c. a empresa ficar vulnerável por mostrar para um profissional externo a "sua cara", seus conceitos e informações confidenciais;
  d. focar mais na teoria do que na prática — nesse caso, certamente o erro vem de uma contratação malfeita.

34.3.2 Critérios que podemos utilizar para definir se a atividade deve ser realizada com recursos internos ou externos

Os critérios dependerão do segmento de mercado, do porte da empresa, da estrutura da área de T&D, do momento que a empresa está vivendo e de muitos outros fatores. Dessa forma, achei melhor relacionar algumas condições que poderão ser determinantes, ou pelo menos importantes, para que você possa decidir pela contratação, ou não, de recursos externos:

- *Disponibilidade e qualificação do pessoal interno*: existe pessoal interno que tenha o conhecimento e a experiência necessários, que esteja tecnicamente capacitado e atualizado para realizar a atividade? Para essa atividade, que metodologia ou que técnica deverá ser utilizada? Temos essa habilidade internamente?
- *Verba disponível*: qual o valor disponível para realizar a atividade? Qual o custo para realizar a atividade com fornecedores externos? Qual o custo para realizar com o profissional interno?
- *Conhecimento a ser transmitido*: qual conteúdo deverá ser abordado? Com que profundidade o assunto deverá ser tratado? É importante ampliar o tema utilizando experiências externas às da organização? Precisamos de novas ideias, de novas soluções, de renovação?
- *Tempo*: qual é o prazo para atender a demanda? Quanto tempo é necessário para preparar a atividade internamente? O profissional interno tem tempo disponível?
- *Retorno do investimento*: qual a relação custo-benefício em se ministrar internamente ou externamente? Compare os resultados utilizando recursos internos *versus* externos. Qual a melhor maneira para atingir os objetivos propostos?
- *Público-alvo*: quantas pessoas participarão? Quantas turmas? Qual a formação, experiência e tempo de empresa dessas pessoas? Qual é o grau de influência e contestação? Qual é a confiabilidade que os treinandos vão dar aos conteúdos ministrados sendo desenvolvidos internamente ou externamente?
- *Recursos*: temos condições para elaborar o material didático (no caso de treinamento) ou de apoio (para atividades de consultoria) com a qualidade e prazo necessários?

Temos a infraestrutura necessária? No caso de treinamentos experienciais ao ar livre e comportamentais, temos os recursos necessários para garantir a segurança física e emocional dos participantes?

- *Natureza da atividade*: qual o formato necessário? Teatro? Treinamento ao ar livre? Coaching?
- *Analise também*: o alinhamento do projeto com a estratégia do negócio; a qualidade desejada; a importância de o fornecedor externo não ter envolvimento com questões delicadas.

Já analisamos por que as empresas contratam fornecedores externos, as vantagens e desvantagens dessa contratação e os critérios que você poderá utilizar para definir pela contratação ou não de um desses fornecedores.

Muito bem, decididos pela contratação de fornecedores externos? Então vamos para o próximo passo.

34.3.3 Onde encontrá-los?

Na pesquisa que fizemos, identificamos as fontes de consulta de fornecedores mais utilizadas:

- *Internet*: pesquisas realizadas através de mecanismos de buscas;
- *Indicações*: do solicitante interno, dos seus pares, recomendação de colegas, de profissionais de outras empresas, de consultas feitas à sua rede de relacionamentos, de consultores e prestadores de serviços que atuam ou atuaram na empresa, de grupos de RH e de fornecedores de equipamentos industriais;
- *Serviços on-line de busca de fornecedores*: Portal Wec, banco de palestrantes etc.;
- *Instituições que são referências*: informações recebidas de associações de classe, instituições que são referência no assunto, universidades;
- *Participação em eventos*: palestras dadas por consultores em locais de circulação dos profissionais de T&D das empresas (congressos, seminários, simpósios etc.); participação em seminários, cursos abertos, feiras e eventos especializados;
- *Guias por setor e região*: listas de segmentos, guias especializados por setor e/ou região e guias de RH;
- *Relacionamento anterior*: ter tido experiência anterior bem-sucedida com a empresa fornecedora;
- *Revistas*: divulgação de artigos em revistas especializadas; anúncios e outras publicações;
- *Divulgações recebidas*: folders, e-mail marketing, portfólios, visitas de consultores;
- *Cadastro próprio*: cadastros mantidos pelas empresas com registros de instituições já conhecidas, referências internas de trabalhos bem e malsucedidos.

34.4 Encontrou muitas opções? E agora, como saber qual delas deve contratar?

Antes de qualquer coisa, esteja certo de que você sabe mesmo o que precisa, para somente depois procurar no mercado aquilo que realmente irá atender às suas necessidades.

Limite o número de opções para poder fazer uma análise mais criteriosa. Lembre-se de que o serviço de consultoria é intangível, você precisará tangibilizar: encontrar fatos, realizações, informações que o ajudem a tomar a decisão mais acertada.

O tempo e a profundidade de análise deverão ser diretamente proporcionais à relevância e extensão do serviço contratado e do impacto que ele terá para a sua organização. Procure analisar todos os dados disponíveis.

Antes de receber a proposta, consulte:

1. **O histórico e a situação do fornecedor**:

   a. O histórico de atuação da empresa: há quanto tempo atua no mercado, quem são seus clientes (ramo de atuação, porte), trabalhos realizados etc.

   b. Verifique a idoneidade e a credibilidade da empresa e dos seus profissionais.

   c. Certifique-se de que a empresa existe mesmo, que não é apenas um site, um celular e secretária eletrônica — consulte a documentação legal do fornecedor.

   d. Analise o site do fornecedor: currículos dos sócios e consultores, casos de trabalhos realizados, depoimento de clientes, áreas de atuação, qual é o foco de atuação — ou se "faz de tudo" etc.

   e. Certifique-se de que o fornecedor é consultor e não só *está* consultor. Executivos temporariamente desempregados podem ser adequados e competentes e geralmente têm experiência na área de sua especialidade, mas podem não possuir outros requisitos essenciais da atividade de consultoria. Estudantes recém-formados não possuem experiência no mercado e, tampouco, vivência em consultoria.

   f. Não se influencie pelo nome ou "grife" da consultoria, isso nem sempre é sinal de adequação.

   g. A estrutura que o fornecedor possui é um item relevante, mas nem sempre é determinante.

   h. Certifique-se que não existem queixas no Procon e/ou no Instituto de defesa do consumidor (Idec).

2. **Referências**:

   Procure conhecer trabalhos já realizados por este fornecedor.

   a. Verifique outros clientes para os quais ele tenha realizado trabalhos similares, busque referências e depoimentos dos clientes deste fornecedor. Procure saber sobre:

   - os trabalhos realizados e os resultados obtidos;
   - o conhecimento e a atualização do profissional que conduziu a atividade;
   - a postura do fornecedor, ética, profissionalismo, comprometimento, flexibilidade, organização e pontualidade;
   - o relacionamento com a equipe interna responsável pelo projeto;
   - o acompanhamento dado pós-projeto;
   - a didática, a metodologia utilizada, o domínio na condução de grupos, a adequação da carga horária ao conteúdo proposto (isso pode ser feito quando estiver avaliando a condução de seminários);
   - a satisfação do cliente (observe que se o cliente já contratou várias vezes um mesmo fornecedor é porque ficou satisfeito com o serviço);
   - as recomendações gerais (finalmente, certifique-se de que esse cliente recomenda que você contrate esse fornecedor para sua empresa).

   b. Solicite relatórios de eficiência (reação) e, se possível, de eficácia (resultados), de turmas já realizadas do curso a ser contratado. Atenção, se o curso for *in company* (fechado para sua empresa), os relatórios deverão ser de cursos com esse formato e não "aberto" (seminários públicos).

   c. Pesquise sobre quantidade de treinamentos realizados sobre o tema escolhido e a frequência desse atendimento.

d. Solicite referências de trabalhos que, na opinião do fornecedor, não tenham sido bem-sucedidos. Por quê? Todos nós temos no nosso histórico trabalhos que não aconteceram como planejado, que deixaram nossos clientes insatisfeitos e que não trouxeram os resultados esperados. O que nos diferencia é como lidamos com o erro, com o insucesso. O que esse fornecedor fez para "corrigir" o erro ou para "compensar" os seus clientes? Normalmente, aprendemos mais com os erros do que com os acertos. Por isso, é importante saber o que aprendeu, o que mudou na sua forma de atuação depois disso.

e. Verifique se o fornecedor é associado ao Instituto Brasileiro de Consultores de Organização (IBCO), isso lhe dará a segurança de que o fornecedor segue o Código de Ética do Instituto.

f. Confirme se o fornecedor tem o "Selo de Qualidade Wec", concedido somente a fornecedores aprovados pelo rígido processo de avaliação para ingressarem como fornecedores de conteúdo do Portal Wec.

3. **O perfil e capacitação dos profissionais envolvidos**:

Analise o perfil dos profissionais que estarão conduzindo o trabalho:

a. Formação.

b. Grau de conhecimento teórico e prático do assunto em questão.

c. Experiências anteriores, tempo de atuação no mercado e empresas anteriormente atendidas.

d. Habilidade de condução.

e. Atualização — participação de feiras, congressos, seminários nacionais e internacionais, publicação de livros e artigos.

f. Capacidade do seu quadro de instrutores (quando o projeto necessitar da participação de vários profissionais).

4. **Capacidade de customizar o serviço:**

Sempre que você precisar de uma proposta sob medida, verifique se o fornecedor já traz uma solução pronta ou se ele se dispõe a conhecer a sua realidade e levantar os dados necessários para apresentar uma proposta adequada à demanda.

Ao receber a proposta, verifique:

1. *A consistência e a qualidade da proposta*: verifique a qualidade e apresentação da proposta; confira se o conteúdo atende ao objetivo proposto, à qualidade e ao aprofundamento desejados; certifique-se da coerência das etapas propostas, do cronograma e dos prazos; avalie a *expertise* da organização para conduzir o projeto utilizando a metodologia proposta.
2. *A relação custo-benefício da proposta apresentada*: evite contratar o menor preço; o preço deve ser consequência da proposta apresentada. O importante é analisar o retorno do investimento que será realizado.
3. *O atendimento*: avalie velocidade, prontidão e cordialidade do atendimento realizado; verifique, se necessário, como será realizado o atendimento após o término do projeto.
4. *Nas atividades ao ar livre*: busque garantias de segurança dos participantes (equipamentos e equipe técnica) e se é desenvolvido focado nos objetivos de desenvolvimento e não somente da atividade em si.

> Importante: sempre dê retorno para o fornecedor que enviou uma proposta atendendo a sua solicitação, seja ela vencedora ou não. Lembre-se de que o fornecedor pode ter bloqueado datas e precisará liberar a sua agenda. Tenha pelo fornecedor o respeito que você gostaria que eles tivessem com você.

Ótimo! E agora? É só redigir o contrato? Infelizmente, não. A fase de contratação exige alguns cuidados vitais para o bom andamento do trabalho contratado.

34.5 Atenção aos cuidados necessários

34.5.1 Para solicitar a proposta

A qualidade do trabalho do consultor depende muito do cliente, portanto, esta etapa é fundamental para garantir que o trabalho contratado possa trazer os resultados esperados.

Antes de chamar o fornecedor para conversar sobre o trabalho desejado, certifique-se de que você conhece o negócio da sua empresa e de que compreende a necessidade do seu cliente interno. Enxergando a maior parte das questões envolvidas poderá apresentar com mais clareza o que precisa ser feito e os resultados desejados. Essa preparação prévia lhe dará a segurança necessária para analisar as propostas recebidas e para sugerir a alteração de assuntos propostos e a inclusão de temas e exemplos próprios da realidade da sua empresa.

Devem estar presentes nas reuniões aqueles que procuram o consultor (geralmente a área de RH) e os executivos da área cliente (para quem o trabalho será feito). As pessoas que farão contato com o consultor devem ter competência técnica para analisar e aprovar o trabalho proposto.

Seja transparente com o fornecedor, deixe claro quais são os verdadeiros objetivos da contratação, defina com nitidez o escopo do projeto e solicite informações consistentes sobre como serão abordados. Diga ao fornecedor o que já deu errado com outros fornecedores contratados.

Quando precisar contratar cursos sob medida para a sua organização, lembre-se de que, para customizar, o fornecedor precisa de tempo para planejar, executar e avaliar o evento. No planejamento o fornecedor deverá reservar tempo para conhecer a empresa, a situação "problema", identificar casos que possam ser trabalhados durante o evento e buscar indicadores para que, após a execução, seja possível avaliar os resultados. Portanto, entenda que isso exigirá de você um investimento maior de tempo e de dinheiro. Normalmente, as empresas querem contratar apenas a execução e isso só é possível para cursos de "prateleira".

Na análise da proposta e na definição das cláusulas do contrato, verifique:

- se a proposta é compatível com a necessidade diagnosticada;
- a consistência entre o que está na proposta e o que foi solicitado durante a reunião de contratação;
- se tudo o que você indicou está escrito na proposta (peça mais detalhes);
- se após a conclusão do projeto sua empresa será capaz de dar sustentação ao projeto com autonomia.

Não aceite e nem acredite em tudo o que está escrito, desconfie de soluções milagrosas: certifique-se de que os objetivos compromissados são realistas e compatíveis com a proposta apresentada.

Avalie se a equipe interna que fará parte do projeto é adequada e se os fornecedores seniores que você solicitou estarão efetivamente alocados nele até o fim. Peça ao fornecedor que registre, no contrato, o nome dos consultores que deverão conduzir os trabalhos, afinal, é nele que as regras do jogo deverão estar bem definidas.

No caso de cursos experienciais ao ar livre, observe se os instrutores e os monitores de atividades são socorristas experientes e aptos a lidar com emergências ao ar livre, com cursos de no mínimo 32 horas, validados a cada dois anos; verifique também se a organização segue um *Protocolo de Segurança* adequado e se desenha um *Plano de Emergência* específico para cada programa.

Observe se há alinhamento entre o discurso da empresa contratante e o do fornecedor.

Antes da implantação de programas abrangentes e de alto impacto, recomenda-se fazer um programa-piloto acompanhado por pessoas-chave escolhidas pelo contratante (RH e área cliente). Depois do piloto, poderão ser feitas adaptações e correções necessárias, garantindo, assim, uma maior eficácia do programa e um maior comprometimento da equipe envolvida.

Negocie com o fornecedor a inclusão de uma sistemática de avaliação e de acompanhamento dos resultados por um determinado período após a conclusão da atividade.

> Não imagine que a consultoria é a solução para tudo, seja parceiro e corresponsável pelos resultados positivos e negativos.

34.6 Preparando-se para iniciar a atividade

Dê apoio na hora de contratar as instalações e os recursos necessários para a realização do treinamento ou para reuniões e/ou trabalhos de grupo.

Faça um checklist das ações necessárias para que tudo esteja preparado antes do evento; muitas vezes questões periféricas como local, almoço e *coffee break* acabam prejudicando o andamento das atividades e interferindo nos resultados.

> Alguns pontos para lembrar:
> - Logística do instrutor: passagens, estadia, translado.
> - Instalações: reserva da sala, composição das mesas, ar-condicionado, reserva de equipamentos, som, salas de apoio etc.
> - Material: apostilas, pastas, blocos de rascunho, caneta, avaliação de conhecimento, avaliação de reação, lista de presença, materiais de dinâmicas e outros.
> - Alimentação: almoço, *coffee break*.
> - Infraestrutura: banheiros, transporte para os participantes etc.
> - Como evitar interrupções e/ou programar horários para resolver assuntos urgentes.
> - Diga aos participantes o que será feito antes da atividade, quais os objetivos e o que se espera deles, com antecedência, para que possam providenciar informações e materiais necessários. Defina com eles os horários de início e término das atividades e os espaços para resolverem assuntos considerados "urgentes".

34.6.1 Acompanhando a realização da atividade

Reserve um pouco do seu tempo para o consultor, ele só poderá fazer um bom trabalho se conhecer melhor a sua empresa e a situação ou problema que motivou a sua contratação.

Estabeleça pontos de controle, indicadores, fases e etapas. Acompanhe de perto o andamento dos trabalhos, a metodologia e os resultados obtidos. Não abdique do controle de decisões que envolvam a sua empresa.

Comunique o fornecedor caso surjam mudanças de planos que alterem ou cancelem a programação, assim ele poderá reprogramar a sua agenda.

34.6.2 Avaliando a atividade realizada

Todas as ações de T&D devem ser avaliadas. A profundidade e a extensão dessa avaliação dependerão da abrangência do projeto.

Estão lembrados de que falei da importância das fases de negociação e de contratação? Pois é, quando o escopo do trabalho e os indicadores foram bem definidos nessa fase, avaliar os resultados obtidos após o término da atividade é uma consequência natural.

Caso você tenha negociado com o fornecedor a inclusão de uma sistemática de avaliação e de acompanhamento dos resultados, então é só seguir o que foi estabelecido.

Já nos treinamentos devem ser realizadas as avaliações de aprendizagem (cursos técnicos), de reação (após o término do treinamento) e de eficácia (para verificar os resultados alcançados). Apesar de não ser uma prática, é importante que o fornecedor receba relatórios dessas avaliações. Assim, você estará ajudando a aprimorar o trabalho realizado por esse fornecedor e garantindo um resultado superior numa próxima contratação.

Nos projetos mais longos, faça reuniões com o fornecedor e busque realizar os ajustes necessários a fim de melhorar o desempenho e o resultado do trabalho. Dê feedback ao fornecedor, mas lembre-se de quantificar, exemplificar os problemas ou acertos; cuide da privacidade; seja assertivo e não tenha medo de elogiar ou de dizer o que não está bom e, principalmente, tenha o desejo sincero de colaborar.

> Lembre-se: quem realmente quer ajudar alguém fala o que é preciso dizer para essa pessoa, e não fala dessa pessoa para os outros.

Existem fornecedores que se reúnem com a sua equipe após cada trabalho realizado, avaliam a atividade e seus resultados e elaboram um relatório para apresentar ao cliente. Segundo relato de alguns fornecedores que responderam à nossa pesquisa, nem sempre o cliente faz questão dessa informação e muitos afirmam que seus clientes recebem o resultado, mas não o analisam.

É importante valorizarmos essas informações, pois são elas que nos darão as condições de medirmos os resultados alcançados pela área de T&D. São elas também que mostrarão o impacto das nossas ações e não os relatórios que apenas mostram a quantidade de ações realizadas e de pessoas treinadas.

34.7 Terceirização da área de T&D

Os profissionais de T&D estão sendo cada vez mais exigidos pelas suas organizações. É importante termos claro quais são as atribuições da área: desenvolver pessoas? Buscar soluções para treinamentos técnicos demandados pelos clientes internos? Cuidar da cultura e do clima organizacional? Integrar novos colaboradores? Buscar e desenvolver novos talentos para ocuparem cargos gerenciais? Preparar lideranças garantindo o plano de sucessão? Registrar, armazenar e fazer a gestão das informações? Disseminar o conhecimento? Atender às demandas de clientes e fornecedores?

Afinal, o que de fato é foco da área de T&D, o que trará resultados para o negócio? O que podemos terceirizar? Que sistema poderá ser implantado para automatizar alguns processos e facilitar as ações do dia a dia? O que não pode ou não deve ser delegado para terceiros? Afinal, se os gerentes são realmente responsáveis pelo desenvolvimento dos seus colaboradores, o que cabe a eles e o que a área de T&D pode e deve fazer para apoiá-los?

Então, qual o ponto de equilíbrio? Terceirizar toda a área de T&D, parte dela ou não terceirizar?

Não tenho a resposta. Certamente isso dependerá da estrutura, do momento e do foco de cada organização. O que se pode dizer, com certeza, é que a terceirização é uma tendência irreversível e que já está sendo realizada por diversas empresas no exterior e algumas no Brasil.

O que se percebe, nitidamente, é que as empresas começam terceirizando ações rotineiras e operacionais, como: editoração eletrônica, reprodução de material didático, locação de recursos audiovisuais, locação de salas de treinamento, agências de viagem, contratação de sistemas informatizados, contratação de serviços de *buffet*, entre outras.

Algumas empresas terceirizam determinadas ações, contratando pessoas e trazendo-as para atuarem, dentro das suas organizações, como terceiros, para: identificar fornecedores, realizar inscrição em cursos, solicitar proposta a fornecedores, fazer a tabulação das avaliações etc.

Posteriormente, passam a terceirizar o levantamento de necessidades de T&D, o mapeamento de competências, a elaboração de material didático, algumas ações do programa de integração de novos funcionários, o treinamento de clientes para utilização/operação de seus produtos, a criação de programas de e-learning etc.

Na terceirização das ações mencionadas nos dois parágrafos anteriores, chamo a atenção para alguns cuidados fundamentais:

- No início deste capítulo falei da importância de estabelecer critérios para identificar e escolher fornecedores — a escolha errada comprometerá todo o programa.
- Não basta quantificar os resultados das avaliações, o mais importante e que não pode e nem deve ser delegado é a análise dessas avaliações. Quantificar e não analisar é perda de tempo.
- Muitas áreas de T&D já realizam as atividades citadas no parágrafo anterior através da contratação de fornecedores. Isso não é terceirização. Terceirizar essas ações é deixar com terceiros a responsabilidade por realizá-las sempre que existir demanda.
- Você poderá utilizar, com os terceiros, os mesmos critérios que utilizamos para escolher, contratar e acompanhar fornecedores.

Em minha opinião, a área de T&D deve terceirizar aquelas ações que não justificam serem "medidas" ou que demandam um volume excessivo de trabalho repetitivo ou atividades que trarão baixo impacto para a organização. Dessa forma, poderá passar para os seus terceiros a responsabilidade por medir e avaliar os resultados das ações pelas quais ficarão responsáveis, e terá o tempo que necessita e do qual hoje não dispõe, para realizar, acompanhar, medir e, finalmente, mostrar que ações de T&D realizadas com profissionalismo e competência trazem, sim, resultados fantásticos para as organizações.

34.8 Conclusão

Nesses últimos 28 anos, tenho atuado diretamente com T&D: foram seis anos gerenciando a área de T&D da Hering Têxtil e, nos últimos 22 anos, dirigindo a Wec Desenvolvimento Empresarial, que presta serviços para a área de T&D na busca e avaliação de fornecedores.

Percebo, nitidamente, que quando um fornecedor de reconhecida competência, que foi contratado para um programa de treinamento, uma atividade de consultoria, uma palestra ou qualquer outra ação de T&D, não trouxe os resultados esperados, dificilmente a falha foi só do fornecedor. Geralmente, fornecedor e cliente falharam.

Podemos citar aqui, com grande pertinência, o título do livro dos consultores Luiz Augusto Costacurta Junqueira e Célia Marchioni (que listo nas referências bibliográficas deste capítulo): *Cada empresa tem o consultor que merece.*

Num primeiro momento ficamos chocados, não é? Porém, se seguirmos todos os passos e cuidados sugeridos neste capítulo, dificilmente nossas ações terão resultados ruins. Certamente as nossas empresas terão os fornecedores que merecem: *os melhores*!

E, tenham a certeza de que esses consultores também irão considerá-los como seus *melhores clientes*!

Referências bibliográficas

BLOCK, P. *Consultoria*: o desafio da liberdade. 1. ed. São Paulo: Makron, McGraw-Hill, 1991.

BOSSIDY, L. *Desafio*: fazer acontecer. 2. ed. Rio de Janeiro: Campus, 2002.

BOOG, G.; BOOG, M. (Coords). *Manual de gestão de pessoas e equipes*: estratégias e tendências. v. 1. 1. ed. São Paulo: Gente, 2002.

______. *Manual de treinamento e desenvolvimento ABTD*. 3. ed. São Paulo: Makron Books, 1999.

DONADIO, M. *Treinamento e desenvolvimento total*: ensinando as empresas a aprender. 2. ed. Rio de Janeiro: Qualitymark, 1999.

JUNQUEIRA, L. A. C.; MARCHIONI, C. *Cada empresa tem o consultor que merece*: como otimizar as relações entre clientes e consultores. 1. ed. São Paulo: Gente, 1999.

LEME, R. *Aplicação prática de gestão de pessoas*: mapeando treinamento, seleção, avaliação e mensuração de resultados de treinamento. 1. ed. Rio de Janeiro: Qualitymark, 2005.

ORLICKAS, E. *Consultoria interna de Recursos Humanos:* conceitos, cases e estratégias. 1. ed. São Paulo: Makron Books, 1998.

PALMEIRA, C. G. *ROI em treinamento:* dicas de como mensurar o resultado financeiro das suas ações de treinamento. 1. ed. Rio de Janeiro: Qualitymark, 2004.

SAVIOLI, N. *Fracassos em RH:* e como se transformaram em casos de sucesso. Rio de Janeiro: Qualitymark, 2003.

SCHAAN, M. H. *Avaliação sistemática de treinamento*: guia prático. 1. ed. São Paulo: LTR, 2001.

ULRICH, D. *Recursos humanos estratégicos*. 1. ed. São Paulo: Futura, 2000.

Sites indicados

www.ibco.org.br
www.rh.com.br
www.hr.com
www.abtd.com.br
www.astd.org
www.shrm.org
www.consultores.com.br
www.guiarh.com.br
www.feirasdobrasil.com.br
www.rhcentral.com.br
www.relatoriorh.com.br
www.dsgconsult.com.br
ww.foxperformance.com
www.convergys.com
www.topcompetence.com.br
www.inatel.br
www.abntcb25.com.br/docorient1.pdf
http://www.institutomvc.com.br/web-2/Autodiagn%C3%B3stico/como_voce_avalia_as_propostas_que_recebe.htm
www.elearningbrasil.com.br
www.wec.com.br

Revistas indicadas

Melhor RH
Revista T&D
Você RH
HSM Management
Gestão & RH
Exame

Cirlene Werneck do Carmo

Sócia-diretora da Wec Desenvolvimento Empresarial, empresa de atuação nacional que identifica, avalia e provê informações sobre fornecedores que possam atender às necessidades de T&D das empresas assinantes do serviço disponibilizado em seu portal na Internet. Formada em Psicologia pela Universidade Federal do Paraná, obteve seu MBA em Team Management pelo ISAE/FGV--PR. Certificação em Coaching pela Academia Brasileira de Coaching e Executive Coaching pela Sociedade Latino Americana de Coaching (Slac). Foi Presidente da Diretoria Executiva da ABRH-PR na Gestão 2000-2001, Presidente do Conselho Deliberativo da ABRH-PR na Gestão 2002-2003, Vice-Presidente de Treinamento e Desenvolvimento da ABRH Nacional na Gestão 2007-2009 e, atualmente, é membro do Conselho Deliberativo da ABRH-PR. Em agosto de 2009, recebeu o prêmio Mérito ABRH conferido pela ABRH Nacional pela coordenação do Projeto de Certificação do Profissional de RH, e em fevereiro de 2013 o título Empreendedor em RH conferido pela Gestão RH. Desde 2008 faz parte do comitê de avaliação do prêmio Ser Humano de SC.

Tel.: +55 41 3336-3266
E-mail: cirlene@wec.com.br
Site: www.wec.com.br

capítulo 35

Sistema oficial de apoio ao T&D

José Luiz Ricca

35.1 Objetivos

Neste capítulo apresentamos um panorama da relação entre as várias fases do desenvolvimento econômico nacional e a evolução do sistema educacional voltado ao mundo do trabalho.

Abordamos mais detalhadamente o momento atual do T&D, incluindo os vários agentes públicos e privados que dele participam, como as entidades que compõem o sistema "S" (Senac, Senai, Senar, Senat, Sescoop e Sebrae), em especial, que acompanham os novos tempos impostos pelo século do conhecimento e instituem cursos diferenciados que capacitam a "engrenagem" mais importante — o ser humano — dessa evolução.

Discorremos ainda sobre o significado do empreendedorismo como fonte de oportunidade no novo contexto de desenvolvimento, que vem caracterizando as novas propostas de trabalho do século XXI.

35.2 Introdução

> O ensino técnico especializado organizou-se no Brasil como reflexo do nosso desenvolvimento político, econômico, humano e social. Nesse processo, a ação governamental teve, desde suas origens e no decorrer dos séculos, papel relevante.
>
> José Luiz Ricca

Antes de iniciar uma pequena viagem pelo mundo do T&D apoiado pelo sistema oficial, apresentamos uma história real, exemplo revelador da importância de capacitar pessoas para gerar o ciclo virtuoso do crescimento econômico e social.

Há algum tempo, um grupo de mulheres moradoras da periferia de São Paulo procurou agentes da Secretaria do Emprego e Relações do Trabalho (SERT) com um desafio: queriam ser as melhores domésticas de São Paulo, as "domésticas do Morumbi". Desafio aceito, iniciou-se o processo de capacitação. Em uma das primeiras etapas, elas deveriam operar um aparelho de micro-ondas e o facilitador as convidou a ler o manual de instruções. Surpresa: elas não sabiam ler.

Engana-se quem acredita que isso destruiu o sonho daquelas bravas guerreiras. No final de quatro meses adquiriram conhecimento relativo a dois anos de ensino formal. Além de terem aprendido a ler e se tornado domésticas especializadas, o Programa Aprendendo a Aprender, desenvolvido pela SERT, elevou-as a um novo patamar: agora já não bastava ser a melhor doméstica, cada uma delas queria uma vida melhor, mais independente. Foi aí que surgiu a semente de uma cooperativa de prestadoras de serviços domésticos. Elas ganharam mais que alfabetização e capacitação em atividades domésticas: resgataram sua cidadania e libertaram seu espírito empreendedor.

Informação aplicada à necessidade constrói o "conhecimento", palavra que nos dicionários é descrita como ato de incorporação de informações, suporte fundamental para um processo de produção novo, baseado não mais no trabalho braçal e repetitivo, e sim no pensar, no interagir.

35.3 Histórico

Para entender o atual sistema de educação profissionalizante no Brasil, precisamos voltar um pouco no tempo e considerar as bases que deram forma ao ensino técnico no país.

A educação profissional no Brasil, desde suas origens, sempre foi reservada às classes menos favorecidas, numa nítida distinção entre aqueles que produziam o saber (ensino secundário, normal e superior) e os que executavam tarefas voltadas ao mundo do trabalho (ensino profissional).

A origem de tal distinção remonta ao período colonial, época em que se iniciou, ainda na primeira metade do século XVI, o uso do trabalho escravo na produção de açúcar. O pensamento dominante da época, de forma irracional e preconceituosa, relacionava as habilidades manuais a algo menos nobre. Logo, destinavam as tarefas manuais aos escravos. Essa herança colonial é um dos indicadores capazes de nos mostrar como o conceito de trabalho associado à escravidão influenciou os sistemas de educação e formação profissional no Brasil.

O primeiro esforço governamental em direção à profissionalização no Brasil ocorreu em 1809, quando D. João VI criou o Colégio das Fábricas, após a suspensão da proibição do funcionamento das indústrias manufatureiras. Em 1816, buscou-se articular o ensino das ciências e do desenho com os ofícios mecânicos, em uma proposta de criação de uma Escola de Belas Artes. Embora voltados aos menos favorecidos e com o mesmo traço assistencial, tanto o Colégio das Fábricas como a Escola de Belas Artes dão a marca para dois mundos da formação profissional que se vivenciou no país por mais de um século.

De um lado, a formação ligada ao mundo do trabalho, inspirada na aprendizagem tradicional, para aqueles que ficariam cada vez mais distantes dos diplomas escolares. Do outro, a formação profissional com visão mais acadêmica, inspirada nas artes e ofícios, e que permitia o acesso aos conhecimentos técnico e tecnológico dentro das estruturas da diplomação escolar, mas que se afastava de seu objetivo: a direção dos trabalhadores para o mercado de trabalho.

De acordo com artigo do professor Francisco Aparecido Cordão (2004), as primeiras propostas inovadoras da educação profissional datam de 1906:

> Nesse ano, o ensino profissional passou a ser atribuição não mais dos órgãos de assistência social e de proteção aos órfãos e menores abandonados, mas sim do Ministério da Agricultura, Indústria e Comércio. Consolidou-se, então, uma política de incentivo ao desenvolvimento do ensino comercial, industrial e agrícola. Foi incentivada a criação de escolas comerciais, públicas e privadas, como, por exemplo, a Fundação Escola de Comércio Álvares Penteado, em São Paulo, e outras tantas públicas, em Estados como Rio de Janeiro, Brasília, Pernambuco e Minas Gerais. Foram criados também liceus de artes e ofícios para atendimento prioritário ao ensino industrial e, ainda, escolas agrícolas, destinadas à formação de chefes de cultura, administradores e capatazes.

Os ferroviários instalaram várias escolas de oficinas para a formação de profissionais, tornando-se os pioneiros da organização do ensino profissional no início do século XX.

Com a Era Industrial a todo vapor e o desafio de criar mão de obra qualificada para consolidar o setor no Brasil (ainda incipiente), em 1937, o presidente Getúlio Vargas outorgou uma nova Constituição Brasileira. Ela previa, em seu artigo 129, a existência de "escolas vocacionais e pré-vocacionais", como um "dever do Estado" para com as "classes menos favorecidas", o que deveria ser cumprido com a colaboração das indústrias e dos sindicatos econômicos, as chamadas "classes produtoras".

Era corrente na época a crença de que, sem educação profissional, seria impossível desenvolver e sustentar a indústria brasileira. Inspirada na experiência bem-sucedida do Centro Ferroviário de Ensino e Seleção Profissional (CFESP), os dirigentes da Confederação Nacional da Indústria (CNI) e da Federação das Indústrias do Estado de São Paulo (Fiesp) idealizaram uma solução análoga para o parque industrial nacional.

Com o espírito de formar o trabalhador brasileiro para o novo desafio imposto pela crescente industrialização, em 1942, por meio do Decreto 4.048, o presidente Getúlio Vargas criou o Serviço Nacional de Aprendizagem Industrial (Senai).

Em 1946 foi criado o Serviço Nacional de Aprendizagem Comercial (Senac). Além do ensino comercial do sistema regular, a entidade inovou ao criar, em 1947, a Universidade do Ar, que ministrava cursos comerciais pelo rádio.

A equiparação do ensino profissional com o ensino acadêmico só se deu com a promulgação da primeira Lei de Diretrizes e Bases da Educação, em 1961, quando se tentou pôr fim à velha dualidade entre o ensino para as elites e o ensino para os "desvalidos da sorte". Em 1971, buscou-se introduzir a profissionalização generalizada no ensino médio, então denominado segundo grau. As escolas de segundo grau, entretanto, continuaram a privilegiar nas suas grades curriculares o ensino acadêmico, às vezes, acompanhado de um arremedo de profissionalização.

A dicotomia permaneceu: de um lado, as escolas Senai e Senac, preocupadas mais com as especificidades das ocupações dentro da visão taylorista/fordista; de outro, o surgimento das escolas técnicas oficiais, com a pseudoprofissionalização. Essas escolas técnicas desenvolveram um ensino de bom nível, no entanto, seus egressos dirigiram-se mais para a universidade do que para o mercado de trabalho.

Além da educação profissional, em meados da década de 1960, o governo federal decidiu investir nos pequenos negócios. Em alguns Estados do Nordeste surgiram os Núcleos de Assistência Industrial (NAIs), para dar assistência gerencial às empresas de pequeno porte. Era o embrião do sistema Sebrae, que veio a surgir em 1972 como forma de alavancar o processo de desenvolvimento do Brasil por meio de orientação especializada em gestão empresarial aos donos de pequenos empreendimentos. Consolidando essa experiência, em 1977 foi criado o Centro Brasileiro de Assistência Gerencial à Pequena Empresa (Cebrae).

Os anos 1970 e 1980 trouxeram mudanças profundas no cenário político, econômico e cultural, com transições importantes; na economia, passou-se do processo mecânico de produção (de escala) para o modelo de acumulação flexível; na política, o estado centralizador cedeu espaço para medidas de desregulamentação e abertura política; e o mundo cultural surgiu com novas configurações pós-modernistas. Esse novo quadro trouxe mudanças, como a flexibilidade na organização do trabalho, a exigência de trabalhadores polivalentes e a distinção do conhecimento como fator de inclusão no novo modelo de desenvolvimento.

35.3.1 Acadêmico *versus* técnico

Com as mudanças do rumo da economia e a necessidade de formar uma inteligência industrial nacional, a educação profissional, comprometida com resultados de aprendizagem e desenvolvimento de competências, ganhou espaço numa tendência de busca de equilíbrio com o ensino acadêmico.

Aparentemente, essa mudança de foco pode parecer simples, mas o conjunto de demandas com relação às escolas e instituições de educação profissional é um processo complexo e exigente:

envolve pesquisas, planejamento, utilização e avaliação de métodos, processos, conteúdos programáticos, arranjos didáticos e modalidades de programação em função de resultados. Nesse cenário, o debate sobre a importância de reformular a base do ensino chegou até os órgãos públicos.

No mesmo ano em que foi promulgada a nova Constituição Federal, que contempla a educação profissional sob a ótica de dois direitos fundamentais do cidadão, a saber, educação e trabalho, iniciaram-se os debates no Congresso Nacional em torno da segunda Lei de Diretrizes e Bases da Educação Nacional (LDB), aprovada e sancionada em dezembro de 1996 (Lei Federal 9.394).

A nova LDB revogou explicitamente a anterior e todas as suas emendas e reformas, bem como dedicou um capítulo especial à educação profissional — o capítulo III do título V, que trata "dos níveis e das modalidades de educação e ensino". Ela define a educação profissional como "integrada às diferentes formas de educação, ao trabalho, à ciência e à tecnologia", com o fim de conduzir "ao permanente desenvolvimento de aptidões para a vida produtiva" (artigo 39). Essa "educação profissional será desenvolvida em articulação com o ensino regular ou por diferentes estratégias de educação continuada, em instituições especializadas ou no ambiente de trabalho" (artigo 40).

"O ensino médio, etapa final da educação básica" (artigo 35, *caput*), tem como finalidades precípuas "a consolidação e o aprofundamento dos conhecimentos adquiridos no ensino fundamental, possibilitando o prosseguimento de estudos" (inciso I); "a preparação básica para o trabalho e a cidadania do educando, para continuar aprendendo, de modo a ser capaz de se adaptar com flexibilidade a novas condições de ocupação ou aperfeiçoamentos posteriores" (inciso II); "o aprimoramento do educando como pessoa humana, incluindo a formação ética e o desenvolvimento da autonomia intelectual e do pensamento crítico" (inciso III); "a compreensão dos fundamentos científico-tecnológicos dos processos produtivos, relacionando a teoria com a prática, no ensino de cada disciplina" (inciso IV), atendida a diretriz de "formação geral do educando, poderá prepará-lo para o exercício das profissões técnicas" (§ 2º do artigo 36). Todos "os cursos do ensino médio terão equivalência legal e habilitarão ao prosseguimento de estudos" (§ 3º do artigo 36). Tanto a preparação geral para o trabalho e a cidadania quanto, "facultativamente, a habilitação profissional poderão ser desenvolvidas nos próprios estabelecimentos de ensino médio ou em cooperação com instituições especializadas em educação profissional" (§ 4º do artigo 36).

Está no parágrafo único do artigo 39 da LDB: "O aluno matriculado ou egresso do ensino fundamental, médio e superior, bem como o trabalhador em geral, jovem ou adulto, contará com a possibilidade de acesso à educação profissional". Todo "o conhecimento adquirido na educação profissional, inclusive no trabalho, poderá ser objeto de avaliação, reconhecimento e certificação para prosseguimento ou conclusão de estudos" (artigo 41).

A LDB dispõe, ainda, que "os diplomas de cursos de educação profissional de nível médio, quando registrados, terão validade nacional" (parágrafo único do artigo 41) e que "as escolas técnicas e profissionais, além dos seus cursos regulares, oferecerão cursos especiais, abertos à comunidade, condicionada a matrícula à capacidade de aproveitamento e não necessariamente ao nível de escolaridade" (artigo 42).

Essas significativas mudanças contribuíram para a adoção de uma visão global do conhecimento. O modelo permite a flexibilidade necessária às demandas exigidas pelo processo de evolução técnica e tecnológica.

Apresento a seguir algumas contribuições do professor Francisco Aparecido Cordão (2005), que teve participação relevante nesse processo:

> [...] estão sendo implantadas novas diretrizes no sistema público de educação profissional, associadas à reforma do ensino médio. Prevê-se que a educação profissional, sob o ponto de vista operacional, seja estruturada nos níveis Básico — independentemente do nível de escolarização do aluno —, Técnico — complementar

> ao ensino médio e tecnológico —, Superior de graduação ou de pós-graduação. Prevê-se, ainda, a integração desses dois tipos de formação: a formal, adquirida em instituições especializadas, e a não formal, adquirida por meios diversos, inclusive no trabalho. Estabelece para isso um sistema flexível de reconhecimento de créditos obtidos em qualquer uma das modalidades e certifica competências adquiridas por meios não formais de educação profissional. É importante também considerar que a oferta de educação profissional é responsabilidade igualmente compartilhada entre o setor educacional, o Ministério do Trabalho, secretarias do trabalho, serviços sociais do comércio, da agricultura e da indústria e os sistemas nacionais de aprendizagem. Os recursos provêm, portanto, de múltiplas fontes. É necessário também, e cada vez mais, contar com recursos das próprias empresas, que devem financiar a qualificação de seus trabalhadores, como ocorre nos países desenvolvidos. A política de educação profissional é, portanto, tarefa que exige a colaboração de múltiplas instâncias do Poder Público e da sociedade civil.

O mês de outubro de 1999 foi outro marco histórico para as mudanças estruturais no ensino, inclusive o profissional. Nessa data, a Câmara de Educação Básica do Conselho Nacional de Educação aprovou parecer de autoria do professor Cordão (2005), resultado do trabalho de uma comissão especial formada pelos conselheiros Fabio Luiz Marinho Aidar e Guiomar Namo de Mello. Nesse parecer, o autor enfoca:

> Não há como fugir dessa evidência: o momento, agora, é o de se investir prioritariamente numa educação básica que capacite o cidadão para uma aprendizagem autônoma, contínua e permanente, tanto no que se refere às competências cognitivas, afetivas e psicomotoras, essenciais a todos os cidadãos, quanto no que se refere às competências profissionais gerais e comuns a todos os profissionais de determinada área ou específicas de dada habilitação profissional. A oferta ampliada e diversificada de oportunidades de educação profissional pressupõe a oferta prioritária de uma sólida educação básica, comprometida com o desenvolvimento da capacidade de aprender e de continuar aprendendo, de forma autônoma, crítica e intencional, para que, assim, as "formaturas" que a vida acadêmica lhe propiciar não se tornem o primeiro desastrado dia do início de suas desatualizações, pois estas, sim, serão fatais para os respectivos itinerários de profissionalização e para os encaminhamentos profissionais futuros.

O parecer foi utilizado pelo Conselho Nacional de Educação para estabelecer uma organização curricular voltada à educação profissional técnica de nível médio de forma independente, porém articulada com o ensino médio, associando a formação técnica a uma sólida educação básica e definindo diretrizes curriculares nacionais que orientassem as escolas e os sistemas de ensino na oferta de cursos técnicos adequados às tendências do mundo do trabalho.

Ainda segundo o referido professor,

> [...] a independência entre o ensino médio e o ensino técnico, de acordo com o Parecer CNE/CEB nº 17/97 (12), é vantajosa para os alunos, que, assim, terão mais flexibilidade para escolher e estruturar seu itinerário formativo, orientando suas opções de educação profissional e de profissionalização, não ficando presos à rigidez de uma habilitação profissional vinculada a um ensino médio regular, de três ou quatro anos de duração.

É vantajosa, também, para as instituições de ensino técnico, que podem rever e atualizar permanentemente, com maior versatilidade, seus currículos e programas, atendendo aos reclamos de sua clientela: alunos, trabalhadores, empregadores, sociedade.

Essa nova forma de encarar o ensino profissionalizante está em perfeita sintonia com os posicionamentos atuais de vários órgãos da Organização das Nações Unidas (ONU), em especial a Organização das Nações Unidas para a Educação, a Ciência e a Cultura (Unesco) e a Organização Internacional do Trabalho (OIT).

Na análise do professor Cordão (2005),

> [...] o novo enfoque da educação profissional supõe a superação total do entendimento tradicional de educação profissional como simples instrumento de uma política de cunho assistencialista, ou mesmo como linear ajustamento às demandas do mercado de trabalho. Ele situa a educação profissional como importante estratégia para que os cidadãos, em número cada vez maior, tenham efetivo acesso às conquistas científicas e tecnológicas da sociedade contemporânea. Para tanto, impõe-se a superação do antigo enfoque da formação profissional centrado apenas na preparação para a execução de determinado conjunto de tarefas, na maior parte das vezes de maneira rotineira e burocrática. A nova educação profissional requer, para além do domínio operacional de determinado fazer, a compreensão global do processo produtivo, com a apreensão do saber tecnológico presente na prática profissional e a valorização da cultura do trabalho, pela mobilização dos valores necessários à tomada de decisões.

Vale ressaltar que a educação profissional preconizada na LDB não substitui nem concorre com a educação básica. Ao contrário, complementam-se, uma vez que a melhoria no sistema de ensino profissionalizante depende diretamente do ensino básico de qualidade. Além disso, a nova legislação integra tanto o sistema "S" quanto a rede de ensino privado num esforço conjunto e coordenado de corrigir a dicotomia secular quanto à qualidade do ensino oferecido ao público que busca a educação técnica e tecnológica voltada ao mundo do trabalho.

35.3.2 Entidades de formação profissional

Novos processos, novas necessidades se refletiram diretamente no comportamento educacional, especialmente no ensino técnico, que passou a adotar o currículo flexível, a formação continuada e novas formas de transmissão de conhecimento. As entidades responderam rapidamente e recriaram suas ações de educação empresarial.

O sistema federal de ensino técnico e os respectivos sistemas estaduais estruturaram-se e ampliaram suas redes, buscando oferecer formação técnica e tecnológica de qualidade em todas as unidades da federação. A existência dessas escolas vem criando, nas regiões onde se instalam, um ambiente favorável ao desenvolvimento. A isso se soma um clima de segurança para as empresas que demandam profissionais especializados nos diversos ramos técnicos e tecnológicos. A complementaridade das ações do governo federal com as iniciativas dos estados mais desenvolvidos, que já instalaram e vêm ampliando redes próprias de educação técnica e tecnológica, tem contribuído para a valorização do ensino profissional. Além disso, com o acesso dos alunos originados do ensino médio para o ensino técnico e tecnológico foi aberta uma maior possibilidade de democratização para a participação nesses cursos.

As escolas técnicas e tecnológicas vêm ampliando seu escopo de atuação, desenvolvendo de forma crescente atividades no nível básico de formação profissional, com programas de curta duração, salas descentralizadas e ensino a distância, o que tem permitido ampliar sua área de influência. O maior peso dessas escolas na formação profissional permite o estabelecimento de parcerias com empreendimentos de várias naturezas que podem contar com essas estruturas de ensino para construir propostas e soluções que atendam demandas originadas de seus processos de produção e gestão. Do mesmo modo, as entidades que pertencem ao sistema "S" buscaram atualizar suas ações.

O Senai decidiu investir em tecnologia e no desenvolvimento de seu corpo técnico; expandiu a assistência às empresas; investiu em tecnologia de ponta; instalou centros de ensino para pesquisa e desenvolvimento tecnológico, tendo chegado ao início dos anos 1990 preparado para assessorar a indústria brasileira no campo da tecnologia de processos, de produtos e de gestão.

Da mesma forma, o Senac investiu na sua infraestrutura tecnológica e humana com programas compatíveis com seu diversificado público-alvo. Sua ação político-pedagógica tem como principal objetivo oferecer educação profissional de qualidade, sintonizada com as necessidades do mercado de trabalho, em especial no comércio de bens, serviços e turismo.

A partir de 1982, o Cebrae entrou numa nova fase, incluindo ações de políticas públicas junto às micro, pequenas e médias empresas. Nesse período, surgiram as associações de empresários e o setor passou a reivindicar mais atenção governamental para seus problemas. O Cebrae era o elo entre as empresas e os demais órgãos governamentais no encaminhamento de questões ligadas aos pequenos negócios. Em 1990, pelo Decreto 99.570, que complementou a Lei 8.029, de 12 de abril, o Cebrae transformou-se em Sebrae, desvinculado da administração pública e convertido em serviço social autônomo.

Também nessa época o setor agropecuário decidiu investir no ensino técnico e criou o Serviço Nacional de Aprendizagem Rural (Senar), com o objetivo de desenvolver e implementar ações educativas para o desenvolvimento do homem do campo, como cidadão e como trabalhador, numa perspectiva de crescimento e bem-estar social.

Além do Senai, Senac, Senar e Sebrae, o sistema "S" inclui o Senat (Serviço Nacional de Aprendizagem do Transporte, 1993) e o Sescoop (Serviço Nacional de Aprendizagem do Cooperativismo, 1998).

As organizações do sistema "S" estão presentes em todos os Estados da Federação e no Distrito Federal, com unidades especializadas de acordo com suas características. Suas atividades são fundamentadas na parceria público/privado ou privado/privado, uma vez que todas elas são consideradas entidades de direito privado sem fins lucrativos.

35.4 A Era do Empreendedorismo

Neste item discorreremos sucintamente sobre o empreendedorismo, tecendo um panorama histórico e analisando sua manifestação atual, com exemplos e análises de pesquisa.

35.4.1 Cultura empreendedora

Globalização, inovação, acesso à tecnologia, equilíbrio social, preservação do meio ambiente, sustentabilidade do planeta: esse cenário define a sociedade contemporânea e exige pessoas com competências múltiplas, que saibam trabalhar em equipe e tenham capacidade de aprender e de se adaptar a situações novas e complexas. Em decorrência dessa necessidade, a educação passa a ocupar posição estratégica no processo de capacitação das pessoas.

O Brasil tem se destacado no contexto internacional como alvo de investidores e de empresas representativas dos mais diversos setores da economia. Além disso, o aumento do nosso mercado interno, decorrente de uma tendência de melhoria de rendimento das classes mais pobres da população, vem abrindo imensas oportunidades de investimento nas suas várias dimensões.

No âmbito das grandes e médias empresas, o mercado de trabalho absorveu as pessoas com as melhores competências e o sistema de formação profissional buscou responder as demandas para suprir as novas oportunidades. O setor oficial ampliou-se atuando nesse sentido em coordenação com os demais atores participantes do processo: sistema "S", entidades independentes, rede privada de formação etc.

O empreendedorismo, que até então se limitava a iniciativas externas às empresas, passa a incluir o conceito do intraempreendedorismo, definido como o empreendedorismo dentro de uma estrutura empresarial existente. Essa ação no interior das empresas e organizações produtivas vem promovendo a motivação para que aqueles profissionais que, ao desenvolver suas ações nos seus vários níveis, possam nelas identificar tecnologias, produtos, processos, iniciativas de gestão que demandam mudanças e inovação em sua realização.

A integração das estruturas de T&D deverá ser um dos vetores principais das entidades participantes do sistema oficial de apoio, somando esforços para incrementar a melhoria da produtividade nacional em virtude do aperfeiçoamento do nosso capital humano. Tal fato passa a ser essencial para o crescimento das empresas, que podem contar no seu desenvolvimento com uma contribuição motivada e inovadora de seus empregados.

Esse processo acelerado das transformações de que temos falado pautou a nova organização do trabalho em todos os ramos de atividade. A principal mudança está no conceito de que o homem deixa de ser fator de produção e passa a ser gerador de conhecimento: cenário perfeito para o desenvolvimento da cultura empreendedora.

Para tanto, havia a necessidade da adoção de políticas públicas que contribuíssem para ampliar as possibilidades institucionais nessa direção. A legislação tributária e fiscal voltada às pequenas e médias empresas já não respondia a esse novo cenário. Tornara-se urgente sua reformulação e atualização.

35.4.2 Consolidando o empreendedorismo

Em 2006, por meio do esforço conjunto de associações de micro e pequenos empresários, lideranças políticas, empresariais, sindicatos de trabalhadores e com o envolvimento significativo do Sebrae, o Brasil aprimora a legislação referente às micro e pequenas empresas, promulgando a Lei Geral da Micro e Pequena Empresa, classificando-as de acordo com sua receita bruta anual:

- *Micro empresas (ME)*: receita maior que R$ 60 mil e menor que 360 mil.
- *Empresas de pequeno porte (EPP)*: receita maior que R$ 360 mil e menor que R$ 3,6 milhões.

Complementarmente, em 2007 a Lei Geral da Micro e Pequena Empresa, aprovada em 2006, foi reformulada pela Lei 123/2007, que incluiu o microempreendedor individual (MEI), cuja receita bruta anual é de até R$ 60 mil. Abriu-se naquela oportunidade a possibilidade de serem incluídos no mercado formal milhões de empreendedores informais.

Os efeitos de tais medidas foram percebidos de imediato. Conforme registra o boletim do Sebrae do mês de dezembro de 2012, com dados da receita federal do mês de novembro, o país registrou mais de 7 milhões de pequenos negócios no Simples Nacional. Esse número é mais do que o dobro do número de optantes que havia em dezembro de 2008 (3,3 milhões). O número de microempreendedores individuais, cujos registros no Simples Nacional tiveram início no segundo semestre de 2009, já está próximo da marca dos 2,5 milhões. No período de julho de 2009 a setembro de 2012, o número de formalizações de microempreendedores individuais foi de 2.475.063.

Trabalho recente elaborado pelo Sebrae intitulado "Cenários para a MPE no Brasil em 2022" indica que até aquele ano o número total dos optantes pelo Simples Nacional chegará a 12,9 milhões. Além disso, o ambiente no qual estão inseridos os pequenos negócios deverá mudar substancialmente nos próximos dez anos.

35.4.3 Pesquisa GEM

A pesquisa Global Entrepreneurship Monitor de 2011, realizada em 69 países sob a coordenação do Babson College e do London Business School, entrevistou no Brasil uma população adulta entre 18 e 64 anos, envolvendo a participação de 87 especialistas em empreendedorismo. Um dos itens que compunham o levantamento era a identificação dos "sonhos dos brasileiros". Significativamente, um deles era o desejo que 43,5% dos entrevistados manifestaram de ter seu próprio negócio, ao passo que 24,7% queriam fazer carreira em empresas. A pesquisa também registrou que 30% da população adulta do país está envolvida com um pequeno negócio.

Dois exemplos extraídos de arquivos do Sebrae apontam nessa direção: aos 20 anos, o paulistano Daniel deixou de ter um emprego com carteira assinada. Hoje, passados pouco mais de três anos, alterna os períodos em que consegue um trabalho temporário com a busca, sem sucesso, de uma ocupação que gere renda. Com uma distância de apenas cem quilômetros, três jovens de São José dos Campos, no Vale do Paraíba — Marina, Renata e Gabriela — encontraram no empreendedorismo a saída para o ingresso no mercado de trabalho. Juntas, produzem cerca de 200 jogos pedagógicos por mês e já pensam em montar uma loja própria e viver exclusivamente dessa atividade. Assim como Daniel, Marina, Renata e Gabriela, centenas de milhares de jovens brasileiros lutam para se adaptar às novas formas de relações entre capital e trabalho.

O modelo lapidado nos últimos 200 anos, em que o símbolo da felicidade era o bom emprego com carteira assinada, esgotou-se e abre espaço a um novo modo de realização profissional.

Esses singelos exemplos estão inseridos no contexto da pesquisa GEM que situa atualmente o Brasil no 4º lugar entre os 69 países participantes, com um número de 37,5 milhões de empreendedores, ou seja, pessoas que possuem um negócio próprio ou estão envolvidas na criação de um. Esse número é composto da seguinte maneira: aproximadamente 18,9 milhões dessas pessoas são *empreendedores estabelecidos*, com mais de 42 meses (3,5 anos) de operação; 14 milhões são de *novos empreendedores*, com cerca de 3 a 42 meses (até 3,5 anos) de operação; e 5,6 milhões são de *empreendedores nascentes*, com até 3 meses de operação ou que nos últimos 12 meses realizaram alguma ação visando ter um negócio próprio. Cumpre ressaltar que é possível que determinado número de pessoas se enquadre em mais de uma categoria, por exemplo, um empreendedor ter um negócio próprio e estar pensando em criar um novo negócio.

As três primeiras posições são ocupadas respectivamente pela China, com 232,8 milhões, Estados Unidos com 39,2 milhões, e Nigéria com 38,4 milhões de empreendedores.

A taxa de empreendedorismo no Brasil tem crescido. De acordo com a pesquisa, para os empreendedores com até 3,5 anos de operação, a taxa passou de 20,9 em 2002 para 30,2 em 2012. Mesma tendência é registrada na proporção dos negócios por oportunidade ante aqueles derivados da necessidade. A proporção dos negócios gerados por necessidade cai de 56% em 2002 para 31% em 2012, e do empreendedorismo por oportunidade cresce de 44% em 2002 para 69% em 2012.

A pesquisa identificou a inversão da tendência existente no início dos anos 2000 como decorrência do novo ambiente de negócios proporcionado pela Lei Geral das Micro e Pequenas Empresas, pelos aperfeiçoamentos da simplificação e ampliação tributária contemplada pelo Simples Nacional e pelo reconhecimento do microempreendedor individual, assim como pelo aumento da escolaridade do brasileiro e da melhoria da renda (emergência da nova classe média).

É inquestionável a relevância das micro e pequenas empresas (MPE) no desenvolvimento econômico do país. Isso se deve não apenas ao fato de que representam 99% do total das empresas privadas aqui instaladas, como também ao fato de que representam 67% do total das pessoas ocupadas em atividades privadas. Também merece destaque e ganha uma conotação especial os estudos e pesquisas desenvolvidos pelo Sebrae quando constatam que, em períodos de baixo crescimento econômico (crise), são elas que garantem a criação de novos empregos no país.

Essa transformação dos modelos sociais econômicos, políticos, tecnológicos, ambientais e humanos, cujos primeiros traçados começam a caracterizar o século XXI, exigirá uma nova atitude com relação ao conhecimento. Os processos de T&D terão de adotar como referência a educação. Países desenvolvidos emergentes ou em desenvolvimento já atuam no sentido de buscar algum denominador comum em tal direção, e o Brasil deverá com urgência integrar-se nessa concentração de esforços, especialmente com a priorização de novas concepções de ensino e de organização institucional.

35.5 Conclusão

Na área de T&D, os sistemas de apoio já extrapolam o que foi abordado neste capítulo. Além das escolas técnicas, faculdades de tecnologia públicas e privadas e das organizações que compõem o sistema "S", existem outras organizações dos setores público e privado, como escolas, empresas de consultoria, editoras, entidades filantrópicas e associações de naturezas diversas atuando no processo de formação profissional. Incluem-se nesse novo universo as iniciativas diretas ou indiretas de educação corporativa.

O trabalho dessas entidades pode ser destacado, especialmente, no nível básico do sistema de formação profissional, inclusive com ensino a distância, o que representa um universo muitas vezes difícil de ser identificado, quantificado e registrado nas estatísticas de matrículas ou de investimentos nos setores em que atuam. Elas vêm desempenhando um papel de complementaridade às entidades de formação profissional, mais estruturado na sua característica de capilaridade. Os efeitos que essas entidades causam no ambiente aqui analisado ainda não são plenamente conhecidos, sobretudo no que diz respeito às suas dimensões.

Vivemos uma era que exige soluções inovadoras, seja por meio de novas mudanças de nosso arcabouço legal (ainda condicionado pelo modelo organizacional de economia do século passado), seja no investimento para disseminação da cultura empreendedora. Na pesquisa GEM 2011, os entrevistados enfatizam bastante a necessidade de se criar uma cultura que incentive e favoreça a inovação nas empresas, bem como a necessidade de disseminar com mais amplitude a cultura empreendedora. A análise de empreendimentos de sucesso e a criação de uma rede de conexões pró-educação que assuma o desafio de compartilhar conhecimentos deverão contribuir para a formação integral do trabalhador do século XXI: o trabalhador empreendedor.

Colaboraram na pesquisa de materiais e edição de texto deste capítulo a educadora Maria Cristina Alves e a jornalista Eliane Auxiliadora dos Santos.

Referências bibliográficas

AZEVEDO, E.; MOTA, C. G. *Sebrae-SP:* 10 anos. São Paulo: Sebrae-SP, 2001.

CORDÃO, F. A.; MARTINS, A. M. (Orgs.). "Educação Profissional no Brasil". In: *Ensino médio e ensino técnico no Brasil e em Portugal*: raízes históricas e panorama atual. São Paulo: Autores Associados, 2004.

_____. "O ensino médio e a educação profissional técnica de nível médio". Palestra. Congresso de Educação da Uniso de Formação de Educadores. Sorocaba, 2005.

GEM. Global Entrepreneurship Monitor — Pesquisa 2011.

SECRETARIA DO EMPREGO E RELAÇÕES DO TRABALHO DO ESTADO DE SÃO PAULO. "Origem e construção". Portfólio. São Paulo: SERT, jun. 2001.

_____. "Programa Aprendendo a Aprender: a busca do novo desenho para a formação profissional". São Paulo: SERT, dez. 2000.

SERVIÇO BRASILEIRO DE APOIO ÀS MICRO E PEQUENAS EMPRESAS. "Direcionamento estratégico do Sistema Sebrae 2006 a 2010". São Paulo: Sebrae-SP, jun. 2005.

Sites indicados

www.senai.br
www.senac.br
www.sebrae.com.br
www.senar.org.br
www.sestsenat.org.br
www.gemconsortium.org

José Luiz Ricca

Engenheiro industrial e especialista em elaboração de processos de gestão humana, desenvolvimento empresarial e social em organizações públicas e privadas, José Luiz Ricca foi diretor superintendente do Sebrae-SP, onde implantou a Academia do Empreendedor, o Observatório das Micro e Pequenas Empresas e coordenou a expansão da rede Sebrae-SP de atendimento. Como Secretário de Estado de Emprego e Relações do Trabalho de São Paulo, foi responsável pela implantação do Banco do Povo Paulista e dos programas Autoemprego, Jovem Cidadão e Aprendendo a Aprender. Em seus 40 anos de carreira profissional atuou também no Ministério do Trabalho, na Secretaria de Desenvolvimento do Estado, na Prodesp e no Metrô, entre outras empresas e instituições. Membro do Conselho Deliberativo da Associação Paulista de Administração de Recursos Humanos e do Conselho de Desenvolvimento Social da Fiesp, recebeu, em 1994, o título de Profissional de Recursos Humanos do Ano, concedido pela Associação Brasileira de Recursos Humanos (ABRH). Lecionou em universidades brasileiras, coorganizou o primeiro volume do *Manual de gestão de pessoas e equipes* e é coautor do livro *Balanço social de empresas na América Latina*, sobre prática de balanço social no Brasil.

Tel.: +55 11 99619-8800
E-mail: jlricca@uol.com.br

Parte seis

Aspectos especiais em T&D

Nelson Savioli

Quando o assunto é treinamento e desenvolvimento do capital humano, não basta o profissional conhecer bons conceitos e saber aplicá-los utilizando técnicas atualizadas de T&D. Isso é fundamental, mas não o suficiente. Existem dimensões que se inserem em um espectro mais amplo de gestão que podem — e devem — ser consideradas. Nesta nova edição do manual, a parte "Aspectos especiais em T&D" contempla textos que abordam temas como a qualidade de vida no trabalho, o desenvolvimento de profissionais de RH por meio da formação de grupos informais, o planejamento de carreira e a integração (e interação) das pessoas com deficiência no ambiente de trabalho.

Ana Cristina Limongi-França, que é professora titular da Universidade de São Paulo e atua na Faculdade de Economia, Administração, Contabilidade e Atuárias apresenta o histórico e a legislação da qualidade vida no trabalho e discorre sobre como o tema vem sendo aplicado nas empresas. Chamo a atenção para o tópico relativo aos resultados esperados quando a QVT está sendo planejada ou avaliada, resultados esses de natureza pessoal e organizacional. Outro aspecto relevante é a sugestão da autora para um programa de treinamento em gestão da QVT. A discussão contemporânea sobre como encontrar o equilíbrio entre trabalho e vida pessoal tem sido cada vez mais intensa; o quadro de referências que a Dra. Ana Cristina nos oferece, sem dúvida, muito agregará para os estudiosos e os implementadores do assunto, seja no campo pessoal ou no mundo do trabalho.

Outro capítulo desta parte é assinado por Darci Garçon, uma das referências quando se discute gestão de pessoas no Brasil. Darci é ainda mais lembrado quando se quer entender por que os grupos informais de intercâmbio de ideias e práticas em Recursos Humanos funcionam ou deixam de atender aos anseios de seus criadores. Nem podia ser diferente, pois ele foi cofundador e/ou incentivador de uma boa parcela dos grupos informais paulistas nas últimas décadas. De grande valia são os tópicos em que o autor fala dos perfis e dos papéis representados pelos integrantes típicos desses grupos de profissionais e da dramaturgia que os move. Divertido identificar, nos perfis comentados, os colegas com quem trabalhamos nas organizações. ("Epa! Será que também me enquadro em vários deles?", perguntamo-nos automaticamente.) A leitura do capítulo de Darci Garçon ajudará o leitor a responder à questão, quando assuntado pelo coordenador de um grupo informal: "Por que participar de um grupo como esse?".

Wagner Brunini, exemplo de gestor estratégico de pessoas em empresas — vice-presidente de RH para a América Latina da BASF, e em entidades associativas, e também presidente da ABRH-SP —, analisa as competências, formação e atitudes do profissional de T&D, e como esses atributos se relacionam com oportunidades de carreira. Interessante, especialmente para mim, sua discussão acerca do mito do autodesenvolvimento no gerenciamento da própria carreira; pois na década de 1990 publiquei o livro *Carreira: manual do proprietário*, em que coloquei a preponderância do indivíduo sobre a organização no planejamento da sua vida profissional. Brunini, felizmente, tem espírito inquieto. Lembro-me de um debate em reunião da ABRH Nacional em que eu falava sobre a importância do voluntariado em RH, como um complemento às competências profissionais de um dirigente, e, acertadamente, Brunini discordou, dizendo que é tão importante o gestor voluntário ter metas e cumpri-las, que essa é uma competência profissional em seu currículo, não um agregado.

Tabata Contri é consultora, escritora e treinadora no vasto campo da inclusão socioeconômica de pessoas com deficiência. É também atriz e foi a primeira cadeirante a fazer uma novela na televisão brasileira. O que é deficiência e legislação sobre cotas para as empresas é o background que a autora utiliza para falar sobre como os profissionais de recrutamento, seleção e treinamento devem se planejar para interagir com essa crescente força de trabalho no país, na maior parte das vezes, procurando por uma oportunidade para mostrar o seu valor. De grande utilidade são suas indicações para regras de convivência com os diferentes tipos de deficiência: física, visual, auditiva e intelectual. Fez lembrar-me de quando, em empresa da qual fui diretor, tivemos um estagiário deficiente visual no departamento jurídico; para dar visibilidade e exemplo de concretização de política (uma das muitas sugestões da autora), o estagiário redigia contratos, falando com o computador por meio de um software especialmente concebido para a situação.

Esses são apenas alguns exemplos dos temas ricos e relevantes discutidos nesta parte deste manual, abordados por profissionais de incontestável competência e valor.

Nelson Savioli

Superintendente executivo da Fundação Roberto Marinho e diretor voluntário da ABRH Nacional para Relações Corporativas Internacionais. Autor dos livros *Carreira: manual do proprietário*, *Fracassos em RH: e como se transformaram em casos de sucesso* e *Reflexões sobre o exemplo*, entre outros.

capítulo 36

Treinamento para gestão da qualidade de vida no trabalho: conceitos e práticas

Ana Cristina Limongi-França

> Os ideais que cultivamos, nossos maiores sonhos e esperanças mais ardentes podem não se realizar durante a nossa vida. Mas isto não é o principal. Saber que em seu tempo você cumpriu seu dever e viveu de acordo com as expectativas de seus companheiros é em si uma experiência compensadora e uma realização magnífica.*
>
> NELSON MANDELA

36.1 Objetivos

O sentimento sobre a necessidade de proteção para o bom desenvolvimento da vida no trabalho tem percorrido muitos caminhos: segurança no trabalho, combate à doença ocupacional, condições de vida psicossocial, responsabilidade empresarial do público interno e, até mesmo, mais recentemente, a sustentabilidade e a felicidade no trabalho.

Esses percursos, embora desejados e necessários ao bem da humanidade, desde há muitas décadas continuam em construção e desfragmentação no que se refere a valores, políticas, normas, ferramentas, implantação e avaliação de resultados, nem sempre nessa ordem. Podem-se conceituar essas demandas como busca por *proteção* e *desenvolvimento humano*, com diferentes competências, entre as quais se destaca a segurança do trabalho: eliminação, isolamento e ou afastamento de fatores de risco ambientais, quais sejam, mecânicos, biológicos, químicos e ergonômicos, visando à redução de acidentes de trabalho e incidência de doenças ocupacionais.

Assim, faremos breve panorama histórico sobre a qualidade de vida no trabalho (QVT) sob a ótica dos aspectos comportamentais e da promoção da saúde no trabalho. Analisaremos o contexto atual, propondo, por fim, um programa de treinamento em gestão de qualidade de vida no trabalho.

36.2 Introdução: sobre pessoas e trabalho

A compreensão do comportamento das pessoas e do trabalho que realizam sob a ótica da qualidade de vida envolve dois conceitos-chave: saúde e doença ocupacionais e o próprio conceito de qualidade de vida que norteia as políticas, decisões e processos de gestão de pessoas, conceitos esses que definiremos a seguir.

- *Saúde e doença ocupacionais*: envolve o cuidado e o tratamento de sinais e sintomas clínicos e psicossociais, desde mal-estar até comprometimento de órgãos e sistemas,

* Extraído de *Conversas que eu tive comigo*, Ed. Rocco, 2010, p. 233

com critérios de promoção da saúde, melhores práticas da atenção ao paciente, do cuidado no trato interpessoal e da orientação medicamentosa às intervenções cirúrgicas, reparadoras e estéticas.

- *Qualidade de vida pessoal e organizacional*: trata-se das condições de vida no trabalho favoráveis ao bem-estar, tendo o equilíbrio biológico, psicológico, social e organizacional como valor e meta contínua. Destaca-se aqui o intenso "desalento" (Marras, 2008) pela possibilidade de desemprego ou assédio moral durante o exercício profissional.
- *Responsabilidade e sustentabilidade empresariais*: prevê educação e controle de impactos socioambientais, com visão e gestão de riscos em médio e longo prazos e preservação de recursos para as gerações atuais e as próximas gerações.

Todos esses fatores convergem para três grandes eixos de atenção ao bem-estar:

1. Cuidado pessoal.
2. Hábitos do grupo de convivência.
3. Valores na comunidade organizacional.

O âmbito pessoal (1) está fortemente relacionado à doença, acidentes, conflitos e mal-estares de toda ordem e, mais recentemente, a ações integradas de bem-estar; no âmbito coletivo (2), especificamente o organizacional (3), a proteção e o desenvolvimento estão associados a práticas e valores éticos, competitivos, porém sustentáveis, nas empresas de gestão pública, gestão privada ou do terceiro setor.

As demandas nas questões de ser humano no trabalho são sempre múltiplas e complexas no âmbito das pessoas, dos departamentos, dos órgãos fiscalizadores e da própria comunidade. Por isso, gerenciar com efetividade a qualidade de vida no trabalho representa ainda hoje um desafio político e organizacional. Trata-se de um desafio político, quer pela ausência de políticas e metas, quer pela inexistência de agenda, especialistas qualificados e até mesmo ausência de dotação orçamentária prévia. Tais falhas gerenciais são fatores restritivos e muitas vezes engessam práticas de gestão voltadas às pessoas, em grande parte das empresas nacionais e internacionalizadas.

36.2.1 Breve histórico da qualidade de vida no trabalho

A percepção de bem-estar depende das necessidades individuais, do ambiente social e econômico e das expectativas de vida, considerando-se o fórum individual. No que se refere ao trabalho, a qualidade de vida representa hoje a necessidade de valorização das condições de trabalho, da definição de procedimentos da tarefa em si, do cuidado com o ambiente físico, dos bons padrões de relacionamento e do ponto de vista das pessoas a respeito do significado do trabalho e do cargo ocupado.

A qualidade de vida no trabalho — como conceito — vem sendo utilizada desde os anos 1970 nos Estados Unidos para ações de apoio ao empregado e práticas relacionadas à atividade física e educação alimentar. No entanto, o Canadá, país vizinho, tem maior tradição, pesquisa e políticas locais especialmente voltadas para o tema da qualidade de vida. A França, alinhada a tradições europeias, trata do tema como condições de vida no trabalho e aprofunda-se nas questões de psicopatologia e ergonomia do trabalho, com ilustres representantes, como Christophe Dejours (1987, 2000) e Alain Wisner (1994). Esse último, um dos principais estudiosos e líderes desses pensamentos, define condições de trabalho como "as pressões físicas, mecânicas, químicas e biológicas do posto de trabalho". As pressões de trabalho têm por alvo principal o corpo dos trabalhadores, onde elas podem ocasionar desgaste, envelhecimento e doenças somáticas. Nos anos 1980, professores franceses formaram grandes pesquisadores discípulos brasileiros, entre eles os professores Vidal (1998) e Laerte Idal Sznelwar (2000).

Figura 36.1 Marcos de conceitos relativos a políticas e práticas de qualidade de vida no trabalho

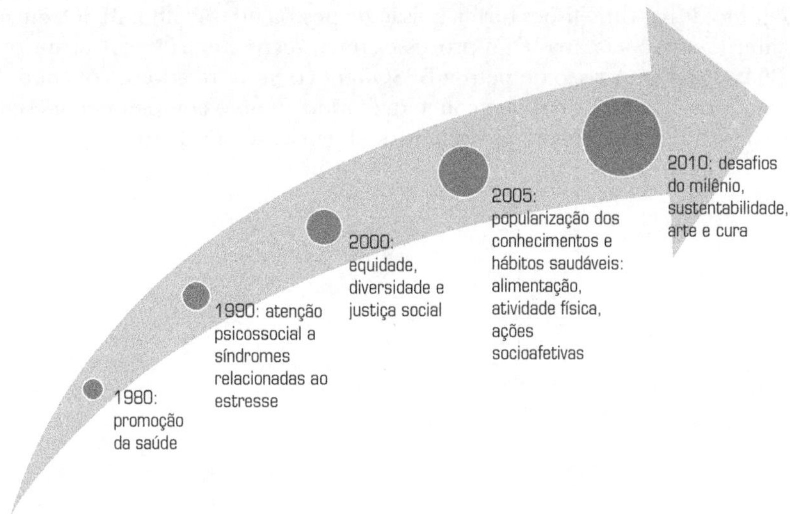

Trabalhos realizados na Volvo (indústria automobilística sueca) com o modelo sociotécnico, com práticas participativas no desenho da planta e dos cargos, juntamente com os estudos de Alvesson (1987), em que se destacam paradigmas para a moderna vida no trabalho, são bases de reflexão e capacitação para a qualidade de vida no trabalho. Eles enfocam: autodeterminação *versus* controle, monotonia *versus* variabilidade e demanda qualificada *versus* visão generalista.

36.3 A visão biopsicossocial e organizacional (BPSO) aplicada à gestão da qualidade de vida no trabalho

O fundamento do modelo BPSO é a visão biopsicossocial de pessoa. A abordagem biopsicossocial origina-se da medicina psicossomática, que propõe visão integrada do ser humano, atuando sob o princípio de que toda pessoa é um complexo sociopsicossomático. Isto é, tem potencialidades sociais, psicológicas e biológicas que respondem simultaneamente às condições de vida. Com base nessa visão, devem-se trabalhar as dimensões específicas que aqui estão conceituadas. Geralmente, tenho adotado os termos camada, critérios ou indicador. No entanto, visando ao alinhamento das discussões sobre âmbito da qualidade de vida, passamos a denominar essas competências como dimensões, que definimos a seguir:

- A dimensão **biológica** refere-se às características físicas herdadas ou adquiridas ao nascer e durante toda a vida. Inclui metabolismo, resistências e vulnerabilidades dos órgãos ou sistemas.
- A dimensão **psicológica** refere-se aos processos afetivos, emocionais e de raciocínio, conscientes ou inconscientes, que formam a personalidade de cada pessoa e o seu modo de perceber e posicionar-se diante das pessoas e das circunstâncias que vivencia.
- A dimensão **social** incorpora os valores, as crenças, o papel na família, no trabalho e em todos os grupos e comunidades a que cada pessoa pertence e de que participa. O meio ambiente e a localização geográfica também formam a dimensão social.
- Visando integrar o conceito com elementos do trabalho em organizações, desenvolvemos a dimensão **organizacional**. A dimensão organizacional refere-se à cultura

organizacional, ao porte da empresa, à tecnologia disponível, ao segmento econômico em que a empresa atua e a padrões de competitividade.

O conjunto dessas dimensões forma a visão de pessoa no trabalho: BPSO, em contínua interação, interdependência, mas com processos intrínsecos e extrínsecos próprios, conforme a Figura 36.2, a seguir. A visão de pessoa BPSO tem como norteador o conceito de saúde da Organização Mundial da Saúde, que conceitua saúde como o completo bem-estar biológico, psicológico e social, e não apenas a ausência de doenças (OMS, 1986).

Figura 36.2 Visão BPSO de QVT

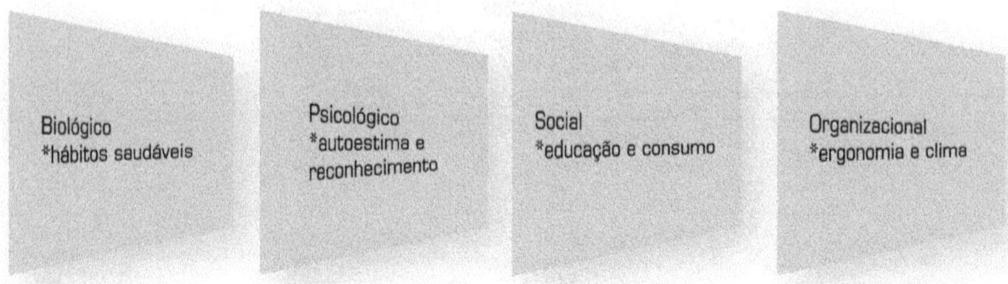

Gestão da qualidade de vida no trabalho (GQVT) é o conjunto de escolhas de bem-estar, único e personalizado, em busca do equilíbrio biológico, psicológico, social e organizacional (BPSO) a respeito do vínculo com o trabalho.

Esse equilíbrio orientado por dimensões BPSO gera marcadores específicos de cada cultura organizacional e dos dados consolidados em estudos científicos e práticas empresariais. De forma geral, observam-se as seguintes associações entre as ações e as dimensões BPSO:

- Hábitos saudáveis associam-se à dimensão biológica.
- Autoestima e reconhecimento, à dimensão psicológica.
- Consumo e educação, à dimensão social.
- Ergonomia e clima, à dimensão organizacional.

A visão biopsicossocial e organizacional associa-se à ética e promoção da condição humana. Essa atitude integrada atende demandas relativas às questões de qualidade de vida no trabalho com uma perspectiva de gestão avançada que inclui:

- O conceito de qualidade de vida no trabalho, considerando aspectos do contorno das organizações, especialmente a comunidade e a família.
- O processo de desenvolvimento de competências, que encontra na gestão de qualidade de vida no trabalho aspectos das gestões interna e externa de cada organização. O desenvolvimento de competências para a qualidade de vida no trabalho, a partir de segmentos ocupacionais e perfis profissionais.

Das pressões organizacionais surgem muitas e novas síndromes de *distress* no trabalho, como *burnout*, a síndrome do lazer, a síndrome da pressa, a alexitimia e a síndrome do desamparo, a síndrome do pânico, o *jetlag* e outras tantas. Todas as síndromes ratificam a importância da observação e cuidado nos processos de adaptação ao trabalho em situações de conflitos, sobrecarga e falta de qualificação técnica.

O estudo realizado por Arellano (2002) em 27 organizações premiadas pela Associação Brasileira de Qualidade de Vida (veja a seção *Sites indicados*) revela que a maioria dos programas de qualidade de vida no trabalho (88%) foi avaliada por instrumentos específicos, como indicadores do *status* de saúde dos funcionários e estresse, e por instrumentos genéricos para avaliação da qualidade de vida e estilo de vida. Com relação à produtividade, 26% das organizações disponibilizaram informações sobre o *turnover* e 37% forneceram informações sobre absenteísmo. Na correlação dos dados com a data de implantação dos programas, concluiu-se que 72% das organizações tiveram diminuição do índice de *turnover* no período posterior à implantação do programa e 40% tiveram diminuição do índice de absenteísmo.

A abordagem de visão integral BPSO associa-se à ética e promoção da condição humana. Essa atitude integrada atende demandas relativas a sete processos:

- *Primeiro*: identificação, eliminação, neutralização e controle dos riscos ocupacionais observáveis no ambiente físico.
- *Segundo*: definição de padrões de relações de trabalho.
- *Terceiro*: conhecimento e avaliação da carga física e mental requerida para cada atividade.
- *Quarto*: esclarecimento e orientação sobre implicações políticas e ideológicas.
- *Quinto*: qualificação da dinâmica da liderança empresarial e do poder formal ou informal.
- *Sexto*: consciência do significado do trabalho em si.
- *Sétimo*: valorização do relacionamento e satisfação das pessoas no seu dia a dia.

36.4 Importância dos indicadores de QVT

Indicadores são ferramentas de planejamento e decisão que propiciam clareza de critérios, objetividade de avaliação, facilidade de levantamento de informações, visibilidade de dados, efeitos de determinadas ações. A ideia é — por meio de indicadores — viabilizar maior capacidade estratégica, gerencial e operacional para questões de qualidade de vida no trabalho. A consolidação de indicadores de gestão de qualidade de vida no trabalho pode levar a área de gestão de pessoas a atuar de forma mais realista e alinhada aos problemas de *estresse* do mundo atual. Também permite diagnosticar e promover bem-estar pessoal e organizacional de forma objetiva e preventiva. Utilizando a visão biopsicossocial, construímos a tabela a seguir com dimensões e focos, que podem ser operacionalizados para a construção de indicadores de GQVT.

Tabela 36.1 Indicadores empresariais de GQVT

Dimensões	Foco
Organizacional	Imagem institucional, treinamento e desenvolvimento, processos e tecnologia, comitês de decisão, ausência de burocracia e rotinas de pessoal.
Biológica	Semana de saúde e segurança, relatórios de sinais e sintomas ocupacionais, controle de riscos ergonômicos — ginástica laboral. Refeições (refeitório), saúde (PCMSO) e prevenção de acidentes (CIPA).
Psicológica	Recrutamento e seleção, avaliação do desempenho. Camaradagem, clima organizacional, carreira, salário, vida pessoal.
Social	Convênios comerciais, tempo livre — lazer, filhos, cesta básica que garanta a alimentação adequada do trabalhador. Previdência privada, financiamento de cursos, atividades comunitárias livres.

Alguns desafios para a gestão da qualidade de vida no trabalho envolvem:

- Práticas de gestão de recursos humanos pouco consolidadas na maioria das empresas brasileiras.

- Ênfase no ambiente mercadológico com novas exigências associadas mais a requisitos de qualidade do produto e processos do que à qualidade pessoal-profissional.
- Medo dos funcionários de expressar a real opinião, em função do desemprego.
- Falta de hábito de pesquisa junto aos funcionários, o que gera necessidade de maiores cuidados das gerências ao levantar expectativas.
- Crença de que *desempenho* capacitado e saudável deve ser alcançado naturalmente e por conta própria.
- A atuação em QVT vista simplesmente como filantropia, de modo que ações para qualidade de vida no trabalho são ignoradas nas políticas das empresas.
- O significado do trabalho como fonte de enriquecimento e realização existencial é algo que se aceita como valor, mas se pratica pouco como política de gestão de pessoas.

36.5 Resultados da gestão da qualidade de vida no trabalho

Toda ação de gestão pressupõe mudanças na direção dos valores e expectativas alinhadas ao programa ou à ação de bem-estar. A qualidade de vida — no foco da gestão — prevê resultados de natureza pessoal e organizacional.

Os resultados pessoais esperados são:

- autoconhecimento;
- valorização da autoestima;
- desenvolvimento de capacidades emocionais e sociais;
- balanço da vida pessoal e profissional;
- descontração no relacionamento interpessoal;
- reposição de energias físicas e mentais;
- integração e inclusão organizacionais;
- prazer de viver dentro e fora do trabalho;
- fortalecimento da rede de relacionamento e da vida social;
- resgate da vocação laboral.

Já os resultados organizacionais esperados são:

- conduta ética e mais comprometimento;
- modernização da gestão;
- disseminação de valores de equidade e justiça social;
- clima organizacional saudável;
- reconhecimento de riscos e agentes estressores nocivos;
- implementação de política e prática de proteção à integridade física e mental;
- redução e eliminação de acidentes de trabalho e doenças ocupacionais;
- redução de custos de saúde-doença;
- atuação sobre relações de trabalho e causas judiciais;
- aumento de corresponsabilidade e comprometimento em todos os níveis hierárquicos;
- estímulo à educação para cultura do bem-estar pessoal, organizacional e socioeconômico;
- sustentabilidade organizacional e socioambiental.

36.6 Os seis fatores críticos para gestão da QVT

A formação da competência do bem-estar nas organizações (BEO) pressupõe a análise das condições de vida e do desconforto no trabalho ocasionado por fatores críticos de gestão. A construção da competência do bem-estar nas organizações se dá a partir de seis fatores críticos que compõem os processos, ferramentas e indicadores para gestão da QVT:

Fator crítico 1 — Aplicação do conceito de qualidade de vida no trabalho: visão gerencial baseada nas expectativas e necessidades dos empregados, entendendo e interagindo com o contrato psicológico de trabalho.

Fator crítico 2 — Produtividade: utilizou-se a ideia de produção decorrente do número de pessoas *versus* número de horas trabalhadas acrescidas dos aspectos de gestão da qualidade, treinamentos e capacitações específicas.

Fator crítico 3 — Legitimidade: direito à vida, trabalho decente, respeito às suas características de personalidade, equidade e justiça social.

Fator crítico 4 — Mapeamento do perfil dos líderes: atitudes de poder e influência dos líderes na gestão organizacional e empresarial, dinâmica das equipes e autogestão.

Fator crítico 5 — Práticas e valores: "caldo" da cultura organizacional relativo a saúde, condições de segurança, contratos de trabalho, posto e espaço ocupacional.

Fator crítico 6 — Especialidades: conhecimentos específicos para realizar ações de qualidade de vida no trabalho: educação nutricional e corporal, cultura, lazer, integração social e familiar, ergonomia e políticas públicas.

36.7 Estudo sobre a gestão da qualidade de vida no trabalho

Uma pesquisa realizada com administradores e ex-alunos de graduação e pós-graduação da Universidade de São Paulo, na Faculdade de Economia, Administração e Contabilidade, apresenta resultados surpreendentes quanto às diferenças dos segmentos de celetistas, serviços públicos e empresários. O estudo foi realizado por meio do site <www.usp.br/feamais>, com a atuação direta do mestrando Wagner Cassimiro. Com um questionário de múltipla escolha, registrou-se a percepção sobre as relações possíveis e "impossíveis" entre recursos humanos e gestão de qualidade de vida no trabalho.

Realizou-se um mapeamento inicial com vistas a localizar percepções e valores junto a administradores:

Figura 36.3 Quanto à posição estratégica das áreas

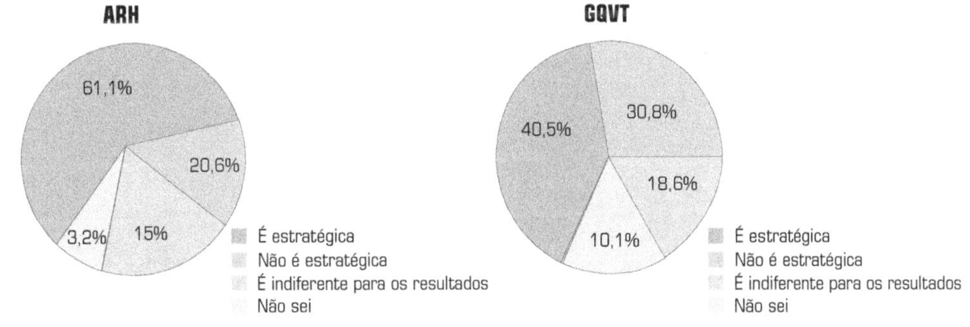

Figura 36.4 Relações entre ARH estratégica e visão das pessoas

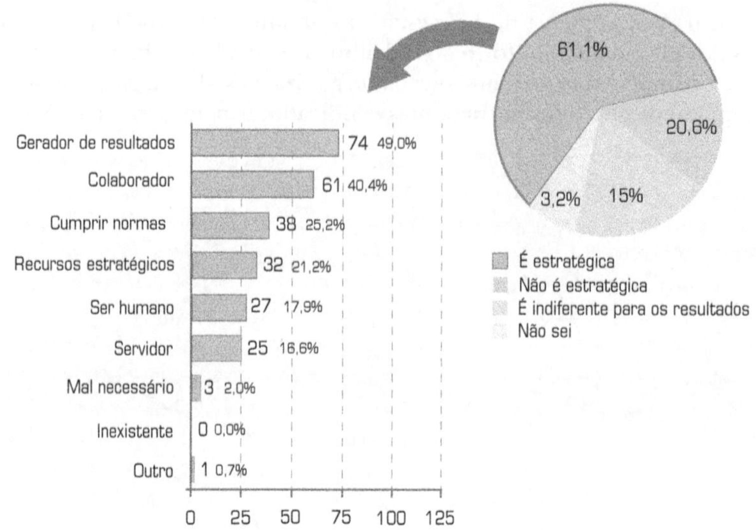

Figura 36.5 Relações entre regime de trabalho (CLT, servidor público e empresário) e importância da ARH

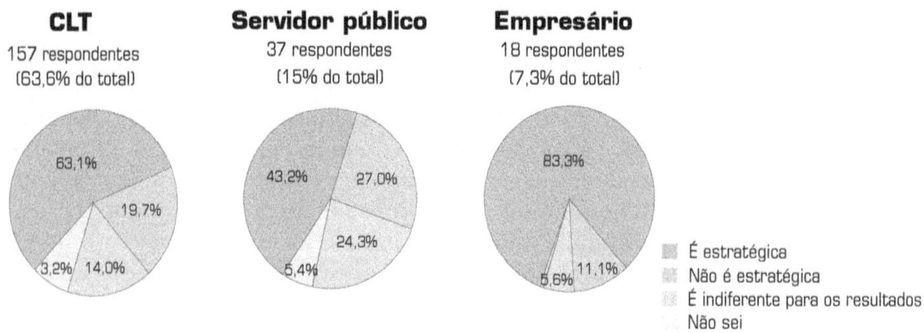

Figura 36.6 Relações entre regime de trabalho (CLT, servidor público e empresário) e importância da GQVT

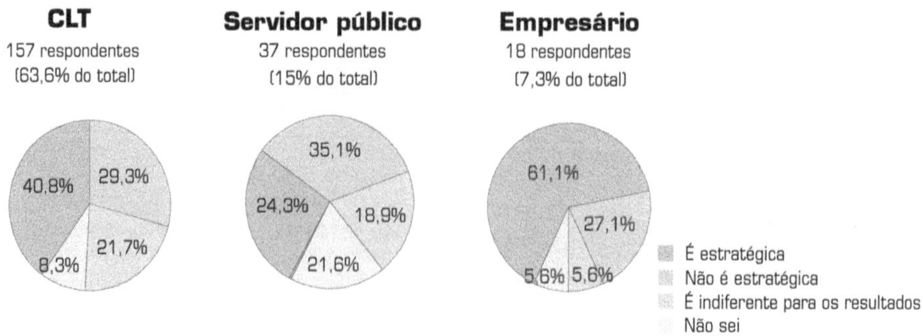

Figura 36.7 Relações entre idade e ações de GQVT

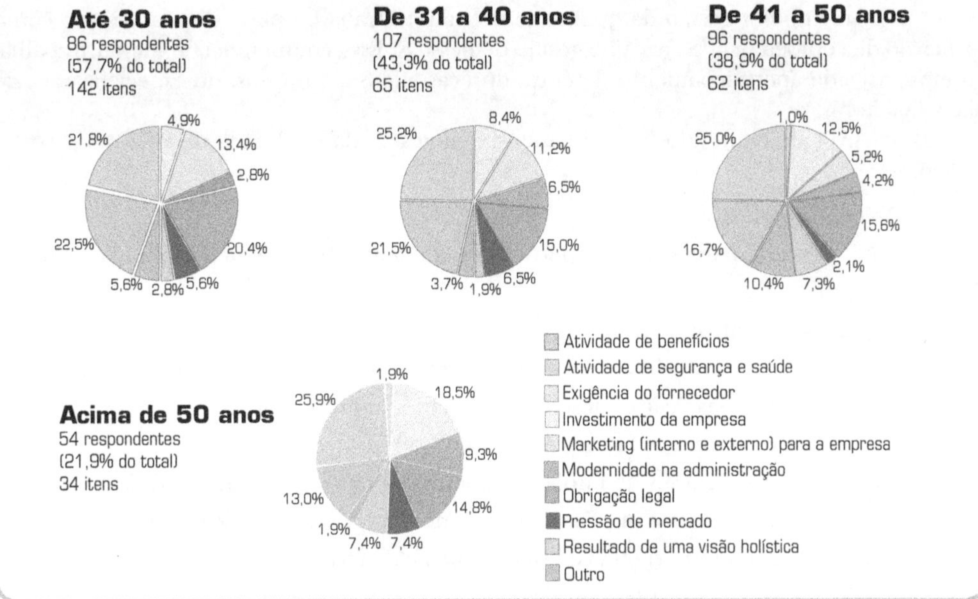

Nesse estudo sobre as relações entre gestão de pessoas e recursos humanos constatou-se que:

1. Há percepção de que as duas atividades da administração são estratégicas, mas com maior importância para administração de recursos humanos (61,1%) do que para a gestão da qualidade de vida no trabalho (40,5%);
2. As relações distantes e problemáticas entre administração de recursos humanos e gestão da qualidade de vida no trabalho somam valor maior do que integradas e perfeitas entre as duas áreas, o que parece indicar dificuldade de gestão comparadas a uma possível harmonia de gestão entre administração de recursos humanos e gestão da qualidade de vida no trabalho;
3. A categoria ocupacional empresário atribuiu importância bem maior à administração de recursos humanos e à gestão da qualidade de vida no trabalho do que a categoria de celetistas e servidores públicos, o que sugere desencontros nos investimentos e práticas nesses segmentos;
4. Os administradores com faixa etária acima dos 50 anos atribuem maior porcentagem de respostas à GQVT como visão holística;
5. Os administradores com faixa etária até 30 anos atribuem maior porcentagem de respostas a marketing interno e externo para a empresa;
6. A experiência, o cargo e a idade interferem nas relações pesquisadas entre ARH e GQVT.

36.8 Sugestão de programa de treinamento em gestão de qualidade de vida no trabalho

Com base na discussão realizada até aqui, apresentamos uma sugestão de programa de treinamento para GQVT visando aproximar conceitos e práticas de gestão que atendam à complexidade do mercado e aos seus desafios de competitividade com ênfase em pessoas. A programação parte de conceitos macro-organizacionais a aspectos específicos inerentes ao tema, desenvolvendo o pensamento crítico e estratégico de QVT para criar condições de especialização profissional com conceitos, modelos de gestão, ações e instrumentos para medir resultados.

36.8.1 Estrutura e conteúdo

O treinamento em gestão da qualidade de vida no trabalho pode ser classificado como formação de competência na área de gestão de pessoas. Essa competência pode ser trabalhada em cursos de aperfeiçoamento de curta duração, de 8 a 40 horas, ou especialização, de 250 a 600 horas.

Os objetivos do conteúdo do treinamento em gestão da qualidade de vida no trabalho podem ser:

1. Objetivo geral

Capacitar os participantes para a aplicação do modelo de gestão da qualidade de vida no trabalho.

2. Objetivos específicos

- Promover o conhecimento das abordagens e contribuições práticas e científicas.
- Analisar as áreas de aplicação e necessidades organizacionais.
- Conhecer e avaliar os fatores críticos de GQVT.
- Conhecer os desafios de implantar um programa completo de GQVT.
- Discutir tendências e implicações do conceito QVT nas práticas organizacionais.
- Demonstrar a importância do diagnóstico e da ferramenta.

O conteúdo programático pode ser dividido em quatro módulos.

Módulo I

- O que é qualidade de vida no trabalho e qual sua importância?
- Níveis de demandas em qualidade de vida no trabalho.
- O que é e o que não é gestão da qualidade de vida no trabalho.
- Práticas nas empresas e panorama atual.
- Visões de especialistas e tendências em GQVT.
- Como sensibilizar clientes internos para o comprometimento pessoal com a QVT.

Módulo II

- Contribuições das ciências para a visão de GQVT.
- Escolas de pensamento: socioeconômica, organizacional e condição humana.
- Qualidade de produtos, serviços e vida na cultura organizacional.
- Gestão pública e gestão privada: semelhanças e diferenças.
- Impactos financeiros do investimento no bem-estar pessoal e organizacional.

Módulo III

- Estresse, segurança e saúde do trabalho.
- Ergonomia e psicossomática.
- Modelo de gestão integrada e suas fases.
- A abordagem biopsicossocial e organizacional.
- Indicadores de análise e diagnóstico BPSO de clientes internos.
- O contrato psicológico de trabalho na relação pessoa-organização.

Módulo IV

- Os seis fatores críticos de GQVT.
- Aplicação prática dos conceitos em um case organizacional.

- Empresas, produtos e serviços, funções e perfis em GQVT.
- O inventário BPSO-96: aplicação e análise.
- Relatório sugestivo para diagnóstico de gestão da qualidade de vida no trabalho.

36.9 Conclusão

Construir um ambiente saudável tem sido um dos maiores desafios estratégicos para o bem-estar e a reputação das organizações que buscam boas práticas organizacionais.

As práticas relativas à gestão da qualidade de vida no trabalho (GQVT) situam-se nas áreas de saúde, benefícios, nutrição, ginástica laboral, gestão de pessoas, engenharia de produção, ergonomia, sistemas de gestão da qualidade, pesquisa, inovação tecnológica, balanço social, marketing e atividades de responsabilidade psicossocial, entre outras.

Todos esses conhecimentos com suas respectivas ferramentas e formas de avaliação contribuem para um ambiente de trabalho saudável em níveis pessoais e organizacionais, levando a um ambiente harmonioso e saudável para se viver bem durante o trabalho.

Referências bibliográficas

ALBUQUERQUE, L. G.; LIMONGI-FRANÇA, A. C. "Estratégias de recursos humanos e gestão da qualidade de vida no trabalho: o *stress* e a expansão do conceito de qualidade total", *RAUSP — Revista de Administração*, São Paulo, FEA-USP, v. 33, n. 2, p. 40-51, abr.-jun. 1998.

ALVESSON, M. *Organization theory and technocratic consciousness*. Berlim/New York: Walter de Gruyter, 1987.

AMORIN, M. V. *Felicidade no trabalho*. Fortaleza: Imprensa Universitária, 2002.

ARELLANO, E. B. *Avaliação dos programas de qualidade de vida no Brasil*. Tese de doutorado. São Paulo: PRONUT USP, 2002.

ARENDT, H. *A condição humana*. Trad. Celso Lafer. Rio de Janeiro: Forense Universitária, 2009.

CHANLAT, J. F. (Coord.). *O indivíduo na organização: dimensões esquecidas*. Trad. Ofélia de Lanna Sette Torres. São Paulo: Atlas, 1996. 3 v.

CODA, R. *Pesquisa de clima organizacional*: uma contribuição metodológica. Trabalho apresentado no Concurso para Professor Titular, São Paulo, 1992.

DEJOURS, C. *O trabalho humano com sistemas informatizados no setor de serviços*. Departamento de Engenharia de Produção Escola Politécnica – USP. Plêiade, 2000, p. 37-41.

______. *A loucura do trabalho:* estudo de psicopatologia do trabalho. São Paulo: Oboré, 1987.

DUTRA, J. S.; FLEURY, M. T.; RUAS, R. (Orgs.). *Competências:* conceitos, métodos e experiências. São Paulo: Atlas, 2008.

FERNANDES, E. C.; RENDÓN, J. V. "Sondagens de opinião interna como instrumento de informação". *Revista de Administração da USP*, São Paulo, v. 27, n. 1, jan.-mar. 1992.

FLEURY, M. T. L. "Estórias, mitos, heróis: cultura organizacional e relações de trabalho". *Revista de Administração de Empresas da FGV*. Rio de Janeiro, v. 27, n. 4. 1987.

KOCHAN, T. A. et al. "Total quality management and human resource systems: an international comparison". *The International Journal of Human Resource Management*, 6:2, maio 1995.

LIMONGI-FRANÇA, A. C.; *Qualidade de vida no trabalho — QVT:* conceitos e práticas nas empresas da sociedade pós-industrial. 2. ed. ampliada e revista. São Paulo: Atlas, 2004.

______. *Práticas de recursos humanos:* conceitos, ferramentas e procedimentos. São Paulo: Atlas, 2012.

______. *Psicologia do trabalho*: psicossomática, valores e práticas organizacionais. São Paulo: Saraiva, 2008.

LIMONGI-FRANÇA, A. C.; RODRIGUES, A. L. *Stress e Trabalho*: uma abordagem psicossomática. 4. ed. São Paulo: Atlas, 2004.

LIPOWSKI, Z. J. "Psychosomatic medicine:

past and present". *Canadian Journal Psychiatry*, Canadá, v. 1, 1986.

MARRAS, J. P. *Capital-trabalho:* o desafio de gestão estratégica de pessoas no século XXI. São Paulo: Futura, 2008.

MARX, R. "Processo de trabalho e grupos semiautônomos: a evolução da experiência sueca de Kalmar aos anos 90". *Revista de Administração de Empresas da FGV*, São Paulo, abr.-jun. 1992.

MELLO FILHO, J. et al. *Psicossomática hoje*. Porto Alegre: Artes Médicas, 1992.

MENDES, R. "A promoção da saúde nas empresas: o futuro da medicina do trabalho, já existente". *Revista Práticas Bem-Sucedidas*. São Paulo: Centro Brasileiro de Segurança e Saúde Industrial, v. 1, ano 1, jul.-ago. 1996.

CARAYON, P. "A organização do trabalho e os DORT (distúrbios osteomusculares relacionados ao trabalho) no setor de Serviços". In: SZNELWAR, L. I.; ZIDAN, L. N. (Orgs.). *O trabalho humano com sistemas informatizados no setor de serviços*. Departamento de Engenharia de Produção da Escola Politécnica da USP, São Paulo: Plêiade, 2000.

NERI, A. (Org.). *Gestão de RH por competências e a empregabilidade*. Campinas: Papyrus, 2005.

BEST WAYS OF MEASURING QUALITY OF LIFE. Disponível em: <http://newciv.org/worldtrans/BOV/BOV/BV-364.html>. Acesso em: 1 abr. 2002.

PNUD, IPEA, IBGE, FJP. Atlas do desenvolvimento humano e condições de vida: indicadores brasileiros. *Coleção desenvolvimento humano*. Brasília, setembro 1998.

RATTNER, H. *Liderança para uma sociedade sustentável*. São Paulo: Nobel, 1999.

RODRIGUES, M. C. P. "O índice do desenvolvimento humano: IDH da ONU". *Revista Conjuntura Econômica*, Rio de Janeiro, jul. 1993.

RODRIGUES, M. V. C.; AMORIM, T. A. A. *Qualidade de vida no trabalho*. Petrópolis: Vozes, 1994.

ROITMAN, A. "A ética da globalização". *Revista Trevisan*, São Paulo, n. 101, ano 9, jul. 1996.

SCHEIN, E. H. "Coming to a new awareness of organizational culture". *Sloan Management Review*, Massachusetts Institute of Technology, 1984.

SPINK, P. K. "Some comments on the quality of working life". *Journal of occupational and organizational psychology*, n. 48, 1975.

VIDAL, M. C. "Ação Ergonômica: intergestão de qualidade de vida na empresa". In: *Encontro Internacional de Gestão de Competências em Qualidade de Vida no Trabalho*, 1998, São Paulo: Anais FEAUSP — PROGEP.

WALTON, R. "Criteria for quality life". In: DAVIS, L. E., CHERNS, A. B. *The quality of working life*: problems, prospects and state of the art. New York: The Free Press, v. 1, 1975.

WISNER, A. *A inteligência no trabalho:* textos selecionados de ergonomia. São Paulo: Fundacentro e Brasil em Ação, 1994.

WOOD JR., T. *Mudança organizacional*. São Paulo: Atlas/Coopers & Lybrand, 1995.

ZERBINI, T.; ABBAD, G. "O impacto do treinamento no trabalho via internet". *RAE-eletrônica*, v. 4, n. 2, Art. 16, jul.-dez. 2005.

Sites indicados

ww.abqv.org.br
www.hbs.edu/
www.psicossomatica.org.br
www.abergo.org.br
www.usp.br/feamais
www.g-qvt.com.br
www.ismabrasil.com.br
www.renemendes.com.br
www.sesi.org.br

Ana Cristina Limongi-França

É professora titular da Universidade de São Paulo, psicóloga organizacional e do trabalho, especialista em desenvolvimento empresarial, mestre em psicologia social, doutora e livre-docente em administração, presidente nacional da Associação Brasileira de Medicina Psicossomática (2013-2015). Autora, pesquisadora e consultora na área de qualidade de vida no trabalho, com abordagem biopsicossocial e organizacional. Fundou e integra a Associação Brasileira de Qualidade de Vida, é sócia emérita da Associação Brasileira de Medicina Psicossomática, participou da Associação Brasileira de Ergonomia e da Associação Brasileira de Recursos Humanos. Coordenadora da Fundação Instituto de Administração — FIA, Colloquium on Participant-Centered Learning (CPCL Program) 2008 da Harvard Business School e do Instituto Politécnico da ISPU, em Moçambique. Fundou e coordena o Núcleo de Estudos e Pesquisas em Gestão da Qualidade de Vida no Trabalho, da FEA-USP.

Tel.: +55 11 99901-5488
E-mail: climongi@usp.br
Site: www.fea.usp.br

capítulo 37

Grupos informais: criando oportunidades de desenvolvimento

Darci Garçon

37.1 Objetivos

Este capítulo visa dar ao leitor, profissional de recursos humanos, uma ideia de como se constitui e como funciona um grupo informal, mostrando que só terá a ganhar em integrar um deles. Daremos uma ideia geral da dinâmica dos grupos e das oportunidades que eles oferecem para aprendizagem e desenvolvimento de seus integrantes, assegurando convivência sadia, enfatizando a questão da solidariedade entre eles e a procura de satisfação de algumas necessidades imposta pelo trabalho em RH. Mostra, também, como e por que esses grupos costumam ser palco de representação teatral dos que querem marcar presença.

37.2 Introdução

O que leva os profissionais de recursos humanos a criar grupos chamados informais e a reunir-se com frequência? Isso ocorre, também, entre profissionais de outras áreas?

Tradicionalmente, são os profissionais de RH que organizam e participam de grupos informais, assim chamados porque não se constituem em associação, não têm razão social legal e, às vezes, nem conta bancária. Provavelmente, conduzidos pelo natural instinto gregário desses profissionais, pela inata tendência humanista adquirida durante sua educação ou sua formação voltada às atividades de RH ou, ainda, pela vivência rotineira no próprio trabalho como profissionais do ramo.

Você conhece algum grupo similar composto por dentistas? Por engenheiros? Por economistas? Por advogados? Não temos informação. Pode até existir, mas, de qualquer forma, os profissionais de RH devem ser considerados pioneiros e criadores profícuos desse tipo de grupo.

Deixemos registrada neste espaço, desde já, a expressão *solidariedade*, como um atributo muito forte. É claro que solidariedade não é um sentimento assumido por todos. Mas, de qualquer forma, talvez ela seja a razão mais forte que permeia a fundação e manutenção da quantidade incrível de grupos informais pelos profissionais de RH pelo Brasil afora.

37.3 Grupos formais e grupos informais

Instituições como ABRH, AAPSA, ABTD, ADVB, conselhos, câmaras são alguns exemplos de grupos formais. Estes têm estatutos, objetivos, diretoria, associados, cobrança de mensalidades, contas bancárias para administração de recursos financeiros, divulgam e realizam cursos e eventos destinados a obter recursos para a sua sobrevivência. São entidades abertas a qualquer pessoa, física ou jurídica, que podem participar de suas atividades desde que, obviamente, mantenham a anuidade ou mensalidade em dia.

Os grupos informais são diferentes porque não têm toda essa estrutura. E são tão mais informais quanto menos estrutura e burocracia tiverem. Não se sabe quanto grupos informais de RH existem no território nacional. Pode-se fazer uma estimativa de que apenas entre a capital paulista e as cidades vizinhas (Santos, Campinas, ABC, Sorocaba, Vale do Paraíba) devem existir por volta de cem grupos.

Acompanhamos grupos informais desde 1970, quando se deu o aparecimento do Grupo de Estudos de Treinamento (GET), na época, fundado por Marco Antonio Garcia de Oliveira. O Grupo Diógenes, que reunia luminares de RH, diretores de empresas nacionais e multinacionais de grande porte, foi fundado seis anos antes, em 1964, até então, tido como o grupo informal mais antigo. Ficamos surpresos quando descobrimos outro grupo informal ainda mais antigo que o Diógenes: o CEAP-RH, fundado em 1958, em Santo André.

Pela maneira como atuam, podemos classificar os grupos informais em dois tipos:

1. *Setoriais*: grupos que agregam profissionais atuando em subsistemas de RH ou de áreas específicas, como eram o GET, profissionais de treinamento; o Grupisa e o GES, que reúnem profissionais de administração de salários; o Gresp, que congrega profissionais de recrutamento e seleção. Em 1980, existia um grupo informal constituído por assistentes sociais, na região de Santo Amaro. Parece que essa atividade deixou de existir há muito tempo e o mesmo deve ter acontecido com o grupo.

2. *Generalistas*: agrupam profissionais de primeira linha em RH, em cargos de gerência ou de diretoria, com responsabilidade sobre todos os subsistemas. A diferenciação por nível está intrinsecamente ligada ao nível hierárquico dos fundadores e às intenções com que os grupos foram fundados. Ou de quem teve a ideia e conduziu os esforços para a fundação.

Na maioria dos casos procura-se constituir grupos homogêneos, isto é, grupos compostos por profissionais que atuam nos mesmos subsistemas ou no mesmo nível hierárquico, porque os interesses desses profissionais são similares e eles "falam a mesma língua". A heterogeneidade pode ser um dificultador para a sobrevivência de grupos informais, pois a alguns interessa discutir assuntos ligados à folha de pagamento; a outros, assuntos de relações sindicais, trabalhistas; a outros, ainda, gestão estratégica, e por aí vai.

Obviamente, essa diferença de interesses tem origem no tempo de experiência, no cargo ocupado naquele momento, na idade, porte e segmento da empresa, na área de atuação e responsabilidades dos profissionais. Quando a heterogeneidade é elevada, não há conciliação de interesses e aí o grupo passa por "crises existenciais" e tem baixa frequência às reuniões que, geralmente, são realizadas uma vez por mês.

Há grupos que agregam executivos do sistema financeiro, assim como grupos destinados aos profissionais da indústria farmacêutica. Na região de Ribeirão Preto, há um grupo constituído pelos — e para os — profissionais da agroindústria, o GERHI. O GR Hosp, de São Paulo, congrega profissionais que trabalham nos hospitais e outras instituições que prestam serviços médicos.

37.3.1 Por que participar desses grupos?

A existência de grupos informais de RH é um fato bem conhecido por todos os profissionais que militam nessa atividade. Contudo, localizá-los e acessar qualquer um deles não é tarefa tão fácil. Além disso, antes de procurá-los é preciso ter curiosidade em conhecer seus objetivos, como são compostos, como funcionam e se vale mesmo a pena ingressar num deles, na opinião de um ou mais integrantes. Por último, vem a pergunta que ouvimos frequentemente: *como faço para ingressar num grupo informal?*

A participação num desses grupos vai requerer disciplina, motivação e, principalmente, disponibilidade de tempo. Essas três condições não são fáceis de serem conciliadas nos tempos atuais, ora porque o profissional não tem flexibilidade para deixar a empresa durante meio dia ora porque o tema da reunião não é atraente, ou ainda porque não existe a disposição e a vontade de fazê-lo. Não comparecer às reuniões é ruim e, neste caso, as pessoas se esquecem de que o grupo é conduzido por colegas da área que investem seu tempo e não esperam nenhum outro tipo de retorno a não ser a presença deles.

Em pesquisa realizada por um desses grupos (GERH), identificaram-se as razões pelas quais seus integrantes continuavam a se reunir uma vez por mês. Entre os motivos há interesses da seguinte ordem: trocar informações, trocar ideias, conhecer outras experiências, necessidade de atualizar-se, buscar desenvolvimento pessoal e profissional. Com menor frequência, aparece outra condição que é de grande relevância: conviver com amigos e com profissionais de outras empresas. Em outras palavras, cultivar o *networking*, que é algo de extrema importância quando se pensa, por exemplo, em manter as portas abertas para buscar ajuda em casos de eventuais necessidades.

Vale registrar que nessa pesquisa a expressão *networking*, ou o seu significado, não foi mencionada. Não houve menção a nenhuma condição que sugerisse ou se aproximasse do que entendemos por *solidariedade*. Não foi mencionada provavelmente porque é uma condição tão óbvia e elementar que não precisa ser lembrada. Ninguém disse claramente: "Estou aqui porque, quando precisar de ajuda, tenho a quem pedir socorro". Muito menos: "Estou aqui para oferecer ajuda a algum colega quando ele necessitar".

De qualquer forma, parece-nos que essa seja a razão mais importante para a existência e sobrevivência dos grupos informais de RH. E é, seguramente, uma forte razão para vir a integrar um deles: solidariedade, nesse caso, significa a busca de abrigo, de proteção e segurança. Um jeito de estar entre semelhantes a quem se pode recorrer quando necessário, incluindo-se aí uma eventual passagem pela situação de "transição de carreira". Solidariedade pressupõe apoio em qualquer circunstância, mas implica reciprocidade.

Não há pesquisa que ajude a comprovar e trata-se de uma opinião pessoal: participar de um grupo informal é necessário e importante. Nenhum profissional, principalmente os que cuidam da gestão de pessoas, deve permanecer enclausurado em sua empresa, julgando-se autossuficiente e esquecendo que mudanças ocorrem no mundo, fora do cenário organizacional. É conveniente estar exposto ao ambiente externo, fazendo-se presente no local e na hora certa, interagindo com colegas de profissão, atualizando-se e ampliando a rede de relacionamentos.

Com certeza, nem todos concordarão com o que está sendo dito por simples opinião ou mesmo por ter vivenciado uma experiência malsucedida nesse sentido. Mas é uma hipótese o fato de que essas pessoas podem não ter facilidade para iniciar e habilidade para manter, ampliar e atualizar relacionamentos, o que é ruim também para a profissão. Por outro lado, deve haver aqueles que, por convicção, julgam essa postura, participar de grupo informal, como desnecessária, pois estão bem nos seus empregos, são competentes, não precisam da ajuda de ninguém, têm condições e querem cuidar sozinhos do seu trabalho. E existem, por último, aqueles que não encontram concordância de suas empresas, que não veem com bons olhos a sua ausência do trabalho, ainda que apenas durante meio dia, uma vez por mês.

De qualquer maneira, é fato que participar de um grupo informal de RH ajuda o profissional a expor-se e a construir uma imagem externa, a tornar-se conhecido. Pode favorecer a conquista de prestígio e de confiabilidade. Por meio da atuação no grupo, podem ser reconhecidos *as competências, a seriedade, responsabilidade* e *padrões* de ética de um profissional. E tudo isso não é comprado nem vendido: são conquistas pessoais, *vis-à-vis* e não por via dos recursos criados pela informática. No caso dos grupos informais, persistem as reuniões presenciais e, por enquanto, as reuniões virtuais não se tornaram moda.

37.3.2 Objetivos e funcionamento

Em geral, os grupos informais de RH se constituem baseados em planos e objetivos pretensiosos. Eles geram grandes expectativas de retorno, contudo, boa parte passa a funcionar como grupo meramente burocrático. Os membros fazem das reuniões uma rotina de troca de informações sobre suas necessidades imediatas, tratam de assuntos do dia a dia, temas ligados a relações trabalhistas, sindicais, salários e benefícios e até troca de currículos e de vagas.

Esses são os grupos *conservadores*, pois não têm preocupação com questões estruturais de qualquer natureza, nem com cenários. Frequentemente discutem, acaloradamente, assuntos internos, normas, regulamento e motivos da ausência dos integrantes. Transformam assuntos irrelevantes em temas de altíssima importância. Dão margem para os polêmicos e prolixos ocuparem o tempo e aparecerem. Em geral, esses grupos não conseguem assegurar a presença regular de seus integrantes e têm vida curta.

No outro extremo, estão os grupos *estratégicos*. Seus integrantes estão mais preocupados com tendências, cenários, mudança, inovação e participação nos negócios. Valorizam a sondagem, a exploração, a análise, a reflexão sobre o panorama atual e futuro, além de temas da atualidade ou em perspectiva que podem afetar a gestão das empresas. E até com modismos, por exemplo, como retenção de talentos. Para esses grupos, a troca de informações também é valiosa, porém, não faz parte da sua rotina, ocorrendo ocasionalmente, menos nas reuniões presenciais e mais na troca de e-mails ou por telefone.

Exemplos de grupos que se aproximam desse último modelo: CEAP-RH, fundado em 1958 por profissionais de RH do ABC paulista; Gruca, fundado em 1958, em Campinas; Grupo Diógenes, fundado em 1964; CRI, fundado em 1967; G-3, fundado em 1974; GERH, fundado em 1980.

O GERH, do qual participo desde a sua fundação, apresenta, em todas as suas reuniões, um palestrante externo que fala sobre algum tema de interesse do grupo, sugerido em pesquisa realizada junto aos integrantes. A outra parte da reunião é destinada a uma segunda apresentação, feita por alguém do próprio grupo, quando tem alguma experiência relevante realizada em sua empresa e que vale a pena levar ao conhecimento dos demais.

Esse grupo, o GERH, não tem regras rígidas de funcionamento e opera com um mínimo de atividades burocráticas. Tem frequência mínima obrigatória implantada apenas em 2012. Não tem atas de reuniões. Não há contribuição financeira dos integrantes, nem conta bancária. Anualmente elege apenas um coordenador que procura acercar-se de voluntários que o ajudem. Os profissionais que desejam ingressar no grupo são apresentados pelos integrantes atuais e aprovados por maioria simples presente à reunião. Admite somente executivos de empresas, porém, os integrantes que se tornam consultores permanecem no grupo.

O GERH organiza, todos os anos, desde a sua fundação, um fórum anual de debates, em hotel fora do circuito urbano de São Paulo, cujas despesas são bancadas por empresas de serviços ou consultorias interessadas em iniciar ou manter aproximação com os seus integrantes.

37.4 Desafios dos coordenadores

Com certeza, todos os grupos informais passam por dificuldades. E quanto mais informais, mais problemas. Por isso, a experiência mostra que assumir a coordenação de um desses grupos é um ato de coragem e, conseguir sucesso, um ato quase heroico. Trata-se de uma atividade que exige gosto por emoções fortes. Por exemplo, apesar de se solicitar confirmação antecipada de comparecimento às reuniões, nunca se sabe quantos membros, de fato, comparecerão. Há aqueles que confirmam e não aparecem e os que comparecem sem ter confirmado. Coordenar um grupo informal requer tempo, tolerância e persistência. E, mais do que isso, muita paciência.

Também não existem pesquisas nem registros de informações, razão pela qual não se sabe quantos grupos são criados e quantos desaparecem. O grupo Reflexão, de São Paulo, foi fundado em 1989, pautando-se na experiência do GERH. Funcionou durante três anos e perdeu o fôlego, deixando de se reunir porque poucos dos seus integrantes compareciam às reuniões. Foi retomado dois anos depois com objetivos redefinidos e está ativo até estes dias.

Sem dúvida, o grande desafio dos grupos informais é conseguir manter média significativa de frequência às reuniões. Sem participantes, não há reunião. Para atrair os integrantes é necessária uma pauta de reunião consistente, com assuntos de interesse, de preferência, indicados por eles próprios. Não há nada mais desagradável do que convidar um palestrante e, de repente, aparecer apenas uma meia dúzia de "gatos pingados" para ouvi-lo.

Dessa forma, o conteúdo consistente das reuniões é fundamental, principalmente quando o grupo está em formação ou em fase de consolidação. Seu coordenador precisa ser agregador, democrático e ter perspicácia e habilidade para captar e pesquisar o que mais interessa aos integrantes. Deve ser capaz de atrair palestrantes reconhecidos, de preferência, aqueles que não visem compensação financeira e que não compareçam apenas para "vender-se" aos presentes. Mesmo assim, a sobrevivência do grupo só estará consolidada quando houver integração e convivência prazerosa entre os seus integrantes, que permanecem no grupo em função de retornos positivos. E isso demora anos.

Há outro ponto a ser considerado: o funcionamento de um grupo informal vai requerer alguma despesa, seja com *coffee break*, seja com pagamento de palestrante ou aluguel de instalações. Para evitar despesas, a alternativa mais comum e menos complicada é a de que cada participante a patrocine e ofereça as instalações de sua empresa para a realização de reuniões porque, via de regra, as despesas são pequenas.

Não custa chamar a atenção para o fato de que muitas empresas de consultoria ou prestadoras de serviço têm interesse de estabelecer contato com profissionais de RH e por isso se dispõem a oferecer palestrantes ou proporcionar alguma modalidade de patrocínio. Obviamente, elas esperam obter algum retorno pelo investimento que fazem e essa é uma situação que requer habilidade para ser administrada, pois nem sempre elas o conseguem.

Não é demais insistir: em geral, o esvaziamento das reuniões dos grupos informais ocorre porque elas não são suficientemente atrativas. Falta de assuntos, discussões irrelevantes, reuniões dispersivas, palestrantes desconhecidos e pouco expressivos, falta de objetividade e estrelismo são ingredientes que contribuem fortemente para o desinteresse em participar. Por último, em cidades grandes, como é o caso de São Paulo, as reuniões devem ser realizadas em locais de fácil acesso e em períodos que não coincidam com horários de *rush*.

37.5 Integrantes típicos

Interessante notar que grupos informais — como em muitas outras situações de convivência em grupo, inclusive nas empresas — são o cenário adequado para identificarmos pessoas e profissionais com os seguintes padrões de comportamento:

- *O prolixo*: trata-se de integrante que não tem controle sobre o seu discurso e não percebe que se torna maçante. Tem explicações para tudo e as faz nos menores detalhes. Não sabe ouvir e procura monopolizar, tanto quanto possível, a atenção dos outros. É repetitivo, monótono e acredita que os demais gostam de ouvi-lo. Só contribui com sugestões quase nunca viáveis e verborragia, porém, não ajuda em nada que agregue valor ao grupo.
- *O polêmico*: em geral, esse integrante tem voz empostada e fala alto como se estivesse num debate acirrado. Arrogante, considera-se o dono da verdade, sabe tudo e, sempre, quer *aprofundar* a discussão. Não tem paciência para ouvir, seus argumentos são definitivos, defendendo seus pontos de vista até as últimas consequências. É aquele que recoloca o assunto em discussão mesmo que já se tenha tomado alguma decisão. É criativo e dá muitas ideias para que sejam executadas pelos outros, mas nunca "coloca a mão na massa".

- *O discreto*: felizmente, é atributo da maioria. Comparece às reuniões com discrição. Agregador, colabora para a aproximação das pessoas. Fala baixo, é reservado e bom ouvinte. É disciplinado e só fala quando lhe dão chance. Em geral, tem boas ideias e está entre os que mantêm o grupo vivo e atuante. É observador, atento e, vez ou outra, dá opiniões, depoimentos ou sugestões que são úteis ao grupo.
- *O ideal*: comparece a todas as reuniões chegando sempre antes da hora marcada. Avisa previamente quando não pode comparecer. Sabe ouvir e participar na hora certa. Seus conceitos, ideias e opiniões são originais e brilhantes. Relata suas experiências com total transparência, falando sobre seus sucessos e fracassos no trabalho de maneira a agregar valor e contribuir com todos. Ajuda a motivar os demais integrantes, participa do planejamento e da organização das reuniões dando boas sugestões de temas e sugerindo nome de palestrantes. Obviamente, é o integrante exceção...

37.6 A dramaturgia e as reuniões de grupo

Nas reuniões dos grupos informais é possível perceber todo tipo de desempenho de papéis que também se observa dentro das próprias organizações. Na verdade, referimo-nos à teatralização que pode ser notada em qualquer situação: no trabalho, em casa, numa reunião com amigos, num jogo qualquer, sempre que alguém tem necessidade de aparecer ou simples desejo de impressionar.

Assim, as pessoas encenam ou se comportam da forma como querem ser vistas ou reconhecidas pelos demais. Nos grupos informais não é diferente: a aparência, a conversa e a maneira de ser pode deixar transparecer, por exemplo, *status*, inteligência, riqueza, poder e outros que tais.

Nas empresas é fácil perceber o *mise-en-scène* do diretor, do gerente ou do funcionário de qualquer nível: ares de onipotente, gosta de ser chamado de "doutor". Arrogante, assoberbado, mal-humorado, utiliza de rituais que dificultam o acesso ou um diálogo mais acalorado com seus subordinados, perdendo a paciência, ou explodindo com muita facilidade, maltratando-os diante de outras pessoas. Tal postura pode parecer, a ele, altamente positiva, pois acredita que é demonstração de poder, de autoridade, de sabedoria e de competência.Aquele que adota esse modelo de comportamento não tem a menor noção do seu impacto sobre as pessoas, porque ninguém tem coragem para dar a ele um feedback real sobre o seu estilo. E, mesmo que dessem, de nada adiantaria.

Sobre esse assunto, é oportuno lembrar o sociólogo canadense Erving Goffman (2001), que publicou uma obra-prima da psicologia social versando sobre o comportamento humano e o desempenho de papéis. Goffman descreveu a situação de que estamos falando da seguinte maneira: "Quando um indivíduo desempenha um papel implicitamente solicita que os seus observadores levem a sério a impressão sustentada perante eles. Pede-lhes para acreditar que o personagem que veem no momento possui os atributos que aparenta ter".

Do outro lado, está o líder transparente, aquele que age com naturalidade, sem performance para querer parecer o que não é. Portas abertas, sorri e cumprimenta a todos com quem cruza, ouve sugestões, gosta que questionem as suas opiniões e decisões. Esse é um padrão de conduta mais adequado aos tempos atuais, como bem o define Jim Collins (2001):

> No geral, não imaginamos que a postura mais comum entre as pessoas com quem convivemos seja tão dramática. Quando mencionamos as características do chefe idiota, muito bem descrito por Robert Sutton (2007), é claro que estamos falando sobre exceções. Mas é importante perceber como atuam e como se caracterizam todos esses tipos humanos. E é importante saber que eles existem, inclusive nos grupos informais. Desse modo, é preciso criar uma forma pacífica e adequada de relacionamento, que não atrapalhe o funcionamento do grupo.

37.7 Estrutura e modelo operacional

Qualquer grupo informal necessita de uma estrutura mínima para o seu funcionamento, sua sobrevivência e para oferecer atratividade, conforto adequado e retorno relevante aos seus integrantes.

Grupos formais como ABRH, AAPSA e ABTD possuem estruturas hierárquicas compostas por presidente, vice-presidente, diretores e conselheiros. Seu modelo operacional conta com funcionários que cuidam das questões do dia a dia, com conta bancária em nome da instituição e recursos financeiros gerados pela cobrança de anuidade dos membros, bem como pela oferta de cursos mediante pagamentos estipulados para cada caso e pela busca de patrocínios de empresas interessadas.

Os grupos informais não chegam a tanto, porém, a luta pela sobrevivência é bem parecida. Eles são administrados por um coordenador ou presidente que se cerca de colegas voluntários ou eleitos para ajudá-lo na condução do grupo. Administrar um grupo informal é um desafio de peso, que requer competência e, principalmente, idealismo. Por isso, é preciso reconhecer os méritos das pessoas que dirigiram e dirigem essas organizações e as mantêm atuantes. Entre outras razões, insistimos, porque são persistentes, não esperam retorno e não são remuneradas para isso.

Como dizíamos, a estrutura mínima para o funcionamento de um grupo informal é aquela composta de um coordenador ou presidente e auxiliares, além de um local para que as reuniões mensais (cuja duração pode ser de duas horas ou de um período de meio dia) aconteçam. As reuniões do GERH ocorrem em esquema de períodos alternados: num mês elas ocorrem no período da manhã, no mês seguinte, no período da tarde.

Ao longo do tempo, esses grupos informais poderão aprimorar a estrutura inicial, criando um conselho de diretores e colaboradores com cargos e responsabilidades diversas. Por exemplo: um coordenador, um tesoureiro etc. É conveniente também ter um responsável por toda a comunicação do grupo, uma espécie de assessor de relações públicas cuja incumbência é manter os integrantes informados, sistematicamente, sobre os assuntos do grupo e as agendas das reuniões.

E, como estamos falando em reuniões, insistimos que, principalmente no início, é conveniente realizá-las nas instalações das empresas dos próprios integrantes, pois isso evita despesas com aluguel de salas em hotéis, por exemplo. É conveniente, também, oferecer um *coffee break* antes do início da reunião e durante o intervalo, pois esse é o momento em que se estabelece o *networking*, uma das finalidades mais valorizadas pelos membros dos grupos informais.

Outra questão importante é a escolha ou indicação de palestrante. O primeiro pré-requisito é que sejam competentes no tema que desenvolverão. O segundo, é que sejam pessoas reconhecidas e prestigiadas. Como já dissemos, em geral, essas palestras são realizadas sem pagamento ao palestrante, principalmente quando são ministradas por executivos de outras empresas. Convites a consultores ou profissionais especializados em palestras também devem ser feitos, desde que eles compareçam e não cobrem, visto tratar-se de uma oportunidade de exposição diante de um grupo de possíveis contratantes dos serviços que ele presta.

Veja um exemplo real de pauta de uma reunião do GERH, realizada em 2012:

Tema: A economia emergente e a gestão de alta performance

Data: 17 de setembro — segunda-feira

13h30 — Recepção e café
14h00 — Abertura e apresentação do tema — Coordenador
14h05 — Apresentação do tema: (nome do palestrante)
15h30 — Intervalo para café

16h00 — Geração Y — Quem são, o que querem — (nome do palestrante)
17h00 — Assuntos gerais (tempo dedicado à troca de informações e outros assuntos de interesse do grupo)
18h00 — Encerramento

Local:
Estacionamento:
Confirmações:

OBS.: Neste exemplo, o palestrante do tema principal, Economia, era um consultor externo. O tema Geração Y foi apresentado por um dos integrantes do grupo que, naquele momento, vivia experiência que julgou oportuno relatar.

37.8 O perfil preferencial dos participantes

Todos os grupos informais conhecidos, principalmente os mais antigos (CEAP-RH, Gruca, Diógenes, G-3, CRI, GERH), foram fundados por executivos de empresas e tinham como objetivo congregar colegas de profissão. Além disso, nos seus anos iniciais, o objetivo de cada um desses grupos era bem explícito: trocar experiências. Na época, viviam-se situações inusitadas e complexas, principalmente ligadas a assuntos legais, trabalhistas, sindicais, salariais.

De fato, preferencialmente os grupos informais procuram admitir executivos de empresas como integrantes, em detrimento a consultores, mesmo aqueles que atuam como autônomos ou dirigindo a sua própria empresa de consultoria. No entanto, ao deixarem a empresa e tornarem-se consultores, os ex-executivos não são excluídos sumariamente do grupo. Em alguns deles os executivos aposentados, aqueles em "transição de carreira" e mesmo os que se tornam consultores, passam a ser classificados como conselheiros, frequentando normalmente as reuniões mensais. De qualquer forma, os grupos informais procuram manter equilíbrio entre o número de executivos ainda atuantes em empresas e os demais membros.

O que temos observado é que, dificilmente, os integrantes deixam de participar do grupo que os admitiu. O número de desistências é pouco significativo, os anos passam e assim os grupos vão se tornando cada vez mais compostos por membros seniores. Diante desse cenário, o GERH mantém permanente preocupação com a renovação de seu quadro, buscando admitir executivos mais jovens, desde que ocupem posição de destaque no RH de suas empresas.

Por outro lado, raramente as empresas criam dificuldades para que os seus executivos participem de grupos informais, principalmente quando ocupam cargos diretivos. Se há casos assim, eles não se tornam de domínio público. De qualquer forma, quando acontecem podem ser percebidos pela ausência constante às reuniões mensais. Mas com certeza as empresas devem estar cientes de que são favorecidas quando um de seus executivos é participante ativo de um grupo, pois esses grupos informais se constituem em valiosa fonte de informações e de troca de experiências — sem custo algum — e fornecem outros ingredientes que ajudam no desenvolvimento dos funcionários e em benefício delas próprias.

37.9 Vale a pena participar de um grupo?

Participar de um grupo informal ou mesmo do grupo formal é um atalho que os profissionais de RH podem utilizar para completar seu autodesenvolvimento em duas linhas importantes de competências. A primeira, na aquisição de conhecimentos técnicos, buscando o apoio dos demais integrantes por meio de diálogos, troca de opiniões ou visitas às suas empresas. A segunda, pela observação e assimilação de atitudes, principalmente as ligadas ao comportamento pessoal e ao tratamento devido às pessoas, colegas de trabalho, subordinados, amigos.

Assim, a resposta à pergunta deste item é bastante evidente: é claro que vale a pena participar de um grupo, desde que o grupo esteja sendo gerido de forma a proporcionar, aos seus integrantes, os valores já citados anteriormente. Conviver com pessoas que atuam na mesma área, que acumularam experiências, que têm conteúdo para compartilhar, e que permitam a manutenção do *networking*, tudo isso conta pontos a favor.

Não é demais repetir que o grupo informal não pode ser tomado exclusiva e simplesmente como um grupo para troca de experiências, aprendizagem ou de estudos, como se intitulam. Deve ser entendido como um grupo de convivência, de relacionamento, de troca, que procura criar condições e incentivar a aprendizagem.

Há outra peculiaridade que não pode ser esquecida e que garante a convivência sadia em qualquer situação: a empatia. Esse é um quesito por demais importante, pois se não houver simpatia mútua entre os integrantes, a adaptação ao grupo será difícil. O GERH tem uma experiência interessante. Como dissemos, todos os anos promove um fórum de debates com duração de três dias. Para esse evento, seus integrantes são orientados a convidar profissionais de RH de outras empresas com quem têm relacionamento. Desses convidados, aqueles que manifestarem interesse de ingressar no grupo têm seus nomes submetidos ao procedimento normal de inclusão e são aprovados sem muita burocracia.

37.10 Conclusão

Afinal, um grupo informal existe para quê? Apenas para atender às necessidades e aspirações individuais de seus integrantes? Para ajudá-los a encontrar soluções para dificuldades e problemas complexos de suas empresas? Para ajudá-los no desenvolvimento profissional e pessoal? Para apoiá-los, se estiverem em situação de "transição de carreira"?

Infelizmente, há os que pensam assim. Vivemos num mundo cheio de mudanças rápidas, de crises, de problemas sociais com perspectivas de solução complexas. Somos administrados por políticos incompetentes, muitos deles desonestos, dos quais não nos livraremos facilmente, pois convivem saudavelmente com o clima de impunidade que reina no país. A política econômica é confusa e voltada para o crescimento zero; impostos extorsivos que dificultam a sobrevivência de qualquer empreendedor. O custo do trabalhador para as empresas está se tornando insuportável, mantendo muitos deles na informalidade.

Como os grupos informais se situam diante deste quadro? A resposta é simples: como o restante da sociedade. Não há notícias de que grupos informais tenham realizado ação ou trabalho de caráter social marcante. Que tenham realizado pesquisas ou produzido inovações para a área de RH com um mínimo de base científica. Que tenham influenciado ou inspirado os burocratas e legisladores de Brasília em relação aos assuntos que dizem respeito à gestão de pessoas nas empresas.

Poderia ser diferente? Sim, e deveria. Provavelmente, uma maior aproximação entre os diferentes grupos informais (os grupos informais não se comunicam) e um esforço para criar sugestões e projetos deveriam ser feitos. Nunca é tarde. Vamos esperar que isso aconteça algum dia.

Referências bibliográficas

COLLINS, J. *Empresas feitas para vencer*. Rio de Janeiro: Campus, 2001.

GOFFMAN, E. *A representação do eu na vida cotidiana*. Petrópolis: Vozes, 2001.

SUTTON, R. I. *Chega de babaquice!* Rio de Janeiro: Campus, 2007.

Darci Garçon

Sócio da TAG Consultores, empresa especializada em seleção de executivos, e da Intelecto RH. *Headhunter* há 25 anos, é graduado em Pedagogia pela Universidade de São Paulo. Atuou durante anos em empresas de grande importância como Grupo Villares, Banco Chase Manhattan, Banco Fiat e Credicard. Cofundador dos grupos GET, ABTD, ABTD-RJ, GERH e Reflexão. Foi diretor de grupos informais (GINFORH) da ABRH-SP.

Tel.: +55 11 3628-7411
E-mail: tag.dgarcon@uol.com.br
Site: www.tagconsultores.com.br

capítulo 38

Carreira em T&D

Wagner Brunini

38.1 Objetivo

Quando fui convidado a escrever um capítulo sobre carreira em T&D, logo pensei: que excelente oportunidade!

Mas o que tenho a dizer àquele profissional que atua ou deseja atuar na área, uma vez que as vertentes são tantas e, também nessa área, como em tantas outras da gestão de pessoas, não há receita ideal que permita definir o que é certo ou errado? Existem, sim, tendências e caminhos comuns que hoje podem ser úteis aos profissionais de T&D e que, se ponderados e aplicados adequadamente, servirão de orientação para tomadas de decisão.

Dessa forma, pretendo abordar no texto a seguir os seguintes tópicos:

1. a transformação da carreira de T&D em função da mudança de contexto ocorrida nos últimos anos nas empresas e a consequência concreta para os profissionais da área;
2. a importância do papel dessa área e de seus profissionais na atração, no desenvolvimento e no engajamento das pessoas nas empresas, com exemplos de atividades pertinentes a T&D nesse contexto;
3. o perfil do profissional de T&D, falando de competências, formação e atitudes esperadas;
4. os aspectos que considero relevantes ao gerenciamento da carreira do profissional de T&D dentro e fora das empresas, incluindo uma reflexão sobre o custo do processo e as mudanças de parâmetros e responsabilidades ocorridas nos últimos anos.

Encerro o texto com um breve relato do *case* BASF, isto é, como a empresa enxerga e trabalha a carreira de T&D.

38.2 Mudança do contexto empresarial

Aqui abordamos a transformação da carreira em T&D e a consequência concreta para os profissionais da área em função da mudança de contexto ocorrida nos últimos anos nas empresas.

Com a complexidade e a competitividade do mundo atual, para manter uma empresa viva e competitiva não bastam somente estratégias voltadas ao mercado, como campanha de fortalecimento da marca de um produto ou serviço, marketing e formação de equipe de vendas agressiva. Já é consenso que as pessoas estão no centro da estratégia de qualquer empresa que pretenda liderar seu mercado. É nesse contexto que o RH se destaca, com ênfase na área de T&D.

Uma empresa tem como maior força as pessoas que a integram, ou, mais especificamente, o conhecimento que elas detêm. Mas, como utilizá-lo a favor das estratégias corporativas? Vejamos: é a área de T&D que tem a responsabilidade de ajudar seus colaboradores a se adaptar às mudanças cada vez mais rápidas no mundo dos negócios e prepará-los para dar respostas rápidas e precisas, por meio da difusão de conhecimentos específicos e do desenvolvimento de novas formas de pensar, novas atitudes e abordagens particulares, determinadas pelo momento. Por esses motivos, não me parece viável uma empresa de hoje pensar sua estratégia sem contemplar RH, de modo geral, e T&D, especificamente.

38.3 Atrair, desenvolver e engajar pessoas: o que T&D tem a ver com isso?

Neste item, destaca-se a importância do papel da área de T&D e de seus profissionais, por exemplo, na atração, no desenvolvimento e no engajamento das pessoas nas empresas. Se concordamos que o maior ativo de qualquer empresa são as pessoas, a área de T&D tem papel fundamental. Vejamos, então, qual é o papel de T&D para atrair, desenvolver e engajar pessoas dentro das organizações.

Quando uma pessoa é convidada a trabalhar ou procura uma empresa em busca de uma colocação, algo essa companhia fez para *atrair* sua atenção. Marca forte (marketing), boa imagem (comunicação) e possibilidades de carreira (desenvolvimento) são algumas das opções no portfólio da empresa para atrair profissionais talentosos.

Uma atividade comum do profissional de T&D, nesse aspecto, é promover o contato com instituições de ensino (escolas técnicas, universidades e instituições de educação executiva). Muitas vezes, é por meio do profissional de T&D que o mundo acadêmico "percebe" a empresa, seus valores e princípios.

No que tange ao ambiente interno da empresa, oportunidades de desenvolvimento e aplicação de novos conhecimentos estão entre os fatores de maior destaque no engajamento de pessoas pelas organizações. No estudo "Global Workforce", realizado pela Towers Perrin de julho a agosto de 2005, do qual participaram 85 mil colaboradores de empresas em 16 países, foram identificados, por análise de correlação estatística, os dez fatores que mais causam impacto na atração, no desenvolvimento e no engajamento de talentos nas organizações. No Brasil, de acordo com esse estudo, entre os dez fatores de engajamento destacam-se "meu gerente oferece acesso a oportunidades de aprendizagem" e "oportunidades de aprender e desenvolver novos conhecimentos".

A empresa que está atenta a seus funcionários e contribui para o desenvolvimento de suas carreiras sem dúvida cativa, isto é, retém o colaborador. Para isso acontecer, é necessário que haja transparência de estratégias, princípios e métodos de desenvolvimento na empresa, consolidados por meio de ações. Mais uma vez, estamos diante de atividades desafiadoras para o profissional de T&D, nas quais ele será requisitado não somente a executar, mas, antes de tudo, a comunicar suas atividades. Não é raro que, cada vez mais, os profissionais de T&D, juntamente com a liderança das empresas, desenvolvam treinamentos bastante específicos para públicos distintos, formando, além de técnicos, lideranças atuais e futuras.

O *engajamento* das pessoas nas organizações, por sua vez, está intimamente ligado a algo intangível, mas que, para o profissional de T&D, torna-se "ferramenta de trabalho": a motivação. Entender o que motiva uma equipe, monitorar seus níveis de satisfação e identificar caminhos de atender a expectativas tanto da organização quanto dos colaboradores são mais alguns dos desafios da atividade de T&D. É por esse motivo que as pesquisas de clima ou mesmo pesquisas de opinião das organizações fazem parte das atividades e também estão, frequentemente, nas mãos dos profissionais de T&D. Desde a execução da pesquisa até a confecção de planos de ação para o preenchimento dos *gaps* existentes, T&D gerencia todo o processo.

Nesses aspectos, a pesquisa da Towers Perrin, citada anteriormente, identificou no Brasil que a aquisição de novos conhecimentos aparece como fator fundamental também para o engajamento.

Nossa força de trabalho parece ter incorporado a ideia de que seu emprego será mantido enquanto durar sua contribuição. E isso requer, em contrapartida, uma vigilância constante para manter seus conhecimentos e competências sempre atualizados. Ou seja, a estabilidade e a segurança profissional dependem da aquisição de novos conhecimentos, que são a chave da garantia da empregabilidade.

Por fim, a necessidade humana de aceitar desafios, crescer e se autorrealizar para contribuir com o seu máximo está intimamente ligada à realidade diária do profissional de T&D.

38.4 Competências, formação e atitudes do profissional de T&D

O perfil do profissional de T&D, incluindo competências, formação e atitudes esperadas, é abordado neste tópico.

38.4.1 Breve panorama

No passado, treinamento e desenvolvimento eram áreas distintas que conviviam sob o mesmo teto, mas com foco e objetivos bastante diferentes, principalmente nas grandes organizações. O *instrutor de treinamento* era quem tinha o dom de transmitir conhecimento a seus "alunos/treinandos". Era ele também quem dominava determinado conteúdo e a arte de educar, assim como a técnica de transmissão de conhecimento. Porém, não era ele, necessariamente, o responsável por antever as necessidades das organizações para as quais seus alunos/treinandos trabalhavam.

Por sua vez, quem fazia esse papel "mais estratégico" de antecipar demandas era, na maioria das vezes, o chamado *analista de desenvolvimento*, capaz de dar continuidade a processos da empresa, desenvolvendo progressivamente colaboradores, de acordo com os desafios que lhes eram impostos.

Atualmente, as atividades de T&D dialogam mais intensivamente e são vistas como partes de um todo indissolúvel, quase sempre sob a responsabilidade de um mesmo profissional. Dessa forma, o profissional de T&D dos dias atuais, convertido em *consultor interno de recursos humanos*, é, antes de tudo, responsável por pensar a empresa como um todo. Ele deve se alinhar à estratégia da organização, saber da realidade e das demandas das mais diversas áreas, desde a sua própria (RH), passando por marketing, finanças, entre outras. É ele quem identificará as necessidades de seus clientes internos e os orientará para que atinjam os objetivos empresariais propostos. Por isso, entre as competências essenciais do profissional de T&D devem constar, na minha opinião, visão sistêmica, pensamento estratégico, foco no cliente, comunicação e relacionamento interpessoal. A seguir, falarei um pouco mais detalhadamente sobre essas competências.

38.4.2 Competências do profissional de T&D

A *visão sistêmica* é uma habilidade importante para o profissional de T&D que, além de possuí-la, deve desenvolver em outros essa capacidade de enxergar a organização como um todo, o mercado em que ela está inserida, seus concorrentes, fornecedores e tendências.

Entendendo *pensamento estratégico* como a habilidade de relacionar as atividades do dia a dia com os objetivos de longo prazo e o sucesso da organização, o profissional de T&D deve compreender bem o cenário em que a empresa está e o lugar que ela quer ocupar. Espera-se desse profissional o profundo conhecimento dos objetivos da organização, a identificação de influências globais futuras e a habilidade de visualizar cenários e agir de acordo com suas exigências. Ele precisa ser capaz, também, de identificar e satisfazer as necessidades de clientes internos e externos, com base em um contato inicial e por meio de uma parceria de longo prazo, construída em prol do benefício mútuo. Isso implica colocar, primordialmente, o *foco no cliente* e em suas necessidades, oferecendo soluções integradas e compatíveis com as estratégias empresariais, pensando nas atividades futuras e gerindo de forma inteligente o capital humano da organização.

A capacidade de *comunicação e compreensão interpessoal* deve ser muito bem desenvolvida, assim como a habilidade de expressar, de forma clara e efetiva, opiniões e visões; ouvir e compreender as entrelinhas, os sentimentos e as preocupações alheias, além de ajustar a linguagem às características e às necessidades da audiência, faz parte do cotidiano do profissional de T&D. Ele estará ligado às pessoas estratégicas da organização, e seu papel de auxílio no planejamento da carreira de outros profissionais exige capacidade de relacionamento interpessoal bastante desenvolvida. Frequentemente, atua como estimulador e mediador do diálogo, a fim de trazer à tona os pontos de vista e as ideias de todos os interlocutores. Quero deixar claro que, quando destaco a habilidade de *comunicação* necessária para o sucesso do profissional de T&D, não me refiro somente à oratória, habilidade típica do bom comunicador, penso também, e mais especificamente, nas competências de condução de trabalho em grupo e do domínio da arte e da técnica de ensinar a adultos, ou seja, dos conceitos andragógicos (falaremos mais sobre esses conceitos na Seção 38.5.1).

A presença dessa competência se sobressai em pequenas, porém essenciais, mudanças de contexto ocorridas. Antes, o instrutor de treinamento também precisava ser um bom comunicador para "vender" conteúdos aos treinandos. Hoje, o profissional de T&D continua necessitando dessa habilidade, contudo, agora, ele não vende somente conteúdos, mas ideias e abordagens. Seu "cliente" não é mais necessariamente o treinando, como também o chefe do treinando, que precisa estar convencido do produto que será oferecido à sua equipe. Note-se que mudanças sutis, porém substanciais, têm ocorrido no que se refere ao profissional de T&D.

Esse rol de competências, por um lado, não se esgota aí nem permanece estático, mas, por outro, mune o profissional de T&D atual com ferramentas indispensáveis para o sucesso de seu trabalho. Podemos constatar a partir desse rol que, se no passado muitas dessas mesmas competências encontravam-se na bagagem de dois profissionais distintos (instrutor *versus* analista), hoje elas devem estar integradas e presentes no currículo de um só profissional. Além das competências essenciais, que independem da formação técnica e/ou acadêmica, segue a pergunta: qual é a formação ideal para profissionais de T&D?

38.4.3 Formação ideal

O conhecimento, de maneira geral, é a base de tudo, uma vez que é o combustível de uma carreira bem-sucedida; ele dará a qualquer profissional as ferramentas necessárias para ter sucesso nas complexas situações do dia a dia corporativo.

É comum encontrarmos nessa atividade um grande *mix* de currículos acadêmicos; em várias indústrias, por exemplo, é frequente a presença de profissionais com formação em exatas (engenheiros, químicos etc.) ocupando posições em T&D. Encontramos também muitos profissionais com formação em humanas (psicólogos, pedagogos, sociólogos etc.), assim como aqueles com formação em gestão empresarial. Pessoalmente, acredito que qualquer uma das carreiras citadas — ou mesmo outras não citadas — pode ser ponto de partida para uma carreira em T&D, principalmente se o profissional tiver bases sólidas. No entanto, há um detalhe adicional muito importante: independentemente de ter formação em ciências sociais, humanas ou exatas, o profissional de T&D deverá apresentar o que chamarei aqui de "foco humanístico". Esse profissional atual (ou em potencial) deve manter as pessoas no centro de sua atenção, perguntando-se ininterruptamente: o que posso fazer com esse meu conhecimento para contribuir para o desenvolvimento de pessoas?

Gostaria de chamar a atenção, também, para algo, em minha opinião e com base em minha experiência, muito valorizado pelas organizações, mas muitas vezes subestimado pelo profissional interessado em T&D: sua própria experiência de vida.

T&D, a mescla de teoria e ação, é adquirida na prática diária, mas também fora do ambiente empresarial. Espera-se do profissional de T&D que ele traga para a organização conhecimentos adquiridos em sua experiência de vida ou em aprendizados alheios ao mundo organizacional: gerais, interculturais, linguísticos etc. Nesse aspecto, T&D é ótimo lugar para quem gosta de superar barreiras. Quem diria, há alguns anos, que fazer *rafting*, cozinhar em companhia, fazer uma ação social ou simular uma escola de samba seriam instrumentos eficazes de aprendizagem, treinamento e desenvolvimento de pessoas?

Conhecimentos adquiridos formalmente, adicionados a habilidades em mostrar como fazer o que foi aprendido e, se realmente o foi, aplicando-o na prática, somados à atitude de querer fazer, e fazer o que é proposto com vontade, entusiasmo e paixão, são a chave do sucesso em qualquer carreira.

Por último e não menos importante, quero também ressaltar a importância de o profissional de T&D conhecer cada vez mais quais alternativas de recursos externos o mercado oferece. Essa missão exige do profissional de T&D o desafio de encontrar a melhor consultoria externa, que deverá ter um bom entendimento do *briefing* sobre as necessidades apresentadas e que oferecerá um bom material ou serviço que tenha realmente a cara da organização. E, claro, a um custo que se ajuste ao *budget* disponível.

Para que sua formação atinja o grau de excelência máxima, é altamente recomendável que o profissional esteja "antenado" às melhores alternativas que o mercado oferece. O profissional de T&D que se dedica a criar uma ampla rede de relacionamento, facilmente encontrada em associações e grupos de profissionais afins, poderá ter um bom leque de alternativas. Isso lhe dará um grau de assertividade quando da decisão sobre quem contratar. Quase sempre, essa decisão é tomada em conjunto com o cliente interno, que espera do profissional de T&D as melhores indicações, diminuindo assim, ao máximo, a probabilidade de erro e comprometimento dos resultados esperados.

38.5 Gerenciando a própria carreira em T&D, ou o mito do autodesenvolvimento

Abordamos, neste item, aspectos relevantes do gerenciamento da carreira do profissional de T&D dentro e fora das empresas, incluindo reflexão quanto ao custo desse processo e sobre as mudanças de parâmetros e responsabilidades ocorridas nos últimos anos. O profissional de T&D planeja e gerencia a carreira dos outros. E quanto à sua própria carreira profissional de T&D? Quem olha por ela?

As recomendações sobre o assunto, no geral, não fogem muito do habitual, isto é: graduação, pós-graduação, leituras especializadas, rede de relacionamento, entre outros meios. Se, por um lado, para o profissional de T&D há um risco iminente, o de pensar muito nos outros e esquecer-se de si próprio, por outro, existe algo que não ocorre necessariamente em outras áreas: o conhecimento profundo e especializado sobre o que o mercado oferece de melhor em termos de T&D, que incentiva o profissional da área a se desenvolver e se atualizar.

O domínio que você tem de qualquer que seja o conhecimento, a metodologia ou instrumento processual, em qualquer atividade, está intimamente ligado ao investimento feito na preparação para executar determinada tarefa. Esse panorama é ainda mais real na carreira de T&D, uma vez que os desafios são quase diários. Vale ressaltar que o muito anunciado jargão "cada um tem que gerenciar sua própria carreira" já passou do discurso para a realidade. Somos nós mesmos os principais responsáveis por ela! Principalmente em T&D. E aqui quero voltar ao conceito de andragogia para deixar mais claro o que entendo por "autodesenvolvimento".

38.5.1 Gestão andragógica

Vejamos, primeiro, as diferenças existentes entre o aprendizado de crianças (pedagogia) e o de adultos (andragogia), segundo o professor Roberto de Albuquerque Cavalcanti (1999):

Características da aprendizagem	Pedagogia	Andragogia
Relação professor/aluno	Professor é o centro das ações, decide o que ensinar, como ensinar e avalia a aprendizagem.	A aprendizagem adquire característica mais centrada no aluno, na independência e na autogestão da aprendizagem.
Razões da aprendizagem	Crianças (ou adultos) devem aprender o que a sociedade espera que saibam (seguindo um currículo padronizado).	Pessoas aprendem o que realmente precisam saber (aprendizagem para a aplicação prática na vida diária).
Experiência do aluno	O ensino é didático, padronizado, e a experiência do aluno tem pouco valor.	A experiência é rica fonte de aprendizagem, por meio da discussão e da solução de problemas em grupo.
Orientação da aprendizagem	Aprendizagem por assunto ou por matéria.	Aprendizagem baseada em problemas, o que exige ampla gama de conhecimentos para se chegar às soluções.

Algumas das diferenças citadas devem ser observadas sob a ótica de RH, mais especificamente a de T&D.

Uma gestão baseada em modelos andragógicos pode substituir o controle burocrático e hierárquico, aumentando o comprometimento, a autoestima, a responsabilidade e a capacidade de equipes de resolverem seus próprios problemas. Isso significa que a capacidade de autogestão do próprio aprendizado, de autoavaliação, de motivação intrínseca de adultos deve ser usada como base para uma atitude em que cada um deve assumir o comando de seu próprio desenvolvimento profissional, com enormes vantagens para ambos os lados. Cada vez mais faz parte do desafio de profissionais de T&D a responsabilidade de ter de mudar a cultura de empresas de seus colaboradores, transformando uma atitude paternalista, isto é, baseada em princípios pedagógicos, em uma nova atitude que tenha como base os princípios andragógicos ressaltados.

O que isso significa na prática? Que o profissional que valoriza a própria carreira não necessariamente precisa aguardar que a empresa ofereça esse ou aquele treinamento, palestra, seminário ou plano de desenvolvimento, mas sim direcionar e acelerar as próprias perspectivas de desenvolvimento e fazer com que isso seja um de seus diferenciais competitivos.

Mas quem paga a conta? Essa é uma pergunta importante. Se, por um lado, a empresa deve investir, como já investe, no desenvolvimento de seus talentos, por outro, a velocidade da mudança exige atualização constante de seus recursos humanos, tornando-se quase impossível que as organizações continuem arcando integralmente com esse investimento. De fato, as empresas buscam profissionais bem preparados, tanto no ensino formal (com pós-graduação, mestrados, cursos de idiomas) quanto na experiência (boas empresas no currículo, participações em projetos). Com o aumento das variadas ofertas para os mais variados tipos de bolsos, é obrigatório que o profissional que queira "alavancar" suas possibilidades de carreira busque por elas, não importando, a princípio, quem paga a conta.

A empresa sempre trabalhará com alternativas para a substituição de pessoas-chave. É de conhecimento público que bons profissionais são raros e que as empresas brigam muito por eles. Por mais investimentos que se faça, mais perspectivas que se tenha, sempre se corre o risco de perder talentos, porque também é do conhecimento comum que quem cuida da gestão da carreira é o próprio profissional. E é feliz quem sabe disso.

Quem atua na área de T&D, além de ter de lidar com todos os desafios já enumerados anteriormente, é também um dos profissionais mais avaliados internamente, esteja ele conduzindo grupos ou não, uma vez que, geralmente, o nível de exposição desse profissional é altíssimo, o que, porém, traz ao profissional de T&D muita notoriedade e contatos valiosos dentro e fora da empresa.

A aquisição do conhecimento ocorre cada vez mais de forma muito rápida e em diversos lugares, e não mais somente na sala de aula e com uma postura passiva de aprendizagem. A interação está em todos os lugares: Internet, Twitter, LinkedIn etc. Assim, tem lugar o modelo de aprendizagem 70-20-10, ou seja, segundo o qual 70% das ações de um bom plano de desenvolvimento devem estar voltadas a experiências *on the job*, 20% a relacionamento (coaching, *mentoring*, *counseling*) e 10% a instrução formal (treinamentos, workshops etc.).

É preciso ficar atento e saber aproveitar as oportunidades que, certamente, surgem no caminho.

38.5.2 Formação, experiências e oportunidades

Falando em oportunidades... Como em muitas áreas, mais especificamente na abordada neste livro, há também uma opção interessante de carreira para o profissional de T&D: a de consultor externo. Mas quando é o momento certo de fazer a troca de consultor interno para externo? Quando o profissional que cresceu dentro das empresas percebe que chegou o momento de se separar e buscar sua continuidade de carreira fora do ambiente de uma só empresa?

De maneira geral, o ser humano está na busca incessante de conhecimento, reconhecimento, desafios, autorrealização. Isso não é diferente quando nos referimos ao nosso campo profissional. Assim, quando nossas expectativas não são atingidas e as respostas dadas não satisfazem mais nossa sede por novos desafios, abrimos mão de tudo o que a empresa nos oferece e saímos em busca de uma "carreira solo".

Ninguém acorda em um belo dia e diz: "vou virar consultor"! Aqui, também, a boa formação, bem como a experiência adquirida durante a carreira profissional, será seu diferencial competitivo. Somam-se a isso o interesse e o tempo dedicado, durante toda a sua carreira, a redes de relacionamento. A participação em grupos de profissionais como os diversos existentes em T&D ou mesmo em associações de classe, como a Associação Brasileira de Treinamento e Desenvolvimento (ABTD), ou, ainda, a Associação Brasileira de Recursos Humanos (ABRH), contribuirá muito para sua nova fase profissional.

Claro que todo começo é difícil se não se está preparado, mas, para quem é gabaritado e conhece de verdade seu potencial e seus limites, o caminho poderá ser menos espinhoso. E, para que a trilha seja mais confortável, é preciso se preparar para isso e não se esquecer de um fato importantíssimo a ser considerado: o de sair de uma remuneração fixa e garantida para uma remuneração variável e de risco. Sendo assim, uma boa reserva financeira também não fará mal a ninguém. E experiência profissional comprovada, base conceitual forte e ampla, aliada a uma sólida rede de relacionamentos, podem fazer uma grande diferença num eventual recomeço.

Mais uma vez quero ressaltar que não se deve considerar o que foi exposto como uma receita pronta, mas como a minha percepção particular.

38.6 T&D na BASF

Apresento a seguir um exemplo concreto do mundo empresarial: o *case* BASF, um breve relato de como a empresa enxerga os conteúdos e os profissionais de T&D.

Quero comentar a experiência da BASF em T&D, empresa onde atuo desde 1983, sempre em RH. Atualmente, ocupo a posição de vice-presidente de recursos humanos para a América do Sul.

A estratégia global da BASF, empresa química líder no mundo, traduz-se em quatro pilares de igual importância e interligados. Veja a Figura 38.1, a seguir.

Figura 38.1 Os quatro pilares da BASF

Nós geramos valor como uma única empresa.

Nós inovamos para que nossos clientes atinjam ainda mais o sucesso.

Nós direcionamos soluções sustentáveis.

Nós formamos a melhor equipe.

Como já ressaltei, os quatro pilares interagem entre si e não devem ser desvinculados uns dos outros. Mesmo assim, quero me concentrar em um deles para destacar o significado que a BASF atribui ao RH em geral e, especificamente, à atividade de T&D: "formar a melhor equipe".

Quando a empresa destaca a equipe como um de seus pilares e acredita que esse grupo de pessoas representa o que há de melhor em seu segmento, fica claro que, de área de apoio que deve contribuir para que a estratégia da empresa seja alcançada, T&D adquire um papel ainda mais importante: ela se torna a própria estratégia. Esse deslocamento da "periferia" para o centro da estratégia é fruto do reconhecimento de um trabalho de longo prazo e que concede à área de T&D novos desafios, novos aprendizados e muitas perspectivas. E que consequências concretas isso traz para a organização?

Essa estratégia já faz parte do dia a dia da empresa nos quatro cantos do mundo. "Form the best team", "Bilden das best Team" ou "Formar el mejor equipo", enfim, "Formar a melhor equipe" são algumas das maneiras pelas quais os colaboradores BASF, em seus respectivos idiomas, a traduzem. Essa filosofia incorporou-se à cultura organizacional da empresa, o que estimula seus colaboradores a transformar a cada dia o sucesso individual em um enorme sucesso coletivo.

Para formar a melhor equipe na indústria, a BASF transforma a teoria em prática: o papel estratégico dos profissionais de T&D.

38.7 Conclusão

Em consequência de tremendas transformações no mundo organizacional dos últimos anos, o profissional de T&D encontra-se diante de um cenário igualmente amplo de desafios e oportunidades. Se, por um lado, o perfil do profissional mudou — o que pode causar certas inseguranças —, por outro, ficou muito mais estratégico e essencial para o sucesso das organizações. Estar atento às transformações e crescer com elas é o caminho a ser seguido para uma carreira de sucesso em T&D.

Referências bibliográficas

ANDRADE, J. E. B.; CASTRO, G. A. de O. "Treinamento e desenvolvimento: reflexões sobre suas pesquisas científicas". *Revista de Administração*, v. 31, n. 2, São Paulo, abr./jun. 1996.

BÍSCARO, A. W. "Métodos e técnicas em T&D". In: BOOG, G. (Org.). *Manual de treinamento e desenvolvimento*. São Paulo: Makron Books, 1994.

BONFIM, D. *Pedagogia no treinamento*: correntes pedagógicas no treinamento empresarial. Rio de Janeiro: Qualitymark, 1995.

CARVALHO, A. V. de. *Treinamento de recursos humanos*. São Paulo: Pioneira, 1988.

CARVALHO, L. C. F. "T&D estratégicos". In: BOOG, G. (Org.). *Manual de treinamento e desenvolvimento*. São Paulo: Makron Books, 1994.

CAVALCANTI, R. de A. "Andragogia: a aprendizagem nos adultos". *Revista de Clínica Cirúrgica da Paraíba*, n. 6, ano 4, jul. 1999.

GIL, A. C. *Administração de recursos humanos*: um enfoque profissional. São Paulo: Atlas, 1994.

TOWERS PERRIN HR SERVICES. "Global Workforce Study: como atrair, reter e engajar talentos melhorando o desempenho dos negócios", jan. 2006. Disponível em: <http://www.towersperrin.com/tp/getwebcachedoc?webc=HRS/BRA/2006/200601/Update_GWS.pdf>. Acesso em: 17 maio 2013.

Sites indicados

www.shrm.org
www.astd.org
www.abrhnacional.org.br
www.basf.com.br
www.guiarh.com.br

Wagner Brunini

Graduado em Ciências Sociais, Wagner Brunini fez carreira em recursos humanos em empresas como Ford e Henkel e atualmente é vice-presidente de recursos humanos para a América do Sul da BASF. Foi presidente da ABRH-SP de 2010 a 2012 e, na gestão atual, é diretor de planejamento. É, ainda, diretor do Sindicato das Indústrias de Produtos Químicos para fins industriais e da Petroquímica no Estado de São Paulo (Sinproquim) e membro ativo do Grupo de Estudos de Recursos Humanos (GERH).

Tel.: +55 11 2039-3625
E-mail: wagner.brunini@basf.com

Apesar do breve relato deste texto, ele não teria sido possível sem contribuições muito valiosas de pessoas que gostaria de mencionar e a quem gostaria de agradecer aqui: Anita Viviani e Juliana Justi, minhas queridas colegas, pelas conversas construtivas e atualizações sempre pertinentes provenientes da "linha de frente". E a Joana Rudiger, pelo talento de colocar minhas ideias em ordem e transformá-las em um texto cuja leitura se traduz em minha própria voz.

capítulo 39

T&D e as pessoas com deficiência no trabalho

Tabata Contri

39.1 Objetivos

Com o aumento das oportunidades para pessoas com deficiência no mercado de trabalho, também acarretado pela fiscalização do cumprimento da lei de cotas, falar sobre pessoas com deficiência é assunto cada vez mais comum, nas empresas, no cotidiano e na vida.

Hoje, o profissional que sabe trabalhar com inclusão é extremamente valorizado nas empresas. Não basta ter que trabalhar com inclusão, agora, é necessário saber como fazer isso. Se, em um primeiro momento, as empresas passaram a contratar pessoas com deficiência porque não queriam sentir no bolso o peso da multa, por não cumprir a lei de cotas, hoje a contratação de alguém somente em razão da lei não é mais aceitável no mercado. Estamos passando dessa fase. O papel da empresa é contratar e desenvolver as pessoas com deficiência, pensando na carreira desse profissional de forma que possibilite a sua evolução constante. Diante desse contexto, pessoas com deficiência estão em busca de capacitação e desenvolvimento profissional, e as empresas perceberam que também precisam investir nessas carreiras.

Estamos vivendo um momento muito importante na história do Brasil. Pessoas com deficiência estão trabalhando mais, consequentemente, compram mais e a economia do país também passa a girar com maior intensidade. Como exemplo, é possível citar a empresa de adaptações veiculares Cavenaghi. De acordo com a diretora comercial Mônica Cavenaghi, "atualmente, o número de carros adaptados para pessoas com deficiência gira em torno de 300 por mês e cresce cerca de 10% ao ano".

Também é crescente o número de comerciais de TV com pessoas com deficiência, nos quais o foco é o produto e não a pessoa. Porém, ela aparece porque na sociedade também passou a ser visível. Antes, há cerca de oito anos, era apelo, depois, por volta de 2008, passou a ser vista como responsabilidade social e, agora, com difusão da conscientização a respeito de pessoas com deficiência, as empresas a enxergam como um novo nicho de mercado. O resultado desse cenário é a mudança da imagem da pessoa com deficiência. Se, no passado, era vista como coitada, dependente e incapaz, hoje, a pessoa com deficiência trabalha, tem poder de compra e tem a oportunidade de fazer cursos de graduação e especialização, atuando de igual pra igual na economia do país.

Diante dessa realidade, o profissional da área de T&D deve estar preparado para tornar dinâmicas, treinamentos, vídeos e espaços acessíveis a pessoas com diferentes tipos de deficiência. Neste capítulo, serão abordadas informações preciosas para realizar essa adaptação e garantir o sucesso nos treinamentos.

39.2 Nomenclatura adequada

Para falar de inclusão, é fundamental saber a forma mais atual de se referir a uma pessoa com deficiência. Segundo a ratificação da convenção da Organização das Nações Unidas (ONU) no Brasil, no ano de 2006, a expressão mais adequada é: **pessoa com deficiência**. Veja que a pessoa exerce o papel de sujeito e a deficiência de condição.

Assim como a imagem e o papel da pessoa com deficiência mudaram ao longo do tempo, o mesmo ocorre com a nomenclatura. Se antes eram empregados termos pejorativos como "aleijado", "paralítico", "coxo", "manco", "inválido", "mongoloide", "sequelado", atualmente, encontra-se uma lista de expressões e termos "politicamente corretos", como "portador de deficiência", "pessoas com necessidades especiais", "especial" e "deficiente". Contudo, ainda que não pejorativos, eles também se tornaram desatualizados. Entenda a razão:

- *Portador de deficiência*: o verbo "portar" significa "carregar", mas a deficiência é algo permanente para as pessoas. Não é possível "esquecê-la em casa", portanto, ninguém porta a deficiência, as pessoas a têm ou não.
- *Pessoas com necessidades especiais*: a expressão engloba um público maior, ou seja, além das pessoas com deficiência, engloba idosos, gestantes, obesos, pessoas com mobilidade reduzida temporariamente, pais e mães com crianças de colo, entre outros. Essa expressão é utilizada em filas de banco, caixas de supermercado, embarques aéreos e em qualquer atendimento prioritário.
- *Especial*: as pessoas não são especiais por terem uma deficiência. Por exemplo, não pode-se considerar "especial" não enxergar, não escutar etc. Todas as pessoas podem ser especiais pelas suas qualidades e não por ter uma deficiência, ou seja, por ter algo que não funciona no seu corpo. O termo "especial" pode gerar um preconceito ao contrário.
- *Deficiente*: não podemos definir uma pessoa pela sua característica. Antes e acima da deficiência existe um ser humano, que tem valores, caráter e sonhos como qualquer outro cidadão, não podendo ser chamada apenas por uma de suas características.

Tendo em vista a expressão "pessoa com deficiência", é comum as empresas usarem siglas para resumi-la, chegando a PcD. Mas cuidado, nem todos sabem que PcD é a abreviatura de "Pessoa com Deficiência" e podem confundir com outras explicações. Por exemplo, já aconteceu de um gestor ligar para o RH da empresa em que trabalha e dizer que queria conversar sobre o DST do seu departamento. DST significa Doença Sexualmente Transmissível e não tem nada a ver com o que o gestor queria falar, no caso, com o PcD.

Outro ponto de atenção com esse tipo de sigla é não transformar a pessoa em uma sigla, no caso, em "PcD do departamento", como se não tivesse chances de crescimento e desenvolvimento na empresa. Existem casos em que o gestor diz para o RH que não pode promover o profissional, porque ele é PcD. Não existe um cargo chamado PcD, o que existe é um profissional, a exemplo de um analista, um auxiliar, um advogado ou um gestor com deficiência. Siglas são comuns nas empresas, mas a área de comunicação interna deve trabalhar muito bem a informação para não haver erros ou enganos.

No ambiente de trabalho, podemos utilizar a expressão "profissional com deficiência". O ideal é sempre se referir à pessoa pelo seu nome. Em situações nas quais não se sabe o nome, pode-se dizer "pessoa com deficiência", ou "aquele rapaz surdo de determinada área", ou "a moça que é cega da outra área", ou "o rapaz cadeirante". Nessas ocasiões, mencionar a deficiência não é considerado uma forma pejorativa ou preconceituosa de perguntar ou se referir a alguém, no entanto é importante ressaltar que chamar a pessoa pelo seu nome é sempre a melhor opção.

39.3 O que é deficiência?

De acordo com a Organização Mundial da Saúde (OMS), deficiência é a perda permanente, total ou parcial de uma das funcionalidades do corpo. Na prática, isso significa que a pessoa não tem um membro ou uma característica sensorial, ou que ela tem, mas não funciona da mesma forma que em uma pessoa sem deficiência. Por exemplo, uma pessoa paraplégica tem as pernas, mas elas não se movem, impossibilitando o andar. Por esse motivo, ela precisa de uma cadeira de rodas para se locomover e apresenta deficiência física.

Não precisamos ter medo, ou receio de dizer a palavra deficiência. O termo não é sinônimo de ineficiência ou de incapacidade, expressa apenas uma perda motora ou sensorial, que muitas vezes não impede a pessoa de ser produtiva na profissão escolhida.

39.3.1 Deficiência ou ineficiência: análise conceitual

O contrário da palavra eficiência é ineficiência, que é diferente de deficiência. Apesar da diferença, muitas vezes utilizamos os termos errados para nos referirmos a situações do dia a dia. Por exemplo, podemos falar: "eu tenho uma deficiência para utilizar um determinado software", mas, na verdade, o que temos é uma "ineficiência", uma vez que podemos aprender a utilizá-lo. Outro exemplo que você já pode ter escutado é que "todo mundo tem alguma deficiência" (se referindo ao significado literal da palavra), porém essa afirmação não é verdadeira. Algumas pessoas têm e outras não. É importante termos consciência das diferenças, que muitas vezes podem enriquecer as relações e a troca de experiências no ambiente de trabalho, para aprendermos a respeitá-las.

39.4 População com deficiência

De acordo com o Censo 2010, do IBGE, no Brasil, existem mais de 45 milhões de pessoas com deficiência, representando aproximadamente 23% da população.

Colocando esse número em perspectiva, a cada quatro amigos, um deveria ter deficiência. Porém, na prática, isso ainda não acontece. Embora a nossa realidade esteja mudando, muitas vezes pessoas com deficiência convivem entre si, ou apenas com as famílias, isoladas da sociedade, por isso pessoas sem deficiência, muitas vezes, não têm no seu círculo de amigos pessoas com deficiência.

Na realidade, não acreditamos que esse número tenha aumentado em relação ao Censo de 2000, quando o número era de pouco mais de 24 milhões, e, sim, que as pessoas com deficiência estão se assumindo, por causa da mídia, da informação e do mercado de trabalho.

39.5 Tipos de deficiências

Existem seis tipos de deficiências:

1. *Física*: além dos cadeirantes, são consideradas pessoas com deficiência física aquelas que usam muletas, andador ou bengala, pessoas que foram amputadas, que nasceram com má-formação, com nanismo e com sequela de paralisia cerebral (que é uma deficiência física, embora possa ser confundida com deficiência intelectual, pela dificuldade da fala, ou apresentação de espasmos constantes).
2. *Auditiva*: existem pessoas surdas totais e outras com baixa audição. Pessoas com deficiência auditiva podem se comunicar por Libras (Língua Brasileira de Sinais), ou por

leitura labial, além de também poderem ser oralizadas, significando que, apesar de não ouvirem, aprenderam a falar.

3. *Visual*: pessoas com deficiência visual podem ser cegas totais, ou com baixa visão. A baixa visão pode se apresentar de diversas formas, como visão periférica, visão apenas de vultos, visão embaçada, visão com forte sensibilidade à luz etc.
4. *Intelectual*: a deficiência intelectual mais conhecida é a síndrome de Down, mas existem mais de 70 tipos de síndrome. Algumas não apresentam manifestações físicas, sendo identificadas apenas por laudos médico, psiquiátrico e psicológico, e pela convivência. Existem também pessoas com o QI abaixo da média, que são consideradas deficientes intelectuais.
5. *Múltipla*: existe ainda a deficiência múltipla, que é a junção de duas ou mais deficiências.
6. *Surdocegueira*: essa deficiência representa a incapacidade total ou parcial de audição e visão de forma simultânea. Apesar de poder ser definida como deficiência múltipla, em 2006, a ONU a classificou como deficiência única.

39.6 Acessibilidade nos treinamentos[1]

Logo na divulgação do evento, treinamento ou reunião, pedimos para a pessoa com deficiência se identificar, com o objetivo de saber se ela precisa de alguma adaptação específica e, assim, atendermos suas necessidades. Essa abordagem é feita de forma simples e direta, podendo ser com uma frase no convite, dizendo: "Se você possui deficiência e precisa de acessibilidade ou alguma ajuda técnica, entre em contato conosco, para que possamos lhe atender com excelência".

No momento de atender aos pedidos solicitados pelas pessoas com deficiência, cuidado ao comparar uma deficiência com outra. Por mais que a deficiência seja a mesma, ela pode se apresentar de maneiras diferentes nas pessoas, da mesma forma como as próprias pessoas se comportam de formas diferentes, não sendo adequado compará-las.

As ações de comunicação também precisam ser pensadas de forma que não ofendam nenhum grupo. Por exemplo, já encontramos uma placa que dizia: "Estacionamento para deficiente físico, eventualmente usado por deficiente mental". Na verdade, a pessoa sem deficiência que parou na vaga era mal-educada, consequentemente a sinalização dizia que a pessoa com deficiência mental não tem educação. Nesse caso, o ideal seria dizer: "Estacionamento para deficiente físico, eventualmente usado por pessoas mal-educadas". Boas intenções são válidas, desde que venham junto com informação.

39.6.1 Aplicação de workshops vivenciais e filmes

Seguem quatro dicas práticas sobre o assunto:

1. Prefira filmes com áudio em português. A pessoa cega nem sempre fala inglês fluente, então, é importante estar preparado caso haja um treinando cego ou com baixa visão.
2. A audiodescrição é muito importante para quem não enxerga. Saber o que se passa em uma cena onde ninguém diz nada, mas em que pode estar acontecendo um fato importante, é essencial para o entendimento do filme.
3. Apenas a legenda não dá acesso para todas as pessoas surdas. Há surdos que não aprenderam a língua portuguesa e ainda possuem muita dificuldade para entender legendas. Nesse caso, pode-se usar um quadro menor, no canto inferior da tela, para inserir a imagem do intérprete, ou trazer pessoalmente um intérprete de Libras para o treinamento.

---

1 Para abordar o assunto sobre acessibilidade nos treinamentos, tomaremos como exemplo o caso inspirado nos materiais de comunicação da Talento Incluir, desenvolvidos por mim, Tabata Contri, e pela consultora Carolina Ignarra.

4. O intérprete de Libras é essencial nos treinamentos com a presença de pessoas surdas.

39.6.2 Alternativas para a ausência de vídeos e da apresentação ideal que garantiriam a acessibilidade

Seguem sete dicas práticas sobre o assunto:

1. Audiodescrever filmes, gráficos e imagens para a pessoa cega em voz baixa. Nas cenas que não têm falas, será necessário narrar "o quê", "quem" e "onde", além de pessoas e situações que aparecem, garantindo a compreensão do vídeo.
2. Contextualizar a cena antes de iniciar a apresentação.
3. Chamar intérpretes extras para o caso de emergência também é válido. Procure ter ao menos três contatos disponíveis.
4. Na falta de intérprete, analise com a pessoa surda qual é a melhor opção para ela. Para se comunicar, fale de frente para a pessoa. Para garantir total compreensão, mímicas, desenhos e textos escritos são válidos.
5. Independentemente da necessidade de adaptação, a melhor opção é sempre perguntar para a própria pessoa o que ela precisa.
6. No caso da utilização de sinais visuais e existir um cego no grupo, é possível trocar as placas coloridas (sinais visuais) por objetos simples como lápis, caneta, borracha e clips, para a separação de grupos, ou verbalizar a sinalização.
7. Não tenha medo de usar a criatividade para chegar à melhor solução.

39.6.3 Aproveite as oportunidades

Coloque uma "pitadinha" de inclusão nos eventos comuns de treinamento e desenvolvimento da empresa, que não necessariamente abordem o tema:

- massoterapeutas cegos;
- ginástica laboral com professores de educação física que possuem deficiência;
- mestre de cerimônias com deficiência;
- recepcionistas com deficiência;
- almoço musical na empresa com músicos com deficiência;
- espetáculo com artistas com deficiência para o fechamento ou abertura de algum evento;
- "Os Sombras", atores que interagem com a linguagem não verbal e que mostram que é possível se comunicar sem falar, para brincarem com os profissionais nas áreas da empresa ou em um evento específico;
- caricaturista com deficiência;
- túnel sensorial no qual os profissionais da empresa terão a oportunidade de experimentar sensações vendados, aprendendo a explorar outros sentidos que não a visão;
- aproveite outras ideias criativas nas quais vemos pessoas com deficiência trabalhando.

39.6.4 Checklist para realizar um treinamento acessível

Antes de dar início a um treinamento, responda às perguntas listadas a seguir para certificar que o evento é acessível a pessoas com diferentes tipos de deficiência:

- Suas dinâmicas são acessíveis aos diversos tipos de pessoas com deficiências?
- Sua plataforma de treinamentos técnicos é compatível com os softwares de leitura

de tela que pessoas cegas utilizam para usar o computador? (Exemplos: Jaws, Virtual Vision etc.)

- Se necessário, suas apostilas e/ou avaliações também podem ser impressas em Braille ou com fonte maior?
- Você contrata intérprete de Libras para os treinamentos?
- Quando fecha um treinamento em um hotel, você se preocupa com a acessibilidade do local?
- Você audiodescreve as imagens e tabelas que utiliza nas apresentações?
- Você utiliza vídeos com legendas e áudio em português?

Todos esses cuidados são importantes para que o treinamento seja agradável, compreendido, completo e plenamente acessível para todas as pessoas.

39.7 Acessibilidade nos ambientes

Para garantir a acessibilidade nos ambientes, atualmente, fala-se sobre desenho universal, ou seja, o design pensado na acessibilidade para todas as pessoas, como o tipo de maçaneta ideal, a altura das tomadas, largura de portas etc. Os arquitetos mais atualizados, como Silvana Cambiaghi, Claudia Lambertini, Luiz Marcos Cintra, Thaís Frota, Elisa Prado de Assis, entre outros, já usam desenho universal em todas as suas plantas. A construção de ambientes acessíveis é mais eficaz e é muito mais barato do que adaptar o mesmo ambiente depois. Mas nem sempre a construção pensada na acessibilidade acontece.

Se você atua em uma empresa, a análise de acessibilidade é importante, não só porque acesso é lei, mas também porque o acesso atenderá a todas as pessoas. Se sua empresa ainda não é acessível, faça um levantamento das alterações necessárias e execute as mudanças aos poucos, planeje e verifique a necessidade da pessoa com deficiência que irá atender neste momento.

Encontramos algumas barreiras que podem impedir a inclusão dos profissionais e clientes com deficiência; as duas principais são as barreiras físicas e as barreiras de atitude, descritas a seguir:

- *Barreiras físicas*: um ambiente acessível deve apresentar não somente rampa de acesso para os cadeirantes, mas também banheiros acessíveis, vagas reservadas respeitadas, portas largas, mesas e balcões com altura adequada, áudio no elevador, piso tátil para orientar a pessoa cega, intérprete de Libras, e legenda e mensagens de texto para pessoas com deficiência auditiva. Essas normas podem ser vistas na NBR 9050 da ABNT, de 2004.
- *Barreiras de atitude*: essas são mais desafiadoras e difíceis de quebrar. A melhor forma é começar pela conscientização da população a respeito da importância e do motivo da necessidade do acesso. Por exemplo, a vaga reservada é maior pelos seguintes motivos: o cadeirante precisa de espaço para montar a cadeira de rodas; se ele parar longe, não será visto por um motorista que está dando ré e pode ser atropelado; se estiver chovendo, ele não consegue correr; e se ele tiver incontinência urinária, está mais próximo à entrada do local desejado. O banheiro é maior, mas se a faxineira não souber o porquê, ela coloca produtos de limpeza, rodos, vassouras e sacos de lixo no espaço que deveria ser usado por uma pessoa em cadeira de rodas. O rapaz da instalação elétrica arranca o piso tátil e não recoloca, porque não sabe a finalidade daquilo, entre outros exemplos. A estratégia para quebrar as barreiras de atitude é a informação: conscientizar desde a presidência, às pessoas com poder de decisão na empresa e até os seguranças, recepcionistas e manobristas.

39.7.1 Banheiros acessíveis[2]

Afinal, quem pode usar o banheiro reservado para pessoas com deficiência? Pessoas com deficiência física, dificuldades de locomoção e incontinência urinária. Na ausência dessas pessoas, pessoas sem deficiência podem utilizar esse sanitário na empresa? Sim, mas com bom senso. Caso os outros sanitários estiverem desocupados, prefira o banheiro comum pelos seguintes motivos:

- pessoa sem deficiência, geralmente, tem várias opções de banheiro, e a pessoa com deficiência só tem uma;
- algumas pessoas com deficiência usam sonda para esvaziar a bexiga e o banheiro deve estar sempre limpo, pois o risco de infecções urinárias é maior para esse público. Consequentemente, quanto menos pessoas usarem o banheiro, mais tempo limpo ele permanecerá;
- pessoas com deficiência ou idosas podem não ter controle das suas necessidades fisiológicas, portanto, ocupar o banheiro acessível sem necessidade pode deixá-las em uma situação desconfortável ou constrangedora;
- por respeito, educação, bom senso e por fazer parte da inclusão!

Nem sempre temos o local totalmente acessível; caso isso aconteça, pessoas com boa vontade, sorriso no rosto e dispostas a auxiliar fazem toda a diferença.

39.8 Mercado de trabalho

Quando perguntamos a razão de as empresas contratarem pessoas com deficiência, é comum receber a resposta: porque é lei, para cumprir cotas ou porque existem metas de contratação. Sim, é assim que começa. Não fosse pela lei, dificilmente teríamos tantas contratações de profissionais com deficiência hoje no Brasil, mas, será que é só isso?

A lei surgiu de uma necessidade: a quantidade de pessoas com deficiência existentes no Brasil, chegando a mais de 45 milhões, muitas delas sem perspectiva profissional, em um país com mais de 500 anos que nunca incluiu de fato as pessoas com deficiência em seus processos sociais. Então não contratamos só devido à lei, contratamos para dar oportunidade e para que exista uma mudança social. Menos pessoas dependendo da Previdência Social significa mais pessoas consumindo e fazendo girar a economia brasileira.

39.8.1 Lei de cotas

A lei de cotas para pessoas com deficiência é a de número 8.213/91, regulamentada pelo Decreto 3.298/99. Essa lei abre vagas de trabalho para pessoas com deficiência, uma vez que toda empresa com mais de cem colaboradores deve contratar um determinado percentual do seu quadro de funcionários de profissionais com deficiência, seguindo as seguintes faixas:

- de 100 a 200 colaboradores, 2%;
- de 201 a 500 colaboradores, 3%;
- de 501 a 1.000 colaboradores, 4%;
- de 1.001 em diante, 5%.

Em 2004, houve o decreto 5.296/04 que redefiniu as deficiências que entram na lei de cotas e estabelece princípios para a promoção da acessibilidade. A partir desse momento, as regras foram definidas e a inclusão de fato começou a acontecer. A fiscalização existe e essa é uma lei que realmente funciona no país.

2 Conteúdo inspirado nos materiais de comunicação da Talento Incluir, realizados para o Congresso Brasileiro de Treinamento e Desenvolvimento (CBTD) 2012, no projeto "CBTD Para Todos!".

A lei de cotas não é exclusividade do Brasil. Veja alguns países que também possuem lei de cotas para inclusão de pessoas com deficiência no trabalho:

- *Alemanha:* cota de 6% de profissionais com deficiência para empresas com mais de 16 empregados.
- *Argentina:* cota de 5% de profissionais com deficiência para o setor público e incentivos fiscais para que as empresas também contratem.
- *China:* cota de 1,5% a 2% de profissionais com deficiência, dependendo da regulamentação de cada município.
- *Espanha:* cota de 2% de profissionais com deficiência para empresas com mais de 50 empregados.
- *França:* cota de 6% de profissionais com deficiência para empresas com mais de 20 empregados.
- *Holanda:* cota entre 3% e 7% de profissionais com deficiência, fixada em negociação coletiva, dependendo do ramo de atuação e do porte da empresa.
- *Japão:* cota de 1,8% para empresas com mais de 56 empregados. As empresas que não preenchem a cota devem contribuir para um fundo de formação.
- *Portugal:* cota de até 2% de trabalhadores com deficiência para iniciativa privada e de, no mínimo, 5% para o setor público.

39.8.2 Normativa

Em agosto de 2012, o Ministério do Trabalho e Emprego (MTE) publicou a Instrução Normativa 98, que visa orientar a fiscalização no processo de inclusão de pessoas com deficiência no mercado de trabalho. Com 22 artigos, a norma define regras objetivas para apertar a fiscalização no cumprimento da lei de cotas, examinando não apenas números, mas também a qualidade da inclusão.

A nova regra traz novidades, como a centralização da fiscalização. Isso significa que uma empresa que conta com várias filiais no país será acompanhada de acordo com a localização da matriz. Antes dessa normativa, uma empresa poderia sofrer a mesma autuação em vários locais.

Houve mudança também no critério para o cálculo da cota em empresas que contratam em períodos sazonais: o cálculo agora é com base na média aritmética dos 12 meses, levando em conta as contratações de pico em alguns períodos específicos. O incentivo ao desenvolvimento também foi contemplado na nova regra, os auditores do trabalho devem participar de alguns processos como captação, contratação, adaptação ao novo ambiente e eventual desligamento. Os fiscais também têm o dever de incentivar as empresas a promover a qualificação dessas pessoas. A normativa tem o objetivo de aumentar a inclusão de pessoas com deficiência no trabalho com responsabilidade e qualidade.

De acordo com os dados da Relação Anual de Informações Sociais, do MTE, em 31 de dezembro de 2011 foram registrados 324.403 pessoas com deficiência no mercado de trabalho. Em 2009, eram 288.594. O MTE acredita que das mais de 45 milhões de pessoas com deficiência do nosso país, 11 milhões estejam aptas para o trabalho. Então, ainda tem muita gente com deficiência precisando ingressar no mercado de trabalho brasileiro.

39.9 Recrutamento e seleção

É impossível falar de mercado de trabalho e não falar de recrutamento e seleção (R&S). Mesmo este sendo um manual para a área de treinamento e desenvolvimento, entendo que algumas pessoas que cuidam dessa área também podem vir a participar dos processos de RH e R&S nas empresas que atendem ou trabalham.

Recrutamento e seleção é parte importante do processo de inclusão, mas sozinho não a faz, de fato, acontecer. Para ser sustentável, o R&S deve estar dentro de um programa de inclusão estruturado, juntamente com a preparação do gestor, das equipes, da acessibilidade e de todo um movimento necessário, inclusive com envolvimento das grandes lideranças, presidência e diretoria, para que esse profissional não apenas seja admitido na empresa, mas que tenha oportunidade de crescer e se desenvolver profissionalmente. Este é o grande desafio.

Sendo assim, a seguir veremos algumas dicas para quem recruta e seleciona pessoas com deficiência.

Profissional de R&S, fique atento às oportunidades internas!

- Abrir vagas (qualquer vaga) para pessoas com deficiência.
- Ficar atento a todas as oportunidades da empresa.
- Buscar apoio e parcerias de áreas mais "abertas" à inclusão.
- Encontrar e apresentar cases de sucesso da organização.
- Capacitar profissionais com deficiência.

Valorize o que já deu certo, nada é pouco ou pequeno, são apenas alguns passos que irão agregar para a disseminação de uma cultura inclusiva na empresa.

Onde encontrar pessoas com deficiência?

- divulgar em sites de vagas (específicos ou não);
- identificar vagas no site da empresa;
- realizar campanha interna de atratividade (público com e sem deficiência);
- estabelecer parcerias com instituições/empresas que atendem esse público;
- divulgar em revistas específicas para esse público, como *Revista Sentidos*, *Revista Incluir* e *Revista Reação*;
- fortalecer a imagem de empresa inclusiva;
- divulgar a marca para o público específico.

No Brasil existem grandes eventos onde as pessoas com deficiência estão presentes:

- *Reatech*: a Feira Internacional de Reabilitação e Tecnologia é a terceira maior do mundo e a maior feira do Brasil. Pessoas com deficiência de todos os lugares do mundo vêm para conhecer as novidades de adaptação veicular, cadeiras de rodas de alta performance, aparelhos auditivos, próteses de última geração. A Reatech acontece sempre no mês de abril e grandes empresas aproveitam para divulgar vagas e captar currículos, conseguindo sempre ótimos resultados.
- *Movimento SuperAção*: ONG que visa promover a defesa dos direitos e o exercício da cidadania das pessoas com deficiência, realiza movimentos de massa e eventos socioculturais. Entre as ações realizadas, podem ser citadas as passeatas que acontecem todos os anos em São Paulo, no Rio de Janeiro e em Porto Alegre, além de algumas cidades da Argentina, como Santa Fé. Percebendo essa oportunidade, empresas apoiam o evento, divulgando sua marca e também coletando dados dos participantes com deficiência.
- *Oficina dos Menestréis, Cia de Circo & Dança Suzie Bianchi, Quase Nove Teatro*: diferentes espetáculos teatrais, musicais e de dança que têm em seu elenco atores, músicos e dançarinos com deficiência e realizam apresentações durante todo o ano, tanto abertas ao público ou como em eventos corporativos. Apoiar a cultura e espetáculos como esses, sem dúvida, fortalece a imagem da empresa inclusiva.
- *Livros sobre inclusão*: muitas pessoas com deficiência também são autoras de obras sobre o tema da inclusão e acessibilidade, sendo assim, apoiar livros e audiolivros

também pode ser uma estratégia para trabalhar a imagem de empresa inclusiva frente ao público com deficiência. Por exemplo, o livro *Maria de Rodas — Delícias e desafios na maternidade de mulheres cadeirantes*, da editora Scortecci, teve apoio cultural de uma grande empresa aberta à inclusão.

- *Esporte*: em breve, teremos uma olimpíada e uma **paralimpíada** (nova grafia adotada) no Brasil. Os atletas brasileiros com deficiência precisam de apoio e patrocínio em muitas modalidades, portanto, uma ação que pode ser feita é procurar o atleta de sua cidade para representar a sua marca. Aproveite o momento.

Atração e primeira entrevista

Um dos pontos importantes para R&S é a primeira entrevista. Nesse caso, lembre-se de pedir para o profissional enviar antecipadamente ou trazer em mãos o laudo médico que descreve sua deficiência. Esse detalhe é importante para definir se ele se encaixa na cota.

Pergunte como a pessoa virá para a entrevista, certifique-se que o local onde ela será entrevistada tenha o acesso necessário e pergunte sempre se a pessoa precisa de alguma adaptação específica.

A entrevista é um momento de escolha não só da empresa pelo colaborador, mas também do colaborador pela empresa. Esse mercado está borbulhando para o público com deficiência, e descobrir formas de deixar essa oportunidade atrativa para o profissional com deficiência também é importante. Então, venda a vaga, assim como faz com qualquer outro candidato.

Na primeira entrevista, caso aconteçam os seguintes imprevistos, veja como agir:

- *Candidato não vem e não avisa*: vale a pena entender o porquê da ausência. De repente dar uma nova oportunidade e também orientá-lo sobre a responsabilidade que é uma equipe o estar aguardando. Nem sempre a pessoa com deficiência foi preparada para o mercado de trabalho e esse comportamento pode ser lapidado, mesmo ele não sendo, ainda, colaborador da empresa.
- *Não cabe naquela vaga, mas é bom*: a empresa precisa de bons profissionais com deficiência, não deixe a oportunidade escapar. Se ele não couber na vaga que tinha, indique para outra vaga que esteja aberta na empresa, conte com o apoio das outras áreas para isso.
- *Está vestido desapropriadamente*: como disse anteriormente, nem sempre a pessoa com deficiência foi preparada para o mercado de trabalho. Pode acontecer de um cadeirante estar sem sapato, de uma pessoa cega estar com a roupa amassada, ou vir com um agasalho esportivo, ele pode achar que é a melhor roupa, mas nem sempre é apropriada para uma entrevista. Atente-se a isso, orientando a pessoa e não a descartando por causa disso, vamos entender melhor quem é aquela pessoa, analisar suas competências e perfil.
- *Fala mal de empresas anteriores*: sabemos que não é ético e nem inteligente falar mal de empresas anteriores, mas algumas empresas contrataram pessoas com deficiência para ficar em casa, apenas para cumprir a cota, deixando-as subutilizadas. Nesse caso, também é importante entender o porquê de o candidato estar dizendo algo da empresa anterior.
- *Apoia-se na deficiência ou não superou a condição*: algumas pessoas com deficiência apresentam esse tipo de comportamento, principalmente porque alguém dentro da casa delas nunca acreditou que podiam ter sucesso profissional. Talvez essa pessoa não tenha sido estimulada pela própria família, que, muitas vezes, coloca a culpa de todos os problemas na deficiência da pessoa. Dessa forma, ela aprendeu assim, mas isso não pode ser um impeditivo na contratação. Vale o desenvolvimento desse comportamento nessa pessoa.

Atente-se ao tempo de retorno, pois se demorarmos a dar um feedback da entrevista podemos perder o colaborador. Ele pode estar passando por vários processos seletivos e precisamos deixá-lo atualizado sobre as etapas e o status do processo.

Na entrevista faça perguntas diretas, por exemplo:

1. Qual é a sua deficiência?
2. Você a adquiriu ou é congênita (nasceu com ela)? Se adquiriu, como?
3. Na sua família tem mais alguém com deficiência?
4. Como foi sua infância?

Muitas vezes temos medo de ofender, mas ser direto e objetivo é sempre o melhor caminho para conhecer e entender aquela pessoa, como ela lida com a deficiência, e se ela passou pelos processos sociais comuns. Ela pode, por exemplo, ter sido excluída das aulas de educação física, porque não havia acesso ou porque o professor não estava preparado para incluí-la e, assim, na vida adulta, pode vir a apresentar alguns déficits de comportamento, como não saber trabalhar em equipe, não respeitar hierarquia ou usar a deficiência como "muleta". O gestor terá que desenvolver esses comportamentos durante a carreira desse profissional.

Sabemos que as diferenças existem. Entender essas diferenças nos faz aprender a lidar e a respeitar todas as pessoas.

39.10 Dicas específicas para convivência e T&D de pessoas com deficiência

A seguir, veremos algumas dicas para que você fique mais tranquilo ao receber um cliente com deficiência.

Pessoas com deficiência física

- Avise os seguranças sobre liberação de vaga no estacionamento.
- Avise a recepção sobre clientes com deficiências mais impactantes.
- Algumas pessoas têm dificuldade na comunicação (dicção), então peça para que repita o que disse, certamente ela encontrará uma maneira de se fazer entender.
- Libere espaço na mesa para a cadeira de rodas encaixar.
- Se tiver dúvida sobre execução de alguma atividade, pergunte à pessoa como e se tudo bem executar aquela atividade.
- Em conversas prolongadas, procure sentar.
- Não pendure objetos ou apoie na cadeira de rodas.
- Mantenha as muletas, bengalas e cadeira de rodas próximas à pessoa.
- Se a pessoa andar mais devagar, acompanhe o passo dela.
- Em caso de deficiência nos membros superiores, se tiver dúvida, espere a reação dele para cumprimentar, ele o conduzirá, oferecendo parte do braço, por exemplo.
- Nanismo é a forma mais gentil de definir a deficiência, anão é um termo que vem caindo em desuso.
- Palavras como "corra" ou "ande", podem ser utilizadas.

Pessoas com deficiência visual

- Fale diretamente com a pessoa e não com quem estiver ao lado.
- Busque-a na recepção.
- Audiodescreva o caminho e a sala de treinamento.
- Questione sobre a possibilidade de utilização de computador, softwares, recurso do Windows, lupas, entre outros.

- Evite aplicação de testes com imagens e textos impressos.
- Atente-se aos obstáculos que ficam pendurados.
- Conduzir é orientar a locomoção: não puxe a pessoa pelo braço, é ela quem segura em você, geralmente em seu cotovelo, mas pergunte a ela a melhor forma de guiá-la.
- Conduza a locomoção com naturalidade, na dúvida pergunte.
- Ao indicar uma cadeira, coloque as mãos do cego no encosto.
- Palavras como "olhe" ou "veja" podem ser utilizadas.
- A pessoa com deficiência visual usa mais os outros sentidos pela falta da visão, então não é correto dizer que ela tem sexto sentido.
- Frases como "adivinha quem é?" são inconvenientes.

Pessoas com deficiência auditiva

- A presença do intérprete é essencial.
- Sente-se de frente para o profissional.
- Busque salas sem poluição visual para os treinamentos.
- Evite testes escritos.
- Simplifique o vocabulário de questionários ou fichas de preenchimento. Lembre-se que a maior parte desse público foi alfabetizada em Libras e muitas vezes ele aprendeu o português mais tarde, então, a escrita pode ser diferente.
- Não adianta gritar.
- Pessoa surda não é, necessariamente, muda.
- Chame a atenção da pessoa colocando-se em seu campo de visão ou tocando seu ombro de forma sutil.
- Mantenha o contato visual, fale pausadamente e articule as palavras.
- Intérpretes são essenciais em reuniões com surdos que se comunicam em Libras. A figura do intérprete é importante e imparcial, pois ele será o meio de comunicação entre o treinador e o treinando.
- Libras, gestos, mímicas, bilhetes, desenhos podem ser utilizados.
- Para chamar a pessoa para o treinamento, atente-se aos contatos deixados por ela. Caso tenha colocado um telefone de contato, vale ligar e certamente um ouvinte atenderá. Vale reforçar o convite e recado por e-mail e por SMS.

Pessoas com deficiência intelectual

- Seja claro e aprofunde-se nas informações colhidas.
- Geralmente são muito carinhosas (educação e idade mental).
- Não subestime seu potencial de desenvolvimento e aprendizagem.
- Podem ser mais lentos no raciocínio.
- Permita que a pessoa com deficiência intelectual tome decisões.
- Converse com o profissional e confirme as informações colhidas. Se necessário, confirme com a família depois.
- Investigue sua independência e maturidade.
- Descubra pontos fortes e trabalhe em cima deles.
- Estimule a pessoa para o desenvolvimento e a maturidade sobre o assunto.

- A melhor forma de lhe dar uma tarefa é dividi-la em três etapas: explique a tarefa, mostre como fazer e estimule-a a repetir.
- As pessoas com deficiência intelectual, às vezes, podem vir acompanhadas, dirija-se sempre a ela e não ao seu acompanhante.

39.11 Curiosidades

- A imagem do cadeirante é o símbolo internacional de acesso.
- Quem tem direito ao acesso é aquele que mais precisar de uma necessidade específica, incluindo:

  — pessoas com dificuldade de locomoção, mesmo que temporariamente;
  — gestantes;
  — idosos;
  — pessoas com deficiência física, visual, intelectual ou auditiva;
  — pessoas com criança de colo, entre outras necessidades.

Figura 39.1 Símbolo universal de acessibilidade

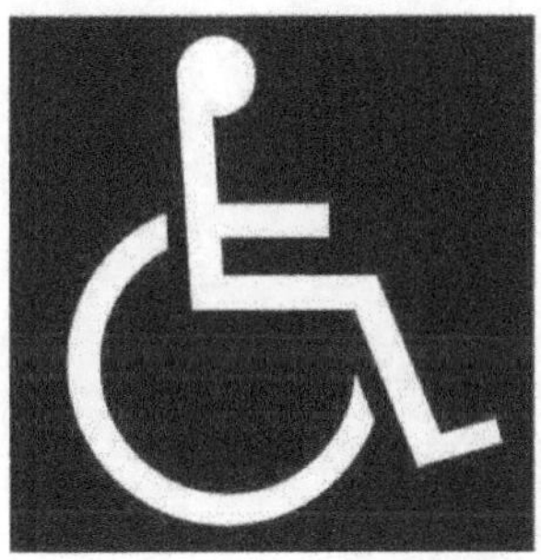

Figura 39.2 Símbolos representativos de deficiência auditiva, física, visual e intelectual

Auditiva | Física | Visual | Intelectual

Referências bibliográficas

IGNARRA, C.; CONTRI, T.; BATHE, R. *Inclusão* — conceitos, histórias e talentos das pessoas com deficiência. São Paulo: Qualitymark, 2010.

MTE (Ministério do Trabalho e Emprego). Manual de Inclusão de Pessoas com Deficiência no Mercado de Trabalho, 2007.

ABNT NBR 9050:2004. Acessibilidade

a Edificações, Mobiliário, Espaços e Equipamentos Urbanos. ABNT, 2004.

IBGE (Insituto Brasileiro de Geografia e Estatística), Censo 2010 (dados preliminares). Disponível em: <http://www.ibge.gov.br>. Acesso em 26 jun. 2013.

RAIS (Relação Anual de Informações Sociais), 2010. Disponível em: <http://www.rais.gov.br/>. Acesso em: 26 jun. 2013.

Instituto Ethos de Empresas e Responsabilidade Social e Ibope, 2010. Disponível em: <http://www1.ethos.org.br>.

Revista Você RH, São Paulo, Abril, edição 24, 2013. Acesso em 26 jun. 2013.

Tabata Contri

Consultora de inclusão da Talento Incluir. Formada em marketing, aplica treinamentos de conscientização focados na inclusão socioeconômica das pessoas com deficiência em empresas de todo o Brasil. Tabata também é atriz, foi a primeira atriz cadeirante a fazer uma novela no Brasil e trabalha como assistente de direção da Oficina dos Menestréis. Durante sete anos escreveu o blog *tocandoasrodas*. É coautora do livro *Inclusão – conceitos, histórias e talentos das pessoas com deficiência*, com autoria de Carolina Ignarra e fotos de Raphael Bathe.

Tel.: +55 11 2950-8312/2099-3643/7753-9118/7736-5613
E-mail: tabata@talentoincluir.com.br
Site: www.talentoincluir.com.br
Blog: www.tabatacontri.wordpress.com